華嚴經談玄決擇記

조계학술총서 04

화엄경담현결택기 1

1판1쇄 인쇄 2022년 1월 10일
1판1쇄 발행 2022년 1월 27일

지은이   지현(박은영)
발행인   정지현
편집인   박주혜

대표   남배현
본부장   모지희
책임편집   박석동
마케팅   조동규, 김관영, 조용, 김지현, 서영주
디자인   홍정순, 동경작업실

펴낸곳   (주)조계종출판사
편집위원   덕문, 동은, 법장, 이미령, 심정섭, 이세용, 박석동
주소   서울시 종로구 삼봉로 81 두산위브파빌리온 831호
전화   02-720-6107
전송   02-733-6708
이메일   jogyebooks@naver.com
등록   2007년 4월 27일 (제2007-000078호)
구입문의   불교전문서점(www.jbbook.co.kr) 02-2031-2070~1

ISBN 979-11-5580-174-1 (94220)
      979-11-5580-173-4 (세트)

조계종
출판사   지혜와 자비의 눈으로 세상을 바라봅니다.

조계
학술
총서
04

화엄경담현결택기
1

해제 × 역주
권제1~권제3

선연대사 짓고
보인지현 풀어 쓰다

조계종
출판사

일러두기

1. 이 책은 2019년도 대한민국 교육부와 한국연구재단의 지원(NRF-2019S1A5B5A01035151) 및 대한불교조계종 교육아사리의 연구비 지원을 받아 수행한 연구임.

화엄법계에 들어가는 훌륭한 안내서

신라시대의 고승 의상義湘(625~702) 스님은 불교의 총결론이 《화엄경華嚴經》임을 깨닫고 일찍이 중국으로 건너가 화엄종의 제2조인 지엄화상智儼和尙 문하에서 제3조 현수법장賢首法藏 스님과 동문수학하였고, 그 과정에서 〈화엄일승법계도華嚴一乘法界圖〉라는 범접할 수 없는 유산을 남겼습니다. 귀국한 뒤 전국에 화엄십찰華嚴十刹을 세워 한국불교가 화엄수행도량으로써 기틀을 마련하는 데 결정적인 역할을 하였습니다. 면면히 내려온 화엄십찰은 물론이거니와 이후에도 꾸준히 대적광전大寂光殿, 보광명전普光明殿, 비로전毘盧殿 등을 주 법당으로 하는 사찰이 상당수 창건되어 한국불교 속에서 《화엄경》이 차지하는 위상을 증명합니다. 한국불교의 이런 전통은 《법화경》을 위주로 발달한 일본불교가 내심 부러워하는 것이기도 하며, 선종이 발달한 중국불교와도 구분되는 점입니다.

조계종의 선교일치禪敎一致 가풍에서 선禪은 간화선看話禪을 중심으로 하고 교敎는 화엄華嚴을 위주로 하는 전통이 자리 잡았습니다. 또 선은 화엄을 수용하여 사상적인 토대를 심화시켰으며, 화엄은 선을 통해 실천적인 전개를 열어 왔습니다. 이처럼 한국불교의 사상적 토대가 된 경전은 바로《화엄경》이며, 역대의 고승들은 거의 화엄교학을 깊이 연찬했던 것입니다.

그런데《화엄경》은 분량이 방대할 뿐만 아니라 내용 역시 심오하여 경문만을 읽고 바로 이해하는 것은 매우 어렵습니다. 물론 경문을 위주로 읽어보는 것이 중요합니다만, 전통적으로 강원講院의 이력 과정에서는《화엄경》을 읽을 때 반드시 먼저 화엄종 제4조 청량징관淸凉澄觀(738~839) 스님의《화엄경소초華嚴經疏鈔》(80권)와 그것의 개론 부분인《화엄경현담華嚴經玄談》(8권)을 찾아 읽었으며, 대교반 이상의 이력 과정에서는 또다시《화엄경현담》의 깊고 현묘한 의미를 이해하기 위해 그에 관한 주석서를 함께 찾아보았습니다. 조선 중·후기 불교의 중흥을 이끌었던 백암성총栢庵性聰(1631~1700) 스님은 고려의 대각국사大覺國師가 고려교장高麗敎藏으로 간행한 이후 조선 전기에 거의 사라져가던《화엄경소초》를 다시 간행하였습니다. 이를 계기로 한국불교에서는《화엄경소초》를 강독하는 강좌가 여럿 개설되었고, 그중 조선 후기의 대강백인 연담유일蓮潭有一(1720~1799) 스님이《화엄경현담》과 더불어《화엄현담회현기華嚴懸談會玄記》(40권, 보서 저술)를 강의하면서 직접 이를 주석한《중현기》를 저술하기에 이릅니다. 조선 후기 화엄의 중흥을 이끈 선봉에《화엄경소초》가 있었다고 할 수 있습니다.

지금 추천사를 쓰고 있는《화엄경담현결택기華嚴經談玄決擇記》(6권, 선연 저술)는 대중들에게는 그다지 잘 알려지지 않은 책입니다만,《화엄경현담》을 강독한 이들에게는 조금 익숙한 주석서입니다. 이 책은《화엄경현담》의 6종 주석서 가운데 현존하는 최고본으로써 동아시아의 화엄사상사에서의 위치가 상당한 데도 불구하고 요나라(916~1125)의 저술인 까닭에 비교적 덜 알려져 있는 것도 사실입니다. 그런데 이《화엄경담현결택기》를 대각국사 의천 스님이 고려교장으로써 간행했다는 것은 매우 중요합니다. 고려교장에 포함되었다는 것은 제법 까다로운 의천 스님의 선정 기준에 부합한 것이고 그만큼 훌륭한 주석서라는 방증이기 때문입니다. 당시 요나라는 현 북경지역을 포함한 연운16주를 차지하고 있었고, 요대 황실의 두터운 후원 속에 뛰어난 역량을 발휘한 학승들이 많았으며, 가장 활발히 번성했던 종파 중 하나가 화엄종이었습니다. 요대 화엄종의 제일인자가 바로 선연鮮演(1040-45~1118) 스님이었다고 하니 이 주석서의 가치가 얼마나 높을지 충분히 짐작케 합니다. 의천 스님의 교장간행의 성과가 여기서 다시 확인된 점 역시 기쁘기 그지없습니다.

◉

조계종교육원장 시절, 실상사 화엄학림 번역 대중이 교감하고 번역한 《화엄경현담》(상·하권)을 교육원에서 간행하면서 간행사를 쓴 인연이 이렇게《화엄현담》을 주석한《화엄경담현결택기》역주본의 추천사에까지 이어진 듯합니다. 또 역자는 개인적으로는 범어사의 동문사형이셨던 고 통광 스님의 친조카인 보현 스님의 상좌이기도 하다니 이것이 또한 추천사를 쓰게 된 인연인 듯합니다. 그러나 제가 범어사 문수선원에서 사부대중들을 위해《화엄경》을 강의한 지 십여 년이 넘었으니 화엄학자의 길이든, 보현행자의 길이든, 선지식의 길이든 계속 가고 있다 할 수 있고 또 앞으로 가야할 것이기에 《화엄경담현결택기》를 장장 5년여에 걸쳐 번역 작업한 역자의 노고에 누구보다 격려를 보내고 싶습니다. 사사무애법계事事無礙法界의 중중무진重重無盡한 작용 원리 속에서, 항상 《화엄경》의 한 구절 한 게송도 소중히 새겨왔던 세월이 이렇게 글로나마 접점이 있게 된 것이라고 봅니다.

여기에 이 역주본이 출판되는 시절인연이 참으로 절묘합니다. 앞서 조계종교육원에서 출간한 《화엄경현담》이 절판으로 구할 수 없게 되어 몹시 아쉬웠던 시점에, 마침 지난해 관허수진 스님에 의해 《청량국사화엄경소초》(화엄현담-10권, 운주사)가 새롭게 출간되었고, 또 서웅반산 스님에 의해 본문을 모두 번역한 《화엄경청량소》(총34권, 담앤북스)가 완간되기에 이르렀으며, 그리고 제가 완역했던 《한글 화엄경》(전12권, 민족사)이 재출간되기도 했습니다. 바야흐로 《화엄경》을 수지 독송하면서 《화엄경소초》와 《화엄현담》을 통해 화엄을 이해하려는 이들에게 이 《화엄경담현결택기》의 출간은 아주 반가운 소식입니다. 더 많은 사람들이 읽고 공부할 수 있는 좋은 시간이 도래했다고 할 수 있습니다. 이제 여러분들이 선재동자가 되어 선지식을 찾아 나서고, 보현보살의 광대한 열 가지의 행원을 몸소 실천하면서, 하나의 진실한 화엄법계에 깨달아 들어가는 데에 이 책이 훌륭한 안내서가 되어지기를 바랍니다.

불기 2565년 11월 말일에
범어사梵魚寺 화엄전華嚴殿에서
여천무비如天無比 씀

두루 익혀 해탈문에 들어가길 발원합니다

《화엄경담현결택기》 6권을 만난 것은 지도교수인 김천학 선생님이 추천하여 처음 접하게 되었지만 가만히 인연을 따져보니, 봉선사 능엄승가대학원에서 피땀 흘려가며 《화엄현담회현기》 40권을 완독한 이력이 중요한 연결고리였고, 이보다 앞서 운문사승가대학에서 징관 스님과 종밀 스님의 글을 몹시 좋아했던 시절이 또한 인연의 시발점이었다. 시간을 좀 더 올라가보면 민족문화추진회(현 한국고전번역원)에서 3년 동안 사서삼경四書三經을 공부하면서 문리를 터득한 과정까지 모두가 《결택기》를 만나기 위한 여정이었다. 금번 《결택기》 역주본의 출간은 어쩌면 필연적이었던 듯하다.

이 필연적이란 말이야말로 역자가 그동안 번역불사의 동기와 풀어야 할 과제 속에서 뼈저리게 경험한 노고에 가장 어울리는 표현일 것이다. 본문을 교감校勘하고 번역하는데 걸린 3년 반, 이어진 후속 작업에만 다시 1년 반 동안은 말 그대로 지고지난한 시간의 연속이었다. 그러나 이 모든 과정을 견딜 수 있었던 원동력은 단연코 《결택기》가 지닌 주석서로써의 독보적인 매력 덕분이다. 지금 돌이켜 보면 매일 일정한 분량을 꾸준히 작업하면서 때로는 무릎을 탁 치면서, 때로는 아! 그렇구나! 하는 감탄사를 외치면서 선연 스님과 징관 스님 나아가 법장 스님이 풀어놓은 탁월한 견해와 화엄사상의 깊이에 푹 빠져들었던 시간이었다. 이는 아주 힘겨운 고통이면서 동시에 비길 수 없는 즐거움이었다.

◉

《결택기》는 원칙적으로 징관 스님의 《화엄경소초》의 현담 부분(8권)을 수문해설한 기문이지만, 더 엄밀히 말하면 80권(혹 90권)에 달하는 《화엄경소초》의 전체를 종횡으로 자유자재하게 정리한 최고의 요약본이라고 할 수 있다. 선연 스님은 화엄사상을 이해하는 데에 필요한 핵심적 쟁점을 잘 뽑아낸 것은 물론이고, '오위백법五位百法' 등 유식사상唯識思想의 중요한 토대를 정리하는 데에 있어서도 발군의 능력을 발휘했다. 그의 저술에 대해 〈선연대사묘비鮮演大師墓碑〉에서 "《인명론因明論》의 대의를 소통하면서는 도중에 폭우에도 그 옷을 적시지 않았으며, 《능엄초楞嚴鈔》의 문장을 간정하면서는 산속의 마른 우물에서 저절로 그 샘이 용솟게 하였다"고 평가한 것은 매우 타당하다. 그리하여 고려 대각국사 의천 스님이 마음을 기울여 고려교장의 하나로써 간행하기에 이르렀으니, 《결택기》의 현존 사본인 일본의 〈고잔지본〉과 〈가나자와사본〉은 모두 필사본의 형태이지만 최초의 간본은 고려의 대흥왕사 교장도감에서 간행한 것(1096년)이라는 사실을 그 〈사본기〉에서는 명시하고 있다. 이 때문에 《결택기》는 요나라의 대표적인 화엄 저술이지만 고려가 남긴 훌륭한 문화유산이기도 하다.

●

본 역주본은 크게 해제 연구와 본문 역주로 구성되어 있다. 역자는 분량상의 편의를 위해 1권에는 〈해제 연구〉와 《결택기》 권제1, 2, 3권의 역주를 함께 실었으며, 2권에서는 《결택기》 권제4, 5, 6의 역주를 실었다. 1권의 〈해제 연구〉는 선연의 생애와 저술, 《결택기》의 심층 연구, 《결택기》에 나타난 선연의 화엄사상으로 나누어 정리하였다. 서문에서는 《결택기》의 연구 이유와 목적으로 주석 대상인 《소초》가 지닌 동아시아 화엄사상의 위상 등을 밝히고, 요대 불교의 개괄 설명을 통해 그 배경에 관한 이해를 도왔다. '선연의 생애와 저술'에서는 〈선연대사묘비〉의 분석을 통해 그의 생애를 고찰하고 저술 목록상의 특이 사항을 분석했다. 그는 학승으로서 유식, 화엄, 밀교 등 관련 저술이 다수 있으며, 강주로서 탁월한 역량을 발휘하여 중요도시의 강주로 맹활약하였고, 전계화상으로서 수십 회의 포살법회를 봉행했다. 또한 《대각국사외집》 속 서신 중에 《결택기》가 고려교장으로써 간행된 일에 감사하는 마음을 전한 내용과 그의 비문에 고려승통을 언급한 점 등을 통해 그 교류 상황을 파악했다. '《결택기》의 심층 연구'에서는 《결택기》의 저술 동기와 시기, 현존 사본 4종의 서지 사항 등을 밝히고 텍스트 간 교감 결과를 교감표로 제시하였다. 각 권마다 수백 개 항에 모두 수천 자에 달하여 《결택기》의 정본 텍스트는 거의 구축되었다. 또 그 구성을 《현담》의 구성과 비교 분석하고, 그 주요 내용을 《현담》 전체를 총정리한 글로써 제시하였다. 주석상의 특징을 가장 큰 장점인 《소초》 80권을 필요에 따라 자재하게 인용·요약·정리한 것과 핵심적인 문답으로 화엄사상을 드러낸 것 등 7조 항으로 정리했다. 《결택기》에 나타난 선연의 화엄사상' 에서는 화엄교판사상을 덕상·업용문과 52계위에 관한 그의 정리 등으로 제시했고, 〈진리망사비일비이도〉와 선교일치와 제종융합에 관한 그의 견해와 천태교학을 활용하고, 법상교학을 융합한 그의 방식을 구체적으로 정리하였다. 그리고 그의 독특한 중도이론인 〈오중중도도〉의 설명으로써 중도 사상을 밝혔다.

◉

1·2권의 〈본문 역주〉는 크게 선연 찬술 부분(권1초, 권6말)과 《현담》 주석 부분(권제1~6)으로 나뉜다. 주석 부분의 역주는 《현담》의 과문을 해당 단락에 맞춰 삽입하고 차례에서 이를 모두 제시하여 글의 방향성을 잃지 않고 따라갈 수 있게 했으며 원문은 세밀한 표점 작업을 마쳤다. 《현담》은 총서명의(서문), 귀경청가, 개장석문(본문), 회향게송의 4문으로 구성되어 있다. 서문과 본문은 다시 각각 10장으로 구성되어 있는데, 차례를 살펴보면 그 내용을 쉽게 파악할 수 있다. 선연 스님은 서문을 《결택기》 권제1~2에서, 본문의 제1장(교기인연)을 권제3~4에서, 제2장(장교소섭)을 권제4~5에서, 제3장~제8장을 권제6에서 수문 해설하고 있다. 따라서 역주본의 2권은 본문 제1장의 셋째 단락인 '교주에 의지함'에서부터 글이 시작된다. 2권 말미의 선연 찬술 부분은 《화엄경》의 7처9회

39품의 요지를 총체적으로 밝힌 글과《현담》을 요약정리한 명문장으로 마무리되고 있다. 부록에는 〈선연대사묘비〉 전문을 수록하고,《결택기》에 수용된 법장의 화엄사상을 분석하여 발표한 논문을 수록하여 독자들의 사상적인 이해를 도왔다. 또 새로 보충한 2,069자와 247자(권6)를 수록하고,《결택기》의 인용 문헌을 전부 수록하여 주석서로써의 탁월한 역량(《현담》의 역량과 상통)을 계량적으로 제시했다. 수문 해설임에도 불구하고 어디를 읽어도 좋은 글이어서 독자들은 읽자마자 금방 이 책의 뛰어남을 알게 될 것이다.

◉

　이 연구 역주본을 출간하기까지 소요된 5년이라는 물리적인 시간만큼이나 국가와 종단과 학교와 가족과 도반 모두의 엄청난 지원과 아낌없는 후원이 있었다. 그야말로 '오종대은명심불망五種大恩銘心不忘'의 결정판이라고 할 만하다. 우선, 역주본을 완성하고 간행할 수 있게 된 것에 대해 불보살님 전에 지성으로 감사를 올린다. 원문 교감과 번역 과정에서 혹 막히거나 혹 놓치거나 혹 실수하거나 하는 경우엔 기이하게도 어김없이 그 자리에 멈춰서 다시 찾아 확인하고 새로운 결과를 도출하였고 그때마다 저절로 '부처님! 감사합니다' 하고 되뇌곤 했다. 수많은 업장 소멸의 순간들은 일일이 열거할 수 없을 정도이다. 나는 이를 가감없이 불보살님의 가피가 충만했다고 표현하고 싶다. 다만 번역 역량이 완벽하진 않아 여전히 껄끄러운 문장도 있겠고 놓친 부분도 물론 있겠지만, 원문 교감을 세밀하게 진행하여 정본 텍스트를 마련한 점과 수문

해설 형식으로 인한 난독을 해결하기 위해 단락이나 구절에 일일이 《만속장본卍續藏本》의 페이지를 제시하고 해당 과목을 삽입한 점 등은 역주본으로써의 최대치에 근접했다고 하겠다.

◉

이 번역불사의 최초 혜택은 대한불교조계종 교육원에서 지원하는 동국대학교 일반대학원 한국불교융합학과의 불전한문 번역전공을 통한 인재양성 시스템을 통해서였다. 먼저 종단 차원의 재정지원을 해주신 종단의 모든 어른스님과 교육원 소임자스님들께 깊이 감사드리며, 전 교육원장이신 현응 스님께는 매우 특별한 감사의 인사를 올린다. 불전번역 인재양성을 위한 현응 스님의 비전과 전폭적인 지원이 없었다면 이 모든 과정은 불가능했을 것이다. 또 금강산 법기문중(석남사)의 박사학위 장학금 수혜로써 관심과 독려를 표명해 주신 본각 스님 외 모든 문중 어른스님께 심심한 감사의 인사를 드린다. 무엇보다 은사이신 보현 스님과 출판에 도움을 주신 대기 스님께도 진심어린 감사의 말씀을 올린다. 그리고 막바지의 번역 작업을 마칠 수 있도록 아무 조건 없이 거처를 허락해 주셨던 백양사 천진암의 정관 스님, 대학원생 시절 먼 길 마다 않고 일부러 올라와 학비도움을 주었던 동원 스님 외 운문사 43회 도반스님들, 함께 절차탁마한 한국불교융합학과의 학우들과 멀리 능엄승가대학원의 강사스님과 학우스님들께 이 자리를 빌어서 감사의 마음을 전한다.

　재가의 도움 역시 매우 컸는데, 결정적으로 《결택기》라는 더 없이 홀

룡한 주석서를 만날 수 있도록 이끌어 주신 김천학 교수님, 박사수료 후 1년간 연구비 지원을 해주신 전 동국대 불교문화연구원장 김종욱 교수님, 늘 따뜻한 모습으로 연구 활동에 힘을 실어주신 포닥(postdoc) 지도교수 김영미 교수님, 촘촘하게 논문을 체크해 주셨던 이케다 선생님께 감사 인사를 드린다. 또 오로지 번역과 연구에만 몰두할 수 있도록 물심양면으로 보살펴 주신 모친 김명숙 보살님과 출판비용에 이르기까지 전방위적인 도움을 준 형제가족들께 깊은 감사의 마음을 전하며, 대학원 입학 후 선뜻 큰 도움을 주었던 수미산상회의 지인 내외와 법보시로써 동참해 준 동문법우 이상형 보살님과 살뜰히 챙겨주었던 수경사 담우(수현) 스님 및 신도님들과 그 밖에 이 책이 나오기까지 도움을 주셨던 모든 인연 있는 분들께 감사의 인사를 드린다. 그리고 보통의 서적보다 세 배나 공력이 더 드는 편집 과정임에도 꼼꼼히 교정을 봐주신 편집자와 디자인 담당자님, 수익 창출이 어려운 학술 서적임에도 불사 봉행의 일환으로 출판 결정을 해주신 조계종출판사 남배현 대표님과 모지희 본부장님께 심심한 감사의 말씀을 드린다.

이 책의 추천사를 허락해 주신 범어사 문수선원의 무비 큰스님께 진심으로 감사의 인사를 올리며, 전강제자 전수로써 축하해 주신 전 동국역경원장 월운 큰스님께 큰 삼배의 인사를 올린다. 출가 이전부터 한문공부를 하도록 이끌어 주고 경전공부에 매진하도록 이끌어 주셨던 진정한 스승 고 제월당 통광 큰스님과 동국역경원의 번역 불사에 국가차원의 지원을 성사시키셨던 문중어른이신 석남사 고 인홍 큰스님 전에 이 《결택기》 역주본을 바친다. 그리고 대한민국 교육부와 한국연구재단의 박사후과정연구원으로 선정되면서 이 《결택기》 번역 불사의 대장정을 마무리할 수 있었으니, 매우 영광스런 일이며 참으로 감사한 일이다. 끝으로, 이 《결택기》를 읽는 모든 분들이 선연 스님의 회향 게송과 같이 '두루 익혀서 널리 해탈의 문에 들어가길 발원합니다.'

　　나무청정법신비로자나불
　　나무대지문수보살마하살
　　나무대행보현보살마하살

2021년도 11월 25일

사가 연구실에서

보인지현寶印智玄 삼가 씀.

차례

제1부와 제2부의 세부 목차는 해당 시작 부분 참조.

華嚴經談玄決擇記

제1부 — 해 제

I. 서론

II. 선연의 생애와 저술

III.《담현결택기》의 심층 연구

IV. 《결택기》에 나타난 선연의 화엄사상

華嚴經談玄決擇記 一 解題 Ⅰ

서론

1.
연구 목적과
방법

1) 연구 목적

◆── **《화엄현담》의 연구 이유**

요대遼代 선연鮮演(1045~48-1118)의 《화엄경담현결택기華嚴經談玄決擇記》[001](이하,《담현결택기》 or 《결택기》)는 당대唐代에 확립된 한문 불전을 바탕으로 꾸준히 발달한 중세의 중국불교사상을 대표하는 화엄학 관련 저술인《화엄경현담華嚴經玄談》에 관한 기문記文이다.

  중국 화엄종 제4조 청량징관淸凉澄觀(738-839)이 저술한 《화엄경소華嚴經疏》(이하,《대소》) 20권 및 《수소연의초隨疏演義鈔》(이하,《연의초》) 40권은 80권본 《화엄경》의 주석서이다. 중세 이후 동아시아에서 화엄학 발달에 최고의 영향력을 끼친 저술 중 하나라는 점에 이의를 제기할 사람은 없

---

001   《화엄경담현결택기華嚴經玄決擇記》의 서명에 대해 학계에서는 〈선연대사묘비〉의 비문에 《화엄경담현결택기華嚴經玄決擇記》로 적혀진 것에 근거해 사본들이 〈현담玄談〉을 〈담현談玄〉으로 잘못 베꼈다고 보고 있다. 다만, 아직 확정할 순 없으므로 본 연구에서는 원문 필사본의 명칭 그대로 《담현결택기》로 사용했음을 밝혀둔다.

다. 이는 화엄종의 초조 두순杜順(557-640)으로부터 2조 지엄智儼(602-668), 3조 현수법장賢首法藏(643-712)까지 이어져 확립된 화엄사상을 징관 특유의 방대한 지식과 역량으로 집대성한 주석서이다.

이 《대소》(권제4까지)와 《연의초》(권제16까지)의 개론에 해당하는 《화엄경현담》 8권(혹 9권)은 그 내용이나 분량이 다른 경전의 현담 주석서를 압도함으로써 《현담》이라고 하면 의례히 징관의 《화엄경현담》을 일컬을 정도로 큰 명성을 얻었다. 그 영향력은 현재까지 여전히 유효하다. 실제 이 《현담》을 통해 우리는 화엄의 광대한 바다에서 길을 잃을 걱정 없이 안심하고 항해할 수 있다. 중세 이후 동아시아의 화엄학승들이 징관의 《현담》을 강의하고 연구하는데 심혈을 기울였다는 것은 주지의 사실이다. 《현담》 주석서가 명칭만 전해지는 것을 포함하여 상당수 존재한다는 점에서도 알 수 있다.

현재까지 완본이 전하는 《현담》 주석서로는 선연의 《결택기》 6권 이외에, 송대宋代 관복觀復(1141-1152)의 《연의초회해기演義鈔會解記》(이하, 《회해기》) 10권, 일본 단에이(湛叡, 1271-1346)의 《연의초찬석演義鈔纂釋》(이하, 《찬석》) 38권, 원대元代 보서普瑞(?-?)의 《현담회현기懸談會玄記》(이하, 《회현기》) 40권이 전해지고 있다. 이 중 현존하는 《현담》 주석서 가운데 가장 앞선 것이 바로 요대 선연의 《담현결택기》(X08, 01a-89a)이다.

◆─ 《담현결택기》의 연구 목적

현존본 가운데 시대적으로 가장 앞선 《현담》 주석서라는 점 이외에, 《담현결택기》가 중세 이후 동아시아의 화엄연구에 많은 영향을 끼친 뛰어난 장소章疏 가운데 하나라는 점[002] 역시 우리가 주목할 만한 일이다. 또, 요는 비교적 짧은 역사에도 불구하고《거란장契丹藏》등 뛰어난 수준의 불교문화를 발달시켰다. 특히 징관의 저술을 중심으로 한 화엄학이 발달했는데, 선연은 바로 요대의 대표적 화엄학승이다.

그동안《담현결택기》는 권제2~6만이 전해져 연구하는 데 한계가 있었다. 그러다가 1975년에 일본 쇼묘지(稱名寺) 소장 여러 문헌 중에 산질되었던 권제1을 포함한 완본의 사본이 발견되어〈가나자와문고(金澤文庫)〉에서 출판하게 되었는데, 이것은《만속장경卍續藏經》에 수록된《담현결택기》의 저본(《장경서원본藏經書院本》)과는 다른 필사본이어서 원문의 교감 및 번역에 상당한 진전이 있었다. 이에 필자는〈가나자와문고〉에서 보관하고 있는《담현결택기》권제1~6의 복사본(이하,《가나자와사본》)을 입수하여 연구할 수 있었다.

필자는 우선 역주 과정에서《담현결택기》텍스트의 정본화를 함께 진행하였는데, 권제1은《가나자와사본》과《가나자와문고자료전서》(제2권〈화엄편〉)에 실린 출판본(이하,《가나자와출판본》)을 교감校勘하였고, 권제2~6은《가나자와사본》과《만속장경》의 수록본(이하,《만속장본》)을 중점적으로 교감하였으며, 이후에 교토대학 도서관을 통해 구한《장경서원본》의 복사본을 추가적으로 대조하고 교감하였다.

그 결과는 모두 교감표로 작성하고 교감내용을 분석하여 총 4차례에 걸쳐서 소논문으로 발표하였고, 본 해제에도〈제3장《담현결택기》의 심층적 연구〉에 재인용하여 수록했다. 이를 통해서 한국은 물론이고 중

---

002   이를 증명할 만한 내용은 뒤 〈2-3〉《담현결택기》의 연구사〉에서 자세히 다뤘다.

국과 일본, 대만 등 한문불전 연구자들에게 보다 정본화 된 텍스트를 제공하여《담현결택기》연구에 훌륭한 자량이 되고, 결과적으로《현담》주석서로서《담현결택기》의 숨은 가치가 세상에 드러나게 하는 것이 본 연구의 목적이다.

또 징관의《현담》을 통해 화엄을 이해하려는 이들에게《담현결택기》6권을 완역함으로써 더 없이 훌륭한 안내서인《담현결택기》를 직접 읽는 기회를 제공하는 동시에,《현담》의 과목을 해당 본문에 모두 삽입하여 각 단락이나 구절의 전후맥락과 정확한 위치를 파악할 수 있게 함으로써 수문해설 방식의 주석서가 지닌 태생적인 한계점을 보완하고, 보다 수월하게 수십 권에 이르는《대소》《연의초》전체를 종횡으로 다루면서 정리한 선연의 탁견에 다가갈 수 있도록 했다.

2) 연구 방법

◆─　**원문의 경우**

《담현결택기》의 원문은 권제1은 필자가 직접《가나자와출판본》에 근거하여 입력하고 이를 권제1의 '저본'으로 삼았으며, 나머지 권제2~6은 대만의 중화전자불전협회中華電子佛典協會(Chinese Buddhist Electronic Text Association, 이하 CBETA) ver. 2008에 수록된《만속장본》을 사용하였고, 이

를 권제2~6까지의 '저본'으로 삼았다.[003]

　이 양 저본에 근거하여 《담현결택기》 전6권을 《가나자와사본》과 일차적으로 교감하였고, 이후 후속작업을 통해 《장경서원본》(권제2-6)을 추가적으로 교감하여 그 결과를 반영하였다. 그리고 원문을 교감한 모든 내용은 교감 글자에 각주를 달고, "저본"과 《가나자와사본》, 《장경서원본》" 등으로 출처를 표시하여 주기註記하였다.

　징관의 《대소》와 《연의초》 등 《담현결택기》에서 인용되거나 언급된 모든 경전과 장소章疏의 원문은 CBETA와 더불어 일본의 인도학불교학 논문데이터베이스(Indian and Buddhist Studies Treatise Database, INBUDS) 내의 The SAT Taishō Shinshū Daizōkyō(《대정신수대장경大正新脩大藏經》)(이하, 《대정장大正藏》) Text Database(이하, SAT) 검색시스템을 통해 교감하였는데, 특히 《대정장》의 해당 페이지를 표시하는 데는 SAT를 통해 매우 세밀하게 인용할 수 있었다.

　《담현결택기》 원문은 저본의 글자를 그대로 두려고 최대한 노력했지만, 《가나자와사본》과 글자가 다르거나, 인용된 문헌과 비교하여 명백히 잘못 썼다고 판단되는 경우에는 본문의 글자를 교정하는 교감 방식인 'Critical Method'를 채택하여 적용하였다. 곧 원문은 교감한 글자로 수정하고, 이에 각주를 달아 본래 있던 글자와 그 출처를 표시하였고, 교감한 내용에 따라 '수정' 또는 '보충', '삭제' 또는 '도치' 등으로 주기하였다. 또 저본과 《가나자와사본》과 《장경서원본》과 인용 문헌의 원문이

003　모두 간본을 저본으로 삼고, 《가나자와사본》과 《장경서원본》의 사본은 교감의 제1자료로 활용했다.

모두 다를 경우는 각주에 이 모든 내용을 드러내었고, 본문은 문맥에 맞게 판단한 글자로 교감하였다. 저본에 유실되었거나 빠진 글자를《가나자와사본》에 근거하여 새로 입력한 경우는 별색 밑줄로 표시하여 쉽게 눈에 띄도록 하였다. 이상이 원문을 교감한 방식이다.

다음은 원문의 문단을 나눈 방식이다. 우선,《담현결택기》본문에서 선연은 문장을 따라가면서 해설하기 위해 인용한《대소》와《연의초》의 문구를 단락이 바뀔 때마다 주석될 문구 앞에 '《疏》', '《鈔》'를 적어 넣어 표시하고, 같은 단락의 글을 연이어 설명할 경우는 한 칸을 띄우고, '言…者'로 써서 구분하고 있다. 따라서 모든 단락은 기본적으로《담현결택기》원문을 그대로 따랐다. 다만, 분량의 다소라든가 줄을 바꾸는 것은 CBETA에서 정리한 것을 거의 활용했고,《만속장경》내 해당 페이지 역시 CBETA에서 작업한 것을 거의 따랐다. 다만, 필요에 따라 약간을 수정했다.

원문의 구두점은 기본적으로《만속장경》에서 표시한 것에 근거하였지만, 보다 세밀하게 쉼표, 마침표, 물음표, 느낌표, 작은따옴표, 큰따옴표 등을 적용했고, 구두점이 잘못 붙여져 수정이 필요한 경우엔 모두 수정했다. 권제1은 구두점이 없어 필자가 일괄 띄어쓰기를 했다. 이상이 원문을 띄어쓰기하고 단락을 구분한 분과 기준과 구두점 적용 방법이다.

◆— **번역문의 경우**

그동안 징관의《대소》20권과《연의초》40권 전체 완역본은 없었지만,

다행스럽게도《현담》8권에 대한 번역본은 몇 가지가 있었다.[004] 특히 실상사승가대학원(화엄학림)의 대중들이 번역한《화엄경현담華嚴經玄談》은 가장 널리 읽히고 있는 잘 번역된《현담》번역집이다.[005] 이에 필자는《담현결택기》에 인용된《현담》의 본문은 용어의 통일성, 번역의 정확성 등을 위해 이 번역본을 참조하였다. 다만 선연이나 필자의 견해와 전혀 다른 경우에는 참조하지 않았다.

그런데 필자가 역주에는 참고하진 못했지만 2020년에 들어서면서 서옹반산(현 원각사 주지)의 수년에 걸친 번역작업 결실로《화엄경청량소華嚴經淸凉疏》(총34권, 담앤북스)가 완간되기에 이르렀고, 또 관허수진(전 해인사 강주)의 현토역주본《청량국사화엄경소초》(운주사)가 발간되어《소초》연구에 있어서 기념할 만한 시점이 되었다.[006]

《담현결택기》에는《대소》와《연의초》전체를 종횡으로 요약하거나 정리한 글이 상당했으므로 제1품〈세주묘엄품〉부터 제26품〈십지품〉까지의《소초》는 우리나라 대강백 원조각성圓照覺性 스님이《화엄경소초》[007]에 현토한 것을 참조하여 번역하였다. 또, 인용된 문헌 중에 경론이나 소초 등 동국역경원에서 이미 번역된 경우에는 한글대장경 검색시스템

---

004   조계종출판사에서 간행된《華嚴經玄談》이외에 불전국역연구원에서 공역(혜남 감수)한《華嚴經懸談》(1·2, 중앙승가대학교출판부, 서울, 1997)이 있다. 이는《대소》의 서문인〈총서명의〉만을 번역하였다.

005   澄觀 外, 실상사 화엄학림 편역,《華嚴經玄談》上·下(서울, 대한불교조계종 교육원, 2003)

006   서옹반산의《화엄경청량소》34권은《현담》부분을 제외하고, 제1품〈세주묘엄품〉부터 번역된 것이고, 관허수진의《청량국사화엄경소초》10권은《현담》부분을 포함하여 번역한 것이며, 앞으로 총 100권으로 간행할 계획이라고 한다.

007   澄觀 述,《華嚴經疏鈔》第1冊~第4冊(臺灣, 佛陀教育基金會 印贈, 2002)에 현토한 복사본을 얻어서 활용했다.

등을 통해 참조하였다.

　필자가 번역을 하면서 가장 심혈을 기울인 일 가운데 하나는 《담현결택기》에서 자주 사용된 주석 용어에 대한 적절한 번역어를 찾는 것이었다. 한글로 번역하면 너무 길어지는 경우에는 한자를 병기했는데, 일례로 '능能·소所'처럼 동사가 주관적·능동적(能)으로, 객관적·피동적(所)으로 작용되는 경우에 동사구를 다 풀어서 번역하는 대신 능·소와 동사구를 합쳐서 번역함으로써 주·객이나 능·피 등의 작용을 한꺼번에 드러내는 번역을 하였다.

　이외에, 반복된 설명 어구를 번역한 방식에 대해서는 제2부 역주 시작 부분에 '일러두기- 역주 방식'에 몇 가지로 정리하였다.

◆—　　**연구문의 경우**

본 논고는 크게 '선연의 생애와 저술에 관한 연구'(제Ⅱ장)와 《담현결택기》에 관한 심층적인 연구'(제Ⅲ장), 《결택기》에서 드러난 선연의 화엄사상에 관한 연구'(제Ⅳ장)로 나눠서 진행했다.

　선연의 생애와 저술에 관한 연구는 〈선연대사묘비〉와 《대각국사문집》 등의 자료를 바탕으로 진행하였다. 생애 전체를 기록한 비문을 꼼꼼히 살피면서 특이 사항을 기술하고, 또 저술 목록을 통해 학승으로서의 면모를 살펴볼 것이다.

　《담현결택기》에 관한 연구는 그 간행본과 필사본이 당시 고려와 송을 거쳐 일본에까지 유전하게 된 과정과 현존하는 보관본의 서지 사항에 관한 연구로 진행하였다. 이 과정은 대각국사 의천義天(1055-1101)이 봉행한 《고려교장高麗教藏》의 하나로 간행되었던 사실을 중점적으로 살펴볼 것이다.

이후 구성 내용을 중심으로 주석서로서 지닌 가치를 살펴보고, 더 나아가 《담현결택기》의 내용 분석을 통해 드러난 선연의 사상적 특징을 첫째 화엄 교판, 둘째 융합사상, 셋째 중도사상 차례로 살펴보고, 그 가운데 선연이 처음 설명하고 있는 '5중 중도론'과 '진리망사비일비이도 眞理妄事非一非異圖' 등을 통해 독자적인 사상 경향을 살펴볼 것이다.

2.
역사적
배경

1) 요대 문화와 불교

요遼나라는 북방 유목민족인 거란契丹이 10세기(916)에 건립한 국가이다. 12세기 초(1125)까지 200여 년간 만주와 몽고 일대를 지배한 동시에 남으로 진출하여 장성長城 이남의 이른바 연운16주燕雲十六州의 땅도 영유했다. 이곳은 지금의 하북河北, 산서山西 북부인데, 원래 한인漢人의 거주지로 전통적으로 한문화가 살아 숨 쉬는 지역이었다. 요대에는 불교가 번성했고, 중기 이후의 성종聖宗(재위 982-1031), 흥종興宗(재위 1031-1055), 도종道宗(재위 1055-1101) 시대는 그 극성기였다.[008]

요의 불교는 말할 것도 없이 당대에 확립된 한역불전에 기초한 중국불교이며, 특히 번성한 지역은 연운16주였고, 그 중심은 연경燕京(지금의 북경)이었다. 요의 영토는 서쪽으로는 운강석굴雲崗石窟이 있는 운주雲州

---

008   遼代佛敎에 관한 개괄적인 설명은 추쿠사 마사아키(竺沙雅章),《宋元佛敎文化史硏究》(東京, 汲古書院, 2000), pp.110-167,〈遼代華嚴宗の一考察〉을 참조하였다.

가 있고, 화엄성지인 오대산은 남송의 영토에 있었지만 요와 경계를 접하고 있었다. 특히 이 연운지방에는 각지에 웅장한 절과 탑이 창건되었고, 뛰어난 학승이 배출되어 다수의 장소章疏를 저술했다. 또, 연경 홍법사弘法寺 인경원印經院에서는 《거란장》의 조조가 봉행되고,[009] 서남 교외의 방산房山에서는 석경石經의 속간[010]이 이뤄지는 등 불교가 크게 성행했다.

선연이 활동했던 시대인 도종은 요나라 황제 중 가장 불교에 관한 이해가 깊었으며 불교를 옹호하는 태도 역시 마찬가지로 가장 두텁고 화엄과 밀교에 특히 정통하여 관련 저술이 있으며 범어에도 능통했다.[011] 《요사遼史》〈본기本紀〉제26 도종조에는 '일 년에 반승飯僧은 36만 명, 하루에 행한 축발祝髮은 3천 명'이라고 기록되어 있다.[012] 이는 도종의 숭불 면목을 보여주는 일례라고 할 수 있다. 이러한 반승·도승 이외에도 사탑이 건립되었으며, 만주와 몽고, 화북 지역에 현존하는 요대의 불탑은

---

009   野上俊靜, 《遼金の佛教》(京都, 平樂寺書店, 1953), 《契丹藏》은 宋의 《開寶藏》보다 약간 늦어져 宋藏에 대항하는 의도를 지닌 것 같지만 우수한 한인 승려를 독려해서 宋藏과는 완전히 달리 기획된 것이다. 《契丹藏》의 조조는 국가적 사업으로 행해져 興宗朝에 대부분이 완성되었다.' 竺沙雅章, 〈新出資料よりみた遼代の佛教〉, 앞의 책, pp.90-97에 의하면 '최종적으로 579질(5,418권) 전부가 雕印된 것은 道宗 咸雍4년(1068)이었다.'

010   野上俊靜, 앞의 책, '隋의 僧 靜琬에 의해 시작된 방산석경의 조조사업은 唐末五代에 일시 중단되었다가 遼代에 재개되었는데 성종·흥종·도종의 원조에 의해 사업이 진척되었다. 도종 청녕 3년(1057)까지 《열반》《화엄》《반야》《보적》 등의 사대부경의 조조가 완료되었다. 그 사업은 金代에도 계속되었다.'

011   《교장총록》에 수록된 《發菩提心戒本》二卷과 《大方廣佛華嚴經隨品贊》十卷의 御製가 바로 도종의 저술이다. 아래에 소개한 《대일경의석연밀초》의 〈引文〉에서 遼의 금어대신 趙孝嚴은 도종이 性·相과 權·實을 꿰뚫어 통하고 화엄, 범어 등에 능통했던 점을 밝히고 있다.

012   《遼史》〈本紀〉第26 道宗六, "贊曰: 一歲而飯僧三十六萬, 一日而祝髮三千." 蔣武雄, 〈從石刻文獻論遼人出家眾多的原因〉《東吳歷史學報》第31期, 2014. 6.), p.6, '據《遼史》〈道宗本紀〉, 說: 咸雍八年(1072) 三月, 有司奏春, 泰, 寧江三州三千餘人願爲僧尼, 受具足戒, 許之.…大康四年(1078), 諸路奏飯僧尼三十六萬."

대부분 이 시대에 세워진 것이다. 또, 계단戒壇의 설치에 힘쓰는 한편, 앞선 황제의 예에 따라서 승려를 고위관직에 임용해서 우대했다.[013]

요대 불교에서 가장 번성했던 것은 화엄종華嚴宗이다. 그동안 출토된 불전을 통해서도 그 사실은 알 수 있다. 하북성 풍윤현豊潤縣의 천궁사天宮寺 불탑은 요대의 대표적인 발굴 석탑으로 여기에서 80권본《화엄경》의 완전한 간본이 발견되었으며, 산서성 응현應縣의 불궁사佛宮寺 목탑에서는 60권본《화엄경》권제47과 80권본《화엄경》권제24, 26, 51이 나왔는데, 특히 불궁사 목탑의 60권본《화엄경》은 1행 17자의 표준 형식으로《거란장》의 영권이었다.[014] 이를 통해 요대에 화엄종이 얼마나 번성했는지 유추할 수 있다.

밀교 관련 저술이 많이 나타난 것도 요대 불교의 한 특징인데, 대표적인 저술로써 도종의 명으로 지은 총비각원總秘覺苑(?-?)의《대일경의석연밀초大日經義釋演密鈔》10권[015]과《석마하연론釋摩訶衍論》의 장소章疏 3부작[016]이 있다. 이러한 밀교의 저작에 영향을 준 것은 '청량징관의 화엄학'이

---

013   蔣武雄, 앞의 논문, p.30, "《契丹國志》卷八〈興宗文成皇帝〉, 所說: (遼興宗)'尤重浮屠法, 僧有正拜三公, 三師兼政事令者, 凡二十人.' 古代以太尉, 司徒, 司空爲三公, 以太師, 太傅, 太保爲三師, 均爲國家高貴官職, 而遼興宗卻以如此重要的名位授予僧侶, 可知其崇佛, 尊僧於一斑."라고 하였고, 또 pp.29-34에서 遼의 興宗과 道宗이 승려에게 고귀관직을 수여한 전거를 세밀하게 들고 있다.

014   竺沙雅章, 앞의 책, p.123.

015   《大日經義釋演密鈔》(X0436, 0523b)(燕京圓福寺 崇祿大夫 檢校太保 行崇祿卿 總秘大師 賜紫沙門 覺苑 撰)의〈引文〉(趙孝嚴)에는 遼에 摩尼삼장이 이 경을 번역하여 總持秘藏을 전하고, 覺苑이 그에게 사사 받아 연구 강석한 일 등의 내용이 있고, 그〈序文〉에는 道弼 등이 강석을 요청하고 도종이 초문을 짓도록 한 내용이 실려 있다.

016   《석마하연론》《章疏》3부작은 ①志福 저술의《釋摩訶衍論通玄鈔》4권(X775)과 ②守臻 저술의《釋摩訶衍論通贊疏》10권, ③法悟 저술의《釋摩訶衍論贊玄疏》5권(X772)이다. 김영미,〈高麗와 遼의 불교 교류〉-《釋摩訶衍論》을 중심으로-(한국사상사학회,《韓國思想史學》제33집, 2009) pp.114-127에 이 3부작이 요에서 차지한 위상과 찬술된 시기와 고려에서의 간

었을 정도로 징관의 사상은 중시되었다.[017] 응현 목탑에서는 앞서 언급한 《화엄경》 이외에 ①《대소》 권제4하 한 권과 ②《연의초》 권제1상·하, 권제5하의 두 권, 그리고 다른 판본의 ③《연의초》 권제5상(道宗朝)까지 총4권이 발견되었고, 또한 사적思積(?-?)이 집필한 《연의초》 주석서 ④《현경기玄鏡記》 권제3상반의 단간도 발견되어 요대 불교에 징관의 영향력이 상당했다는 사실을 뒷받침해준다.[018]

2) 징관의 《대소》와 《연의초》

◆— 징관의 《대소》와 《연의초》 저술 과정

당 증성證聖 원년(695)에 80권본 《화엄경》의 번역이 봉행되었는데, 이 불사는 낙양의 대변공사大遍空寺에서 실차난타實叉難陀(652-710)삼장을 중심으로 해서 시작되어 뒷날 불수기사佛授記寺에서 보리유지菩提流支(?-725)와 의정義淨(635-713)삼장이 범본을 풀어내고 복례復禮(?-?)법사와 현수법사 등이 함께 역장에 참여하였다. 성력聖曆 2년(699)에 이 번역불사가 모두 종료되자, 이에 법장은 《80화엄경》의 《소》(12권까지)를 지었는데 완성하지 못하고 입적한다. 이후, 그의 제자 혜원慧苑(673-?)이 이어서 《속화엄

행 등을 자세히 다루고 있다.

017   쓰沙雅章, 앞의 책, p.123, '鎌田茂雄, 《中國華嚴思想史의 硏究》, 東京大學出版會, 1965, pp.604-618.'

018   쓰沙雅章, 앞의 책, p.123; pp.128-130에는 ①과 ② 東大寺 도서관 소장 《高麗敎藏本》과 ③의 사진이 실려 있고, p.142에는 ④의 사진이 실려 있다.

경약소간정기續華嚴經略疏刊定記》(이하《간정기》) 15권을 지었다.[019] 이것이 최초의《80화엄경》주석서이다.

그런데 징관은 '진역晉譯(60화엄)의 비전秘典에 현수대사는 자못 그 문을 얻었으나 당번唐飜(80화엄)의 영편靈篇에 후철後哲(혜원)은 그 심오함을 엿보지 못하였다'[020]고 보고 새로운《소》를 짓고자 발원하였다. 4년이 지난 뒤 마침내 법장을 종승宗承하여 건중建中 4년(783)에《화엄경소》20권[021]을 완성하였다. 이《대소》는 '《화엄경》을 신信·해解·행行·증證 4과로 나누어 만들었는데 이치가 포함되지 않음이 없었다.'[022]

이후, 징관은《대소》를 직접 수문해설한다. 그 자신이 "제자들로부터 '대교大教의 지취는 깊고,《소》문의 뜻도 심원해서 가르침을 직접 받으면 비슷하게나마 종지에 가까워질 수 있겠지만, 먼 후대에 가르침이 전해져서는 대사의 높은 깨달음을 알지 못할까 염려됩니다. 거듭 자세하게 풀어 말씀하시어 광휘를 보게 하소서'라는 청을 받아들였으니《대소》를 다시 조목조목 다듬어서《수소연의초》라고 이름한다"[023]고 하였다. 이것이《연의초》40권을 짓게 된 전말이다.

그런데, 당대의《대소》와《연의초》는 잔존해서 내려와 원본이 어떠한 것인지 엿볼 수 없다. 다만,《연의초》를 최초로 많이 인용한 것은 오대

---

019   澄觀 外, 앞의 책, p.189.《대소》의 제3문 〈귀경청가〉 '著述所爲'에서《刊定記》의 苑公이 필격과 문사가 현수를 따르지 않았을 뿐만 아니라 해석이 잘못된 점을 열 가지로 조목조목 지적했다.

020   澄觀 外, 앞의 책, pp.68-69, '《隨疏演義鈔》序'

021   《대소》와《연의초》의 권수는 후대의 회편에 따라 조금씩 달라진다. 여기서는 초기 기록인《묘각탑기》와《교장총록》에 입각하여 '20권(혹은 분리하여 40권)'으로 표시하였다.

022   澄觀 外, 앞의 책, pp.54-56, '《清凉國師疏鈔》緣起'

023   澄觀 外, 앞의 책, pp.68-69, '《隨疏演義鈔》序'

五代 오월국吳越國의 영명연수永明延壽(904-975)가 지은 《종경록宗鏡錄》이고, 그 인용문을 《대정장본》과 비교해 보면 문자의 차이는 내용상 현행본도 그다지 변화되지 않았다고 한다. 이후 송대에 차이가 큰 두 종류의 《연의초》가 유통된다.[024]

◆─ 의천의 교장과 징관의 《소》《초》 유통

11세기 전후에 동아시아에서는 송의 《개보장開寶藏》, 요의 《거란장契丹藏》, 고려의 《초조장初雕藏》 등 각국에서 국가적 사업으로 봉행했던 대장경판 조조와 인행 사업이 마무리되었다. 이후 고려의 대각국사 의천에 의해 주도된 고려교장[025]의 간행과 유통 활동은 당시 동아시아에서 수준 높은 출판문화 교류의 장으로서도 상당히 의미 있는 것이었다.

의천은 특히 화엄교학에 능통하여 법장法藏의 교관敎觀으로부터 돈교·점교와 대소승의 경·율·론·장소에 이르기까지 탐색하지 않음이 없었다.[026] 이미 23세 때인 문종文宗(재위 1047-1083) 31년(1077)에 정원 신역 80권본 《화엄경》과 함께 징관의 《대소》를 합한 50권을 강의할 정도의 수준에 이르렀으나 의천은 이에 만족하지 않고 선종宣宗(재위 1083-1094) 2년(1085)에 수개壽介와 양변良辯 등 두 명의 제자를 데리고 도송渡宋하여 직접 진수정원晉水淨源(1011-1088)에게 사사하였고, 이듬해(1086) 송나라에

024   쓰사雅章, 앞의 책, p.123. 송대의 양 본에 대해서는 다음 장에서 다루었다.

025   최근 학계에서는 의천이 간행한 교장들을 일괄적으로 '고려교장'으로 명명하고 있다. 필자도 이를 따랐다.

026   대각국사 외, 이상현 옮김, 《대각국사집》 권14(서울, 동국대출판부, 2012), pp.689-690, 〈영통사대각국사비문〉(김부식).

서 귀국하여 문종 21년(1067)에 준공된 후 아직 책임자가 비어 있던 문종의 원찰 흥왕사 주지에 취임하면서 화엄종단을 이끌고 교장의 간행을 추진하였다.[027]

선종 7년(1090)에는 교장의 간행예정 목록인《신편제종교장총록新編諸宗教藏總錄》[028](이하《교장총록》)을 편찬하였다. 이듬해 남쪽지방으로 내려가 흩어져 있던 불교서적 4천여 권을 수집하여 왔으며 마침내 개경의 흥왕사에 교장도감을 설치하고 조판 작업에 착수하였다.[029] 이후 고려교장의 조판작업은 그가 입적할 때(1101)까지 계속되었을 것으로 보인다.

고려에서《대소》와《연의초》는 흥왕사 교장도감에서 대안 10년(1094)부터 수창 2년(1096) 사이에 조조되었다. 이보다 앞서, 요에서는 두 차례에 걸쳐《대소》와《연의초》가 간행되었는데, 곧 거란장 조조를 봉행했던 연경의 홍법사 '인경원'에서 흥종조와 도종조에 한차례씩 간행된다. 특히 도종 때 간행된 요 간본은《고려교장》의 조본이 되었고,[030]《고려교장》본이 일본에 전해진 것은 보안 10년(1120)에 카쿠쥬(覺樹)법사가 고려

---

027   대각국사 외, 앞의 책, pp.11-13, '최병헌, 대각국사집 해제'

028   대각국사 외, 앞의 책, pp.28-29, '해제,〈대각국사집〉은 경·율·론 삼장에 대한 주석서인 장소를 수집하여 정리한 목록집(1,010부 4,857권 수록)인데, 일본 仁和寺 華嚴院에 1176년의 필사본이 전해지고 이것이 전사되어 안락수원에서 1693년 간행되어 오늘날까지 전해진다.'

029   유부현·박용진 외,《고려의 재조대장경과 동아시아의 대장경》(한국학중앙연구원출판부, 2015), pp.95-99,〈고려시대 대장경 조조의 조직과 운영〉, '宣宗 8년(1091) 봄에 남쪽으로 내려가 서책 4,000여 권을 구한 뒤 흥왕사에 教藏都監을 두고 뛰어난 학승들을 불러 교감하여 간행하였다. 허흥식 편,〈靈通寺碑銘〉,《韓國金石全文-中世上》(아세아문화사, 1984), pp.578-579.'

030   쓰沙雅章, 앞의 책, p.127, 고려교장의 개판 이전에 遼에서 완성된 契丹藏이 고려에 1063년(문종 17), 1072년(문종 26) 등 5차례에 걸쳐 보내왔거나 들여왔다는 기록《高麗史》《遼史》에 근거하여, 쓰沙는 고려교장에서 조조된《연의초》는 요간 도종조본을 저본으로 했다는《秘藏》의 설을 뒷받침하고 있다.

에서 구입했던 경전 백여 권의 하나였을 것으로 추정한다.[031] 게다가《고려교장》본이 일본으로 들어간 이후 일본의 화엄학은 동대사東大寺를 중심으로 오로지 이것을 활용하는 일에 종사했다.[032]

송에는 진수정원이 항주 혜인원慧因院[033]에서 간행한 '혜인본'과 대중大中 상부사祥符寺[034]에서 간행한 '상부본' 두 종류의《대소》와《연의초》가 있다. 이 가운데 혜인원에서 간행되었던 송간 60권본《연의초》가 일본 동복사東福寺 율극암栗棘庵에 현존하고 있다. 또,《대각국사외집》〈송나라 항주 혜인원 현수교장의 기문〉에 의하면, 진수정원이 입적한 다음해인 1089년에 혜인원에서 사리봉안 등의 불사를 봉행할 때 의천은 이에 동참하기 위해 송에서 경론의 소초 7,500여 부를 인조印造하였는데,[035] 이때 인행된 소초 가운데《대소》와《연의초》가 포함되었을 것으로 추정된다. 이상이 의천의《교장총록》에 근거한 인본이 간행되기 전후의《소》《초》의 유통 상황이다.

---

031   竺沙雅章, 앞의 책, p.131,《演義鈔》日本流傳'

032   竺沙雅章, 앞의 책, p.131, '納富常天,《金澤文庫資料의 研究》(法藏館, 1982.), pp.100-108, 〈동국불교에 있어서의 출판문화〉, '그 후 일본에서는 正慶 원년(1332)~元弘 3년(1333)간에 醫僧 理覺이 이것을 복각했는데, 武州 金澤 稱名寺에서《연의초》권4하까지가 간행되었다.'

033   竺沙雅章, 앞의 책, pp.133-134, '惠因院은 항주의 南山에 있는데 五代 後唐의 天成 2년(927) 오월국왕 錢鏐의 창건에 관련된다. 처음에는 선원이었지만 元豊 元年(1078) 知州蒲宗孟이 淨源을 초빙해서 여기에 주지시켰다. 이후 선원에서 교원으로 바뀌어 宋代 화엄종의 본산적인 존재가 되었다.

034   竺沙雅章, 앞의 책, p.134, '故한림학사 沈溝가 知杭州였을 때, 상부사에 현수교원을 설치하고 화엄종의 진수정원을 초빙해서 주지하게 했던 사실이 있었다. 그 절에서《演義鈔》를 간각했다는 기록은 없지만 정원의 碑記에는 〈그는 각지의 도량에서 화엄의 강의를 행했던 이외에 전부 그것으로 교장을 印造〉했다는 내용이 있다. 사실 北宋말까지 여기에는 마찬가지로 징관의《華嚴經綱要》3권의 판본이 배치되었다. 따라서 그 상부본《演義鈔》도 또 정원이 간각했던 것으로 보인다.'

035   대각국사 외, 앞의 책, pp.623~626, 외집 제9권, 〈송나라 항주 혜인원 현수교장의 기문〉

한편, 이러한 간행과 유통을 바탕으로 징관의 화엄사상에 대한 연구는 매우 활발하게 진행되었고 특히 요대에는《소》《초》에 관한 주석서가 많이 저술되어 이 사실을 뒷받침해 준다. 즉, 선연의《담현결택기》이외에, ①도필道弼,《연의집현기演義集玄記》6권,(이하,《집현기》)《연의축난과演義逐難科》1권, ②사효思孝,《현담초축난과玄談鈔逐難科》1권, ③사적思積,《연의초현경기演義鈔玄鏡記》20권이 있다. 이중 과목을 정리한 것으로 보이는《축난과》2종은 제외하고,《집현기》와《현경기》까지 모두 3종의 주석서가 요대에서 저술된 것이다. 이 가운데 ①, ②는 모두《교장총록》에 수록되어 있어《담현결택기》와 마찬가지로 고려에서도 간행되었을 것으로 보인다.

3)《담현결택기》의 연구사

《담현결택기》에 관한 연구는 크게 중세(12-16세기)의 연구와 근현대의 연구로 정리할 수 있다. 중세의 대표적인 연구를 살펴보면, 송대 관복의《회해기》10권에는 21군데에 인용이 있고, 일본 탄에이(湛睿,1271-1347)[036]의《찬석》38권에는 총 360회에 이르는 〈결택운決擇云〉이 있어 그 영향력을 알 수 있다. 이후 후대 6종 주석서의 총완결본에 해당하는 원대

---

036   일본의 가나자와(金澤) 쇼묘지(稱名寺)에서《演義鈔》의 강의를 정력적으로 행했던 화엄학승이다.(納富常天,〈湛睿の 基礎的 研究〉,《金澤文庫研究》165, 1970.) 또, 가나자와문고 관리사본《담현결택기》권제1·4·5에는 표지에 '湛睿'가 쓰여 있어 그의 수택본이었음을 알 수 있다.

보서의 《회현기》 40권에서 《결택기》에서 논의된 내용을 반론하거나 수용한 경우가 상당히 많다.[037]

근현대 연구는 일본 카메카와 쿄신(龜川教信)이 일찍이 조사한 서지학적인 연구 《화엄경담현결택》의 완본에 대해서〉[038]가 있다. 사상적 측면의 연구로는 화엄학자 기무라 기요타카(木村淸孝)의 《중국화엄사상사》[039]가 있다. 그는 여기에서 지엄을 화엄교학의 형성으로, 법장을 대성으로, 징관과 종밀을 화엄교학의 혁신 등으로 다루고, 선연을 근세 화엄사상의 여러 양상에서 다뤘다. 또, 선연의 화엄사상은 기본적으로 징관과 종밀을 계승했다고 보았고, 선연이 작성한 '진리망사비일비이도'를 통해서 선연이 이사무애理事無礙의 융합불교의 측면으로 더 철저해진 점을 강조했다. 또, 천태교학의 도입으로 인한 '5중 중도론'과 '성악性惡 사상' 등을 발달시킨 측면에서 독자적이라는 평가를 하고 있다.

또, 요시다 에이레이(吉田叡禮)는 《화엄경담현결택》의 기초적 연구〉를 통해 《담현결택기》의 내용 구성을 간단히 설명하였고, 권제1을 번역하고 그 내용을 중심으로 선연의 화엄사상을 분석하고 있다.[040] 또, 그는 선연이 사용한 비유를 몇 가지로 묶어 설명한 글과 성악 사상을 '진망

---

037   지현(박은영)(2021), 《화엄경소초》에서 나타난 원교의 능동能同·소동所同 범주문제-《결택기》와 《회현기》 간 논쟁을 중심으로〉《韓國佛敎學》 제98집, pp.9-35)에서 선연이 주장한 능동·소동 범주와 보서의 반박 내용을 통해 두 주석서 간의 논쟁을 다루었다.《회현기》에는 이런 방식으로 《결택기》를 논한 내용이 많다.

038   龜川敎信a, 《華嚴經談玄決擇》の 完本について〉, (京都, 《龍谷學報》311, 1935) pp.54-75. b, 〈金沢文庫新出《華嚴經談玄決擇》第一〉, 앞의 책, pp.173-201.

039   기무라 기요타카(木村淸孝) 지음, 《중국화엄사상사》(민족사, 2005) pp.261-279.

040   吉田叡禮a, 〈鮮演《華嚴經談玄決擇》の 基礎的 硏究〉, 東京大學大學院アジア文化硏究專攻.

교철真妄交徹'로 분석한 글을 썼다.[041] 최근에는 후지와라 타카히토(藤原崇人)가 선연의 비문 내용을 중심으로 요대 황실과 학승의 관계를 밝힌 글[042] 등이 있다. 따라서《담현결택기》의 원문을 현존하는 고사본과 교감하여 정리한 연구라든가, 주요 내용을 종합적으로 정리한 연구라든가, 전6권을 번역한 연구는 아직 없다.

필자는 본 논문에서 연구와 역주를 동시에 진행하여 이 세 가지 연구를 함께 진행할 수 있었다. 역주 과정에서 도출된《담현결택기》의 3종 텍스트 간 비교 분석과 교감 결과를 〈교감표〉로 작성하여 발표하였는데, 이는 중세 동아시아의 한문불전을 연구하는 이들에게《담현결택기》6권의 정본화한 텍스트를 최초로 제공했다는 점에서 의의가 크다. 여기에는《만속장본》에서 유실되었던 원문을《가나자와사본》을 통해 보충한 것이 상당수 포함되었는데, 각권마다 수백 개 항에 달하는 교감 사항은 물론이고, 특히 권제3에서 2,609자(8장 분량)와 권제6에서 353자를 보충한 것 등은 귀중한 성과임에 틀림없다. 또《가나자와사본》권제4에는 문헌의 상태로 인해 좌우양끝 위쪽 4~5항렬에서 수십 장에 걸쳐 유실된 글자가 있었는데,《만속장본》에는 이 부분이 모두 온전해서 3종 사본 간의 상호보완성을 확인할 수 있었다.

또, 주석서의 특성상 전문적인 용어가 제법 포함되어 있긴 하지만 전6권의 번역문을 통해서 한국의 연구자나 독자들이 보다 쉽게《담현결택기》에 접근할 수 있게 된 것은 또 다른 연구 성과이다. 특히 번역문에

041　吉田叡禮b, 〈鮮演の用いる比喩について〉《インド哲學佛教學研究》14, 2007), pp.73-85; c, 〈鮮演の斷惑說について〉(論集《華嚴文化の潮流》15, 東大寺, 2007), pp.58-68.

042　藤原崇人,《契丹佛教史の研究》(京都, 法藏館, 2015), pp.51-88.

는 선연이 《화엄현담》의 본문을 따라가면서 해설을 덧붙인 방식(수문해설)을 적극 활용하기 위해《화엄현담》의 해당 과목을 일일이 《담현결택기》의 주석들 사이사이에 편입시켰다. 따라서 독자들이 전후의 문맥과 문장의 구체적인 의미를 파악하는 데에 상당한 도움이 될 것이다.

1.
선연의
생애生涯

1) 전기:비문의 분석

《담현결택기》의 표제標題에는 '上京[043]開龍寺 圓通悟理大師 賜紫沙門
鮮演 述'이라고 되어 있다. 1986년, 중국 내몽자치구 바린좌기 임동진林
東鎭 북산北山에서 선연대사의 묘비가 출토되었는데 이 발굴로 인해 선
연의 전기를 보다 확실하게 살필 수 있게 되었다. 요의 마지막 황제 천
조제天祚帝(재위 1101-1125) 천경天慶 8년(1118)에 규규[044]가 지은《선연대사묘
비》[045]의 전문을 인용하면서 그의 생애를 살펴보겠다.[046]

---

043   상경임황부(현 내몽골자치구 바린좌기)는 遼나라 5京중 하나, 동경요양부(현 랴오닝성 랴오양
       시), 남경석진부(현 베이징시), 서경대동부(현 산서성 다퉁시), 중경대정부(현 내몽골자치구 링
       청현근처).

044   《遼代石刻文編》, pp.665-667, 천조제 사람으로 그가 찬술한〈鮮演大師墓碑〉에서 자신을 '대
       대로 析津(현재 北京大興)에서 살았고, 직위는 潢水에 임했다'고 서술하고 있다.

045   쓰沙雅章, 앞의 책, p.165, 《遼代石刻文編》pp.665-667; 朱子方·王承禮(1990~1, pp.123-
       124)에 전문을 인용'; 藤原, 앞의 책, pp.85-88에는 전문과 묘비와 탁본 사진이 실려 있다.

046   藤原崇人,〈契丹皇帝と學僧〉, 앞의 책, pp.51-88에서《선연대사묘비》를 통해 그의 일생을 연
       구하였다. 이에 필자는 이 장에서 遼에서의 강주 활동과 관련한 부분 등을 인용하였음을 밝
       혀둔다.

◆── 회주懷州에서 출생

...[047] 삼가 생각해보니, 수태부守太傅대사께서는 고금에 걸출한 인물이다. 휘는 선연鮮演이고, 가족은 회주懷州(현재 내몽內蒙 바린좌기巴林左旗)에서 대대로 살았으며 속성은 농서군(이씨) 출신이다. 그의 아버지 휘는 종도從道인데 성품이 총명하고 사려가 깊었으며 변설을 구사하고 글씨에 능통했지만 은둔하면서 벼슬하지 않고 있다가 중년에 죽었다. 그의 어머니 양씨楊氏는 평소 정갈한 모습을 간직했고 일찍부터 정숙한 덕을 품었다. 먼저 유교 경전으로 대사의 성리性理를 이끌어 주다가 차차 불교 서적으로 대사의 정리情理를 인도하였는데 맞닥뜨리는 것마다 잘했으므로 마음으로 애지중지하였다. 세상 사람들과는 무리를 짓지 않았어도 사람들이 놀라워할 만했다.[048]

선연의 속성이 이씨李氏(농서군)인 점은 그가 한인 출신임을 보여준다. 어려서부터 어머니의 정성으로 먼저 유교 경전을 섭렵하고 뒤에 불교 경전에 입문했다는 점은 뛰어난 학승으로서 다수의 장소를 저술한 요대 불교를 대표하는 인물이 될 수 있었던 이유이기도 하다. 그가 태어난 회주는 상경임황부에 위치하고 있으며, 요의 태종太宗(재위 926-947)과

---

047   지금 인용하는 〈선연대사묘비〉의 본문 내용은 맨 앞과 맨 뒤의 문장 몇 줄을 제외하고 모두 순서대로 수록·번역하였다. 〈선연대사묘비〉의 전문은 부록으로 실었다.

048   〈鮮演大師墓碑〉(據河北教育出版社本,《遼代石刻文編》收 劉潭, 劉鳳革 整理, pp.665-667), "恭惟守太傅大師, 古今之傑也, 諱鮮演, 家族系于懷美之州, 俗姓出于隴西之郡. 其父諱從道, 性聰善慮, 辭辨能書, 隱而不仕, 逝于中年. 其母楊氏, 素蘊貞姿, 夙懷淑德. 先以儒典誘師之性, 次以佛書導師之情, 觸而長之, 心乎愛矣. 不類於俗, 可驚於人."

목종穆宗(재위 951-969)의 능인 회릉의 봉릉주로서의 위치가 부여되었던 곳이다.

◆── 　상경上京 대개룡사大開龍寺에서 출가

동향에 계시던 태사대사太師大師께서 소문을 듣고는 가상하다고 칭찬해 마지않다가 전법 교화를 핑계대어 그의 처소에 이르렀는데 한번 본 순간 말씀하길 "비록 조금 자질을 간직했더라도 써서 크게 완수(太遂)하려면 방편으로 꾀어 교화하여야 자연히 살펴 깨닫게 된다"라고 하였다.

마침내 상도上都에 이르러서 태사대사에게 사사받고 출가하여 대개룡사大開龍寺에서 머물렀다. 비구의 궤범은 배우지 않고도 능숙했으며 보고 배우는 모든 것이 대중에서 으뜸이었다. 동문들이 그에 대해서 말하기를 '들짐승 중에 기린이며 날짐승 중에 봉황이다.' 그 모임 중에서 발군이었다.[049]

어려서부터 영특함이 남달랐던 선연은 동향의 태사대사[050]에게 출가

049　〈鮮演大師墓碑〉, "有同鄉太師大師聞之, 嘆嘉不已, 因而傳化, 至於居所. 一目之間曰:'雖小藏器, 用之太遂, 乃方便誘化, 自然省悟.' 隨詣上都, 禮太師大師爲師, 出家住大開龍寺. 苾蒭軌範, 不學成能. 凡所見聞, 皆長于衆. 同門謂之曰: '麒麟之於走獸, 鳳凰之於飛鳥, 拔乎其萃也.'"

050　藤原崇人, 앞의 책, p.85, '太史대사에 관한 전기는 알려진 것이 없다. 다만, 그가 태사라는 관함을 띠고 있었던 것으로 보아 황실과 관계를 맺고 있는 상경 방면의 유력승으로 보인다.'

를 권유받아 상경의 대개룡사[051]에서 출가 득도한다. 대개룡사는《요사
遼史》권제11에 의하면, 성종이 즉위 4년 만에 북송 태종(재위 976-997)으
로부터 화북과 산서의 여러 주를 공략받은 전투에서 크게 승리한 뒤에
수많은 북송 장병을 죽였던 것을 이유로 이 대개룡사에서 한 달간 법회
를 봉행하고 1만의 승려에게 공양을 올렸다고 한다.[052] 이를 통해, 대규
모 법회를 봉행할 정도의 규모를 자랑할 만한 대찰로서 요의 황실과도
밀접한 관계를 가졌던 사찰임을 엿볼 수 있다. 이런 사격을 가진 대개룡
사의 대중 속에서 선연은 발군이었던 것이다.

◆─　**유주幽州와 연주燕州의 논장에 참여**

선연은 나이 스무 살이 채 되기 전에 구족계를 받았다. 정식 승려가 되
자마자 곧바로 유행하면서 논장에 참여함으로써 학승의 길을 걷게 된
다. 비문에는 이렇게 기록되어 있다.

> 청녕淸寧[053] 5년(1059) 스무 살(弱齡)이 채 되기 전에 시경試經하고 계를
> 구족할 때 일등으로 발탁되었다. 얼마 되지 않아서 대중에게 하직하
> 고 여러 곳을 유행하면서 스승을 찾고 배우는 데로 나아갔다. 백습白

051　藤原崇人, 앞의 책, p.54에 의하면 개룡사터는 〈선연대사묘비〉가 출토된 임동진 북쪽 교외 소
　　　산의 전실묘 일대에 그 소재가 추정된다.

052　藤原崇人, 앞의 책, p.54, 《遼史》 권11 聖宗紀 統和 4年(986) 7월조에 보인다.'

053　道宗의 연호는 ①淸寧(1055-1064), ②咸雍(1065-1074), ③大康(1075-1084), ④大安(1085-
　　　1094), ⑤壽昌(1095-1101)이다. 천조제의 연호는 ①乾統(1101-1110), ②天慶(1111-1120), ③
　　　保大(1121-1125)이다. 이 연호들은 거의 모두 선연이 활동한 시기에 해당하므로 정리해 둔다.

霤[054]에서 시작해서 다음으로 유주幽州와 연주燕州 등 모든 논장에 참여했는데 명성이 날로 더해졌다.

진초국대장공주秦楚國大長公主가 대사에게 말하길 "원컨대 선우들을 위하여 죽림사로 들어오시어 오래도록 강주講主가 되어주십시오"라고 하였다. 일 년 남짓쯤에 명성이 주상에게 알려져 특별히 자색紫色 방포方袍와 자혜慈惠라는 덕호를 하사받게 되니 이로부터 명성은 경사京師에서 독보적으로 떨쳐졌다.[055]

　여기서 그가 논장으로 연이어 참여했다고 언급된 유주와 연주는 요나라 불교의 중심지였던 연운16주 가운데 두 주이다. 특히 요의 5경 가운데 하나인 연경(현 북경)은 대장경의 출판이 이뤄지고, 수많은 사원들이 연이어 지어지며 웅장한 불탑이 우뚝 세워지는 등 요나라 불교문화의 황금기를 주도하던 곳이기도 하다. 게다가 함옹咸雍 4년(1068)에는 요나라가 연경 홍법사 인경원에서 흥종의 중희重熙 연간(1032-1054)의 이른 시기부터 국가적 사업으로 봉행해왔던 《거란장》의 579질(5,418권) 전체 장경의 조인이 완료된다.[056]

　이러한 시대적 상황에서 유식종唯識宗과 화엄종華嚴宗 등의 활발한 강

054　《尙南》에는 "백습은 중경 대정부를 가리킨다."《지리지》〈中京道〉에 "대정현大定縣은 백습의 옛 땅이다"라고 하였다. 오늘날 中華人民共和國, 內蒙古, 大興安嶺西南至, 蒙古國東方省 일대이다.

055　〈鮮演大師墓碑〉, "淸寧五年, 未及弱齡, 試經具戒, 擢爲第一. 不日間, 辭衆遊方, 尋師就學. 始於白霤, 次於幽燕. 凡踐論場, 聲名日益. 有秦楚國大長公主謂師曰: '願爲善友, 請入竹林寺, 永爲講主.' 周載之餘, 聲聞於上, 特賜紫衣, 慈惠德號. 自爾名馳獨步, 振於京師."

056　竺沙雅章, 앞의 책, p.107, '咸雍4年3月4日 … 及募同志助辦印《大藏經》, 凡五百七十九帙, 創內外藏而龕措之.《全遼文》8, 187項.'

석 활동이 이뤄지던 연경 등지로 '유행하면서 스승을 참알'하는 동안 선연은 자신의 관심 분야를 찾았을 것이고, '논장에 참여하여 명성이 날로 더해졌던' 시기는 선연 본인이 〈저술 동기〉에서 언급한대로 '먼저 유식의 삼능변三能變을 배우고, 다음으로 화엄의 십소인十所因을 열람했던'[057] 과정들이 포함되었을 것이다. 따라서 이 유행 기간이 선연의 학문적 기반이 형성되고 심화되었던 중요한 시간이 된다.

그의 비문에는 누구의 문하에서 어떤 분야의 공부를 했다고 구체적으로 언급되어 있진 않았지만 백습, 유주, 연주라는 지역과 그의 찬술서적 등을 통해 우리는 요대 학승들에 의해 발달했던 경론연구 분야를 선연 역시 두루 섭렵했다는 것을 짐작할 수 있다. 그리고 이때 만난 학승들 중에는 훗날 도종에게 선연을 천거한 통찬소주通贊疏主 수진과 같이 요대의 뛰어난 장소의 찬술자들이 있었다.

◆— **연경 죽림사 강주로 초빙**

그런데 누구보다 먼저 그의 뛰어남을 알아보고 선연에게 강주가 되어주길 청한 이는 진초국대장공주[058]이다. 성종의 셋째 딸 삭고槊古로 알려진

---

057 《談玄決擇記》권6(X08, 088), "鮮演首習《唯識》三能變, 回究其源. 次覽《華嚴》十所因, 罔窮其邃"

058 《遼史》권65 표제3 〈공주표〉에는 동일한 이름이 보이지 않는다. 다만, 도종조의 대장공주(황제의 고모)는 둘째 딸인 '秦晉國大長公主'와 셋째 딸인 '晉蜀國大長公主'가 있다. 藤原은 이 중 '진진국대장공주' 즉 巖母董을 '진초국대장공주'로 파악하였지만, 〈묘행대사행장비〉(向南, 《遼代石刻文編》, 河北教育出版社, 1995)에 따르면, 의덕황후(도종의 비)의 어머니인 암모근은 1059년에 승하한다. 따라서 죽림사가 건립된 시기(1062)로나 선연에게 강주를 청한 시기로나 진초국대장공주는 '진촉국대장공주', 즉 성종의 셋째 딸 槊古가 틀림없다.

그녀가 죽림사[059]의 강주로서 선연을 초빙했다는 사실은 이때 그의 나이가 아직 젊었다는 것을 고려하면 그가 얼마나 탁월했는지를 짐작케한다. 그가 죽림사 강주가 된 시점에서 한 가지 주지할 점은 요대 황실에서 불사를 봉행하는 데 있어 황제뿐만이 아니라 황후와 공주들도 남달리 적극적이었다는 사실이다.

그 내용도 사원과 불탑의 건립 및 경전 간행 등 전반에 걸쳐져 있다. 진촉국대장공주는 자신의 관할구역인 의주懿州에서 자신의 사저를 보시하여 보엄사寶嚴寺(약사원藥師院)를 건립하여 그 주 내에서 약사공주로 불렸을 정도이다.[060] 도종이 사액한 연경 성내의 대호천사大昊天寺도 역시 성종의 둘째 딸인 암모근巖母堇이 사저를 희사하고 죽은 뒤 그녀의 추선追善을 목적으로 그녀의 딸 의덕황후(道宗妃)가 불사를 계승하여 완성한 사원이다.[061] 또 암모근의 어머니는 성종의 흠애황후欽哀皇后 소누근蕭耨斤인데, 소누근 역시 성종이 사망한 뒤에 그의 추선을 목적으로 경주 성 내에 거의 18여 년에 걸쳐 8각7층 석가불사리탑을 건립하였던 신심이 돈독한 불자이고 시주자였다.[062]

앞 장에서 언급했던 요대 하북성 풍윤현 천궁사 목탑에서 발견된《화엄경》8책은《거란장》의 소자본小字本 책자 형식으로 그 조조를 봉행

죽림사는 청녕 8년(1062)에 진초국대장공주가 연경 성 내의 좌가 충방현에 있던 사저를 희사해서 새롭게 바꾸고 도종이 사액을 내렸던 사원이다.(藤原崇人, 앞의 책, p.55-56)

060 藤原崇人, 앞의 책, p.56, '《遼東行部志》(pp.2533a-2534a)'

061 〈妙行大師行狀碑〉(向南,《遼代石刻文編》, 河北敎育出版社, 1995)에 따르면, 대호천사의 대시주자는 암모근이고, 불사를 주관한 분이 바로 묘행대사이다. 따라서 이 행장비문에 대호천사의 건립과정이 매우 상세하게 묘사되어 있다.

062 藤原崇人, 앞의 책, pp.20-50에 〈거란제후의 숭불의 장〉에서 慶州의 석가불탑의 건립과정에 시주자명과 시공부터 완공까지의 기간, 발견된 보물 등에 대해 매우 자세하게 설명하고 있다.

한 이 역시 성종의 딸인 '연국장공주燕國長公主'였다. 그녀가《화엄경》조
조를 봉행하면서 붙인 발원문에는 선왕과 주상 그리고 황손들에 이르
기까지 존귀와 안녕과 장수를 기원하고 더불어 왕실로부터 문무백관과
백성들 모두가 불도를 성취하길 기원하고 있다.[063]

이처럼 황실의 일원 각자가 봉행한 여러 불사 등을 통해 요대 황실
일가의 두터운 신심과 숭불의 면목을 엿볼 수 있다. 이런 정황 속에서
젊은 선연의 탁견이 신심이 돈독했던 삭고에게 지심으로 귀명할 대상이
되기에 충분했을 것이고, 선연 역시 1년 남짓한 시간동안 자색 방포(가
사)와 '자혜慈惠'라는 덕호를 하사받을 만큼 강주로서 자신의 역할을 훌
륭히 해냈던 것이다. 선연이 강주로서 탁월했다는 것은 다음 장에서 다
룰 저술 목록을 통해 그대로 드러난다.

◆— **개룡사 및 황룡부의 강주**

우연히 도종이 연주(현 북경)에 행차할 때 통찬소주通贊疏主가 특별히
천양하였고, 또다시 성은을 받들어 대개룡사 및 황룡부黃龍府 강주로
충원된다. 대안大安 5년(1089) 특별히 '원통오리圓通悟理'라는 네 글자
사호를 받았고, 대안 10년(1094) 겨울에 흥중부興中府 흥중현興中縣으
로 주청(奏係)하여 옮겼다.

---

063   쓰沙雅章, 앞의 책, pp.116-117,《花嚴經》권제1, 2, 5, 6, 7의 말엽에 발원문인 '… 특별히 淨財
       를 보시하여 공경스런 마음으로 小字《大花嚴經》1부를 조조합니다'라는 동일한 문장의 題
       記가 있다.

수창壽昌 2년(1096)에 숭록대부崇祿大夫 검교태보檢校太保로 승천되었고, 교지를 받들어 단壇을 개설한 것이 72회였다. 근기에 응하여 대중을 제도한 것은 셀 수 없을 만큼 많았다. 북쪽 궁궐에서 명성이 높아지고 서쪽 누각에서 역할이 중해졌다. 지금의 주상(천조제)에 이르러서 이런 옛 덕을 돌아보고 이 새로운 은덕을 하사하여 건통乾統 원년(1101)에 직급이 수태보守太保로 특진되었고, 6년(1106)에 수태부守太傅로 승천되어 특진되었다.[064]

　이 내용은 선연이 도종과 직접적인 인연을 맺게 된 과정과 그가 요나라에서 활동한 상황을 보여준다. 먼저 그를 도종에게 천거한 통찬소주는 《석마하연론통찬소》의 저자인 수진守臻(?~?)으로 응현목탑에서 발견된 그 간본을 통해 그의 직위와 거주사 등이 어느 정도 파악된다.[065] 이 주석서로 인해 그가 '통찬소주'로 불렸던 점, 선연을 도종에게 천거했던 점, 선연도 《마하연론현정소》를 지었던 점 등으로 유추해 볼 때, 선연과는 《석마하연론》논장과 관련한 선배 학승일 가능성이 높다.

　여기서 중요하게 짚어봐야 할 것은 선연이 개룡사와 황룡부의 강주로 동시에 충원되었던 일이다. 이 사실은 당시에 요 황제가 통치방법으로 행했던 '날발捺鉢'을 통해서 학승들과 밀접한 관계를 맺었는데 선연

064　〈鮮演大師墓碑〉, "偶遇道宗幸燕, 有通贊疎主特具鷹揚. 復承聖渥, 改充大開龍寺曁黃龍府講主. … 大安五年, 特授 圓通悟理四字師號. 十年冬, 奏係興中府興中縣. 壽昌二年, 遷崇祿大夫, 檢校太保. 奉旨開壇, 七十有二; 應根度衆, 億兆有餘. 北闕名高, 西樓器重. 逮于今主上, 眷玆舊德, 錫爾新恩. 乾統元年加特進階" 守太保. 六年, 遷特進 "守太傅."

065　쯔沙雅章, 앞의 책, p.165. '응현목탑에서는 《釋摩訶衍論通贊疏》 권제10과 《同通贊料》 권하의 함옹 7년(1071) 간본이 발견되었는데, 거기에 燕臺永泰寺·崇祿大夫·守司徒·通慧大師·賜紫·守臻 述이라고 되어 있다.'

도 그 한 축으로서 중요한 역할을 했음을 보여주기 때문이다. 요 황제는 황족과 외척, 신료들과 함께 계절마다 특정한 장소에서 숙영하고 장막에서 기거하였는데 이것을 '날발'이라고 한다.[066] 성종 이후로 주요 숙영지는 계절마다 거의 대부분 일정했으며, 도종과 천조제 치하에서는 여러 승려들을 동영지 및 하영지로 불러내어 전계 곧 보살계 수계와 강경을 봉행하도록 했다.[067]

그런데 개룡사가 있는 상경 임황부와 황룡부는 직선거리로 약 500킬로미터 정도 떨어져 있어서 두 지역의 강주를 겸임한다는 것은 매우 어려운 일이다. 후지와라(藤原)는 선연이 '황룡부 강주를 겸임'했다는 것은 주로 개룡사에 머물면서 겨울과 여름에 걸쳐 도종의 숙영지에 종행從行하면서 전계와 강경을 봉행하는 소임을 맡았던 것으로 보았다. 특히 황룡부는 이통하伊通河 중류 유역 서쪽 기슭에 위치하고 있어서 요나라 동방의 군사지점인 한편, 남쪽은 동경 요양부로, 서쪽은 상경 임황부로, 북쪽은 혼동강에서 만주지방 오지로 통하는 교통의 요충지이며, 중계도시로 알려져 있다. 따라서 도종이 겨울 숙영지였던 우사정藕絲淀에서 황룡부를 경유해서 봄 숙영지인 혼동강 방면으로 이동하는 데 선연이 종행했을 것으로 파악했다.[068]

---

066   藤原崇人, 앞의 책, p.61, '봄에는 混同江(松花江)유역과 그 상류인 月亮泡에서, 여름에는 慶陵
       으로부터 북쪽에 위치한 永安山 방면에서, 가을에는 慶州서쪽 경계의 여러 산에서, 겨울에는
       黃河와 老哈河의 합류유역 부근인 藕絲淀에서 각각 체재했던 것이 일반적'이라고 한다.

067   藤原崇人, 앞의 책, p.43-45.

068   藤原崇人, 앞의 책, p.62, '田村實造, 1939: 79'

◆— 검교태보, 수태보, 수태부로 승급

대안 10년(1094) 겨울이 되자, 선연은 흥중부 흥중현(현 요녕遼寧 조양시朝陽市)으로 소임지를 주청해서 옮긴다. 당시 흥중부는 요서遼西의 요지로 알려진 곳이다. 남쪽으로는 대릉하大凌河 유역의 비옥한 토양과 요동·고려 방면과 상경, 중경, 남경 방면을 연결하는 중계 지점으로서의 입지를 배경으로 요서 제일의 도시로서 번영했던 곳이다.[069] 흥중부 안팎으로 사원도 많이 있었으며, 그중에 하나인 화룡산(현재의 봉황산) 화엄사에는 도종조에 《집현기》 6권을 찬술한 화엄학승인 도필道弼(?-?)이 있었다.[070] 이로 인해서 당시 화엄사가 흥중부에서 화엄학 연구의 중요한 논장 역할을 담당했을 가능성이 높다. 게다가 흥중부 서쪽에는 경율론 삼학을 닦는 학문사 성격을 지닌 삼학사가 자리하고 있었다.[071]

다시 말해 흥중부는 불교학 연구가 왕성한 지역이라 선연은 여러 저술을 찬술할 만한 학문적 자극을 받기에 충분한 환경이었다. 이러한 점을 고려하여 흥중부로 소임지를 주청해서 옮겼을 것이다. 이런 정황을 뒷받침하는 것은 이 시기가 선연의 《결택기》 저술 추정 시기와도 맞물려 있기 때문이다.

흥중부로 옮긴지 2년이 지난 수창 2년(1096)에 선연은 숭록대부 검교

---

069   藤原崇人, 앞의 책, pp.58-59, '현재 朝陽市역 구내에 우뚝 솟은 북탑과 남탑, 교외의 봉황산에 우뚝한 雲接寺塔과 그 북쪽에 위치한 대보탑 등등 시내에 모습을 남긴 遼代의 당당한 불탑을 통해, 그것의 창건과 중수를 주도했던 흥중부 관민들의 높은 자본력뿐만 아니라, 이 府의 불교신앙의 성행을 엿볼 수 있다.'

070   竺沙雅章, 앞의 책, p.146, '道弼은 興中府 和龍山 花嚴寺의 사문인데, 도종으로부터 崇祿大夫, 守司空, 悟玄通圓大師라는 호를 사사받았다.'

071   藤原崇人, 앞의 책, p.62.

태보로 승급되어 1101년까지 5년간 지냈다. 이때 고려의 의천과 교장 간행과 관련하여 직간접적으로 상당한 교류를 했다. 선연은 검교태보로 승급된 이후 교지를 받들어 72회에 걸쳐 계단을 개설하는 등 활발한 전계활동을 펼칠 뿐만 아니라 계본을 저술하기도 했다. 뒷장의 저술목록에서 언급될 《보살계찬요소菩薩戒纂要疏》, 《보리심계菩提心戒》, 《제경계본諸經戒本》이 그것이다. 이를 통해 선연이 화엄학자이면서 동시에 계학자의 면모도 갖추고 있었다는 것을 알 수 있다.

1101년은 가장 두터운 후원자였던 도종이 붕어하고, 밀접하게 교류했던 의천이 세상을 떠난 해이다. 이후 그는 천조제에 이르러 수태보, 수태부까지 승급되었고, 이 과정에서 그의 음덕은 문도와 세속의 권속에게까지 널리 미쳤다. 비문에는 그의 음덕을 입은 이들에 대해 승속의 차례로 자세히 나열하면서[072] "승려들의 작위와 시호는 한 문중에 경사가 몰렸고 속가 권속들의 신명은 9족까지 광생하였다"[073]라고 묘사하고 있다. 선연은 이후 천경 2년(1112)에 이르러서 은거하다가 천경 8년(1118)에 천화한다.

---

072 〈鮮演大師墓碑〉, "음덕을 입은 문인에는 친사제인 興操가 '紫衣'의 두 글자 사호를, 興義는 자의, 숭록대부, 홍로경을, 興密, 興智, 興祚는 紫衣 덕호를, 그 나머지 응공을 받은 자들은 셀 수가 없었다. 다음으로 음덕을 입은 속가의 사제에는 후은 좌승제 겸 감찰어사를, 속가 조카인 永晟은 예빈부사 겸 전시중을, 그 다음으로 속가 조카인 永安, 永寧은 모두 班祗候에 있게 되었다."

073 〈鮮演大師墓碑〉, "緇徒爵號, 慶萃一門. 俗眷身名, 光生九族."

2) 교류 활동

◆— 고려 승통 의천이 마음을 쏟음

선연이 요나라에서 활동한 상황은 그의 전기에서 파악한 것과 같다. 그의 비문에는 저술 활동과 관련한 평가를 하면서 선연의 탁월한 저술로 인해 "고려에서는 승통(의천)이 마음을 기울였다"고 언급하고 있다. 이는 《교장총록》에는 수록되지 않았던 《담현결택기》가 요나라 보다 먼저 고려에서 간행되었기 때문이다.

요나라에서 전계와 강학으로 활발했던 선연의 활동이 고려와 송, 일본으로까지 범위를 넓힌 것은 시기적으로 수창 2년(1096)에 숭록대부 검교태보로 승급된 시점과 맞물려 있다.

의천은 1090년 《교장총록》을 발행한 뒤에, 교장의 간행을 활발하게 행하고 있었다. 고려의 정치적 상황으로 선종 사망(1094)을 전후로 3~4년 동안 해인사에 은거해 있다가 다시 개경 흥왕사 주지로 강학 활동을 시작한 때가 바로 1096년이다. 이듬해 국청사 주지도 겸임한다. 그는 은거 동안 교장의 편집과 간행을 다 마치지 못한 점을 몹시 부끄러워했기 때문에, 이후 그의 행보에서 교장의 간행과 관련한 활동은 무엇보다 우선순위에 놓였을 수밖에 없었다.[074]

---

074   박용진, 《義天, 그의 생애와 사상》(서울, 혜안, 2011), pp.81-87; 《대각국사집》 권20 〈해인사은 거유작4수〉 가운데 2수 '교문에 이룬 공업 없어 부끄럽기 만하도다.' 또, 〈敍悔〉에 "教網의 벼리가 망가져서 정말 슬픈데, 弘護하는 이 마음을 누가 알아줄까. 공 없이 일찍 물러남이 부끄럽지만…" 하였다.

이런 상황에서 선연은 검교태보로 승급하여 요나라 불서 간행에 중요한 역할을 담당하게 되었고, 의천과는 교장 간행의 실무자로 교류하게 된다. 선연이 의천과 언제부터 교류하게 되었는지 정확히 알 수는 없지만, 선연의 저술이《교장총록》에는 전혀 수록되지 않았던 점으로 보면,《교장총록》이 간행된 1090년 이후부터《결택기》가 간행된 1096년 사이일 것이다. 어쨌든 두 사람은 서로의《비문》과《문집》에 등장할 만큼 직간접적으로 친밀한 교류를 맺었던 것은 분명하다.

◆── **의천과 관련한 활동**

선연과 의천의 교류를 증명해주는 중요한 자료가 바로《대각국사외집大覺國師外集》[075]이다.《대각국사외집》권제8에는 요나라 야율사제耶律思齊[076]가 의천에게 보낸 편지 글 3수가 실려 있는데, 그중 제3수의 서신에는 다음과 같은 내용이 있다.

전에 보여주신 목록과 관련하여 선연대사로 하여금 장소章疏를 찬집하게 하려고, 예전에 대궐에 가서 바로 대인혜大仁惠 제점提點과 함께 공동으로 주청하고 성지를 기다리다가 지난겨울에 여러 대사들이 왔

---

075   《대각국사외집大覺國師外集》 13권은《韓國佛敎全書》제4책에《대각국사문집大覺國師文集》23권과 함께 수록되어 있다.《대각국사집》(동대출판부, 2012)에 문집과 외집을 일괄 번역하여 수록했다.

076   藤原崇人, 앞의 책 p.68, "고려 숙종 2년(1097) 12월에 고려국왕책립사자로써 고려에 입국할 당시 그는 '臨海軍節度使, 檢校太傅, 兼御史中丞'이라는 직함을 띠고 있었다."

기에 다시금 주청하였는데, 마침 ··· 태사太師 지길대사智佶大師[077]는 평안합니다. 그의 찬집撰集은 교의가 새로워서 이미 조판하여 유통시키도록 주청하였습니다만, 예전의 초본에 오류가 있는 것이 매우 걱정되기에 또, 장차 새로 인행하려고 합니다.

태보太保 선연대사도 또한 평안합니다. 그의 기문記文[078]을 그곳(고려의 교장도감)에서 조인彫印하여 진정進呈한 뒤에 또 대조大朝(요)에서 조인하여 유통하게 되었으니, 저 선연대사는 평생토록 어떻게 감사해야할지 이루다 말할 수 없을 것입니다. 다만 지금 그 판본을 가지고 와서 읽어보건대, 글씨를 베껴 쓴 사람의 착오로 인하여 음音만 같고 글자는 틀린 경우가 적지 않으니, 또 새로 1부를 인행印行하게 하여 헌정하려고 합니다. 또, 전의 경주승록慶州僧錄의 대사가 찬집한 것을 부쳐드리고,《마하연론기문》1부와《어의御義》5권[079]도 부쳐드리려 합니다.

이하생략. (《요나라 어사중승 야율사제가 보낸 글》第3首)[080]

이 글은 1097년 요나라에서 고려 숙종肅宗(재위 1095-1105)의 책립사자

---

077 藤原崇人, 앞의 책 p.71, '智佶은 僧傳등에는 확인할 수 없지만 智佶이 의천에게 보냈던 시(《대각국사외집》권제11)가 있는데 그 서문의 말미에 〈大遼 天慶寺 傳戒芯蒭 智佶奉上〉이라는 기명이 있다. 의천과 친교가 있고, 太師를 띠고 있는 것에서 도종의 숙영지로 불러들였던 승려 중 한사람일 것이다.'

078 대각국사 외, 앞의 책 권8, pp.605-607, '安樂伊集'과 '安樂伊記文'의 경우, 하나로 묶어 서명으로 보았으나 필자는 藤原崇人, 앞의 책, p.71에 의거하여 '평안합니다(安樂)'라는 안부인사와 '그의 찬집(伊集)', '그의 기문(伊記文)'으로 따로 떼어서 해석하였다.

079 김영미, 앞의 논문, pp.121-123에는 智佶이 의천에게 보냈던 시에서 언급한 의천 저술의 《御解大義後序》에 근거해서 이《御義》를 도종이《석마하연론》에 대해 구절로 묶어 해설한 글로 보고 있다.

080 대각국사 외, 앞의 책 권8, pp.605-607의 번역문을 주로 인용하였으나 내용상 중요한 몇 가지를 수정하였다.

로 고려에 입국했던 야율사제가 의천에게 보낸 서신인데, 그가 의천에게 보낸 세 통의 서신 가운데 마지막 편지로 그 내용이 온전히 남아 있다.

이 제3 서신은 내용상 많은 의미를 담고 있어 사료적 가치가 매우 높다. 당시 의천이 교장 간행과 관련하여 요나라 인물과 교류한 내용을 비교적 상세하게 담고 있기 때문이다. 이 내용 안에 선연이 요나라의 장소를 찬집하게 된 상황과 고려의 교장도감에서 그의 기문을 조인하고 유통시킨 과정 등이 포함되어 있다.

또 '선연대사도 평안합니다'라며 의천에게 안부를 전해줄 만한 관계라는 것을 알 수 있다. 게다가 여기서 언급한 '그의 기문'은 전년(1096)에 고려에서 간행된《담현결택기》일 것이다. 왜냐하면 선연의 저술 목록을 살펴보면 모두 '소'이거나 '초'이며 '기'는《담현결택기》뿐이기 때문이다.

결과적으로 '그(선연)의 기문(담현결택기)이 그곳(고려의 대흥왕사 교장도감)에서 간행된 뒤에 요나라에 헌정되었고, 이후에 요나라에서 다시 조인되어 널리 유통되는 과정이 이뤄졌음'을 알 수 있다. 이 때문에 선연이 감사하는 마음을 이루다 표현할 수 없었던 것이다. 그리고 서신에서 언급한 대로 고려의 간행본이 '글자가 틀린 것이 적지 않다'는 점에서 볼 때, 고려에서는 그 후속조치로 간본에 대한 교감이 이뤄졌을 것으로 보인다.

◆— **요의 장소 찬집 담당**

첫머리에 '선연대사로 하여금 장소를 찬집하게 하려했다'고 언급한 점을 눈여겨봐야 한다. 아직 결정된 상황을 알린 것은 아니지만, 검교태부檢校太傅인 야율사제가 경판 및 교장 간행의 실무자인 제점과 함께 도종에게 그 일을 주청했다는 사실만으로도 선연이 요에서 차지하는 위상을 충분히 엿볼 수 있다.

또 고려에서 간행된 교장은 요나라에서 아직 간행되지 않은 장소까지 포함하고 있었다는 점이 주목할 만하다. 요대 학승의 저술인《담현결택기》가 고려에서 먼저 간행되어 그 간본이 요나라로 진정되었고, 그 뒤에 반대로 요에서 조인되어 다시 고려로 유통되었던 것이다. 이런 측면에서《고려교장》이 동아시아 불교발전에 이바지한 역사적 가치를 재차 확인할 수 있다.

당시 의천은 요나라에서도 저명했는데, 요의 천우제(도종)는 국사의 명성을 듣고는《대장경》과 제종의《소초》6천9백여 권을 보내주기도 했다. 요의 사자가 고려에 입국하면 의천에게 토산품과 자수를 가지고 뵙기를 청했고, 고려의 사자가 요에 이르면 반드시 의천의 안부를 묻곤 하였다고 한다.[081]《교장총록》에 수록된 요대 학승들의 장소가 많고, 찬술자도 13명에 이르렀던 것은[082] 그 교류에 대한 방증이다.

그 당시 요와 송 사이에는 전연의 맹약(1004)이후 양국 간에 문화교류가 엄금되어 승려의 왕래나 서적의 교환 등은 엄벌에 처했기 때문에 직접적인 교류가 사실상 불가능했다.[083] 그런데 요에서 고려를 통해 송으

---

081   대각국사 외, 앞의 책, p.701, 외집 권제12, '김부식,〈영통사대각국사비문〉.'

082   藤原崇人, 앞의 책, p.77, '神尾一春,《契丹佛教文化史考》(第一書房, 1982), pp.115-136,《교장총록》에 수록된《章疏》의 저자들 속에 요대의 학승을 뽑아 정리했는데, 그것에 의하면 詮明, 希麟, 澄淵, 非濁, 思孝, 保衡, 守臻, 法悟, 覺苑, 志福, 道弼, 志實, 志延 등 13명이다. 그들의 활동 시기는 詮明과 希麟은 성종조와 그 이전이며, 澄淵부터 保衡까지 4인은 흥종조, 守臻부터 志延까지 7인은 도종조이다.'

083   竺沙雅章, 앞의 책, p.110~111.

로 전적이 유출되기도 했다는 것이 《결택기》의 〈사본기〉를 통해 확인된다. 〈사본기〉에는 요의 대표적인 화엄주석서인 《결택기》가 고려에서 간행된 것과 이후 송의 숭오고사에서 필사되어 고려교사(혜인원)에 비본秘本으로 소장된 사실을 보여주고 있기 때문이다.[084] 이는 양국 간의 직접 교류가 아닌 고려를 통한 우회유통의 결과라고 할 수 있다.

또, 《결택기》 권제2에 후주後周 의초義楚(?-?)의 《석씨육첩釋氏六帖》 권제7의 인용이 있고, 권제4에는 송의 장수자선長水子璿(965-1038)이 찬술한 《기신론소필삭기起信論疏筆削記》의 인용이 있으며, 요대의 지복志福(?-?)[085] 이 저술한 《석마하연론통현초》 권제2에는 송의 도원道原(?-?)이 저술한 《경덕전등록》 권제5와 권제4가 인용되고 있다.[086] 이를 통해 교류가 엄금된 서적들이 송에서 요에도 전해졌다는 사실을 알 수 있는데, 양국 모두에서 불교 전적을 적극적으로 수집 간행하고 유통시킨 의천의 역할이 한 축으로써 작용했을 가능성이 매우 높다.

---

084   《談玄決擇記》(X08, 16a06) ①"高麗國 大興王寺 壽昌二年歲次(丙子), 奉宣雕造. 大宋國 崇吳古寺 宣和五年(癸卯)歲, 釋安仁傳寫,…"; (X08, 51c24) ②"大宋咸淳第七(辛未)歲春中月下七日, 於宋朝湖州思溪法寶禪寺, 借得行在南山高麗教寺之秘本, 謹以寫留之畢. 執筆沙門辨智."

085   《釋摩訶衍論通玄鈔》(X775), '표제에 大遼醫巫閭山崇祿大夫, 守司徒, 通圓慈行大師, 賜紫沙門, 志福 撰'으로 되어 있고, 도종이 찬술한 서문에는 그를 '東山, 崇仙寺沙門'이라고 표현하고 있다.

086   竺沙雅章, 앞의 책, pp.159-160.

2.
선연의
저술著述

1) 저술의 주요 목록

선연이 부여받은 '원통오리대사圓通悟理大師'란 사덕호師德號는 불교 이론
연구와 저술 방면에서 취득한 성과를 크게 인정받았음을 의미한다. 즉,
'원통오리'의 4자 덕호와 '대사' 사호가 그것인데, 덕호의 머리글자가 '圓
通'인 것은 그가 학문분야에서 최고라는 것을 보여준다.[087] 선연의 저술
활동에 대해 〈선연대사묘비〉에 이렇게 쓰여 있다.

　연구하는 여가에 저작하는데 심혈을 기울여 《인왕호국경융통소仁王

087　張國慶, 〈遼代僧尼法號, 師德號與"學位"稱號考—以石刻文字資料爲中心〉(中國社會科學院
　　民族學與人類學硏究所,《民族硏究》, v.2011 n.6, 北京, 中國, 2011.), 滴要, "요대승니의 師德
　　號는 황제로부터 부여받는데, 그 조건은 德과 法이 둘 다 훌륭한 경우이다. 덕이 높고 법이 중
　　한 대사와 대덕은 2자 사덕호로부터 시작해서 4자 사덕호로 올라간다. 고승의 이름난 승은
　　사덕호를 획득하는 동시에 다시 '賜紫'와 '속관' 명예직과 아울러 음덕과 제자와 세속 친척까
　　지 모두 받게 된다. 師德號에는 차별성이 있는데, 앞쪽(德號)은 학문과 관련하여 주고, 뒤쪽
　　(師號)은 '寺業'을 특별히 중시한다. 사호의 순서는 대덕에서 대사에 이르고, 사호가 덕호보다
　　높다."

護國經融通疏》《보살계찬요소菩薩戒纂要疏》《유식론철기제이초唯識論掇奇提異鈔》《화엄경현담결택기華嚴經玄談決擇記》《마하연론현정소摩訶衍論顯正疏》《보리심계菩提心戒》및《제경계본諸經戒本》을 찬술하였는데 권질이 매우 많았고,《삼보육사외호문三寶六師外護文》만이 15권이었으니 온갖 수행의 심오한 곳까지 뒤밟고(筌蹄) 모든 경전의 깊숙한데 까지 필삭筆削했다고 할 만하다.《인명론因明論》의 대의를 소통하면서는 도중에 폭우에도 그 옷을 적시지 않았으며,《능엄초楞嚴鈔》의 문장을 간정하면서는 산속의 마른 우물에서 저절로 그 샘이 용솟게 하였다. 이로 인해 외방 고려에서는 승통(의천)이 마음을 기울였으며, 대요大遼 중국에서는 사도들이 우러러 바라보았다.[088]

위의 저술 목록에 따르면, 선연이 요대 불교를 특징짓는 대표적인 장소를 거의 모두 저술하였다는 것을 알 수 있다.

우선,《인왕호국경융통소》는 앞서 언급했던 요대의 발굴 석탑인 경주의 석가모니불사리탑과 하북성 풍윤현의 천궁사탑에서는《인왕경》과 함께 호국삼부경 가운데 하나인《금광명경金光明經》(4권, 담무참 번역)과《금광명최승왕경金光明最勝王經》(10권, 의정 번역)도 각각 발견되어 이 경전들을 중시했다는 것을 알 수 있다. 이 사실은 당시 고려와 마찬가지로 요에서도 왕권과 관련하여 국가를 통치하는데 호국불교의 공능에 기대었다

---

088 〈鮮演大師墓碑〉, "凡敷究之暇, 述作爲心, 撰《仁王護國經融通疏》《菩薩戒纂要疏》《唯識論掇奇提異鈔》《華嚴經玄談決擇記》《摩訶衍論顯正疏》《菩提心戒》暨《諸經戒本》, 卷帙頗多. 唯《三寶六師外護文》一十五卷, 可謂筌蹄乎萬行之深, 筆削乎《千經》之奧. 通《因明》大義, 則途中暴雨而不濡其服; 刊《楞嚴鈔》文, 則山內涸井而自涌其泉. 由是, 高麗外邦, 僧統傾心; 大遼中國, 師徒翹首."

화엄경담현결택기 1

는 점을 뒷받침한다.[089] 선연은 이런 맥락에서《인왕경소》를 저술한 것으로 보인다.

또,《보살계찬요소》《보리심계》《제경계본》등의 세 종류 저술은 출가자나 재가자를 막론하고 누구나 수지할 수 있는 보살계와 보리심계에 관한 것이다. 여기에《유식론철기제이초》와《화엄경담현결택기》는 요대에 가장 성행했던 유식종과 화엄종에 관한 저술이다. 게다가 도종의 특별한 관심으로[090] 요대에서 연구가 집중되었던《석마하연론》에 관한 주석서인《마하연론현정소》까지 찬술하였던 점 등을 통해 선연은 요대를 대표했던 학승이었다는 것을 엿볼 수 있다.

그런데 위에서 열거한 저작들 중에《담현결택기》만이 현존한다. 이 《담현결택기》의 존재로 선연의 화엄사상을 알 수 있고, 요대 화엄교학의 수준을 엿볼 수 있다는 점에선 다행이다. 반면, '고려의 승통인 의천이 선연에게 마음을 기울'인 이유 중 하나가 되었던《인명론》의 대의와 《능엄초》는 물론이고, 다른 저작들을 볼 수 없는 점과 '권질이 매우 많았다'는 언급을 확인할 수 없는 점은 매우 아쉬운 부분이다.

---

089   《인왕호국반야바라밀경》(T246) 〈제5호국품〉, "… 모든 큰 나라 국왕은 국법을 다스려 보호하려면 마땅히 이와 같이 이 경을 받아 지니고 읽고 외우고 해설해야 할 것이니라."

090   도종은 志福 저술의《釋摩訶衍論通玄鈔》의 〈引文〉(X775, 110, 天佑皇帝御製)을 직접 지었는데, 그 글에서 "朕聽政之餘, 留心釋典. 故於茲論, 尤切探賾"라고 하였고, 또《釋摩訶衍論》을 "釋論十卷行於世, 其義顯燦兮! 若三辰之麗天, 咸覩其光彩. 其言博浩兮! 如四溟之紀地, 莫測其涯涘"라고 평가하고 있다.

2) 저술의 특이 사항

그의 일실된 저술 가운데 몇 가지 특이 사항이 있다.

첫째는 《유식론철기제이초》[091]이다. 《성유식론》의 연구서로 추정되지만 '유식론' 옆에 붙여진 '철기제이掇奇提異'는 자은규기慈恩窺基(632-682)가 저술한 《성유식론술기》의 서문에 나오는 구절이다. 규기가 《성유식론》에 대해 "모든 경전의 강령을 총괄하되 감춰진 종지를 찾아서 머금고, 온갖 논서의 청련菁蓮을 포괄하되 기묘한 것을 줍고 특이한 것을 끌어들였다(掇奇提異)"라고 한 구절이다. 이는 규기가 《성유식론》의 탁월함을 표현한 말인데, 선연이 그것을 자신의 《유식론초》 제목 속에 넣은 것이다. 그런 면에서 이 《유식론초》가 《성유식론》의 주석이기 보다는 《유식론술기》에 대한 주석서일 가능성이 좀 더 크다고 볼 수 있다.

둘째는 《삼보육사외호문》 15권이다. 이는 《담현결택기》 권제3에서 그 존재를 확인할 수 있다. 선연은 보현보살이 해외海會의 상수上首인 까닭을 설명하기 위해 '보普'를 열 가지 뜻으로 해설하면서 다음과 같이 쓰고 있다.

"그러므로, 새로 찬집한 《칭찬삼보육사문》에서 '보현보살은 참회의 스승인 분으로 참된 묘체에 그윽하게 계합하고 성해性海에 걸맞으며, 찰진 국토에 변만하여 사물에 응한다. 자신을 장엄하여 연을 따라 일어나

---

091   窺基 撰, 《成唯識論述記》 권제1(T1830, 0229), "總諸經之綱領, 索隱涵宗. 括衆論之菁華, 掇奇提異."

되 형상이 항하사와 같은 법계에 두루한다. 영산회상에서는 뒤에 코끼리왕을 타고 왔으며, 보리도량에서는 먼저 사자후를 지었으니 모두 과해果海에 사무쳤으므로 초심初心에 여래란 칭호를 얻었고, 인원因源을 총괄해 꾸렸으므로 묘각妙覺임에도 여전히 보살이라 일컫는다. 선심善心이 발하면 때에 응하여 몸을 나타내고 죄업의 장애가 설사 깊더라도 암암리에 마정수기한다. 여래가 광명으로 찬탄한 중찰衆刹이 어찌 미진과 다르겠는가. 선재가 닦은 인행이 수없이 많은 겁일지라도 (보현보살의) 모공을 넘지 못하였다. 원융문으로는 삼성三聖[092]이 홀로 진공眞空을 표현하고 항포문으로는 육사六師가 특별히 망유妄有를 참회하여 제거한다. 혹은 견고의 굴에 머물면서 구족되고 깊고 깊으며 진실하고 광대한 원종圓宗을 담론하고, 혹은 아미산에 거주하면서 그대로 변만하고 그대로 상주하는 수승한 행을 닦으며, 보위寶威의 불국토에서는 오지 않으면서도 오고, 화엄도량을 향해서는 변만하지 않으면서도 변만하네. 신통을 헤아릴 수가 없어 모든 중생들이 흠모하여 의지하며 공덕을 생각하기 어려워 제불이 공경하여 예 올리네'라고 하였다."[093]

다음으로 문수보살이 상수인 까닭을 설명하면서 역시 "또, 새로 찬집한 《칭찬삼보육사문》에서 '문수보살은 궤범의 스승인 분으로 제불의 수승한 어머니이고 대각의 조사이며, 믿음과 지혜의 법문을 꾸리고, 처음과 끝의 부처의 경계를 포괄하고 있다. 방편(權)에 즉한 진실(實)로 중생을 구제하면서 항상 시방에 변만하고, 진실에 즉한 방편으로 만물을 교

---

092   삼성은 화엄의 三聖으로 비로자나불, 문수·보현보살을 의미한다. 六師는 삼성을 항포문으로 표현한 것으로 유추할 수 있을 뿐 자세한 설명은 없다.

093   《결택기》권제3(X08, 0017b); 朴銀英(智玄)(2017), pp.361-364.

화하여 오랫동안 오계五髻의 정상에 머무르네. 선재는 잠깐 만나고서 단박에 수승한 보리심을 내었고, 용녀는 만나자마자 곧 위없는 정각을 이루었네. 여의보주를 가지고 함식(중생)들이 소원하는 것을 만족시키고 사자왕을 타고서 유정들에게 무외를 베풀어주시네. 앞선 겁에 과를 이루어 '용종존왕龍種尊王'이라고 호칭하였고, 현세에 도를 증득하니 '마니보적불'이라 한다네. 과거에 법을 넓히어 '묘광妙光'이라 지목되었고, 미래에 진을 증득하면 또다시 '보견普見'이라고 일컬어질 것이네. 아사세왕의 견고한 간청을 받고 진수성찬을 변화로 지어 많은 성현들께 공양 올리고, 석가세존의 미묘한 말씀을 받고는 보배 발우를 들고서 천자들을 교화시켰네'라고 하였으니 이미 불타의 조사인데 어찌 승가의 상수가 아니겠는가. (자세하게 찬탄한 일은 저 문헌과 같으니 일이 여러 경전에서 나온다)"라고 하였다.[094]

위의 내용으로 미뤄볼 때, 선연이 《화엄경》 등 여러 경전에 나오는 삼보와 육사를 찬탄하는 내용을 모아 엮은 글이라는 것을 알 수 있다. 또, 이에 준거하면 서명의 완전한 명칭은 《칭찬삼보육사외호문》이 되어야 할 것이다. 그리고 '새로 찬집한'이란 표현으로 볼 때, 《담현결택기》를 찬술하기 바로 직전에 찬집한 것으로 보이며, '여러 경전에 나온다'라는 설명을 통해서 그가 《화엄경》 뿐만이 아니라, 여러 경전의 내용을 섭렵하고 있다는 사실을 간접적으로 보여주고 있다.

끝으로 《화엄경현담결택기》는 여기에 적힌 명칭이 '담현'이 아닌 '현담'인 것을 알 수 있다. 이로 인해 현존본의 서명이 '담현'으로 되어 있는

---

094   《결택기》 권제3(X08, 0017c); 朴銀英(智玄)(2017), pp.364-365. 인용문 가운데 ( )는 小註이다.

것은 옮겨 쓰면서 잘못된 것으로 판단하는 것이 학계에서는 일반적이다.[095] 기실,《현담》을 주석한 기문記文이므로 '현담결택'이 더 타당하긴 하다. 그런데 이 〈비문〉을 제외하고는《가나자와사본》전6권 및《만속장본》의 전5권,《장경서원》5권 등 현존하는 사본의 표제와 미제가 모두 '담현결택'으로 되어 있다. 본문 속에서 선연 자신은 물론, 후대에《담현결택》을 인용하는 글에는 모두 '결택' 혹은 '결택기'라고만 했을 뿐,[096] '현담결택'이라고 한 곳은 전혀 없다. 이런 이유들 때문에 전사하는 사이의 실수라고 단정하긴 어렵다.

그런데 여기서 한 가지 더 살펴볼 것은 그 명칭이 '현담'인지 '담현'인지에 관한 논의와는 별도로 비문에는《화엄경현담결택기》라고 하여 '기'까지를 분명하게 서명으로 기록하고 있는 점이다. 필자는 이 점은 그대로 받아들여 사용했다. 그 이유는 지금 언급된 것 이외에도 선연 자신이 직접《결택기》를 저술한 동기를 밝히면서 제자들로부터《현담》에 관한 '기문記文'을 집성해 달라는 요청을 받았다고 언급한 점,[097] 요의 야율사제가 대각국사 의천에게 보낸 서신 제3수에서 '그(선연)의 기문記文'이라고 표현한 점,[098]《가나자와사본》권제5의 미제에《대방광불화엄경결택기》라고 되어 있는 점, 중국에서 저술된《소초》의 후대 주석서 4종 모두가 '-기'라는 명칭이 사용된 점,[099] 또 '결택'으로 끝나는 것보다 '결

095   쓰沙雅章, 앞의 책, p.147에서 〈비문〉에 적힌 서명에 근거해 현존본의 명칭은 전사하는 사이의 잘못이라고 보고 있다.

096   원대 보서의《會玄記》, 일본 담예의《演義鈔纂釋》의 인용문에는 모두 '결택'으로만 되어 있다.

097   《결택기》권제6(X08, 89a); 朴銀英(智玄)(2017), pp.952-953.

098   대각국사 외, 앞의 책 권15, pp.300-301, '諸宗의 교장을 간행하며 宣王을 대신해서 지은 글'

099   순서대로 요의의《集玄記》,《玄鏡記》와 남송의《會解記》와 원대의《會玄記》가 모두 그렇다.

택기'라고 했을 때 이것이《소초》의 주석서인 것이 잘 드러난다는 점 등 때문이다. 다만 '담현결택'이 아니면 '결택기'의 두 가지로 구분되어 있는 점을 반영하여 필자도 그렇게 사용했다.

華嚴經談玄決擇記 一 解題 Ⅲ

『담현결택기』의 심층 연구

1.
《결택기》의
저술 동기와 시기

1) 저술 동기

선연이 《담현결택기》를 집성한 이유는 바로 그에게 《화엄현담》 강의를 들었던 오백 명의 제자들로부터 간절한 요청을 받았기 때문이다. 그 인연을 다음과 같이 상세하게 적고 있다.

지난여름부터 계속해서 법석을 열어 초가을에 이르자 편지를 주면서 고구정녕하게 청하기를 "간절하게 만규滿規 등 500명의 학류들이 숙세에 원종圓宗을 사모하여 이제 요의了義(의 가르침)를 받게 되었으나, 이理·사事의 동일성과 차이점을 구별할 수 없고, 중생과 부처의 상즉과 여읨을 분간하기 어려우며, 인행因行과 과덕果德의 감득과 응수에 어둡고, 염오와 청정의 단멸과 증득에 미혹합니다. 《현담》[100]의 상·

---

100   이곳에 《현담》이라고 쓰여 있지만 이는 회편된 간본 《현담》이 아니고, 다분히 《대소》와 《연의초》의 《현담》 부분이다. 따라서 필자는 후대에 회편된 《현담》과의 차별성을 위해 《현담》으로 표시하였다.

하 내에서 뜻 문(義門)의 감춰지고 드러난 틈에 근거하여 간략하게 기
문記文을 집성해서 길이 뜻풀이가 되기를 청합니다"라고 하였다.[101]

　선연은 그의 비문에서 언급했듯이 활발한 강석활동을 이어갔고 그
강의하는 여가에 경론의 장소를 찬술하는 데 심혈을 기울였다. 이 글
을 통해서《대소》와《연의초》, 그 중에서도《현담》부분에 관한 강의를
활발히 진행했고, 강의를 듣는 제자들이 오백 명에 이를 정도로 인기를
구가했다는 것을 알 수 있다.
　또, 화엄학에 정통했던 도종은 항상 겨울과 여름에 선연을 궁궐로 불
러[102] 현묘한 이치를 묻고 편의를 도모하였다. 선연은 오직 강의를 펴고
알리는 것을 잘했고 경청하고 관람하는 데 협력했던 것이다.[103] 그런데
선연 스스로는《담현결택기》를 짓고 난 후기를 다음과 같이 묘사했다.

　내가 먼저 유식의 삼능변三能變을 배우면서 그 근원을 파악하지 못했
　고, 다음으로 화엄의 십소인十所因을 열람하다가 그 심오함을 다하지
　못했다. 그런데, 우선 미진한 (실력)을 휘둘러 전등하려니 맹랑함에
　괜스레 부끄러움이 피부에 와 닿는다. 금계 문서를 쥐고 있으니 재주
　의 실체를 기문記文의 중심에 풀어놓겠다.

101　《談玄決擇記》권제6(X08, 088), "偶因前夏, 續啓法筵, 洎至初秋. 列狀扣請, 其詞曰: "切以滿
　　　規等, 五百學流, 宿慕圓宗, 時被了義. 理·事之異同莫辨, 生·佛之卽離難分. 昧因·果而感酬, 迷
　　　染·淨而斷證. 擬請於玄談上下之內, 據義門隱闢之間. 略集記文, 永爲義釋."
102　奎 撰, 〈선연대사묘비〉, 여기서 '겨울과 여름에 궁궐로 불렀다'는 것은 앞장 '1)전기: 비문의 분
　　　석'에서 다룬 내용과 같다.
103　〈鮮演大師墓碑〉, "故我道宗, 聖人之極也. 常以冬夏, 召赴庭闕, 詢顧玄妙, 謀議便宜. 唯師善
　　　於敷揚, 協於聽覽."

여러 문도들이 권청하는 것을 받아들였으니 … 수고롭게 겸손할 겨를
도 없다. 여러 성현들로부터 은근한 가피에 기대어 억지로 졸작을 진
술하고 혹시라도 한마디 말이 이치에 합하여 연결고리가 깊어지길
바랄 뿐이다. 혹 대의가 현성에 어긋나면 참으로 다시 흔들어 버리기
를 희망한다.(X08, p.088)

이와 같이 스스로 매우 겸손했다. 그러나 도종 때 활동했던 요나라
의 뛰어난 학승들 가운데 선연이 '화엄의 제일인자'[104]인 이유는 바로 이
《담현결택기》의 존재 때문일 것이다. 이 《담현결택기》 6권을 통해 우리
는 선연의 화엄사상을 충분히 엿볼 수 있을 뿐만 아니라 그가 《현담》
부분은 물론이고, 《대소》와 《연의초》 전체를 얼마나 잘 이해하고 있는
지 알 수 있다.

2) 저술 시기

선연이 《담현결택기》를 저술한 시기는 정확히 알 수 없지만, 그 표제에
서 선연을 '원통오리대사'로 적고 있으므로 《담현결택기》는 그가 '원통
오리대사'라는 사덕호를 부여받은 대안 5년(1089) 이후 고려에서 개판되
었던 수창 2년(1096) 사이에 찬술된 것으로 보인다. 혹은 '원통오리대사'

---

104   기무라, 앞의 책, p.262, '〈2. 선연의 화엄사상〉.'

란 사덕호가 불교 이론 연구와 저술 방면에 성과가 뛰어난 경우에 부여된다고 보면, 찬술은 사덕호를 받기 이전에 이미 완성되었거나 진행 중이었고, 책으로 간행되는 시점에서 그 사덕호를 적어 넣었을 가능성도 있다. 그가 태어난 때를 1045년으로 가정하면 그 찬술은 40대 중반에서 50세까지에 해당한다. 저술 시기를 조금 앞당기더라도 가장 왕성한 시기의 찬술로 볼 수 있다.

앞서 말했듯이 그는 대안 10년(1094)에는 흥중부로 강주의 소임지를 옮겼다. 흥중부에는 화엄학자 도필이 거주했던 화엄사가 있었다. 게다가 도필은 선연보다 먼저 《집현기》를 찬술하여 《교장총록》에도 실렸지만, 현재는 인용된 문헌에 단편으로만 존재하고 있어서 선연이 도필의 영향을 받았는지에 관해서는 검증하기 어렵다. 《담현결택기》 본문에는 《집현기》 내용이 한 번도 언급된 적이 없어서 직접적인 영향을 받지는 않은 듯하다. 다만, 선연이 《담현결택기》를 찬술한 시기(1089-1096)로 간주되는 기간이 흥중부로 강주 소임을 옮겼던 시기와 어느 정도 맞물려 있는 점에서 연관성을 찾을 수 있을 뿐이다. 아니면 그 전후 관계로 고찰해보면, 선연이 《담현결택기》를 찬술함으로 인해 그 명성이 알려지게 되고 이후에 화엄학이 발달했던 흥중부의 강주로 초빙을 받아 옮겨갔을 가능성도 있다.

선연은 《현담》 부분을 주석하면서 《대소》 20권과 《연의초》 40권에 이르는 많은 양을 종횡으로 자유자재하게 재인용하거나 요약 정리하였는데, 한 가지 고려할 점은 선연이 《담현결택기》를 저술할 당시는 《대소》와 《연의초》가 경문과 함께 회편되어 《현담》 8권이 별도로 간행되기 이전이라는 점이다.

특히, 현존하는 《현담》 8권(별행본)에 회편된 〈연의초서〉의 석문釋文[105]은 청량의 글이 아니고 후대에 편입한 것임을 확인할 수 있다. 그 이유는 〈초서〉의 주석 내용 속에 요대의 주석서인 도필의 《집현기》를 인용한 글[106]이 있고, '청량운淸凉云'이라는 표현이 있는 점 때문이다. 또 백암성총栢庵性聰(1631-1700)은 17세기 말에 조선에서 징관의 《화엄경소초》를 새로 판각[107]하면서 《연의초서》의 석문 아래에 '필법이 청량과 다르다'[108]고 덧붙이고 있다.

이 사실은 선연의 《담현결택기》를 통해서도 확인할 수 있다. 그는 《대방광불화엄경소권제일병서》라는 제목을 맨 처음으로 주석하고, 수문해석은 《소》의 문장을 과단해서 해설함)이라는 과문으로 '왕복함에 즈음이 없어서 … 그 오직 법계일 것이다'부터 시작하고 있으니, 곧 《대소》의 서문부터 해설을 시작한 것이다. 이 문장이 끝난 뒤에 《연의초서》에 대해서는 첫 구절인 '지성至聖'과 '일심一心'의 둘만을 설명했을 뿐, 선

---

105 澄觀 外, 앞의 책, pp.69-83에 실려 있다. 이 석문은 《연의초서》(T36. 001a)에는 없고, 《현담》(X232, 686a05)에 실려 있다. 이 점으로도 원래는 없던 이 석문이 《현담》으로 회편될 때 '후인 보철한 것'이라는 백암성총의 주장이 옳음을 알 수 있다.

106 澄觀 外, 앞의 책, p.73, "《集玄記》에서 '聖은 생겨남을 뜻하니 만물의 생겨남을 보아서 그 마침과 시작을 알며, 지혜가 大道에 통해 변화에 응하여 무궁하므로 至聖이라고 한다'라고 하였다'라는 인용글이 있다.

107 강현찬, 〈조선후기 《화엄경소초》의 판각과 화엄학의 성행〉(동국대학교대학원, 한국불교융합학과 석사학위논문, 2015.) p.22, "이종수, 〈조선후기 《가흥대장경》의 복각〉, 《서지학연구》 56, 한국서지학회, 2013, pp.268~272에 의하면, '조선 숙종 15년(1681) 임자도에 표류한 배에서 발견된 불서는 판각을 위해 일본으로 보내진 가흥속장 및 가흥장'으로 명나라 葉祺胤이 《현담》 8권을 별도로 회편한 판본이었다. 이 판본을 栢庵性聰이 판각불사를 통해(1689-1692) 조선에서 그 유전이 끊겼던 《연의초》를 널리 유통시켰는데 현재 한국에 널리 유통되고 있는 《소초》의 원본은 이때 유통시킨 낙안의 징광사판이다."

108 澄觀 外, 앞의 책, pp.68~69, '이 서문에는 본래 석문이 없는데 후인이 보철한 것으로 여겨지니 필법이 청량과 다르다. 단지 稷 자 등의 函과 北藏과 방책에 모두 실려 있으므로 그 아래에 기록한다.'

연은 《연의초서》의 석문에 관한 어떤 언급도 없다. 따라서 이 석문은 청량의 글이 아닌 것은 분명하며, 또 후대 주석서 6종 가운데 현존하는 4종에는 전혀 없는 내용이어서 현존하지 않는 2종의 요대 주석서 가운데 또 하나인 사적의 《현경기》 20권의 내용일 가능성이 가장 높다.

2.
《담현결택기》의
간행 및 사본

1) 간행 기록의 검토

◆── **고려에서 간행 및 전사**傳寫 **과정**

《담현결택기》6권은 매우 특이하게도 요나라가 아닌 고려에서 먼저 숙종 2년(1096)에《고려교장》의 하나로써 간행된다. 이 판각본이 요는 물론이고 송으로도 전해져 몇 차례 필사되었고, 이 필사본이 다시 일본으로 전해져 필사된 것이 현존한다.《담현결택기》의 정확한 간행과 전사 과정은 그 〈사본기〉를 통해 알 수 있다. 이 〈사본기〉는 다시《가나자와사본》[109]과《만속장본》에 공통적인 내용과 각각에 개별적인 내용이 있다. 공통적인 내용은《가나자와사본》권제1, 2와《만속장본》권제2, 3의 미제 바로 뒤의 〈사본기〉에 다음과 같이 쓰여 있다.

---

[109] 가나자와문고 관리 사본《담현결택기》권제1·4·5의 표지에 '湛叡'의 이름이 쓰여 있어, 이 사본이 그의 수택본이었음을 알 수 있다.

고려국 대흥왕사에서 수창壽昌 2년 세차(병자, 1096)에 선지를 받들어 새기다. 대송국 숭오고사崇吳古寺에서 선화宣和 5년(계묘, 1123)에 석안 인釋安仁이 베껴 쓰고, 순희淳熙 세차(기유, 1189)에 숭오고사 문중 석조 등釋祖燈이 과점科點하고 중간重看하다. 그때 나이 72세였다.[110]

이에 따르면, 요에서 지어진 《담현결택기》가 고려로 전해져 대흥왕 사에서 1096년에 조조되었으며, 이것이 송으로 전해져서 숭오고사에 서 1123년에 송나라 승려 안인이 베껴 쓰고, 1189년에 그 절에 유학했 던 일본 학승 조등[111]이 과점하고 중간하였다. 이것이 현재 일본에 유통 되고 있는 필사본의 저본이다. 일본으로 전해져 필사된 과정은 별도의 〈사본기〉를 통해 알 수 있다.

우선, 《가나자와사본》 권제1의 〈사본기〉 뒤에는 '녹적문해錄摘文解'[112] 가 있고, 그 〈녹적문해〉 뒤에 "홍안弘安 8년(1285)에 9월 19일 (일본) 고 잔지(高山寺)에서 사문 ○○이[113] 서사시켰다"[114]라는 내용이 있다. 이것은 《만속장본》에는 없는 내용이다. 《만속장본》 권제4 말미에는 역시 〈녹적 문해〉 바로 뒤에 아래와 같은 별도의 〈사본기〉가 있다.

---

110 《談玄決擇記》(《가나자와사본》 권제1·2 ; 《만속장본》 권제2·3), "高麗國 大興王寺 壽昌二年歲 次(丙子), 奉宣雕造. 大宋國 崇吳古寺 宣和五年(癸卯)歲, 釋安仁傳寫, 淳熙歲次(己酉), 吳門 釋祖燈科點重看, 時年七十二歲也."

111 祖燈(?-?)은 당시 송의 숭오고사로 유학 갔던 일본 학승이다. 張東翼(2014: p.134)

112 《결택기》 각 권의 미제 뒤에 해당 권의 주요 내용을 키워드 곧 주제어를 제시하는 글이다.

113 필사를 발주한 자가 누구인지 누락되었지만 서사 연도로 볼 때 辨智일 가능성이 크다

114 《가나자와사본》 권제1, "弘安 八年 九月十九日 於高山寺 令書寫了 沙門○○."

대송국 함순咸淳 제7(신미)년 봄 중월 하7일에 송조 호주湖州 사계思溪 법보선사法寶禪寺에서 남산의 고려교사에 있는 비본秘本을 빌려서 삼가 베껴 두기를 행해 마쳤다. 집필 사문 변지辨智.[115]

이는 《가나자와사본》에는 없고, 《만속장본》에만 있다. 또, 권제1~3에는 없고 권제4에만 이 〈사본기〉가 있다. 여기서 말한 함순 7년(1271)은 숭오고사에서 서사된 연도와 거의 100여 년의 차이가 있다. 서사된 장소도 역시 사계의 법보선사이고, 필사자도 변지辨智로 되어 있어서 《가나자와사본》과 다른 필사자의 사본임을 알 수 있다.

《가나자와사본자료전서》의 설명에 따르면, 변지는 조등과 마찬가지로 당시 송으로 유학했던 일본의 학승인데, 함순 7년에 변지가 빌려서 필사했다고 하는 남산 고려교사의 비본秘本은 바로 앞선 일본 유학승 조등에 의해 수십 년 전에 숭오고사에서 과점하고 중간했던 《결택기》이며, 이것을 변지가 귀국할 즈음에 청하여 베껴서 가져온 것이라고 한다.[116] 이것이 바로 《결택기》의 최고본인 《고잔지본》이다.

또, 《가나자와사본》 권제1의 별도 〈사본기〉에는 '홍안 8년 고잔지(高山寺)에서 서사시켰다'[117]고 되어 있는데, 역시 홍안 8년(1285)경부터 고잔지에서 사문 변지가 서사시켰던 사본이 도다이지(東大寺), 쿠메타지(久米多寺) 등에 전해지다가 탄에이(湛睿)가 관동으로 이주할 때 함께 쇼묘지(稱

115   "大宋咸淳第七(辛未)歲春中月下七日, 於宋朝湖州思溪法寶禪寺, 借得行在南山高麗教寺之祕本, 謹以寫留之畢, 執筆沙門辨智."

116   《가나자와사본자료전서》-불전 제2권, 화엄편-(東京, 金澤文庫, 1975), pp.288~289.

117   《가나자와자료전서》, pp.288~289에서는 "令書寫了 沙門○○"을 그냥 '서사했다'고 보았는데, 필자는 '서사시켰다'고 하며 필사를 발주한 것으로 보았다.

名寺)로 가져왔던 것이라고 한다.

그렇다면 변지가 고려교사에서 빌려서 필사해 두었다가 귀국할 때 일본으로 가져온 본(①《고잔지본》권제2~6)[118]과 변지가 청하여 가져와서 귀국 후에 일본에서 필사를 발주했던 본(②《가나자와사본》권제1~6)과《만속장본》의 저본인 교토대학 도서관 부속 장경서원 소장본(③《장경서원본》권제2~6) 등 적어도 3종의 필사본이 현존한다.

그런데 필자가《만속장본》의 저본으로 알려진《장경서원본》의 복사본을 얻어서[119] 비교 검토한 결과, 권제2~4와 권제5~6의 필체가 다른 것을 확인했다. 이것으로 유추해 보면, 각각 서로 다른 사람이 필사하였다고 할 수 있다. 그것은 전형적인 에도시대(17-19세기)의 필체로 보이며, 권제1이 유실된 점 등을 볼 때,《고잔지본》을 저본으로 해서 비교적 근세에 필사된 것이다.[120] 현존하는 3종의 사본과 1종의 간본은 상호보완적인 형태로 보존되어 있어《결택기》를 연구하고 분석하는 데에 4종의 텍스트 모두가 문헌적 가치가 매우 높다.

---

118   《고잔지본》은 다른 연구자들에 의해 존재만을 확인했을 뿐 자료의 접근이 거의 불가능해 본 연구에서는 다루지 못했다.

119   본 지면을 통해, 교토대학 도서관 관계자와 부속 특수자료 담당자의 후의에 깊은 감사의 말씀을 전한다

120   교토대학 도서관 부속 장경서원 소장본《談玄決擇記》의 복사본(《장경서원본》)을 검토해 본 결과, 권제2~4의 필체와 권제5~6의 필체가 확연히 다르다. 의천이 간행한 교장본을 추적하여 연구하고 있는 박용진 교수에 의하면, '장경서원의 보관본 중에는《만속장경》에 편입시키기 위해 빌려왔던 고사본을 편입 전에 먼저 새로 필사부터 했던 사본들이 함께 섞여 보관되어 있다'고 한다.

◆— 의천의 《고려교장》 간행의 혜택

《결택기》가 고려에서 간행된 것은 당시 대각국사 의천이 송나라는 물론 요나라, 일본 등과도 왕성하게 교류하면서 교장의 간행과 유통에 정성을 다한 결과라고 할 수 있다. 《결택기》가 송까지 유통되어 현존하게 된 데에는 무엇보다 의천의 역할이 결정적이었다. 당시 송은 요와의 관계에서 9경을 제외하고 서적의 교환이나 승려의 왕래 등 문화 교류를 엄금했던 상황[121]이었기 때문에 요나라에서 직접 서적 등을 구할 수 없었고 고려를 통해 우회적으로 장소 등을 입수할 수밖에 없었다. 《결택기》가 고려에서 간행된 이후 송에도 전해져 필사된 과정을 〈사본기〉에는 '남산의 고려교사에 있는 비본秘本을 빌려서 필사했다'고 밝히고 있다.

1085년 입송했던 의천은 다음해 남산 '혜인원'으로 가서 정원에게 사사했으며, 진수정원이 입적한 다음 해(1089)에는 혜인원에서 봉행한 불사를 위해 경론의 소초 7,500여 권을 모두 인조印造했다.[122] 당시 항주의 '혜인원'은 의천이 귀국한 후에도 고려와 밀접한 관계가 계속되었으므로 일반적으로 이 절을 '고려사'로 불렀으며,[123] 그 명성이 널리 알려져 송·원 시대에 이 절은 중국에서 고려문화센터의 역할을 담당했다.[124] 송은

---

121 쓰沙雅章, 앞의 책, p.160. '요와 송 양국은 澶淵맹약(1004) 이후에는 평화로운 관계를 유지했지만 문화 교류는 엄금했다. … 송조는 《九經》의 《疏》이외의 서물을 遼에 주거나 팔거나 하면 모두 3년 형에 처했고, 요 측에서도 송에 수출을 일체 금지하여 중국으로 전입하는 자는 사형에 처했다.'

122 대각국사 외, 앞의 책 외집 권9, pp.623-626. '〈송나라 항주 혜인원 현수교장의 기문〉.'

123 대각국사 외, 앞의 책 외집 권4, p.535. '승통(의천)의 화상을 모신 生祠를 이 사원 안에서 세워 항상 香火를 받듦으로써 비호해 주신 은덕에 보답하고자 합니다. 이것은 慧因院이 그야말로 고려의 功德院이기 때문입니다. -〈송나라 사문 道瞵이 보낸 글〉'을 통해서도 그 위상을 알 수 있다.

124 쓰沙雅章, 앞의 책, p.135.

이 고려사를 통해 요나라의 장소 등 서적을 얻을 수 있었다. 의천이 간행한 거의 모든 교장들이 송의 혜인원 등으로 보내졌던 것으로 볼 때,[125] 그 과정에서 고려에서 간행된 《담현결택기》가 송으로 전해졌으리라 짐작할 수 있다.

고려에서 교장이 간행된 과정을 좀 더 살펴보면, 의천은 〈교장의 수집을 발원한 글〉을 통해 "경론은 갖추어졌으나 소초는 부족하기만 해서 고금에 걸쳐서 요나라와 송나라에 있는 백가百家의 과교科敎를 일장—藏으로 모아 유통시킴으로써…"[126]라고 하여 요와 송 양국에 있는 모든 장소 등을 적극 수집하였음을 알 수 있다. 이는 송의 정원과 교류한 상당수의 서신과 그 외 송의 여러 학승들과 나눈 서신에도 잘 드러난다.

또, 〈요나라 황제에게 원효 공의 장소를 올린 표문〉[127] 등을 통해서는 의천이 요에 고려의 불서를 적극적으로 유통시킨 것은 물론이고, 〈일본국의 법사들에게 교장의 수집을 요청하면서 붙인 글〉[128] 등을 통해서는 교장 간행을 위해 일본에서까지 수집하려고 노력했다는 것을 알 수 있다.

의천은 《교장총록》 서문에서 지승智昇(?-?)의 《개원석교록》 가치를 "경법經法의 족보(譜牒) 가운데 지승의 기록보다 뛰어난 것이 없다"고 하여

---

125   이를 증명할 만한 글로, 송 승려들로부터 온 감사 편지가 《대각국사외집》에 상당수 존재한다.

126   대각국사 외, 앞의 책 권14, pp.285~287, '세자를 대신하여 교장의 수집을 발원한 글.'

127   대각국사 외, 앞의 책 권8, p.180, 이 표문은 제목과 처음 1,2행만이 남아 있고 나머지는 결락되었다.

128   대각국사 외, 앞의 책 권14, p.280, "… 《개원석교록》은 지승이 지은 것이고, 《정원속개원석교록》은 원조가 지은 것입니다. 이 양 본에 수록된 경·율·론 등과 송나라에서 새로 번역한 경론 등 도합 6천여 권을 이미 목판에 새겨 간행하였습니다. (결락)." 《고려초조대장경》의 조인이 완료된 것이다.

"부처님 가르침(遺教)을 주지한 공이 막대하다"고 서술하면서 자신이 《교장총록》을 편찬하는 까닭은 "이제 그동안 수집한 바, 모든 종파에서 찬술한 신구新舊의 장소章疏들을 감히 개인적으로 비장할 수 없기에 모두 정리해서 공개하기로 했다. 그리고 뒤에 다시 얻는 것이 있으면 그때마다 수록할 생각이다"[129]라고 밝히고 있다. 이에 《교장총록》이 발행된 뒤에도 수집을 계속하여 목록에 없는 장소도 간행했다는 것을 알 수 있는데, 이는 《담현결택기》에 기록된 〈사본기〉를 통해 검증된다. 《교장총록》이 편찬된 1090년에는 수록되지 않았던 《담현결택기》가 그 뒤인 1096년에 홍왕사에서 간행되었기 때문이다. 다음은 의천이 교장을 간행하면서 붙인 글이다.

대저 부처가 설한 것이 '경經'이요, '경'에서 나온 것이 '논論'이니, '경'은 '논'을 통해서 그 뜻이 드러납니다. 그런데 '논'은 '소疏'를 기다려서 뚫리고, '소'는 의義를 모아 밝혀지며, 의는 사師를 통해서 서술됩니다. 이와 같이 서로 이어서 주역紬繹하는 사람들이 대대로 나왔습니다. 그러므로 지자智者가 천태산天台山에서 종지를 수립하고, 원공遠公이 정영사淨影寺에서 가르침을 내릴 수 있었으며, 자은慈恩과 안국安國이 중설衆說을 3시로 종합하고 현수와 청량이 이단을 5교로 회통시킬 수 있었습니다. 그리고 남산의 행사行事와 동탑의 개종開宗 등이 나왔는가 하면 후대에 제가에 미쳐서는 거의 100명을 채울 정도가 되었습니다. … 정문正文은 원근에 퍼지게 되었으나 '장소'는 거의 사라질

---

129   대각국사 외, 앞의 책 권1, p.62, 〈신편제종교장총록서문〉

지경에 이르렀습니다. 만약 널리 외호하는 데에 뜻을 둔다면 … 이하 결락.[130]

선종 7년(1090) 이전에 고려에서 경론의 조인이 완료[131]되자, 의천은 제종의 교장을 간행해야 하는 이유를 위와 같이 역설하고, 선종 8년(1091) 흥왕사에 교장도감敎藏都監의 설치를 요청하고 마침내 조판작업을 진행한다.

이러한 의천의 교장간행 활동의 혜택을 고스란히 받아서 고려에서 먼저 간행된《담현결택기》가 요나라에서도 간행되어 유통되는 상황[132]에 이르게 되고, 이후 송, 일본, 원으로까지 전래되는 결과로 이어졌던 것이다.

2) 현존 사본의 서지 사항

고려에서 간행된《담현결택기》가 송으로 유학했던 일본학승 조등과 변

130　대각국사 외, 앞의 책 권15, pp.300~301, '諸宗의 교장을 간행하며 宣王을 대신해서 지은 글'

131　유부현·박용진 외, 앞의 책, pp.58~59에 의하면, 고려에서《초조대장경》의 조조는 현종 22년(1031)에 오천 軸의 대장경과 문종 37년(1083)에 천만 頌의 契經과 선종 7년(1090) 이전에 앞서 언급한 도합 6천 권이 조조된다.

132　최근에는 西夏(1032~1227)文字(탕구트어)로 번역된《담현결택》의 잔본을 연구한 논문(張伯君, 〈鮮演大師《華嚴經玄談決擇記》的西夏文譯本〉, 西夏研究, 2013.01)이 발표되었다. 당시《결택기》의 영향력을 알 수 있다.

화엄경담현결택기 1

지에 의해 그 필사본이 일본으로까지 전래된 과정은 위에서 설명한 바와 같다. 그동안《담현결택기》는 권제1이 빠진 채로 일본의《만속장본》(X08, 001-089)에 권제2~6이 수록되어 연구되어 왔다. 이후 쇼묘지(稱名寺) 소장 및 가나자와문고(金澤文庫) 관리 여러 문헌[133] 속에 권제1부터 권제6이 소장되어 있는 것이 확인(《가나자와사본》)되었고, 1975년에《가나자와출판본》을 통해 제1권이 활자화되어 완본을 연구할 수 있게 되었다.

지금까지 존재가 확인된《결택기》의 사본에는《고잔지본》과《가나자와사본》과《만속장본》의 저본으로 판단되는 교토대학 도서관 부속《장경서원본》의 3종류가 있다.[134] 현재 전해지는《결택기》의 텍스트를 정리해보면 다음과 같다.

①일본 교토의 고잔지(高山寺) 소장 사본(이하《고잔지본》)[135] 권제2~6,

②쇼묘지(稱名寺) 소장·가나자와문고 관리 사본(이하《가나자와사본》) 권제1~6,

③교토대학 도서관 부속 장경서원 소장 사본(이하《장경서원본》) 권제2~6,

④《만신찬속장경卍新纂續藏經》수록본(이하《만속장본》) 권제2~6

이 중《가나자와사본》권제1~6과《만속장본》권제2~6의 서지 사항은 다음과 같다.

---

133   2016년도에 가나자와문고 보관 사본의 수만 점이 일본의 국보로 일괄 등록되었다.

134   《고잔지본》은 자료의 접근성이 어려워 금번 연구에서는 제외했지만, 高山寺의 소장 사본에 권제1이 일실된 채 권제2~권제6이 보관되어 있다. 이들 3종 사본 간의 선후는《고잔지본》이 최고본이며, 바로 뒤가《가나자와사본》이고,《장경서원본》이 맨 뒤로 파악되고 있다.

135   大塚紀弘(2010), 9~10에 의하면 고잔지에 소장된《고잔지본》은 권제2~6이 소장되어 있다. 현재《고잔지본》은 1년 중 3월과 9월 두 차례에 방문 열람 연구만 가능하다.

《가나자와사본》의 서지 사항

- 6권 6책 : 높이 16.1, 길이 26.2, 매지 16행, 각행18~21자, 계선界線은 없다.

- 제1권 | 56紙, 표제:《大方廣佛華嚴經談玄決擇》卷第一,

  미제:《大方廣佛華嚴經談玄決擇》卷第一.

- 제2권 | 71紙, 표제:《大方廣佛華嚴經談玄決擇》卷第二,

  미제:《大方廣佛華嚴經談玄決擇》卷第二.

- 제3권 | 75紙, 표제:《大方廣佛華嚴經談玄決擇》卷第三,

  미제:《大花嚴經談玄決擇》卷第三.

- 제4권 | 99紙, 표제:《大方廣佛華嚴經談玄決擇》卷第四,

  미제:《大方廣佛花嚴經談玄決擇》卷第四.

- 제5권 | 89紙, 표제:《大方廣佛花嚴經談玄決擇》卷第五,

  미제:《大方廣佛花嚴經決擇記》卷第五.

- 제6권 | 77紙, 표제:《大方廣佛花嚴經談玄決擇》卷第六,

  미제:《大方廣佛花嚴經談玄決擇》卷第六.

《만속장본》의 서지 사항

- 권제1 일실逸失,

- 권제2~6(X08, 001a-089a) 각 장은 a, b, c의 3段, 각단은 24行, 1行은 20字.

- 권제2~6 | 표제:《大方廣佛華嚴經談玄決擇》卷第二-六,

  미제:《大方廣佛華嚴經談玄決擇》卷第二-六.

《가나자와사본》의 표제 및 미제에는 '華'와 '花'가 뒤섞여 쓰였는데, 본래 요대에는 '華'를 '花'로 쓴 것이 특징이다. 이것이 고려에서 간행되

화엄경담현결택기 1

면서 교정된 듯하다. 다만 완전한 교정이 아니어서 권제5·6의 표제와 권제3·4·5·6의 미제는 그대로 '花'로 썼다. 전6권이 동일인의 필체로 정련된 서체로 쓰여졌고, 문장과 문구를 따라가면서 해설하는 특징은 《대소》와《연의초》에서 해설하는 방식과 동일하다.

《대소》와《연의초》는 과문을 표시하며 설명했는데《담현결택기》는 본문을 시작할 때, 간단한 과문으로 설명했을 뿐이고, 자체 과문은 없이《대소》와《연의초》의 문장을 따라가면서 해설하고 있다. 따라서 역주본의 경우, 선연이 찬술한 별도의 과목을 제외하고, 본문은 모두《대소》와《연의초》의 과목을 붙여 문단을 구분했다.

《대소》와《연의초》의 문장을 구별하는 방식은 소문일 경우는 '疏' 자를, 초문일 경우에는 '鈔' 자를 설명하려는 구절이나 단어의 맨 앞에 씀으로서 구분하였다. 다만, 같은 단락의 구절을 계속해서 해설하는 경우는 '疏'나 '鈔' 자는 없이 '言…者'로 표시하고, 주석하는 모든 구절은 앞 설명을 끝내고 뒤의 설명을 시작할 때 한 글자만큼의 칸을 띄어 씀으로써 구분하고 있다.[136]

3) 3종 텍스트 간 교감상 특이사항

필자는 역주 과정에서《가나자와사본》과《장경서원본》의 복사본을 입

---

136   《만속장본》은 소문보다 초문을 모두 한 칸 들여쓰기를 해서 구분하고 있다.

수하여[137] 정밀하게 연구하여 유의미한 결과를 도출했다. 사본에는 오자도 있지만 간행되는 과정에서 잘못된 글자도 상당수 찾을 수 있었다. 우선 권제1의 경우는《가나자와사본》과《가나자와출판본》을 비교 검토한 결과, 아래의 교감 〈표 1〉과 같이 모두 80개항에 이르는 교감 결과를 얻었는데,[138] 그중에 '지움 표시'라든가 '문맥상 판단'한 경우를 제외하면 교감된 글자는 모두 64개 항에 달한다. 여기서 눈여겨볼 점은《가나자와출판본》이 비교적 사본 전문가에 의해 활자화되었을 텐데도 잘못 출판된 글자가 제법 있는 것이다. 필자는 사본의 글씨체를 면밀하게 분석한 결과, 이는 구분하기 어렵거나 헷갈리기 쉬운 글자들은 물론이고,[139] 글의 흐름을 읽고 문맥상 선택해야 할 경우도 있어서 발생된 문제라는 결론을 얻었다. 한 가지만 예로 들면, '末'과 '未'자의 경우 사본에는 '木' 위의 '一'을 짧거나(未) 길게(末) 쓰지 않고 똑같은 길이로 써서 '末'과 '未'는 문맥상 판단해야 한다. 하지만 이 점이 간과되어 오자가 발생한 것으로 보인다.[140] 따라서 해당 분야 전문 연구자에 의한 교감이 매우 중요하다는 것을 새삼 확인할 수 있다.

《가나자와사본》을 활자화하는 과정에서 발생한 이런 문제는 비단 이《가나자와출판본》권제1에만 해당되지 않는다.《만속장본》권제2~권제

---

137   본 지면을 통해 寫本을 활용할 수 있게 해준 가나자와문고와 교토대학 관계자분의 후의에 감사드린다.

138   지현(박은영), 〈金澤文庫 보관 사본 鮮演의《華嚴經談玄決擇》의 문헌학적 의의〉《韓國佛教學》제79집, 2016. 9), pp.7~36.

139   지현(박은영), 앞의 논문, pp.16~20에서 '日'과 '曰', '該'와 '說'처럼 구분하기 어렵거나 '目'과 '因'처럼 헷갈리기 쉽지만 분명히 다른 필사본의 글씨체를 직접 사진으로 비교 분석하여 차이점을 드러냈다.

140   지현(박은영), 앞의 논문, pp.16-20.

6에도 같은 문제가 있다. 필자는 후속 연구로 새롭게《장경서원본》을 추가로 교감하면서 어느 정도 성과를 얻었다. 선행 연구로《가나자와사본》에 근거하여《만속장본》권제2~6을 수정하거나 보충한 글자가 각 권마다 수백 개 항에 달했는데, 대부분《만속장본》저본에서 발생한 오류이지만 사본을 활자화하는 과정에서 잘못된 경우도 있었다.[141] 이를 순서대로 정리하면 다음과 같다. 권제2의 9개 항, 권제3의 11개 항, 권제4의 14개 항, 권제5의 32개 항, 권제6의 19개 항 등이《장경서원본》의 오류가 아니라《만속장본》으로 간행하는 과정에서 발생한 오자였다.

이를 제외하고 각 권마다 교감된 수백 개의 항목 가운데《만속장본》에서 '유실됨'으로 표시된 것 등은 모두《고잔지본》의 문헌 상태로 인해 발생한 것이며, 또《장경서원본》으로 옮기는 과정에서 전사자들의 실수로 인해 몇 행씩 빠뜨린 글자가 상당수 있다는 것을 확인했다. 그런데《가나자와사본》은 권제1이 완전하게 보존되어 있을 뿐만이 아니라,《만속장본》권제2~6의 저본인《장경서원본》과도 다른 필사본이어서《만속장본》의 원문을 교감하고 텍스트의 완성도를 높이는 데에 매우 중요한 역할을 한 것은 다행이었다. 이들 3종 텍스트 간 교감상의 특이사항을 몇 가지로 정리할 수 있다.

첫째,《가나자와사본》과《만속장본》은 상호보완적인 관계이다.

①권제1이《가나자와사본》에는 있고,《만속장본》과 그 저본인《장경서원본》에는 일실되었다. 이를 통해 현재《고잔지본》의 문헌 상태를 유

---

141   지현(박은영(박은영)), 〈遼代 鮮演의《華嚴經談玄決擇記》의 텍스트 간 비교연구-《藏經書院本》과《만속장본》을 중심으로〉'를 통해서 두 텍스트 간의 교감 결과를 발표했다.

추해볼 수 있다.

②《만속장본》권제3(X08, 30b10)의 교감 주에는 '離分限~云'[142] 사이에 "〈녹적문해錄摘文解〉에 의하면 몇 장이 유실된 것 같은데 지금은 구할 수가 없다'라고 했는데,《가나자와사본》에는 이 부분이 온전히 있어 모두 8紙 7行의 2,609자를 보충할 수 있었다.

③《만속장본》권제6의 보관 상태가 좋지 않아 유실된 글자가 540여 자인데,《가나자와사본》을 통해 거의 다 보충할 수 있었다.

④위와는 반대로,《가나자와사본》권제4에는 문헌 상태로 인해 유실된 글자가 상당수 있는데,《만속장본》에는 온전히 남아 있다.

둘째,《장경서원본》이《만속장본》에 편입될 때 이것 이외에 다른 문헌(異本)을 참조하였다. 그 근거는 다음과 같다.

①《만속장본》권제2에서 '案感通傳云, 今五臺山東南三十里(X08, 15a23)'를 교감하여 〈三〉異作〈四〉[143]라고 했는데,《가나자와사본》에는 그대로 〈三〉으로 되어 있다.

②《가나자와사본》권제5에 '唯是一心者, 結歸所入法也. 故名眞如者, 結歸能入門也(X08, 68c19)'라는 부분이《만속장본》에서는 "唯是一心故名眞如者, 結歸能入門也"로 되어있는데, 이를 교감하여 "'一心'아래는 한 본에는 '者, 結歸所入門也'의 7자가 있다'라고 하였다. 소입所入의 '법法'과 '문門'이 다름을 알 수 있다.

따라서《만속장본》의 교감 주에서 말하는 '일본一本'이나 '이본異本'은

---

142   《담현결택기》권제3 [30b08] "言謂以非劫爲劫故者. 此非泯相歸性名非劫. 但是本刹之時離分限[1] …[30b11] 云但以二門互釋"

143   여기서 말하는 異本은《律相感通傳》등을 의미한다. 그곳에는 '四'로 되어 있기 때문이다.

《소초》나 다른 인용본을 참조한 것임을 알 수 있다.

4) 2종 사본과 1종 간본 간 교감 내용

필자는《결택기》6권의 역주 과정과 후속 연구로 작업한 교감 결과를 모두 4차례에 걸쳐서 소논문으로 발표하여《결택기》의 3종 텍스트 간 비교 연구를 완료하였다. 지금《결택기》6권의 〈교감 표〉를 모두 재인용 하면서,《장경서원본》에 근거한 수정사항까지 반영한 결과를 정리해 보 겠다.《결택기》권제1-권제6의 교감표 작성 범례는 다음과 같다.

【 범례 】

■ 《결택기》권제1은《가나자와출판본》(《가나자와문고자료전서》권제2 화엄편, pp.20~46) 원문과《가나자와사본》원문을 교감하였고,《결택기》권제2~6은《가나자와사본》 과《만속장본》및《장경서원본》원문을 교감한 것이다.

■ 《만속장본》권제2~6(X8, 01a-89a)의 원문은 대만의 CBETA의 2016년도 버전에 의거했다.

■ 'X8'란에서 앞의 숫자는《만속장본》의 페이지이고, 'a·b·c'는 상단·중단·하단 이며, 그 다음 숫자는 행수를 표시한다. 소주小註의 경우는 한 행을 상반과 하반으 로 표시했다.

■ 《만속장본》란에 [ ] 속 글자는《장경서원본》원본과 다른 경우를 나타낸 것이 며, '/~(CBETA)'은 CBETA에 잘못 입력된 글자를 표시한 것이다.

▪ 교감 표시는 예를 들어 '一一'에서 '一'이 빠진 경우는 '一-'로, '一'이 더 있는 경우는 '一+一'로 표시하였다.

▪ 한 행에 교감할 글자와 똑같은 글자가 있는 경우는 그 글자의 앞이나 뒤에 괄호 속의 글자를 덧붙여 구별하였다.

▪ '비고'란에서 참조본 없이 '교감주'라고만 쓴 경우는 《만속장본》의 '교감주'를 의미한다.

▪ 《가나자와사본》과 《장경서원본》에 근거하여 교감했을 경우 일일이 언급하지 않고 '참조 수정'(또는 보충)이라고만 밝히고, 이외 참조본이 더 있을 경우에는 이 2종을 '&'로 표시한 뒤 참조본을 밝혔다.

【표 1】《결택기》권제1 [《가나자와문고자료전서》권제2, pp.20~46]의 교감표

번호	페이지	가나자와출판	가나자와사본	교감 결과	비고
1	21b11	說	該	該	
2	17	所	斯	斯	
3	22a 1	-議	難+議	難+議	
4	2	末	未	未	문맥상 판단
5	5	記	紀	紀	
6	11	說	該	該	
7	22b10	增-	增+新	增+新	
8	23b 3	卽-	卽-	卽+佛	문맥상 보입
9	4	說	該	該	
10	6	卽-	卽-	卽+佛	문맥상 보입
11	16	行	所	所	
12	24b13	靑	菁	菁	
13	25a 7	寳	寳	寳	
14	8	索	素	素	
15	25b 1	擇	撰	撰	
16	10	■兄見爲弟(同用大)	■■■■■	-	사본의 지움 표시 반영
17	11	呪	呪	況	문맥상 수정
18	26a 5	說	該	該	
19	8	鑿	鑑	鑑	
20	26b 1	除	際	際	
21	27a 3	攝	羂	羂	

22	5	悟-	悟+時	悟+時	
23	11	-沙	恒+沙	恒+沙	
24	13	攝	躡	躡	
25	15	知	如	如	
26	16	文	文	父	문맥상 수정
27	17	也	大	大	
28	27b 8	拂等義+拂等義	拂等義-	拂等義-	
29	14	刮	剖	剖	
30	14	徵	微	微	
31	17	觀	謂	謂	
32	28b 5	說	該	該	
33	30a 3	位■(位)	位■	位-	《유식론》참조 삭제
34	6	體	識	識	
35	6	說	該	該	
36	9	目	因	因	
37	10	說	該	該	
38	30b 3	義+得	-得	-得	
39	14	後(名)	復	復	
40	14	後(一)	復	復	
41	32a 4	須■(蜜)	須■	須-	
42	33b 2	後	復	復	
43	35a 3	未	末	末	문맥상 판단
44	5	說	該	該	
45	11	流	疏(疏)	疏	
46	14	者■(者)	者■	者-	사본의 지움 표시
47	17	流	疏	疏	
48	35b 1	流	疏	疏	
49	15	-論	別+論	別+論	
50	36a 5	若■(約)	若■	若-	사본의 지움 표시
51	36b 5	菩■(薩)	菩■	菩-	사본의 지움 표시
52	37b17	說	該	該	
53	38a 4	(成)說	該	該	
54	4	(因)說	該	該	
55	38b 1	(不)則	卽	卽	
56	4	-去	過+去	過+去	
57	39a 3a半	故	也	也	
58	39a 5a半	別	引	引	
59	39a 7b半	淨	清	清	
60	39a 8b半	苦	若	若	
61	39a10a半	許	計	計	
62	39a11a半	遣	遺	遺	
63	39a14b半	離	離	雜	문맥상 수정

64	39b 4	能+能	-能	-能	
65	40a 1	之	三	三	
66	66	菩■(薩)	菩■	菩-	사본의 지움 표시
67	40b14	曰	日	日	문맥상 판단
68	41a 5	說	該	該	
69	6	大	本	本	
70	7	-風	而+風	而+風	
71	15	權■(實)	權■	權-	사본의 지움 표시
72	17	是	具	具	
73	41b 1	-上	不+上	不+上	
74	42a16	貧+財	貧-	貧-	
75	42b 3	謂	謂	諸	《초》참조 수정
76	9	貪	貪	貧	《초》참조 수정
77	43a 1	說	該	該	
78	8	離	雖	雖	
79	14	(云)其-	(云)其+第	(云)其+第	
80	44b 1	如■(來)	如■	如-	사본의 지움 표시

【표 2】《결택기》권제2 [X8, 1b03~16a03]의 교감표

번호	X8	만속장본	가나자와사본	교감 결과	비고
1	1b03	一一(光)	一+一(光)	一一(光)	&《초》및 교감주 참조 보충
2	1b09	一+一(切)	一一(切)	一(切)	&《화엄경》참조 삭제
3	1b09	程	種	種	& 교감주 참조 수정, 아래(1b11)도 동일
4	1b16	充+滿	充-	充-	&《초》참조 삭제
5	1c15	至	主	主	& 교감주 참조 수정
6	2a02 a半	爾	所	所	참조 수정
7	2a02 b半	邊	遞	遞	참조 수정
8	2a10	何	可	可	참조 수정
9	2a22	遞	處	處	참조 수정
10	2a23	赴	起	起	참조 수정
11	2b01	一	十	十	&《초》참조 수정
12	2b10	劫[却]	却	却	참조 수정
13	2c18	楞	楞	楞	前後同句에는 “緣”
14	3a07	(何)以-	(何)以+云	(何)以云	참조 보충
15	3a16	普	不	不	참조 수정
16	3b22	赴	趣	趣	& 교감주 참조 수정
17	3c18	情	晴	晴	& 교감주 참조 수정
18	4a20	後	從	從	& 교감주 참조 수정

19	4a23 b半	來	末	末	참조 수정
20	4b01	靈	虛	虛	&《조론》참조 수정
21	4b02	乎-(體)	乎-(體)	乎哉(體)	&《조론》참조 보충
22	4b19	曲-	曲+有	曲有	참조 보충
23	4c04 a半	故	政	政	&《예문지》참조 수정
24	4c05 b半	術/衛(CBETA)	術	術	上同
25	4c06 a半	敕[勅]	勅	勅	上同
26	4c06 b半	禮/來(CBETA)	禮	禮	上同
27	4c06 a半	庿	廟	廟	上同
28	4c07 a半	手	乎	乎	上同
29	4c07 a半	和	知	知	上同
30	4c07 a半	大國	大國	國大	《예문지》참조 도치
31	4c21	該	該	統	《소》《초》《조론》참조 수정
32	6a24	示	亦	亦	참조 수정
33	6b03	說	諸	諸	참조 수정
34	6b05	三	之	之	참조 수정
35	6b06	一-	一+者	一者	참조 보충
36	6b06	二-	二+者	二者	참조 보충
37	6b10	不-	不+斷	不斷	&《초》참조 보충
38	6b10	惡性	性惡	性惡	&《초》참조 도치
39	7a02	有(兩)	在(兩)	在(兩)	참조 수정
40	7a06	淨[靜]	靜	靜	참조 수정
41	7a12	二(二)	二(二)	下(二)	上二句의 대구 참조 수정
42	7a17	空	定	定	참조 수정
43	7a23	徧	徧	偏	교감주 및 문맥상(偏滯) 수정
44	7a23	云乃至	云乃至	乃至云	《초》참조 도치
45	7b09	對(是)	句(是)	句(是)	참조 수정
46	7c03	差	嗟	嗟	참조 수정
47	7c07	陟	涉	涉	& 교감주 참조 수정
48	7c09	離-	離-	離惡	《유마경》참조 보충
49	7c12	失+所	失-所	失	참조 "所"삭제
50	7c22	{言*寅}	誼	誼	참조 수정
51	8a01	聞	開	闢	《가나자와사본》교감주 참조 수정
52	8b10	(爲)衆	(爲)取	(爲)取	참조 수정
53	8b10	(現)變-	(現)變+化	(現)變化	참조 보충
54	8c12	之-	之+相	之相	참조 보충
55	9a24	偶	偶	隅	교감주 참조 수정
56	9b15	日	日	日	참조 수정
57	9c15	舍[含]	含	含	참조 수정
58	9c17	但	俱	俱	참조 수정
59	9c18	(互)含/(互)合(CBETA)	(互)含	(互)含	&《卍續藏》참조 수정

60	10a01	-現	內+現	內現	참조 보충
61	10a05	現(在)[還(在)]	還(在)	還(在)	참조 수정
62	10b07	有	者	者	&《초》참조 수정
63	10b08	失[夫]	失	夫	&《초》참조 수정
64	10b16	記	託	託	참조 수정
65	10b22	知	如	如	참조 수정
66	10c06	(今)云	(今)謂	(今)謂	참조 수정
67	10c13	當	審	審	참조 수정
68	11a16b半	折	折	俱	《대소》참조 수정
69	11a16b半	二無	二無	無二	《대소》참조 도치
70	11a16	其-	其+心	其心	참조 수정
71	11a17	處	所	所	참조 수정
72	11a19	見+神	見+神	見	《초》"見如來神"참조
73	11a20b半	云	無	無	참조 수정
74	11a24	證聖	聖證	聖證	참조 도치
75	11c08	悟[語]	語	語	&《범망경》참조 수정
76	11c24	似	以	以	& 교감 주 참조 수정
77	12a03	光~亦사이 5字 없음	光~亦사이 5字 있음	光五果位一光亦	&《대소》참조 5字 보충
78	12b02	十住	十住	十住	&《대소》참조 도치
79	12b03	前+(諸位此齊)如	前--如	前如	&《대소》및 교감주 참조 삭제
80	12b17	本[大]	大	大	&《초》참조 수정
81	12b18a半	導	尊	導	
82	12b19	四-	四+悲	四悲	참조 보충
83	12c02	(欠)去*欠	(欠)去*欠	(欠)呿	《초》및《열반경》참조 수정
84	12c02	震動	震動	震動	《초》및《열반경》에는 "振吼"
85	12c12	然	然	然	《대소》에는 "其"
86	12c13	(方)動	(方)動	(方)便	《대소》참조 수정
87	12c14	昧	昧+爲	昧爲	&《대소》참조 보충
88	12c21	爲-	爲+行	爲行	&《대소》참조 보충
89	13a05	來	來	是	《화엄경》, 교감주 참조 수정
90	13a06	返	變	變	&《화엄경》, 교감주 참조 수정
91	13a08	-身	者+身	者身	참조 보충
92	13a11	來	乘	乘	& 교감주 참조 수정
93	13a12	辯	辦	辦	&《대소》참조 수정
94	13a14	定	定+故	定故	참조 보충
95	13a23	莊	莊	福	《대소》참조 수정
96	13a23b半	二+心	二+心	心	《대소》참조 "二" 삭제
97	13b08	一	十	十	&《화엄경》참조 수정
98	13b14	雖	雖	矣	《대소》참조 수정
99	13b15	嚴-	嚴+者	嚴者	참조 보충
100	13b15	-眼	天+眼	天眼	참조 보충

101	13c11	德(城)	福(城)	福(城)	&《대소》참조 수정
102	13c14	趣	起	起	&《대소》참조 수정
103	13c15	--故	摧伏+故	摧伏故	&《대소》참조 보충
104	14a03	固	固	忍	《화엄경》참조 수정
105	14a13	寄-(修)	寄+位(修)	寄位(修)	참조 보충
106	14a16	謂-	謂-	謂初	《대소》참조 보충
107	14a16	一位	一位	一位	《대소》에는 "一人"
108	14a21	邊	邊	遺	《대소》참조 수정
109	14b05b半	性稱	稱性	稱性	참조 도치
110	14b06	多	多	五	《대소》참조 수정
111	14b08	面--	面+聽政	面聽政	&《대소》참조 보충
112	14b14	表-(契)	表+之(契)	表之(契)	&《대소》참조 보충
113	14b16	修	修	修	《대소》에는 "行"
114	14c02	減	減	減	참조 수정
115	14c21	界-	界+界	界界	참조 보충
116	15a06	纔[識]	讖	讖	참조 수정
117	15a15	帝	常	常	참조 수정
118	15a17	孔	礼	礼	참조 수정
119	15b19	應	忘	忘	참조 수정
120	15c06	似	以	以	참조 수정
121	15c06	爲	與	與	참조 수정
122	16a04	聖(擧)	經(擧)	經(擧)	참조 수정 (錄摘文解)

【표 3】《결택기》권제3 [X8, 16a21~31a06]의 교감표

번호	X8	만속장본	가나자와사본	교감 결과	비 고
1	16a21a半	{口*寅}	誼	誼	참조 수정
2	16a22b半	義	儀	儀	참조 수정
3	16b01a半	固	同	同	참조 수정
4	16b01a半	故	相故	相	《행원품소초》참조 수정
5	16b04b半	具	見	見	참조 수정
6	16b06b半	阿	何	何	참조 수정
7	16b12	能速	能悉	悉能	《심지관경》참조 수정
8	16b19	身	身	心	上同
9	16b19	與	與	雨	上同
10	16b21	(提)-宮	(提)賓+宮	(提)賓宮	&《심지관경》참조 보충
11	16c01	如	以	以	&《심지관경》참조 수정
12	16c01	-佛	諸+佛	諸佛	&《심지관경》참조 보충
13	16c16	應	忘	忘	참조 수정

14	16c23a半	護	獲	獲	& 교감주 참조 수정
15	17a06a半	憂	憂	愛	《초》 참조 수정
16	17a21	佛舉[舉佛]	舉佛	舉佛	참조 도치
17	17b10	而(滿)	已(滿)	已(滿)	참조 수정
18	17b21	喩	踰	踰	& 교감주 참조 수정
19	17b24	-群	咸+群	咸群	참조 보충
20	17c02	曰	云	云	참조 수정
21	17c04	他-	他-	他方	《행원품소》 참조 보충
22	17c06	知	智	智	참조 수정
23	17c09	誠	識	識	참조 수정
24	17c12	後	復	復	참조 수정
25	17c13	-寶	-寶	-寶	교감주曰, "寶앞에 '捧'이 빠진 듯하다."
26	17c16	由[田]	田	田	참조 수정
27	17c19	若	若	一	《대소》 참조 수정
28	17c23	{衙-金+缶}	御	御	&《대소》, 교감주 참조 수정
29	18a03	羨	美	美	&《대소》, 교감주 참조 수정
30	18a04	當	等	等	&《대소》 참조 수정
31	18a11	原	厚	厚	참조 수정
32	18a11	濕	隰	隰	참조 수정
33	18a12	拔	浚	浚	참조 수정
34	18a12	作	砂	砂	참조 수정
35	18a12	參	泰	泰	참조 수정
36	18a22	文	之	之	&《초》 참조 수정
37	18a22	傳	傳	宣	《초》 참조 수정
38	18c19	性-	性+相	性相	참조 보충
39	19a17	成而	而成	而成	참조 도치
40	19b24	序而	序而	序而	교감주 "而는 연문인 듯하다."
41	19c01	唯	准	准	참조 수정
42	19c18	美-	美-	美而	《파사론》 참조 보충
43	19c19	損	指	指	&《파사론》 참조
44	19c19	竟	竟	競	《파사론》 참조 수정
45	19c19	旨	肯	肯	&《파사론》, 교감주 참조 수정
46	20a08	(心)等	(心)到	(心)到	&《대소》 참조 수정
47	20b08	信	身	身	& 교감주 참조 수정
48	20c12	目	月	月	&《초》 참조 수정
49	21b08	相-(衆)	相+卽(衆)	相卽(衆)	참조 보충
50	21c04	開	關	關	참조 수정
51	21c05	開	關	關	참조 수정
52	21c06	開	關	關	참조 수정
53	21c10	億-音+(天*天)	億-音+(天*天)	舋	문맥상 수정
54	22a02	去[云]	云	云	참조 수정

55	22a24	於於	於-	於	& 교감주 참조 수정
56	22c03	退	待	待	참조 수정
57	22c03	-涉	理+涉	理涉	참조 보충
58	22c08	取[取+耶]	耶	耶	& 참조 수정
59	22c14	堅	竪	竪	참조 수정
60	23b03	句	俱	俱	참조 수정
61	23b21	--(必)	有力+(必)	有力(必)	참조 보충
62	23c05	非謂	謂非	謂非	& 교감주 참조 도치
63	23c17	見-	見+修	見修	&《대소》참조 보충
64	24a14	境[妙]	妙	妙	참조 수정
65	24c06a半	護	獲	獲	& 교감주 및《대소》참조 수정
66	24c18	技	枝	枝	참조 수정
67	25a06	經	位	位	&《대소》참조 수정
68	25a07	以	以	位	《대소》참조 수정
69	25a11	五[如]	如	如	참조 수정
70	25a15	三第[第三]	第三	第三	참조 도치
71	25b10	今[亦]	亦	亦	&《대소》참조 수정
72	25b20	說--	說+四或	說四或	&《대소》참조 보충
73	25c03	占/古(CBETA)	占	占	&《卍續藏》《대소》참조
74	25c07	佛-	佛-	佛依	《대소》참조 보충
75	26a02	至-	至+茶	至茶	참조 보충
76	26a05	來	來	來	교감주 "是"인 듯하다
77	26a22	融-	融+皆	融皆	참조 보충
78	26b01	-隱隱	鈔+隱隱	鈔隱隱	참조 보충
79	26b01	-間	者+間	者間	참조 보충
80	26b21	斯	斷	斷	참조 수정
81	26c03	後-	後+後	後後	참조 보충
82	26c10	之(北)	至(北)	至(北)	참조 수정
83	27a22	貧	貪	貪	&《대소》, 교감주 참조 수정
84	27b14a半	得入+持	--持	--持	참조 "得入"삭제
85	27c03	立	立	玄	《원각경대초》참조 수정
86	27c19	畏	畏	異	교감주 및 문맥상 수정
87	27c24	{雨＊隻}	{雨＊隻}	雙	《대소》참조 수정
88	28a06	二[三]	三	三	참조 수정
89	28a10	喜	嘉	嘉	& 교감주 참조 수정
90	28a12b半	與	爲	爲	참조 수정
91	28a15	也	色	色	참조 수정
92	28b04a半	違[遠]	遠	遠	& 교감주 참조 수정
93	28b10	正(因)	正(因)	生(因)	교감주 및 문맥상 수정
94	28b11	正	生	生	& 교감주 참조 수정
95	28b16	緣-(也)	緣-(也)	緣因(也)	《대소》참조 보충
96	28b16	因緣	緣因	緣因	&《대소》참조 도치

97	29a11	本(覺)/木(覺)(CBETA)	本(覺)	本(覺)	&《卍續藏》참조 수정
98	29b09	文	大	大	&《敎義分齊章》및 교감주 참조 수정
99	29c08	-行	貪+行	貪行	&《초》, 교감주 참조 보충
100	30b10~11	分限~云 중간내용 없음	8紙3行 (2,069字) 있음	故名~謂通	& 교감주 참조 보충 [별첨 1]
101	30b19	藏[嚴]	嚴	嚴	참조 수정. 아래도 동일
102	31a06	令	今	今	참조 수정

【별첨 1】 [X8, 30b10]分限~ [30b11]云 사이에 보충된 원문

離分限[故, 名爲非劫.

◇[疏] 廣如旨歸者, 旨歸云,〈問: 若此多劫常恒說者, 何故如來有涅槃耶? 答: 說此經佛, 本不涅槃. 法界品中, 開栴檀塔, 見三世佛, 無涅槃者. 又復以此初時旣攝多劫. 是故示現涅槃, 亦在此中. 攝化威儀之中, 涅槃亦是說法攝生. 與成道說法, 無差別故. 是故說法總無休時. 復此盧舍那佛常在[144]花藏, 恒時說法. 初無涅槃, 如常住故.

○[鈔] 普賢身相如虛空依眞而住非國土者, 下疏〈問曰: 法性身土, 爲別不別? 別則不名法性, 性無二故. 不別則無能依所依. 答: 經論異說, 統收法身, 略有十種. 土隨身顯, 乃有五重; 一, 依佛地論, 唯以淸淨法界而爲法身. 亦以法性, 而爲其土. 性雖一味, 隨身土相, 而分二別. 智度論云, '在有情數中, 名爲佛性. 在非情數中, 名爲法性.' 假說能所, 而實無差. 唯識論云, '雖此身土, 體無差別, 而屬佛・法, 性・相異故.' 謂法性屬佛, 名法性身. 法性屬法, 爲法性土. 性隨相異, 故云爾也. 今言如虛空者, 唯識論云, '此之[145]身土, 俱非色攝. 雖不可說形量大小. 然隨事相, 其量無邊. 譬如虛空遍一切處.' 故如虛空言, 通喩身土. 二, 或唯大智, 而爲法身.

144　底本 및 [가나자와사본]에는 "在+藏",《華嚴經旨歸》참조 "藏" 삭제.

145　《成唯識論》(T31, 058b)에는 "佛"로 되어 있다.

所證眞如, 爲法性土. 故無性攝論云, 無垢無罣导智爲法身故. 若爾, 云何言相如虛空? 智體無导, 同虛空故. 三, 亦智亦如而爲法身. 梁攝論中, 及金光明經皆云, '唯如如及如如智獨存, 名法身故.' 此則身含如智, 土則唯如. 四, 境智雙泯而爲法身. 經云, '如來法身, 非心非境. 土亦隨爾.' 依於此義, 諸契經中 皆說如來身土無二. 此則依眞之言, 顯無能所. 方曰依眞成如空義. 五, 此上四句, 合爲一無导法身, 隨說皆得, 土亦如之. 六, 此上總別五句, 相融形奪, 泯玆五說, 迥然無寄, 以爲法身, 土亦如也. 此上單就境智以辨. 七, 通攝五分, 及悲願等所行, 恒沙功德無不皆是. 此法身收以修生功德, 如證理故. 融攝無导卽此所證眞如體大爲法性土, 依於此義身土迥異. 今言身相, 卽諸功德. 言如虛空, 卽身之性. 下經亦云, '解如來身非如虛空. 一切功德無量妙法所圓滿故.' 八, 通收報化, 色相功德無不皆是, 此法身收. 故攝論中, 三十二相等皆法身攝. 然有三義; 一, 相卽如故, 歸理法身. 二, 智所現故, 屬智法身. 三, 當相并是功德法故, 名爲法身. 其所依土, 則通性相. 淨穢無导, 我此土淨, 而汝不見. 衆生見燒, 淨土不毀. 色卽是如, 相卽非相. 身土事理, 交互依持. 通有四句; 謂色身依色相土, 色身依法性土, 法身依法性土, 及依色相故. 又以單雙互望, 亦成五句. 謂色相身依法性色相土等. 準以思之. 此上猶通諸大乘教. 九, 通攝三種世間, 皆爲一大法身, 具十佛故. 其三身等, 并此中智正覺攝故. 土亦如之, 卽如空身, 而示普身, 示何不具, 此唯華嚴. 十, 上分權實, 唯以第九, 屬於此經. 若據融攝及攝同教總, 前九義爲總句. 是謂如來無导身土. 普賢亦爾. 義隨隱顯, 不可累安. 達者尋文, 無生局見. 上言土有五重者, 一唯法性, 屬前二身. 二者雙泯, 屬於第四. 三具性相, 五六七八所依. 四融三世間, 屬於第九, 五, 總前諸義, 卽第十依.〉身土要義, 無厭繁文.

[鈔] 末通淨·穢本剎唯淨者, 又淨·穢土而有多門. 故下疏云,〈然淨有二種; 一世間淨, 離欲穢故. 以六行爲方便, 上二界爲淨土. (欲界爲穢.) 二出世間淨, 此復二

種, 一者出世間, 所謂二乘, 以緣諦爲方便. 權教說之, 無別淨土. 約實言者, 出三界外, 別有淨土, 二乘所居. 智論有文(凡夫所居名穢.). 二出世間上上淨. 此謂菩薩則以萬行而爲方便. 以實報七珍珠無量莊嚴而爲其土. 然出世上上淨中, 復有二種; 一者眞極, 佛自受用, 相累兼亡, 而爲方便. 二者未極, 等覺已還故. 仁王云, 三賢十聖, 住果報唯佛一人居淨土(未極而居名穢.). 未極之中, 復有二種; 一, 八地已上, 一向清淨, 以永絶色累, 照體獨立, 神無方所. 故其淨土色相難名. 二, 七地已還, 未出三界, 無漏觀智, 有間斷故, 非一向淨. 若依瑜伽, 入初地去, 方爲淨土. 三賢所居皆稱非淨, 此分受用變化別故. 約此經宗, 十信菩薩卽有淨土.〉又準下鈔, 〈就佛法性, 自他受用, 幷變化土, 論其淨穢, 復有三義; 一, 前三皆淨. 四中有淨有穢, 則三類半爲淨, 半類爲穢. 二, 前三爲淨, 以他受用, 斷分別障, 已證眞如. 故名爲淨. 變化皆穢, 設有七珍, 穢衆生住, 故亦非淨. 三, 後二皆穢. 仁王經云, '三賢十聖住果報, 唯佛一人居淨土.' 而生公說, 有形皆穢, 無形爲淨, 則唯法性爲淨. 若爾, 自受用土, 豈稱穢耶? 此以冥同眞性不可說其形量大小則同淨攝.〉今此所論淨穢, 正當鈔中初之一義也.

[鈔] 以歸花藏卽前染淨無導故不立之者, 問: 初閻浮卽前通局中一句亦不應立. 答: 彼無遍法界言故不同也, 而乃別立. 言皆有百億閻浮提者, 卽一大千界也. 謂四大州日月蘇彌盧, 欲天梵世各一千名一小千界, 如一貫錢. 一千箇小千, 爲一中千, 如一千貫錢. 一千箇中千, 爲一大千, 如千箇千貫也. 若爾, 應有萬億, 何言百億? 答: 準此方皇帝算法, 數有三等, 謂上中下. 下等數法十十變之. 中等百百變之, 上等億億變之. 今此三千, 若據小數可有萬億. 今約中數, 從千已上, 百百變之, 則有百億故. 又相傳釋億而有三種; 一者十萬, 二者百萬, 三者千萬, 此當千萬爲億也. 故疏云, 唐三藏譯是千萬也.

○言乃至百億色究竟天者, 問: 二禪量等一小千界, 三禪量等一中千界, 四禪量等一大千界. 是知爲一色究竟天覆於百億四州, 如何亦言百億色究竟天耶? 答: 準下鈔云, 〈譬如夏雲普覆九州. 若以州取, 則有九雲. 若以郡取, 則四百餘雲. 若以縣取, 千數未多. 或言一雲普覆萬國, 或言萬國各有夏雲, 思之可見.〉

[疏] 五遍花藏者, 問: 花藏世界實報淨土, 應化土耶? 若云實報淨土, 何有分限? 若無分限者, 何故花藏之外中方便有刹海耶? 若云應化土者, 何故世尊修因之所嚴淨不云應衆生故? 又下疏難, 〈身若云應者, 那言遮那處蓮花藏?〉驗知華藏非應化土. 答: 良以自報眞身旣分圓無导故. 彼自報眞土, 亦廣狹自在. 論廣則花藏世界所有塵, 一一塵中見法界. 語狹則十萬各有世界海故.

[鈔] 云若彼不說則說處不遍, 若彼亦說, 處則雜亂. 何以經中唯云忉利說十住法等者, 鈔雖有答, 義猶沈隱. 今依旨歸, 以答前難云, 此說十住忉利天處, 旣遍十方一切塵道. 是故夜摩等處皆有忉利, 卽於如是遍夜摩等忉利天處, 說十住. 是故忉利無不普遍, 仍非夜摩等處說十住也. 說十行等夜摩等處, 亦遍忉利等處, 仍非忉利說十行等也. 故不違經, 亦無不通.

[鈔] 前相卽門中, 正十住遍時不妨餘遍但隱顯不同耳者, 此則潛通外難也. 恐有難云, 十住爲所卽有體, 十行等作能卽無體, 唯有十住遍法界故無雜者. 若爾, 十行等爲一向作能卽無體耶? 爲亦作所卽有體耶? 若一向作能卽無體, 還成滯執非無导也. 若亦作所卽有體, 爲前後耶? 爲同時耶? 若云前後, 同時四句義不成故, 若云同時, 十住爲所卽有體, 遍法界時, 不妨同時十行却爲所卽有體, 亦遍法界. 二種有體, 旣同時遍法界, 還成雜亂. 何故鈔云, 前相卽門中正十住遍時, 不妨餘遍? 故鈔通云, 但隱顯不同耳. 十住遍時, 十行等卽隱. 十行遍時, 餘隱亦然. 今應難云, 十住顯時, 十行等唯隱. 亦通其顯. 若云唯隱, 還成滯執非無导也. 若云通顯, 爲同時耶? 爲前後耶? 若云前後同時, 四句義不成故. 若云同時, 十住正顯, 遍法界時. 不妨十行等顯, 亦遍法界. 還成雜亂. 若云隱顯門中顯顯不俱, 無雜亂者, 相卽

門中所卽所卽不俱, 已無雜亂. 何須鈔中, 更用隱顯門耶? 彼二所卽有體, 旣得同時. 彼二能攝顯義, 亦得同時. 彼此異因不可得故. 若救云, 雖許二顯得俱, 而一主一伴故, 無雜亂者, 更應難曰, 十住爲主時, 十行等一向作伴, 亦得爲主耶? 若一向作伴, 還成滯執非無导也. 若得爲主, 爲同時耶? 爲前後耶? 若云前後同時, 四句義不成故. 若云同時, 還成雜亂. 十住爲主遍法界時, 不妨十行等爲主亦遍法界故. 若云主主不相見, 無雜亂者, 相卽門中, 所卽所卽不俱, 已無雜亂, 何故鈔中更用隱顯耶? 設更用自餘玄門料揀, 滯難同前. 今謂通]云

【표 4】《결택기》 권제4 [X8, 42a01-52a02]의 교감표

번호	X8	만속장본	가나자와사본	교감결과	비 고
1	31c08	-等	信+等	信等	&《대소》 참조 보충
2	32a07	十(身皆)	身(身皆)	身(身皆)	참조 수정
3	32a14	(必)指	(必)均	(必)均	&《대소》 참조 수정
4	32a22	(以)見	(以)是	(以)是	&《대소》 참조 수정
5	32b14a半	固[困]	同	同	참조 수정
6	32c01a半	身	眞	眞	참조 수정
7	32c04	知	智	智	참조 수정
8	32b09a半	世	離	離	&《화엄경》 참조 수정
9	32c21b半	勢-	勢-	勢身	문맥상 보충
10	32c22	意	意	樂	《연의초》 참조 수정
11	33a03b半	持	示	示	참조 수정
12	33a03b半	入-(7字)없음	入-(7字)없음	入(生死故示滅非眞)	《대소》 참조 7字 보충
13	33a07	見眞	見眞	眞見	《대소》 참조 도치
14	33a12	未[末]	末	末	참조 수정
15	33a20	問	同	同	참조 수정
16	33b05	億	德	德	참조 수정
17	33b11	-亡	-亡	言亡	《대소》 참조 보충
18	33b11	性	性	性	《대소》에는 "二+性"
19	33b24	法(體)	法(體)	皆(體)	《대소》 참조 수정
20	33c17a半	名	妙	妙	&《심지관경》 참조 수정
21	34a13	報	執	執	&《기신론필삭기》 참조 수정
22	34b03	佛	法	法	&《기신론의기》 참조 수정
23	34b04	皆	皆	是	《기신론의기》 참조 수정

24	34c21	到	到	致	《계사전繫辭傳》 참조 수정
25	35a12	□[疾]	促	促	참조 보충
26	35a13	被	披	披	참조 수정
27	35a18	末[末]	未	未	참조 수정
28	35a20	求	未	未	참조 수정
29	35a22	所	所	所	《초》에는 "取"
30	35b01	許	計	計	&《대소》 참조 수정
31	35b20	護	該	該	&《대소》 참조 수정
32	35c07a半	說證	說證	證說	《대소》 참조 도치
33	35c16	根	根	根	《대소》에는 "機"
34	35c16	見	是	是	&《대소》 참조 수정
35	36a01	(念)聲	(念)請	(念)請	&《대소》 참조 수정
36	36a09	第-(會)	第+九(會)	第九(會)	&《대소》 참조 수정
37	36a14	經	經	經	《대소》에는 "有說"
38	36a15	有無	無有	無有	&《대소》 참조 도치
39	36a21	一說	說一	說一	&《초》 참조 도치
40	36c02a半	盡	晝	晝	&《탐현기》 참조 수정
41	36c02b半	前	前	能	《탐현기》 참조 수정
42	36c02b半	盡	晝	晝	&《탐현기》 참조 수정
43	36c11	皆-	皆+證	皆證	&《대소》 참조 보충
44	36c15	鳥	鳥	鳥	《대소》에는 "迹"
45	36c16	大	太	太	참조 수정
46	36c17	著	差	差	&《대소》 참조 수정
47	36c23	因---得	因+(一切智)得	因一切智得	&《십지경론》 참조 보충
48	37a08	光[先]	先	先	&《대소》 참조 수정
49	37a14	故+藏攝	故--	故	참조 "藏攝" 삭제
50	37a17	業	集	集	참조 수정
51	37a18	他	陀	陀	참조 수정
52	37a19b半	訖	□	說	교감주 참조 수정
53	37a20	{口*栗}	{口*栗}	栗	《연의초찬석》 참조 수정
54	37a21b半	名	各	各	& 교감주 참조 수정
55	37c14	亦	約	約	참조 수정
56	37c15	亦-敵對 22字누락	敵對言經非敵對約義也影取線非敵對[故]云古人旣以	참조 22字 보충	
57	37c19	繫壞	繫壞	擊壞	《파사론》 및 교감주 참조 수정
58	37c20	捨	拾	拾	&《파사론》 참조 수정
59	38a05a半	(無)處	(無)所	(無)所	참조 수정
60	38a09a半	勝	勝	勝	《유가사지론》에는 "聖"
61	38a11a半	備	滿	滿	&《법원의림장》 참조 수정
62	38a11a半	是(能)	此(能)	此(能)	&《법원의림장》 참조 수정
63	38a13a半	-界	境+界	境界	참조 보충
64	38a16a半	脫+障	脫+障	脫-	《법원의림장》 참조 삭제

65	38b12	邍[邅]	邅	邅	& 교감주 참조 수정
66	38b13	名	各	各	& 교감주 참조 수정
67	39a02	耶	那	那	&《대소》참조 수정
68	39a02a半	(說)如	(說)如	(說)知	《대소》참조 수정
69	39a02	耶	那	那	&《대소》참조 수정
70	39a09a半	寄	奇	奇	&《대소》참조 수정
71	39a11	誓	誓	擔	《대소》참조 수정
72	39a20	了-	了+義	了義	&《대소》참조 수정
73	39b24	-稱(論)	正+稱(論)	正稱(論)	참조 보충
74	40a24	勝+上	勝+上	勝-	《대소》참조 삭제
75	40b02b半	雅	雅	雄	《초》참조 수정
76	40b06	根	根	根	《대소》에는 "機"로 되어 있다.
77	40b23	法--善	法--善	法+(智若)善	《승만경》《초》참조 보충
78	40c03	遲	違	違	&《승만경》참조 수정
79	40c05	等	第	第	&《대소》참조 수정
80	40c08	侍	伴	伴	&《장엄론》참조 수정
81	40c14	目	自	自	&《대소》《성실론》참조 수정
82	40c19	福(是)	福(是)	德(是)	《탐현기》참조 수정
83	41a04	主	生	生	&《법화경》참조 수정
84	41a15	是+無	是+無	是-	《초》참조 삭제
85	41a23	者	者	言	《초》참조 수정
86	41b14	受	愛	愛	참조 수정
87	41b19b半	減(蘊)	-(蘊)	-(蘊)	&《초》참조 삭제
88	41b21	色	色	死	"老死支" 참조 수정
89	41c13	觀	觀	推	《초》《공목장》 및 아래 문구 참조 수정
90	41c14	觀(因)	觀(因)	推(因)	上同
91	42a19	空+空	空-	空-	&《초》참조삭제
92	42b07	假	假	假	《초》에는 "設"
93	42b18	標	揀	標	
94	42b23	轉[博]	博	博	참조 수정
95	42c03	互(不)	豈(不)	豈(不)	上同
96	42c04	謂	謂	爲	《초》참조수정
97	42c11	-次	如+次	如次	참조 보충
98	42c11	四+四	四-	四-	참조 삭제
99	42c18	寔	實	實	참조 수정
100	43a01	含	含	合	《초》참조수정
101	43a03	焉	馬	馬	참조 수정
102	43a14	得	得	德	세필주 참조수정
103	43a24	日	日	日	&《초》참조수정
104	43a24	戈	才	才	上同
105	43b01	億-音+(天*天)	億-音+(天*天)	愆	《초》참조 수정

106	43b04	謂	與	與	참조 수정
107	43b16	諸	所	所	&《초》참조 수정
108	43b22	說(大)	說(大)	說(大)	《초》에는 "名"
109	43b23	復	後	後	&《초》참조 수정
110	43c04	菩提	菩提	醍醐	《초》참조 수정
111	43c08	義	義	義+故	《초》참조 보충
112	43c10	出生	出生	出生	《초》에는 "-生"
113	43c18a半	從	縱	縱	참조 수정, c19도 동일
114	43c24	違	違	違	세필주는 "遠", 교감주는 "達"로 교감
115	44a05	注	注	雨	《대소》참조 수정
116	44a07a半	日[口]	口	口	&《대소》참조 수정
117	44a11	招	扣	扣	《대소》에는 "叩"
118	44a15	雨	雨	霆	《대소》참조 수정
119	44a18	堅	竪	竪	&《대소》참조 수정
120	44a19	一	熟	熟	上同
121	44a19b半	復	停	停	&《대소》, 교감주 참조 수정
122	44b05	集	奪	奪	&《초》참조 수정
123	44b06	卽	印	印	참조 수정, c18도 동일
124	44b13	同[問]	問	問	참조 수정
125	44b15	祕	我	我	& 교감주 참조 수정
126	44c05	故--	故+經云	故經云	참조 보충
127	44c13a半	侮	海	海	&《五教章》참조수정
128	45a14	空(有)	(有)空	(有)空	참조 도치
129	45a16	復	複	複	& 교감주 참조 수정 a19·b06도 동일
130	45b01	(有)-無	(有)-無	(有)亦+無	교감주 참조보충
131	45b10	-增	是+增	是增	참조 보충
132	45b11	減	減	減	& 교감주 참조 수정
133	45b19	若~言 사이에 25字 없음	若~言 사이에 2行 25字 있음	隨闕者則非具德又四句齊照成解境故四句齊泯成行境故皆	참조 보충
134	46a02b半	刺	判	判	참조 수정, a03b半도 동일
135	46a04	會	層	層	참조 수정
136	46a09	千+葉	千-	千-	참조 삭제
137	46a17b半	報(成)	報(成)	頓(成)	《초》참조 수정
138	46a24b半	飾	飾	修	《都序》참조수정
139	46b08	界	皆	皆	&《도서》참조수정
140	46b10	六	云	云	&《도서》및 교감주 참조 수정
141	46b12	內	門	門	&《도서》참조 수정
142	46b12	鑒	鑿	鑿	&《도서》및 교감주 참조 수정

143	46b14a半	化	化	化	化儀頓漸설명이므로 '頓儀'의 대구 '漸儀'의 '漸'이어야 한다.
144	46b16a半	名-	名+頓	名頓	&《도서》및 교감주 참조 보충
145	46b18	訴	訴	明	《도서》참조 수정
146	46b19a半	亂	亂	荒+亂	세필주 참조 보충
147	46b19b半	論	論	訪	《도서》참조 수정
148	46c08	難過失	過異	難過矣	《현담》참조 수정
149	47a09	是-	是+故	是故	참조 보충
150	47a10	得無	無得	無得	참조 도치
151	47a10	若	若	爲	《五教章》참조 수정
152	47a10	逈	廻	廻	& 교감주 참조 수정
153	47a14	無盡生	盡無生	盡+智無生	&《초》참조 수정·보충
154	47b01b半	言義	義言	義言	참조 도치
155	47b08	逈	廻	廻	&《五教章》, 교감주 참조 수정
156	47c08	門(若)[問(若)]	問(若)	問(若)	&《五教章》참조 수정
157	47c15	依	作	作	&《초》참조 수정
158	47c15	就此	此就	此就	참조 도치
159	47c20	教~何 사이 20字 없음	教~何 사이 2行20字 있음	昔之權實二義亦存卽無其過應問光宅昔之實教	참조 보충
160	47c24	比	此	此	참조 수정
161	48a03	閒	閉	閉	참조 수정
162	48a07	(是)-字	(是)-字	(是)果+字	下句"四字惧書應是三字" 참조 보충
163	48a20	源	源	源	《대소》에는 "宗"
164	48b03	(累)方[(累)亡]	(累)亡	(累)亡	&《대소》참조수정
165	48b11	殊	殊	如	《대소》참조수정
166	48b12	淨~相 사이에 20字 없음	淨~相 사이에 20字 없음	圓珠明卽般若淨卽解脫圓體法身約用不同體不	《대소》참조 보충
167	48b13a半	蹤	蹤	縱	《대소》및 교감주 참조 수정
168	48b13b半	-脫	解+脫	解脫	참조 보충
169	48b16	無-	無-	無不	《대소》참조 보충
170	48b19a半	苦	苦	思	《대소》·《대승의장》참조 수정
171	48b19b半	通	道	道	&《초》참조 수정
172	48b22b半	揀	揀	擇	《초》참조 수정, b23a半도 동일
173	48b24b半	(二)曰	(二)云	(二)云	&《초》참조수정
174	48c02a半	二	二	二	《초》에는 "一", 《成唯識論》에는 "二"

175	48c02a半	涅槃 아래 30字 없음	涅槃 아래 2行30字 있음	謂卽眞如出煩惱障雖有微苦所依未滅而障永寂故名涅槃三無餘依涅槃	&《초》 참조 보충
176	48c02b半	說	旣	旣	&《초》 참조 수정
177	48c06b半	眞	眞	其	《초》 참조 수정
178	48c06b半	(二)皆	(二)皆	(二)皆	《초》에는 "佛"
179	48c06b半	(今)皆	(今)皆	(今)開	《초》 참조 수정
180	48c08a半	死	死	無	《초》 참조 수정
181	48c13	道	道	導	《대소》 참조 수정
182	48c20	還	退	退	참조 수정
183	48c24	屬義皆[義皆屬]	義皆屬	義皆屬	참조 도치
184	49a04b半	(覺)果[(覺)果]	(覺)地	(覺)果	참조 수정
185	49a18	斷	欲	斷	
186	49b01	蹤	蹤	縱	《초》 및 교감주 참조 수정
187	49b01b半	勝	勝	時	《초》[146] 참조 수정
188	49b08	如	知	知	참조 수정
189	49b15	月(臨)	月(臨)	光(臨)	《초》 참조 수정
190	49b15	先	光	光	참조 수정
191	49b17	竟	竟	競	《초》《조론》 참조 수정
192	49b22	已-	已+上	已上	참조 보충
193	49c09a半	成[也]	也	也	참조 수정
194	49c12	往[性]	性	性	上同
195	49c12	捧	捧	俸	교감주 및《열반경》 참조 수정
196	50a12	革*(立-一+可)	革*(立-一+可)	覉	《초》《법구경》 참조 수정
197	50a17	一見[見一]	見一	見一	&《법구경》 참조 도치
198	50b07	樂	樂	養	《초》 참조 수정
199	50b10	果	異	異	&《초》 참조 수정
200	50b12	況-	況-	況+識	《초》 참조 보충
201	50b13	界-	界+如來境界	界如來境界	&《초》 참조 보충
202	50b23	梨	梨	梨	《五教章》에는 "胝"
203	50c12	毗+目	-目	毗目	
204	51a04	智	知	知	참조 수정
205	51a05	想	相	相	上同
206	51a07	善	喜	喜	& 교감주 참조수정
207	51c03	諸(諸)	謂(諸)	謂(諸)	참조 수정
208	51c06a半	卽我說+卽我說	卽我說-	卽我說-	& 교감주 참조삭제
209	51c14	地	事	事	참조 수정

---

146   《연의초》, "東西曰橫謂同時異體故" 참조 수정.

번호	X8	만속장본	가나자와사본	교감 결과	비 고
1	52a09	玄(之)	去(之)	去(之)	&《논어》참조수정
2	52a11	雜[雄]	雄	雄	上同
3	52a13	翊[翎]	翎	翎	&《초》참조수정
4	52a14	其[者]	者	者	참조 수정
5	52a15	(黜-兀+(止/(几@示)))-虫+刂	(黜-兀+(止/(几@示)))-虫+刂	劇	《춘추》및 세필주 참조 수정
6	52a19	用	勇	勇	&《춘추》참조 수정
7	52a20	則	測	測	上同
8	52b01	動	動	動	《유식론추요》(이하《추요》)에는 "慟"
9	52b01	城	城	城	&《추요》참조 수정
10	52b01	波	婆	婆	上同
11	52b11	含	含	合	《초》참조 수정, b13도 동일
12	52b15	鈔	疏	疏	&《초》참조 수정
13	52b18	顯-	顯+性	顯性	참조 보충
14	52b23b半	性	生	生	참조 수정
15	52c08a半	智[知]	知	知	上同
16	52c08b半	付	何	何	上同
17	52c11a半	卽-(修)[卽+凡(修)]	-凡(修)	卽凡(修)	&《都序》참조 보충
18	52c12a半	徹	徵	徵	&《都序》참조 수정
19	52c12b半	(答)之	(答)云	(答)知	《都序》참조 수정
20	52c12b半	卽-	卽+是	卽是	《都序》참조 보충
21	52c12b半	爲	爲	唯	《都序》참조 수정
22	52c17a半	總-	總+爲	總爲	&《都序》참조 보충
23	53a01	分(別)	今(別)	今(別)	참조 수정
24	53a02	-作	合+作	合作	참조 보충
25	53a03	薩-	薩+藏	薩藏	上同
26	53a09	廢~所卽 사이에 24字 없음	廢~所卽 사이에 2行 24字 있음	所卽有體存今空有互卽若能卽空癡所卽有存或能卽有癡	上同
27	53a18	約	益	益	&《초》참조 수정
28	53a19	故	敎	敎	참조 수정
29	53a20	稽+首	稽+首	稽-	《초》참조 삭제
30	53a23b半	敎[故]	故	故	참조 수정
31	53b01b半	來	乘	乘	上同
32	53b01a半	減	咸	咸	上同
33	53b02	衆	家	家	&《초》참조 수정
34	53b11	未[末]	末	末	참조 수정
35	53b16	害	容	容	上同
36	53b23	疾	嫉	嫉	上同

37	53b24	彳*建	健	健	上同
38	53b24	質	賢	賢	& 교감주 참조수정
39	53c09	-能	能入+能	能入能	참조 보충
40	53c22	(內六)處-	(內六)處+內六處	(內六)處內六處	上同
41	54a03	菩	等	等	& 교감주 참조수정
42	54a06	緣	像	像	참조 수정
43	54a07a半	境	鏡	鏡	上同
44	54a07b半	-現	-現	不+現	앞 구절 "無質不現" 참조 보충
45	54a17	二	二	義	교감주 및 《초》 참조 수정
46	54a18a半	一十[六+十]	文+十	六十	&《초》참조 수정
47	54a18b半	大十[-十]	中	中	&《초》참조 수정
48	54b04	-者	等+者	等者	참조 수정
49	54b04	者~今 사이에 20字 없음	者~今 사이에 1行 20字 있음	卽生公意也彼云夫[147]泥洹本有不可爲無三界本無	참조 보충
50	54b09	自	旨	旨	&《초》참조수정
51	54b10	與--	與+之無	與+之符	&《초》참조수정
52	54b10	鑒+矣	鑒-	鑒-	&《초》참조삭제
53	54b11	姧	姸	姸	& 교감주 참조수정
54	54b16	(有)-緣	(有)因+緣	(有)因緣	참조 보충
55	54b17	卽	耶	耶	참조 수정
56	54b21	知	如	如	& 교감주 참조수정
57	54c06	望多	多望	多望	참조 도치
58	54c08	-因	爲+因	爲因	참조 보충
59	54c12	望	妄	妄	참조 수정
60	54c22	-其(炷)	燒+其(炷)	燒其(炷)	참조 보충
61	55a03	餘-	餘+依	餘依	上同
62	55a05	迷	邊	邊	참조 수정
63	55a05	(邊)也	(邊)也	(邊)故	세필주 참조 수정
64	55a07	也~言 사이 17字 없음	也~言 사이 1행 17字 있음	以對果法立畢竟名言莊嚴畢竟者緣因也	참조 보충
65	55a10	能因	因能	因能	참조 도치
66	55a13	彼岸到	彼岸到	到彼岸	《초》참조도치
67	55a16b半	三[已]	已	已	참조 수정
68	55a21	起	起	得	《성유식론》참조수정
69	55b01	持	時	時	上同

---

147 《가나자와사본》에는 "未",《演義鈔》참조 수정.

70	55b02	頂	嗔	嗔	上同
71	55b04	動	動	勤	《초》참조 수정
72	55b11	-求	謂+求	謂求	참조 보충
73	55b15	云-	云+六	云六	& 교감주 참조보충
74	55b16	容[客]	客	客	참조 수정
75	55c14	判-	判-	判-	《대소》에는 "判爲"
76	55c24	勢熱	熱勢	熱勢	참조 도치
77	55c24	體	體	鐵	《密嚴經》참조수정
78	56a06	減	城	城	&《法華玄贊》(이하《玄贊》) 참조 수정
79	56a10	佛-	佛+說	佛說	&《玄贊》참조 보충
80	56a12	或	惑	惑	&《玄贊》참조 수정
81	56a13	解	解+脫	解脫	&《玄贊》참조 보충
82	56a15	永	求	求	&《玄贊》참조 수정
83	56a17	知---	知+於眞智	知於眞智	&《玄贊》참조 보충
84	56a19	三-	三+昧	三昧	上同
85	56a20	涅槃~起 사이 18字 없음	涅槃~起 사이 1행 18字 있음	想凡夫有學聞此假解不識知謂有實涅槃	上同
86	56a20	云	之	之	&《玄贊》참조 수정
87	56a22	覺	學	學	上同
88	56b22b半	頭	顯	顯	참조 수정
89	56b23	無(一)[每(一)]	每(一)	每(一)	上同
90	56c22	目	因	因	上同
91	57a06	具	俱	俱	上同
92	57a16	-環	指+環	指環	참조 보충
93	57a23	-時(出)	時+時(出)	時時(出)	上同
94	57b07	有----	有+本無今有	有本無今有	&《초》참조보충
95	57b07	-何	-何	有+何	《초》참조보충
96	57b07	遇[過]	遇	過	&《초》참조수정
97	57b07	等	等	中	上同
98	57b08	(常)生[(常)出]	(常)出	(常)出	&《초》참조 수정
99	57b12	顯~分段 사이에 24字 없음	顯~分段 사이에 1행 24字 있음	分段寄彼三細以顯變易欲彰二苦麤細不同故非謂六麤唯	참조 보충
100	57b12	-爾	不+爾	不爾	上同
101	57b15	思--	思+細思	思細思	上同
102	57b15	捨	檢	檢	& 교감주 참조 수정
103	57b20	有-	有+有	有有	&《초》참조 보충
104	57b24	-名	故+名	故名	참조 보충
105	57b24	-上	-上	無+上	《초》참조 보충
106	57c13	-種	三+種	三種	&《초》참조 보충

		此身~第 사이에 26字 없음	此身~第 사이에 2행 26字 있음	類有其三種一三昧樂二覺法自性三種類俱生無作行初者楞伽	&《대소》참조보충
107	57c14	此身~第 사이에 26字 없음	此身~第 사이에 2행 26字 있음	類有其三種一三昧樂二覺法自性三種類俱生無作行初者楞伽	&《대소》참조보충
108	57c19	以	似	似	&《대소》참조수정
109	57c22	義-	義+兼	義兼	&《대소》참조 보충
110	58a01a半	或	戒	戒	& 교감주 참조 수정
111	58a03	何-	何-	何者	《초》참조 보충
112	58a10	(在)-字	(在)地+字	(在)地字	참조 보충
113	58a12	雜	報	報	참조 수정
114	58a19	云+云	云-	云-	참조 삭제
115	58b06	知	智	智	참조 수정
116	58b23	-云	一+云	一云	& 교감주 참조 보충
117	58c09	恨[根]	根	根	참조 수정
118	58c10	但	俱	俱	上同
119	58c21	是	見	見	&《초》참조 수정
120	58c21	成-	成+成	成成	&《초》참조 보충
121	59a04	成	成	成	《초》에는 "成+佛"
122	59a06	昔	昔	誓	《초》참조 수정
123	59a07	當	常	常	&《초》참조 수정
124	59a10a半	大	六	六	참조 수정
125	59a10a半	居	若	若	上同
126	59a11a半	唯	雖	雖	上同
127	59a20	敎	故	故	참조 수정
128	59b08	若-	若+依	若依	참조 보충
129	59b14	(種)-性	(種)種+性	(種)種性	上同
130	59b21	性	生	生	참조 수정, b22동일
131	59c07	敎	經	經	참조 수정
132	59c09	佛-	佛+敎	佛敎	&《구사론송소》(이하《송소》) 참조보충
133	59c10	事	事	肇	《송소》참조 수정
134	59c10	方[万]	萬	萬	& 교감주 참조 수정
135	59c12	(木*乃)	枳	枳	&《송소》참조 수정
136	59c13	衣	表	表	上同
137	59c14	堅	竪	竪	참조 수정
138	59c16	軌	軌	執	《송소》참조 수정
139	59c17	云-	云+爾	云爾	참조 보충
140	60a07	緣	絶	絶	참조 수정
141	60a08	逮	迷	迷	& 교감주 참조 수정
142	60a10	與	興	興	上同
143	60a17	株	殊	殊	上同
144	60a18	狂	往	往	참조 수정

145	60a19	-丁	旣+丁	旣丁	참조 보충
146	60a20	談	說	說	참조 수정
147	60a22	昭	照	照	上同
148	60a23b半	眼	根	根	& 교감주 참조수정
149	60b02a半	令	爾	爾	참조 수정
150	60b10	無	夢	夢	上同
151	60b10	乃	仍	仍	上同
152	60b12	成	咸	咸	& 교감주 참조수정
153	60b12	永	求	求	上同, b15·b20도동일
154	60b15b半	成	咸	咸	참조 수정
155	60b15b半	主	亡	亡	上同
156	60b16	重病	病重	病重	참조 도치
157	60b20	那	邪	邪	참조 수정
158	60b24b半	直	直	眞	교감주 참조 수정
159	60c02a半	眼	眠	眠	참조 수정, c04上半·61c01도 동일
160	60c05b半	幻	別	別	참조 수정
161	60c05	見	是	是	上同
162	60c08a半	不-	不-	不+別	교감주 참조 보충
163	60c10b半	逈	總	總	참조 수정
164	60c19b半	結	詰	詰	上同
165	60c19	違	達	達	上同
166	60c20b半	邪	耶	耶	上同
167	60c21b半	-動	是+動	是動	참조 보충
168	60c22a半	一一	二	二	참조 수정
169	61a06	豈	室	室	&《초》참조 수정
170	61a12	云亡	忘	忘	&《도서》참조 수정
171	61a16	臾	更	更	&《五教章》및 교감주 참조 수정
172	61a17	後~得 사이 27字 없음	後~得 사이 2행 27字 있음	諸位耶答說後諸位卽是初中之一切也如初後亦爾問若初卽具後	&《五教章》참조 보충
173	61a17	則	卽	卽	참조 수정
174	61b01	別+後	別-	別	&《五教章》참조 삭제
175	61b01	令	今	今	&《五教章》참조 수정
176	61b05	心	信	信	上同
177	61b10	念	念	想	문맥상 수정
178	61b17	識(等)	色(等)	色(等)	참조 수정
179	61b20	逢	逢	違	문맥상 수정
180	61b20	客	容	容	참조 수정
181	61b22	俱	具	具	上同

182	61b23	色通	通色	通色	참조 도치
183	61c02	間	開	開	참조 수정
184	61c13	汚	法	法	上同
185	61c17	根	報	報	上同
186	61c21	與-	與+現	與現	참조 보충
187	62a02	位	住	住	참조 수정
188	62a03	准	唯	唯	上同
189	62a04	有一者[者一有]	者一有	者一有	上同
190	62a09	惑	或	或	上同
191	62a14	能-	能+生	能生	참조 보충
192	62a20	調	謂	謂	참조 수정
193	62a23	稱[稍]	稍	稍	上同
194	62b02	如	如	故	문맥상 수정
195	62b03	故	許	許	참조 수정
196	62b04	土及	及土	及土	참조 도치
197	62b06	力[爲]	爲	爲	참조 수정
198	62b15	所-	所+所	所所	참조 보충
199	62b21	必	心	心	참조 수정
200	62c03	勤	懃	懃	上同
201	62c08	三[之]	之	之	上同
202	62c15	八[九]	九	九	上同
203	63a07	爲	爲	與	《開宗義記》참조 수정
204	63a09	惑	或	或	참조 수정, a10도 동일
205	63a11	審-	審-	審+決	《開宗義記》참조 수정
206	63a15	二[三]	三	三	참조 수정
207	63a23	--無	無慚+無	無慚無	참조 보충
208	63a24	但	且	且	참조 수정
209	63b05	遍	遍	遍	《百法明門論解》및 교감주 참조 수정
210	63b07	思[惡]	惡	惡	참조 수정
211	63b18	餘與	與餘	與餘	참조 도치
212	63b19	相得	得相	得相	上同
213	63b20	去過	過去	過去	上同
214	63b20	疎	躁	躁	참조 수정
215	63c01	中-(唯)	中-(唯)	中+二(唯)	下句(小七中二) 및 문맥상(四句) 참조 보충
216	63c11	趣	種	種	참조 수정
217	64a03	應+故	應-	應-	참조 삭제
218	64a11	戒	戒	色	《開宗義記》참조 수정
219	64a15	隨+業	-業	-業	참조 삭제
220	64b06	豈	量	量	참조 수정

221	64b11	逞	建	建	上同
222	64b11	六	立	立	上同
223	64b16	種+出	種-	種-	참조 삭제
224	64b17b半	重	熏	熏	참조 수정
225	64c12	墮	隨	隨	上同
226	64c15	謂--	謂+殊勝	謂殊勝	&《法苑義林章》(이하《義林》) 참조 보충
227	65a02	彼-	彼+彼	彼彼	上同
228	65a11	聖	證	證	&《義林》 및 교감주 참조 수정
229	65a11	不-	不+測	不測	&《義林》 참조 보충
230	65a14	至---	至+勝義卽	至勝義卽	&《義林》 참조 보충
231	65a16	--實(無)	或體+實(無)	或體實(無)	참조 보충
232	65a18	施	旋	旋	&《義林》 및 교감주 참조 수정
233	65b02	依	壞	壞	&《義林》 참조 수정
234	65b17	境	竟	竟	& 교감주 참조 수정
235	65b20	衆	與	與	참조 수정
236	65b24	智	緣	緣	上同
237	65c03	事理	理時	理時	&《초》 참조 수정
238	65c16	性智~應根 사이 16字 없음	性智~應根 사이 1행 16字 있음	攝他受用成事作智 攝變化身妙觀察智	참조 보충
239	65c20	非-	非+唯	非唯	上同
240	65c20	性	生	生	참조 수정 c21·66a02도 동일
241	65c21	地	切	切	참조 수정
242	66a02	其	眞	眞	上同
243	66a02	非-	非+唯	非唯	참조 보충
244	66a06	-直	喩+眞	喩眞	참조 수정·보충
245	66a06	-冷	遇+冷	遇冷	참조 보충
246	66a07	如-	如+來	如來	& 교감주 참조 보충
247	66a13	(而)法	(而)不	(而)不	& 교감주 참조 수정
248	66a16	壞	懷	懷	上同
249	66b01	微	末	末	참조 수정
250	66b03	彼-	彼+所	彼所	참조 보충
251	66b17	卽(不)	則(不)	則(不)	참조 수정
252	66b17	---故	不藉緣+故	不藉緣故	참조 보충
253	66c07	名	名	明	科文 및《五敎章》 참조 수정
254	66c14	以	久	久	참조 수정, c17동일
255	66c18	卽相	相卽	相卽	참조 도치
256	66c19	妄	堅	堅	참조 수정

257	66c19	差	着	着	上同
258	67a09	二	名+二	名二	참조 보충
259	67a11	-無(相)	名+無(相)	名無(相)	上同
260	67a16	自	之	之	참조 수정
261	67a16b半	獨	猶	猶	上同
262	67a18b半	鏡	鏡	境	문맥상 수정
263	67a20	(此)如	(此)云	(此)云	참조 수정
264	67a21	離[雖]	雖	雖	上同
265	67a22	心一~未曾 사이 35字 없음	心一~未曾 사이 1행 35字 있음	不二而二(結涅槃經境一心二)二諦立(於諦常自二也)非雙(於解常自一也)恒乖(解惑分二)	참조 보충, ( )는 小註임.
266	67b05	性	生	生	&《초》참조수정
267	67b10	耶	卽	卽	& 교감주 참조수정
268	67b17	眞	負	負	참조 수정
269	67b18	-良	答+良	答良	참조 보충
270	67c01	漂	澿	澿	참조 수정
271	67c04	澄	證	證	上同
272	67c04	以+以	-以	-以	& 교감주 참조 삭제
273	67c05	薪-	薪+薪	薪薪	참조 보충
274	67c07	滅-	滅+歸	滅歸	上同
275	67c10	-時	三+時	三時	上同
276	67c13	故-	故+故	故故	&《대소》참조 보충
277	67c15	(惑)-滅	(惑)後+滅	(惑)後滅	上同
278	67c22	禪	秤	秤	&《대소》참조 수정
279	67c22	位昇	低昂	低昂	上同
280	67c23	(此)俱[(此)但]	(此)但	(此)但	上同
281	67c24	位	低	低	上同
282	68a08	約-(心)	約+初(心)	約初(心)	&《대소》참조보충
283	68a14	證(顯)	證(顯)	正(顯)	《대소》참조수정
284	68a19	性	炷	炷	&《대소》참조수정
285	68a20	念-	念+念	念念	&《대소》및 교감주 참조 보충
286	68a22	及	反	反	&《대소》참조 수정
287	68b01	(性)無初~故無性(無) 27字 있음	(性)無初~故無性(無) 27字 없음	性無	&《대소》및 교감주 참조 삭제
288	68b05	經	至	至	&《대소》참조 수정
289	68a06	-旨	宗+旨	宗旨	&《대소》참조 보충
290	68b08	惑-	惑+一迷	惑一迷	上同
291	68b12	(若)知	(若)知	(若)以	《초》《영가집》참조 수정
292	68b12	(自)知-	(自)知+知	(自)知知	&《초》참조 보충

293	68b12	亦-	亦+非	亦非	上同
294	68b13	如	知	知	참조 수정
295	68b15	木石	木石	兎角	《초》《영가집》참조 수정
296	68b20	談	說	說	참조 수정
297	68b23	-言(無)	當+言(無)	當言(無)	참조 보충
298	68b24	欲--	欲+現前	欲現前	&《잡집론》참조 보충
299	68c06	以	此	此	& 교감주 참조 수정
300	68c17	似	假	假	참조 수정
301	68c19	一心~故에 7字 없음	一心~故에 7字 있음	者結歸所入法[148]也	& 교감주 참조 보충
302	68c24	-有	無+有	無有	참조 보충
303	68c24	詳	昧	昧	참조 수정
304	69a04	心傳(者)	-傳(者)	-傳(者)	참조 삭제
305	69a07	惱--	惱+煩惱	惱煩惱	&《사자승습도》참조 보충
306	69a08	用--(亦)	用+妙用(亦)	用妙用(亦)	上同
307	69a09	唯	雖	須	《사자승습도》참조 수정
308	69a11	授	投	投	&《사자승습도》참조 수정
309	69a14	又+又	又-	又	참조 삭제
310	69a15	是	乞	乞	참조 수정
311	69a17	自	目	目	上同
312	69a19	他	地	地	上同
313	69a20b半	知	智	智	上同
314	69a20	終	約	約	上同
315	69a21a半	卽	息	息	上同
316	69a22b半	是心	慧	慧	上同
317	69b04	過	遇	遇	上同
318	69b06	都-	都+無	都無	참조 보충
319	69b07	俱	俱	俱	세필주에는 "昭"
320	69b08	心---	心+空不生	心空不生	참조 보충
321	69b09	-靜	寂+靜	寂靜	上同
322	69b11	性	住	住	&《초》참조 수정
323	69b12	顧故	故顧	固	《종경록》참조 수정
324	69b15	智	知	知	&《초》참조 수정
325	69b15	鈔	鈔	疏	《초》참조 수정
326	69b17	亡-	亡+言	亡言	&《초》참조 보충
327	69b18	已/己(CBETA)	已	已	&《초》《만속장본》 참조 수정
328	69b20	玉	至	至	&《초》참조 수정

148 　교감 주에는 "門"으로 되어 있다. 《가나자와사본》참조 수정.

329	69b24	--無(異)	無同+無(異)	無同無(異)	&《초》참조 보충
330	69b24	起	超	超	&《초》참조 수정
331	69c01	-是(於)	亡+是(於)	忘+是(於)	《초》참조 수정
332	69c03	惡	惡	怨	《초》및 교감주 참조 수정
333	69c03	天然	天無然	夫然	《초》참조 수정
334	69c03	機	幾	幾	&《초》참조 수정
335	69c04	契	矣	矣	上同
336	69c08	名(有)	各(有)	各(有)	참조 수정
337	69c11	性	稱	稱	&《대소》참조 수정
338	69c12b半	大	之	交	《대소》참조 수정
339	69c15b半	行	行	說	上同
340	69c17a半	此	法	法	&《대소》참조 수정
341	69c17b半	云	之	之	上同
342	69c19a半	曰	目	目	&《대소》및 교감주 참조수정
343	69c19b半	故+曰	故+曰	故-	《대소》및 교감주 참조 삭제
344	69c20	---幻	---幻	觀識如+幻	《대소》참조 보충
345	69c20	相	相	想	《대소》참조 수정
346	70a05	所作	所作	作所	《대소》참조 도치
347	70a06	非	耶	耶	참조 수정
348	70a16	令	合	合	上同
349	70a16	經	至	至	上同
350	70a21	經(道)	至(道)	至(道)	上同. 아래도 동일
351	70a22	遍	偏	偏	참조 수정
352	70a22	之+之	之-	之-	참조 삭제
353	70a24	但	俱	俱	참조 수정
354	70b03	疑	凝	凝	& 교감주 참조 수정
355	70b11	云	之	之	&《五敎章》참조 수정
356	70b11	-以	二+以	二以	&《五敎章》참조 보충
357	70b12	宗故~或四 사이 22字 없음	宗故~或四 사이 1행 22字 있음	或[149]五謂於後四敎皆有爲方便故初敎中或一一是自宗故	上同
358	70b15	-此	准+此	准此	上同
359	70b16	洹	洹	亘	《五敎章》《화엄경》참조 수정
360	70b20	中	終	終	참조 수정
361	70b20	具	且	且	上同

---

149 《가나자와사본》에는 "曰",《교의분제장》참조 "或"으로 수정.

362	70b22	(始)中	(始)中	(始)終	《교장》 참조 수정
363	70b24	同(教)	同(教)	圓(教)	上同
364	70c01	與	興	興	&《五教章》 참조 수정
365	70c02	烏	爲	爲	&《五教章》참조수정, c02도 동일
366	70c05	後	後	從	세필주 참조수정
367	70c07	准	唯	唯	&《초》참조수정
368	70c17b半	嚴	表	表	참조 수정
369	70c19a半	合	含	含	上同, 71b07도 동일
370	70c20	日	日	日	참조 수정
371	70c20	-照(彼)	後+照(彼)	後照(彼)	참조 보충
372	71a02	末	來	來	참조 수정
373	71a13	百	有	有	上同
374	71a18a半	墮	隨	隨	上同
375	71a18b半	悲初	非	非	上同
376	71a23a半	卽(得)	所(得)	所(得)	上同
377	71a23b半	違	達	達	上同
378	71b04	身	進	進	&《대소》및 교감주 참조 수정
379	71b07	術[迹]	迹	迹	참조수정
380	71b07	迹 아래 13字 없음	迹 아래 13字 있음	處虛空喻證空處 之迹喻地阿含	&《대소》참조 보충
381	71b17	諸	法	法	참조 수정
382	71b18	種	等	等	上同
383	71b18	入	義	義	上同

【표 6】《결택기》권제6 [71c04-89a08]의 교감표

번호	X8	만속장본	가나자와사본	교감 결과	비 고
1	71c10	(言)也	(言)之	(言)之	참조 수정
2	71c13	現	玄	玄	上同
3	71c23	止	正	正	& 교감주 참조수정
4	71c24a半	不殺~一畜 사이 31字 없음	不殺~一畜 사이 31字 있음	(不殺蚊虻爲上不殺 畜爲中不殺人爲下 殺則反此)或心有輕 重(隨於一境如殺)	참조 보충 *( )는 行間註
5	72a01a半	(自)作	(自)他	(自)他	참조 수정
6	72a01a半	但	俱	俱	上同
7	72a06	或	成	成	&《초》참조 수정
8	72a06	立	立	立	《초》에는 "實"

화엄경담현결택기 1

9	72a12	枝	技	技	&《초》참조 수정
10	72a18	下	乍	乍	참조 수정
11	72a19	云	之	之	上同
12	72a21	-能	不+能	不能	참조 보충
13	72a22	乃	仍	仍	참조 수정
14	72b07	廣-	廣+深	廣深	참조 보충
15	72b11	教-	教+之	教之	上同
16	72b12b半	緣	綠	綠	& 교감주 참조 수정
17	72b15	----是	所同之義+是	所同之義是	참조 보충
18	72b24	次	以	以	&《五教章》참조 수정
19	72c06	同	同	圓	《五教章》참조 수정
20	72c09	(能)同-	(能)同+亦	(能)同亦	참조 보충
21	72c18	談	斷	斷	참조 수정
22	72c21	(潜)詮	(潜)注	(潜)注	上同
23	73a03	數	類	類	上同
24	73a05	則	別	別	上同
25	73a13	不+不	不-	不-	참조 삭제
26	73a15	(空)卽	(空)中	(空)中	&《초》참조 수정
27	73a16	眞	眞	空	《초》및 교감주 참조 수정
28	73a23	空	色	色	참조 수정
29	73b22	身--	身+法身	身法身	《대소》참조 보충
30	73c03	理	現	現	&《대소》참조 수정
31	73c04	悟入	悟人	人悟	上同
32	73c08	門-	門+門	門門	&《초》참조 보충
33	73c08	雜	雖	雖	&《초》참조 수정
34	73c11	(是)不	(是)不	(是)若	《초》참조 수정
35	73c12	(二)-佛	(二)非+佛	(二)非佛	&《초》참조 보충
36	73c14	以(泯)[雙(泯)]	雙(泯)	雙(泯)	&《초》참조 수정
37	73c17	深	染	染	&《초》및 교감주 참조 수정
38	74a01	前前	前之	前之	&《초》참조 수정
39	74a04	不	不	大	《초》참조 수정
40	74a06	得	得	德	上同
41	74a13	(融)性	(融)生	(融)生	&《초》참조 수정
42	74b01	恨	限	限	上同
43	74b02	爲因	爲因果	因果	《초》참조수정
44	74b04	同-	同+情	同情	&《초》참조보충
45	74b04	許--	許--	許+成佛	《초》참조보충
46	74b06b半	(故)性	(故)生	(故)生	&《초》참조 수정
47	74b07	無	元	元	上同
48	74b07b半	爲	何	何	上同
49	74b08a半	--成	今得+成	今得成	참조 보충
50	74b09b半	-門	-門	佛+門	《초》참조 보충

51	74b10a半	不成	成佛	成佛	참조 수정
52	74b10	間	向	向	上同
53	74b10	聖	留	留	上同
54	74b15	故	所	所	上同
55	74b18	礙-	礙+智	礙智	&《초》참조 보충
56	74b19	豈	空	空	《초》참조 수정
57	74c01	性	法	法	&《대소》참조 수정
58	74c04	令	合	合	&《대소》참조 수정
59	74c07	云	之	之	上同
60	74c08	--雖	緣起+雖	緣起雖	&《대소》참조 보충
61	74c13	皆	背	背	&《대소》참조 수정
62	74c15	別)	則)	則)	上同
63	74c15	(之)差	(之)差言	(之)言	上同
64	74c18	滅-	滅-	滅+門	《대소》참조 수정
65	75a03	爭-	爭+妄	爭妄	&《초》참조 보충
66	75a03	叩	叩	和	《초》참조 수정
67	75a03	其	眞	眞	&《초》참조 수정
68	75a19	普	留	留	참조 수정
69	75a22	-能	一+能	一能	참조 보충
70	75b05	徧	遍	遍	참조 수정
71	75b21	故+無	故+無	故-	《초》참조 삭제
72	75c01	斷~是사이 20字 없음	斷~是사이 20字 있음	佛無所闕但隨迷悟 成染成淨非謂本性 定斷不斷	참조 보충
73	75c11	廣뒤에 15字 없음	廣뒤에 15字 있음	如經說立理引證初 卷廣陳無煩再述	& 교감주 "廣下原本脫落" 참조 보충
74	75c12	徹者 앞에 12字 없음	徹者 앞에 12字 있음	鈔相容則二體俱存 但力用交	上同
75	75c13	用~他사이 6字 유실	用~他사이 6字 있음	相入也言攝他	上同
76	75c14	見~見사이 6字 유실	見~見사이 6字 있음	佛非遍知若云	上同
77	75c15	若~門사이 6字 유실	若~門사이 6字 있음	許闕者佛證窮	上同
78	75c16	興	與	與	& 교감주 참조 수정
79	75c16	而~良사이 7字 유실	而~良 사이 7字 있음	但了知卽無前難	참조 보충
80	75c17	徧	遍	遍	참조 수정, 아래도 동일
81	75c18	因~顯사이 7字 유실	因~顯 사이 7字 있음	位有見不見成隱	참조 보충
82	75c19	又~門사이 8字 유실	又~門 사이 8字 있음	解言不見者正就隱	上同

83	75c21	□云	通云	通云	上同
84	76a01	亦	方	方	참조 수정
85	76a02	智	知	知	참조 수정, a10도 동일
86	76a02	彼	非	非	& 교감주 참조수정
87	76a14	(內)居	(內)故	(內)故	참조 수정
88	76a21	教	恐	恐	上同
89	76a22	光	先	先	上同
90	76a24	有□	有別	有別	& 교감주 참조 보충
91	76b05	(意)取	(意)殊	(意)殊	참조 수정
92	76b07	錦□	錦上	錦上	& 교감주 참조 보충
93	76c10	含	會	會	참조 수정
94	76c16	答	若	若	참조 수정, 77b01도 동일
95	77a12	割	不+割	不割	& 교감주 참조 보충
96	77a18	咸	感	感	참조 수정
97	77a23	所+以	所-	所	참조 삭제
98	77b05	但	堪	堪	참조 수정
99	77b08	--皆	三世+皆	三世皆	참조 보충
100	77b10	竝-	竝+殊	竝殊	上同
101	77b22	首-	首+者	首者	上同
102	77c03	一	十	十	참조 수정
103	77c05	(門)十	(門)門	(門)門	上同
104	77c06	頭	顯	顯	上同
105	77c08	由	因	因	上同
106	77c10	因[內]	內	內	&《대소》참조 수정
107	77c11	云	玄	玄	참조 수정
108	77c12	互	示	示	上同
109	78a22	彼-	彼+疏	彼疏	참조 보충
110	78a24	餘	除	除	&《대소》참조 수정
111	78a24	月	日	日	《대소》참조 수정, b03도 동일.
112	78b05	之	此	此	&《대소》참조 수정
113	78b10	眞	眞	直	《사자승습도》참조 수정
114	78b11a半	注+便	注+便	-便	《사자승습도》참조 삭제
115	78b12a半	異	異	冀	《사자승습도》참조 수정
116	78b12a半	見+覽	見+覽	見-	《사자승습도》참조 삭제
117	78b12a半	但-	但-	但+請	《사자승습도》참조 보충
118	78b12b半	切	向	向	《사자승습도》참조 수정
119	78b12b半	詳	詳	詳	《사자승습도》에는 "辨"
120	78b14	名	明	明	&《사자승습도》참조 수정
121	78b18	具	具	且	《사자승습도》참조 수정
122	78b20b半	覺	覺	覺	《사자승습도》에는 "知"
123	78b21a半	智	皆	皆	&《사자승습도》참조 수정

124	78b24a半	現	現	見	《사자승습도》 참조 수정
125	78b24a半	炳	灼	灼	&《사자승습도》 참조 수정
126	78b24b半	是[乙]	乙	乙	上同
127	78c02	麼	磨	磨	上同
128	78c04	明-(之)	明-(之)	明珠(之)	《사자승습도》 참조 보충
129	78c05	(便)是--	(便)是--	(便)是+明珠	上同
130	78c05	知	致	致	&《사자승습도》 참조 수정
131	78c07	子-	子-	子+珠	《사자승습도》 참조 보충
132	78c07	末	米	米	&《사자승습도》 참조 수정
133	78c11a半	色	白+石	石	上同
134	78c12a半	云	云	之	《사자승습도》 참조 수정
135	78c15	至	至	是	上同
136	78c16b半	了	不	不	&《사자승습도》 참조 수정
137	78c20a半	慈圓	慈圓	瓷團	《사자승습도》 참조 수정
138	78c20b半	聞	明	明	&《사자승습도》 참조 수정
139	79a01b半	無-	無+念	無念	&《사자승습도》 참조 보충
140	79a02a半	(至)愛	(至)哀	(至)哀	&《사자승습도》 및 교감주 참조 수정
141	79a04b半	此	指	指	참조 수정, 《사자승습도》에는 "云"
142	79a11	非	靡	靡	참조 수정
143	79a20	現-	現+事	現事	&《五敎章》 참조 보충
144	79a21	來	乘	乘	&《五敎章》 참조 수정
145	79b06	(觀)智	(觀)時	(觀)時	참조 수정
146	79b13	用+明	-明	-明	참조 삭제
147	79b20	邊	遍	遍	&《초》 참조 수정
148	79b22	無體	體無	體無	참조 도치
149	79c07	促[從]	從	從	&《초》 참조 수정
150	79c07	(三)生	(三)正	(三)正	참조 수정
151	79c12	從	就	就	&《대소》 참조 수정
152	79c13	智	知	知	&《대소》참조 수정, 81c02도 동일
153	79c18	眞	直	直	&《대소》참조 수정. c19도 동일
154	80a10	寄法表示	寄法表地	加行有意言	《대소》《탐현기》 참조 수정, a11: 示→地로 수정
155	80a12	異~於사이 13字 없음	異~於 사이 13字 있음	於可說以眞理普遍 故可說不異	&《대소》 참조 보충
156	80b09	-申	所+用	所用	참조 보충·수정
157	80b12	修[備]	備	備	&《초》 참조 수정
158	80b17	生+生	生-	生-	참조 삭제
159	80b21	現-	現+影	現影	참조 보충

160	80c16	縵	緩	緩	참조 수정
161	80c22	所-	所+以	所以	참조 보충
162	81a01	果海	果	至果	《초》참조 수정
163	81a03	何	可	可	&《초》참조 수정
164	81a03	乃	及	及	&《초》참조 수정
165	81a09	已/己(CBETA)	已	已	&《만속장본》참조 수정
166	81a10b半	悲無	無悲	無悲	& 교감주 참조 도치
167	81a13	(惡)-無	(惡)明+無	(惡)明無	참조 보충
168	81a16	藜-⁺⁺	黎	黎	참조 수정
169	81a16	於-	於+王	於王	참조 보충
170	81a23	惡-	惡-	惡+道	《대소》참조 보충
171	81a23	猶	猶	由	《대소》참조 수정
172	81a24	則	則	則	《대소》에는 "明"
173	81b01	供	敬	敬	&《대소》참조 수정
174	81b03	過[遇]	遇	遇	上同
175	81b05	趣	起	起	上同
176	81b05	日	日	日	上同
177	81b06	佛	弘	弘	上同
178	81b10	二	三	三	上同
179	81b12	佛	法.	法	上同
180	81b22	摸	模	模	上同
181	81c10	-四	前+四	前四	참조 보충
182	81c16	同教~若 사이 24字 없음	同教~若 사이 24字 있음	中無本覺耶何故疏云後二唯別教也答汎論本覺可通同教	上同
183	81c16	以讚	似談	似談	참조 수정
184	81c22	名+教[名-]	名-	名-	참조 삭제
185	81c24	教言	言教	言教	참조 도치
186	82a03	鏡[鈔]	鈔	鈔	참조 수정
187	82c05	未[末]	末	末	참조 수정, a22도 동일
188	82a12	性+聖	-聖	-聖	참조 삭제
189	82a13	-猶	聖+猶	聖猶	참조 보충
190	82a14	受	愛	愛	참조 수정
191	82a19	解+脫	解-	解-	&《초》참조삭제
192	82a24	--自	非顯+自	非顯自	참조 보충
193	82a24	義-	義+故	義故	上同
194	82b01	理[謂]	謂	謂	참조 수정
195	82b07	施[旋]	旋	旋	上同
196	82b18	凡	風	風	上同
197	82b22	城[域]	域	域	上同
198	82c14~15	欲~還聖 사이 247字없음	欲~還聖 사이 12행 247字 있음	[별첨 2]	참조 보충

199	82c15~16	智~本 사이 16字 유실	智~本 사이 16字 있음	斷惑證得涅槃故名 中般色界生有及初	上同
200	82c16~17	界~般 사이 13字 유실	界~般 사이 13字 있음	經久加行勲修證得 涅槃名有行	上同
201	82c17	申[由]	由	由	참조 수정
202	82c17	事	串	串	上同
203	82c18	行~或 사이 9字 유실	行~或 사이 9字 있음	般從彼梵衆轉生餘 天	참조 보충
204	82c19~20	名~禪 사이 9字 유실	名~禪 사이 9字 있음	上流般十二退法退 失	上同
205	82c22	住	住+住	住住	上同
206	82c23	-進	可+進	可進	上同
207	82c24	但[俱]	俱	俱	참조 수정
208	82c24	性	障	障	上同
209	83a06	清凉	清-	清-	참조 삭제
210	83a10	卽-	卽+言	卽言	&교감주 참조 보충
211	83b03	遺	遣	遣	&교감주 참조 수정
212	83b04	-世	間+世	間世	참조 보충
213	83b04	意+意	意-	意-	참조 삭제
214	83b13	新	親	親	참조 수정
215	83b13	也	故	故	上同
216	83b15	顯	影	影	上同
217	83b15	物	初	初	上同
218	83b21	人	个	个	上同
219	83b24	五~隨 사이 25字 없음	五~隨 사이 2행 25字 있음	前之五識因果合說 可有五心因但有四 尋求見聞未了之間 五	참조 보충
220	84a01	興	與	與	참조 수정
221	84a01	本~二 사이 7字 없음	本~二 사이 7字 있음	何別答亦影亦本	참조 보충
222	84a02	可	二	二	참조 수정
223	84a03	唯	雖	雖	&《초》참조 수정
224	84a07a半	光	先	先	참조 수정
225	84a07b半	大三	三大	三大	참조 도치
226	84a10	-四	前+四	前四	참조 보충
227	84a23	-請	對+請	對請	上同
228	84b10	故--	故+列教	故列教	上同
229	84b11	-攝	約+攝	約攝	上同
230	84b13	唯-	唯+論	唯論	上同
231	84b16	(望)教	(望)經	(望)經	참조 수정
232	84b18	(宗)教	(宗)狹	(宗)狹	& 교감주 참조 수정, b17上半도동일

233	84b23	同[間]	間	間	참조 수정
234	84c04	漚	區	區	上同
235	84c06	分	兮	兮	& 교감주 참조 수정
236	84c14	導	遵	遵	참조 수정
237	84c20	傳-	傳+道	傳道	上同
238	84c21	方	芳	芳	上同
239	85b01	事-	事+理	事理	참조 보충
240	85b18	赴	趣	趣	참조 수정
241	85b23	性	將	將	上同
242	85c07	顯	賢	賢	& 교감주 참조 수정
243	85c18	光	先	先	참조 수정
244	85c21	門	圓	圓	上同
245	85c22	辨-	辨+說	辨說	참조 보충
246	85c22	等	算	算	참조 수정
247	86a09	四+海品三十四	四+海品三十四	四-----	교감주 및 《대소》 참조 5자 삭제
248	86a13	(異)果之因 [因之果]	(異)因之果	(異)因之果	&《초》 참조 수정
249	86a13	--交	因果+交	因果交	참조 보충
250	86a14	三(行)[之(行)]	之(行)	之(行)	참조 수정
251	86a20	生	在	在	上同
252	86b11	聯	聽	聽	上同
253	86b11	編	續	續	上同
254	86b14	名	各	各	上同
255	86b13	菩薩	菩薩	衆生	《대소》 참조 수정
256	86b15	妄	要	要	&《대소》 참조 수정
257	86b16	墮	隨	隨	上同
258	86c17	等+此問菩薩云何自離惡趣等	等+此問菩薩云何自離惡趣等	等----	《대소》 참조 11字 삭제
259	86c19	-慮	靜+慮	靜慮	&《대소》 참조 보충
260	86c21	-利	爲+利	爲利	&《대소》 및 교감주 참조 보충
261	87a11	意	爲	爲	&《대소》 참조 수정
262	87a21	附[付]	付	付	上同
263	87a23	一-	一+十	一十	참조 보충
264	87a24	如	好	好	참조 수정
265	87b04	-控	已+控	已控	참조 보충
266	87b04	擧□	擧於	擧於	& 교감주 참조 보충
267	87b05	委□	委盡	委盡	참조 보충
268	87b11	數*(-夂+頁)[類]	類	類	참조 수정
269	87b12	歡	歎	歎	上同
270	87b13	有[眞]	眞	眞	上同

271	87b15	能	納	納	上同
272	87b16	□迷	猶迷	猶迷	참조 보충
273	87c02	住	經	經	& 교감주 참조 수정
274	87c04	-名	於+名	於名	참조 보충
275	87c05	請(敬)	請(敬)	謂(敬)	교감주 참조 수정
276	87c05	敬□	敬禮	敬禮	참조 보충
277	87c05	處	虔	虔	& 교감주 참조 수정
278	87c08	伏	仗	仗	참조 수정
279	87c11	□空	達空	達空	참조 보충
280	87c14	似□	似頒	似頒	上同
281	87c14	橫	摸	摸	참조 수정
282	87c17	之□	之轉	之轉	& 교감주 참조 보충
283	87c21	晴	時	時	참조 수정
284	88a01	□開	猶開	猶開	참조 보충
285	88a02	者~或 사이 24字 없음	者~或 사이 2행24字 있음	顯示衣內明珠咄呵 醉客取出廛中經卷 饒益衆生利今後者	上同
286	88a06	主-	主+而	主而	참조 보충
287	88a09	果	科	科	참조 수정
288	88a20	陌	隋	隋	上同
289	88a21	佛	師	師	上同
290	88a21	多	兩	兩	上同
291	88b02	(三)五	(三)立	(三)立	上同
292	88b23	听	師	師	上同
293	88c04	崇□□□	崇猶翹心	崇猶翹心	참조 보충
294	88c05	子	干	干	참조 수정
295	88c05	□而	祿而	祿而	참조 보충
296	88c09	會□	會者	會者	& 교감주 참조 보충
297	88c09	□類	支類	支類	참조 보충
298	88c24	村	材	材	참조 수정
299	88c24	惡	而心	而心	上同
300	88c24	於口文	於文	於文	참조 보충
301	89a01b半	口義	了義	了義	上同

【별첨 2】198항의 欲]~[還聖 사이에 보충된 247자의 본문 내용

欲]界中故. 言阿羅漢者, 依次不還進斷, 八地七十二品俱生障盡. 七十二品無間
之道, 七十一品解脫之道, 咸名爲向. 第七十二一解脫道, 方名爲果. 復有具縛, 預
流果人超中二果, 直證第四. 通將九地八十一品, 品品相梯, 合爲九類. 九種無

間, 前八解脫, 咸名爲向. 第九解脫, 超證此果. 上之所明, 唯是八輩, 依彼具談有二十七. 今承文便, 故略區別. 八名已釋. 餘十九者, 依此義開; 一解, 二見至, 但就見道, 前三果向利鈍分二. 三七生, 四家家, 已證初果, 九品惑在, 可潤七生. 若斷四三, 容受三二生. 故得名家家. 五一間者, 已證二果, 進斷七八, 容受小生, 故名一間. 六身證, 已證不還. 復得滅定, 轉名身證. 七中般, 八生般, 九有行般, 十無行般, 十一上流般, 不[還聖

【표 7】《결택기》권제1~6〈추가 교감표〉

번호	권수	X8	만속장본[150]	가나자와사본	교감결과	비 고
1	1권	36b16	先	失	失	&《대소》참조 수정
2	1권	37a01	間	同	同	上同
3	1권	37a03	之	之	有	《대소》참조 수정
4	1권	37b04	云	云	文	上同
5	1권	46b08	期	斯	斯	참조 수정
6	2권	03b18	如	汝	汝	&《대반야경》참조 수정
7	3권	16c04	眞號 뒤에 36자 없음	四明行足,(果從因得號) 五善逝,(妙往菩提號) 六世間解,(窮盡法界號)	36자 보충	참조 보충
8	3권	17a23	法	寶	寶	참조 수정
9	3권	19b15	由	用	用	&《사자승습도》참조 수정
10	3권	19c14a半	理	事	事	&《장경서원본》참조 수정
11	3권	20b11	四一切-	四一切-	四一切門	《瑜伽師地論》《鈔》참조 보충
12	3권	21a20	鏡	鏡	影	《攝論》《大疏》참조 수정
13	3권	21c11	已	已	己	《大疏》참조 수정
14	3권	21c12	也	之	之	&《大疏》참조 수정
15	3권	21c13	-藏	華+藏	華藏	참조 보충
16	3권	22c08	卽+宿	-宿	-宿	&《大疏》참조 삭제
17	3권	22c17	及	乃	乃	&《大疏》참조 수정
18	3권	24a03	十	七	七	참조 수정

150   권1은 모두 金澤出版本이며 페이지에 해당한다.

19	4권	31b17	身+雲	身+雲	身-	《大疏》참조 삭제
20	4권	32b16	但	俱	俱	참조 수정
21	4권	49c11	-醫	-醫	二+醫	《鈔》참조 보충
22	5권	55b20	注	投	投	&《열반경》참조 수정
23	5권	58a24	寄-	寄-	寄+位	《교의분제장》참조 보충
24	5권	58b06	流	流	漏	《교의분제장》참조 수정
25	5권	59a10a半	居	若	在	《법화현찬》참조 수정
26	5권	63b21	十八	八十	八十	참조 도치
27	5권	64c12	墮	隨	墮	《대승의장》참조 재수정[151]
28	5권	65b02	俗	俗	諦	《대승의장》참조 수정
29	5권	65b03	諦	諦	俗	《대승의장》참조 수정
30	6권	73c04	己(CBETA)	已	已	& 저본,《鈔》참조 수정
31	6권	74a21	無(佛)	無(佛)	成(佛)	《鈔》참조 수정
32	6권	76b17	十人+十人	十人--	十人	참조 삭제
33	6권	77c03	一	十	一	《장경서원본》참조 재수정
34	6권	78c21b半	初	所	所	참조 수정
35	6권	79c15	說	說+聞	說聞	&《大疏》참조 보충
36	6권	80a11	示	地	地	&《大疏》참조 수정
37	6권	81a04	境	竟	竟	&《鈔》참조 수정
38	6권	82c08	經	准	准	참조 수정
39	6권	83a21	生衆	衆生	衆生	참조 도치
40	6권	83c19	一見	見一	見一	참조 도치

---

151   '재수정'은 선행 교감표의 교감 사항을 재수정한 것임.

136   화엄경담현결택기 1

3.
《담현결택기》의
구성 및 내용

1) 《담현결택기》의 구성

◆― 전체 구성

《담현결택기》는 대부분 수문해설 형식이므로 그 전체 구성은 기본적으로 《현담》의 구성과 같다. 이를 구체적으로 대조해 보면 아래 표와 같다.

【표 8】《대소》와《연의초》및《담현결택기》[152]의 구성

《대소》 (T35)	《연의초》(T36)/ 《현담》(대원사본)[153]	《현담》 과목 (X232)	《담현결택기》 (X08)
			귀경게(21a06~)
			서문(21a10~)
	《演義鈔》序(01a03~)/ 권1(1상~10하)		본문 권제1(22a05~)

---

152   권제1은《가나자와출판본》의 페이지이고, 권제2~6은 모두《만속장본》의 페이지이다.

153   《담현결택기》는《대소》《연의초》의《현담》이 별도로 회편되기 전에 저술되었지만 내용의 분량과 구성 등을 비교 분석하는 데 편의를 위해 회편된《현담》8권(《대원사본》)의 권수를 사용했다.

(幷序)往復序 권1(503a03~)	권1(01a23~)/1권	(1)총서명의總序名意	권제1(25b02~)
(往復)	권1(01b11~)/권1(1상~)	①표거종체標擧宗體	권제1(25b02~)
(剖裂)	권1(02c22~)/권1(7상~)	②별탄능전別歎能詮	권제1(35b03~)
(故我)	권1(03c23~)/권1(11상)	③교주난사教主難思	권제1(39b05~)
(湛智)	권1(04b08~)/권1(12하)	④설의주보說儀周普	권제1(41a04~) 권제2(~03b02)
(雖空)	권1(06c01~)/권1(21상)	⑤언해본말言該本末	권제2(03b03~)
(其爲)	권1(07b28~)/권1(25상)	⑥지취현미旨趣玄微	권제2(04c20~)
(若夫)	권2(11a11~)/권1(38상)	⑦성익돈초成益頓超	권제2(10c22~)
(眞可)	권2(13c01~)/권1(48상)	⑧결탄굉원結歎宏遠	개별해석생략
(是以)	권2(13c22~)/권1(49상)	⑨감경봉우感慶逢遇	권제2(15a05~)
(斯經)	권2(14b10~)/권1(55상)	⑩약석명제略釋名題	권제2(015b17~)
(歸命)7언배율 1(503b27~c05)	권2(15b12~)/권2(1상~12하)	(2)귀경청가歸敬請加	권제3(16a16)
(將釋) 권1(503c06~)	권3(018c11~)	(3)개장석문開章釋文	권제3(21a06)
권2(503c10~)	권3(019a06~)/ 권2(13상~)-3권(~35상)	①교기인연教起因緣	권제3(22b02~) 권제4(~37a12)
권2(506c24~)	권5(034c11~)/권3,권4,권5	②장교소섭藏教所攝	권제4(37a15~), 권제5
권2(514a05~)	권10(070b20~)/권6	③의리분제義理分齊	권제6(71c07~)
권3(517c21~)	권12(088c04~)/권6	④교소피기教所被機	권제6(80c08~)
권3(518b09~)	권12(089b21~)/권7	⑤교체천심教體淺深	권제6(81c05~)
권3(521a02~)	권13(099a01~)/권7	⑥종취통국宗趣通局	권제6(84b08~)
권3(523a06~)	권15(110a06~)/권8	⑦부류품회部類品會	권제6(84c02~)
권3(523c22~)	권15(112c29~)/권8	⑧전역감통傳譯感通	권제6(86b24~)
권3(524b04~)	권16(117a06~)/권8	⑨총석명제總釋名題	개별해석생략
권4(526c28~)	권16(124a15~)/권8	⑩별해문의別解文義	개별해석생략
			釋茲一疏(87b08~)

			저술동기(088c21~)
			회향게송(089a05~)
〈世主妙嚴品〉 권4(529a06~)		《화엄경》 본문	
(法性)7언절구 권60	권90(701a13~)	(4) 겸찬회향謙讚廻向	

◆— **각 권의 구성**

① **귀경게송**(7언 율시), **서문**(2紙11行), **본문**(권제1-6), **회향게송**(5언 절구)**으로 구성**

본문은 선연이 '손수 찬술한 부분'과 '수문해설한 부분'으로 나뉜다. 수문해설 부분은《연의초》서문의 첫 구절인 '지성至聖'의 해설에서 시작되므로 여기부터는 징관이 덧붙인 과목을 그대로 활용한다. 자신이 손수 찬술한 본문(제3편)에는 직접 과목을 붙이면서 해설하고 있다. 이를 과단표로 정리하면 다음과 같다.(《현담》의 4문에 근거하여 귀경게송과 회향게송은 큰 과목[편]으로 분류하였다.)

【표 9】과단科段

제1편 | 귀경게송歸敬偈頌

제2편 | 서문序文

제3편 | 소찬의《경》을 밝히는 데에 먼저 능찬의《소》를 변별함

　제1장《대소》의 제목을 결택함(決擇《疏》題)

　 1. 본 제목을 해석함(釋正題)

　 1) 소찬所贊의 경 제목을 밝힘(明所贊《經》題

(1) 문구에 의거하여 간략하게 해석함(依文略釋)

① 경명을 해체하여 그 의미를 해석함(初破名而離釋其義)

② 자체를 끌어내어 제목을 합쳐서 결론함(後出體而合結其題)

(2) 뜻을 묶어서 중첩해서 밝힘(束義重明)

① 사법으로 해석함(四法釋)

② 삼성으로 해석함(三聖釋)

③ 십신으로 해석함(十身釋)

④ 법계와 시각으로 해석함(法界始覺釋)

⑤ 삼신과 십신으로 해석함(三身十身釋)

⑥ 십신으로 해석함(三諦止觀釋)

⑦ 재전과 이구로 해석함(在纏離垢釋)

⑧ 삼덕과 삼각으로 해석함(三德三覺釋)

⑨ 삼사와 사위로 해석함(三事四位釋)

⑩ 앞의 뜻을 총괄하여 융합해서 나머지의 문을 다 거둬들임

　　(總融前義遍攝餘門)

2) 능찬能贊의《소》제목을 변별함(辨能贊《疏》號)

2. 겸한 제목을 드러냄(彰兼目)

1) 권제일(卷第一)

2) 서문의 제목을 밝힘(明序目[幷序])

제2장 작자를 표기함(紀旌作者)

제3장《소》의 문장을 과단하여 해설함(判釋《疏》文)

1. 삼대를 기준삼아서 해석함(約三大釋)

1) 교에 대응시켜 헤아려 가려냄(對教而料揀)

2) 문장을 따라 분별하여 해설함(隨文而弁釋)

* 이후부터는 《대소》와 《연의초》의 과문을 따라서 해설한 부분이다.

제4편 | 《대소》의 문장을 총체적으로 해설함[4문](總釋《疏》文)[154]

　제1장 명칭과 의미를 총체적으로 서술함(總叙名意)

　제2장 귀의하고 공경하며 가피를 청함(歸敬請加)

　제3장 장문을 열어 문장을 해석함(開章釋文[十])

　선연 찬술, 〈저술동기〉와 〈회향게송〉

② **10문의 구성에 있어서 《현담》과 다른 특징**

　《현담》은 《대소》 권제1~4와 《연의초》 권제1~16에 해당한다. 위의 구성 〈표 8〉을 통해 내용별로 살펴보면, 《현담》은 (1)〈총서명의〉, (2)〈귀경청가〉, (3)〈개장석문〉, (4)〈겸찬회향〉의 4문이 있다.

　(1)〈총서명의〉는 《대소》의 서문에 해당한다. 이 서문은 '왕복서往復序' 혹은 '교적敎迹'으로 따로 불릴 만큼 유명한 글이다. 징관은 《연의초》 권제1, 2의 분량을 할애하여 세밀하게 설명했고, 선연도 《담현결택기》 권제1, 2의 분량으로 해설하였다.

　징관은 《현담》의 본문에 해당하는 (3)〈개장석문(장을 열어 문장을 해석함)〉에서 10장으로 설명했는데, 이는 《대소》로는 권제2~4의 분량이고 《연의초》는 권제3~16의 분량으로 상당히 심혈을 기울인 곳이다. 선연도 이

154 　선연은 이 〈總釋疏文〉 부분을 별도의 과목으로 표시하진 않았지만, 이는 수문해설 부분도 아니며, 대소를 4문으로 해설하고 있는 징관의 주석을 총체적으로 재정리한 부분이다. 따라서 필자가 총석소문으로 과목을 덧붙여 구분했다.

본문에 대해 그 권제3의 반쯤에서부터 권제6의 끝까지 다루고 있다.

징관은 10장 가운데 《화엄경》의 '①가르침이 일어난 인연(教起因緣)'(권제3~5)[155]과 화엄의 일승원교는 부처님의 일대 교설인 '②삼장과 12분교 가운데에 어디에 어떻게 섭수되는가?(藏教所攝)'(권제5~10) 등에 대해서 가장 자세하고도 충분한 설명을 하고 있는데 선연도 역시 이 부분을 해설하는데 각각 한 권씩을 할애할 정도의 분량이다.

다음으로 심혈을 기울인 과문은 《화엄경》의 '③의미와 이치의 분한'(권제10~11)에 관한 것이며, 그 다음으로 많이 다룬 것은 '⑤교체의 얕음과 깊음'(권제12~13)과 '⑥종취의 통합과 국한'(권제13~15)에 관한 것이다. 그리고 '④가르침을 받을 대상(권제12)'은 《만속장경》기준 2단 정도의 분량으로 가장 소략하다. 선연은 ③은 반 권의 분량으로 다뤘고, 나머지 ④부터 ⑥까지는 제6권의 절반 정도의 분량만으로 다 설명했다.

한 가지 다른 점은 선연은 《현담》 본문의 제9문인 '명칭과 제목을 총석함'을 해설하는 지점에서는 그 문단을 수문해설하는 대신, 《현담》 본문 전체에 해당하는 10장 내용을 총체적으로 정리하고 있다. 앞 장 설명처럼 《담현결택기》 본문을 시작하면서 '3문'으로 이미 《화엄경》 명칭과 《대소》 제목을 설명했기 때문에 막상 《현담》에서 경의 제목을 해설하는 이 지점에서는 《현담》에 관한 총정리를 한 것으로 보인다. 결과적으로 이는 《담현결택기》에서 가장 두드러진 부분이 된다. 일목요연하게 《현담》을 정리한 것은 물론이고, 자신의 관점으로 완벽하게 요약하고 있기 때문이다.

---

155   《연의초》의 권수로 표시했다.

◆── 〈녹적문해錄摘文解〉를 통해 본 내용구성

《담현결택기》에는 각 권의 미제 바로 뒤에 〈녹적문해〉[156]라는 제하에 해당 권에서 설명한 중요한 문구를 기록하고 있다. 요즘 말로 표현하면, 키워드 혹은 주제어라고 할 수 있는데,《담현결택기》각 권에서 설명하는 주요 내용을 순서대로 간략한 문구나 단어로 나열함으로써 그 권에서 다루는 주제를 쉽게 볼 수 있도록 정리했다. 이것이 원래 선연이 작성한 것인지 후대에 필사한 자들이 정리한 것인지 정확하진 않지만, 몇 가지 정황으로 볼 때 조등 이후에 작성되었을 가능성이 크다.《담현결택기》권제1, 2의 〈녹적문해〉는 〈사본기〉 뒤에 쓰여 있고, 권제3부터 권제5까지는 〈사본기〉가 없어 각 권 미제 뒤에 쓰여 있으며, 권제6에는 〈녹적문해〉가 없다. 또, 권제1은 조등의 〈사본기〉와 필사를 발주한 자의 〈사본기〉 사이에 있고, 권제2는 조등의 〈사본기〉 뒤에 있다. 결과적으로 변지가 일본으로 귀국한 후에 필사를 발주했던《가나자와사본》보다 앞선《고잔지본》의 저본에 이미 〈녹적문해〉가 있었던 것은 분명하다. 다만, 〈녹적을 통해 글을 이해함〉이라는 제목대로 각 권의 내용은 이를 통해 필요한 것을 찾아볼 수 있고, 특히 각 권을 서로 비교하기가 수월하여 훌륭한 길잡이 역할을 한다.

---

156   〈錄摘文解〉는 각 권 전체의 내용을 담고 있지는 않다. 문구를 선택한 기준을 파악하기는 어렵다.

2)《담현결택기》의 주요 내용

◆──   《소》의 문장을 총체적으로 해석함(總釋疏文)

앞서 언급한 대로《담현결택기》는《대소》와《연의초》의《현담》부분을 수문해석한 글이다. 따라서 선연이 찬술한 짧은 과문을 제외하면, 나머지 대부분은《대소》와《연의초》의 과문을 그대로 적용해야 한다.《담현결택기》의 내용을 분석하기 위해서는《현담》의 각 과문에 대한 요점 정리가 필요한데, 선연이 권제6[157]에《현담》의 전체 내용을 간단명료하게 정리해두었다. 이는《대소》《연의초》에 관한 선연의 생각과 이해를 집약적으로 표현한 최고의 요약문이다. 따라서 조금 정리하고 그대로 옮겨 보겠다.

이 한《소》를 해설하는 데 4문으로 열며, 그 중 제3문을 또다시 열 가지 문으로 열어 해설한다.

(1)《화엄경》의 명칭과 의미를 총체적으로 서술함(總敍名意) [158]

《화엄경》의 명칭은 '비로자나불의 교장'이고, 의미는 바로 '보현보살의 심흉'이다. 대략 네 단락[159]으로 나눈 것은 사해와 짝하여 넘실대고, 세

---

157   《담현결택기》(X08, 0087b08~)

158   이는 '往復序'로 잘 알려진《대소》의 서문을《연의초》에서 十門으로 분석한 것인데, 이를《담현결택기》에서는 1권에 걸쳐 설명하고 있다.

159   위의 4과문 중 (1)을 다시 ①通敍法界以爲佛法大宗(往復), ②別敍此經以申旨趣(剖裂), ③慶遇由致激物發心(是以), ④略釋名題令知綱要(題稱)의 4과단으로 나눈 것이다.

밀하게 십문[160]으로 나열한 것은 십산과 똑같아 높고 가파르다.

①'종체는 법계로 귀결된다고 표방(標擧宗體)'하였으니 말과 생각을 초월하고, ②'능전能詮은 이 《(화엄)경》에 귀속된다고 별도로 찬탄(別歎能詮)'하였으니, 심심함과 광대함을 구족하며, ③'교주는 생각하기 어려움(敎主難思)'을 드러내었으니, 진신과 응신, 일신과 다신이 무애하고, ④'설법하는 위의가 두루 함(說儀周普)'을 밝혔으니, 능설能說과 소설所說을 종횡으로 포괄하여 통한다. ⑤'말씀은 근본과 말엽을 포괄(言該本末)'하여 천지天池가 온갖 하천을 받아들이는 것과 똑같으며, ⑥'지취는 유현하고 미묘(旨趣玄微)'하여 향수해에 만 가지의 형상이 찍히는 것과 유사하다. 권교대승과 소승들은 헤아릴 수 없어 인행因行을 쌓아온 보살조차도 미혹하다.

⑦'변만하게 이익준 것이 한꺼번에 원만(成益頓超)'하여 (불법을 만나기) 어려운 과보(難報)의 중생(함령)들도 빨리 증득한다. 잠시 듣고 잠깐 보아도 오지五智의 금강종자를 훈습하고, 원만한 이해와 원만한 수행은 십신十身의 묘과를 맺는다. 문수보살이 가르침을 보여 이익하고 기쁘게 하자 6천명 (비구)가 도를 이루고, 비로자나불이 스스로 사자빈신삼매에 들자 대중바다가 단박에 증득한다. 혹은 맨 처음으로 동쪽의 묘지에서 밝아지니 지혜바다는 초심初心이고, 지위에 의탁해서 남쪽으로 구하니 인행因行이 모공까지 원만하다. 망상의 섬세한 미진을 무너뜨리니 텅 비고 텅 비어 자취가 끊어지고, 불성의 경권을 취하니 명확히 알고 알

---

160 《대소》의 서문(往復~斯經)의 전체를 세밀하게 十門으로 과단한 것이다. 그 내용은 뒤이은 본문의 ①~⑩이다.

아서 분명하다. 한 티끌에 있으면서 일생을 교화하여 마음마다 게으름이 없고, 여러 찰토를 지나고 여러 겁을 지내면서도 생각마다 피로를 잊어버린다.

⑧'광대하고 요원함을 결론지어 찬탄(結歎宏遠)'한 것은 수미산이 해수면을 가로지르게 되면 그 높이가 여러 봉우리를 엄폐하고, 높은 태양이 하늘 중심에 걸리게 되면 햇빛이 모든 빛을 앗아가는 것이다.

⑨'《화엄경》을) 만나게 됨을 감격하고 경축한다(感慶逢遇)'는 것은 팔고八苦의 거대한 바다에 오랫동안 침몰해 있다가 갑자기 용선龍舟를 만나고, 길이 삼각三覺의 높은 산에 떨어져 있다가 단번에 선학仙鶴을 타게 되었으니, 재삼 감격하고 경축하며 천만 번을 흔쾌히 여기고 기뻐하는 것이다. 손뼉을 치면서 뛴다 한들 다 표현하지 못하니 성현이 아니면 어찌 알겠는가.

⑩'경의 제목을 간략히 해설(略釋名題)'하여 오대의五對義의 묘리를 드러내고, 혹은 대략 품목을 진술하여 삼세간의 장엄을 드러낸다. 비록 법문을 끌어당겨서 10단락으로 나눠 나열했지만 '명칭과 의미를 총체적으로 서술함'이라는 하나의 과로 거둬져 돌아간다.

(2) 귀의하고 공경하여 가피를 청함(歸敬請加)

우리의 소주 청량대사가 붓을 쥐고 책상에 임하여 문장을 도와 뜻을 폈지만 범부의 성정이 미혹하고 암둔할까 염려되고 네 마군들에 의해 침릉될까 걱정되어 성인의 힘에 기대어 그윽이 도와주시기를, 육신통을 내려 보호해 도우시기를, 장애 없이 무난하길 희망하고 시작이 있고 끝이 있게 되길 원하는 것이다. 말씀마다 불심에 적합하게 맞아 떨어지고 글자마다 경의 의미에 어긋남이 없어서 이해를 짓고 관법觀法을 성취하여 근기마다 진원眞源을 돈증頓證하게 하고 유有를 섭렵하고 공空을 통달해서 생각마다 성품 바다에 녹아들어 같아지게 한다. 《대소》를 지은 열 가지 의미를 진술하면 자세하게는 여러 문이 있지만 '귀의하고 공경하여 가피를 청함'이라는 3문으로 병합하면 한 단락으로 묶여진다.

(3) 장문을 열어 문장을 해설함(開章釋文)

처음에는 장문을 표방하여 열거하였으니 모든 창고를 활짝 연 것과 같고, 뒤에는 차례로 개별적인 해설을 하였으니 이름난 보배를 반포하여 준 것과 비슷하다. 문장은 10단락[161]으로 나뉘었지만 이 지지地支는 팔문八門에서 다했고, 뜻은 만 갈래로 나열되었지만 이 일간日干은 저 하나의 회해會海에서 모두 다 거둬진다.

① (《화엄경》의) 가르침이 일어난 인연(敎起因緣)

이 가르침이 일어난 것은 수미산을 움직여 점점 옆으로 가는 것이니 실제로 작은 인연이 아니고, 거대한 바다를 격동해서 뒤집혀 요동치게 하는 것이니 정말로 큰일이다. 덕산德山을 드러내고 지해智海를 뛰어넘었으니 이치가 한갓 그런 것이 아니고, 칭성稱性을 말하여 통방通方에 널리 퍼졌으니 말씀이 헛되게 나온 것이 없다.

처음에 [원인原因의 열 가지 뜻]

❶ '법이 응당 그러함(應法爾)'이라는 훌륭한 관법觀法은 시간과 처소를 다했으며,

---

161   10단락은 본문의 ①~⑧과 같고 ⑨總釋名題, ⑩別解文義이다.

❷ '숙세의 인행因行을 받음(酬宿因)'이라는 묘한 작용은 변만하고 항상 있으며,

❸ '근기가 감득한 데에 수순함(順根感)'은 한 가을에 달그림자가 연못 속으로 내려와 찍히는 것이고,

❹ '가르침의 근본이 됨(爲教本)'은 이른 아침에 해가 햇빛을 먼저 산 정상에 비추는 것이며,

❺ '과덕을 드러냄(顯果德)'은 의보依報와 정보正報가 뒤섞여 원융하고 상즉과 상입이 무애하다.

❻ '지위를 드러냄(彰地位)'은 원만한 수행이 자재하여 생각을 초월하여 생각하기 어렵다.

❼ '수승한 행을 설함(說勝行)'은 단박에 성취됨과 변만하게 성취됨으로 나뉘었으니 천지가 개벽하는 듯하고,

❽ '진법眞法을 보여줌(示眞法)'은 이법계와 사법계를 융합하였으니, 음양이 서로 섞여진 듯하다.

❾ '인성因性(불성)을 열어줌(開因性)'은 옷 속의 명주를 보여주어 술 취한 객을 꾸짖고, 옷 속에서 경권을 꺼내어 중생을 이롭게 한다.

❿ '지금과 후세를 이롭게 함(利今後)'은 혹은 지금을 이롭게 하고 혹은 후세를 이롭게 하니 그 수승한 이익을 생각하기 어렵고 혹은 볼 수 있고 혹은 들을 수 있으니 그 특수한 공덕을 헤아리지 못한다. 찰나지간에 견고한 종자를 이루니 모습이 금강과 같고 일념지간에 불가에 태어나니 형상이 왕자와 같다.

다음으로, [연기緣起의 열 가지 뜻]

❶ '시간에 의지함(依時)'은 시간적으로 념겁을 다하여 처음과 끝, 더딤과 빠름이 서로 융합한다.

❷ '처소에 의지함(依處)'은 공간적으로 찰진에 변만하고 염오와 청정, 통함과 국한이 서로 어우러져 통한다.

❸ '교주에 의지함(依主)'은 응신에 의지하고,

❹ 정식情識을 초월하여 '선정에 의지(依三昧)'하였으니, 적정과 산란을 어찌 헤아리겠는가?

❺ '현상(에 의지함)(依現相)'은 상서로운 응현이 갖가지이며,

❻ '설법하는 자(에 의지함)(依說者)'는 현성들이 중중하다.

❼ '청법하는 사람(에 의지함)(依聽者)'은 해당 근기의 중회衆會는 제외하고,

❽ '덕의 근본(에 의지함)(依德本)'은 교화하는 교주의 옛 인을 가려낸다.

❾ '간청한 자에 의지함(依請者)'은 이내 말로 간청함과 생각으로 간청함의 두 갈래가 있고,

❿ '가피에 의지함(依加者)'은 이내 그윽한 가피(冥加)와 드러나는 가피(顯加)의 두 차이를 갖추고 있다. 여러 뜻을 이끌어냈지만 하나의 과로 거둬져 돌아가니, 다함께 이 '교가 일어난 인연'이 되고 모두 다 '경을 설한 까닭'을 가려낸 것이다.

②장藏과 교教와 섭수되는 대상(藏教所攝)

❶ '장藏에 섭수됨'은 이장二藏은 반자교半字教와 만자교滿字教에 따라서 상승上乘과 하승下乘으로 구분되며, 삼장三藏은 관대함과 협소함의 뜻에 의거하면 부분과 전부를 갖추고 있다. 장藏으로 이 경을 거두면 거둬지

고 거둬지지 않음이 있지만 이 경으로 저 장藏을 거두면 거둬지고 거둬
지지 않음이 없다. 뒤의 '교敎에 섭수됨'은 혹은 중국과 인도가 모두 같
이 통괄적으로 12분교로 나누고, 혹은 고금이 각각 달라서 하나와 여럿
으로 각각 변별한다. '대의로 떼어놓거나 합치는 것'은 떼어놓으면 깊고
얕음이 아주 다르니 초목을 따르면 천차만별인 것이고, 합쳐놓으면 대
승과 소승이 같아지니 천우天雨에 근본하면 일미인 것이다.

❷ '옛날과 지금에 상위함과 수순함'은 동토(중국)와 서토(인도)의 현사
들이 각각 교망敎網을 펼치고, 성종과 상종의 뛰어난 영걸들이 서로 현
관玄關을 열었다. 각애覺愛(보리유지)의 경우는 '부처님의 음성이 다름을 갖
추고 있다'고 하였으니 훌륭한 입에 아름다운 노래와 같고(원음교), 동수
童壽(구마라즙)의 경우는 '차이점은 본래 근기에 달려있다'고 하였으니 물
의 모양이 그릇에 달려 있는 것과 같다(일음교).

담무참曇無讖과 수나라 연延법사와 당나라 인印법사와 유규劉虯 거사
4인은 다같이 '2교'를 세웠고,[162] 남쪽의 여러 사들 가운데 광통과 길장
두 분은 똑같이 '3문門'을 건립했다.[163] 광택의 '4승乘'은 권·실로 분석했
고,[164] 천태의 '4교敎'는 또다시 편·원으로 구별했다.[165] 원효와 혜원 공은

---

162   (1)曇無讖:①半字教(聲聞藏) ②滿字教(菩薩藏) (2)延법사:①漸教(大由小起) ②頓教(直往
      於大 不由於小) (3)印법사:①屈曲教(以逐機性 隨計破着) ②平道教(以逐法性 自在說故) (4)
      劉虯:①漸教(謂《華嚴經》) ②頓教(餘皆名漸 從小之大故) (1)은 化法, (2)(3)은 化儀를 기준,
      (4)는 化儀와 時를 기준 삼음.

163   (1)光統:①漸 ②頓 ③圓 (2)吉藏:①根本法輪 ②枝末法輪 ③攝末歸本法輪((1)(2)化儀를 기
      준 삼음.)

164   (1)光宅:권교 삼승(성문, 연각, 보살승)과 실교 대승(일불승)의 4승이다.

165   (2)天台:①三藏教(明因緣生滅四眞諦理) ②通教(三乘同稟故) ③別教(不共二乘人說故) ④
      圓教(圓以不偏爲義). 통교는 뜻으로 三藏을 융합, 별교는 하나의 법성에 의지하여 삼장을 드
      러내고, 원교는 셋과 일이 무애하다.

또한 '4류類'로 분리했고,[166] 파파波頗와 현수는 다시 '5중重'을 세웠다.[167]

계현은 유종과 공종과 중도종으로 나눠 '요의了義 삼승'을 드러내었고, 지광 논사는 실實과 가假와 진공으로 분리하였으니 종극에는 '일성'이다. 요의와 불요의를 회통하는 데에 총체적으로 2문을 갖추고 있고, 성종을 상종과 변별하는 데에 별도로 열 가지 뜻이 있다.

❸ '교敎를 세우고 종宗을 분리한 것'은 '5교'로 교를 분리한 것은 단멸함과 증득함이 다른 것을 말미암아서이고, '10종'으로 종을 나열한 것은 얕음과 깊음의 차이로 인하여 가려진 것이다.

'5교'라고 한 것은 단공單空을 깨달아 자리自利를 행하는 것은 사제四諦와 연생緣生이고(소승교), 자리自利를 닦아서 구공俱空을 증득한 것은 삼승三乘과 오성五性이며(시교), 환유幻有와 수연隨緣에 한정하면 중생과 부처는 다른 점이 있고(종교), 체공體空과 불변不變에 근거하면 적정과 관조는 차별이 없다(돈교). 장애는 하나가 끊어지면 일체가 끊어지고 인행은 하나가 닦아지면 일체가 닦아지고 과덕은 하나가 성취되면 일체가 성취되며 이치는 하나가 증득되면 일체가 증득된다(원교).

❹ '총상으로 회통함'은 처음에 '여러 교의 얕고 깊은 것을 회통'하면 수연하여 만물을 이롭게 한 것이고, 뒤에 '교화하는 의식이 전후인 것을 회통'하면 성품에 맞춰서 미혹을 열어준 것이다.

---

166   (3)元曉:①三乘別敎 ②三乘通敎 ③一乘分敎 ④一乘滿敎 (4)慧苑:①迷眞異執敎(범부) ②眞一分半敎(이승) ③眞一分滿敎(초심보살) ④眞具分滿敎(여래장을 아는 자). 眞의 二分은 隨緣과 不變, 두 뜻을 갖추면 具分, 生空·法空, 雙辨二空을 滿敎.

167   波頗:①四諦敎(阿含等) ②無相敎(諸般若) ③觀行敎《華嚴經》④安樂敎《涅槃經》⑤守護敎《大集經》

③《화엄경》의 뜻과 이치의 분한(義理分齊)

(이 원교의) 의리가 깊음과 광대함을 구족한 것은 일승이면서 무량승인 것을 밝힌 것이고, (원교로 4교를) 전부 가려내고 전부 거둔 것은 동교同教이면서 별교別教를 띠고 있는 것을 말한다. 4중의 법계를 포함하면서도 넷의 차례가 뒤섞임이 없고, 3중의 관문[168]을 거두면서도 3광光이 잡란하지 않다. 색·공을 4구로 회통하면서도 근원을 갖춤이 없지 않으며 이·사의 10문[169]으로 나뉘면서도 동일한 연기이다.

십종의 현문을 얘기하면서도 총체와 개별로 차이가 있고,[170] 십중十重의 소이所以를 내면서도 덕상德相과 업용業用이 다르다.[171] 이치를 다하면서도 성을 다했고 과에 어우러져 통하면서 인을 포괄한다. 말과 생각으로 연緣을 설명할 수 없다면 문서와 붓인들 어찌 기록하겠는가?

④ 가르침의 대상인 근기(教所被機)

(가르침의 대상이) 아닌 근기를 가려낸 것은 억누르고 꺾어서 발심하게 한 것이고, 대상인 근기를 드러낸 것은 포상하고 드날려서 듣고 받아들이게 한 것이다. 근기로 교를 상대한 것은 자력으로 헤아리면 감당하

---

168 三觀門은 ①眞空絶相觀, ②理事無礙觀, ③周徧含容觀이다.

169 所依體事의 무애함을 드러내는 理事10문은 ①理徧於事門, ②事徧於理門, ③依理成事門, ④事能顯理門, ⑤以理奪事門, ⑥事能隱理門, ⑦眞理卽事門, ⑧事法卽理門, ⑨眞理非事門, ⑩事法非理門이다.

170 十玄門의 제1문이 총체가 되고, 나머지 아홉 문은 개별이 된다.

171 덕용의 所因은 ①唯心所現, ②法無定性, ③緣起相由, ④法性融通, ⑤如幻夢, ⑥如影像, ⑦因無限, ⑧佛證窮, ⑨深定用, ⑩神通解脫등 故이다. 이 중 ③緣起相由에 또다시 '諸緣各異義'등 10문의 뜻이 있고, 또 ④法性融通에 십현문과 동일한 10문의 뜻이 있는데 이를 표현한 것으로 보인다.

지 못함이 있고, 교로 근기를 상대한 것은 불심에 한정하면 위하지 않은 것이 없다. 그래서 달빛이 밝고 깨끗하지만 떨어진 그림자는 탁한 연못에서는 나타나지 않고, 햇볕이 빛나 노을 지더라도 유광流光은 탁한 물에서는 아득히 비추는 것이다. 전륜왕의 계주髻珠를 어찌 공이 없는 신하에게 하사하겠으며, 절친한 벗의 옷 속 보배를 비밀스럽게 술에 취해 누워 있는 객에게 주겠는가. 가려내기도 하고 위하기도 한 것은 진실로 까닭이 있다.

⑤ 교체의 얕음과 깊음(敎體淺深)

'능전能詮·소전所詮과 홑으로 쌍으로 차이가 있는 것'은《구사론》과《파사론》이고, '체體·용用의 출몰이 다른 것'은《해심밀경》과《유식론》이다.[172] 혹은 '소전으로 통괄적으로 거두면' 다시 열 가지의 뜻을 겸하고, 혹은 '능현能顯으로 다 거두면' 육진六塵을 구족한다. 만일 '본질과 영상이 상대하는 경우'라면 (대승의) 실교實敎와 권교權敎가 있고, '설법과 청법을 전부 거두는 경우'라면 별교이기도 하고 동교이기도 하다.[173] '연을 모아 실제에 들어가는 체성'은 말엽을 거두기도 하고 진여를 드러내기도 하며, '진리와 사법이 무애한 3문'은 서로 거두거나 서로 즉하며, '사법과 사법이 무애한 원음圓音'은 십현문을 갖추고 있다. '해인선나'라는 교체는 모두 다 삼매로 돌아간다. 얕음과 깊음을 일렬로 나열하면 뒤의

---

172 《大疏》권제3(T35, 0517)에 간략하게 十敎體를 밝혔는데, ①音聲言語體, ②名句文身體, ③通取四法體, 上三皆能詮體. ④通攝所詮體, ⑤諸法顯義體, ⑥攝境唯心體, ⑦會緣入實體, ⑧理事無礙體, ⑨事事無礙體, ⑩海印炳現體이다. ①②와 ③은 홑·쌍으로, 앞 셋과 ④는 능전·소전으로 차이난다.

173 '敎體'의 ⑥攝境唯心體를 "本影相對"와 "說聽全收"로 설명한 문이다.

두 가지가 이《경》의 종지이고, 수미를 원융하면 앞의 여덟이 교체 아닌 것이 없다.

⑥ 종취宗趣의 통함과 국한

'종취의 통함'은 다른 교에 총체적으로 공통하는 것이니 성종과 상종의 사들이 대부분 같으며, '종취의 국한'은 이《화엄경》에만 특별히 국한되는 것이니, 고금에 설한 것이 전혀 다르다. 여러 사들의 각별함을 완미해보면 기세가 별이 나눠진 것과 같고, 우리 소주疏主의 고원함을 우러러 보면 모습이 꽉 찬 달과 같다. 한 제목에 의거하여 4구절로 분리하면 지극히 묘하고 지극히 깊다. 한 구절에 따라 10문으로 열면 생각하기도 어렵고 논의하기도 어렵다.

⑦ 부류와 품과 회

《80화엄경》의 지극한 말씀은 실차난타가 번역하였고, 십만 게송의 묘한 설법은 용수보살이 유전시켰다. 중본과 상본의 두 본은 남염부제 사람들이 받을 수 있는 것이 아니어서 용궁에 감춰져 있고, 보안普眼한 경전은 오직 총지보살만이 알 수 있다. 공연히 해묵을 다하도록 똑같이 설한 것은 동류의 찰토에 변만하고, 결집할 수 없어서 달리 설한 것은 이류의 세계를 포괄하니 부류는 헤아리기 어렵다. 주체와 반려는 거듭거듭 제창하고, 권속들은 곳곳마다 개별적으로 설법한다. 원만본은 하나를 들면 전부 거둬지니 무장무애하고, 혹은 여럿으로써 서로 거두니 언사를 초월한다. 세친世親과 용수龍樹가 경전을 해설한 것은 인도(서건)에

구비돼 있고,[174] 영변靈辨과 겸지謙之가 논을 지은 것은 중국(동하)에서 성행했다.[175]

⑧ 전하고 번역하는 데에 감응이 통함(傳譯感通)

먼저 '번역하여 전해진 것'이라는 단서를 둔 것은 배우고 익히는 자들이 의심이 없도록 한 것이고, 뒤에 '감득한데 응현하여 자취를 드리운' 것은 보고 듣는 자들이 우러러 믿게 한 것이다. 시대를 경과했어도 오직 두 가지 번역뿐이고, 아울러 빠진 것을 보충한 것은 오직 네 가지 경전뿐이다. 각각 윤언綸言을 들어 보장寶藏에 편입시켰다. 번역하고 서사한 일은 상서로운 감응이 두루 많았고, 독송하고 강연하여 전수하는 일은 그 길상한 일을 다 기록하기 어렵다.

이상, 선연은 짧은 문장을 통해《현담》의 전체 내용을 종합하여 정리하고 있다. 앞서 '10문으로 해설한 문장은 8문에서 끝났다'고 언급한 대로 선연은 이 8문까지만 요약 정리했다. 간결하면서도 명료하며 군더더기 없는 필력을 통해,《화엄경》과 그것을 설명한《현담》에 대한 선연의 생각을 엿볼 수 있다.

---

174 《대소》권제3에 '龍樹보살이《大不思議論》을 지었으며, 또한 십만 게송이 서역에 구비되어 전해지는데, 중국에《十住毘婆沙論》十六卷이 곧 이것이다. 십지 중 앞의 2지를 해석한 것이다. 世親菩薩은《十地論》을 지었으니〈十地品〉을 해설한 것'이라고 한 것을 선연이 이렇게 요약한 것이다.

175 《연의초》(T36, 0114)에서《疏》의 '志徹淸凉感通玄悟者'라는 문구로 영변과 겸지의 공통점을 묶어 설명한 것을 이렇게 해설한 것인데, 惠英撰集,《화엄경감응전》(T2074, 0173)에는 영변이 《화엄론》백권(X208, 권제10의 한 권만 수록)을 지은 것과 겸지가 600권을 짓게 된 과정이 자세히 전한다.

◆— **품과 회를 간략히 해석함**(略釋品會)

선연은《현담》본문의 제8문인〈부류품회部類品會〉에 이르러 징관의 글 속에 자신의 글을 녹이는 방식으로 세밀한 필력을 덧붙여 해설을 완성한다. 이는 원래 징관이《화엄경》의 각 품품과 회會의 구조를 간결하면서도 명쾌한 필체로 정리한 것인데, 선연의 세밀함이 더해져《화엄경》의 밑그림을 그리는 데에 매우 좋은 문장이 된다. 이것 또한 조금 정리하여 옮겨보겠다.

'품과 회의 차별을 드러냄'[176]은 문장에 근거하면 간략하지만 뜻에 준거하면 깊고 넓다. 크나큰 강령을 꿰뚫어 종합하고 미묘한 취지를 연구하여 실상을 조사해보면, 우선 80권의《원경圓經》이 드넓고 아득하지만 모두가 이 문에 있다. 하물며 십만 게송에 본래 갖추어져 있는 유미를 이곳에서 다 포함하고 있는 것임에랴? 이 때문에《초》의 문장은 수미를 끌고 당기면서 원류를 구획지어 갈라내되, 회마다 먼저 오게 된 의미를 좇아서 진술하고, 그 다음으로 품마다 정문正文을 의지하여 해설한다.

〈본부의 삼분 과단〉은 고금에 똑같이 준수하고 중국과 인도에서 함께 품 받은 것으로 광통율사로부터 청량대사에 이르기까지 이 한 경전을 통틀어 삼분으로 과단하였으니, 〈세주묘엄품〉은 '서분'이고, 〈여래현상품〉이하는 '정종분'이고, 〈입법계품〉내에 "그때 문수보살이 잘 머물던 누각으로부터 나와" 이하는 '유통분'이다.

초품, 〈세주묘엄품〉을 '서분'으로 삼은 것은 6성취를 총체적으로 표시

---

176   《談玄決澤》권제6(X08, 0084~0086)《현담》본문의 제7문인〈部類品會〉에 관한 주석이다.

하여 7처의 원종圓宗을 드러내고, 삼 세간을 변만하게 장엄하여 9회의 도서(모든 것의 첫머리)가 된다. 〈여래현상품〉 이하를 '정종분'이라 하는 것은 55권의 보배로운 게송을 묶은 것은 해가 별무리에서 밝은 듯하고, 38품의 아름다운 장구를 엮은 것은 주옥을 잇달아 꿴 듯하다. 대략, 품의 차례에 의거하여 간략하게 크나큰 강령을 변별하겠다. 일단, 유치는 드러났으니 '정종분'을 밝히겠다.

 2품,[177] 40가지 생각[178]이 대중바다에서 일어나 그 질문의 단서를 거들고, 오중五重의 현상이 여래에게 나타나 답변하려할 적에, 입의 광명으로 중찰衆刹을 불러들여 부처로부터 생겼음을 표현하고, 미간의 광명으로 '보현'을 자세히 보여 설법의 주체임을 보이며, 신통력으로 위엄 있는 가피를 내려서 찰토의 제망을 진동시키고, 상서로운 징조를 응현하는데 드리워 많은 근기들을 경책하며, 땅에서는 묘색의 꽃이 솟아올라 의보의 과를 말할 것임을 현시하고, 백호에서는 승음보살의 대중들이 나와 가르침이 부처님으로부터 유출된 것임을 드러낸 것이 설법의 단서가 된다. 그러므로 〈여래현상품〉으로 받는다.

 3품, 상서로운 현상이 온 세상에 드러나 법주가 설법을 펴려 할 적에, 백호의 광명을 보아 비로자나불의 마음을 알며, 법의 이치를 비추어 몸

---

177   정종분이 제2품인 〈여래현상품〉에서 시작되므로 선연은 그것을 정종분의 1품으로 설정하여 본래 39품의 순서와는 1품씩 차이 난다. 이에 필자는 본래 《화엄경》 품의 차례대로 한 품씩 당겨서 수정하여 정리했다.

178   해주(전호련),《화엄의 세계》(민족사, 1998.), p.40, "'諸佛'의 '地, 경계, 加持, 소행, 력, 무소외, 삼매, 신통, 자재, 무능섭취, 안, 이, 비, 설, 신, 의, 身光, 광명, 聲, 智'의 이십념과 '세계, 중생, 법계안립, 佛, 佛바라밀, 佛해탈, 佛변화, 佛연설, 佛명호, 佛수량'등 '海'의 십념과 '일체'의 '보살서원, 발취, 조도, 보살승, 보살행, 보살출리, 보살신통, 보살바라밀, 보살地, 보살智'등 '海'의 십념 등 사십념으로 질문한 것이다.

소 '여래장신' 선정에 든다. 안으로 사리를 관찰하고 밖으로 근기의 마땅함을 비추고, 위로는 부처의 가피를 감득하고 아래로는 사물의 궤칙이 된다. 그러므로 〈보현삼매품〉으로 받는다.

4품, 이미 지극한 선정에 들었으니 제불이 찬양하는 것을 감득하고, 특별히 수승한 연을 윤택하였으니 여러 근기들이 믿어 받아들이는 것을 돈독히 한다. 시방의 의보依報를 진술하니 찰해가 장엄되고, 십종의 인연을 가려 뽑으니 세계가 성취된다. 그러므로 〈세계성취품〉으로 받는다.

5품, 대각大覺의 공통적인 의보가 체성은 같고 모습은 다르다는 것은 알았으나, 아직 본사本師의 개별적인 찰토는 인행이 청정하고 과덕이 장엄하다는 것을 환히 알지 못한다. 장엄이 무진하여 낱낱이 허공과 길이 같고, 묘하고 수승함은 생각하기 어려워 찰진마다 법계를 변만하게 포함한다. 그러므로 〈화장세계품〉으로 받는다.

6품, 의보는 드러났으니 옛날의 인연이 마땅히 현시되어야 한다. 마치 뿌리가 깊으면 열매가 무성하고, 근원이 멀면 흐름이 장구한 것과 같다. 인행을 닦을 때는 '위광태자'라고 부르니 경력한 일은 생각하기 어렵고, 부처의 정확한 과를 '변조遍照(비로자나)'라고 하니 장엄이 무진하다. 과인果人을 들어야만 인법因法을 드러낸다. 그러므로 〈비로자나품〉으로 받는다.

이상은 '믿을 대상의 인과(所信因果)'를 밝혔다. 제1회, '과덕을 거론하여 즐거이 믿음을 내도록 권장하는 분(擧果勸樂生信分)'이라고 한다.

7품, 이미 의보가 수승하여 무량한 장엄임을 알았지만, 아직 정보正報는 생각하기 어려워 얼마나 원만한지 모른다. 이에 만물에 응현함으로 몸을 이루어서 백억사천하에 변만하고 각각 마땅함을 따라 수호隨好를 세워 백억만 종류의 명칭을 건립한다. 그러므로 〈여래명호품〉으로 받는다.

8품, 널리 사물의 욕락에 따라 자세하게 법륜을 설하니 하나의 성제聖諦에 별명이 만 가지여서 사성제의 통칭이 사백억 명칭이다. 그러므로 〈사제품〉으로 받는다.

9품, 신身·지智의 두 광명을 나타내어 사事·리理의 두 경계를 비추니, 경계는 이미 성·상이 무애하고 광명은 반드시 색·심이 원융하다. 그러므로 〈광명각품〉으로 받는다.

10품, 위의 4품은 믿을 대상의 신·어·의 삼업이 되고, 아래의 3품은 능히 믿는 해·행·덕 삼심三心이 된다. 십수十首보살이 이해를 나타내어 서로서로 격양하고, 십종十種의 심심甚深[179]함으로 현묘함을 드러내어 왕복으로 따져 묻는다. 그러므로 〈보살문명품〉으로 받는다.

11품, 바른 이해가 있게 되었으니 또다시 수승한 행이 필요하다. 기름과 등불이 서로 돕는 것과 비슷하고, 발과 눈이 서로 밑천이 되는 것과 같다. 경계를 경력하면서 수행으로 나아가고, 연을 만나 관조를 운용하며, 대비와 지혜를 점점 단련하고 자타를 겸하여 구제한다. 그러므로 〈정행품〉으로 받는다.

12품, 묘한 이해가 이미 발현되었고 정행을 또다시 닦았으니 특수한 인행을 구족하려면 수승한 공덕을 얻을 필요가 있다. 원만한 공덕으로써 장엄하여 42위位의 현성을 거두며, 원만한 역용으로써 건립하여 25유有의 중생을 교화한다. 현수보살이 이것을 설한다. 그러므로 〈현수품〉으로 받는다. 이상 제2회 십신十信법문을 밝혔다.

---

179 十種甚深은 ①緣起, ②교화, ③업과, ④설법, ⑤복전, ⑥正教, ⑦정행, ⑧조도, ⑨일승, ⑩佛境界 등의 심심이다.

13품, 십신十信이 주변하였으니 십주十住를 연설하려 할 적에 보리수(覺樹)에서 움직이지 않고 제석천에 오른 것이다. 그것은 맑은 강물위에서 달 하나를 함께 보는 자들이 세 개의 배로 남북으로 따라가되 중류를 벗어나지 않으며, 중류에 머물면서 항상 남북으로 따라가는 것처럼 저 근기들에 응현하여 달려간다. 그러므로 〈승수미산정품〉으로 받는다.

14품, 근기의 연을 따라서 여래가 달처럼 나타나고, 불덕을 찬탄하면서 보살들이 구름같이 이르니 구름의 체성이 깊고 현묘한 것임을 드러내고, 진공이 적막하고 드넓은 것임을 현시한다. 그러므로 〈수미정상게찬품〉으로 받는다.

15품, 감득과 응현을 주고받았으니 근기와 가르침이 서로 당기는 데는 신심의 원만을 밝혀야 바른 선정에 들어갈 수 있고, 지혜의 깊음을 얘기해서야 진공眞空에 안주한다. 그러므로 〈십주품〉으로 받는다.

16품, 총체적인 지위와 개별적인 인행이 드러났으니 통틀어 닦는 정행을 마땅히 드러내어야한다. 십경계十境界의 심관深觀[180]을 거치고, 사등四等의 묘심[181]을 운용하며 십력十力의 진지眞智에 취입하고 둘이 아닌 수승한 이해를 내어 처음 발심할 때에 곧 정각을 성취한다. 그러므로 〈범행품〉으로 받는다.

17품, 지위와 인행이 갖춰졌으니 수승한 덕을 말해야 한다. 우선, 초주初住의 수승한 공덕을 밝혀서 후위後位의 수승한 공덕에 견준다. 세상의 비유를 억지로 취한다면 무릇 그 양이 허공과 똑같고, 원종에 입각

---

180   ①身, ②身業, ③語, ④語業, ⑤意, ⑥意業, ⑦佛, ⑧法, ⑨僧, ⑩戒의 경계를 觀照한다.
181   無緣의 四等心을 말하니, 自利·利他·上求·下化의 네 가지이다.

한다면 진실로 공덕은 일체종지와 가지런하다. 그러므로 〈초발심공덕품〉으로 받는다.

18품, 하현下賢이 원만해졌으니 장차 중현中賢을 일으키려 함에 묘혜妙慧의 명문明門에 대해 설하여 마음을 채찍질해서 정진을 수승하게 하는 것을 보인다. 그러므로 〈명법품〉으로 받는다. 이상 제3회의 십주十住를 밝혔다.

19품, 십주가 원만해졌으니 장차 십행을 말하려고 할 적에 또한 감득한 데로 달려가 구부려 그 근기에 응해야 한다. 그러므로 〈승야마천궁품〉으로 받는다.

20품, 주체가 감득한 데로 달려갔으니 반려는 반드시 찬양하게 된다. 인행의 체성이 매우 현묘함을 드러내고 불지佛智가 고요하고 드넓은 데 의지한다. 그러므로 〈야마궁중게찬품〉으로 받는다.

21품, 유치가 드러났으니 정종을 현시해야만 한다. 인행은 정행을 닦고 지위는 중현에 확정된다. 그러므로 〈십행품〉으로 받는다.

22품, 중현이 원만해졌으니 장차 후위에 나아가야 한다. 중다한 인행을 모아 쌓고 원만한 회향을 버금가게 가져온다. 그러므로 〈십무진장품〉으로 받는다. 이상 제4회의 십행十行을 밝혔다.

23품, 중현中賢은 갖춰졌으니 상현上賢을 천명하려 할 적에 해당 근기에 응현함을 보여주고 설주說主가 감득한 데로 달려간다. 그러므로 〈승도솔천궁품〉으로 받는다.

24품, 주체와 반려가 다 함께 모였으니 총체와 개별로 찬양함을 펴고 회향의 원력문을 현시하는데 여래의 지해智海에 의지한다. 그러므로 〈도솔궁중게찬품〉으로 받는다.

25품, 유치가 원만해졌으니 본종本宗을 현시해야 한다. 십회향으로 나누되 무장무애하고, 3처에 회향하되 생각하기 어렵다. 그러므로 〈십회향품〉으로 받는다. 이상 제5회를 밝혔다.

26품, 삼현三賢이 구체적으로 드러났으니 의당 십성十聖을 말해야 한다. 불지佛智에 취입하면 사천하의 물이 똑같이 천지天池로 잠입하고 덕화德華가 빼어나면 만물이 지면에서 일제히 생겨난다. 십덕十德의 큰 바다와 일족이 되어 덕마다 포괄하여 관통하고, 십덕의 보배구슬과 같아져 덕마다 더욱 수승하니 보살의 심계心階가 되고 여래의 지업智業이 된다. 그러므로 〈십지품〉으로 받는다. 제6회는 마쳤다.

27품, 인지因地가 장차 만족되고 정각이 성취되려 할 적에 승진勝進의 수승한 훈습을 건립하고, 등각等覺의 수승한 지위를 세워야한다. 여러 문을 자세하게 드러낸 것은 그 양이 허공과 같고, 간략하게 교의를 편 것은 깊고 현묘함을 일부분 드러낸다. 먼저 묘한 선정을 밝히고 진실한 근원을 꿰뚫어 연구하며 신통을 잘 일으키고 지혜를 생기한다. 그러므로 〈십정품〉으로 받는다.

28품, 깊은 선정의 작용이 지극히 성스럽고 지극히 신령하며 묘지妙智의 공덕은 막힘도 없고 장애도 없다. 그러므로 〈십통품〉으로 받는다.

29품, 선정력은 생각하기 어렵고 신통은 원만하게 논의하였으니 지혜의 지극함을 통해서만 근본이 되고 지혜의 그윽함을 빌려야만 근원이 된다. 그러므로 〈십인품〉으로 받는다.

30품, 선정과 신통과 지혜의 셋의 작용은 변설로도 헤아리기 어렵고,

산수로 비유한 세 가지의 문[182]은 혜심慧心으로도 측량할 수 없다. 거듭 거듭 비교하여 등각等覺은 알기 어렵다는 것을 밝히고, 낱낱이 비교해 헤아려서 묘각妙覺은 미세하다는 것에 견준다. 아승지는 대수大數의 첫 머리가 된다. 그러므로 〈아승지품〉으로 받는다.

31품, 념겁이 원만하게 융합하니 찰나지간에도 끝을 다할 수 없고, 진 찰이 포괄해서 거두니 극미진 속에도 무진한 보현이 있다. 간략하게 지 시를 진술하고 대략 여래를 드러내니 뒤의 찰토에서는 앞의 시간보다 두 배이고, 앞의 겁으로 뒤의 날을 삼는다. 그러므로 〈여래수량품〉으로 받는다.

32품, 위로는 실實에 입각해서 설하면 어떤 미진도 불이 거주하는 곳 이 아닌 것이 없고, 일을 가리키고 말에 기대면 성인이 마음을 의지할 만한 곳이 있다. 그러므로 〈보살주처품〉으로 받는다.

33품, 등각이 주변하였으니 묘각을 천명해야 한다. 불덕은 말과 생각 을 모두 초월한다는 것을 현시하고, 과위는 텅 빔과 현묘함을 다 끌어 낸다는 것을 드러낸다. 그러므로 〈불부사의법품〉으로 받는다.

34품, 신상身相이 널리 주변하였으니 열연화장의 찰진 수를 갖추고 있다. 공덕功業이 드넓고 확 트여 삼 세간의 분량을 포괄한다. 그러므로 〈십신상해품〉으로 받는다.

35품, 대상大相이 그랬고 수호隨好가 다시 많다. 낱낱의 수호 중에 많 은 광명이 있고, 낱낱 광명에는 많은 신통력이 있어서 아비지옥을 무너

---

182   《大疏》卷第47〈阿僧祇品〉第30(T35, 0858)에 의하면, 상등 수, 중등 수, 하등 수의 세 가지
        산수법을 말한다.

뜨리고 도솔천궁에 태어난다. 3중으로 단박에 원만해지고 십지十地가 빨리 만족된다. 그러므로 〈수호광명공덕품〉으로 받는다. 이상은 '차별 인과'를 밝혔고, 다음으로 '평등인과'를 밝힌다. 말하자면, 인因은 과果와 다른 인이 없고, 과는 인과 다른 과가 없다. 인행과 과덕이 서로 어우러져 통하지만 하나가 아니고, 인과가 뚜렷하지만 차이는 없다. 인행은 곧 보현의 수행문이다.

36품, 그러므로 〈보현행품〉으로 받는다. 과덕은 곧 여래성기如來性起이다.

37품, 그러므로 〈여래출현품〉으로 받는다. 이상 6회는 '인행을 닦아 과덕에 계합하여 이해를 내는 분(修因契果生解分)'이었다.

38품, 위에서는 과덕에 계합하여 인행을 닦으므로 6위를 포괄적으로 나열했고, 지금은 이해를 거둬서 수행을 성취하므로 일시에 융합하여 꿰는 것이다. 구름처럼 이백 가지의 질문을 일으켜서 의천義天의 혜광을 엄폐하고, 한꺼번에 이천 가지의 대답을 쏟아내어 심지心地의 법수를 장광하게 설한다. 세간에 처하면서도 물듦이 없다. 그러므로 〈이세간품〉으로 받는다. 제8회는 마쳤다.

39품, 위에서는 그 수행을 가렸고 지금은 그 증득함을 밝힌다. 불이 사자빈신선정에 들어 널리 신통을 나타내시고, 대중은 서다림(회)에 있으면서 법계를 단번에 증득한다. 그러므로 〈입법계품〉 본회로 받는다. 지금까지 여러 단락은 모두 〈정종분〉이었다.

뒤의 〈유통분〉은 문장을 오상五相[183]의 차이로 분리한 것이 오성五星이

---

183   五相은 입법계품의 말회를 ① 寄位修行相, ② 會緣入實相, ③ 攝德成因相, ④ 智照無二相, ⑤ 顯因廣大相의 五相으로 설명한 것이다.

드넓은 하늘에 환하게 나타난 듯하고, 뜻을 오위五位의 갈래로 나열한 것은 오악五岳이 전 국토를 무리지어 나눈 것과 같다. 이 한 품은 대문에 둘이 있으니, 본회와 말회의 법연法筵으로 나누고, 인·과의 법계로 쪼개며, 돈·점의 증입으로 가르고, 총·별의 원융함으로 변별한다.[184]

돈頓이 아니면 원圓을 드러낼 수 없고 점이 아니면 승진에 오를 수 없으며, 근본이 아니면 말엽을 드리울 수 없고 말엽이 아니면 근본에 오를 수 없다. 사람이 아니면 법을 증득할 수 없고 법이 아니면 사람을 이룰 수 없다. 앞에서는 점과 다르지 않는 돈을 밝혔으니 여러 문으로 많은 사람들이 똑같이 계합하는 것이고, 여기서는 돈과 다르지 않는 점을 밝혔으니 한 사람이 지위를 경력하면서 수행을 원만히 한다. 지금은 사람에 의탁해서 수행 정진하여 후세의 문도들에게 규범이 되고, 대교가 널리 유통되어 법안이 결여됨이 없게 한 것이다. 그러므로 〈입법계품〉 말회로 받는다. 이상, 여러 뜻이 달랐지만 모두 본부를 삼분한 과판이다.

---

184   제9회 서다림회의 본회·말회를 다시 본회는 과법계(총)로, 말회는 인법계(별)로 나눈 것이다.

4.
《담현결택기》의
주석상 특징

1) 징관의 저술에 대한 평가

선연은《담현결택기》에서 자신이 찬술한 본문의 첫 장에서 〈능찬能贊하
는《소》의 제목을 해설함〉이라는 과단으로 징관의《대소》제목을 설명
하면서, '소'는 트이고 통한다는 뜻으로 "저 성性과 상相으로 나눠 튼 것
은 별이 밝고 달이 환한 듯하며, 저 글과 뜻을 열어 통한 것은 연꽃망울
이 터져 꽃이 향기로운 듯하다. 학자들의 쌓여진 의심을 보내버리되 끓
는 물에 한 송이 눈을 녹이는 듯하고, 삿된 종파의 편벽된 견해를 무너
뜨리되 화롯불에 가벼운 깃털을 태우는 듯하다"고 하였는데,《화엄경》
을 이해하는 주석서로서《대소》가 얼마나 훌륭한지를 비유로 표현한 것
이다. 계속해서 선연은 다음과 같이 말한다.

> 우리 소주疏主는 지혜와 자비를 둘 다 갖추고 성과 상을 쌍으로 소통
> 하며 절중折中의 뛰어난 재주를 운용하여 원융圓融의 현묘한 의리義理
> 를 열었다. 장문章門을 도야하되 사금沙金을 정련하여 정묘한 금을 골

라내고, 오묘한 종지를 발양하되 박옥璞玉을 쪼개어 광택이 나게 했다. 모든 경전의 강령綱領을 종합하면서는 '화엄'을 보좌하도록 찬술하고, 여러 논서의 청련菁蓮을 포괄하면서는 '방광'을 펴도록 펼쳤으며, 십종十宗 오교五教의 유미幽微를 궁구하면서는 '대소'의 구절이 되도록 뽑아내고, 제자백가의 미묘美妙를 다하면서는 '경문'을 해설하도록 힘썼다. 20권으로 엮어 만들어졌지만 백천 권의 경전을 다 갖춰서 해석하였다.[185]

이 한 문장으로 선연이 《대소》에 내린 평가는 완결된다. 그리고 그 권 제3에서 징관은 자신이 《대소》를 지은 것은 "옛날(현수)의 것을 소중히 여기고, 현재(혜원)의 것을 가벼이 여긴 것은 아니다"라고 하면서 자신이 혜원 공이 새롭게 지은 《간정기》를 가벼이 여겨 《소》를 짓는 것이 아니라고 했는데, 선연이 그 말에 대해 "옛것을 소중히 여기고 현재의 것을 가벼이 여기는 것에 대해 《파사론破邪論》에서는 '세속의 유학자들은 옛것을 장점으로 여기고 현재 것을 단점으로 여기며, 앞의 것을 돈독히 하고 뒤의 것을 박하게 하길 좋아한다. 옛것의 허망한 아름다움을 비난하지 않고, 현재 것의 실다운 논설을 나무란다. 오래고 먼 것의 거짓된 말들을 믿고, 가깝고 지금 것의 실다운 일을 소홀히 하며 말(馬)을 가리키는 요체를 알지 못하면서 유·묵의 말씀을 다투는 것이다. 고육지병이기

---

185 《談玄決擇記》권제1(《가나자와출판본》), pp.24~25, "以我疏主, 智悲兩具, 性相雙通. 運折中之雄才, 闡圓融之妙理. 陶冶章門, 煉金沙而擇精妙. 發揚奧旨, 剖玉璞而潤光輝. 綜諸經之綱領, 贊佐花嚴. 括衆論之菁蓮, 敷宣方廣. 窮十宗五教之幽微, 採爲疏句. 盡諸子百家之美妙, 助解經文. 勒成二十卷, 備釋百千經."

때문에 고치기 어렵다'라고 하였다"[186]라고 부연 설명하였다.《석씨육첩》
의 내용을 인용하여 전거로 들고, 우리의 소주는 그렇지 않기 때문에
'아니다'라고 한 것이라며 징관의 말에 힘을 싣고 있다.

2) 인용 문헌을 통해 본 사상 경향

《담현결택기》에서 경론 이외에 장소章疏 등의 인용 문헌과 인용 횟수를
표로 만들면 다음과 같다.[187]

【표 10】인용 문헌 및 인용 횟수

찬술자	인용 문헌	《담현결택기》각 권의 인용 횟수					
		권1	권2	권3	권4	권5	권6
규기	대승법원의림장	1			2	2	2
〃	유가사지론약찬					1	1
〃	유식론추요					1	
〃	인명입정리론소				1		
〃	법화경현찬					1	
〃	관미륵도솔천경소		1				
법장	화엄일승교의분제장			1	5	3	3
〃	화엄경지귀			2			
〃	탐현기			1			
징관	화엄강요	1		1	3		
종밀	선원제전집도서	1		1	1	3	
〃	사자승습도						1
〃	원각경대소석의초			1			

---

186   《談玄決擇記》권제3(X08, 019c16).

187   본 인용문헌은《대소》나《연의초》를 제외하고 선연이 자체적으로 인용한 것만을 포함했다.

혜원	속화엄경약소간정기	1			3	5	1	2
담광	대승백법명문론개종의기						1	
의초	석씨육첩			1				
현장	대당서역기			1				
원휘	구사론송소론본						1	
도액	정명경관중석초					1	1	
현각	영가집						1	
비장방	역대삼보기	1						
연수	종경록						1	

위 〈표 10〉에서 인용한 문헌과 그 횟수를 통해 선연의 사상 경향을 간단하게 살펴보면, 몇 가지의 특징이 있다.

첫째는 《대소》와 《연의초》 외에 가장 빈번하게 직접 인용한 문헌은 현수의 《교의분제장敎義分齊章》이다. 인용 횟수가 10회 이상인데, 특히 '장교소섭'과 '의리분제'장을 수문해설하면서 빈번하게 인용했다. 이 두 장은 화엄사상을 핵심적으로 다룬 곳이라는 점과 징관이 지은 《화엄강요》도 제법 인용하고 있는 점 등을 통해서 그가 징관은 물론이고, 현수의 사상 역시 상당히 수용했다는 것을 알 수 있다. 또, 혜원의 《간정기》에 관한 언급도 많은 편인데, 주로 징관이 《간정기》를 논파한 내용을 수문해석하면서 선연 역시 해설을 완성하기 위해서 많이 언급했다는 것을 알 수 있다.

둘째는 《대승법원의림장大乘法苑義林章》을 비롯해서 《유식론추요》, 《유가사지론찬석》 등 자은규기慈恩窺基(632-682)가 찬술한 소초를 자주 인용한 점이다. 이 가운데 《법원의림장》은 7회 이상으로 두 번째로 많이 인용한 문헌이며, 규기의 《인명입정리론소因明入正理論疏》 3권에 관한 인용도 있다. 따라서 선연 자신이 《유식론초》를 저술하고, '《인명론》의 대의를 소통'하는 데에 있어 규기의 저술로부터 상당한 영향을 받았을 것으로 보인다. 자은종慈恩宗이 요대에도 활발했던 종파였다는 점 역시 이를 뒷받침한다.[188] 규기의 저술 이외에, 당대 담광曇曠(?-?)의《백법명문론개종의기》라든가, 원휘圓暉(~8c~)의《구사론송소론본》등을 인용하고 있는 것을 통해서도 그가 법상 교학의 기초를 어떻게 닦았는지 짐작할 수 있다.

셋째는 규봉종밀圭峰宗密(780-841)의《선원제전집도서》《사자승습도》《원각경대소석의초》등을 자세하게 인용하고 있는 점이다. 선연은 성종과 상종의 차이를 회통하고 점·돈을 정리하면서도, 또 선종 4가의 사상을 비유로 정리하면서 종밀의 저술을 긴 문장으로 인용했는데 이는 종밀 사상의 중심축을 모두 포함한 내용이다. 이를 통해서 징관과 종밀로 이어진 화엄사상을 그대로 이어받고 있다는 설[189]을 확인하게 된다.

3) 주석상의 특징

◆── **《대소》와《연의초》를 자재하게 인용·재구성, 요약·정리**

종횡으로 자재하게《대소》와《연의초》를 인용·재구성, 요약·정리한 점은《담현결택기》의 가장 큰 특징인데, 이 때문에《현담》과《담현결택기》 6권을 읽는 것만으로도《대소》와《연의초》는 물론《화엄경》을 상당하

---

188 쓰沙, 앞의 책, p.12, "찬영의《송고승전》권제7〈義解篇〉諸僧傳에 의하면, 요의 영토로 소위 연운16주에 들어갔던 화북 지역은 五代末부터 宋初에 이르기까지 자은종의 승려가 활약했던 곳이기도 하다."

189 기무라, 앞의 책, pp.261~279.

게 이해할 수 있다. 이 노력이 대단한 까닭은 현재는 경전의 데이터베이스가 구축되어 검색과 교감이 매우 수월하지만 천년 전 선연의 시대엔 《대소》20권(혹 40권) 및 《연의초》40권(혹 60권)의 내용을 완벽히 숙지하고 있어야만 가능한 일이기 때문이다.

이 점은 그의 다른 저술을 통해서도 드러난다. 곧 《삼보육사외호문》이나 《발보리심계》 등은 경전 내용을 찬집하는 형식이기 때문에 수많은 경전 내용을 모두 다 망라하고 있어야 찬집하려는 의도나 주제를 표현할 수 있다. 그리고 훨씬 많은 권수에 이르는 《소》와 《초》를 종횡으로 자재하게 인용하여 설명을 완성한다는 것은 그만큼 징관의 의도를 잘 파악하고 있으며, 또 그의 생각을 그대로 자신의 생각으로 받아들이고 있는 점이 반영된 것이다. 《담현결택기》에서 법장의 《교의분제장》을 두 번째로 가장 많이 인용된 장소인 것은 자연스런 결과이다.

◆── **최소한의 문구로 《현담》의 뜻을 세밀하게 드러냄**

이는 《현담》 본문의 10문중 제7문인 〈부류품회〉에서 특히 잘 드러난다. 이 장은 얼핏 보면 《현담》을 똑같이 반복한 것처럼 보인다. 그런데 자세히 살펴보면, 구절마다 단지 몇 글자를 덧붙이는 것으로 징관의 의도를 더 세밀하게 설명하고 있다. 이는 징관이 쓴 문장을 그대로 쓰면서 주석하는 방식이라고도 할 수 있다.

예를 들어서 "衆海興念"을 "四十念興於衆海"로 표현하거나, "毫光旣示, 懸解聖心"을 "覩毫光而, 懸解毗盧之心"으로 표현하거나, "欲顯難思, 先明入定"을 "照法理而, 親入藏身之定"으로 표현하거나, "卽擧人顯法"

을 "方擧果人, 而顯因法"으로 표현하는 방식이다. 여기서 '염念'을 '사십 념四十念'으로, '성인의 마음'을 '비로자나불의 마음'으로, '선정에 든다'를 '친히 여래장신 삼매에 든다'로, '인'을 '과인果人'으로, '법'을 '인법因法'으로 표현하여 문장의 뜻을 더 구체적이고 명확하게 드러내어 이해를 돕고 있다. 선연 자신이 이 장을 주석하면서 '소홀하고 거친 점에 함구하기가 어렵다'고 하면서 좀 더 세밀하게 거듭 설명을 펴보겠다고 언급하긴 했지만 그 세밀함을 단지 몇 글자를 보탬으로써 완성하고 있다.

◆── **달리 해석되거나 간과하기 쉬운 부분을 명확히 함**

선연은 《현담》의 어구에 대한 치밀한 분석을 통해, 달리 이해하기 쉬운 부분을 명확히 밝히고 있다. 《연의초》의 구절인 '馬又我義'는 "말(馬)은 또 아의 뜻"이라고 해석될 부분인데, 선연은 권제4에서 다음과 같이 해설한다. "'馬又我義'라고 한 것은 이 《초》문의 말은 생략되었다. 구족해 보면 '맨 뒤의 불성은 묘유를 드러낸 것으로 곧 앞의 말(馬)에 합치되며, 또 아의 뜻이다'라고 해야 한다. 여기서 '또' 라고 말한 것은 앞의 자재하지 못한 말(馬)에 대응시킨 것이 아니고, 다만 공의 세 가지 다른 이름에 대응시킨 것이다.[190] 이미 (열반의) 삼덕(樂德·淨德·常德)을 갖추었고, '불성은 말(馬)에 합치되니, 또 아덕我德이다'라는 두 구절 문장으로 사덕이 갖

---

190 《대소》에서 일대성교를 分敎하는 이유를 '왕의 비밀스런 말은 위하는 바가 다르기' 때문 등 이라고 설명했는데, 《연의초》에서 이를 해설하여 《열반경》 권제9의 "說先陀婆 一名四實. 一者 鹽. 二者器. 三者水. 四者馬"의 四種密語를 예로 들면서 "空中四義는 '無常·苦·無我·不淨'을 차단하고, 佛性一義는 眞常을 드러내니 亦應具說我樂淨等"이라고 한 것이다.

취진 것이다."[191] 선연의 해석대로 원래 문장을 다시 말해보면 "부동不動은 '낙덕'이고, 무상無想은 '정덕'이며, 무변無變은 '상덕'의 뜻이며, 불성은 말에 합치되니 또 '아덕'의 뜻이다"가 된다. 따라서 일반적인 해석과 달리 의미가 좀 더 정확해진 해석이 완성되었다.

또, 권제5에서 《연의초》 권제8을 수문해석하면서 "무명주지無明住地를 반연하고 미세허망微細虛妄을 원인으로 하여 무루업無漏業을 일으켜서'[192] 라고 한 것은 '연緣' 자는 '지地' 자 아래에 합쳐두고, '인因' 자는 '업業' 자 아래에 합쳐두며, '기起' 자는 '인因' 자 아래에 합쳐두어야 한다"[193]라고 했다. 그에 따르면 '무명주지가 미세하고 허망한 무루업의 인을 반연하여 일으킨'[194] 것이 된다. 이는 징관이 이승과 자재하지 못한 보살이 모두 변역생사를 받는다는 것을 설명하려고 경증으로 가져온 글[195]이다.

선연의 해설대로라면 "무명주지가 미세하고 허망한 무루업의 인을 반연하여 일으킨' 의생신의 제음諸陰이…"라고 해야 한다. 앞뒤 문맥으로 볼 때, 선연의 설명으로 더 명확해짐을 알 수 있다. 다만 징관은 경문을 그대로 인용한 것인데, 바로 앞의 인용 구문인 '무명주지를 반연하고

---

191 《담현결택기》(X08, 0042c) "言馬又我義者, 此《鈔》言略. 具足應云, 最後佛性, 彰其妙有. 卽合前馬, 又是我義. 此言又者, 非是對前不自在馬, 但對空中三種異名. 已具三德. 佛性合馬, 又是我德. 兩節文中, 四德具矣."

192 《演義鈔》(T36, 0057a22), "緣無明住地, 因微細虛妄, 起無漏業."

193 《담현결택기》(X08, 0058a09~), "言緣無明住地等者, 緣字合在地字下, 因字合在業字下, 起字合在因字下. 讀者應審."

194 "無明住地, 緣微細虛妄, 無漏業因起."

195 《無上依經》(T0669, 0472), 이는 불이 아난에게 설명한 모든 아라한·벽지불·대지보살이 여래법신의 四德바라밀을 얻지 못하게 되는 네 가지의 장애 중 3번째로 "무명주지를 반연하고 미세허망을 원인하여 무루업을 일으켜' 의생신의 諸陰이 다 제멸되지 못했기 때문에 끝까지 제멸하고 멀리 여읜 大樂바라밀을 얻지 못한다"는 것이다.

무명주지를 원인으로 하여 일으켜진 무루행이 3종의 의생신을 일으킨다'[196]라는 문장과 비교해 보면 선연의 해석이 더욱 타당하다. 그렇다면 상당히 면밀한 주석이다.

◆— **《현담》 원문의 글자 교감**

《담현결택기》 권제4에서 선연은 《현담》 본문의 '제1장,《화엄》의 가르침이 일어난 인연' 가운데, 연기緣起의 아홉 번째인 '가피에 의지함'을 설명하는 소문에 대해 다음과 같이 해설한다.

> '[소] 제9회와 같다'[197]라는 것은 첫째 해설은 위 구절에 속한다.[198] '제9회에서 부처가 사자빈신삼매에 든 것'은 대중들이 단박에 법계를 증득하게 한 것이니 뜻이 경을 설한 것에 해당한다. 그러므로 《소》에서 '사자가 분신하면 대중 바다(眾海)가 단박에 숲속에서 증득한다'고 하였으니 곧 이 뜻이다. 둘째 해설은 아래 구절에 속한다.[199] 제9회에 보현보살과 문수보살이 부처의 위신력을 받들어 《경》을 설하기 때문이다. 셋째 해설은 위 구절에 속한다. '9' 자는 잘못 쓴 것이다. '7' 자여

---

196 《演義鈔》(T36, 0057)에 "緣無明住地. 因無明住地. 所起無漏行. 起三種意生身"으로 된 부분도 선연은 인과 연의 위치를 바꿔놓아야 한다고 교감을 했다.

197 《大疏》 권제1(T35, 0506), "若佛自說, 則不俟加, 如第九會. 因人有說, 要假上加."

198 이 경우, '만일 불이 직접 설법한 것이라면 가피에 기대지 않으니 제9회와 같다'가 된다.

199 이 경우, '제9회처럼 인위의 사람이 설법하려면 반드시 위로부터의 가피를 빌려야 한다'가 된다.

야 한다.[200] 제7회의 〈아승지품〉과 〈여래수호광명공덕품〉은 부처가 직접 설했기 때문이다. 넷째 해설은 아래 구절에 속한다. '제第' 자는 없어야 하니 9회를 통틀어 가리키는 것이다. 인위因位의 사람이 《경》을 설하므로 위로부터 가피를 빌릴 필요가 있다.[201]

  선연은 '제9회와 같다'는 문장을 모두 네 가지 경우로 해설한다. 네 경우가 모두 타당하도록 설명을 완성하고 있다. 그 가운데 '9' 자를 '7' 자로 교감한 것은 실제로 《대소》의 다른 본에는 그렇게 쓰여 있다.

  또, 권제4에서 "'분리하거나 회통하는 등의 말은 모두 4가지에 통하니'라고 한 것은 '4' 자는 잘못 쓴 것이니 '3' 자여야 한다. 《초》를 검토하면 저절로 알 것이다. 《초》에서는 다만 이理·행行·과果 셋뿐이고, 교敎를 말하지는 않았다"[202]고 설명했다. 이는 본문의 제2문 〈삼장과 12분교와 섭수되는 대상〉의 '고금의 상위와 수순'을 밝히는 중에 광택법사가 세운 권교삼승과 실교대승의 '4교'를 다룬 과정에서 '권교삼승을 회통하여 실교일승을 드러내는 것과 권교삼승을 분리하여 실교일승을 드러내는 등이 모두 (교·리·행·과의) 4가지에 통한다'라고 한 해설에 대해 선연은 징관이 4 자로 잘못 썼다고 본 경우이다. 실제로 《연의초》를 살펴보면 선연의 말대로 이 문장은 이·행·과 순서로 셋만을 설명했고, 교에 관한 설명은 없다. 징관이 '교'에 관한 설명을 빠뜨린 것인지, 아니면 3 자를

---

200   《演義鈔》(T36)에, "甲本에는 '七'로 되어 있다"라는 교감주가 있다.

201   《담현결택기》(X08, 0036a)

202   《담현결택기》(X08, 0048a), "言開會等言竝通四種者, 四字悞書, 應是三字. 撿《鈔》自知, 《鈔》中
       但是理·行·果三, 不言其敎."

잘못 쓴 것인지 확정할 순 없지만 문장만으로 볼 때 선연의 지적은 옳다. 이외에도 글자를 교감한 경우가 더 있다.

◆── 풍부하고 알기 쉬운 비유의 사용[203]

《담현결택기》를 읽어보면 선연은 상당히 간결하고 명료한 문체를 써 글을 이해하기 쉽다. 게다가 어렵고 복잡한 내용을 적절하게 비유를 사용하여 쉽게 접근할 수 있도록 하였다. 이러한 비유의 사용이《담현결택기》의 백미다. 크게는 '신만성불론信滿成佛論'을 설명하기 위한 '6면의 거울이 서로 영상을 나타내는 비유'[204]나 '단혹론斷惑論'을 설명하기 위한 '달 하나와 배 네 척의 비유'[205], 돈교와 점교를 설명하기 위한 '두 사람의 잠자는 상태와 깨어있는 상태에 관한 비유' 등이 있다.

　이외에 소소한 비유들이 수없이 많다. 그중 한 가지만 예를 들면, 선연이 '열반의 사덕을 성품에 걸맞는 측면에서 보면 어째서 남음이 있겠는가(有餘)?'라는 질문에 대해 "예컨대, 세상에서 한 사람을(체대이다) 육친으로 말할 때(상대이다), 아버지가 되는 뜻은(상덕常德이다) 그의 오온에 변만하지만(성품에 걸맞다) 큰아버지가 되는 사람에겐 변만하지 않다(낙樂이 되는 체에는 변만하지 않다). 저 한 사람은(그의 체대는) 아버지가 되는 뜻을 거둘 뿐만이 아니라(상덕을 함유할 뿐만이 아니라), 또한 그가 큰아버

203　吉田叡禮, 앞의 논문, 2007b에서 선연이《담현결택기》에서 사용한 비유를 자세히 밝히고 있다.

204　《談玄決擇記》권제2(X08, 008~009)

205　《談玄決擇記》권제3(X08, 026)

지가 되는 뜻도 거둔다(또한 낙덕樂德도 함유한다). 그러므로 '유여'라고 한다"[206]라고 비유(법)을 들어 답하였는데 매우 적절한 비유여서 이해하기 쉽다.

선연이 이처럼 여러 비유를 통한 설명을 추구한 이유는 자신이 밝혔듯이 후학들이 오직 쉽게 이해할 수 있게 한 까닭이다. 우리는《결택기》를 읽으면서 선연 특유의 비유를 자주 만날 수 있다.

◆— 핵심적인 문답으로 화엄사상을 드러냄

문답으로 경전을 주석하는 방식은 선연만의 독특한 방법은 아니다. 오히려《화엄경》등 경전을 주석하는 데 흔히 쓰이는 방법이라 할 수 있다. 그런데 선연의 문답 방식은 조금 독특하다. 어떤 질문은 질문 자체가 2페이지 이상에 이를 정도로 매우 자세하게 서술하고 있다. 이는 화엄을 공부하는 이들이 갖는 의문을 충분히 드러냄으로써 조금의 의심도 남지 않게 하면서 명쾌하게 설명하는 방법이다.

한 가지 예를 들어보자. 권제5에서《현담》의 '삼장과 십이분교와 거둬지는 바(藏教所攝)'의 둘째 문 '교에 섭수됨'에 나오는 부분이다. 징관이 인도의 지광논사가 세운 삼시교를 설명하며 "무상대승을 밝힌 것으로써 참된 요의를 삼았다"라고 한 문장을 선연은 수문해설하면서 '여기서 밝힌 것에 준거하면, 공교空教와 성교性教를 합쳐서 한 종으로 삼은 것인데

206 　《談玄決擇記》권1《금택출판본》, 027上15),《연의초》에서《대소》의 서문을 수문해석한 "중다한 현묘함을 함유하면서도 남음이 있다'는 것은 相大이다'라고 한 구절을 선연이 비유와 (법)으로 주석한 것이다.

어째서 규봉은 성종과 공종을 열 가지의 차이로 나눠 성립시켰는가?'
라는 문제를 제기한다. 그리고 규봉의《도서》를 인용하여 그 차이를 두
페이지 이상에 걸쳐 자세하게 정리한다. 결론적으로 그는 '열 가지의 차
이가 뚜렷하여 두 문이 분명한데 어찌하여 두 종을 합쳐서 하나의 교
로 삼았는가?' 하고 질문을 상정하고, 이에 관한 답변으로 '대소승을 통
틀어 논할 때 이승은 합하여 성문승이 되고 (대승의) 권·실은 함께 보
살장이 되는 것처럼, 상교相敎와 소교小敎를 모두 상대하여 (공교와 성교
를) 합쳐서 한 종으로 삼은 것이다. 그리고 규봉은 파상破相과 현성顯性
을 따로 분리하여 2교로 성립시킨 것이다. 그러므로 서로 어긋나지 않
는다'[207]라고 회통한다. 이는 선연이 세밀하고 자세한 문답을 통해 남아
있는 의심들을 보내버리고, 또한 예리하고 핵심적인 문답을 통해 화엄
사상을 이해하기 쉽게 드러낸 방식이다. 이 점은《담현결택기》전체를
관통하는 주석상의 특징이다.

◆── 《현담》의 복잡한 문구를 간략히 정리

'교에 섭수됨' 장에서 남조의 혜관慧觀과 유劉 공이 세운 5교에 모두 '제2
시에 상주常住를 설하지 않았다'고 한 주장에 대해 징관이《반야경》에
서 '색·수·상·행·식'을 무너뜨리지 않은 것은 곧 '유'를 무너뜨리지 않은
것이다"라고 논파한 뒤에《대지도론》으로 논증하면서 '4구가 모두 실實'
이라고 설명했는데, 선연은 이를 수문해설하면서 4구에 대한 더 상세한

---

207   《談玄決擇記》권제5 (X08, 0052b).

설명을 인용한다. 그런데 인용 원문에는 "第三亦有亦無具四者. 一, 亦有亦無有. 二, 亦有亦無無. 三, 亦有亦無有亦有亦無無. 四, 亦非有非無有亦非無非無無. 第四非有非無具四者. 一, 非有非無有. 二, 非有非無無. 三, 亦非有非無有亦非有非無無. 四, 非非有非無有非非有非無無."[208]로 되어 있는 것을 선연은 "第三亦有亦無具四句者, 一, 亦有亦無有, 二, 亦有亦無無, 三, 亦有亦無亦有亦無, 四, 亦有亦無非有非無(表句爲門, 攝餘三句故.) 第四非有非無具四者, 一, 非有非無有, 二, 非有非無無, 三, 非有非無亦有亦無, 四, 非有非無非有非無(遮句爲門, 攝餘三句故.)"[209]라고 옮긴다.

이를 살펴보면, 선연은 제3과 제4의 4구 중 둘 모두 3구, 4구를 밑줄 친 것처럼 간략하게 정리한 것을 알 수 있다. 훨씬 간소해졌고 4구의 구성이 더욱 잘 드러난다. 이처럼 《현담》의 복잡한 문구를 과감히 줄여 정리한 것은 선연이 '사구백비' 문구를 원문에 구애됨 없이 자신의 방식으로 처리할 정도로 능숙했다는 것이 확인되는 지점이다.

이상, 일곱 조항으로 《담현결택기》의 주석상 특징을 살펴보았는데, 이런 점들이 《현담》의 주석서로써 《결택기》가 탁월한 이유이다.

---

208   《연의초》 권제21(T36, 0160)
209   《談玄決擇記》 권제4(X08, 0045a11)

華嚴經談玄決擇記 解題 IV

『결택기』에 나타난

선연의 화엄사상

1.

화엄

교판

1) 원융문과 항포문에 따른 원교와 별교

징관은《현담》의 '교섭敎攝' 장에서 옛 인도와 중국의 여러 법사들이 성립시킨 교판에 대해 정립과 위순과 거취 등으로 설명하고, 법장의 '5교교판'을 화엄 교판의 정설로 삼아서 정리하였다. 이 부분을 수문해석할 때, 자연스럽게 선연의 화엄 교판이 오롯이 드러난다. 그 다음 장에 이어진 '화엄의 뜻과 이치의 분한'에서는 원교 이외에 소승교, 시교, 종교, 돈교 등의 4교를 융합하면서 또, 원교인《화엄경》이 어떤 측면에서 동교이고 별교인지에 관해 논란되는 점을 설명하고 있다. 이를 선연의 '화엄교판'으로 모아 몇 가지로 정리해 보겠다.

　동아시아 화엄가에서《화엄경》과《법화경》의 관계는 지속적인 관심의 대상이었다. 지엄은《화엄경》과 동일한 수준의 경전으로서의 이해와 삼승 경전으로서의《법화경》에 대한 이해를, 법장은 화엄일승과 차별적인 입장에서의 삼승으로서의《법화경》이해가 중심이 된다. 징관에 이르면, 화의의 입장에서는 '점돈', 화법의 입장에서는 '점원'이라는 식으로

《법화경》을 해석했다.[210] 선연 역시 이 입장을 받아들이고 있다.

선연은 '성문들은 이《화엄경》을 보고 듣는 것이 막혔다'는 구절을 설명하면서 징관의 다음 글을 인용한다. 즉, "대성께서 교화하는 의식은 그 부류가 평등하지 않다. 어떤 경우엔 위신력으로 그 법회에서 나가게 하였는데《법화경》에서 5천 명이 자리를 털고 일어난 것과 같으며, 어떤 경우엔 법회에 있으면서 그들이 듣지 못하게 하였는데 바로 이《(화엄)경》과 같다.《법화경》은 점교의 최종이었으므로, 어그러진 종자들을 거두려고 했기 때문에 가피해서 그들이 떠나도록 하였고, 법회에 있는 이들을 돈독하고 권려하여 그들이 믿어 받들게 하였다. 이《화엄경》은 돈교의 시초였으므로 깊고 수승함을 드러내기 위하여 머무르면서도 듣지 못하게 하여 후학들이 보고 듣는 종자를 닦게 하였다."[211] 이를 통해《법화경》이 점교의 최종이고,《화엄경》이 돈교의 시초라는 판단을 선연이 인용하여 드러냄으로써 그 견해를 따르고 있음을 알 수 있다.

그런데 선연은 징관과 같은 맥락에서 파악하면서 원융문과 항포문을 통해 보다 명확한 접근 방식을 보인다. 천태지자가 화법의 장교·통교·별교·원교의 4교로 교판하면서 '겸하고(兼)·뿐이고(但)·대하고(對)·띠고(帶)' 등으로 각 경전을 비교하여,《법화경》은 원교일 '뿐이고',《화엄경》은 별교와 원교를 '겸한다'고 하였다. 징관이 이 말을 해설하여 "별교와 원교라는 이름이 다를 뿐, 뜻은 같아서 또한 허물이 없다"고 회통하면서 이는 "항포를 잘못 알아서 '별교'라고 하였고, 단지 원융만을 취하여 '원

---

210   김천학,〈湛睿의 華嚴法華同異觀〉-《花嚴法花同異略集》을 중심으로-《天台學研究》 4집,
       2016, pp.544-545.

211   《談玄決擇記》 권제2(X08, 010c),《大疏》 권제54〈入法界品〉 第39의 인용문이다.

교'라고 한 것이다. 각각 한쪽을 잃은 것이니 합하여 융통해야만 화엄의 종지를 따른다"고 하였다. 이에 대해 선연은 "저 청량 사의 본 의미는 원융을 띤 항포는 부정해서 원교로 돌려보내고, 홑으로 항포의 뜻 만이면 별교로 판단하여 귀속시킨 것이다"[212]고 설명을 붙여 그 의미를 더욱 드러냈다. 이어서 "원교는 항포를 겸하여 갖추고 원융을 바른 종지로 한다. 십지에서는 그 원융함을 숨기고 항포를 드러낸다"[213]라고 하여 '항포를 잘못 알아서 별교라고 한 것'과는 다른 별교를 완성하고 있다. 따라서 지자가 '겸하는' 등이 없고 오직 원교만이라고 판단한 《법화경》이 별교와 원교를 겸했다고 판단한 《화엄경》보다 우위가 아님을 자연스럽게 반론하고 있다.

다음으로, 《화엄경》이 속한 제5 원교가 나머지 4교와는 오직 능동能同의 의미에서 동교의 뜻을 지닐 뿐, 소동所同의 의미는 없다고 분명히 한다. 또, '별교는 원교와 같은가, 다른가?'라는 질문을 설정하고 이에 대한 대답으로 선연은 사람들은 보통 '원교는 동교와 별교 둘을 다 거두기 때문에 별교는 좁고 원교는 넓다'고 여기지만 '지금은 상고하면 그렇지 않다'고 반론하면서 '표전表詮으로 명칭을 세우는 것은 거둬들인 것에 한정하여 호칭을 건립한 것이므로 '원교'라고 하고, 차전遮詮으로 명칭을 세우는 것은 가려낸 것에 한정하여 호칭을 건립한 것이므로 '별교'라고 한 것이다. 상을 나누면 동교와 별교가 조금 다르고, 상을 거두면 능동도 또한 별교이다'고 하였다.

---

212   《談玄決擇記》권제4(X08, 051a11)

213   《談玄決擇記》권제6(X08, 080c17).

이처럼 선연은《화엄경》이 나머지 4교를 전부 거두는 의미를 드러내는 방식으로 표현한 것이 원교이고, 전부 가려낸 의미를 차단하는 방식으로 표현한 것이 별교임을 정확히 규정하면서 나머지 4교와의 관계를 회통하였다. 이는 징관을 통해 법장의 5교를 그대로 받아들이면서도 개념적으로 헷갈리거나 이해가 어려운 부분을 정확하게 부연 설명함으로써《화엄경》과 관련한 교판을 명확하게 설명하였고, 그 결택은 매우 분명하다.

2) 덕상문과 업용문

선연이《담현결택기》에서 원용문과 항포문 만큼이나 빈번하게 사용한 용어는 덕상문과 업용문이다. 화엄의 법계가 두루 하고 변만하며 포함하고 용납함(周遍含容)을 드러내는 설명 원리로써 일찍부터 '십현문'이 사용되었는데, 이 십현문은 덕상과 업용 모두에서 설명된다. 십현문을 구성할 수 있는 까닭이 이른바 덕용德用의 십소인十所因이다. 따라서 덕용문은 화엄을 공부하기 위한 기본적이면서 중요한 과정과도 같다. 선연이 화엄을 공부한 과정에 대해 '화엄의 십소인을 열람하면서'라고 표현한 것은 이를 화엄의 핵심적인 내용으로 파악했다는 방증일 것이다. 이는 덕상과 업용이 말미암는 원인을 열 가지로 정리한 것으로, 처음에 '오직 마음으로 나타낸 것이기 때문'부터 '법法에는 정해진 성질이 없기 때문', 끝으로 '신통과 해탈 때문'에 이르기까지 덕용의 주요한 열 가지

소인은 또다시 '연기상유'와 '법성융통' 두 가지 소인에 다시 '제연각이諸緣各異' 등 십문과 십현문을 두어 화엄법계의 중중무진함을 드러낸다.

그런데 덕용문에 관한 설명에서도 선연은 예리한 필법을 구사한다. 덕용문은 분명 덕상문과 업용문으로 구별되는데, 덕상문은 불의 과덕에 근거한 것이고, 업용문은 교화될 근기에 응현하는 작용에 근거한 것이라고 분명하게 선을 긋는다. 그리고 덕상문에 입각한다면 오직《화엄경》뿐이고, 다시 다른 경전은 없다고 해설하여《화엄경》으로부터 모든 경전이 갈라져 나왔음을 강조하였다. 문답으로 이를 논증한 글을 살펴보겠다.

"혹 어떤 국토에서는 오직 삼승三乘만을 설하였다'라는 것은《법화경》을 설하지 않았음을 나타낸 것"이라고 하고서 아래와 같이 문답을 이어간다.

<u>묻는다.</u> 이 국토에서는《화엄경》을 설했는가, 설하지 않았는가? 만일《화엄경》을 설했다면 어째서 오직 삼승만을 설했다고 하는가? 화엄은 일승이기 때문이다. 만일《화엄경》을 설하지 않았다면 어째서 〈한 불국토라도 여래가 이 법을 설하지 않은 것을 나는 보지 못했다〉라는 것은 평도교平道敎임을 밝힌 것이다'라고 했는가?

<u>답한다.</u> 만일 덕상의 항상 있고 변만한 것에 입각하면《화엄경》을 설한 것이다. 지금은 업용을 따랐으므로 오직 삼승만을 설하였다고 한 것이다.

<u>묻는다.</u> 그렇다면, 덕상문에 입각하면《법화경》도 역시 항상 설하고 변만하게 설했을 것인데, 어째서《법화경》은 또한 설하지 않은 적이

있다'고 하는가? 업용문에 입각하여 설하지 않은 적이 있다고 하면, 《화엄경》도 업용문에 입각하면 역시 설하지 않은 적이 있는 것이다. 그러므로 《초》에서 '혹 어떤 국토에서는 오직 삼승만을 설하였다'고 했기 때문이다.

답한다. 만일 덕상문에 입각한다면 오직 《화엄경》만이고, 다시 다른 경전은 없다. 다만 업용문에 입각하면 곡진하게 선교하여 근기에 따른 것이다. 《화엄경》에서 나머지 경전이 갈라져 나왔기 때문에 다른 경전은 덕상문에서는 이에 없고, 업용문에서야 있다. 업용문으로 말하면 설함도 설하지 않음도 있지만, 《화엄경》은 덕상문에 한정하여 항상 설하고 변만하게 설한다.

또, 해설이 있다. 《법화경》은 오직 일승일 뿐이고, 《해심밀경海深密經》은 오직 삼승일 뿐이며, 《화엄경》은 일승도 삼승도 아니고, 일승이기도 삼승이기도 하다. 깊은 것을 말한다면 일승이라고 하고, 광대한 것을 말한다면 무량승이라고 한다. 깊음이 광대한 데 즉하기 때문에 일승이 아니고, 광대함이 깊은 데 즉하기 때문에 삼승이 아니다. 지금 '혹 어떤 국토에서는 오직 삼승만을 설하였다'고 한 것은 다만 《법화경》을 설하지 않은 것을 본 것이니 일승이기 때문이며, 《화엄경》을 차단하지는 않았으니 일승이 아니기 때문이다. 그러므로 《화엄경》은 설하지 않은 적이 없는 것이다.[214]

선연은 이처럼 덕상문을 통해 《화엄경》이 모든 경전의 근본임을 논증

---

214   《談玄決擇記》권제4 (X08, 044b12).

하였는데, 이 문답에서 흥미로운 것은 '덕상문에 근거하면《법화경》도 항상 설법할 텐데 어째서 설하지 않은 적이 있다고 하는가?'라는 질문이다. 선연은 덕상문에는 '오직 이《화엄경》만이고, 다른 경전은 없다'는 한마디로 모든 논란을 없애버린다. 이《화엄경》에서 모든 경전이 갈라져 나왔으며 당연한 결과로《법화경》역시 그것으로부터 흘러나온 경전으로 설명된다.

3) 《화엄경》의 수승함과 차이점

화엄학자인 선연에게서《화엄경》의 수승함을 논하는 글을 찾는다면 사실 문헌 전체를 통해 항상 강조했다는 것을 알 수 있다. 앞서 원융과 항포에 입각한 논증들과 덕상과 업용에 근거한 분석들 등 모두가《화엄경》의 수승함을 드러내는 글이다. 그런데 특히 다른 경전들과의 차이점을 구체적으로 조목조목 정리한 부분도 있다.

즉, 징관이《대소》의 '교섭敎攝' 장에서 당의 인印법사의 2교 가운데 평도교로《화엄경》을 분교한 이유에 대해 다른 경전과의 차이점이 참으로 많다고 설명하면서 간략하게 네 가지로 두둔했는데, 이를 수문해설하면서《연의초》에서는 자세하게 10문으로 열거했다. 여기서 선연은 현수의《교의분제장》에서 열거한 열 가지 차이와 엇비슷하다고 전제하고서 그 차이를 간단명료한 요약문으로 인용하고 있다.

선연이 요약 정리한 열 가지 차이점을 간단하게 구성해보면, "《화엄경》은 시간은 일념과 다겁이 원융하고, 장소는 본처(연화장세계)와 말처(사바세계 등)가 융합하며, 설법한 주체는 십신을 구족하고, 대중은 동류와 이류의 일승 대중이고, 소의所依는 해인삼매에서 훤하게 나타나고, 지위는 인과가 서로 어우러져 통하고, 수행은 성품에 걸 맞는 원만한 수행이고, 법문은 십불, 십신통, 십명, 십해탈, 십무외, 십안 등 십십의 법문이고, 일은 맞닥뜨리는 일이 그대로 법문인 것이다.

이에 비해 다른 경전은 시간은 연월이 확정되고, 장소는 사바세계에서만 설법하고, 설법한 주체는 화신뿐이고, 대중은 권교와 소승의 삼승 대중이고, 소의所依는 후득지에서 유출된 것이고, 설법은 설하기도 설하지 않기도 하며, 지위는 현성 등이 달리 경력하고, 수행은 현상에 따른 분제이며, 법문은 삼불, 육신통, 삼명, 팔해탈, 사무외, 오안, 삼세, 사제, 사변재 등이며, 일은 좌정하는 등의 일에 의거하여 법을 표시한다."[215] 이런 차이들 때문에 《화엄경》은 다른 경전들과 다르다.

앞서 《연의초》에서 징관이 '교문의 의식, 소전所詮의 이치, 성불의 더디고 빠름, 견불見佛의 통함과 국한, 설법의 시분, 교화 대상의 넓고 좁음, 인과의 수행과 계위, 입승立乘의 다소, 이익의 수승함과 열등함, 유통의 부촉' 등 십문으로 정리한 차이점과 엇비슷하다고 언급했지만, 선연이 인용한 법장의 문장을 통해 열 가지 차이점이 좀 더 명확하게 드러난다. 결국 그는 다른 경전과는 비교할 수 없는 《화엄경》의 수승한 가치를 이 요약문을 통해 다시 한번 인식시키고 있다.

---

215   《談玄決擇記》권제4(X08, 044c10).

4) 52계위에 관한 정리

《화엄경》에서 밝힌 '52계위의 의미'는 수행의 핵심이 되는 내용으로써 그 분량 역시 방대하다. 선연은 이를 다음과 같이 간략하게 요약 정리하였다.

십신十信 | 제2회에서 밝힘

1	신심信心	부처가 상주한다는 대승의 교법을 믿어 종취로 돌아가되 둘이 아니어서 결정코 무애한 것이다.
2	염심念心	6념처에 대해 억념하는 것이다.
3	정진심精進心	생각대로 행하고, 지止·관觀을 부지런히 닦는다.
4	혜심慧心	인무아·법무아의 두 가지를 쌍으로 관조한다.
5	정심定心	공을 이해하여 적멸에 처하면서 마음을 그쳐 이치가 고요하다.
6	불퇴심不退心	지·관을 쌍으로 융섭하여 마음이 물러나거나 사라지지 않는다.
7	호법심護法心	이치를 이해함이 견고하고, 수지하여서 무너뜨리지 않는다.
8	회향심廻向心	평등을 잘 알아 사捨에 회향한다.
9	계심戒心	몸과 마음을 잘 호지하여 삼업三業이 나란히 청정하다.
10	원심願心	삼업이 선하여 바르게 보리를 구한다.

십주十住 | 제3회에서 밝힘

1	발심주發心住	부처의 수승한 인연과 십력十力을 관찰하여 보리심을 발하는 것이니, 세 가지의 발심(直心, 深心, 大願心)은 신심이 성취된 발심
2	치지주治地住	항상 선정에 따라 여러 수행문을 닦아 심지心地를 깨끗하게 하기 때문
3	수행주修行住	공·유를 잘 관찰하여 정행正行을 증장하기 때문

4	생귀주生貴住	불법의 집안에 태어나 종성이 존귀하기 때문
5	구족방편주 具足方便住	진제를 띠면서 속제를 따라서 많은 선교방편을 익혀서 교화하되 머물지 않기 때문
6	정심주正心住	반야를 성취하여 저들이 불·법·승 등을 찬탄하거나 헐뜯는 것을 들어도 그 마음을 진정하여 생각이 같지 않기 때문
7	불퇴주不退住	무생의 필경공에 들어가 마음마다 항상 공하고, 상相이 없는 원력을 닦아 지·관을 쌍으로 운용하여 연을 무너뜨리지 않기 때문
8	동진주童眞住	마음에 전도된 것이 생기지 않고, 삿된 마군을 일으켜 보리를 파괴하지 않기 때문
9	법왕자주 法王子住	법왕의 가르침으로부터 태어나 부처의 지위를 계승할 것이기 때문
10	관정주灌頂住	위의 아홉 주住로부터 공의 이치를 관찰하여 무생심無生心을 얻어 가장 존귀하고 높은 이가 된다. 제불의 법수로 관정하기 때문

십행十行 | 제4회에서 밝힘

1	환희행歡喜行	세 가지의 보시가 모두 능해서 자타를 기쁘게 하기 때문
2	요익행饒益行	삼취정계로 모두를 요익하게하기 때문
3	무위역행無違逆行	사물의 이치에 인순忍順해서 어긋나는 것이 없기 때문
4	무굴요행無屈撓行	부지런하여 나태하거나 퇴락함이 없어서 굴욕하지 않기 때문
5	이치란행離痴亂行	지혜로 선정을 뒷받침하여 혼침·도거를 벗어났기 때문
6	선현행善現行	지혜로 이제二諦의 이치를 현발하여 반야가 나타나기 때문
7	무착행無着行	사리에 집착하지 않고, 아와 무아를 멀리 벗어났기 때문
8	난득행難得行	대과大果는 존승할 만하고, 또 대원大願을 성취해야 얻을 수 있기 때문
9	선법행善法行	선교방편으로 설법해서 사물의 궤칙을 이루기 때문
10	진실행眞實行	언행이 허망하지 않고 이제二諦에 걸맞기 때문

십회향十廻向 | 제5회에서 밝힘

1	구호일체중생이중생상회향 求護一切衆生離衆生相廻向	대비로 널리 구호하는 것을 '구호'라고 하며, 대지혜는 집착이 없기 때문에 '중생상을 떠났다(離衆生相)'고 한다.
2	불괴회향 不壞廻向	삼보 등에 대한 신심을 무너뜨리지 않기 때문
3	등일체제불회향 等一切諸佛廻向	삼성三聖의 부처가 닦은 것을 배워 회향하기 때문
4	지일체처회향至一切處廻向	보살의 대비와 원력이 법계에 걸맞게 변만하여 선근들의 공양구가 다 변만하기 때문
5	무진공덕장회향 無盡功德藏廻向	다함없는 경계를 연하여 다함없는 선근공덕의 행을 이루고 십무진장十無盡藏의 과를 얻었기 때문
6	입일체평등선근회향 入一切平等善根廻向	닦았던 훌륭한 일이 모두 다 수순하여 견고하고 평등한 법성에 들어가 일체의 선근이 모두 견고하기 때문
7	등수순일체중생회향 等隨順一切衆生廻向	평등심으로 수순해서 일체중생을 풍요롭고 이롭도록 하기 때문
8	진여상회향 眞如相廻向	선근이 진여에 합하여 진여의 체상과 같아서 다함이 없음을 얻었기 때문
9	무박무착해탈회향 無縛無着解脫廻向	현상에 계박되지 않고 견해에 집착하지 않아 작용이 자재하므로 해탈
10	입법계무량회향 入法界無量廻向	성에 걸맞게 일어나 법계에 변만하고 선근을 법계에 회향하기 때문

십지十地 | 제6회에서 밝힘

1	환희지歡喜地	처음으로 성성聖性을 획득하고, 2공을 증득하여 자타를 이익하고 대 환희심을 낸다.
2	이구지離垢地	지계를 모두 청정하게 하여 미세한 훼범과 번뇌의 고통에서 멀리 벗어났기 때문이다.
3	발광지發光地	수승한 선정을 성취하여 대법을 총지總持하고 다함없는 미묘한 지혜광명을 발하기 때문
4	염혜지焰慧地	가장 수승한 보리분법에 안주하여 번뇌의 섶을 불태우고 지혜의 불꽃이 증장하기 때문
5	난승지難勝地	진지와 속지의 두 지혜로써 행상이 서로 어긋나서 합하기 어려운 것을 능히 합하여 지극히 어려운 것에 대해 뛰어나기 때문

6	현전지現前地	연에 머물면서 지혜를 일으켜 무분별지를 이끌어내어 가장 수승한 반야가 현전하게 하기 때문
7	원행지遠行地	무상주공용의 뒤끝까지 이르러 세간의 이승의 도를 벗어나기 때문
8	부동지不動地	무분별지혜로 자유자재로 상속하고 상용하여 번뇌가 동요시키지 못하기 때문
9	선혜지善慧地	미묘한 네 가지의 무애해無礙解를 성취하여, 시방에 두루 훌륭하게 설법하기 때문
10	법운지法雲地	대법의 지운智雲이 여러 공덕의 물(德水)에 합하여 허공을 뒤덮은 것처럼 추중한 것이 법신에 충만하기 때문

등각·묘각 | 제7회에서 밝힘

1	등각等覺	공을 체달하여 크게 적멸하고, 마음을 평등에 안주하며 각조覺照가 일체종지一切種智와 가지런하여 일상一相이며 둘이 없기 때문
2	묘각妙覺	원만한 각조覺照가 안으로 융합하여 법성을 다 비추며, 체는 시종이 없어서 미묘함을 다하고 지극까지 다하기 때문

2.
융합
사상

1) 진리망사비일비이도眞理妄事非一非異圖

《담현결택기》에서 드러난 선연의 화엄사상은 앞서 인용 문헌을 통해서
간단히 설명했지만, 기본적으로 징관과 종밀로 이어지는 화엄사상의 성
격을 모두 수용했다고 볼 수 있다. 선연 자신이 온전히《대소》에 의거하
여 작성했다고 한 〈진리망사비일비이도〉는 그의 융합사상을 매우 잘 드
러낸 것으로 평가된다.

【도표 1】 〈진리망사비일비이도眞理妄事非一非異圖〉[216]

理	不變隨緣	二. 以末就本不異	卽不變隨緣卽隨緣不變	三. 相成不異	合四不異爲一不異	九. 義門別故非一
事	體空相有	一. 以本就末不異	卽相有體空卽體空相有	四. 相奪不異		

---

216   《談玄決擇記》 권제1《가나자와출판본》, p.32).

事	體空相有	六. 相害不一	表不變相有遮不變相有	七. 相背相害不一	合四不一爲一不一	十. 理性融故非異
理	隨緣不變	五. 相背不一	表隨緣體空遮隨緣體空	八. 不存不泯不一		

이 '비일비이도非一非異圖'는 진리(理)와 망사(事) 각각의 두 가지 의미, 즉 진리의 불변不變과 수연隨緣, 망사의 체공體空과 상유相有에 기초하여 양자가 각기 갖는 불이不異와 불일不一의 두 가지 뜻, 양자 간의 불이와 불일의 두 가지 뜻, 나아가 불이와 불일의 두 뜻 사이의 '비일비이'를 중층적으로 분석 정리한 것이다.

이를 좀 더 자세히 설명해 보면, 지말로써 근본에 입각하면 곧 사事의 상유에 즉한 체공이 체공에 즉한 상유와 (첫째) '불이'이고, 근본으로써 지말에 입각하면 이理의 불변에 즉한 수연이 수연에 즉한 불변과 (둘째) '불이'이며, 이理의 불변에 즉한 수연과 수연에 즉한 불변, 사事의 체공에 즉한 상유, 이 셋은 서로 성립시킴으로 (셋째) '불이'이고, 또 사事의 상유에 즉한 체공과 체공에 즉한 상유, 이理의 불변에 즉한 수연, 이 셋은 서로 부정함으로 (넷째) '불이'이다. 또다시 '이'와 '사' 양자 간에 수연을 드러내는 체공과 수연을 차단하는 체공이 서로 어긋나서 (다섯째) '불일'이고, 불변을 드러낸 상유와 불변을 차단한 상유가 서로 배척하여 (여섯째) '불일'이며, 불변을 드러낸 상유와 불변을 차단한 상유, 수연을 차단한 체공, 이 셋은 서로 어긋나고 서로 배척함으로 (일곱째) '불일'이고, 수연을 드러낸 체공과 수연을 차단한 체공, 불변을 차단한 상유, 이 셋이 존재하지도 않고 없어지지도 않음으로 (여덟째) '불일'이며, 또다시 네 가지 '불이'를 합쳐서 하나의 '불이'로 삼고, 네 가지 '불일'을 하나의

'불일'로 삼아서, 의미가 각별하기 때문에 (아홉째) '비일'이고, 이성理性으로 융합하기 때문에 (열째) '비이'인 것이다.

징관의 입장이 선연에 이르러 더욱 이사무애의 방향으로 철저해졌다는 것을 이 중층적인 '비일비이도'를 통해서 알 수 있다. '이'와 '사' 각각이 지닌 '불이'는 그렇다 하더라도 이를 다시 '상성'과 '상탈'로 양자 간의 '불이'를 설명하고(셋째, 넷째), 또 '이'와 '사' 양자 간의 성과 상의 측면을 교차해 '불일'을 설명하고, 여기에 더 나아가 '상배·상해'와 '부존不存·불민不泯'으로 교차해 '불일'까지 설명(일곱째, 여덟째)했는데 그 중층적인 구조의 저변에는 이사무애가 포괄하고 있는 모습이기 때문이다.

결과적으로 그는 다른 불교 교학에 대해 매우 협조적이고 융합적인 관계를 보여준다. 모든 불교 실천과 사상이 '이理'나 '사事'의 어느 한 측면을 추구하고 개시하는 것으로 본다면 모두 이와 사의 '비일비이非一非異'의 장에 포섭되기 때문이다.[217]

그는 또 '삼승과 오성은 환유와 수연에 한정하면 중생과 부처가 다름이 있고, 체공과 불변에 근거하면 적정과 관조에 차별이 없다'[218]고 삼승과 오성을 '비일비이'로 설명하였고, 유식종과 파상종을 회통하면서 선연은 "이 2교는 부처님의 본의에 근거하면 서로 어긋나지 않는다. 그러나 후학들이 전한 것은 혹은 한 가지 견해에만 집착해서 피차가 서로 그르다고 하거나 혹은 두 가지를 모두 범범하게 믿어서 순수한 것을 뒤섞고도 알아차리지 못하였다. 그러므로 용수와 제바 등 보살이 파상교

217   기무라, 앞의 책, pp.262-263.

218   《담현결택기》 권6(X08, 088b04)

에 의거하여 공의 뜻을 자세하게 밝히고 유에 집착한 것을 논파하여 진 공을 아주 훤하게 이해시켰으니, 진공은 유와 어긋나지 않은 공이다. 무 착과 천친 등 보살은 유식교에 의거해서 명상名相을 자세하게 설명하였 고 성·상을 분석하되 염·정을 연통하지 않고 각각 별도로 그 공에 집착 한 것을 논파하여 뚜렷하게 묘유를 이해시켰으니 묘유는 공과 어긋나 지 않는 유이다. 각각 한 뜻을 진술하였지만 체성 전체가 원만하게 구 족되었기 때문에 어긋남이 없다"[219]고 하였다. 다시 말해서 용수와 무착 등은 진공과 묘유를 지극히 수순하는 측면에 입각해서 서로를 성립시 켰고, 청변과 호법 등은 지극히 서로 어긋나는 측면에 의거하여 서로를 성립시킨 것이지 서로를 논파한 것이 아니라고 역설하고 있다.

또, 화엄의 원교와 앞의 4교와의 융합에 대해, 그는 앞 4교의 불은 실 제로 없다는 것을 경으로 인증하여 원교의 불이 실제로 있는 것과는 다르다는 것을 분명히 하면서도, 이를 회통하여 '원교에 의지하여 수행 하면, 이미 성불했지만 권교의 근기에 응하기 위해 시현으로 권불權佛을 만든 것이다. 이 (권)불이 있다. 만일 앞 4교의 권불을 융합하지 않으면 권 밖에 실이 성립되어 역시 화엄의 무애하다는 종지를 잃게 된다'[220]고 하여 시현으로 나타낸 권불을 융합한다. 즉 실불은 아닐지라도 부정해 선 안 되고 융합해야 한다고 강조한다.

219   《談玄決擇記》권제5(X08, 053a22)
220   《談玄決擇記》권제4(X08, 034c11)

2) 선禪·교敎의 일치와 제종諸宗의 융합

징관이 《대소》에서 '일체법은 진심眞心에서 나타난 것이다'라고 한 말을 선연은 수문해석할 때, 종밀이 《사자승습도》에서 선종의 네 종파의 차이를 설명하기 위해 언급한 마니보주의 비유를 들면서 자신의 설명을 완성한다. 그 가운데에 다음과 같은 내용이 담겨있다.

종밀은 마니보주의 비유 말미에 "만일 (마니보주의) 밝음이 능현能現의 체성이고, 영원히 변역됨이 없다는 것을 인식(하택종)하지 못하고, 다만 검은색 등이 구슬이라고 하거나(홍주종) 혹은 응연히 검은색을 떠나서 구슬을 찾고자 하거나(북종) 혹은 밝음과 검은색이 모두 없다고 한다면(우두종) 모두 아직 구슬을 보지 못한 것이다(결론이다)."라고 결론 지었는데, 선연은 이 인용문 뒤에 자신이 덧붙여서 "(마니보주의 비유) 저것은 선문에 한정한 것이니, 견해에 따라서 얕고 깊음이 범범하게 다르지만 법리에 준거하면 북종과 남종은 근원이 같다. (일체법이 진심에서 나타난다고 한) 이것은 원종圓宗에 한정한 것이니, 사상을 따라서 항포문을 완결하고, 심성에 근거하여 본말이 원융하면 돈교와 원교의 뜻과 종지는 다를지라도 법과 비유의 의취는 별개가 없다. 돈교로써 원교를 석성釋成한 것이니 묘함이 지극하다"[221]라고 회통한다.

여기서 유의할 부분은 선연이 얕고 깊음의 차이가 있다고 전제하긴 했지만 분명히 남종과 북종은 근원이 같다고 회통한 점이다. 종밀은 분

---

221   《談玄決擇記》 권제6(X08, 0078b10)

명하게 선종의 네 종파의 우열을 가려내면서 하택종의 우위를 강조했 는데, 이 글을 인용한 선연은 오히려 근원이 같다는 점을 강조하여 회통 함으로써 자신이 지닌 융합불교사상을 자연스럽게 드러내고 있다.

선연은 또, '선'과 '교'의 융합에 대해서도 기회가 있을 때마다 언급하 곤 했다. 한두 가지 예를 들면, 권제1에서 "수십 본의 경론에서 모두 두 종류의 청정과 두 종류의 해탈이 있다고 하였는데, 요즘의 학식이 천 근한 이들은 다만 이구청정과 이구해탈만을 아는 까닭에 선문의 즉심 즉불을 헐뜯는다. 혹은 다만 자성청정과 성정해탈만을 아는 까닭에 교 상을 경시하거나 지계와 좌선과 조복 등의 수행을 배척한다. 반드시 자 성청정과 자성해탈을 단박에 깨닫고 점차로 닦아서 번뇌를 여읜 청정 과 장애를 여읜 청정을 얻어서야 원만한 청정과 구경의 해탈을 성취하 게 된다. 저 몸과 마음이 옹색하고 막힌 바가 없어서야 석가모니불과 같 아지는 줄은 모른다"[222]고 하여 돈오를 부정하는 교가나 점수를 인정하 지 않는 선가를 모두 비판한다. 한쪽에만 치우쳐 서로를 논파하거나 그 르다고 일축해버리는 경향 모두를 비판하고 융합하고 함께 수행해야 함 을 역설한다.

이를 통해 선연이 통합적으로 여러 교의 일치와 '교'와 '선'의 일치를 확신했다는 것을 알 수 있다. 선연이 이를 강조한 표현은 본문에 여러 번 등장한다. 징관이 현수의 5교사상을 온전히 받아들이면서도 다른 종파의 대사들이 입교立敎한 내용을 총상으로 회통한 문장을 해설할 때, 선연은 '이런 회통이 왜 필요한가?'라고 질문하고서 그 이유를 다음

---

222   《談玄決擇記》권제1(《가나자와출판본》, 38b13)

과 같이 답하고 있다.

"고금에 (일대 성인의 가르침을) 2교 또는 3교로 개합한 것은 모두 교리에 기댄 것이어서 다 삿되거나 편벽된 것은 아니지만 각각 모두 붕당으로서 자신은 옳고 다른 이는 그르다고 배척함으로 인해 피차간이 확정되었기 때문에 회통하여 이해할 필요가 있다"고 하였다. 이에 '이미 삿되거나 편벽된 것이 아니라면 무슨 회석할 필요가 있겠는가?' 하는 재반론에 대해 다시 "지극한 도는 하나로 돌아가고 정묘한 뜻은 둘이 없지만 양존하지는 못하며, 지극한 도는 한계가 없고 궁극의 뜻은 치우치지 않지만 홀으로 취하지는 못하여 반드시 회통하여야 모두 절묘해진다. … 또, 그 법은 둘 다 보존하고 그 병은 둘 다 버려야 곧 모두 묘해진다."[223] 이후 그는 "국한하면 모두 그르고 회통하면 모두 옳다"고 결론지어 이런 회통이 쓸데없는 일이 아님을 분명히 한다.

선연은 화엄교학에서 정립된 사상을 존중하여 받아들이되 반드시 제종諸宗의 여러 사들의 견해를 인정하고, 나아가 화엄종의 입장에서 거취를 명확히 하는 회통을 견지했던 것이다. 이를 통해서도 그의 융합사상이 화엄교학의 전체를 포괄하고 있다는 것을 확인할 수 있다.

3) 천태교학의 활용과 법상교학의 융합

---

223   《談玄決擇記》권제5(X08, 070a17)

《담현결택기》에서 선연은 천태교학의 활용, 법상교학과의 융합 등의 측면에서 좀 더 독특하고 구체적인 내용을 선보인다.

우선, 천태교학의 활용 측면을 살펴보면, 선연은 권제1에서 손수 찬술한 본문 부분에서 《대방광불화엄경》의 제목을 '삼제三諦와 지관止觀으로 해석함'으로 독자적인 해설을 덧붙이고 있다. 즉 선연은 '대방광'은 삼제에, '불화엄'은 삼관과 삼지에 대응시켜 설명했는데, 천태지관의 대표적인 사상인 삼관과 삼지를 적극 활용하고 있다.

"'대방광'은 무애한 삼제이다. '대'는 진제이니 오직 이법계일 뿐이고, '방'은 중도제이니 사종 법계를 갖추었으며, '광'은 속제이니 대부분이 사법계이다. 삼제로 서로 거두면 말을 잊고 생각이 끊어진 것이니, 곧 관찰할 대상이며 증득할 대상인 진眞과 속俗이 무애한 경계이다. '불화엄'은 무애한 지관이다. '불'은 중관中觀 이변지離邊止이니, 묘각심이 양변의 삿된 견해를 여의었기 때문이고, '화'는 가관假觀 수연지隨緣止이니, 만유를 섭렵하여 중생을 교화하는 것이 마치 꽃이 활짝 핀 것과 같기 때문이며, '엄'은 공관空觀 체진지體眞止이니, 망념을 여의고 진심眞心을 장식하여 지혜로 장엄하기 때문이다. 지관으로 서로 융합하는 것은 생각하기도 논의하기도 어려운 것이니, 곧 관찰하고 증득하는 것인 지관이 무애한 마음이다. 중생이 이 원교를 의지하여 지관이 서로 융합한 마음을 변만하게 닦고 진속이 무애한 경계에 단박에 계합하게 하려고 이 제목을 세운 것이다"[224]라고 설명하고 있다. 비교적 간단한 설명이었지만 이는 징관이 경명을 해설하는데 전혀 쓰지 않던 방법이다.

---

224   《談玄決擇記》권제1《금택출판본》, 23b12)

또, '왕복서往復序'의 첫 구문인 '왕복무제往復無際, 동정일원動靜一源, 함중묘이유여含衆妙而有餘'를 해설하면서 '삼지三止'와 '삼관三觀'으로 배대해서 해석하였고,[225] 또 권제2에서는 징관이 '체대·상대·용대'의 삼대를 삼관으로 해석한 것을 능관能觀의 마음으로서의 삼관, 소관所觀의 경계로서의 삼제를 분리하여 삼대에 귀속시키는 과정을 자세하게 부연 설명하였고, '일심'을 '삼지'와 '삼관'으로 설명한 것을 좀 더 쉽게 이해할 수 있게 거울영상의 비유를 들어서 '삼지'와 '삼관'의 설명을 완성한다.[226] 이처럼 그는 화엄교학의 핵심 용어를 설명하는 데에 매우 빈번하면서도 적극적으로 천태교학을 활용했다.

선연은 법상교학에 대해서도 적극 융합했는데, 징관이 명칭 정도만 밝히고 넘어간 법상에 대해 선연은 오온五蘊, 십이처十二處, 십팔계十八界, 십이지十二支 등의 기본적인 법상은 물론이고, 사십사지四十四智, 칠십칠지七十七智, 칠현사과七賢四果 등의 온갖 법상에 대해 항상 간단명료하게 정리하고 있다.[227] 《현담》에서 언급된 거의 모든 법상에 대해 그랬는데, 장황하게 늘어지지 않으면서도 핵심적인 설명을 빼놓지 않았다.

이에 백법에 관한 설명도 그렇다. 즉,《현담》 본문 제2장, 〈삼장과 12분교와 섭수되는 대상〉의 첫째 단락인 〈교敎를 세우고 종宗을 나눔〉에서 징관이 '시교는 법상에 대해 자세히 설명하고 법성에 대해 조금 설했으며, 설해진 법성도 곧 법상의 수이다. 백법을 설했는데 결택이 분명하여

---

225 《談玄決擇記》권제1《금택출판본》, 28b17)

226 《談玄決擇記》권제2(X08, 05c07-06a09)

227 《談玄決擇記》권제2(X08, 0038a02)

쟁론이 적다'[228]고 간략하게 설명한다. 선연은 여기서 말한 백법은 '유가종의 씨줄과 날줄(經緯)이고, 유식종의 토대(宗挑)'라고 전제하고는 현장의 《성유식론》과 담광의 《백법명문론개종의기》 등을 요약 인용하여 백법에 관한 핵심적인 설명을 펼쳐서 잘 정리한 뒤, 다시 한번 '법상의 핵심적인 뜻은 알지 않으면 안 되니, 여러 후학들은 문장이 번다하다고 피곤해하지 말라'[229]고 강조한다.

그의 저술 목록 가운데 《유식론철기제이초》가 있는 사실로 인해 이미 그의 화엄사상에는 법상교학이 단단한 밑받침이 되어 있다는 것을 예상했지만 백법에 관한 설명에서 이는 정확하게 드러난다.[230] 이처럼 그는 법상교학을 배척하지도 가볍게 여기지도 않고 항상 화엄교학을 이해하는 틀 안에 녹여 융합했다는 것을 알 수 있다.

228   《大疏》권제2(T35, 0512c), "若約所說法相者, … 二始教中. 廣說法相. 少說法性. 所說法性. 卽法相數. 說有百法, 決擇分明. 故少諍論."

229   《談玄決擇記》권6(X08, 0061b12-064b13)

230   기무라, 앞의 책, p.276.

3.
중도
사상

1) 5중 중도론

선연은 5중의 중도라는 독특한 중도론을 설명하였다. 그는 《담현결택기》 권제1에서 능관能觀하는 심을 삼관으로 분리하고, 소관所觀의 경계를 진제, 속제, 중도제의 삼제로 분리시켜 설명한다. 이 과정에서 '중도제는 세속사법인가, 진리인가?'라고 질문하고, 이에 대한 답변으로 5중의 중도로써 그것이 작용하는 측면을 설명한다. 즉, 사법인 '환유중도'와 진리인 '진공중도', 양자에 통하는 '구융중도', 그리고 '진공이 환유를 이룬 중도'와 '환유가 진공을 이룬 중도', 이 '둘을 다 융합한 중도'의 5중이다. 이것이 행상 면에서는 ①幻有俗諦卽相無相中道, ②眞空眞諦卽性無性中道, ③成幻有非空非不有存泯無碍中道, ④成眞空非有非不空在泯無碍中道, ⑤二諦俱融空有無碍中道로 작용한다. 이를 아래와 같이 도표로써 설명하고 있다.

【도표 2】〈오중중도도五重中道圖〉[231]

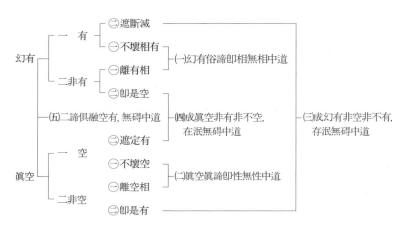

　　진공眞空의 진제 측면인 '공'이 속제 측면인 '비공非空'과 중도를 이루
고, 환유幻有의 속제 측면인 '유'와 진제 측면인 '비유非有'가 중도를 이룬
것이 '기본적 중도'이다. 여기서 더 나아가 환유의 속제 측면인 '㊀불괴
상유不壞相有'가 진제 측면인 '㊁이유상離有相'과 만나 즉상무상卽相無相의
중도를 이루는 것을 '일중의 중도(幻有中道)'라고 한다. 진공의 진제인 '㊀
불괴공不壞空'이 속제인 '㊁이공상離空相'과 즉성무성卽性無性을 이루는 것
을 '이중의 중도(眞空中道)'라고 한다. 환유가 진공의 비공에 즉한 '㊂즉
시유卽是有'가 진공이 환유의 비불유非不有에 즉한 '㊂차단멸遮斷滅'과 존
재함과 없어짐이 무애한 중도를 이루는 것을 '삼중의 중도(存泯無碍中道)'
라고 한다. 진공이 환유의 비유非有에 즉한 '㊂즉시공卽是空'이 환유가 진
공의 비불공非不空에 즉한 '㊂차정유遮定有'와 존재함과 없어짐이 무애한

231　《談玄決擇記》권제2(X08, 005c07)

화엄경담현결택기 1

중도를 이루는 것을 '사중의 중도(在泯無碍中道)'라고 한다. 진공이 환유를 이룬 중도와 환유가 진공을 이룬 중도가 함께 융합하여 진공과 환유가 무애한 중도를 이루는 것을 '오중의 중도(空有無碍中道)'라고 한다.

기무라에 따르면, 위와 같이 중도에 무엇을 건립한다는 생각은 길장이 비판적으로 수용한 성실논사의 삼종중도설(①세제중도, ②진제중도, ③비진비속중도)까지 거슬러 올라간다. 선연의 다른 저술 등을 통해 살펴보더라도 그가 성실논사들의 사상으로부터 직접적인 영향을 받았는지는 자세하진 않다. 어쨌든 그의 '오중중도론'은 화엄교학의 입장에서 가장 면밀하게 분석 체계화된 '중도론'이라는 측면에서 고유한 가치가 있으며, 삼제설을 도입하고 추구하면서 생겨난 것으로 뛰어난 이론체계인 것은 틀림없다.[232]

또, 그에게는 유무4구를 설명하면서 이를 3제에 배대한 주석이 있다. 징관이 《대지도론》에서 〈일체가 실實이요, 실이 아니요, 실이면서도 실이 아니요, 실이 아니면서 실이 아님도 아니다〉라고 한 것에 대해 선연은 차례대로 진제, 속제, 쌍으로 표전表詮한 중도제, 쌍으로 차전遮詮한 중도제에 배대[233]하여 쌍표雙表와 쌍차雙遮의 중도제를 설명하기도 한다. 계속해서 이어진 겹4구[234]를 설명하면서 '그 1구는 이것은 환유문에 거둬진 환유幻有와 진공眞空이고, 2구는 진공으로 문을 삼아 거둬진 환유와 진공이며, 3구는 쌍으로 관조하는 문에서 다시 유무를 거둔 것이고,

232   기무라, 앞의 책, pp.270-271.

233   《談玄決擇記》권제4(X08, 045a07~)

234   《談玄決擇記》권제4(X08, 045a07~), "複四句者, 一有有有無, (卽是幻有門中, 所攝幻有眞空.) 二無有無無, (眞空爲門, 所攝幻有眞空.) 三亦有亦無有, 亦有亦無無. (雙照門中, 還攝有無故.) 四非有非無有, 非有非無無. (雙遮門中, 亦攝有無.)"

4구는 쌍으로 차단하는 문에서 또한 유와 무를 거둔 것'이라고 하였는데, 이로써 그가 설명해 놓은 오중의 중도를 다방면에서 자재하게 적용하고 있다.

2) 중류中流의 비유

선연은 수많은 비유를 통해 쉽게 화엄의 교리를 이해할 수 있도록 했다. 불이 보리수를 떠나지 않고 수미정상에 오르는 등 중생에게 응현하는 모습을 '맑은 강물 위에서 달 하나를 함께 보는 자들이 세 개의 배로 남북으로 따라가되 중류를 벗어나지 않으며, 중류에 머물면서 항상 남북으로 따라가는 것처럼 저 근기들에 응현하여 달려간다'[235]고 하는 강물의 비유로 들고 있다. 지금 언급할 중류의 비유는 선연이 새롭게 언급한 것은 아니지만 중류를 중도에 견준 비유가 포함되기 때문에 중도사상에서 다뤄보겠다.

이 비유는 《간정기》에서 혜원慧苑이 중류에 대한 《당경唐經》의 번역문이 《진경晉經》의 종지를 잃어버렸다는 비판에 대해 징관이 의미가 다르지 않다는 것을 보여주기 위해 여러 사들의 이에 관한 해설을 회통한 내용인데, 선연은 법장의 《탐현기》 권제5와 《대소》 권제23에서 설명된 것을 여기서 인용하면서 풀이하고 있다.

---

235   《談玄決擇記》 권6(X08, 0085b11~b15)

"《진경(60화엄)》에서는 '비유하면 마치 강물이 저 언덕에 이르지 않고 이 언덕에도 오지도 않으며 중류에 단절되지도 않는 것과 같다'고 하였다. 혜원慧遠 공은 '앞에서 두 곳으로 나아가지 않은 것은 유를 떠난 것이고, 뒤에서 중류에 머물지 않은 것은 무를 떠난 것이다. 말하자면 생사에 처소가 없는 것을 중류라고 한다. 이 무처에 머물지 않기 때문에 중류에 머물지 않는다고 한 것이다'고 하였다. 그리고 현수는 '마치 동쪽 물이 남쪽 언덕에 머물지 않고 북쪽 언덕에도 머물지 않는 것을 또한 북쪽 언덕의 중류에 끊어지지 않는다고도 말할 수 있는 것과 같다. 중류는 별도의 체가 없고 언덕을 기준해서 나뉘기 때문이다. 만일 그렇다면 남쪽 언덕도 그렇게 되는데 어째서 열반 중류를 말하지 않았는가? 제도될 중생이 이 언덕에 있음을 말미암기 때문이다. 그래서 생사에 치우쳐 입각해서 말한 것이다'[236]고 하였으니 지금 문장이 분명하다.

　《당경(80화엄)》에서 '비유하면 마치 이 언덕에 머물지 않고 저 언덕에 머물지 않으며 중류에도 머물지 않는다' 등이라고 하였고, 아래 《소》[237]에서 해석해서 '생사는 이 언덕이고 열반은 저 언덕에 합치되니 위의 중류에 합치된다. 또한 생사라고 한 것은 발심한 이후 성불하기 이전의 십지十地 삼현三賢이 여전히 분단생사와 변역생사에 머문다. 이 때문에 중류가 그대로 생사인 것이다. 그러므로 '생사중류'라고 하는 것이고, 생사와 열반의 중간을 생사중류라고 하는 것이 아니다. 번뇌로 중류를 삼은 경우도 있으니, 표익漂溺함에 한정해서 인을 쫓아서 말한 것이고, 성현

236　《探玄記》卷第6 〈功德華聚菩薩十行品〉 제17에 나온다.
237　《大疏》卷第23(T35, 0669b)이다.

으로 중류를 삼은 경우도 있으니, 생사를 받는 사람에 한정한 것이다. 중도로 중류를 삼은 경우도 있으니 관행觀行에 한정해서 말한 것이다'고 하였다."[238]

이 설명에 따르면 중도와의 배대는 관행을 기준 삼아서야 '중류가 곧 중도'라고 하겠지만, 중류를 설명하는 방식이 곧 중도를 설명하는 방식과 맞닿아 있는 것에서 중도에 관한 이해를 넓힐 수 있다.

지금까지 선연의 사상을 화엄교판과 융합사상과 중도사상 측면에서 분석해보았다. 이로써 중국 불교사상이 중당대中唐代를 경계로 하여 모든 불교를 총합이나 융화로 이동해 간 추세에 화엄종이 특히 발달했던 요나라의 불교가 여러 훌륭한 성과를 이루어냈는데 그중 하나가 선연의 사상임을 확인하게 된다. 《담현결택기》의 사상에서 융합불교의 한 전형을 볼 수 있다.

---

238   《談玄決擇記》권제3(X08, 0021c18~0022a02)

華嚴經談玄決擇記 一解題 V

결론

요대 선연의《담현결택기》는 그동안 일본 등에서는 좀 더 활발하게 연구된 반면에 한국 불교학계에서는 연구는 물론이고, 전공자들 사이에서도 그다지 잘 알려지지 않았던 문헌이다. 이에 본 연구와 역주를 통해 한국 불교학계에 본격적으로 소개할 수 있게 되었다. 사실, 징관의《대소》와《연의초》를 통해《화엄경》을 연구하는 이들에게《담현결택기》는 더없이 훌륭한 주석서이다. 잠깐 펼쳐보기만 해도 누구나 이 문헌의 가치를 엿볼 수 있다.

필자는 연구 부문(제Ⅰ·Ⅱ장)을 통해서 비교적 짧은 역사에도 불구하고, 요의 불교가 연경을 중심으로 매우 높은 수준의 출판문화를 발달시켰고, 뛰어난 학승들에 의해서 강학 활동과 장소 등의 저술 활동이 활발했다는 것을 살펴보았다. 그 중심에 화엄학승인 선연 역시 큰 역할을 담당했다는 것을 알 수 있었다. 학승인 그에게 있어 강학과 저술은 기본적이고도 중심적인 활동이었는데, 화엄은 물론이고 유식과 인명 관련 저술, 보리심계 등 계학자의 면모를 보인 계본 저술과 《삼보육사외호문》처럼 여러 경전을 찬집한 글 등 상당수를 저술하는 동시에, 그는 활발한 전계(포살)활동을 통해 수많은 사람들을 제도하기도 했다.

그가 심혈을 기울여 저술한 《담현결택기》는 밀교와 자은종과 더불어 요대 불교를 특징 지었던 화엄학, 그중에서도 청량징관의 대표적인 저술인 《화엄경소》와 《연의초》를 주석한 역작이다. 이는 요대 불교를 대표하는 저작으로 평가받는데, 현재까지 유실됨이 없이 완본을 연구할 수 있는 것은 참으로 반가운 일이다.

필자는 그 〈사본기〉에 기록된 내용을 분석(제Ⅳ장)하면서, 《담현결택기》가 요나라보다 먼저 고려에서 《고려교장》의 하나로써 간행되는 등의 유통 과정을 자세히 살펴보았다. 이를 통해 대각국사 의천의 교장 간행 활동이 동아시아에서 중세뿐만 아니라 지금까지도 훌륭한 역할을 담당했던 사실을 알 수 있다.

현존하는 사본 가운데, 쇼묘지소장·가나자와문고 관리 《가나자와사본》을 가지고 《만속장본》 수록본과 교감함으로써 원문을 보충하거나 교감한 글자가 각 권마다 수십 자에서 수천 자에 이른 것 역시 의미 있는 연구 결과이다. 특히 《만속장본》 권제3에서 유실된 여덟 장 분량에 이르는 2,609자를 찾을 수 있었던 것과 권제6에서 문헌의 상태로 인해 유실되었던 상당수의 글자를 모두 보충한 것은 매우 다행한 일이다. 전 6권에 걸쳐 단락마다 하나둘씩 보충하거나 수정한 문구를 통해 본 문헌은 원래의 모습에 매우 가까워질 수 있게 되었다.

또, 《담현결택기》의 주석상의 특징을 분석하면서 알 수 있었던 것은 《담현결택기》가 매우 명료하고 정확한 어조로 《현담》을 주석한 글이라는 점이다. 특히 선연이 마치 물이 스며들 듯이 주석한 듯 안한 듯, 징관의 글 속에 자신의 탁견을 녹이는 방식은 가히 독보적이다. 징관의 글인지 선연의 글인지 헷갈릴 정도이지만 자세히 보면 징관의 글을 더욱 분명하고 명료하게 하는 방식으로, 또한 자신만의 독자적인 방법으로 주석한 것이 바로 선연의《담현결택기》이다.

이는 특히 〈부류품회〉를 주석한 글로 비교해 보면 아주 잘 드러난다. 뛰어난 주석을 이어가던 징관도 이 단락에 이르러서 약간은 애매한 표현으로 너무 소략해서 좀처럼 뜻이 잘 드러나지 않았는데, 선연의 주석을 만나자 훤히 이해될 정도로 명확한 글이 되었다. 여기에 화엄사상의 정수를 담은 문답, 알기 쉬운 수많은 비유, 명확한 논조 등으로《담현결택기》의 가치는 더욱 높다.

우리는《담현결택기》를 통해 선연의 화엄사상이 징관의 사상을 심화 발전시킨 것은 물론이고, 종밀이 발달시킨 사상도 잘 받아들이고 있다는 것을 파악할 수 있었다. 그는 또 법장의 사상을《화엄경》의 뜻과 이치의 분한〉 등의 장에서 상당히 받아들여 설명했다. 그 외에 화엄을 설명하는 데 천태의 사상도 적극적으로 활용했고, 법상교학과의 융합은 온갖 법상에 관한 내용을 탁월한 솜씨로 요약정리함으로써 잘 드러내고 있다.

또, 그는 화엄이 일승이면서 무량승이고, 원교이면서도 별교일승과 동교일승인 측면에서 그 분한을 드러내면서 항상 원융문과 항포문에 따른 설명을 자유자재하게 함으로써 이해를 높여주곤 했다. 여기에 화엄의 법계가 사사무애, 즉 두루 하고 변만하며 포함하고 용납하는 이유를 설명하면서는 매번 덕상문과 업용문에 의거한 분석을 통해《화엄경》이 다른 경전과는 확실한 차이가 있으며, 모든 경전의 근본이면서 가장 수승한 경전임을 분명하게 강조하곤 했다.

그동안 징관의 《대소》와 《연의초》는 대교 과목으로써 모든 승가대학에서 연구되어왔다. 일찍이 2003년도에 실상사 화엄학림에서 번역한 《화엄경현담》(상·하권)과 《현담주해집》(상·하권)이 출간되어 연구되었고, 또 2020년에 관허수진이 번역한 《화엄현담》 10권이 새롭게 출간되었으며, 《소초》 본문의 번역본은 서옹반산이 수년간의 출판과정을 거쳐 역시 2020년에 완간되었다. 따라서 징관의 《화엄경소초》 연구에 중요한 밑거름이 되고 있다.[239] 또, 승가대학원에서 《현담》 8권과 《회현기》 40권의 연구가 진행되는 곳이 있어 한 단계 발전적인 연구가 이뤄지고 있기도 하다.[240] 이에 그러한 연구 과정들에 《담현결택기》는 중요한 길잡이가 되기에 충분할 것이다.

239 　순서대로, ①징관 외(2003), 《화엄경현담》상·하권, 대한불교조계종교육원; ②《청량국사화엄경소초》 1-10, 운주사, 2020; ③《華嚴經淸凉疏》, 담앤북스, 2020이다.

240 　봉선사 능엄승가대학원의 '연구반 과정'에서는 《현담》 8권과 《회현기》 40권을 강독하는 이력과정이 개설되어 꾸준히 연구되고 있다.

참고 문헌

1. 원전 자료

- 實叉難陀 譯,《大方廣佛華嚴經》, T10, (CBETA)
- 唐 澄觀 述,《大方廣佛華嚴經疏》, T35, (CBETA)
- 澄觀 述,《大方廣佛華嚴經隨疏演義鈔》, T36, (CBETA)
- 澄觀 述,《華嚴經疏鈔玄談》, X0232, (CBETA)
- 澄觀 述,《華嚴經疏鈔》第1冊~第4冊, 臺灣, 佛陀敎育基金會印贈, 2002.
- 澄觀 述,《華嚴經隨疏演義鈔》天~荒[玄談], 慶尙道晉州智異山大源庵刻成.
- 遼 鮮演 述,《華嚴經談玄決擇》 권제2~6, X08, pp.1~232. (CBETA)
- 鮮演 述,《華嚴經談玄決擇》 권제1~6 寫本, 日本 稱名寺 所藏·金澤文庫 保管寫本.
- 鮮演 述,《華嚴經談玄決擇》 권제2~6 寫本, 京都大學圖書館附屬 藏經書院 保管 寫本.
- 鮮演 述,《金澤文庫資料全書》(佛典 第二卷 華嚴編), 東京, 金澤文庫, 1975. pp.20~46.
- 義天 錄,〈新編諸宗敎藏總錄〉,《韓國佛敎全書》4권, 서울, 동국대출판부, 1986.
- 遼 奎 述,〈鮮演大師墓碑〉,《遼代石刻文編》, 河北敎育出版社, 1995.

2. 단행본

- 기무라 기요타카(木村清孝) 지음,《중국화엄사상사》, 정병삼 외 옮김, 서울, 민족사, 1992.
- 김위현外 역,《국역 遼史》 상·중, 서울, 단국대학교출판부, 2012.
- 대각국사 외,《대각국사집》 이상현 옮김, 서울, 동국대출판부, 2012.
- 박용진,《義天, 그의 생애와 사상》, 서울, 혜안, 2011.
- 유부현·박용진 외,《고려 재조대장경과 동아시아의 대장경》, 서울, 한국학중앙연구원 출판부, 2015.
- 澄觀 外,《화엄경현담》(상·하권), 실상사화엄학림 편역, 서울, 대한불교조계종교육

원, 2003.

- 전호련(해주),《화엄의 세계》, 서울, 민족사, 1998.
- 청량 징관, 혜남 감수, 불전국역연구원 공역,《華嚴經懸談》1·2, 서울, 중앙승가대학교출판부, 1997.
- 野上俊靜,《遼金の佛敎》, 京都, 平樂寺書店, 1953.
- 坂本幸男,《華嚴敎學の 硏究》, 京都, 平樂寺書店, 1956.3.
- 野上俊靜外,《佛敎史 槪說(中國篇)》, 京都, 平樂寺書店, 1968.
- 佛敎史學會編,《佛敎の 歷史と 文化》, 同朋舍出版, 1980.
- 鎌田茂雄,《華嚴學硏究資料集成》, 東京, 東京大學東洋文化硏究所, 1983.
- 大屋德城,《佛敎古板經》の硏究》, 國書刊行會, 1988.
- _____,《高麗敎藏雕造攷》, 國書刊行會, 便利堂, 1988.
- 竺沙雅章,《宋元佛敎文化史硏究》, 東京, 汲古書院, 2000.
- 金天鶴,《平安期華嚴思想の硏究-東アジア華嚴思想の視座より》, 東京, 山喜房佛書林, 2015.
- 牧田諦亮,《牧田諦亮著作集 第二卷 中國佛敎史硏究 I》, 京都, 臨川書店, 2015.
- 藤原崇人,《契丹佛敎史の硏究》, 京都, 法藏館, 2015.
- 山西省文物館·中國歷史博物館 主編,《應縣木塔遼代秘藏敍錄》, 山西, 文物出版社, 1991.
- 高雄文殊講堂,《華嚴經疏科文表解》, 臺灣, 文殊文敎基金會, 2000.
- 王頌,《宋代華嚴思想硏究》, 宗敎文化出版社, 2008.

3. 연구 논문

- 강현찬,〈조선후기《화엄경소초》의 판각과 화엄학의 성행〉, 동대대학원, 한국불교융합학과 석사학위논문, 2015.
- 김영미,〈고려高麗와 요遼의 불교 교류〉-《석마하연론釋摩訶衍論》을 중심으로-한국사상사학회,《한국사상사학》33권, 2009, pp.109~131.
- 金天鶴,〈湛睿의 華嚴法華同異觀-《花嚴法花同異略集》을 중심으로-〉,《天台學硏究》4집, 2016, pp.537~560.
- 남권희,〈契丹과 高麗의 불교문헌 교류〉,《서지학연구》, 제56집, 2013.

- 지현(박은영) a, 〈金澤文庫보관 사본 鮮演의《華嚴經談玄決擇》의 문헌학적 의의〉, 《韓國佛教學》, 제79집, 2016. 9, pp.7~36.

- _____ b, 《華嚴經談玄決擇記》의 텍스트 간 비교연구Ⅰ-《만속장본》과《가나자와사본》의 교감분석을 토대로〉, 《佛教研究》48집, 2018, pp.237-276.

- _____ c, 《화엄경담현결택기(華嚴經談玄決擇記)》의 텍스트 간 비교연구Ⅱ-《가나자와사본》과《만속장본》의 교감분석을 토대로〉, 《동아시아불교문화》36집, 2018, pp.111~161.

- _____ d, 〈遼代 鮮演의《華嚴經談玄決擇記》의 텍스트 간 비교연구-《藏經書院本》과《만속장본》을 중심으로〉, 《佛教研究》53집, 2018, pp.137~178.

- 이종수, 〈조선후기《가흥대장경》의 복각〉, 《서지학연구》56, 한국서지학회, 2013.

- 張東翼, 〈佛典의 流通을 통해 본 高麗時代의 韓·日關係〉, 《石堂論叢》58집, 2014, p.134.

- 脇谷撝謙, 〈遼金佛教の 中心〉, 《六條學報》135, 1913, 2~9쪽.

- 龜川敎信 a, 〈《華嚴經談玄決擇》の 完本について〉, 京都, 《龍谷學報》311, 1935, pp.54~75.

- _____ b, 〈金沢文庫新出《華嚴經談玄決擇》第一〉, 京都, 《龍谷學報》311, 1935, pp.173~201.

- 納富常天, 〈湛睿の 基礎的 研究〉, 《金澤文庫研究》165, 1970.

- 木村淸孝, 〈鮮演の 思想史的 位置〉, 《佛教の 歷史と 文化》, 1980, pp.306~310.

- 納富常天, 〈東國佛教における 出版文化〉, 《金澤文庫資料の 研究》, 法藏館, 1982.

- 竺沙雅章, 〈遼代の 避諱について〉, 《東方學會創立五十周年記念東方學論集》, 東方學會, 1997.

- 金龍泰 a, 〈笑庵觀復の 華嚴思想研究〉-《華嚴經大疏玄文隨疏演義鈔會解記》を中心として-, 東京大學大學院, アジア文化研究專攻, 修士學位論文, 2002.

- _____ b, 〈笑庵觀復の 華嚴思想と 組統說〉, 印度學佛教學研究, vol.51, no2, 2003.

- 吉田叡禮, 〈鮮演の 用いる 比喩について〉, 《インド 哲學佛教學研究》14, 2007a, pp.73~85.

- _____, 〈鮮演の 斷惑說について〉, 論集《華嚴文化の 潮流》15, 東大寺, 2007b, pp.58~68.

- 朱子方·王承禮, 〈遼代佛教의 主要宗派와 學僧〉, 《世界宗教研究》1990~1,

pp.123~124.

- 張國慶, 〈遼代僧尼法號˙師德號與"學位"稱號考─以石刻文字資料爲中心〉, 中國社
  會科學院民族學與人類學研究所,《民族研究》, v.2011 n.6, 北京, 中國, 2011.

- 張伯君, 〈鮮演大師《華嚴經玄談決擇記》的 西夏文譯本〉, 西夏研究, 2013. 01.
  pp.27~34.

- 蔣武雄, 〈從石刻文獻論遼人出家眾多的原因〉,《東吳歷史學報》, 第31期, 2014, 6.
  pp.1~34.

華嚴經談玄決擇記

제2부 — 역 주

일러두기

역주의 기준 및 방식

1. 역주 기준

1) 《화엄경담현결택기》 전반에 관한 사항(총6권)
 ① 원문 교감 방식은 Critical Methods를 사용한다.
 ② 교감에 참고한 사본은 일본 도쿄의 쇼묘지稱名寺 소장·가나자와문고(金澤文庫) 관리 사본의 복사본과 교토대학 도서관부속 장경서원藏經書院 소장본의 복사본 이다.
 ③ 권제1은 가나자와문고 관리 사본에 근거하여 가나자와문고 활자본(1975년본)과 교감하였다.
 ④ 권제2~6은 가나자와문고 보관 사본에 근거하여 일본의 《만속장경卍續藏經》 수록본과 그것의 저본인 《장경서원본》 등 3종을 교감하였다.
 ⑤ 위 ③④항의 교감 사항은 《대소大疏》와 《연의초演義鈔》 등 본문에 인용된 모든 문헌의 원문과의 교감을 병행하였다.
 ⑥ 교감 내용에 대해서는 일일이 주기注記하였고, 그중 새로 첨가된 2,600여 자 등은 부록으로 실었다.(주기 방법은 교감 방식에 제시)

2) 녹문錄文에 관한 사항
 (권제1에 해당된다. 권제2~6은 《만속장본》에 유실된 글자일 경우에 해당한다.)
 ① 번각은 가나자와 사본에 근거하며 원문의 이체 자, 속자, 약자 등은 현재 통용되고 있는 정자체로 고친다.
 ② 가차假借나 호환互換 글자는 내용에 따라 고치고 주기注記를 하지 않는다.
  예) 惠→慧, 脩→修, 弁→辯·辨, 或→惑, 反→變, 橅→攝, 円→圓, 花→華, 折→析 등.

③ 저본의 글자체가 비슷해서 분간하기 어려운 경우는 문맥에 맞게 채택한다.
  예) 後-復, 況-呪, 着-者, 未-末, 日-曰, 食-貧 등.

④ 아래의 문자는 본래 다른 문자이지만 관용에 따라 다음과 같이 고친다.
  예) 卄→二十 등.

⑤ 같은 문자가 반복될 때 사용하는 생략 기호는 원래의 문자로 고친다.
  예) 人〃→人人 正念〃〃→正念正念 등.

⑥ 현재 한국에서 통용되지 않는 한자는 파자破字 형식으로 입력한다.
  예) 曜+又, 口+栗, 木+乃

⑦ 번각할 때 저본에 보이는 연자衍字의 삭제기호(▨), 문자의 착간錯簡을 바로잡는
  도치 기호(〉), 보유補遺 등은 그대로 따르고, 특별한 해설이 필요한 경우 이외에
  는 주기에 이를 각각 지적하지 않는다. 또한 명확히 오탈자가 인정되는 경우, 번
  각문에서는 이것을 바른 형태로 표기하고 교감 주기를 한다.

⑧ 번각할 때 정리자의 이해에 따라 원문에는 없는 구두점, 모점 및 부호·괄호를 기
  본적으로 한문 용법에 따라 삽입한다. 단, 엄밀한 구분이 곤란한 경우에는 정리
  자의 독자적인 판단 기준에 따른다.

⑨ 정리자의 이해에 따라 적당하게 개행改行한다. 단, 세주細注는 본문의 개행을 1행
  으로 간주한다.

⑩ 세주細注, 행간주行間注는 ( )안에 본문보다 작게 별색으로 그 부분을 표기한다.

⑪ 위에서 언급한 사항 이외에 특별한 표기의 필요성이 있을 경우에는 주기의 첫
  부분에서 개별적으로 보충한다.

2. 역주 방식

1) 교감 방식
  ① 권제1은 가나자와문고 출판본→저본底本, 쇼묘지소장·가나자와문고 관리 사본
    →《가나자와 사본》, 권제2~6은《만속장경》수록본→저본, 쇼묘지소장·가나자
    와문고 관리 사본→《가나자와 사본》, 교토대학 도서관 장경서원 소장 사본→
    《장경서원본》으로 표시한다.
  ② 저본의 교감 전 글자는 각주에서 표기할 때 저본은 " "로 표시한다.

③ 교정 혹은 첨삭한 경우에는 《가나자와 사본》 등 참조 수정/보충/삭제'로 표시한다.

④ 《대소》와 《연의초》 및 인용된 문헌의 원문에 근거하여 교정하거나 첨삭할 경우에도 위와 같이 표시한다. 다만, 인용된 문헌은 《 》로 직접 제시한다.

⑤ 저본과 《가나자와 사본》 및 인용 문헌의 원문 글자가 모두 달라 역자가 판단한 경우는 교감 뒤에 [역자 주]로 표시한다.

⑥ 《만속장본》의 교감 주대로 수정된 경우는 '교감 주'로 적어 표시한다.

⑦ 저본에 유실되어 보충한 글자는 모두 본문 원문에 별색 밑줄로 표시한다.

2) 역주 방식

① 본문에서 소문疏文은 [소]로, 초문鈔文은 [초]로 문장 첫머리에 제시한다. 별도의 표시가 없는 경우는 그 문장이 이어지는 것이다.

② 본문 원문은 CBETA에서 정리된 방식(첫머리에 [083a23])을 그대로 활용했고, 필요에 따라서 약간 수정했다.

③ 주석하는 문장은 ' '로 구분하고, 본문 인용문은 필요에 따라 " ", ' '로 표시한다.

④ 전후 문맥의 이해를 위해 번역문에 추가로 단어나 구절을 넣는 경우, 《담현결택기》 원문의 전후에서 가져온 경우와 번역자가 새로 넣은 경우는 ( )로 표시한다.

⑤ 번역문에 한자를 병기한 경우, 음이 동일한 단어는 ( ) 없이 표시하고, 음이 다른 경우는 ( ) 속에 넣어 표시한다. 최초 병기 이후 생략을 원칙으로 하나 필요할 경우 다시 병기하기도 한다.

⑥ 본문에서 과판 등에서 나열하거나 열거에 쓰인 숫자는 필요에 따라 1, 1), (1), ① 등으로 번역하기도 하였다.

⑦ 본문에 숫자로 열거되지 않았더라도 《대소》와 《연의초》에 숫자로 열거된 경우에는 ⑥과 같은 방식으로 숫자를 명시하기도 하였다.

⑧ 본문 원문에 ( )로 표시된 소주小註는 대부분 선연이 주석한 글이므로, 별도의 표시 없이 그대로 번역하였다. 다만 인용문의 경우, 인용된 원문의 주석일 때는 그대로 두고, 선연이 직접 주석하거나 요약한 글일 경우는 그때마다 주기하여 구분하였다.

⑨ 주석 대상의 문장을 '等'자로 생략한 경우, 《결택기》의 본문에서 '등'의 해당 내용

이 나오거나 해설되었으면 '등'자를 풀지 않고 그대로 넣어 번역하고, 내용이 없으면 '등'자에 해당하는 구절을 (   )속에 넣어 번역함으로써 앞뒤 문맥의 이해를 도왔다.

⑩ 번역문에는 과목을 단락에 맞춰 일일이 편입시키고, 목차에서 해당페이지를 모두 제시하여 독자들의 이해를 도왔다. 편입 방식은 선연이 직접 작성한 본문의 과목은 별도의 순서로 정리하고, 수문해설 구간에는 《대소》와 《연의초》의 과목 순서에 맞추어 정리하였다. 다만 《결택기》가 문장이나 문구를 따라가면서 해설한 주석서이기 때문에 중간에 생략된 과목이 있어 부여된 번호가 일정하지 않게 나열되고 있음을 밝혀둔다. (옛사람들이 《소초》의 과목만을 정리한 주석서를 쓸 정도로 중요시한 내용이기도 하다. 부여된 번호순은 현대의 편집 방식을 이용했다.)

⑪ 간단히 번역어 용례를 정리하면 다음과 같다.

▶ 빈번하게 나오는 故의 경우, 대부분은 '때문이다'로 번역했지만, 문장의 마침표 정도로 쓰여 의미가 없을 때는 '이다', '것이다'로 번역하였다.

▶ '約'은 '기준 삼다, (기준) 잡다, 혹은 요약하다'의 의미인데, '기준 삼다'는 '準'과의 변별성을 위해, '(기준) 잡다'는 '攬'과 구분하기 위해, '요약하다'는 '要, 略'등과 구별하기 위해 쓰지 않고 셋의 의미를 다 포함할 수 있는 '한정하다'로 번역하였다.

▶ '就'는 '나아가다'의 의미인데, 이는 조금 뭉뚱그린 표현이어서 현대어에 맞게 '입각하다'로 번역하였다.

▶ '據'는 '의거하다, 근거하다'로, '準'은 '준거하다, 기준하다'로 번역하였다.

▶ '釋成'은 해설하여 성립시키다, 해설하여 이뤄주다, 해설하여 완성하다.

▶ '所以者何': 왜냐하면, '何故': 무슨 까닭인가?, '何者': 어째서인가? 무엇인가?

▶ 能·所는 동사에 주체적인 측면(능동)과 대상이 되는 측면(수동)이 잘 드러나게 표현할 수 있는 경우는 그대로 한글 속에 묻어 번역하였고, 언어적인 함축성을 드러내거나 반복적으로 쓰인 경우는 대부분 능·소를 그대로 동사에 붙여 번역하였다.

⑫ 통용되는 역주문과 교감주 방식은 일일이 기록하지 않는다.

《화엄경담현결택기》 권제1

* 선연 찬술 부분의 과목이다. 이는 권제1의 '제1, 2, 3편' 과목과 수문해설이 끝나고 권제6의 마지막 부분 '제4편과 회향게송'이 선연 찬술 부분에 해당한다.

※ 이하《소》《초》과목 –《소》《초》수문 해설 부분임.

제1편《화엄경》명칭과 의미를 총괄하여 서술함

제1장 종체를 표방하여 들음

제5장 말씀이 본말을 포괄함

제6장 지취旨趣가 유현하고 미묘함

제7장 이익을 이루어 단박에 초월함

제9장 만나게 됨을 감사하고 경축함

제10장 명칭과 제목을 간략하게 해석함

《화엄경담현결택기》 권제3

제2편 귀의하고 공경하며 가피를 청함

제1장 삼보에 귀의하고 공경함

大方廣佛華嚴經談玄決擇

卷第一

대방광불화엄경담현결택 권제 1*

上京開龍寺 圓通悟理大師 賜紫沙門 鮮演述

상경 개룡사 원통오리대사 사자사문 선연鮮演이 짓다.

* 《決擇記》 권제1은 《金澤出版本》《金澤文庫資料全書》佛典第二卷, 華嚴篇, 1975, pp.20~46)을
底本(甲本)으로 삼고, 《金澤寫本》(日本 稱名寺 所藏·金澤文庫 管理/乙本)과 교감하였다.

제1편
귀경게송
歸敬偈頌[001]

[21a06]

稽首十方三世寶, 毗盧文殊普賢師,

願垂同體大慈力, 令我凡心合聖智,

一義一言冥實際, 暫聞暫見證菩提,

剎塵念劫常流布, 化盡群生是滿期.

시방 삼세의 보배이신 비로자나부처님과

문수보살, 보현보살 스승님께 머리 조아립니다.

원컨대 동체대자비의 힘을 드리우시어

저희들 범부의 마음이 성인의 지혜에 합치되어

하나의 뜻과 한마디 말이 실제實際에 명합하고

잠깐 듣거나 잠깐 보더라도 보리菩提를 증득하며

찰진의 국토와 염겁의 시간에 항상 유포되어

중생을 다 교화하는 것이 바로 기대를 충족하는 것입니다.

---

001   선연 찬술 부분의 과목이다. 본격적인 수문해설 부분(26a17-) 이전까지는 모두 선연 찬술 부분의 과목이다.

[21a10] 盖聞澄澄性海, 本絶來去之波濤, 岌岌覺山, 元無動搖之形兆. 依義天之
寥廓, 垂萬像乎炳然, 由心地之坦夷, 長百卉乎茂矣. 雖眞源莫二, 然迷悟分岐,
使因果殊途, 致聖凡異路. 隨了妄卽空之正念, 正念圓成, 逐迷眞滯有之邪心, 邪
心流轉. 由是塵埋經卷, 生生盡然, 衣覆明珠, 人人皆爾. 遂捨父而虛貧, 急奔五
趣, 乃迷頭而橫走, 忙歷四生. 溺四流七漏之深河, 靡登覺岸. 眠九相十纏之大夜,
詎覿淸輝? 但識浪而飄沈, 還源何日? 又境風而鼓激, 返本無期. 非大聖之提撕,
難超苦海. 唯《圓經》之訓誨, 易造眞源. 故我毗盧遮那世尊, 修雜花之妙行, 念劫
圓融, 證具德之眞心, 智悲無碍, 現無盡之身雲, 恒周沙界, 宣難思之敎海, 廣遍塵
方. 卽今所講,《大方廣佛花嚴經》是焉.

대개 들으니, 맑고도 맑은 성품 바다(性海)는 오가는 파도나 물결이 본래
끊어지고, 높고도 높은 각산覺山은 동요하는 모양이나 조짐이 원래 없
다. 의천義天이 드넓어 온갖 물상이 환하게 드리워지고, 심지心地가 평탄
하여 모든 초목이 무성하게 자라난다. 참된 근원은 둘이 없지만 미혹迷

惑과 각오覺悟로 갈래가 나눠져 인행과 과덕은 과정이 차이 나고 성인과 범부는 길이 달라졌다. 망심을 분명히 알며 공空에 즉한 정념正念을 따라서 정념이 원만하게 성취되고, 진심을 미혹하고 유有에 막힌 사심邪心을 쫓아서 사심이 유전한다. 이 때문에 티끌 속에 경권을 묻어버렸으니 중생마다 모두 그러하고, 옷 속에 명주를 덮어버렸으니 사람마다 다 그렇다. 마침내 아버지를 버리고는 헐벗고 가난한 채로 오취五趣로 급하게 달아나고,[002] 머리를 미혹하고는 이리저리 내달리면서 사생四生으로 바쁘게 지낸다.[003] 사류四流와 칠루七漏의 깊은 강물에 빠져들었으니 각오 언덕(覺岸)에 오르지 못하고, 구상九相과 십전十纏의 한밤중에 잠들어버렸으니 맑은 빛을 어찌 볼 것인가? 의식 파랑(識浪)에 떴다 가라앉다만 하니 근원을 돌이킬 날은 언제이며, 또 경계 바람(境風)에 부딪쳐 흔들리니 근본으로 돌아갈 기약이 없다.

　대성께서 일깨워 주심이 아니라면 고통 바다(苦海)에서 벗어나기 어렵고, 오직《원경圓經》의 가르침이라야 참된 근원으로 쉽게 나아갈 수 있다. 그러므로 우리 비로자나 세존께서 잡화雜花의 묘한 수행을 닦아 염겁念劫이 원융하고 덕용을 갖춘 진심을 증득하여 지혜와 자비가 무애하며, 다함이 없는 신운身雲을 나타내어 항상 사바세계에 주변하며, 생각하기 어려운 교해敎海를 펼쳐 널리 찰진 시방에 변만하시니, 지금 강론할《대방광불화엄경大方廣佛花嚴經》이 이것이다.

002　《법화경》권제2, 〈신해품信解品〉 제4에 나오는 장자와 아들의 비유이다.

003　《능엄경》권제4, '연야달다演若達多'의 비유로, 연야달다가 거울에 자신의 머리가 보이지 않는 것을 보고 머리가 없어졌다고 놀라 이리저리 뛰어다닌 이야기이다.

[21b08] 其理也, 融三世間而歷歷, 玄乃復玄, 混四法界而昭昭, 妙之極妙. 羅六位
之深因, 皆徹果海, 遍五周之妙果, 咸卽因源. 旣深廣而無涯, 豈言思而可寄. 其敎
也, 該⁰⁰⁴七處而談九會, 落落圓音, 窮三際而遍十方, 重重齊唱. 論廣則全收五敎,
若巨海納於百川, 語深則特攝九宗, 同妙高出於衆岳. 整諸佛本新之智海, 汪洋無
涯, 竭群典性相之洪源, 廣大悉備. 暫見暫聞之輩, 居八難超十地之階, 圓解圓修
之儔, 經一生證十身之果. 斯⁰⁰⁵則文殊智印之法門, 至眞妙理, 普賢心胸之敎藏,
稱性極談. 不唯難思難⁰⁰⁶議, 積行菩薩猶迷, 寔乃難見難聞, 上德聲聞未⁰⁰⁷遇. 鮮
演慶自幸以多生, 忝曾披閱, 遭强緣而勸請, 勉强區分.

《화엄경》의) 그 이치는 삼종의 세간을 융합하면서도 뚜렷하여 현묘함
이 다시 현묘하고, 사중의 법계를 혼합하면서도 또렷하여 묘함이 지극
히 묘하다. 육위六位의 심오한 인행(深因)으로 펼쳐졌지만 모두가 과해果海
에 어우러져 통하고, 오주五周의 신묘한 과덕(妙果)에 변만하지만 모두다
인의 근원에 즉한다. 깊고 넓어 끝이 없는데 어찌 말과 생각을 붙일 수
있겠는가?

　《화엄경》의) 그 가르침은 칠처七處를 포괄하고 구회九會에 말씀하시
되 낙락한 원음圓音이며, 삼제三際를 다하고 시방에 변만하되 거듭거듭
제창한다. 광대함을 논한다면 오교五敎를 전부 거둬들였으니 마치 거대
한 바다가 온갖 하천을 받아들인 것과 같으며, 심심甚深함을 말하자면

004　底本에는 "說", 《金澤寫本》 참조 수정.
005　底本에는 "所", 《金澤寫本》 참조 수정.
006　底本에는 없음. 《金澤寫本》 참조 보충.
007　底本에는 "末", 《金澤寫本》 참조 수정.

구종九宗을 모조리 받아들였으니 묘고산이 여러 산악에서 특출한 것과 같다. 모든 부처님의 근본지(本)와 후득지(新)의 지혜바다(智海)를 정리한 것이 넘실대어 끝이 없으며, 여러 경전의 성性·상相의 드넓은 근원까지 다한 것이 광대하여 모두 갖춰졌다.

잠깐만이라도 보거나 들은 이들은 (불법을 만나기 어려운) 팔난八難에 있으면서 십지十地의 계위를 초월하고, 원만하게 이해하거나 수행한 자들은 한생을 지내면서 십신十身의 과위를 증득하게 된다. 이것은 문수보살이 지혜로 인증한 법문으로 진眞에 이르는 묘한 이치이며, 보현보살이 마음에 품은 교장教藏으로 성품에 걸맞는 지극한 말씀이다. 생각하기도 어렵고 논의하기도 어려워서 적행보살積行菩薩조차 미혹할 뿐만 아니라, 이는 보기도 어렵고 듣기도 어려워서 상덕성문上德聲聞도 아직 만나지 못한 것인데 선연鮮演이 다행히 다생에 일찌감치 펼쳐 열람해 보고, 강한 인연으로 권청하는 것을 만났으니 애써서 구분해 보겠다.

제3편
소찬의《경》을 밝히는 데에 먼저 능찬의《소》를 변별함[본문]

제1장 |《대소》의 제목을 결택함(決擇《疏》題)

[22a05] 將明所贊之經, 先弁能贊之《疏》. 釋玆《大疏》, 啓列三門. 初決擇《疏》題, 次紀[008]旌作者, 後判釋本文三段. 今初決擇《疏》題者, 題云《大方廣佛花嚴經疏卷第一幷序》. 就中分二; 初釋正題, 後彰兼目. 初復分二, 初明所贊經題, 後弁能贊《疏》號. 初文又二, 初依文略釋, 後束義重明. 初文復二, 初破名而離釋其義, 後出體而合結其題. 兩段黎明, 一番併釋.

소찬所贊의 경전을 밝히는 데에 먼저 능찬能贊하는《대소》를 판별하겠다. 이《대소》를 풀이하는 데 맨 처음에 3문으로 열거한다. 첫째 문은 '《대소》의 제목을 결택'하고, 다음 문은 '작자를 표기'하며, 뒤의 문은

---

008   底本에는 "記", 《金澤寫本》 참조 수정.

'본문을 세 단락으로 과단하여 해설'한다. 첫 번째, 《대소》의 제목을 결택함'은 제목인《대방광불화엄경소권제일병서大方廣佛花嚴經疏卷第一幷序》에 입각해 둘로 나눈다. 처음은 '본 제목을 해석함'이며, 다음은 '겸한 제목을 드러냄'이다. 첫 번째를 또다시 둘로 나누니, 처음에는 '찬술하는 경의 제목을 밝힘'이요, 다음에는 '찬술하는 소의 제목을 분별함'이다. 첫 번째 문에 또다시 2문이니, 처음에는 '문구에 의거해서 간략하게 해설'하고, 다음으로 '뜻을 묶어 중첩해서 밝힌다.' 첫째 문에 또다시 두 가지이니, 처음에는 '경명을 해체하여 그 의미를 떼어서 해석'하며, 다음으로 '자체를 끌어내어 그 제목을 합쳐서 결론' 한다. 두 단락은 여러 번 밝히고 한번은 나란히 해설하겠다.

1. 본 제목을 해석함(釋正題)

1) 소찬所贊의 경 제목을 밝힘(明所贊經題)

(1) 문구에 의거하여 간략하게 해석함(依文略釋)

① 경명을 해체하여 그 의미를 해석함(初破名而離釋其義)

[22a10] 大者體也, 常徧爲義, 常則堅無初際, 遍則橫該[009]無外. 方者相也, 軌持

---

009   底本에는 "說",《金澤寫本》참조 수정.

爲義, 軌則圓生物解, 持則遍任體相. 廣者用也, 包搏爲義. 包則攝他在自而無遺, 搏則舒自在他而靡際, 斯則無障無碍淸淨法界三大之體相用也. 互取依主, 相融持業, 四番同常, 無繁委示. 佛者果也, 覺照爲義, 覺則悟大夜之重昏, 如理之眞智也, 照則朗萬法之幽邃, 如量之俗智也. 華者因也, 從喩得名, 感嚴爲義, 感則因萬行而妙果圓成, 嚴則由衆德而眞身備體. 嚴者智也, 從用得名, 資粧爲義, 資廣大之體用, 粧眞應之佛身. 經者敎也, 攝持爲義, 持法門之無邊, 攝衆生之無盡.

'대大'는 체성이니, 항상 있고 변만하다는 뜻이다. 항상 있다는 것은 시간적으로 초제初際가 없는 것이며, 변만하다는 것은 공간적으로 다 포괄해서 밖이 없는 것이다. '방方'은 덕상德相이니, 궤칙이 되어 임지任持한다는 뜻이다. 궤칙은 완전하게 사물의 이해를 내게 하며, 임지는 체성과 덕상을 변만하게 맡아 지니는 것이다. '광廣'은 작용이니, 포함하여 움켜쥔다는 뜻이다. 포함은 타를 섭수해서 자신에게 두어 빠뜨림이 없는 것이며, 움켜쥠은 자신을 펼쳐서 타에게 두어 즈음(한계)이 없는 것이다. 이것이 무장무애한 청정법계의 삼대인 체대·상대·용대이다. 서로 취하는 의주석依主釋과 서로 융합하는 지업석持業釋으로 네 번하는 것은 보통과 같으니[010] 번다하게 자세히 제시하지는 않겠다.

　'불佛'은 과이니, 각오하여 관조觀照한다는 뜻이다. 각오는 한밤중의 캄캄한 어둠에서 깨어난 것이니 여리如理인 진지眞智이며, 관조는 만법의 깊숙한 구석에서 빛나는 것이니 여량如量인 속지俗智이다. '화華'는 인因이

010　　의주석으로 네 번하는 것은 '대의 방광', '대방의 광', '광의 대방', '방광의 대'이며, 지업석으로 네 번하는 것은 '대인 방광', '대방인 광', '광인 대방', '방광인 대'이다.

니, 비유로 이름한 것으로 감득하여 장엄한다는 뜻이다. 감득은 만행을 원인으로 하여 묘과妙果가 완전하게 성취된 것이며, 장엄은 온갖 덕용을 말미암아서 진신眞身이 구비되게 체득된 것이다. '엄嚴'은 지혜이니, 작용으로 이름한 것으로 자량하여 장식한다는 뜻이다. 광대한 체대·용대를 자량으로 하여 진신과 응신의 불신을 장엄하는 것이다. '경經'은 교장教藏이니, 섭수하여 주지住持한다는 뜻이다. 끝이 없는 법문을 주지하여서 다함이 없는 중생을 거둬들이는 것이다.

② 자체를 끌어내어 제목을 합쳐서 결론함(後出體而合結其題)

[22b]佛對華嚴, 互揀則兩番依主, 相融乃立作持業, 准前四釋. 復乃人從法以得名, 更立有財之號. 經之一字, 作能詮之教, 對上六字所詮之義, 依主持業, 各成兩番, 有財結名, 但爲一釋, 廣有十門. 備如下《疏》, 無繁預敍. 上來總是依文略釋已竟.

'불'을 '화엄'과 상대하여 서로 가려내면 의주석이 두 번이고, 서로 융합하면 나란히 지업석이 되니, 앞의 네 가지 해석을 준거하라. 또다시 인人이 법法을 따라서 득명하므로 다시 유재석有財釋으로 제목을 세운다.[011] '경' 한 글자가 능전能詮의 교가 되어 위 여섯 글자의 소전所詮의 뜻에 상대하면, 의주석과 지업석이 각각 두 번 성립되고,[012] 유재석으로 이름을

---

011   유재석은 '대방광한 불의 화엄경'이다.

012   의주석의 두 번은 '대방광의 경'과 '불화엄의 경'이며, 지업석의 두 번은 '대방광인 경'과 '불화엄인 경'이다.

결합하면 단 한 번 해석되지만 자세하게는 10문이 있다.[013] 구비된 것은 아래의 《소》와 같으니 번거롭게 미리 서술하지 않겠다. 여기까지 모두 문장에 의거해 간략하게 해설하는 것은 마쳤다.

(2) 뜻을 묶어 중첩해서 밝힘(束義重明)
  ① 4법으로 해석함(四法釋)

[22b09] 後束義重明者, 附舊增新.[014] 約文條理, 通有十義. 粗釋一題, 欲彰無盡之法門, 助表難思之教藏. 一四法釋者, 經之一字, 教也, 大方廣三字, 理也, 華嚴二字, 行也, 佛之一字, 果也. 欲令衆生, 依七處九會難思之教藏, 悟十玄·六相稱性之法門. 開三賢·十地之因花, 結五智·十身之佛果, 故立斯題.

다음으로 〈뜻을 묶어 중첩해서 밝힘〉은 옛것에 덧붙여서 새로운 것을 보태는 것이다. 문장의 조리에 한정하면 통틀어 열 가지 뜻이 있다. 대강 한 제목을 해석하여 다함 없는 법문을 드러내도록 하고 생각하기 어려운 교장敎藏을 표출하도록 힘쓰겠다. 첫째는 사법四法으로 해석하는 것이니, '경' 한 글자는 '교敎'이고, '대방광' 세 글자는 '이理'이며, '화엄' 두 글자는 '행行'이고, '불' 한 글자는 '과果'이다. 중생이 7처9회七處九會의 생각하기 어려운 교장을 의지하여 십현十玄과 육상六相의 성품에 걸맞는

법문을 깨닫고, 삼현三賢과 십지十地의 인화因花를 꽃피어 오지五智와 십신十身의 불과佛果를 맺게 하려고 이 제목을 세운 것이다.

② 삼성으로 해석함(三聖釋)

[22b15] 二三聖釋者, 復有二義; 一三聖理·智釋, 大方廣三字, 普賢菩薩之理也. 華嚴二字, 文殊菩薩之智也. 佛之一字, 毗盧世尊包理智之果也. 欲令衆生, 依玆圓教, 運文殊卽理之妙智, 證普賢卽智之妙理, 成毗盧無碍之妙果, 故立斯題. 二三聖解行釋, 大之一字, 普賢菩薩之理體也. 方廣二字, 文殊菩薩之智用也. 花之一字, 普賢菩薩之行也. 嚴之一字, 文殊菩薩之解也. 佛之一字, 毗盧世尊圓解行之果也. 欲令衆生, 依玆圓教, 起文殊之智解, 修普賢之理行, 成毗盧之果德, 故立斯題.

둘째는 삼성三聖으로 해석하는 것이다. 또다시 두 가지 뜻이 있다. 하나는 삼성의 이리·지智로 해석한다. '대방광' 세 글자는 보현보살의 이치이고, '화엄' 두 글자는 문수보살의 지혜이며, '불' 한 글자는 비로자나 세존의 이치·지혜를 포괄한 과덕이다. 중생이 이 원교를 의지하여 문수보살의 이치에 즉한 묘지妙智를 운용하고, 보현보살의 지혜에 즉한 묘리妙理를 증득하며 비로자나불의 무장무애한 묘과妙果를 성취하게 하려고 이 제목을 세운 것이다. 둘은 삼성의 해解·행行으로 해석한다. '대' 한 글자는 보현보살의 이치 자체이고, '방광' 두 글자는 문수보살의 지혜 작용이며, '화' 한 글자는 보현보살의 행行이고, '엄' 한 글자는 문수보살의 해解이며, '불' 한 글자는 비로자나 세존의 해·행을 원만히 한 과果이다.

중생이 이 원교를 의지하여 문수의 지해智解를 일으키고 보현의 이행理行을 닦으며 비로자나불의 과덕果德을 성취하게 하려고 이 제목을 세운 것이다.

③ 십신으로 해석함(十身釋)

[23a07] 三十身釋者, 大者法身, 佛以法爲身, 充滿法界故. 方者智身, 軌生持法之大智故. 廣者具二; 一者化身, 普周沙界, 爲無量故. 二者意生身, 一多隨意, 無不遍故. 佛者具二; 一者菩提身, 覺樹成道故. 二者威勢身, 初成正覺, 映菩薩故. 花者具二; 一者福德身, 普賢因行, 稱理性故. 二者願身, 毗盧願因, 周法界故. 嚴者相好身, 十蓮華藏, 相好粧嚴故. 經者力持身, 圓音聲敎, 盡未來故. 欲令衆生, 圓證十身無碍眞佛, 故立斯題.

셋째는 십신十身으로 해석하는 것이다. '대'는 법신이니, 불佛은 법으로 몸을 삼아 법계에 충만하기 때문이다. '방'은 지신智身이니, 궤칙으로 이해를 내고 법을 지니는 대 지혜이기 때문이다. '광'은 두 가지를 갖춘다. 하나는 화신이니, 항하사와 같은 법계에 널리 주변하여 무량하기 때문이며, 둘은 의생신意生身이니, 일신과 다신이 뜻에 따라 변만하지 않음이 없기 때문이다. '불'은 두 가지를 갖춘다. 하나는 보리신菩提身이니, 보리수(覺樹)에서 성도했기 때문이며, 둘은 위세신威勢身이니, 처음으로 정각을 성취하여 보살을 비춰주었기 때문이다. '화'는 두 가지를 갖춘다. 하나는 복덕신福德身이니, 보현의 인행因行이 이성에 걸맞기 때문이며, 둘은 원신願身이니, 비로자나의 원력의 인因이 법계에 주변하기 때문이다.

'엄'은 상호신相好身이니, 열 연화장세계가 상호로 장엄되었기 때문이다. '경'은 역지신力持身이니, 원음圓音의 성교聲教가 미래까지 다하기 때문이다. 중생이 이 원교를 의지하여 십신十身이 무애한 진불眞佛을 원만히 증득하게 하려고 이 제목을 세운 것이다.

④ 법계와 시각으로 해석함(法界始覺釋)

[23a15] 四者法界始覺釋者, 大方廣三字, 所證四法界也. 大者理法界也, 廣者事法界也, 方者事事無碍法界. 三字相融, 爲一眞無障碍法界也. 佛花嚴三字, 四位始覺也, 花嚴者, 前三始覺也, 因分之花, 互嚴飾故, 佛者究竟始覺也, 果滿之心, 合本源故. 花嚴之佛, 攝分之圓故, 佛之花嚴, 攝圓之分故. 花嚴卽佛,[015] 徹果之因故, 佛卽花嚴, 該[016]因之果故. 對上法界, 大方廣之佛花嚴, 證法界之始覺故, 佛花嚴之大方廣, 對始覺之法界故. 大方廣卽佛[017]花嚴, 全法界之始覺故, 佛花嚴卽大方廣, 融始覺之法界故. 欲令衆生, 依玆圓教, 起四位之始覺, 證四重之法界, 故立斯題.

넷째는 법계法界와 시각始覺으로 해석하는 것이다. '대방광' 세 글자는 증득할 바의 사법계四法界이다. '대'는 이법계理法界이고 '광'은 사법계事法界이며 '방'은 사사무애법계事事無碍法界이니, 세 글자를 서로 융합하면 일진무장애법계一眞無障碍法界가 된다. '불화엄' 세 글자는 사위四位의 시각이

---

015   底本 및《金澤寫本》에는 없음. "佛卽花嚴"과 대조 보충.[역자 주]

016   底本에는 "說",《金澤寫本》참조 수정.

017   底本 및《金澤寫本》에는 없음. "佛花嚴卽大方廣"과 대조 보충.[역자 주]

다.[018] '화엄'은 앞 3위의 시각이니, 인분因分의 화花가 서로 장엄하여 꾸미기 때문이며, '불'은 구경究竟의 시각始覺이니, 과만果滿의 심心이 본원에 합하기 때문이다. '화엄의 불'은 분위를 거둬들인 원만이고, '불의 화엄'은 원만을 거둬들인 분위이다. '화엄이 곧 불'인 것은 과에 어우러져 통하는 인이기 때문이고, '불이 곧 화엄'인 것은 인을 포괄한 과이기 때문이다.

위의 법계와 상대하면, '대방광의 불화엄'이니 법계를 증득한 시각이기 때문이며, '불화엄의 대방광'이니 시각과 상대한 법계이기 때문이다. '대방광이 그대로 불화엄'이니 법계를 완전히 한 시각이기 때문이며, '불화엄이 그대로 대방광'이니 시각을 융합한 법계이기 때문이다. 중생들이 이 원교를 의지하여 사위의 시각을 일으켜서 사중의 법계를 증득하게 하려고 이 제목을 세운 것이다.

⑤ 삼신과 십신으로 해석함(三身十身釋)

[23b08] 五三身十身釋者, 大方廣全十身之三身故, 大者法身, 方者報身, 廣者化身. 佛花嚴融三身之十身故, 開十地之因花, 嚴十身之果德故. 欲令衆生, 依玆圓敎, 證得權實無碍, 一多自在之佛身, 故立斯題.

다섯째는 삼신三身과 십신十身으로 해석하는 것이니, '대방광'은 십신을 완전히 한 삼신이니, '대'는 법신이고 '방'은 보신이며 '광'은 화신이다. '불화엄'은 삼신을 융합한 십신이니, 십지의 인화因花를 꽃피어 십신의 과덕果德을 장엄하기 때문이다. 중생이 이 원교를 의지하여 방편과 실제가 무애하고 하나와 여럿이 자재한 불신佛身을 증득하게 하려고 이 제목을 세운 것이다.

⑥ 십신으로 해석함(三諦止觀釋)

[23b12] 六三諦止觀釋者, 大方廣者, 無碍之三諦也, 大者眞諦也, 唯理法界, 方者中道諦也, 具四法界, 廣者俗諦也, 多事法界. 三諦互收, 忘言絶慮, 卽所觀所[019]證, 眞俗無碍之境也. 佛花嚴者, 無碍之止觀也. 佛者中觀離邊止也, 妙覺之心, 離邊邪故, 花者假觀隨緣止也, 涉有化生, 如花開敷故, 嚴者空觀體眞止也, 離妄飾眞, 以智粧嚴故. 止觀相融, 難思難議, 卽能觀能證止觀無碍心也. 欲令衆生, 依玆圓教, 遍修止觀相融之心, 頓契眞俗無碍之境, 故立斯題.

여섯째는 삼제三諦와 지관止觀으로 해석하는 것이다. '대방광'은 무애한 삼제이니, '대'는 진제眞諦이니 오직 이법계일 뿐이고, '방'은 중도제中道諦이니 사종 법계를 갖추며, '광'은 속제俗諦이니 대부분 사법계事法界이다. 삼제로 서로 거두면 말을 잊고 생각이 끊어진 것이니 곧 관찰할 대상이며 증득할 대상인 진제와 속제가 무애한 경계이다.

'불화엄'은 무애한 지止·관觀이다. '불'은 중관中觀 이변지離邊止이니 묘각심

---

019   底本에는 "行", 《金澤寫本》 참조 수정.

이 양변의 삿된 견해를 여의었기 때문이고, '화'는 가관假觀 수연지隨緣止이니 만유를 섭렵하여 중생을 교화하는 것이 마치 꽃이 활짝 핀 것과 같기 때문이며, '엄'은 공관空觀 체진지體眞止이니 망념을 여의고 진심眞心을 장식하여 지혜로 장엄하기 때문이다. 지·관으로 서로 융합하는 것은 생각하기도 논의하기도 어려운 것이니 곧 능히 관찰하고 능히 증득하는 지·관이 무애한 마음이다. 중생이 이 원교를 의지하여 지·관이 서로 융합한 마음을 변만하게 닦고 진제와 속제가 무애한 경계에 단박에 계합하게 하려고 이 제목을 세운 것이다.

⑦ 재전과 이구로 해석함(在纏離垢釋)

[24a05] 七在纏離垢釋者, 大方廣是在纏性淨如來之藏也, 大者衆生之眞心也, 方廣者含識之本覺也, 佛華嚴者出纏離垢法性身也, 佛者具德之法身, 花嚴者嚴身之功德也. 欲令衆生, 依玆圓敎, 悟現身本淨如來之藏, 證當來離垢法性之身, 故立斯題.

일곱째는 재전在纏과 이구離垢로 해석하는 것이다. '대방광'은 번뇌에 얽매어있는 성품이 청정한 여래장이니, '대'는 중생의 진심眞心이고, '방광'은 함식含識의 본각本覺이다. '불화엄'은 번뇌에서 벗어난 때를 여읜 법성신法性身이니, '불'은 덕을 갖춘 법신法身이며, '화엄'은 법신을 장엄하는 공덕이다. 중생들이 이 원교를 의지하여 현재의 몸에 본래 청정한 여래장如來藏을 깨달아 당래에 때를 여읜 법성신을 증득하게 하려고 이 제목을 세운 것이다.

⑧ 삼덕과 삼각으로 해석함(三德三覺釋)

[24a10] 八三德三覺釋者, 大方廣者本具之三德也, 大者斷德也, 本離妄染故, 方者智德也, 性具光明故, 廣者恩德也, 常化衆生故. 佛花嚴者新修之三覺也, 佛者圓覺也, 果滿智周故. 花者自覺也, 積修妙行, 如花開敷故, 嚴者覺他也, 敎化衆生, 粧嚴佛國故. 欲令衆生, 依玆圓敎, 得新修之三覺, 合本具之三德, 故立斯題.

여덟째는 삼덕三德과 삼각三覺으로 해석하는 것이다. '대방광'은 본래 갖춰진 삼덕이다. '대'는 단덕斷德이니 본래 망념을 여의었기 때문이고, '방'은 지덕智德이니 성품에 광명을 갖추고 있기 때문이며, '광'은 은덕恩德이니 항상 중생을 교화하기 때문이다. '불화엄'은 새로 닦은 삼각三覺이다. '불'은 원각圓覺이니[020] 과가 만족하여 지혜가 변만하기 때문이고, '화'는 자각自覺이니 묘행을 쌓이게 닦은 것이 마치 꽃이 활짝 핀 것과 같기 때문이며, '엄'은 각타覺他이니 중생을 교화하여 불국토를 장엄하기 때문이다. 중생이 이 원교를 의지하여 새로 수행한 삼각을 얻어서 본래 갖춰진 삼덕에 합하게 하려고 이 제목을 세운 것이다.

⑨ 삼사와 사위로 해석함(三事四位釋)

[24a16] 九三事四位釋者, 大方廣者卽三事之涅槃, 大者法身也, 爲萬德之所依

---

020 《演義鈔》권제23(T36, 180c05)에서는 '자각'과 '각타'와 '각행원만'으로 3각을 설명하고 있고, 《演義鈔》권제37(T36, 284b11)에는 3각을 '각찰覺察'과 '각조覺照'와 '묘각妙覺'으로 설명하고 있다. 따라서 선연이 설명한 '원각'은 '각행원만'을 표현한 듯하다.

故, 方者般若也, 卽寂之照故, 廣者解脫也, 全照之寂故. 佛華嚴者四位之善根也,
佛者德也, 花嚴者信·解·行也. 欲令衆生, 依玆圓敎, 生擧果勸樂之信, 起修因契
果之解, 行託法進修之行, 獲依人證入之德, 剋此四位之菩提, 冥彼三事之涅槃,
故立斯題.

아홉째는 삼사三事와 사위四位로 해석하는 것이다. '대방광'은 곧 삼사의
열반이다. '대'는 '법신'이니 온갖 공덕의 소의처가 되기 때문이고, '방'은
'반야'이니 적멸에 즉한 관조이기 때문이며, '광'은 '해탈'이니 관조를 온
전히 갖춘 적멸이기 때문이다. '불화엄'은 사위의 선근이다. '불'은 덕이며
'화엄'은 신·해·행이다. 중생이 이 원교를 의지하여 과덕을 들어 안락을
권유하는 데에 믿음을 내고, 인을 닦아 과에 계합하는 데에 이해를 일
으키며, 법에 의탁해서 나아가 닦는 데에 수행을 행하고, 사람을 의지하
여 증득해 들어가는 데에 공덕을 획득하여 이 사위의 보리菩提를 확정
하고 저 삼사의 열반에 그윽하게 합하게 하려고 이 제목을 세운 것이다.

⑩ 앞의 뜻을 총괄하여 융합해서 나머지 문을 다 거둬들임
(總融前義遍攝餘門)

[24b05] 十總融前義遍攝餘門, 理盡義圓, 固難思議故, 總題云《大方廣佛花嚴
經》歟. 上釋所贊經題已竟.

열째는 앞의 뜻을 총괄적으로 융합하여 나머지 문을 다 거둬들이는 것
이다. 이치가 극진하고 의리가 원만하며 진실로 생각하기 어렵기 때문

에 총체적으로 제목해서《대방광불화엄경》이라고 한 것이다. 이상 '소찬所贊의 경전 제목을 해설'하는 것은 마쳤다.

2) 능찬能贊의《소》제목을 변별함(辨能贊疏號)

[24b07] 後釋能贊《疏》號者, 卽疏之一字是也. 疏者, 疏也, 通也, 分疏乎若性若相, 星明月朗, 開通乎若文若義, 蓮綻花馨. 遣學者之積疑, 湯消片雪, 破邪宗之僻見, 火熱輕毛. 以我疏主, 智悲兩具, 性相雙通, 運折中之雄才, 闡圓融之妙理. 陶冶章門, 煉金沙而擇精妙, 發揚奧旨, 剖玉璞而潤光輝. 綜諸經之綱領, 贊佐花嚴, 括衆論之菁[021]蓮, 敷宣方廣. 窮十宗五教之幽微, 採爲《疏》句, 盡諸子百家之美妙, 助解經文. 勒成二十卷, 備釋百千經. 襲古爲名, 乃彰《疏》號,《疏》之一字, 是能贊所揀之《疏》號, 大等七字, 是所贊能揀之經題, 是《大方廣佛華嚴經》之《疏》. 三磨娑釋依士立名, 蘇漫多聲屬主爲目. 上釋正題竟.

다음으로 〈능찬能贊의《소疏》제목을 해설〉한다는 것은 곧 '소' 한 글자가 이것이다. '소'는 트이고 통함이다. 저 성性과 상相을 나눠서 튼 것은 별이 밝고 달이 환한 듯이 하였으며 저 글과 뜻을 열어서 통한 것은 연꽃망울이 터져 꽃이 향기로운 듯하였다. 학자들의 쌓여진 의심을 보내 버리기를 끓는 물로 한 송이의 눈을 녹이듯이 하고, 삿된 종파의 편벽된 견해를 무너뜨리기를 화롯불로 가벼운 깃털을 태우듯이 하였다.

---

021   底本에는 "靑",《金澤寫本》참조 수정.

우리 소주疏主는 지혜와 자비를 둘 다 갖추고 성과 상을 쌍으로 소통하며, 절중折中의 뛰어난 재주를 운용하고 원융의 현묘한 의리를 열었다. 장문章門을 도야하되 사금沙金을 정련하여 정묘한 금을 골라내고, 오묘한 종지를 발양하되 박옥璞玉을 쪼개어 광택이 나게 했다. 모든 경전의 강령綱領을 종합하면서는 화엄을 보좌하도록 찬술하고, 여러 논서의 청련菁蓮을 포괄하면서는 방광을 펴도록 펼쳤으며, 십종오교十宗五敎의 유미幽微를 궁구하면서는 《대소》의 구절이 되도록 뽑아내고, 제자백가諸子百家의 미묘美妙를 다하면서는 경문을 해설하도록 힘썼다. 20권으로 엮어 만들었지만 백 천 권의 경전을 다 갖춰서 해석하였다. 옛것을 답습해서 이름 붙여 《소》의 제목을 드러내면, '소' 한 글자는 능히 찬술하고(能贊) 가려내는 대상(所揀)인 《소》의 제목이며, '대' 등 일곱 글자는 찬술하는 대상(所贊)이며 능히 가려내는(能揀) 경의 제목이니, 이는 《대방광불화엄경》의 《소》이다. 합석(三磨娑)[022] 중 의사석依士釋으로 이름을 세운 것이며, 후성(蘇漫多)[023] 중 속주격屬主格으로 제목을 한 것이다. 이상 본 제목을 해설하는 것은 마친다.

2. 겸한 제목을 드러냄(彰兼目)

---

022   합석 삼마사는 범어 samāsāh의 음역이다. 여섯 가지로 범문의 복합사를 해석하는 방법(sat-samāsāh, 六離合釋) 중에 합석을 의미한다.

023   후성은 범어 소만다(subanta)의 의역이다. 범어에서 명사, 대명사, 형용사 어미의 여덟 가지 변화를 가리키는 팔전성八轉聲(體格, 業格, 具格, 爲格, 從格, 屬格, 於格, 呼格)에서 호격을 제외한 나머지 명사 어미의 격이 변화하는 것을 '소만다성'이라고 한다. 즉 어미에 소(su)자가 있는 것을 의미한다.

1) 권제일卷第一

[25a02] 下弁兼目者, 卷第一幷序五字是也. 卷者展縮爲義, 第者排次爲功, 一者首初爲用. 對上正題者, 卷第一三字, 是色等四塵爲體, 大等八字, 是聲等四法爲性. 互揀依主, 雙存相違, 相融持業, 諸釋可知. 或但用四塵, 便爲疏體, 良以聲法虛疏, 數間斷故, 色性堅住, 多相續故. 以我疏主, 欲令長劫廣行流布, 不用語言, 唯憑翰墨. 亦猶彫檀布彩, 琢玉鎔金, 便爲住持佛寶,[024] 例知黃卷赤軸紙素[025]竹帛, 卽是住持法寶, 故今但取四塵, 便爲《疏》體. 上弁《疏》題竟.

아래 〈겸한 제목을 판별한다〉는 것은 '권제일병서卷第一幷序' 다섯 글자가 이것이다. '권卷'은 펼치고 거둔다는 뜻이다. '제第'는 차례를 배대하는 것으로 공력을 삼고, '일一'은 첫머리로 업용을 삼는다. 위의 본 제목과 상대하면 '권제일' 세 글자는 색 등 4진四塵이 자체가 되고, '대' 등 여덟 글자는 음성 등 4법四法[026]이 체성이 된다. 의주석依主釋으로 서로 가려내고, 상위석相違釋으로 둘 다 두며, 지업석持業釋으로 서로 융합하는 여러 해석은 알 것이다. 혹은 4진만을 써서 《소》의 자체를 삼기도 하니, 진실로 음성(聲法)은 허망하게 멀어지고 자주 끊어지는 까닭이며, 색성色性은 견고하게 머물러 대부분 상속되는 까닭이다. 우리 소주疏主가 오랜 겁 동안 널리 유행하게 하려고 말로 설명하지 않고 오직 한지와 묵에만 기댄 것이다. 또한 단향목檀香木에 새기고 삼베에 채색하며 옥을 쪼고 금

---

024   底本에는 "實", 《金澤寫本》 참조 수정.

025   底本에는 "索", 《金澤寫本》 참조 수정.

026   聲法 이외에 名·句·文身이 4법이다.

을 녹인 것이 주지불보住持佛寶가 되는 것처럼 준례하여 누런 책과 붉은
축, 종이, 흰 천, 대나무, 비단은 곧 주지법보住持法寶임을 알 수 있다. 그
러므로 지금은 4진만을 취해서 《소》의 자체로 삼은 것이다. 이상 《소》
의 제목을 판별하는 것은 마쳤다.

2) 서문의 제목을 밝힘(并序)

[25a09] 下明序目者, 卽并序二字是也. 并爲兼帶及共之義, 序爲陳述由始之名.
以我疏主, 不唯制《疏》, 兼并撰序, 故此云爾. 對上《疏》題者, 大等十一字, 十軸
《疏》之美號, 并序兩言, 一紙序之嘉名. 《大方廣佛花嚴經疏卷第一》與《并序》, 異
相違釋也, 故《法苑》云: "諸聖敎中, 與·并·及言, 皆相違釋也." 若據當宗圓融無
碍, 可作持業, 故總題云, 《大方廣佛花嚴經疏卷第一并序》. 上來總是決擇《疏》題
已竟.

아래 〈서문의 제목을 밝힌다〉는 것은 '병서幷序' 두 글자가 이것이다. '병
幷'은 겸대하여 함께한다는 의미이며 '서序'는 진술이 말미암아 시작된다
는 명칭이다. 우리 소주疏主가 《소》를 지었을 뿐만 아니라 겸하여 서문
을 편찬하였기 때문에 여기서 그렇게 말한 것이다. 위의 소 제목에 상대
하면 '대' 등 11글자는 10축軸 《소》의 훌륭한 칭호이며, '병서' 두 마디 말
은 한 페이지 서문의 아름다운 명칭이다. 《대방광불화엄경소권제일》과

《병서》는 상위석과는 다르다. 그러므로 《법원의림장》⁰²⁷에서 "모든 성교
聖教 중에 여與·병幷·급及이란 말은 모두 상위석이다"고 한 것이다. 만약
화엄종의 원융무애함에 의거하면 지업석이 되기도 한다. 그러므로 총체
적으로 제목해서 《대방광불화엄경소권제일병서》라고 한 것이다. 지금까
지 모두 《소》의 제목을 결택'하는 것은 마쳤다.

제2장 | 작자를 표기함(紀旌作者)

[25a17] 從此第二紀旌作者, 文云淸凉山大花嚴寺沙門澄觀撰⁰²⁸者, 擧總別之處,
標通局之名, 陳謙遜之功, 生當根之信, 故云爾耳.

여기부터 두 번째 '작자를 표기함'이라는 것은 글에서 '청량산淸凉山 대
화엄사大花嚴寺 사문 징관澄觀이 편찬함'이라고 한 것은 총괄 처소와 개별
처소를 들고, 공통된 명칭과 국한된 명칭을 표시하며, 겸손의 공을 진술
하여 해당 근기들이 신심을 내게 하였으므로 그렇게 말했을 뿐이다.

---

027   窺基 撰, 《大乘法苑義林章》 권제1(T45, 255b25), 〈總料簡章〉 "諸敎之中, 與·幷·及言, 皆是隔
         法, 令其差別. 竝相違釋."

028   底本에는 "擇", 《金澤寫本》 참조 수정.

제3장 | 《소》의 문장을 과단하여 해설함(判釋《疏》文)

[25b02] 後判釋《疏》文者, 《疏》往復無際至其唯法界歟者, 文有五句, 《鈔》伸四釋. 且初約三大釋者, 先對敎而料揀, 後隨文而弁釋.

다음으로 《소》의 문장을 과단하여 해설한다'는 것은 《소》의 '왕복함이 즈음이(한계가) 없어서 … 그 오직 법계일 것이다'라는 것은 문장에 다섯 구절이 있는데, 《초》에서는 4문으로 해설을 폈다. 우선 처음에 '삼대三大에 한정해서 해석한다'는 것은 먼저 '교에 대응시켜 요간料揀'하고, 다음은 '문장을 따라서 변별하여 해석'한다.

1. 삼대에 한정해서 해석함(約三大釋)

1) 교에 대응시켜 헤아려 가려냄(對敎而料揀)

[25b04] 且對敎而料揀者, 小始二敎, 名體具無. 同別一乘, 遍圓咸有. 分終 · 頓 · 圓之各異, 歸法界而自殊. 但依事理無碍法界開, 不變眞如爲體大, 恒沙性德爲相大, 漏無漏善爲用大. 隨漸根認, 隨漸敎詮, 爲所同終敎三大. 唯依眞空理法界開, 全照之寂爲體大, 全寂之照爲用大, 寂照無二爲相大. 如世一人(同理法界), 弟見

爲兄(同體大), 兄見爲弟(同用大)[029], 非親見時非弟非兄(同相大), 人但是一, 全此
全彼(尙無其二, 何況[030]有三?).

우선, '교에 대응시켜 요간'한다는 것은 소승교와 시교의 2교는 (삼대
의) 이름과 체성이 모두 없고, 동교일승同教一乘과 별교일승別教一乘은 변
만함과 원만함이 둘 다 있으며, 종교·돈교·원교는 각각의 차이로 나뉘
어서 법계로 돌아가더라도 저절로 달라진다. 다만, 사리무애법계事理無礙
法界에 의거해서 분리하면 불변진여不變眞如는 '체대'가 되고, 항하사와 같
은 성덕性德은 '상대'가 되며, 유루선有漏善·무루선無漏善은 '용대'가 된다.

점근漸根에 따라 인식하고 점교漸教에 따라 설명한 것은 소동所同 종교
의 삼대가 된다. 오직 진공眞空인 이법계理法界에 의거해서 분리하면 관
조를 온전히 한 적멸이 '체대'가 되고, 적멸을 온전히 한 관조가 '용대'가
되며, 적멸과 관조가 둘이 없는 것이 '상대'가 된다. 예컨대 세상에서 한
사람을(이법계와 같다) 동생 쪽에서 보면 형이 되고(체대와 같다) 형 쪽에서
보면 동생이 되며(용대와 같다) 육친이 아닌 쪽에서 볼 때는 동생도 형도
아니어서(상대와 같다) 사람은 한 명뿐인데 온전히 이것이고 온전히 저것
인 것과 같다(오히려 둘도 없는데 하물며 셋이 있겠는가).

[25b12] 隨頓根認, 隨頓教詮, 爲所同頓教三大, 故下《鈔》(十九上半二十二紙)云:
"謂寂照無二, 爲菩提相. 猶如明鏡, 無心爲體, 鑑照爲用, 合爲其相. 亦卽禪宗, 卽

029　底本에는 "+兄見爲弟(同用大)",《金澤寫本》참조 삭제.

030　底本 및《金澤寫本》에는 "呪", 문맥상 수정.

體之用自知, 卽用之體恒寂, 知寂不二, 爲心之相也." 通依無障碍法界(事理無碍, 眞空絶相), 開此二類三大. 隨圓根認, 隨圓教詮, 乃爲能同圓教三大. 復依無障碍 法界事事無碍, 開迷悟之兩岐, 分上下之二轉, 爲用大也, 顯十玄之性具, 明六相 之本然, 爲相大也, 雖寂照之通體, 作德用之別依, 爲體大也.

돈근頓根에 따라 인식하고 돈교頓教에 따라 설명한 것은 소동所同 돈교의 삼대가 된다. 그러므로 아래 《초》[031]에서(19권 상반 22장) "적멸과 관조가 둘이 없는 것이 보리의 덕상이니, 마치 밝은 거울은 무심無心이 자체가 되고 조감照鑑이 작용이 되며 합하면 덕상이 되는 것과 같다. 역시 선종 에서 체성에 즉한 작용이 저절로 알고, 작용에 즉한 체성이 항상 적멸 하며, 앎과 적멸이 둘이 아닌 것이 마음의 덕상이 되는 것이다"라고 하 였으니 무장무애법계(사리무애와 진공절상眞空絶相)를 통틀어 의거해서 이 두 부류의 삼대로 나눈 것이다.

원근圓根에 따라 인식하고 원교圓教에 따라서 설명한 것은 바로 능동 能同 원교의 삼대가 된다. 또다시 무장무애법계의 사사무애에 의거하여 미혹과 각오의 두 갈래로 분리하고 상·하의 두 전상轉相[032]으로 나뉜 것 이 용대이고, 십현十玄이 성구性具임을 나타내고 육상六相이 본연本然임을 밝힌 것이 상대이며, 적멸과 관조의 공통된 체성이라 하더라도 덕상과 업용의 개별적인 의지처가 되어 주는 것이 체대이다.

---

031 《演義鈔》권제80 〈如來出現品〉 第37(T36, 0625b)이다.
032 龍樹 造,《釋摩訶衍論》권제2(T32, 610a15), "今當作二門分明顯說. 云何爲二? 一者下轉門, 二者上轉門. 生滅門中, 不出此二. 如是二門, 云何差別? 頌曰: '諸染法有力, 諸淨法無力, 背本 下下轉, 名爲下轉門. 諸淨法有力, 諸染法無力, 向原上上轉, 名爲上轉門.'"

[26a02] 若依分相, 同別逈異, 若依攝相, 以別收同, 同亦稱別, 故下《鈔》云: "卽此同中, 必有別義, 如事理無碍, 卽事事無碍故." 又云: "第四周遍含容, 正是事事無碍. 該[033]取前三, 皆別教分齊." 由此應信, 圓教所詮三大, 皆得名別, 故下文云: "故隨一滴, 逈異百川." 問: 法界與三大, 同異云何? 答曰: 是同. 譬若一珠如法界也, 重輕珠體, 如體大也, 圓滿珠相, 如相大也. 鑑[034]照珠用, 如用大也. 故《鈔》結云: "法界用, 法界相, 法界體也." 故《綱要》云: "三無離理, 擧一全收." 斯爲所證法界也. 或云, 是異. 法界是法, 三大是義. 故《起信》云: "說有二種, 云何爲二? 一者法, 二者義等." 又龍樹釋: "三自摩訶衍, 三自卽是三大, 是門是無爲, 是所作是能依. 摩訶衍卽是法界, 是法非無爲, 是能作是所依故." 或云, 具足四句, 法體不分(同也), 義門有別也(異也). 互融雙照, 爲亦同亦, 互奪雙亡, 爲非同非異. 對教而料揀竟.

분상문分相門에 의거하면 동교와 별교는 아주 다르지만 섭상문攝相門에 의거하여 별교로 동교를 거둬들이면 동교 역시 별교에 걸맞다. 그러므로 아래《초》[035]에서 "곧 이 동교에 반드시 별교의 뜻이 있으니 저 사리무애가 곧 사사무애인 것과 같다"고 하였으며, 또 "네 번째 주변함용周遍含容이 바로 사사무애이다. 앞의 셋을 포괄하여 취하면 모두 별교의 분제分齊이다"[036]라고 하였다. 이 때문에 원교에서 설명된 삼대三大를 모두 별교로 이름할 수 있다는 것을 믿게 된다. 그래서 아래 글에서 "그러므

---

033   底本에는 "說",《金澤寫本》참조 수정.

034   底本에는 "鑿",《金澤寫本》참조 수정.

035   《演義鈔》권제10(T36, 071a)이다.

036   《演義鈔》권제12(T36, 088c)이다.

로 한 방울의 물에 따라서 모든 하천과는 아예 달라진다"고 한 것이다.

묻는다. 법계와 삼대의 같고 다름은 어떠한가?

답한다. 같다. 비유하자면 저 한 개의 구슬은 법계와 같으니 무겁고 가벼운 구슬의 체성은 체대와 같고, 둥글고 원만한 구슬의 모습은 상대와 같으며, 반사하고 비추는 구슬의 작용은 용대와 같다. 그러므로 《초》[037]에서 결론지어서 "법계의 작용이며, 법계의 덕상이며, 법계의 체성이다"라고 하였고, 《화엄강요》에서 "셋은 이치를 여읨이 없어서 하나를 들면 온전히 거둬진다"고 하였으니 이것이 소증所證의 법계가 된다.

혹은 다르다. 법계는 법이며, 삼대는 뜻이다. 그러므로 《대승기신론》에서 "설명하는 데 두 종류가 있다. 둘은 무엇인가? 하나는 법이며 둘은 뜻이다" 등이라고 하였고, 또 용수보살이 해설해서 "삼자마하연三自摩訶衍[038]에 '삼자三自(자체·자상·자용)'는 곧 삼대이니, '문門'이고 '무위無爲'이며, '소작所作'이고 '능의能依'이다. '마하연'은 곧 법계이니, '법'이고 '무위'가 아니며, '능작能作'이고 '소의所依'이다'라고 했기 때문이다.

혹은 네 구절을 구족한다. 법체는 나눌 수 없지만(같다) 의문義門은 구별이 있다(다르다). 서로 융합하고 쌍으로 비추므로 같기도 하고 다르기도 하며, 서로 부정하여 쌍으로 없어지므로 같지도 않고 다르지도 않은 것이다. 교를 대응시켜 요간하는 것은 마쳤다.

037　《演義鈔》권제1(T36, 01b)이다.

038　龍樹 造, 《釋摩訶衍論》(T32, 601a26~b09) "云何爲二本法? 一者一體摩訶衍, 二者自體自相自用摩訶衍, 如是所入二種本法. 或從能入建立其名. 所謂以眞如爲體, 而爲其門所趣入故, 名言爲體. 以自相本覺心, 而爲其門所趣入故, 名言爲自 … 作一法界心生滅門, 能示自體自相自用摩訶衍法. 由此義故, 當知各具二門二法."

화엄경담현결택기 1

2) 문장을 따라 변별하여 해설함(隨文而弁釋)

※ 이하《소》《초》과목으로《소》《초》수문 해설 부분

제1편
《화엄경》의 명칭과 의미를 총괄하여
서술함(總敍名意[十])[039]

제1장 | 종체를 표방하여 들음(標擧宗體)

1. 삼대에 한정해서 해설함(約三大釋)

1) 용대를 밝힘(明用)

[26a17] 後隨文而弁釋者, 往復無際明用大也. 往復二字, 三番顯用大之體, 無際[040]兩字, 二義彰用大之相. 先往復三番者, 初雙約迷悟說者, 迷配往字, 往生死界, 染因果也. 悟配復字, 復涅槃界, 淨因果也. 二唯約就妄說者, 往配過去生死, 復配未來生死, 現在生死亦往亦復. 對過去而名復, 對未來而稱往. 故《鈔》云:

039 　여기부터는《대소》《연의초》의 수문해설 부분이므로 해당 과목을 붙였다. 〈총체적으로 명칭 과 의미를 서술함(總敍名意)〉은《대소》의 서문으로, '교적(敎迹)'이라고도 한다.

040 　底本에는 "除",《金澤寫本》참조 수정.

"動卽往復, 有去來故. 如《唯識》云: '前異熟旣盡(往字也.), 復生餘異熟(復字也.).'"

三返本還源說者, 返本(照體也, 菩提也.)還源(寂理也, 涅槃也.), 或言異義同, 文體容斯. 往配大智, 往涅槃界, 上求佛果. 復配大悲, 復生死界, 下化衆生. 三番寬狹雖異, 同釋往復二字, 勿見三義對論. 法對文云, 對其初義, 初義是總. 第二約妄, 唯往非來(當初義之往, 非自義無復). 今此唯復, 復本源故(當初義之復, 非自義無往). 將謂一番雙釋二字, 兩番各釋一字, 請細詳之. 後兩義彰用大之相者, 一廣多無際, 若迷若悟, 就不壞相, 頭數無邊故. 二絕際無際, 若染若淨, 就稱性義, 分量莫限故.

다음으로 〈문장을 따라 판별해서 해설한다〉는 것은 '왕복무제往復無際'는 '용대用大'를 밝힌 것이니, '왕복' 두 글자는 세 번 용대의 체성을 나타내고, '무제' 두 글자는 두 가지 뜻으로 용대의 상을 드러낸다.

먼저, '왕복은 세 번 나타낸다'는 것은 첫째는 미혹과 각오를 쌍으로 묶어서 말한 것이다. 미혹은 '왕'자에 해당하니 생사계生死界로 가는 염오인과染汚因果이다. 각오는 '복'자에 해당하니 열반계涅槃界로 돌아오는 청정인과淸淨因果이다.

둘째는 오직 망에만 입각해서 말한 것이다. '왕'은 과거의 생사에 해당하며, '복'은 미래의 생사에 해당하며, 현재의 생사는 '왕'이기도 '복'이기도 하다. 과거를 상대해서는 '복'이라 하고, 미래를 대해서는 '왕'이라고 일컫는다. 그러므로《초》[041]에서 "움직이면 곧 왕복하는 것이니, 과거와

---

041   《演義鈔》권제1(T36, 02a)이다.

미래가 있기 때문이다"고 하였고, 저《유식삼십송唯識三十頌》[042]에서 '이전의 이숙異熟이 다하고 나면('왕' 자이다) 다시 다른 이숙이 생긴다('복' 자이다)'고 한 것과 같다"고 하였다.

셋째는 근본을 돌이키고 근원으로 돌아오는 것으로 말한 것이다. 근본을 돌이키고(관조의 자체이며, 보리이다) 근원으로 돌아오는(적멸의 이치며, 열반이다) 것은 혹은 말은 달라도 뜻은 같은 것이니 문체는 이것이 용인된다. '왕'은 대지혜에 해당하니 열반계로 가서 위로 불과佛果를 구하는 것이며, '복'은 대자비에 해당하니 생사계로 돌아와 아래로 중생을 교화하는 것이다. 세 번 (나타냄)의 넓고 좁은 면은 달라도 '왕복' 두 글자를 똑같이 해석한 것이니 세 가지 뜻이 대론한다고 보지 말라.

법으로 문장과 대응시키면서 "첫 번째 뜻에 대응시키면, 처음의 뜻이 총상總相이고, 둘째 망에만 한정한 것은 오직 갈 뿐이고 오는 것은 아니며(첫 번째 뜻의 '왕'에 해당한다. 자체의 뜻에 '복'이 없는 것은 아니다), 지금 여기서는 오직 돌아올 뿐이니 본원으로 돌아왔기 때문이다(첫 번째 뜻의 복에 해당한다. 자체의 뜻에 왕이 없는 것은 아니다)"[043]라고 하였으니, 마땅히 한 번은 두 글자를 쌍으로 해석하고, 두 번은 한 글자씩 해석한 것으로 여겨야 할 것이다. 상세히 살펴보라.

뒤의 '두 가지 뜻으로 용대의 상을 드러낸다'는 것은 첫째는 광다무제廣多無際이니, 미혹이든 각오든 불괴상不壞相에 입각하면 두수頭數가 무변하기 때문이고, 둘째는 절제무제絕際無際이니, 염오든 청정이든 성품에

---

042   《唯識三十論頌》(T31, 061a)이다.
043   《演義鈔》권제1(T36, 01c10)이다.

걸맞은 뜻에 입각하면 분량이 무한하기 때문이다.

2) 체대를 밝힘(明體)

[26b15] 動靜一源者, 明體大也. 復有異名, 亦是萬法之源, 故名法性,(出《智度論》.) 亦是衆生迷悟之源, 故名如來藏藏識,(出《楞伽經》.) 亦是諸佛萬德之源, 故名佛性,(《涅槃》等經.) 亦是菩薩萬行之源, 故名心地.(《梵網經》〈心地法門品〉云, 是諸佛之本源, 是菩薩道之根本, 是大衆諸佛子之根本.) 動靜二字, 即是上文往復無際之用大也, 一源二字, 方是自門眞常之體大也. 躡[044]前釋後, 將用顯體故. 對雙約迷悟者, 動即往也, 迷時[045]動亂故, 靜即復也, 悟時寂靜故. 對唯約就妄者, 動即往復之相有也, 靜即往復之相空也. 對返本還源者, 動即復字, 化他運動也, 靜即往字, 自利安靜也. 對無際者, 動即廣多無際, 事法繁興故, 靜即絶際無際, 同眞寂滅故. 動靜之用, 若斫刺之紛然, 一源之性, 猶刀體而無殊. 又動靜之用, 似淸濁之有異, 一源之體, 類濕性之常同.

'동정動靜은 하나의 근원'이란 것은 체대를 밝힌 것이다. 또다시 다른 이름이 있으니, 또한 만법의 근원이기도 하기 때문에 '법성法性'이라고 이름하고《대지도론》에 나온다), 또한 중들이 미혹하거나 각오하는 근원이기도 하기 때문에 '여래장장식如來藏藏識'이라고 이름하며《능가경》에 나온다), 또한 제불의 만덕의 근원이기도 하기 때문에 '불성'이라고 이름하고《열

---

044 底本에는 "攝",《金澤寫本》참조 수정.
045 底本에는 없음.《金澤寫本》참조 보충.

반경》등이다), 또한 보살의 만행의 근원이기도 하기 때문에 '심지心地'라고 이름한다(《범망경》〈심지법문품〉에서 "제불의 본원이며 보살도의 근본이며 대중 제 불자의 근본이다"고 하였다). '동정' 두 글자는 윗글 '왕복무제'의 용대이며, '일원' 두 글자는 바로 자문自門(動靜一源)의 진실하고 항상 있는 체대이다. 앞을 뒤밟아 뒤를 해석하고 용대를 가지고 체대를 드러낸 것이다.

미혹과 각오를 쌍으로 묶은 것에 대응시키면, '동'은 '왕'이니 미혹할 때 동란하기 때문이며, '정'은 '복'이니 각오할 때 적정하기 때문이다. 망에만 입각한 것에 대응시키면 '동'은 '왕복'하는 모습이 있으며, '정'은 '왕복'하는 모습이 공하다. 근본을 돌이켜 근원으로 돌아오는 것에 대응시키면 '동'은 '복' 자이니 타를 교화함으로 운용하고 움직이며, '동'은 '왕' 자이니 자신을 이롭게 함으로 편안하고 고요한 것이다.

'무제無際'에 대응시키면 '동'은 광다무제廣多無際이니 사법이 번다하게 일어나기 때문이며, '정'은 절제무제絶際無際이니 진여와 같아져 적멸하기 때문이다. '동정'의 작용은 자르고 찌르는 것처럼 분연하지만, '일원'의 성품은 칼날 자체와 같아서 차이가 없다. 또 '동정'의 작용은 맑고 탁한 차이가 있는 것과 유사하고, '일원'의 체성은 습한 성질이 항상 동일한 것과 비슷하다.

3) 상대를 밝힘(明相)

[27a10] 含衆妙而有餘者, 相大也.《鈔》釋有二; 一同教相大, 二別教相大. 同則

恒[046]沙性德, 別則本具十玄. 能含有餘乃是上文一源體大, 所含衆妙方是自門相大, 躡[047]前釋後, 依體顯相故. 問: 常·樂等德, 豈不稱性耶? 若許稱性, 云何有餘? 答曰: 如[048]世一人(體大也.), 說作六親(相大也.), 爲父[049]之義(常德也.), 遍彼五蘊(稱性也.), 不遍爲伯之人(不遍爲樂之體.). 以彼一人(以彼體大,[050]), 不唯攝爲父之義(不唯包常德,), 亦攝彼爲伯之義(亦包樂德,), 故云有餘. 或云, 相大具二義, 一云稱性, 一云不壞相. 今據後義, 故云有餘. 或云, 相體二大, 各具名義, 相約其名, 體據其義, 故云有餘. 癈名從義, 悉皆相稱, 故《鈔》云: "有名之數, 不能遍無外之體." 問曰: 三大何故不次第耶? 答曰: 含餘法界等義故, 顯圓融相故, 彰無碍理故, 隨作者意故. 或欲表攝末歸本, 先用次體, 復表依本流末, 中體後相. 三大不次, 不徒然矣.

'衆多한 玄妙함을 含有하면서도 남음이 있다'[051]라는 것은 相大이다. 《초》의 해설에는 두 가지가 있다. 첫째는 同敎동교의 相大이고, 둘째는 別敎별교의 相大이다. 동교는 恒河沙와 같은 性德이고, 별교는 본래 具足한 十玄십현이다. 能含능함의 有餘는 윗글 (同靜)一源의 體大이며, 所含소함의 중다한 玄妙함은 自門(含衆妙而有餘)의 相大이니, 앞을 뒤밟아 뒤를 해석하고, 體大에 의거해서 相大를 나타낸 것이다.

묻는다. 常德상덕·樂德낙덕 등 (열반의) 덕이 어찌 성품에 걸맞지 않겠

---

046 底本에는 없음.《金澤寫本》참조 보충.
047 底本에는 "攝",《金澤寫本》참조 수정.
048 底本에는 "知",《金澤寫本》참조 수정.
049 底本 및《金澤寫本》에는 "文", 주필교감 주 및 전후문맥 참조 수정.
050 底本에는 "也",《金澤寫本》참조 수정.
051 《大疏》권제1(T35, 503a07)이다.

는가? 만약 성품에 걸맞다고 허여하면 어째서 '유여有餘'인가?

답한다. 예를 들어 세상에서 한 사람을(체대體大이다) 육친으로 말할 때(상대相大이다) 아버지가 되는 뜻은(상덕常德이다) 그의 오온에 변만하지만(칭성稱性이다) 큰아버지가 되는 사람에겐 변만하지 않다(낙이 되는 체에는 변만하지 않다). 그 한 사람은(그의 체대이다) 아버지가 되는 뜻을 거둘 뿐만 아니라(상덕을 함유할 뿐 아니라), 또한 그가 큰아버지가 되는 뜻도 거둔다(또한 낙덕도 함유한다). 그러므로 '유여'라고 한 것이다.

혹은 상대는 두 가지의 뜻을 갖추고 있다. 하나는 '칭성稱性'이고, 하나는 '불괴상不壞相'이다. 여기서는 뒤의 뜻에 준거했기 때문에 '유여'라고 한 것이다. 혹은 상대와 체대는 각기 명칭과 의미를 갖추고 있는데, 상대는 명칭을 기준하고 체대는 의미를 준거했기 때문에 '유여'라고 한 것이다. 명칭을 폐기하고 의미를 따르면 다 모두 서로 걸맞다. 그러므로 《초》052에서 "명칭이 있는 법수는 밖이 없는 체성에 변만하지 못한다"고 한 것이다.

묻는다. 무슨 까닭으로 삼대를 순서 짓지 않는가?

답한다. 나머지 법계 등의 의미를 포함하기 때문이며, 원융한 상을 나타내기 때문이며, 무애한 이치를 드러내기 때문이며, 작자의 의도를 따르기 때문이다. 혹은 말엽을 거둬들여 근본으로 돌아감을 표시하려면 용대를 먼저 하고 체대를 다음으로 하며, 또다시 근본에 의지하여 지말로 흘러감을 표시하려면 체대를 중간에 상대를 뒤로 한다. 삼대를 순서 짓지 않은 것이 어찌 쓸데없이 그렇게 했겠는가.

---

052   《演義鈔》권제1(T36, 02a)의 내용이다.

4) 융섭하여 털어버림(融拂)

[27b07] 超言思而逈出者者, 融拂等義,[053] 如《鈔》具明. 問曰: 超何言思耶? 答: 四教言思. 故《鈔》云: "理圓言偏故. 如龍樹釋《起信》, 眞如門離言說名字心緣相, 但離生滅門非離自故." 又云, 亦超圓教言思, 超中無揀. 故《鈔》引肇公云: "口欲弁而詞喪, 心將緣而慮息, 則逈出於言象之表矣." 況無言之迹尙除, 豈留圓言而不遣也. 若爾, 豈名稱性之說? 豈名圓教耶? 又如《疏》云, 剖[054]裂玄微[055]等, 皆明此經談說三大等義. 何云超耶? 有云, 圓教雖說之, 不着名超. 如人說火, 口不被燒. 故《鈔》云: "豈言象之能到." 有云, 約教道名圓教, 約證道名超, 約體從義名圓教, 約義從體名超. 故《鈔》云: "謂[056]一眞法界, 本無內外, 不屬一多, 佛自證窮, 知物等有, 欲令物悟, 義分心境." 言顯亡言名圓教, 言卽亡言名超, 寄言顯示名圓教, 拂迹入玄名超, 前後相連名圓教, 句句別論名超. 故《鈔》云: "欲言相用, 卽同體寂, 欲謂之寂, 相用紛然." 斯則三大之理頓具, 三大之言漸詮, 良由言不倂彰, 義不疊顯, 所以超也.

'언사言思를 초월하여 훌쩍 벗어난 것'[057]이란 것은 (삼신을) 융합하거나 털어내는 등의 뜻은 《초》에서 갖춰 밝힌 것과 같다.

<u>묻는다.</u> 어떤 언사를 초월했는가?

---

053 底本에는 "+拂等義",《金澤寫本》참조 삭제.

054 底本에는 "刮",《金澤寫本》참조 수정.

055 底本에는 "徵",《金澤寫本》참조 수정.

056 底本에는 "觀",《金澤寫本》참조 수정.

057 《大疏》권제1(T35, 503a07)이다.

답한다. 4교四教의 언사이다. 그러므로《초》에서 "이치는 원만하고 언사는 편벽되기 때문이다"라고 하였고, 용수보살이《대승기신론》을 해석하여 "진여문은 언설과 명자名字와 심연心緣의 모습을 여읜다는 것은 다만 생멸문을 여읜 것이지 자체를 여읜 것은 아니다"고 하였다.

또, 답한다. 원교의 언사도 초월한다. 초월에는 간택함이 없다. 그러므로《초》[058]에서 "승조僧肇 공을 인용하여 '입으로 변별하려고 해도 말이 상실되고 마음으로 반연하려해도 사려가 쉬어진다'고 하였으니 곧 언상의 표면을 훌쩍 벗어난 것이다"라고 하였다. 무언의 자취조차도 오히려 제거하는데 어찌 원교의 말을 남겨두고 보내지 않겠는가. 만약 그렇다면 어찌 칭성의 설이라고 이름하며, 원교라고 이름할 수 있겠는가.

묻는다. 또,《소》에서 말한 '유현함과 미묘함을 쪼개어 분열하고 등'은 모두 이 경전에서 얘기한 삼대 등의 뜻을 밝힌 것인데 어째서 '초월'이라고 하는가?

답한다. 어떤 해설은 원교에서 비록 설하더라도 집착하지 않는 것을 '초월'이라고 하는 것이니 마치 사람들이 불을 말하더라도 입을 태우지 않는 것과 같다. 그러므로《초》에서 "어찌 언상言象으로 도달할 수 있겠는가?"라고 한 것이다.

다른 해설은 교도教道를 기준하여 '원교'라고 하고, 증도證道를 기준하여 '초월'이라고 하며, 체가 뜻을 따르는 것을 기준하여 '원교'라고 하고, 뜻이 체를 따르는 것을 기준하여 '초월'이라고 한다. 그러므로《초》[059]에

---

058   《演義鈔》권제1(T36, 02b)이다.
059   《演義鈔》권제1(T36, 02c)이다.

서 "말하자면 일진법계一眞法界는 본래 안팎이 없고, 하나와 여럿에 속하지도 않는다. 부처님이 스스로 증득해 다하여 만물에게 평등하게 있는 것을 알고 만물이 깨닫게 하려고 뜻으로 마음과 경계를 나눈 것이다"라고 하였다.

말로 말 없음을 나타낸 것을 '원교'라고 하고, 말이 말 없음에 즉한 것을 '초월'이라고 하며, 말에 붙여 현시하는 것을 '원교'라고 하고, 자취를 털고 현묘함으로 들어가는 것을 '초월'이라고 하며, 앞뒤가 서로 연결된 것을 '원교'라고 하고, 구절구절이 각각 논하는 것을 '초월'이라고 한다. 그러므로 《초》060에서 "상相·용用을 말하려 해도 체와 같아 적멸하고, 적멸하다고 이르려 해도 상·용이 분연하다"고 한 것이다. 이렇다면 삼대의 이치는 단박에 갖춰지고, 삼대라는 말은 점차로 설명된다. 진실로 말은 한꺼번에 드러내지 못하고 뜻은 중첩해 나타내지 못하기 때문이다. 그런 까닭에 '초월'이다.

[28a06] 若爾, 佛音頓演, 應不超耶? 答曰: 時則齊起, 詮乃各別. 詮體之言, 不詮相用. 如世印板 以印文字, 印雖同時, 字字各別, 體字詮體, 相字詮相, 各不相是, 所以名超. 更應難云, 體卽相用, 相用卽體, 名理圓者, 詮體之言, 豈不卽彼詮相之言耶? 若不相卽, 敎義一對, 不應與彼十玄而作所依體事. 若相卽者, 言亦稱圓, 豈能超耶? 今謂通云: 剋法本眞, 言具相卽, 不作能詮, 是故敎義咸爲義理分齊. 就假施設, 借作能詮, 詮體客名, 非詮相用, 超義方成. 如磨五金, 寫作金字, 體具五金, 字唯金字. 寫銀字等, 例准可知. 問曰: 若就能詮假施設故不相卽者, 何名圓敎?

---

060   《演義鈔》권제1(T36, 02b)이다.

答曰: 非字體圓詮圓理, 故乃名圓教. 有云, 三大之理無邊, 終日言而不盡, 所以名超. 故經云: "欲具演說一句法, 阿僧祇劫說不盡." 斯之謂矣. 上來多義, 應審詳悉.

묻는다. 만일 그렇다면 부처님의 음성은 한꺼번에 연설하셨으니 '초월'이 아니겠는가?

답한다. 시간적으론 일제히 일어났지만 설명은 각각 따로따로이며, '체'를 설명한 말은 '상·용'을 설명하지 못한다. 마치 세상에서 인쇄판으로 문자를 인쇄할 때 인쇄는 동시에 되지만 글자들은 각각 따로따로인 것과 같다. '체' 자는 '체'를 설명하고, '상' 자는 '상'을 설명해서 각각 서로 이것이 아니기 때문에 '초월'이라 한다.

묻는다. 다시 논란하여, '체'가 '상·용'에 즉하며 '상·용'이 '체'에 즉하므로 이치가 원만하다고 이름 붙인 것인데 '체'를 설명한 말이 어째서 저 '상'을 설명한 말에 즉하지 않겠는가? 만일 상즉하지 않는다면 교敎·의義 한 쌍은 마땅히 저 십현문十玄門에 소의所依의 체사體事가 되어주지 못할 것이며, 상즉한다면 말 역시 원만함에 걸맞을 테니 초월이 아니겠는가 할 것이다.

답한다. 지금 회통해서 말하겠다. 법을 잘 판단하면 본래 참된 것이니, 말은 상즉을 갖추고 있지만 설명하는 것(能詮)이 되진 못한다. 이 때문에 교·의가 모두 '뜻과 이치의 분한'이 된다. 임시로 시설한 것에 입각해서 빌려 설명할 수는 있지만 '체'를 설명하고 있는 객관적인 명칭은 '상·용'을 설명하는 것이 아니어야만 비로소 '초월'의 뜻이 성립된다. 마치 오금五金을 갈아서 '금'자를 필사하면 체는 오금을 갖췄지만 글자는 '금' 자뿐인 것과 같다. '은' 자를 필사하는 등도 준례해서 알 수 있다.

묻는다. 만약 설명하는 것이 임시로 시설한 것에 입각했기 때문에 상즉하지 않는다면 어떻게 '원교'라고 하겠는가?

답한다. 글자의 체가 원만한 설명이고 원만한 이치이기 때문에 '원교'라고 이름하는 것은 아니다. 다른 해설은, 삼대의 이치는 끝이 없어서 종일토록 말해도 다하지 못하기 때문에 '초월'이라고 한다. 그러므로 경에서 "한 구절의 법을 갖추어 연설하려면 아승기겁에도 다 말하지 못한다"고 한 것이 이것이다. 지금까지의 여러 뜻을 자세히 살펴보고 궁구해 보라.

5) (법의) 소속을 결론지음(結屬)[061]

[28b03] 其唯法界歟者, 結法所屬, 如常可知. 往復等五句, 《疏》文義有四解, 備在 《鈔》文, 欲顯該[062]深, 更增十義; 一三身釋, 二三德釋, 三三事釋, 四三覺釋, 五三 道釋, 六三智釋, 七三諦釋, 八三觀釋, 九三止釋, 十三心釋. 且初三身釋者, 往復 無際化身也, 依眞現化名往, 應盡還源名復, 八相利生無邊際故.(前七相名往, 後 一相名復.) 故《梵網》云: "吾今來此娑婆世界八千返." 實乃無邊, 大數云爾, 故名 無際. 動靜一源, 法身也. 流轉五道, 動也, 出離二碍, 靜也. 隨緣則動靜兩殊, 約 體則眞身莫二, 莫二之源, 卽法身也. 故經云: "如來眞身[063]本無二." 含衆妙而有 餘者, 報身也. 富有萬德, 名含衆妙, 稱說不盡, 復名有餘. 經云: "刹塵心念可數

---

061 〈(2) 문장을 따라 변별하여 해설함〉 內의 〈(5) (법의) 소속을 결론지음〉까지는 선연 찬술 부분
    의 과목에 해당한다. 수문해설
062 底本에는 "說", 《金澤寫本》 참조 수정.
063 底本에는 "身+身", 《華嚴經》 및 《金澤寫本》 참조 "身" 삭제.

知, 大海中水可飲盡, 虚空可量風可繫, 無能盡說佛功德." 何故三身不次耶? 通答: 同前三大之中. 超言思而逈出者, 融拂三身, 其唯法界歟, 結身所屬. 自下九義, 但直指配, 恐繁不釋, 准此應悉.

'그 오직 법계일 것이다'[064]는 법이 소속所屬한 곳을 결론지은 것이니, 평상과 같으니 알 것이다. '왕복' 등 다섯 구절은《소》의 문장에는 뜻에 네 가지의 해석이 있고, 구비된 것은《초》의 문장에 있다. 포괄한 것이 깊음을 나타내고자 다시 열 가지의 뜻을 보태겠다.

첫째 삼신三身으로 해석함이요, 둘째 삼덕三德으로 해석함이요, 셋째 삼사三事로 해석함이요, 넷째 삼각三覺으로 해석함이요, 다섯째 삼도三道로 해석함이요, 여섯째 삼지三智로 해석함이요, 일곱째 삼제三諦로 해석함이요, 여덟째 삼관三觀으로 해석함이요, 아홉째 삼지三止로 해석함이요, 열째 삼심三心으로 해석함이다.

우선 첫째, '삼신으로 해석한다'는 것은 '왕복함이 즈음이(한계가) 없다'는 화신이다. 진신을 의지해서 화신을 현현하는 것을 '왕往'이라 하고, 응신이 다하여 본원으로 돌아가는 것을 '복復'이라고 하니, 팔상八相으로 중생을 이롭게 하여 변제邊際가 없기 때문이다(앞의 일곱 가지 상을 '왕'이라 하고, 뒤의 한 가지 상을 '복'이라 한다). 그러므로《범망경》에서 "내가 여기 사바세계에 팔천 번 돌아왔다"[065]고 하였다. 실제로는 무변하지만 대수로 그렇게 말한 것이다. 그러므로 '무제'라고 한다.

---

064   《大疏》(T35, 503a07)이다.

065   《梵網經》〈菩薩心地戒品〉제10권하(T24, 103c16)의 내용이다.

'동정이 하나의 근원'은 법신이니, 다섯 갈래 길(五道)로 유전하는 것이 '동動'이며, 두 가지의 장애를 벗어나 여읜 것이 '정靜'이다. 연을 따르면 동·정의 둘로 달라지고, 체성에 입각하면 진신眞身으로 둘이 없다. 둘이 없는 근원은 법신이다. 그러므로 경에서 "여래의 진신은 본래 둘이 없다"066고 하였다.

'중다한 현묘함을 함유하면서도 남음이 있다'는 보신이다. 만덕을 풍부하게 소유한 것을 '함중묘含衆妙'라고 하고, 일컬어 말해도 다하지 못하는 것을 다시 '유여有餘'라고 한다.

묻는다. 경에서 "찰진의 심념心念을 세어서 알 수 있고, 거대한 바닷물을 다 마실 수 있으며, 허공을 헤아리고 바람을 묶을 수도 있지만 부처님의 공덕은 다 말할 수 없다"067고 하였는데 무슨 까닭으로 삼신을 순서 짓지 않는가?

회통해서 답한다. 앞의 삼대에서와 같다. '언사를 초월해서 훌쩍 벗어난다'는 삼신을 융합하여 털어낸 것이고, '그 오직 법계일 것이다' 함은 삼신三身의 소속을 결론지은 것이다. 아래 아홉 가지의 뜻부터는 직접 가리켜서 배대만 하고 번거로울까 싶어 해설하지는 않을 것이니 이를 준거하면 다 될 것이다.

[28b17] 二, 三德釋者, 往復無際, 恩德也. 動靜一源, 斷德也. 含衆妙而有餘, 智德也. 三, 三事釋者, 往復無際, 摩訶般若也. 動靜一源, 解脫也. 含衆妙而有餘,

---

066   《華嚴經》권제2〈世主妙嚴品〉제2(T10, 009a25)의 내용이다.
067   《華嚴經》권제80〈入法界品〉제39(T10, 444c26)의 내용이다.

法身也. 四, 三覺釋者, 往復無際, 覺他也. 動靜一源, 自覺也. 含衆妙而有餘, 覺行
圓滿也. 五, 三道釋者, 往復無際, 不住道也. 動靜一源, 證道也. 含衆妙而有餘, 助
道也. 六, 三智釋者, 往復無際, 加行智也. 動靜一源, 根本智也, 含衆妙而有餘, 後
得智也. 七, 三諦釋者, 往復無際, 俗諦也. 動靜一源, 眞諦也. 含衆妙而有餘, 義諦
也. 八, 三觀釋者, 往復無際, 假觀也. 動靜一源, 空觀也. 含衆妙而有餘, 中觀也.
九, 三止釋者, 往復無際, 隨緣止也. 動靜一源, 體眞止也. 含衆妙而有餘, 離邊止
也. 十, 三心釋者, 往復無際, 悲心也. 動靜一源,直心也. 含衆妙而有餘, 深心也. 融
拂結屬, 學者例知. 寄十表圓, 以彰無盡. 問曰: 淸凉自釋, 但有四解, 今增十義, 寧
無穿鑿. 答曰: 豈不見,《鈔》云, "言意多含, 略爲四解? 不增前釋, 斯言無用.

둘째, '삼덕三德으로 해석함'은 '왕복무제往復無際'는 은덕恩德이고, '동정일
원動靜一源'은 단덕斷德이며, '함중묘이유여含衆妙而有餘'는 지덕智德이다.

셋째, '삼사三事로 해석함'은 '왕복무제'는 마하반야이고, '동정일원'은
해탈이며, '함중묘이유여'는 법신法身이다.

넷째, '삼각三覺으로 해석함'은 '왕복무제'는 각타覺他이고, '동정일원'은
자각自覺이며, '함중묘이유여'는 각행원만覺行圓滿이다.

다섯째, '삼도三道로 해석함'은 '왕복무제'는 머무르지 않는 도(不住道)이
고, '동정일원'은 증도證道이며, '함중묘이유여'는 조도助道이다.

여섯째, '삼지三智로 해석함'은 '왕복무제'는 가행지加行智이고, '동정일
원'은 근본지根本智이며, '함중묘이유여'는 후득지後得智이다.

일곱째, '삼제三諦로 해석함'은 '왕복무제'는 속제俗諦이고, '동정일원'은
진제眞諦이며, '함중묘이유여'는 제일의제第一義諦이다.

여덟째, '삼관三觀으로 해석함'은 '왕복무제'는 가관假觀이고, '동정일원'

은 공관空觀이며, '함중묘이유여'는 중관中觀이다.

아홉째, '삼지三止로 해석함'은 '왕복무제'는 수연지隨緣止이고, '동정일원'은 체진지體眞止이며, '함중묘이유여'는 이변지離邊止이다.

열째, '삼심三心으로 해석함'은 '왕복무제'는 비심悲心이고, '동정일원'은 직심直心이며, '함중묘이유여'는 심심深心이다. 융합하거나 털어내며, 소속을 결론지은 것은 학자들은 준례하여 알라. 십 숫자에 의탁해서 원만을 표시하여 무진함을 드러낸 것이다.

묻는다. 청량 자신이 해설하면서 네 가지 해석만을 두었는데, 지금 열 가지의 뜻으로 늘렸으니 어찌 천착된 점이 없겠는가?

답한다. 《초》에서 "말의 의미가 포함한 것이 많지만 간략히 네 가지로 해석하겠다"고 한 것을 보지 못했는가. 앞의 해석을 보태지 않는다면 이 말이 쓸모없게 된다.

《초》의 서문[068]

[29a17] [《鈔》]至聖者, 能化之教主也. 至謂極也, 實也. 聖者正也, 謂心與境冥, 智與神會. 根本眞智證理, 後得俗智達事, 稱境而知, 故號爲聖. 所謂果·向八輩聲聞, 麟·部二類獨覺, 見·修十地菩薩, 眞·應五教如來, 咸具二智, 皆得名聖. 初云至極, 已揀二乘及菩薩, 故復云至實, 重揀前之四教權佛. 唯我花嚴具德實佛, 獨名至聖, 因論生論. 問曰: 前四教佛, 若約當教得名至極, 仍相濫者, 至實之義, 亦應相濫, 當教自說是實佛故. 若對圓教非實佛者, 亦無相濫, 至極之義, 亦無相濫, 前四教對圓教, 佛非究竟故. 答曰: 望義別故. 以果德而對因行, 名爲至極, 五教皆具, 以稱性而對隨宜, 名爲至實, 圓教獨有, 故前義而可濫, 唯後義而無雜. 細擇二訓, 非無別理.

[초] '지극한 성인(至聖)'[069]이란 교화하는(能化) 교주이다. '지至'는 지극이며 지실이다. '성聖'은 바름이니 마음이 경계와 명합하고, 지혜가 정신과 명합한 것을 말한다. 근본의 진지眞智로 이치를 증득하며, 후득의 속지俗

068 《소》《초》의 구성상 《초》의 서문이 《대소》의 서문 앞에 있어야하지만 선연은 문장의 편의를 따라서 해설하여 이 〈초서〉가 〈소서〉의 한중간에 위치하게 되었다.

069 《演義鈔》序文(T36, 01a06)의 내용이다. 바로 뒤의 '일심'도 역시 그렇다.

智로 만사에 통달하여 경계에 걸맞게 알기 때문에 '성인'이라고 부른다. 이른바 사과四果·사향四向의 여덟 무리 성문, 인각麟角과 부행部行의 두 종류 독각, 견도위와 수도위의 십지 보살, 진신과 응신의 5교여래 모두 가 두 가지 지혜를 갖추었으므로 모두 '성인'이라 이름한다.

처음에 '지극'이라고 말하여 이승 및 보살과 가려내었고, 또다시 '지실至實'이라고 말하여 거듭 앞의 4교의 권불權佛과 가려낸 것이다. 오직 우리 화엄만이 덕을 갖춘 실불實佛이기 때문에 홀로 '지성至聖'이라고 이름한 다. 논의를 인하여 논의를 내겠다.

묻는다. 앞의 4교의 불을 만약 해당 교에 한정하여 '지극'이라고 한 것 이 서로 혼동된다면 '지실'의 뜻 역시 혼동될 것이다. 해당 교에서 자체 적으로 실불이라고 했기 때문이다. 만약 원교를 상대해서 실불이 아니 라고 하면 역시 혼동됨이 없고 지극의 뜻도 역시 혼동됨이 없을 것이다. 앞의 4교는 원교를 상대하면 불佛이 구경究竟이 아니기 때문이다.

답한다. 뜻을 바라보는 측면이 다른 것이다. 과덕으로 인행에 대응시 켜 '지극'이라고 하는 것이니 5교가 모두 갖추고 있으며, 성품에 걸맞는 것으로 (근기의) 마땅함에 따른 것에 대응시켜 '지실'이라고 하는 것이 니 원교만이 홀로 갖추고 있다. 그러므로 앞의 뜻으로는 혼동될 수 있 고 뒤의 뜻이라야만 잡란함이 없다. 두 가지 말뜻을 상세히 결택하면 별다른 이치가 없는 것이 아니다.

[29b13] 言一心者, 是所詮之義理也. 斯則文易而意難, 粗依五教, 略申區別. 謂小 乘一心唯目第六意識, 七十五法中, 唯一法故. 雖云六識, 但隨根境, 以分用異而無 六體, 如一猿猴巡歷六窓故. 始教一心但目第八識, 積集集起名心, 唯第八故. 又

解, 一當唯字, 心當識字, 攝於五位一百法故. 故《唯識論》云: "識言總顯一切有情各有八識, 六位心所, 所變相見, 分位差別, 及彼空理所顯無爲. 識自相故,(八識自證分,) 識相應故,(五十一心所,) 識所變故,(十一類色等,) 識分位⁰⁷⁰故,(二十四不相應行,) 識實性故.(六種無爲.) 唯言但遮愚夫所執, 定離諸識實有色等." 終教一心, 與行與相如來藏, 多一識心, 頓教一心, 遠轉遠縛如來藏, 一一識⁰⁷¹心, 圓教一心, 總該⁰⁷²萬有, 混融法界. 就莫二義, 約靈知體, 無法不攝, 總號一心. 故下經云: "三界唯心故, 心如工畫師故, 心佛與衆生, 是三無差別故, 一切唯心造故等." 又下《鈔》云: "張心則無心外之境等." "十所因⁰⁷³中, 唯心所現故等." 約廣則兼該⁰⁷⁴前四, 就深乃正在第五. 下多如是, 准此應知.

'일심一心'이라고 한 것은 설명된(所詮) 의리이다. 이것은 문장은 쉽지만 의미는 어렵다. 대강 5교에 의거해서 간략하게 펴서 구별하겠다. 말하자면 소승의 일심은 오직 제6 의식만을 지목한다. 칠십오법七十五法 중에 유일한 법이기 때문이다. 비록 6식이라고 하더라도 다만 근根과 경境을 따라서 작용으로 달리 나뉜 것이지 6개의 체는 없다. 마치 한 마리의 원숭이가 6개의 창을 순력하는 것과 같다.

시교의 일심은 제8식을 가리킨다. 적집하고 모여 일어나는 것을 '심'이라고 이름하니 오직 제8식뿐이기 때문이다. 또, 해설이 있다. '일一'은

---

070   底本에는 "+位", 《金澤寫本》 및 《성유식론》을 참조 삭제.
071   底本에는 "體", 《金澤寫本》 참조 수정.
072   底本에는 "說", 《金澤寫本》 참조 수정.
073   底本에는 "目", 《金澤寫本》 참조 수정.
074   底本에는 "說", 《金澤寫本》 참조 수정.

'유唯' 자에 해당하며, '심心'은 '식識' 자에 해당한다. 오위백법五位百法을 거두기 때문이다. 그러므로 《성유식론》[075]에서 "식識이란 말은 일체 유정에 각각 있는 8식과 6위位의 심소心所와 전변된 상분·견분과 분위의 차별 및 공空의 이치로 드러난 무위를 총체적으로 나타낸 것이다. 식의 자체상이기 때문이며(8식의 자증분自證分), 식과 상응하기 때문이며(51심소), 식이 전변된 것이기 때문이며(11개의 색[076] 등), 식의 분위分位이기 때문이며(24불상응행不相應行), 식의 실성實性이기 때문이다(6종 무위). '오직'이란 말은 단지 범부들이 집착한 것인 '결정코 여러 식을 여의고 실제로 색이 있다'는 것을 차단한 것이다"라고 하였다.

종교의 일심은 행상과 함께하는 여래장이니, 여럿인 식識과 하나인 심心이다. 돈교의 일심은 전변과 계박을 멀리 벗어난 여래장이니, 하나의 식과 하나의 심이다.

원교의 일심은 총체적으로 만유를 포괄하여 법계와 혼융하니, 둘이 없는 뜻에 입각하고 신령하게 아는 체성에 한정하면 거두지 않는 법이 없으므로 총괄해서 '일심'이라고 부른다. 그러므로 아래 경에서 "삼계는 오직 마음일 뿐이고, 마음은 화가와 같으며, 마음과 부처와 중생 이 셋은 차별이 없으며,[077] 일체는 오직 마음으로 만들어진다"라고 하였다. 또, 아래 《초》[078]에서 "마음을 펼치면 마음 이외의 경계가 없다"라고 하였고, "열 가지의 (덕용德用)소인所因 중에 '오직 마음으로 현현한 것'이기

---

075   《成唯識論》 권제7(T31, 039c20)의 내용이다.

076   5근, 5경과 법처소섭색(무표색)을 말한다.

077   《華嚴經》 권제10 〈夜摩天宮品〉 제16(T09, 465c29)의 내용이다.

078   《演義鈔》 권제1(T36, 03a23)의 내용이다.

때문이다"라고 하였다. 광대함에 한정하면 앞의 4교를 겸하여 포괄하고, 매우 깊음에 입각하면 바로 제5교이다. 아래는 대부분 이와 같으니 이를 준거하면 알 것이다.

[30a12] 故賢首云: "問曰: 云何一心約就諸教, 得有如是差別義耶? 答: 此有二義, 一約法通收, 二約根[079]分齊. 初義者, 由此甚深緣起, 一心具五義門. 是故聖者隨以一門, 攝化衆生. 一攝義從名門, 如小乘說, 二攝理從事門, 如始教說, 三理事無碍門, 如終教說, 四事盡理現[080]門, 如頓教說, 五性海具德門, 如圓教說. 是則不動本而常末, 不壞末而恒本, 故五義相融, 唯一心轉也. 二約機明得法分齊者, 或有得名而不得義, 如小乘, 或有得名[081]得一分義, 如始教, 或有得名得具分義, 如終教, 或有得義而不存名, 如頓教, 或有名義俱無盡, 如圓教."

그러므로 현수가 말하였다. "묻는다. 어째서 일심을 여러 교에 입각한 것에 한정하면 이와 같은 차별된 뜻이 있게 되는가?

답한다. 여기에 두 가지 뜻이 있다. 첫째는 법에 한정하여 통틀어 거두며, 둘째는 근기에 한정해서 분제分齊한다. 첫 번째의 뜻은 매우 깊이 연기하는 것으로 인해 일심에는 다섯 가지 뜻 문을 갖추고 있다. 이 때문에 성인은 때마다 한 가지 문으로써 중생을 거둬 교화한다. 첫째는 뜻을 거둬 명칭을 따르는 문이니 소승의 설과 같고, 둘째는 이치를 거둬 사법을 따르는 문이니 시교始教의 설과 같으며, 셋째는 이치와 사법이 무

---

079   《敎義分齊章》에는 "機"로 되어 있다.

080   《敎義分齊章》에는 "顯"으로 되어 있다.

081   底本에는 "+義", 《金澤寫本》 참조 삭제.

애한 문이니 종교終敎의 설과 같고, 넷째는 사법이 다하여 이치가 현현하는 문이니 돈교頓敎의 설과 같으며, 다섯째는 성품 바다(性海)가 덕을 갖춘 문이니 원교圓敎의 설과 같다. 이렇다면 근본을 움직이지 않으면서 항상 말엽이며 말엽을 무너뜨리지 않으면서 언제나 근본이다. 그러므로 다섯 가지 뜻을 서로 융합하면 오직 일심이 전변한 것이다.

　두 번째에 근기에 한정해서 득법의 분제를 밝힌다는 것은 혹은 (일심의) 명칭은 얻었지만 뜻은 얻지 못하였으니 소승과 같고, 혹은 명칭을 얻고 일부분의 뜻을 얻었으니 시교와 같으며, 혹은 명칭도 얻고 전부분의 뜻도 얻었으니 종교와 같고, 혹은 뜻은 얻었으되 명칭은 두지 않으니 돈교와 같으며, 혹은 명칭과 뜻 둘 다 다함이 없으니 원교와 같다"082라고 하였다.

082　《敎義分齊章》권제2(T45, 485b13)이다.

1) 용대를 밝힘('왕복무제'의 뜻)

'무제無際'의 두 가지 뜻[083]

(2) 변제가 끊어졌음을 기준잡음(約絶於邊際)

[30b04] 〔《鈔》〕 據卽事同眞者, 但取能同之事用, 非取所同之理體. 問曰: 此言同眞爲與眞一耶? 爲與眞異耶? 若言異者, 何云卽事同眞. 若言一者, 應是一源體大, 寧屬往復用大? 今謂通云, 以事望理, 具二義故. 何者? 以事望理, 由非異故, 同眞絶際. 以事望理, 由非一故, 事用廣多. 將前非異, 從後非一, 故屬用大. 應尋下《鈔》義分齊中事理相遍, 問答文義, 照然可悉. 又解, 此言同眞, 非謂事體同眞, 但以稱性分量同眞, 故無前難.

[초] '사법事法에 즉하여 진리眞理와 같아진 것에 의거함'[084]은 다만 능동能同인 사법의 작용을 취한 것이고, 소동所同의 진리 자체를 취한 것은 아니다.

<u>묻는다.</u> 여기서 말한 '진리와 같아진 것(同眞)'은 진리와 동일한가, 진리와 다른가? 만약 다르다고 하면 어떻게 사법에 즉하여 진리와 같아진다고 할 것이며, 만약 동일하다고 하면 '일원一源'의 체대일 텐데 어떻게 '왕복'의 용대에 속하겠는가?

<u>답한다.</u> 이제 통석해 보겠다. 사법으로 이치를 바라보면 두 가지의 뜻

---

083   '무제'의 두 가지 뜻 중 하나는 (1) 廣多無有邊際(광다무제)이다.

084   《演義鈔》 권제1(T36, 01b19)이다.

을 갖추고 있기 때문이니, 무엇인가? 사법이 이치를 마주하여 다르지 않음을 말미암기 때문에 진리와 같아져 즈음(한계)이 끊어지고, 사법이 이치를 마주하여 동일하지 않음을 말미암기 때문에 사법의 작용이 광다廣多한 것이다. 앞의 다르지 않음을 가지고 뒤의 동일하지 않음을 따랐기 때문에 용대에 속한다. 아래《초》의 '뜻과 이치의 분한' 중에 '사법과 이치가 서로에 변만함'에서 문답한 문의를 찾아보면 환하게 알 것이다.

또 해석이 있다. 여기서 말한 '진리와 같아진 것'은 사법의 체가 진리와 같아진 것을 말한 것이 아니고, 다만 성품에 칭합한 분량이 진리와 같은 것이다. 그러므로 앞의 논란이 없다.

'왕복往復'의 세 가지 설명
(1) 미혹과 각오를 쌍으로 한정하여 설함(雙約迷悟說)

[30b12] 言迷法界而往六趣去也動也等者, 有二解; 一云, 迷之一字, 根本無明也, 往六趣者, 業繫苦果也. 悟之一字, 雖復[085]名覺也, 復[086]一心者, 果究竟覺也. 染淨之法, 各擧初後, 影取中間. 一云, 迷之一字, 本末不覺, 十重染妄也. 往六趣者, 卽前妄法, 背覺合塵, 皆往六趣也. 悟之一字, 分·滿始覺, 五位功德也. 復一心者, 卽前淨法, 從凡向聖, 皆復一心. 後解爲優, 攝法無遺故. 問曰: 上有三訓, 何但結二? 答曰: 上之二訓, 唯事非理, 起滅一訓, 雙通事理, 所以別論. 又云, 上之二訓, 唯能迷能悟. 起滅一訓, 通所迷所悟. 所以別論, 二解任取.

---

085   底本에는 "後",《金澤寫本》참조 수정.
086   底本에는 "後",《金澤寫本》참조 수정.

'법계法界를 미혹해서 육취六趣로 가는 것은 떠나는 것이며, 움직이는 것'[087] 등이라고 한 것은 두 가지 해석이 있다.

일설은 '미迷' 한 글자는 '근본무명根本無明'이고, 육취로 가는 것은 '업계고과業繫苦果'이다. '오悟' 한 글자는 비록 또다시 '각覺'이라고 하지만, 일심으로 돌아오는 것은 '과구경각果究竟覺'이다. 염오와 청정의 법에 각각 처음과 뒤를 들고 중간을 영략해서 취했다.

일설은 '미' 한 글자는 본·말의 불각과 10겹의 망염이다. '육취로 가는 것'은 곧 앞의 망염법이니 '각'을 등지고 '진塵'에 합하는 것이 모두 육취로 가는 것이다. '오' 한 글자는 인분因分·과만果滿의 시각始覺과 다섯 계위의 공덕이다. '일심으로 돌아오는 것'은 곧 앞의 청정법이니, 범부로부터 성인을 향하는 것이 모두 일심으로 돌아오는 것이다. 뒤의 해석이 우세하다. 법을 거둬 빠뜨림이 없기 때문이다.

묻는다. 위에서는 세 가지 의미가 있는데 어째서 두 가지로만 결론하는가?

답한다. 위 두 가지 뜻은 오직 사법뿐이고 진리는 아니며, 기멸하는 뜻 하나는 사事·리理에 쌍으로 통한다. 이 때문에 따로 논한 것이다.

또 답한다. 위 두 가지 뜻은 오직 '능미能迷'와 '능오能悟'일 뿐이며, 기멸하는 뜻 한 가지는 '소미所迷'와 '소오所悟'에도 통한다. 이 때문에 따로 논한 것이니 두 가지 해석을 마음대로 취하라.

---

087   《演義鈔》 권제1(T36, 01b21)이다. 이어진 문장은 "법계를 각오하여 일심으로 돌아오는 것은 오는 것이며, 고요한 것이다.(悟法界而復一心, 來也, 靜也.)"이다.

[31a05] 言皆法界用也者, 問曰: 悟法界者, 卽是功德, 順向法界, 可得名用. 迷法
界者, 卽是過患, 違逆法界, 寧亦稱用. 如眼中之翳瞙, 還同照道之功. 似腹中病魔,
翻作資身之力. 若許有染, 何名淸淨法界耶? 又卽體之用, 同體常故, 皆不可斷. 若
許不斷, 佛應同凡, 起煩惱故. 許起煩惱, 何云蕩無纖塵耶? 又下《疏》云: "三用大
能成[088]一切世間出世間善因果故. 然彼依心說於三大, 眞如乃是其一. 以一統二,
二皆屬如. 然違眞名惡, 契如則滅. 順眞爲善, 稱如則大. 約善順義, 故說如爲善
因. 然違順雖殊, 離如則無可違, 故惡亦以如爲體." 准此所說, 雖以如爲體, 亦非
卽用, 如何會通? 答: 此義極難, 人多未曉. 今略捐揀, 冀垂淸鑑. 淸淨法界如淨明
鏡, 法界染用, 鏡現穢影, 非直不汚法界, 亦表法界淸淨故, 非直不汚明鏡, 亦表明
鏡淸淨故. 不以稱性妄染不斷, 便難法界不淸淨耶? 不以明鏡穢影仍存, 便難鏡不
淸淨耶? 勿謂稱性之染不斷, 便令佛起煩惱耶. 勿見鏡影之穢常現, 便謂鏡有昏
塵耶. 以法對喩, 照然可見.

'모두 법계의 작용'[089]이라고 한 것은, 묻는다. 법계를 각오한 것은 공덕이
어서 수순해서 법계로 향하므로 작용이라 이름할 수 있지만, 법계가 미
혹한 것은 과환이어서 법계를 어긋나게 거스르는데 어찌 또한 작용이라
고 일컬을 수 있겠는가? 마치 안근 속의 흐린 각막을 도리어 비추는 도
의 공력과 같다고 하고, 복부 속의 병마를 뒤쳐 신체를 자량하는 힘이
된다고 하는 것과 비슷하다. 염오가 있는 것을 허여한다면 어떻게 청정
한 법계라고 하겠는가? 또, 체성에 즉한 작용이 체성과 같아서 항상 있

088　《大疏》에는 "生"으로 되어 있다.
089　《演義鈔》권제1(T36, 01b23)이다.

는 까닭에 모두 끊어지지 않는다. 만약 끊어지지 않는다고 허여한다면 부처님은 범부와 같아지게 될 것이니 번뇌를 일으키는 까닭이다. 번뇌를 일으키는 것을 허여한다면 어떻게 탕탕하여 털끝만한 티끌도 없다고 하겠는가?

또, 아래 《소》[090]에서 "'셋째는 용대이니 일체의 세간과 출세간의 선한 인과를 이루기 때문'[091]이라고 하였다. 저기서는 마음에 의거하여 삼대를 말하였으니 진여는 그 하나이다. 하나로 둘을 통합하면 둘은 모두 여에 귀속한다. 그러나 진과 어긋나면 '악惡'이라 하고, 여如에 계합하면 '멸滅'이라 하며, 진에 수순하는 것을 '선善'이라 하고, 여如에 걸맞은 것을 '대大'라고 한다. 선하고 수순하는 뜻에 한정했기 때문에 여如를 선한 인이라고 한 것이다. 그러나 어긋남과 수순함으로 달라졌더라도 여如를 여의고는 어긋날 것이 없으므로 악도 역시 여如로서 체를 삼는다"고 하였으니 여기서 언급된 내용을 준거해서 비록 여如로서 체를 삼았더라도 역시 곧 작용은 아닐 것이니 어떻게 회통하겠는가?

답한다. 이 뜻이 극히 어려워 사람들이 대부분 알지 못한다. 지금 간략하게 가려놓겠으니 맑게 비춰보길 바란다. 청정한 법계는 깨끗하고 밝은 거울과 같으니, 법계는 염오로 작용하고 거울은 더러운 영상을 드러낸다. (이는) 법계를 더럽히지 못할 뿐만이 아니라 또한 법계는 청정하다는 것을 표시한 것이며, 밝은 거울을 더럽히지 못할 뿐만이 아니라 역시 밝은 거울은 깨끗하다는 것을 표시한 것이다. 성품에 걸맞은 망염

---

090   《大疏》권제30〈十廻向品〉(T35, 725c11)의 내용이다.
091   《대승기신론》의 내용을 인용한 것이다.

이 끊지 못하는 것이 아닌데 법계가 청정하지 못다고 논란하겠으며, 밝은 거울에 더러운 영상이 존재하는 것이 아닌데 거울이 깨끗하지 못하다고 논란하겠는가? 성품에 걸맞은 염오가 끊어지지 않는다고 곧 부처님이 번뇌를 일으키게 된다고 여기지 말며, 거울의 영상에 더러운 것이 항상 현현한다고 곧 거울에 시커먼 먼지 티끌이 있다고 보지 말라. 법으로 비유를 상대한 것은 훤히 알 수 있다.

[31b05] 良以妄染乃具二義, 一者可斷, 二者不可斷. 初義同常, 後義當悉. 故我世尊演教隨宜, 應權小根, 說染妄之過患, 則一向斷, 順圓頓根, 示染妄之功德, 亦通不斷. 故《大疏》釋: "勝熱婆羅門示於邪見, 無厭足王示嗔, 婆須密女示貪, 顯三毒相竝有正法故. 然有五義; 一當相卽空, 空故是道, 非謂此三卽是佛法. 二約幻用攝生, 亦非卽是, 如《淨名》云: '行於非道, 先以欲鈎牽, 後令入佛道等.' 三在惑用心, 如俗流輩. 行事作觀(如威夏日, 上子穢厠), 觀心爲道, 非卽是道. 四留惑潤生, 長菩薩道, 亦非卽是. 如《淨名》云: '不入生死大海, 則不能得一切智寶等.' 五當相卽道, 不同前四, 不思議故. 故《無行經》云: '婬欲卽是道, 恚癡亦復然, 如是三法中, 有無量佛道.[092]" 又《智論》云: "婬欲卽是道, 恚癡亦如是, 如此三事中, 無量諸佛道. 若有人分別, 婬怒癡及道, 是人去佛遠, 譬如天與地. 道及婬怒癡, 是一法平等, 若人聞怖畏, 去佛道甚遠. 乃至, 若知有無等, 超勝成佛道." 又云: "遇三毒而三德圓." 又云: "無厭嗔火而不燒, 婆須[093]愛水而不溺, 勝熱癡毒而不中, 遍行見流而不漂." 又十玄門中, 有同時具足門, 果位唯淨, 那云具足? 十所因

---

092   《大疏》권제57(T35, 932b03)에는 이 마지막 구절이 "具一切佛法"으로 되어 있다.

093   底本에는 "須+蜜",《金澤寫本》참조 "蜜" 삭제.

中, 有法無定性因, 果位唯淨, 豈不定耶? 又淸涼破《刊定》云: "德相不通染門, 交徹之旨寧就." 但現而常虛, 無實過患, 細思細思, 愼勿驚疑. 又下《疏》釋, 智不從煩惱文竟, 自伸難云: "若爾, 何以經中言, '煩惱泥中, 有佛法矣.' 此說在纏如來藏故. 然此大智從藏德生, 非從迷起. 若爾, 煩惱卽菩提, 復云何通? 約體性故, 從所迷故, 如波與濕. 然實義者, 眞妄愚智. 若約相成, 二門峙立. 若約相奪, 二相寂然, 雙照二門非卽非離. 若說一者, 離之令異, 如此章中, 若云異者, 合之令同, 如後章是. 善須得意, 勿滯於言." 是也.(此應引《智論》, 喜根菩薩緣.)

　정말로 망염妄染은 두 가지 뜻을 갖추고 있다. 첫째는 끊을 수 있고, 둘째는 끊을 수 없는 것이다. 첫 번째 뜻은 일상과 같고, 뒤의 뜻은 알아야 할 것이다. 그러므로 우리 세존께서 교의를 연설하시는 데 (근기들의) 마땅함을 따라서 권교대승과 소승에 맞춰서는 망염의 과환過患은 줄곧 끊어진다고 설법하였고, 원교와 돈교의 근기에 수순해서는 망염의 공덕이 역시 끊어지지 않는 것에도 통한다는 것을 보이셨다.

　그러므로 《대소》[094]에서 "승렬바라문은 삿된 견해를 보이고, 무염족왕은 성냄을 보이며, 바수밀녀는 탐욕을 보였으니, 삼독심의 모습에 아울러 정법이 있음을 드러낸 것이다. 그러나 다섯 가지 뜻이 있다. 첫째는 당체의 모습(當相)이 곧 공한 것이니, 공하기 때문에 도인 것이지 이 셋이 곧 불법佛法인 것을 말하는 것은 아니다. 둘째는 환幻과 같은 작용으로 중생을 거둬들임에 한정한 것이니, 역시 비법이 곧 이것이다. 《정명경》에서 '비도非道를 행하는 것은 먼저 욕망으로 이끌어내고, 뒤에 불도

094　《大疏》권제57 〈入法界品〉 제39(T35, 932a21)의 내용이다.

에 들어가게 하려고 한 것' 등이라고 한 것과 같다. 셋째는 미혹에 있으면서 마음을 쓰는 것이니, 세속의 무리들과 같다. 사법을 행하되 관조를 지어서(마치 위세 있는 여름 햇볕에 상자上子가 측간을 더럽히는 것과 같다) 관조하는 심이 도가 된 것이니, 비법이 곧 이 도이다. 넷째는 미혹을 남겨두어 생을 윤택하여 보살도를 기르는 것이니, 역시 비법이 곧 이것이다. 《정명경》에서 '생사의 큰 바다에 들어가지 않으면 일체지의 보배를 얻지 못한다' 등이라고 한 것과 같다. 다섯째는 당체의 모습(當相)이 곧 도인 것이니, 앞의 넷과 같지 않으니 '부사의'하기 때문이다. 그러므로 《무행경》에서 '음욕이 도이며, 성냄도 역시 그렇다. 이와 같은 3법 가운데 무량한 불도가 있다'고 하였다"고 하였고, 《대지도론》[095]에서 "음욕이 도이며 성냄도 역시 이와 같다. 이와 같은 세 가지의 사법 가운데가 무량한 불도이다. 만약 어떤 사람이 음욕과 성냄과 어리석음과 불도라고 분별한다면 이 사람은 부처님과 거리가 멀어서 비유하자면 마치 하늘과 땅과 같다. 도와 음욕과 성냄과 어리석음은 한 법으로 평등하다. 만약 사람이 듣고 두려워한다면 불도와의 거리가 매우 멀다. … 만약 유·무가 동등한 줄 안다면 초월한 것이 수승해서 성불할 것이다"라고 하였으며, 또 "삼독심을 만나서 삼덕이 원만해진다"[096]고 하였고, 또 "무염족왕은 성냄의 불에 타지 않았고, 바수밀녀는 애욕의 물에 빠지지 않았으며, 승렬바라문은 어리석음의 독에 중독되지 않았고, 변행동자는 견해의 폭류에 떠내려가지 않았다"고 하였다.

---

095   《大智度論》권제6 〈大智度初品中意無礙釋論〉제12(T25, 107c21)의 내용이다.
096   《貞元疏(幷序)》권제1에 나온다.

또, 십현문 중에 '동시구족상응문'이 있는데, 과위만이 청정하다면 어떻게 구족이라고 말할 수 있겠으며, (덕용의) 십소인十所因 중에 '법에는 정해진 성질이 없다'고 하는 인因이 있는데, 과위만이 청정하다면 어찌 정해진 것이 아니겠는가? 또, 청량이 《간정기》를 논파하면서 "덕상이 염오문에 통하지 않는다면 서로 어우러져 통한다는 지취를 어떻게 이루겠는가"[097]라고 하였다. 그러나 나타나더라도 항상 허망하여 실제의 과환이 없으니 자세히 생각하고 자세히 생각하여 삼가 놀라거나 의심하지 말라.

또, 아래《소》[098]에서 지혜는 번뇌로부터 나오지 않는다는 문장을 마치면서 자신이 논란을 펴서 "만약 그렇다면 어째서 경에서는 '번뇌의 진흙 속에 불법이 있다'고 하였는가? 이것은 번뇌에 얽혀있는(在纏) 여래장을 말한 것이다. 그러나 이 대지혜는 여래장의 덕에서 생기는 것이지 미혹으로부터 일어나는 것이 아니다.

묻는다. 그렇다면 번뇌가 곧 보리라는 것을 또다시 어떻게 회통하겠는가?

답한다. 체성에 한정했기 때문이며, 미혹된(所迷) 것을 따랐기 때문이다. 마치 파도와 습성과 같다. 그렇지만 실제 뜻은 진성과 망념, 우치와 지혜를 서로 이뤄주는 것에 한정하면 두 문이 우뚝 성립되지만, 서로 부정하는 것에 한정하면 둘의 모습은 적연하다. 두 문을 쌍으로 비춘 경우엔 즉하지도 여의지도 않는다. 동일하다고 말하는 경우에는 여의어서

---

097   《演義鈔》 권제3(T36, 017a)이다.
098   《大疏》 권제21 〈夜摩宮中偈讚品〉 제20(T35, 656b)의 내용이다.

다르게 하였으니 이 장章⁰⁹⁹과 같고, 다르다고 말하는 경우에는 합하여 동일하게 하였으니 뒷장과 같다. 의미를 잘 알아서 말에 막히지 말라"고 한 것이 이것이다(이것은 《대지도론》의 희근보살의 인연을 인용한 것이다).

'진여眞如'의 두 가지 뜻

① 수연에 한정함(約隨緣)

[32b03] 《鈔》 然眞有二義一約隨緣者, 問曰: 隨緣之義, 爲理爲事也耶? 答曰: 豈不《鈔》云: "然眞有二義", 此卽但是眞理不守自性受熏之義, 卽是眞如通達作用. 亦是依理成事門中, 所依能成之理, 非是能依所成之事. 《禪詮》云: "不變是性, 隨緣是相者." 但據以本就末, 不異義故. 問曰: 何者是本, 何者是末, 云何不異? 答曰: 隨緣眞是本, 相有妄是末. 以隨緣眞徹相有妄, 乃名不異. 然眞理妄事, 非一非異, 性宗綱領, 學人斗秤. 迷此, 觸途生滯, 悟此, 覽義無疑.

[초] '그런데, 진여에는 두 가지 뜻이 있다. 첫째는 수연隨緣에 한정하여'¹⁰⁰라는 것은, 묻는다. 수연의 뜻은 진리인가, 사법인가?

답한다. 《초》에서 "그러나 진여에는 두 가지 뜻이 있다"고 말하지 않았는가. 이렇다면 다만 진여의 이치는 자성을 지키지 않고 훈습을 받는 뜻일 뿐만이 아니라 진여는 작용에 통달한 것이다. 또한, '진리에 의지해

---

099   이 章은 《大疏》에서 주석하고 있는 〈아먀천궁게찬품〉의 慚愧林菩薩의 게송 "無有從無智, 而生於智慧."등을 말하고, 後章은 바로 다음에 이어지는 精進林菩薩의 게송 "如金與金色, 其性無差別."등을 말한다.

100   《演義鈔》(T36, 01b23)이다.

서 사법을 이루는 문'에서 소의所依이며 능성能成의 진리이지, 능의能依이며 소성所成의 사법이 아니다.《선원제전집도서禪源諸詮集都序》에서 "불변은 성性이며, 수연은 상相"이라고 한 것은 다만 근본으로 지말에 입각하여 다르지 않은 뜻에 준거했기 때문이다.

묻는다. 무엇이 근본이며, 무엇이 지말이기에 다르지 않다고 하는가?

답한다. 수연하는 진리가 근본이며, 상이 있는 망사妄事는 지말이다. 수연하는 진리가 상이 있는 망사에 사무치기 때문에 다르지 않다고 한다. 그러나 진리와 망사는 동일하지도 다르지도 않은 것이 성종의 강령이며 학자의 두평斗枰이니 이것을 미혹하면 마주치는 길마다 체증을 내게 되고, 이것을 깨달으면 파악하는 뜻마다 의심이 없게 된다.

[32b11] 全依《大疏》, 粗示小圖. 幸願群英, 俯垂一顧, 眞理妄事非一非異圖.

理	不變隨緣	二. 以末就本不異	卽不變隨緣卽隨緣不變	三. 相成不異	合四不異爲一不異	九. 義門別故非一
事	體空相有	一. 以本就末不異	卽相有體空卽體空相有	四. 相奪不異		
事	體空相有	六. 相害不一	表不變相有遮不變相有	七. 相背相害不一	合四不一爲一不一	十. 理性融故非異
理	隨緣不變	五. 相背不一	表隨緣體空遮隨緣體空	八. 不存不泯不一		

온전히《대소》에 입각해서 대강 작은 도표로 표시하겠다. 여러 영재들은 다음의 〈진리망사비일비이도眞理妄事非一非異圖〉를 한번 돌아보길 바란다.

진리 불변 수연	2. 지말로 근본에 입각해 다르지 않다.	불변에 즉한 수연 수연에 즉한 불변	3. 서로 성립해서 다르지 않다.	四불이를 합하여 一불이로 삼다.	9. 의미가 각각이므로 하나가 아니다.
망사 체공 상유	1. 근본으로 지말에 입각해 다르지 않다.	상유에 즉한 체공 체공에 즉한 상유	4. 서로 부정하여 다르지 않다.		
망사 체공 상유	6. 서로 방해하여 하나가 아니다.	불변을 드러낸 상유 불변을 차단한 상유	7. 서로 등지고 서로 방해하여 하나가 아니다.	四불일을 합하여 一불일을 삼다.	10. 이성이 융합하므로 다른 것이 아니다.
진리 수연 불변	5. 서로 배반하여 하나가 아니다.	수연을 드러낸 체공 수연을 차단한 체공	8. 두지도 않고 없애지도 않아 하나가 아니다.		

[33a01] 言迷則眞隨於妄則眞滅妄生等者, 此言眞滅, 非是喪滅, 但是隱滅. 問曰: 不變眞滅耶? 隨緣眞滅耶? 若云不變眞滅者, 特違文理. 故《鈔》云: "然眞有二義; 一者隨緣, 迷則眞隨於妄, 則眞滅妄生等." 何開不變? 次《鈔》"隨緣眞滅" 義立不可, 何以故? 正隨緣時, 隨緣之義理. 又云, "眞界湛若虛空, 體無生滅, 此義在下體大中." 尤知隱滅之眞非是不變. 若分隱滅·顯生, 且非體大乃屬用大, 旣有隱顯, 何名不變? 由此得知隱滅之眞非是不變. 若云應增顯, 何成隱滅. 今謂通云: 將不變眞, 就隨緣門, 卽言隱滅非是別論, 不變隨緣而有隱滅. 細思細思, 可知深味.

'미혹하면 진여가 망사를 따르니, 진여가 소멸하고 망사가 생기며 등'[101]이라고 한 것은 여기서 말한 '진여가 소멸함'은 상실되어 소멸하는 것이 아니고 다만 은둔하여 소멸하는 것이다.

　묻는다. 불변의 진여가 소멸하는가, 수연하는 진여가 소멸하는가? 만

101　《演義鈔》(T36, 01b24)이다.

약 불변하는 진여가 소멸한다면 문리에 특히 어긋난다. 그러므로《초》에서 "그러나 진여에는 두 가지 뜻이 있다. 첫째는 수연이니, 미혹하면 곧 진여가 망사를 따르니 진이 소멸하고 망이 생긴다"라고 하였는데, 어떻게 불변을 분리하는가? 그 다음《초》에서 "수연하는 진이 소멸한다"고 한 뜻은 성립하지 못한다. 어째서인가? 바로 수연할 때가 수연의 의리이다. 또, "진여법계는 허공처럼 담연해서 체성이 생멸함이 없다. 이 뜻은 아래 체대 중에 있다"라고 하였으니 은둔하여 소멸하는 진이 불변은 아님을 더 잘 알 것이다. 만약 은둔하여 소멸함과 현현하여 생긴 것으로 나누면 또한 체대가 아니고 용대에 속한다. 이미 은둔하고 현현함이 있다면 어떻게 불변이라고 하겠는가? 이로 말미암아 은둔하여 소멸하는 진이 불변은 아님을 알 수 있다. 만약 거듭하여 현현한다고 하면 어떻게 은멸이 성립되겠는가?

답한다. 이제 소통해서 말하겠다. 불변의 진여를 가지고 수연문에 입각하여 '은멸隱滅'이라고 한 것이지, 따로따로 논한 것은 아니다. 불변이 수연하여 은멸함이 있게 된 것이니, 자세히 생각하고 자세히 생각하면 깊은 의미를 알 수 있다.

② 불변에 한정함(約不變)

[33a11] 言迷來無始故無初際者, 應云悟來無終[102]故無後際,(下卽是廣多無際.)[103]

102　底本 및《金澤寫本》에는 "初",《金澤寫本》교감주 및 아래 문장 참조 "終"으로 수정.

103　底本 및《金澤寫本》에는 故 앞에 "下卽是廣多無際." 7자가 본문으로 되어 있지만 이는 小註인 듯하다. 그 이유는 '아래는 곧 광다무제이다'라는 문장은 小註의 성격을 띠고 있으며, 전후

故下《鈔》(十四[104]下半二十二紙):"復禮法師有遺問云:'眞法性本淨, 妄念何由起, 許妄從眞生, 此妄安可止. 無初則無末, 有終應有始, 無初[105]而有終, 長懷懵斯理. 願爲開祕密, 祈[106]之出生死.' 清凉總酬其問云:'迷眞妄念生, 悟眞妄則已, 能迷非所迷, 安得全相似? 由來未曾悟, 故說妄無始, 知妄本自眞, 方是恒常理. 分別心不忘,[107] 何由出生死?"又下《鈔》說眞妄:"復有四句; 眞理則無終無始, 妄念則無[108]始有終, 眞智則無終有始, 瞥[109]起妄念有終有始. 若約圓融, 同無終始."應云, 悟來無終故無後際.(此是廣多無際.) 悟絕始終, 際則無際, 應云, 迷絕始終, 際卽無際.(此是絕際無際.)《鈔》據影略, 不全顯示.

'미혹이 유래하는 것이 시작이 없는 까닭에 초제初際가 없고'라는 것은 응당 '각오가 유래하는 것이 끝남이 없기 때문에 후제後際가 없다'고 해야 할 것이다. (아래는 곧 광다무제廣多無際이다.) 그러므로 아래《초》[110]에서 (14장 하반 22지) "복례復禮법사가 (〈진망송眞妄頌〉[111]의) 질문을 남겨 묻기

의 문맥과 전혀 맞지 않고, 이 해설문의 마지막 단락에 동일한 구절이 小註이기 때문이다.[역자 주]

104 底本 및《金澤寫本》에는 대문자, 앞 문장에 준례하여 소문자로 수정.[역자 주]

105 《演義鈔》에는 "始"로 되어 있다.

106 《演義鈔》에는 "析"으로 되어 있다.

107 《演義鈔》에는 "未亡"으로 되어 있다.

108 底本 및《金澤寫本》에는 "有",《演義鈔》참조 수정.

109 底本 및《金澤寫本》에는 "始",《演義鈔》참조 수정.

110 《演義鈔》권58(T36, 464c02)이다.

111 현수법장과 함께《80화엄경》번역 장에 참여했던 復禮法師는 〈眞妄頌〉을 남겨, 공개적으로 당대의 고승들에게 의문점을 들어 답변하여 주기를 청했는데, 현재 전하는 것은 澄觀의 이 글과 宗密의 답변뿐이다. 그런데《宗鏡錄》《佛祖統紀》등에는 〈眞妄頌〉의 10구절 게송 가운데 제7구절인 "無初而有終"이 "無初而無終"으로 잘못 전해지고 있는데,《演義鈔》와《決擇記》에 따르면 내용상 "有終"이 되어야 한다.

를 '진여의 법성은 본래 청정한데, 망념은 무슨 이유로 일어납니까? 망념이 진여를 쫓아 생긴다는 것을 허여하면, 이 망념이 어떻게 그칠 수 있겠습니까? 시초가 없다면 그 끝남이 없고, 마침이 있다면 시작함이 있어야할 텐데, 시초는 없고 끝남은 있다면 이 이치에 대해 어리석은 생각을 키웁니다. 원컨대 비밀스런 뜻을 열어주어 생사에서 벗어나게 해주십시오'라고 하였는데, 청량이 그 질문을 거의 수긍하고 말하기를 '진여를 미혹하여 망념이 생긴 것이니, 진여를 각오하면 망념은 그친다. 능미能迷이고 소미所迷가 아닌데, 어떻게 완전히 유사하겠는가? 유래를 일찍이 깨닫지 못했기 때문에 망념은 시작이 없다고 하는 것이다. 망념의 근본은 자체가 진여인 줄 알아야 항상 있는 진리가 된다. 분별심이 없어지지 않는다면 무엇을 말미암아서 생사에서 벗어나겠는가'고 하였다"라고 하였으며, 또, 아래《초》[112]에서 진眞·망妄을 설명하여 "또다시 4구가 있다. 진리는 시작도 없고 끝남도 없으며(1구), 망념은 시작은 없지만 끝남은 있으며(2구), 진지眞智는 끝남은 없지만 시작은 있으며(3구), 갑자기 일어난 망념은 끝남도 있고 시작도 있다(4구). 만약 원융에 한정하면 동시여서 시작도 끝남도 없다"고 하였으니, 마땅히 '각오가 유래하는 것이 끝남이 없기 때문에 후제가 없다'고 해야 할 것이며(이는 광다무제이다), '각오는 시종이 끊어졌으니, 즈음(際)이 곧 무제無際이다'는 마땅히 '미혹은 시종이 끊어졌으니 제際가 곧 무제이다'라고 해야 할 것이다(이것은 절제무제이다).《초》에서는 영략해서 들었고, 전부 현시하지는 않았다.[113]

---

112   역시《演義鈔》권58(T36, 0465a)이다.

113   동일한 문장을 주석한 元代 普瑞의《회현기》를 통해 선연이 소문을 영략해서 들었다고 하는 내용을 모두 8가지로 정리하고 있다.《會玄記》권제2(9紙 상2~하2), "《鈔》言無際下略明無際,

(2) 오직 망에만 한정해서 설함(唯約妄說)

① 시간 측면(竪)에서 가고 옴을 논함(竪論去來)

[33b07] 言唯約[114]妄說乃至云未來無終者, 問曰: 應不成佛, 妄無終盡故. 復違無明無始有終故. 答曰: 以法從人, 卽許斷盡, 以人從法, 未來無終故. 或望一人多人, 盡不盡別故. 如房中暗大夜暗故. 或就卽淨義, 未來無終故. 下《疏》云: "略有三義; 一約一人則可云終, 通望一切則無終極. 二以彼定執長邪見, 故亦不應[115]答, 謂若許有終, 必有始故, 常法無始亦無終故. 三約法性, 皆不可說等." 又《大鈔》(第六下半二十三紙內)云: "妄法有二, 亦無終始; 一則從緣攀體空故, 無可始終. 二卽妄同眞故無始終, 如波卽濕故同水[116]無終." 皆其義也.

'오직 망에만 한정하여 설하면 … 미래는 끝남이 없다고 한다'고 한 것은, 묻는다. 성불하지 못한다고 해야 할 것이니, 망은 끝남이 다함이 없기 때문이며, 또다시 무명은 시작이 없고 끝남은 있다는 것을 어기기 때문이다.

답한다. 법으로 사람을 쫓으면 끊어져 다함이 인정되고, 사람으로 법을 쫓으면 미래가 끝이 없기 때문이다. 혹은 한 사람과 여러 사람을 마주하면 다함과 다하지 않음이 구별되는 까닭이다. 마치 방안의 어둠, 한밤중의 어둠과 같기 때문이다. 혹은 청정에 즉한 뜻에 입각하여 미래가

理實此中具八無際, 迷悟橫竪各二種故. 今此唯二, 影取餘六."等

114   底本 및 《金澤寫本》(29p02)에는 "約+就", 《演義鈔》 참조 삭제.

115   底本 및 《金澤寫本》에는 "應+當", 《大疏》 참조 "當" 삭제.

116   《演義鈔》에는 "同水"가 "卽性" 으로 되어있다.

끝이 없기 때문이다.

그러므로 아래《소》[117]에서 "간략하게 세 가지의 뜻이 있다. 첫째는 한 사람에 한정하면 끝이라고 말할 수 있지만, 일체를 통틀어 바라보면 종극이 없다. 둘째는 저들이 결정 코 집착하여 삿된 견해를 키우므로 역시 응답하지 못하니, 말하자면 만약 끝이 있다고 허여하면 반드시 시작이 있어야하기 때문이며, 보통의 법은 시작도 없고 끝도 없는 까닭이다. 셋째는 법성에 한정하면 모두 설할 수 없기 때문이다" 등이라고 하였고, 또《대초》[118]에서 (제6장 하반 23지내) "망법에는 두 가지가 있는데, 역시 시종이 없다. 첫째는 연을 좇아 반연하지만 체가 공하기 때문에 시종이 없고, 둘째는 망에 즉하여 진과 같기 때문에 시종이 없다. 마치 파도가 물기에 즉하기 때문에 물과 같아져 끝이 없는 것과 같다"라고 한 것이 모두 그 뜻이다.

② 공간 측면(橫)에 한정해서 설함(約橫說)[119]

[33b16] 言妄念攀緣者, 妄念卽攀緣, 唯目心也, 妄念之攀緣, 亦目境也.

'망념반연妄念攀緣'이라고 한 것은, '망념이 곧 반연'은 오직 마음만을 말한 것이며, '망념의 반연'은 역시 경계도 지목한 것이다.

---

117   《大疏》권제24〈十無盡藏品〉제22(T35, 679a16)에 나온다.

118   《演義鈔》권67(T36, 0539a15)에 나온다.

119   이상의 두 가지 뜻은 '광다무제'를 기준 잡은 것이다.

③ 절제무제에 한정함(約絶際)

[33b17] 言《中論》云大聖之所說等者, 下《鈔》釋云: "卽本際品偈, 此中初偈引敎立理, 顯無始終. 次二句仍上遣中, 以無始終可待對故, 後兩句遣其先後. 略有三義, 謂應有問言, 生死二法, 爲先生後死? 爲先死後生? 爲死生一時? 一時[120]" 其是也.

《중론》에서 대성께서 설하신 등'이라고 한 것은 아래《초》[121]에서 해석하기를 "즉 〈본제품本際品〉의 게송[122]이니, 이 가운데 첫 게송은 교를 인용하여 이치를 세워 시종始終이 없음을 드러냈고, 그 다음 두 구절 게송은 바로 위의 보내버림에서 '맞대응할만한 시종이 없기 때문이며, 뒤의 두 구절은 선후先後를 보내버린 것이다. 간략하게는 세 가지 뜻이 있다. 말하자면 '생生과 사死의 두 법은 생이 먼저이고 사가 뒤인가? 사가 먼저이고 생이 뒤인가? 사와 생이 일시인가?'하고 질문해야 한다. 일시(를 '함께'라고 한다)"라고 한 것이 이것이다.

[34a05] 言是以遠公云等者, 此非《涅槃》疏主隋人, 乃是廬山魏人, 如《三寶紀》中敍. 因羅什有書幷偈伸問公, 置迴書幷有此偈陳答, 偈文同常.

---

120 《演義鈔》권제45(T36, 353c17)에는 "一時名共"까지가 한 구절이다.

121 《演義鈔》권제45(T36, 353c17)에 나온다.

122 "①本際不可得, ②生死無有始, 亦復無有終. ④若無有始終, ⑤中當云何有? (是故於此中, 先後共亦無.)" ( ) 속 '共'자를 징관이 "一時名共"으로 해설한 것이다.

'이 때문에 원공遠公이 말하길' 등이라고 한 것은 이는《열반경》의 소주
疏主인 수隋나라 사람이 아니다. 바로 위魏나라 여산廬山 사람이니,《역대
삼보기》[123]에서 서술한 것과 같다. 구마라집이 서신 및 게송으로 질문을
펴서 원공에게 묻자 회신에 부쳐서 아울러 이 게송을 두어 대답을 진술
하였다. 게송의 글은 평상과 같다.

(3) 본원으로 되돌아감에 한정하여 설함(約返本還源說)[《초》]

[34a07] 言皆上句自利爲往, 往涅槃故等者, 問曰: 初義云觀諸衆人心所樂欲, 名
之爲往, 斯則非是自利, 往涅槃故. 答曰: 觀他樂欲本空, 卽是自利, 往涅槃故. 或
如見賢而思齊, 見不賢而內自省, 觀他卽是益自也. 或以少從多故.

'위 구절은 모두 자리自利로써 왕往을 삼았으니, 열반으로 가기 때문이요
등'이라고 한 것은, 묻는다. 첫 번째 뜻은 모든 중생의 마음이 욕락하는
바를 관찰하는 것을 '왕'이라 한다고 하였으니, 이렇다면 '자리自利'가 아
닐 것이다. 열반으로 가기 때문이다.
　답한다. 타인의 욕락이 본래 공함을 관찰하는 것이 곧 자리이니, 열반
으로 가기 때문이며, 혹은 어진 이를 보고 그와 가지런해지기를 생각하
며 어질지 못한 이를 보고 안으로 자신을 성찰하는 것과 같이 타인을
관찰하는 것이 곧 자신을 이롭게 하는 것이다. 혹은 소수로써 다수를
따랐기 때문이다.

123　　費長房 撰,《歷代三寶紀》(T49)

2) 체대를 설명함('동정일원'의 뜻)

(2) 오직 망뿐인 것에 상대함(對唯妄)

[34a11] 言動則[124]往復(標也.)有去來故(釋也.)者, 體大中動字, 卽是用大, 唯約就妄說中, 往復二字相有也. 再釋成云有去來故, 所謂生死之法, 有過去未來也.

'동은 왕복함이니(표방이다), 오고감이 있기 때문이다(해설이다)'[125]라고 한 것은 체대體大 중의 '동' 글자는 용대이며, 오직 망에만 입각하여 설한 것에 한정하면 '왕복' 두 글자는 '상유相有'이다. 재차 해석을 완성하여 '오고 감이 있기 때문'이라고 한 것은 이른바 생사의 법은 과거, 미래가 있다는 것이다.

[34a15] 言靜卽體虛(標也.)相待寂故(釋也.)者, 體大中靜字, 卽是用大. 唯約就妄說中, 往復二字體空也. 再釋成云, 相待寂故, 所謂生死之法, 過未相形, 顯體空也. 問: 此言體空, 屬理耶? 屬事耶? 若云屬事者, 何故下《鈔》釋眞妄交徹云: '緣生無性, 妄徹眞也'? 又據十門非一非異門中, 體空對於不變, 卽是以末就本不異, 豈屬於事. 若屬理者, 應是一源體大所收, 何在靜字用大所攝耶? 今謂通云: 亦將體空從相有故, 乃屬用大. 義多如是, 學者應知.

---

124   《演義鈔》에는 "卽"으로 되어 있다.
125   《演義鈔》 권제1(T36, 02a11-15)이다.

'정은 체가 텅 빈 것이니(표방이다) 적멸을 상대하기 때문이다(해설이다)'¹²⁶고 한 것은 체대體大 중의 '정' 자는 곧 용대이며, 오직 망에만 입각하여 설한 것에 한정하면 '왕복' 두 글자는 체공體空이다. 재차 해석을 완성해서 '적멸을 상대하기 때문'이라고 한 것은 이른바 생사의 법은 과거와 미래가 서로 형용해서 체공임을 나타낸 것이다.

묻는다. 여기서 말한 체공은 이치에 속하는가, 사법에 속하는가? 만일 사법에 속한다고 하면 무슨 까닭으로 아래《초》에서는 진·망이 어우러져 통한다는 것을 해설하면서 "인연으로 생기므로 무성無性이니, 망이 진에 어우러져 통하기 때문이다"¹²⁷고 하였으며, 또 십문十門의 동일하지도 다르지도 않는 문에서 체공이 불변을 상대하는 것에 근거하면 곧 지말로써 근본에 입각하여 다르지 않은 것일 텐데, 어찌 사법에 속하겠는가? 만일 이치에 속한다고 하면 응당 일원의 체대에 거둬질 것이니 어디에 '정' 자가 용대에 거둬질 곳이 있겠는가?

답한다. 지금 소통해서 말하겠다. 역시 체공을 가지고 상유를 좇았기 때문에 용대에 속한다. 뜻이 대부분 이와 같으니 학자들은 알아야 할 것이다.

[34b06] [《鈔》] 不釋動以求靜者, 此肇公語. 亦禪師言彼云: "釋動求靜, 憎枷愛杻." 此卽相有卽體空, 體空卽相有, 在用則名殊, 歸體則莫二, 莫二眞源卽體大也. 又肇公云: "法身無相, 應物以形, 般若無知, 對緣而照. 萬根頓赴, 而不撓其神,

---

126   《演義鈔》권제1(T36, 02a12)이다.

127   《演義鈔》권제1(T36, 008c06)이다.

千難殊對, 而不于其慮. 動若行雲, 止猶谷神, 豈有心於彼此, 而情繫於動靜者哉!"

[초] '동動을 내버리고서 정靜을 구하지 않는다'는 것은 이것은 승조 공의 말이다.[128] 역시 (현각)선사가 그것에 대해 말하기를 "동을 내버리고서 정을 구하는 것은 목에 씐 칼을 싫어하여 수갑을 좋아하는 것이다"[129]라고 하였다. 이렇다면 상유相有가 그대로 체공體空이며, 체공이 그대로 상유인 것이다. 용대에 있으면 (동·정으로) 이름이 차이 나지만 체로 돌아가면 둘이 없으니 둘이 없는 진실한 근원이 곧 체대이다. 또 승조 공이 말하길 "법신은 형상이 없지만 사물에 응함으로써 형상이 나타나고, 반야는 앎이 없지만 인연을 상대하면 비춘다. 온갖 근기에게 단박에 달려가지만 그 심신은 흔들리지 않으며, 모든 논란을 차이 나게 대하지만 그 사려는 휘어지지 않는다. 움직이는 것은 마치 지나가는 구름과 같고, 멈추는 것은 골짜기의 신(谷神)과 같으니 어찌 피차에 마음을 두겠으며, 동정에 정식情識이 묶이겠는가!"[130]라고 하였다.

3) 상대를 설명함('함중묘이유여'의 뜻)

[34b12] 言下〈阿僧祇品〉乃至云卽斯義也者, 問曰: 上所立義, 乃是事理無碍. 今所引證, 乃是事事無碍, 豈爲愜當. 答曰: 文雖事事無碍, 義含事理無碍. 故《鈔》云: "毛約稱性, 刹約不壞相, 故廣相不能遍小性也." 或立義引證, 更互影顯. 或

128 《肇論》〈物不遷論〉第一(T45, 151a11)의 내용이다.

129 玄覺 撰, 《禪宗永嘉集》〈大師答朗禪師書〉(T48, 394b21)의 내용이다.

130 《肇論》〈涅槃無名論〉第四(T45, 158c23)의 내용이다.

但證能含含所含, 所含不能遍能含義也.

'아래 〈아승지품阿僧祇品〉에 … 곧 이 뜻이다'[131]라고 한 것은, 묻는다. 위에서 성립시킨 뜻은 이사무애인데 여기서 인증한 것은 사사무애이니 어찌 합당하겠는가?

 답한다. 문장은 비록 사사무애일지라도 뜻은 사리무애를 포함한다. 그러므로 《초》에서 말하길 "모공은 성품에 걸 맞는 것(稱性)에 한정하였고, 제찰은 상을 무너뜨리지 않는 것(不壞相)에 한정하였다. 그러므로 커다란 상相이 조그만 성性에 변만하지 못한 것이다"고 하였다. 혹은 입의立義와 인증을 다시 서로 영략해서 드러낸 것이다. 혹은 능함能含하는 것은 소함所含인 것을 포함하지만 소함所含인 것은 능함能含하는 것에 변만하지 못한 뜻만을 인증한 것이다.

[34b17] 言一約不空具[132]恒沙性德等者, 卽《起信》相大中意也. 二約事事無碍等者, 卽下《疏》義分齊中意也.

'(상대相大에는 간략하게 두 가지의 뜻이 있다.) 첫째는 불공不空에 한정하니, 항하사와 같은 성덕을 구족했기 때문이다. (이것은 동교의 의미이며)'라고 한 것은 곧 《대승기신론》의 '상대相大'에서의 의미이다. '둘째는 사사무애에 한정하니 … (별교의 의미이다)' 등은 곧 아래 《소》의 '뜻과

131   《演義鈔》 권제1(T36, 02a25-28)이다.

132   底本 및 《金澤寫本》에는 없음. 《演義鈔》 참조 보충.

이치의 분한(分齊)'에서의 의미이다.

2. 본말에 한정해서 해석함(約本末釋)

[34b21]言第二約本末¹³³釋者, 勿同前三大義解, 但以理爲其本, 事而其末故.

'두 번째 본말에 한정해서 해석한다'고 한 것은 앞의 삼대三大의 뜻과 동일하다고 이해하지 말라. 단지 이치로 근본을 삼고 사법으로 말엽을 삼았기 때문이다.

3. 법계의 종류가 다름을 밝힘(明法界類別)¹³⁴

3) 5법계로 회통함

[35a04] 言往復與動皆有爲者, 據本則唯自第八識, 界者因義故, 就通則總該¹³⁵三

---

133   底本에는 "末",《金澤寫本》참조 수정.

134   1) 3법계(사법계, 이법계, 무장애법계)로 회통함, 2) 4법계(사법계, 이법계, 사리무애법계, 사사
       무애법계)로 회통함, 3) 5법계(유위법계, 무위법계, 비유위비무위법계, 역유위역무위법계, 무
       장애법계)로 회통함

135   底本에는 "說",《金澤寫本》참조 수정.

世法, 界者分義故.

'왕복往復은 동動과 더불어 모두 유위(법계)'라고 한 것은 근본에 근거하면 오직 자체의 제8식뿐이니, 계界는 '인因'의 뜻이기 때문이며, 통하는 것에 입각하면 삼세의 법을 모두 다 포괄하니, 계는 '분위'의 뜻이기 때문이다.

[35a05] 言靜無爲者, 性淨則眞如無爲, 自性清淨涅槃故, 離垢則擇滅無爲, 餘三涅槃故.

'정靜은 무위(법계)'라고 한 것은 성품이 청정함은 진여무위이니, 자성청정열반自性清淨涅槃이기 때문이며, 번뇌를 여읨은 택멸무위擇滅無爲이니, 나머지 세 가지의 열반이기 때문이다.

[35a07] 言非有爲非無爲法界者, 形奪則理事互泯, 無寄則性相本離, 二諦不攝故, 二名叵詮故.

'유위有爲도 아니고 무위無爲도 아닌 법계'라고 한 것은 형체가 부정되면 이理·사事가 서로 없어지고, 기탁함이 없으면 성性·상相은 본래 여의어 있어서 이제二諦로 거두지 못하기 때문이며, 두 가지 이름으로 설명할 수 없기 때문이다.

[35a09] 言亦有爲亦無爲法界者, 隨相則十八界中法界爲體, 無碍則《起信論》中

眞·生二門爲性.

'유위이기도 하며 무위이기도 한 법계'라고 한 것은 상을 따른 경우라면 18계十八界 가운데의 법계로 체를 삼고, 무애한 경우라면《대승기신론》의 진여문과 생멸문의 두 가지 문으로 성을 삼는다.

[35a10] 言無碍法界者, 普攝卽四門互攝, 圓融則一包一切. 下《疏》[136]備釋, 無繁委示.

'무애법계無碍法界'라고 한 것은 널리 거둔다면 네 가지의 문이 서로 거두고, 원융圓融이라면 하나가 전체를 포함한다. 아래《소》에서 갖춰 해설하였으니 번거롭게 위곡히 보이지는 않겠다.

4. 세운 뜻을 총체적으로 드러냄(總彰立意)

[35a13] 言第四總彰立意者, 乃至最後一意正答初問等者, 上者三[137]番依文釋義, 此一段出意通妨.

'네 번째, 세운 의미를 총체적으로 드러냄은 … 맨 마지막의 한 의미가

---

136   底本에는 "流",《金澤寫本》참조 수정.
137   底本에는 "+者",《金澤寫本》참조 삭제.

첫 번째 질문에 정답'[138]이라고 한 것은 위에서는 문장에 의거해서 뜻을 세 번 해석했는데, 여기 한 단락은 의미를 끌어내어 비방을 회통시킨 것이다.

[35a14] 言應有問言等者, 此意大凡. 製作入文之次, 須有由漸. 今此《疏》文頓序法界, 應是不善文字體例故. 今通云: 良由所釋之經, 頓漸不同, 致能釋之《疏》,[139] 入文有異. 更應問曰: 雖知此經頓說, 不同餘經有漸說故. 能釋《疏》[140]無由漸者, 何故? 但頓敍法界, 不頓敍於餘義, 方云以是此經之所宗等.

'어떤 이가 질문하기를' 등이라고 한 것은 이 의미는 아주 평범하다. 제작하여 문장으로 들어가는 순서는 반드시 점차를 말미암아야 하는데 지금 이《소》의 문장에서 단박에 법계를 서술하였으니 문자의 격식에 잘 맞지 않기 때문이다. 이제 회통해 보면, 정말로 소석所釋의 경전에 따르면 돈頓·점漸이 다르지만, 능석能釋하는《대소》에 이르러서는 문장에 들어가는 것에 차이가 있다.

　묻는다. 다시 질문하여, '이 경전이 단박에 설법되어 나머지 경전이 점차로 설법된 것과 다르다는 점은 알겠지만, 능석能釋하는《대소》가 점차를 말미암음이 없다면, 무슨 까닭으로 다만 법계만을 단박에 서술하고

화엄경담현결택기 1

나머지 뜻은 단박에 서술하지 않았는가?' 할 것이다.

답한다. 지금 '이 경전의 종취이기 때문' 등이라고 한 것이다.

제2장 ┃ 능전能詮을 별도로 찬탄함(別歎能詮[四])

1. 능전을 총체적으로 밝힘(總明能詮)[첫 번째 2구절]

[35b03] [《鈔》] 謂於無障碍法界剖[141]爲心境二門者, 以要言之, 非是一切而能一切, 名無障碍. 欲導含靈同濟聖識, 曲開二門.

[초] '말하자면 무장애법계無障碍法界에서 마음과 경계의 두 문으로 쪼갠 것이다'[142]라는 것은 요지로 말하면, 일체가 아니면서 능히 일체인 것을 '무장애'라고 한다. 함령含靈들을 인도하여 성인의 식견과 똑같아지게 하려 했으므로 곡진하게 두 문으로 나눈 것이다.

[35b05] 言本無內外者, 問曰: 旣無內(心)無外(境), 云何開心境耶? 於無說有, 應非如義, 許非如義, 引生邪見, 若生邪見, 何成利益? 答曰: 證道卽無, 敎道乃有, 拂迹乃無, 就迹仍有, 據體本無, 約義亦有, 異境異心, 執滯本無, 卽境卽心, 融通可有. 問曰: 是何心境? 答曰: 一切心境. 故《鈔》云: "若凡若聖, 若因若果, 能觀之心所觀之境, 無不必備故." 不唯心境歷別, 而又心境互攝. 故《鈔》云: "張心則無心外之境, 張境則無境外之心, 以隨擧其一, 攝法無遺, 卽無涯故."

---

141   底本 및 《金澤寫本》에는 "剖", 《演義鈔》 참조 수정.

142   《演義鈔》 권제1(T36, 02c28)이다.

'본래 안팎이 없다'[143]고 한 것은, 묻는다: 이미 안(마음)과 밖(경계)이 없는데 어째서 마음과 경계로 나누었는가? 없는 것을 있다고 말하면 여여한 뜻이 아닐 것이며, 여여한 뜻이 아니라고 허여하면 삿된 견해를 이끌어 낸다. 삿된 견해가 생기면 어떻게 이익을 이루겠는가?

답한다. 증도證道에는 없지만 교도敎道에는 있다. 자취를 털어내면 없고 자체에 입각하면 있다. 체에 근거하면 본래 없고 뜻에 한정하면 역시 있다. 다른 경계와 다른 마음에 집착해 막히면 본래 없고, 곧 경계이고 곧 마음임을 융합하여 통하면 있을 수 있다.

묻는다. 이는 무엇의 마음과 경계인가?

답한다. 일체의 마음과 경계이다. 그러므로 《초》에서 "범부든 성인이든, 인이든 과이든 반드시 관조하는 마음과 관조의 대상인 경계가 구비되지 않음이 없기 때문이다"[144]고 하였으며, 심과 경계는 뚜렷하게 구별될 뿐만 아니라, 또 심과 경계가 서로를 거둔다. 그러므로 《초》에서 "마음을 펴면 마음 밖에 경계가 없고, 경계를 펴면 경계 밖에 마음이 없으니 그 중 하나를 들어도 법을 거둠에 빠뜨림이 없으니 변두리가 없기 때문이다"[145]고 하였다.

[35b13] 言下引裕公云等者, 問: 上所立義, 心爲能證, 今所引證, 心爲所證, 若爲通會? 答曰: 前就王所合論對境, 心爲能證, 此據王所別[146]論對智, 還爲所證. 又

---

143 《演義鈔》권제1(T36, 02c29)이다.

144 《演義鈔》권제1(T36, 03a09)이다.

145 《演義鈔》권제1(T36, 03a23)이다.

146 底本에는 없음.《金澤寫本》참조 보충.

與前立義, 正相符會. 前云佛自證窮, 乃至云義分心境. 若對佛智義分心境, 豈非俱是所證耶? 問曰: 向明心境皆通凡聖, 何故《鈔》云, "能證之心卽佛花嚴"耶? 答曰: 豈不知擧一全收, 因果門中, 攝法無遺耶? 況此宗佛融三世間故.

'아래에서 유공裕公을 인용하여 말하길'[147] 등이라고 한 것은, 묻는다. 위에서 소립所立한 뜻은 마음이 능증能證이었는데, 지금 인증한 것은 마음이 소증所證이 되었으니 어떻게 회통할 것인가?

답한다. 앞에서는 심왕과 심소를 합쳐 논해서 경계를 상대하였으므로 심이 능증이 되었고, 여기서는 심왕心王과 심소心所를 별도로 논해서 지혜에 상대하였으므로 도리어 소증이 된 것이다. 또, 앞의 입의분과 곧장 서로 부합한다. 앞에서 말한 "부처님은 스스로 증득하여 다하였다"고 한 것과 "… 뜻으로 마음과 경계로 나눈 것이다"고 한 것이 만약 불지에 상대하여 뜻으로 마음과 경계를 나눈 것이라면 어찌 둘 다 소증이 아니겠는가.

묻는다. 예전에 마음과 경계가 모두 범부와 성인에 통한다고 밝혔는데, 무슨 까닭으로 《초》에서는 능증의 마음은 '불화엄佛花嚴'이라고 하였는가?

답한다. 어찌 하나를 들면 온전히 거둬지고, 인과의 문에는 법을 거둬 빠뜨림이 없는 줄을 모르는가? 하물며 이 (화엄)종의 불은 삼종의 세간을 융합한 것이겠는가?

---

147   《演義鈔》권제1(T36, 03a02)이다. 영유靈裕법사가 '마음은 곧 제불이 그것을 증득하여 법신을 삼으셨고, 경계는 곧 제불이 그것을 증득하시어 정토를 삼으셨다'고 한 내용이다.

화엄경담현결택기 1

[36a03] 言張小使大也者, 問: 唯張妄心境耶? 亦張眞心境耶? 若唯張妄心境者, 如智相收, 爲張心境, 豈是妄耶? 若[148]亦張眞心境者, 眞心眞境本自無涯, 如何云張小使大耶? 答: 通張眞妄. 眞心眞境, 雖本無涯, 良以衆生不如是知, 謂各歷別. 經中說彼心境互收, 故云張矣. 張妄心境, 居然易知.

'작은 것을 펼쳐 크게 한다'[149]라고 한 것은, 묻는다. 오직 망의 마음과 경계를 펼친 것인가, 또는 진의 마음과 경계를 펼친 것인가? 만약 오직 망의 마음과 경계를 펼친 것이라면 진여와 지혜가 서로 거둬들여 마음과 경계를 펼친 것일 텐데 어찌 망이겠는가? 만약 진의 마음과 경계를 펼친 것이라면 진심과 진여 경계는 본래 자체로 끝이 없을 텐데 어째서 작은 것을 펼쳐 크게 한다고 말하는가?

　답한다. 진과 망을 통틀어 펼친 것이다. 진심과 진여 경계는 비록 본래 끝이 없지만 진실로 중생들은 이와 같이 알지 못하고 각각 뚜렷하게 구별된다고 여긴다. 경에서는 저 마음과 경계가 서로 거둬들이므로 '펼친다'고 하였다. 망의 마음과 경계를 펼치는 것은 거연居然하여 쉽게 알 것이다.

[36a08] 言欲知諸佛心至如空無所依者, 問: 佛果位中, 心王·心所, 行相云何?
答: "有多說; 一云, 識等有二, 一有漏染, 二無漏淨. 佛地無彼有漏染心·心所, 而有淨分八識心王及二十一心所. 故《成唯識》第二, 引《如來功德莊嚴經》云: '如來

148　底本에는 "+約", 《金澤寫本》참조 삭제.
149　《演義鈔》권제1(T36, 03a08)이다.

無垢識, 是淨無漏界, 解脫一切障, 圓鏡智相應.' 果位智强, 偏彰其智. 一云, 以無積集思量等義, 故說心等回得. 就無分別智, 以顯無量, 非無心體. 故《攝論》第八云: '無分別智, 所依非心, 非思義故. 亦非非心, 爲所依止, 心種類故. 以心爲因, 數習勢力, 引得此位, 名心種類.' 上之二解, 俱明心意識有. 一云, 佛果實無心意, 意識及餘心法, 云不可得, 唯有大智故, 言智無量故, 知如來心故.《金光明經》及《梁攝論》皆云: '唯如如及如如智獨存.'《佛地論》中, '五法攝大覺性, 唯一眞法界, 及四智菩提.[150]' 不言更有餘法. 上之二宗, 偏取皆妨, 若依前有, 未免增益, 亦不能通下〈出現〉經不可得言. 又此淨分, 此何不說, 彼無垢識而得說耶? 經何不言染不可得? 若依後義, 未免損減, 亦不能通, 如佛心言. 旣云以智無量, 知如來心, 不言無心可知, 明非無心矣. 又心旣是無, 智何獨立. 非唯違上二論, 亦違《涅槃》, '滅無常識, 獲常識義.' 若二義雙取, 未免相違. 若互泯雙非, 寧逃戲論. 若爾何以指南. 今釋此義, 先會前二宗, 後顯深玄. 今初, 若後宗言唯如智者, 以心卽同眞性, 故曰唯如, 照用不失, 故曰如智. 豈離心外而智別有, 是則唯如, 不乖於有. 前宗以純如之體, 故有淨心. 心旣是如, 有之何失[151]? 是知卽眞之有與卽有之眞, 二義相成, 有無無碍. 後顯深玄者, 欲言其有, 同[152]如絶相, 欲言其無, 幽靈不竭, 欲言其染, 萬累斯亡, 欲言其淨, 不斷性惡, 欲言其一, 包含無外, 欲言其異, 一味難分. 欲謂有[153]情, 無殊色性, 欲謂無情, 無幽不徹. 口欲弁而詞喪, 心將緣而慮亡, 亦由[154]果分不可說故. 是知佛心卽有卽無, 卽事卽理, 卽王卽數, 卽一卽多. 心中非有意,

---

150 底本에는 "提+薩",《金澤寫本》참조 삭제.

151 底本에는 "先",《金澤寫本》및《大疏》참조 수정.

152 底本에는 "間",《金澤寫本》및《大疏》참조 수정.

153 底本 및《金澤寫本》에는 "之",《大疏》참조 수정.

154 《大疏》에는 "猶"로 되어 있음.

亦非不有意, 意中非有心, 亦非不有心. 王中非有數, 亦非不有數, 數非依於王, 亦
非不依王. 一一皆爾, 圓融無碍則令上諸義, 各隨一理, 不爽玄宗."

'모든 부처님의 마음을 알고자하면 … 허공처럼 의지한 바가 없다'[155]고
한 것은, 묻는다. 불佛의 과위果位 중에 심왕心王과 심소心所의 행상行相은
어떠한가?

답한다. "여러 설명이 있다. 일설은 식識 등에 둘이 있다. 하나는 유루
의 염오(식)이고, 둘째는 무루의 청정(식)이다. 불지佛地는 저 유루 염오
분의 심왕과 심소는 없고, 청정분의 8식 심왕과 21심소가 있다. 그러므
로 《성유식론》 제2에서 《여래공덕장엄경》을 인용하여 '여래의 무구식은
청정이며, 무루이며, 계界이니, 일체의 장애를 해탈하여 대원경지와 상
응한다'[156]고 하였으니 과위의 지혜가 강력하여 그 지혜만을 특별히 드
러낸 것이다.

일설은 적집하거나 사량함이 없는 등의 뜻 때문에 심 등을 얻을 수
없다고 설한다. 무분별지에 입각하여 무량함을 드러낸 것이고, 심 자체
가 없다는 것은 아니다. 그러므로 《섭론》 제8에서 '무분별지無分別智가 의
지하는 것은 심이 아니니 사량하는 뜻이 아니기 때문이다. 또한 심 아
닌 것도 아니니 의지하는 대상으로 삼은 것이 심의 종류이기 때문이다.
심으로 원인을 삼아 자주 세력을 훈습해서 이 지위를 인발하여 얻었으
므로 심의 종류라고 한다'고 하였다. 위의 두 가지 해설은 모두 심心·의

---

155   《演義鈔》 권제1(T36, 03a13)이다.
156   《成唯識論》 권제2(T31, 013c23)의 내용이다.

意·식識이 있다고 밝힌 것이다.

일설은 불의 과위는 실제로 심과 경계가 없으니, 의식 및 나머지 심법을 얻을 수 없다고 한다. 오직 대지혜만이 있기 때문이며, 지혜가 무량하다고 말했기 때문이며, 여래의 마음을 알기 때문이다.《금광명경》및《양섭론》에서 모두 '오직 여여如如와 여여지如如智만이 홀로 존재한다'고 하였고,《불지론》에서는 '5법이 대각大覺의 성性을 거두니 오직 하나의 진실한 법계와 사지四智의 보리이다'라고 하였고, 다시 나머지 법이 있다고는 말하지 않았다.

위의 두 가지 종지는 편벽되게 취하면 모두 해롭다. 만약 앞의 있다는 것에 의거하면 증익됨을 면치 못하고, 역시 아래 〈여래출현품〉에서 '얻을 수 없다'는 말에도 통하지 않는다. 또, 이 청정분을 어째서 여기서 말하지 않고, 저 무구식에서는 말할 수 있으며, 경전에서는 어째서 '염오를 얻을 수 없다'고는 말하지 않았는가?

만약 뒤의 뜻에 의거하면 손감됨을 면할 수가 없고, 역시 '불심과 같다'는 말에도 통하지 않는다. 이미 지혜가 무량함으로 여래심을 안다고 말했고, 무심으로 알 수 있다고는 말하지 않았으니 무심이 아님이 분명하다. 또, 마음은 이미 없는데 지혜가 어찌 독립하겠는가. 위의 두 논의에 어긋날 뿐만이 아니라, 역시《열반경》의 '무상無常한 식을 멸해서 항상 있는 식을 획득한다는 뜻'에도 어긋난다. 만약 두 가지 뜻을 쌍으로 취한다면 상위함을 면하지 못한다. 만약 서로 민절하여 쌍으로 아니라고 하면 오히려 희론戲論으로 도망친 것이다. 그렇다면 어떻게 지남指南이겠는가?

이제 이 뜻을 해석하겠다. 먼저는 앞의 두 종지를 회통하고, 뒤에는

화엄경담현결택기 1

깊고 현묘함을 드러낸다. 이제 첫 번째이니, 만약 뒤의 종지의 말을 의지하면 오직 여지如智뿐이라는 것은 심이 진성과 같기 때문에 오직 '여'뿐이라고 하며, 관조하는 작용을 잃지 않기 때문에 '여지'라고 한 것이다. 어찌 마음을 여읜 밖에 지혜가 따로 있겠는가. 이렇다면 오직 여뿐이니 있다는 데 어긋나지 않는다. 앞의 종지는 순수한 여의 체이기 때문에 청정심이 있다. 마음이 이미 여인데 있는 것이 무슨 잘못인가. 이로써 진에 즉한 유가 유에 즉한 진과 두 뜻을 서로 완성해서 있고 없음이 걸림 없다는 것을 알게 된다.

뒤에 '깊고 현묘함을 드러낸다'는 것은 있다고 말하려 해도 '여'와 같아서 상이 끊어졌고, 없다고 말하려 해도 아득히 신령함이 마르지 않으며, 염오라고 말하려 해도 온갖 번뇌가 이에 없어지고, 청정이라고 말하려 해도 성악을 끊어내지 않으며, 동일하다고 말하려 해도 포함하여 밖이 없고, 다르다고 말하려 해도 한 맛이어서 나누기 어렵다. 유정이라고 생각하려 해도 색성과 다름이 없고, 무정이라고 생각하려 해도 유현하여 사무치지 않음이 없으며, 입으로 변별하려해도 말이 상실되고, 마음으로 반연하려 해도 사려가 없어진다. 역시 과분은 말할 수 없음을 말미암기 때문이다. 이로서 불심은 곧 유이며 곧 무이고, 곧 사법이며 곧 이치이고, 곧 심왕이며 곧 심소이고, 곧 하나이며 곧 여럿인 줄을 알게 된다. 심에는 의意가 있는 것이 아니며, 또한 의가 있지 않은 것도 아니며, 의意에는 심이 있는 것이 아니며, 또한 심이 있지 않은 것도 아니다. 심왕에는 심소(數)가 있는 것이 아니며, 또한 심소가 있지 않은 것도 아니다. 심소는 심왕에 의지하는 것이 아니며, 또한 심왕에 의지하지 않는 것도 아니다. 낱낱이 모두 그러하다. 원융무애하여 위의 여러 뜻이 각각 일리를 따르고 있으니 현묘한 종지에 어긋나지 않는다."[157]

[37a09] 言云何空廓心境耶者, 故下《疏》[158]云: "又心法有四; 一事, 二法, 三理, 四實. 謂隨境分別見聞覺知, 名之爲事, 論體唯是生滅法數, 故名爲法, 窮之空寂, 說以爲理, 論其體性, 唯是眞實如來藏法, 故名爲實." 今據第三, 故云空也.

'어떻게 마음과 경계가 텅 비어 확 트였다고 하겠는가?'[159]라고 한 것은 그러므로 아래 《소》[160]에서 "또 심법에 네 가지가 있으니, 첫째는 사事, 둘째는 법法, 셋째는 이理, 넷째는 실實이다. 말하자면 경계를 따라 분별하는 견문각지見聞覺知를 '사'라고 하며, 체성을 논하면 오직 생멸하는 법수뿐이기 때문에 '법'이라고 한다. 궁구하여 공적空寂한 것을 '이'라고 말하며, 체성을 논하면 오직 진실한 여래장법如來藏法뿐이기 때문에 '실'이라고 한다"고 하였으니 여기서는 세 번째에 근거했기 때문에 '텅 비었다'고 하였다.

[37a14] 言若有欲知佛境界當淨其意如虛空等者, 下《疏》(第九上第六內)釋云: "誠[161]聽勸修, 淨意如空, 總以喩顯, 下二句別顯. 一離妄取, 如彼淨空無雲翳故, 斯卽眞止. 二觸境無滯, 如彼淨空無障碍故, 斯卽眞觀. 此觀不作意以照境, 則所

---

157   《大疏》권제49〈如來出現品〉제37(T35, 878a12-c05)의 내용이다.

158   底本 및《金澤寫本》에는 "鈔",《大疏》의 내용이므로 "疏"로 수정.

159   《演義鈔》권제1(T36, 03a15)이다.

160   《大疏》권제34(T35, 768a02)의 내용이다.

161   底本에는 "誠",《金澤寫本》및《大疏》참조 "誠"로 수정.

照無涯. 此止體性離, 而息妄故, 諸取皆寂. 若斯則不拂不瑩, 而自淨矣. 無淨之淨則暗蹈佛境矣. 此爲心要, 請後學者思行."

'만약 부처님의 경계를 알고자한다면 허공처럼 그 의식을 청정하게 하라'[162]고 한 것은 아래《소》[163](제9 상반 제6 내)에서 해설하여 "조심해서 듣고 닦도록 권하여 허공처럼 의식을 청정하게 하라는 것은 총체적으로 비유로서 드러낸 것이며, 아래의 두 구절은 개별적으로 드러낸 것이다. 첫째는 망으로 취하는 것을 여읨이 마치 저 깨끗한 허공이 구름으로 가려짐이 없는 것과 같은 것이니, 이것은 곧 진지眞止이다. 둘째는 경계에 부딪쳐 막힘이 없는 것이 마치 저 깨끗한 허공이 장애가 없는 것과 같은 것이니, 이것은 곧 진관眞觀이다. 이 진관은 작의하지 않고 경계를 비추므로 비춰진 것이 끝이 없고, 이 진지는 성리性離를 체득하여 망을 쉬기 때문에 모든 취하는 것이 다 공적하다. 이렇다면 털어 내거나 밝히지 않아도 저절로 청정한 것이다. 청정함이 없는 청정이 암암리에 불의 경계를 밟는 것이다. 이것이 핵심요지이니, 후학자들은 생각하여 행하라"고 하였다.

[37b03] 言無有智外如爲智所入等者, 下《鈔》(第九上第十中)釋云: "然彼〈廻向〉經文[164]自有三意; 一約如體性空故, 智外無如, 智體性空故, 如外無智, 二如智一味同一眞體, 安得智外更有如耶? 三約事事無碍, 擧一全收." 佛智稱眞, 收法界盡.

---

162   《演義鈔》권제1(T36, 03a18)이다.

163   《大疏》권제49〈如來出現品〉제37(T35, 874c22)의 내용이다.

164   底本 및《金澤寫本》에는 "云",《大疏》참조 "文"으로 수정.

差別之事, 皆隨所依理在佛智中, 況所證如寧在智外?

'지혜 밖의 진여가 지혜의 소입所入이 되는 경우는 없으며'[165]라고 한 것
은 아래《초》[166](제9 상반 제10 중반)에서 해설하여 "그러나 저 〈십회향품〉
의 경문 자체에 세 가지 의미가 있다. 첫째는 진여의 체성이 공한 것에
한정했기 때문에 지혜 밖의 진여가 없고, 지혜의 체성이 공하기 때문에
진여 밖의 지혜가 없다. 둘째는 진여와 지혜가 한맛이어서 똑같이 일진
법계의 체성(眞體)인데 어떻게 다시 지혜 밖의 진여가 있겠는가? 셋째는
사사무애에 한정하여 하나를 들면 온전히 거둬진다"고 하였으니, 불의
지혜는 진리에 걸맞기 때문에 법계를 다 거둔다. 차별된 사법은 모두 소
의所依의 이치를 따라서 불의 지혜 가운데 있는데 하물며 소증所證의 진
여가 어찌 지혜 밖에 있겠는가?

[37b08] 言心佛與衆生是三無差別者, 下《疏》釋曰: "然心是總相, 悟之名佛, 成
淨緣起, 迷作衆生, 成染緣起, 緣起雖有染淨, 心體不殊. 又上三各有二義; 總心
二者, 一染, 二淨. 佛二義者, 一應根隨染, 二平等違染. 衆生二者, 一隨流背佛, 二
機熟感佛. 各以初義成順流無差, 各以後義爲返流無差. 上約橫論. 若約一人, 心
卽總相, 佛卽本覺, 衆生卽不覺." 無差可知.

165   《演義鈔》권제1(T36, 03a25)이다.
166   《演義鈔》권제79〈如來出現品〉第37(T36, 619b27)의 내용이다.

'마음과 부처와 중생, 이 셋은 차별이 없다'[167]고 한 것은 아래 《소》[168]에서 해석하여 "그러나 이 마음은 총상이다. 각오하면 부처라고 하니 청정한 연기를 이루고, 미혹하면 중생이 되니 염오의 연기를 이룬다. 연기에는 비록 염오함과 청정함이 있더라도 마음의 체성은 달라지지 않는다. 또, 위의 셋이 각각 두 가지 뜻이 있으니, 총상인 마음에 두 가지 뜻은 첫째는 염오(심)이고, 둘째는 청정(심)이다. 부처에 두 가지 뜻은 하나는 근기에 응하여 염오를 따르는 것이며, 둘째는 평등하여 염오와 어긋나는 것이다. 중생에 두 가지 뜻은 첫째는 흐름을 따라서 부처를 등지는 것이고, 둘째는 근기가 성숙하여 부처를 감득하는 것이다. 각각 첫 번째 뜻은 흐름에 수순하여 차별이 없는 것을 이루고, 뒤의 뜻은 흐름에 거슬러서 차별이 없는 것이 된다. 위는 횡단으로 논한 것에 한정한 것이다. 만약 한 사람에 한정하면 마음은 곧 총상總相이며, 부처는 본각本覺이며, 중생은 불각不覺이다"라고 하였다. '차별이 없다'는 것은 알 것이다.

[37b15] 言因果萬法等者, 此通伏難, 問曰: 下經廣說因果等種種之義, 何故但張心境耶? 答: 如文疏, 窮理盡性, 徹果該因者, 此意若能窮竭義門, 方能整盡法體.

'인 · 과의 만법을 (마음과 경계가 두루 거둬서 낱낱의 사법을 따라 모두 펼치거나 확 트일 수 있다)'[169]라고 하는 이것은 잠복된 논란을 회통한

---

167   《演義鈔》권제1(T36, 03b02)이다.

168   《大疏》권제21〈夜摩宮中偈讚品〉제20(T35, 0658c)의 내용을 요약 정리한 것이다.

169   《演義鈔》권제1(T36, 03b03)이다.

것이다.

묻는다. 아래 경에서는 인·과 등 갖가지 뜻을 자세하게 말했는데, 무슨 까닭으로 단지 마음과 경계만을 폈는가?

답한다. 문장과 같이 소통하면, '이치를 궁구하고 성품을 다하며 과에 어우러져 통하고 인을 포괄한다'는 이 의미는 뜻 문을 다 궁구할 경우라야 비로소 법의 체성을 다 정리할 수가 있다는 것이다.

2. 깊고 광대함을 별도로 드러냄(別顯深廣)[두 번째 2구절]

[38a01] 《《鈔》》 理謂理趣(在心在情)之義門, 道理(在境在器)之義門. 或相用二大, 或事法界, 事事無碍法界也. 性謂法性(在境在器)之法體, 心性(在心在情)之法體. 或唯體大, 或唯理法界也.

[초] '이理는 이취理趣(마음이든 정식이든지)의 뜻 문이며, 도리道理(경계이든 기세간이든)의 뜻 문을 말한다. 혹은 상대와 용대 2대이며, 혹은 사법계와 사사무애법계이다. 성性은 법성法性(경계이든 기세간이든)의 법체이며, 심성心性(마음이든 정식이든지)의 법체를 말한다. 혹은 오직 체대이며, 혹은 오직 이법계이다.'

[38a03] 言初發心時(因)便成(該[170])正覺(果)因該[171]果也者, 問曰: 此義云何? 答曰: 理有多門; 一云, 自因攝他果, 故經云: "菩薩應知, 自心念念常有, 佛成正覺故." 又云, 以初住或[172]有體有力作能攝, 乃至妙覺或無體無力爲所攝. 初智攝後智, 初行攝後行亦然. 惑則一斷一切斷, 智則一證一切證, 行則一修一切修. 卽於此位, 無惑可斷, 無行可修, 豈不得成正覺耶? 又云, 初心現在, 已作能攝, 妙覺未來, 直爲所攝, 初心若發, 妙覺在中, 豈非便成正覺耶? 如檀香丸, 內含其龍腦, 燒檀香丸, 豈不已聞龍腦香耶? 已上多解, 約理無違, 在文不爾. 此文正據以因卽果義故, 乃說初心成佛. 問曰: 初心卽果, 初心有耶?無耶?[173] 若許無者, 不應說初心成佛, 若許有者, 能卽體不存耶? 答曰: 由其卽故, 乃說成佛, 由不壞相故, 乃說初心, 二義雙取, 說得初心成佛. 此則卽據壞義, 不卽[174]不壞義, 終日壞而不壞, 故云初發心時便成正[175]覺.

'처음 발심할 때(인因)에 곧 정각(과果)을 이룬다는(포괄한다) 것은 인이 과를 포괄한 것이다'[176]라고 한 것은, 묻는다. 이 뜻은 무엇인가?

  답한다. 이理에는 여러 문이 있다. 일설은 자인自因이 타과他果를 거둔 것이다. 그러므로 경에서 "보살은 마땅히 자신의 마음에 염념이 항상

---

170   底本에는 "說", 《金澤寫本》 참조 수정.

171   底本에는 "說", 《金澤寫本》 참조 수정.

172   《金澤寫本》에는 "惑", 문맥상 수정. 아래도 동일 [역자 주]

173   底本에는 "無耶" 2자가 없음, 《金澤寫本》 참조 보충.

174   底本에는 "則", 《金澤寫本》 참조 수정.

175   底本에는 "正" 자가 없음, 《金澤寫本》 참조 보충.

176   《演義鈔》 권제1(T36, 03b17)이다.

불이 정각을 이룸이 있다는 것을 알아야 한다"[177]라고 하였다.

또 일설은 초주初住에서는 혹 유체유력有體有力이어서 능섭能攝이 되거나 내지 묘각妙覺은 혹 무체무력無體無力이어서 소섭所攝이 된다. 초지는 후지를 거두고 초행이 후행을 거둠도 역시 그렇다. 미혹은 하나가 끊어지면 일체가 끊어지고, 지혜는 하나를 증득하면 일체를 증득하며, 수행은 하나를 닦으면 일체를 닦는다. 곧 이 지위에서 끊어질 만한 미혹이 없으며 닦을 만한 수행이 없는데 어찌 정각을 이루지 못하겠는가.

또, 일설은 초심은 현재이니 능섭이 되고 묘각은 미래이니 다만 소섭이 될 뿐이다. 초심이 만약 발현되면 묘각이 그 가운데 있는데 어찌 곧 정각을 이룬 것이 아니겠는가. 마치 전단향의 환이 안으로 용뇌龍腦를 함유하고 있는 것과 같으니 전단향의 환을 태우면 어찌 용뇌의 향을 맡은 것이 아니겠는가. 이상, 여러 해석은 이理에 한정하면 어긋남이 없지만 문장에 있어서는 그렇지 않다. 이 글은 바로 인이 과에 즉한 뜻에 근거했기 때문에 초심에 성불한다고 말한 것이다.

묻는다. 초심이 과에 즉한다면 초심은 있는 것인가, 없는 것인가? 만약 없다고 한다면 마땅히 초심에 성불한다고 말하지 못할 것이며, 있다고 허여한다면 능즉能即의 체는 있지 않은 것인가?

답한다. 즉함을 말미암기 때문에 성불한다고 말한 것이고, 상을 무너뜨리지 않음(不壞相)을 말미암기 때문에 초심이라고 말한 것이며, 두 가지의 뜻을 쌍으로 취하여 초심에 성불한다고 말한 것이다. 이렇다면 즉

---

177   《華嚴經》권제51〈如來出現品〉제37(T10, 275b24), "佛子! 菩薩摩訶薩, 應知, 自心念念. 常有佛成正覺. 何以故. 諸佛如來. 不離此心成正覺故"

함은 무너지는 뜻에 근거하고, 즉하지 않음은 무너지지 않는 뜻이어서 종일토록 무너뜨려도 무너지지 않기 때문에 '처음 발심할 때에 곧 정각을 이룬다'고 한 것이다.

[38b02] 言雖得佛道(果也), 不捨(徹也)因門(因也), 果徹因也者, 此義云何? 一云, 毗盧十身如來身等, 果也, 卽菩薩身等, 不捨因也. 又云, 佛現是果, 融過[178]去因, 俱在現在, 十世門故. 又由昔因成斯現果, 離因無果, 卽是因緣起門故. 又云, 約智則自利已滿(果也), 就悲則利他未盡(因也). 良以此義乃有佛後普賢也.

'비록 불도를(과이다) 얻었더라도 인문을(인이다) 버리지 않는 것은(어우러져 통함이다) 과가 인에 어우러져 통하는 것이다'[179]라고 한 것은, 묻는다. 이 뜻은 무엇인가?

답한다. 일설은 비로자나불의 십신十身과 여래신來身等 등은 과이며, 보살신菩薩身 등은 인을 버리지 않는 것이다. 또, 일설은 불의 현재는 과이니 과거의 인을 융합해서 모두 현재에 두었으니 십세문十世門이기 때문이다. 또, 옛날의 인이 현재의 과를 이루기 때문에 인을 여의고는 과가 없으니 인이 연기하는 문이기 때문이다. 또, 일설은 지혜에 한정하면 자리自利가 이미 원만하고(과이다) 대비에 입각하면 이타利他는 아직 다하지 않았다(인이다). 진실로 이 뜻이 바로 불 이후의 보현이 있다는 것이다.

---

178   底本에는 없음.《金澤寫本》참조 보충.
179   《演義鈔》권제1(T36, 03b17)이다.

3. 깊고 넓음을 결론지어 찬탄함(結歎深廣)[세 번째 2구절]

[38b07] [《鈔》] 汪哉! 洋哉! 何莫由之哉者, 卽是肇公〈涅槃無名論〉中意, 具足應
云: "至能囊括終古, 道[180]達群方, 亭毒蒼生, 疏而不漏, 汪哉! 洋哉! 何莫由之哉!"
具也. 又《毛詩》云: "汪汪水盛貌也."《尙書》云: "洋洋美善貌也."

[초] '왕왕함이여! 양양함이여! 무엇인들 이것으로부터 말미암지 않겠
는가'[181]라는 것은 곧 승조僧肇 공의 《조론》》〈열반무명론涅槃無名論〉에서
의 뜻이다. 구족해서 말해보면, "지극히 종고終古를 담아내며 수많은 방
소에 도달하고 중생들의 삼독심을 쉬게 하며 터주면서도 새지 않게 하
나니, 왕왕함이여! 양양함이여! 무엇인들 이것으로부터 말미암지 않겠
는가"[182]라고 해야 갖춰진다. 또, 모씨의 《시경詩經》에서 "왕왕汪汪은 물이
성대한 모양이다"라고 하였고, 《상서尙書》에서는 "양양洋洋은 아름답고
훌륭한 모습이다"라고 하였다.

[38b11] 言說眞妄則,(標也.) 凡聖照照,(行布也.) 而交徹,(圓融也.) 語法界則,(標
也.) 事理歷歷,(行布也.) 而相收.(圓融也.) 斯卽不壞行布而常圓融也.

'진·망을 말하면(표방이다) 범부와 성인이 밝고 또렷하면서도(항포이다) 서

---

180   《肇論》에는 "導"로 되어 있다.
181   《演義鈔》 권제1(T36, 03b29)이다.
182   《肇論》(T45, 161b22)의 내용이다.

로 어우러져 통하며(원융이다), 법계를 말하면(표방이다) 이사·사리가 역력
하면서도(항포이다) 서로 거둔다(원융이다)'¹⁸³고 한 것은 이렇다면 곧 항포
를 무너뜨리지 않으면서도 항상 원융한 것이다.

[38b13] 言佛知見一偈開示而無遺者, 卽〈問明品〉"覺首等九首菩薩問文殊師利
言: 云何佛境界知?(本有眞心) 文殊答知云: '非識所能識,(不可識識者, 以識屬分
別, 分別卽非眞知, 眞知唯無念, 方見也.) 亦非心境界,(不可智知, 謂若以智證之, 卽屬
所證之境, 眞知非境界, 故不可智證. 瞥起照心, 卽非眞知也. 故經云: '自心取自心, 非
幻成幻法.'《論》云: '心不見心', 荷澤大師云: '擬心則差. 故北宗看心, 是失¹⁸⁴眞旨, 心
若可看, 卽是境界.' 故云亦非境界.) 其性本淸淨,(不待離垢, 惑方淨, 不待斷疑, 濁方
淸. 故云本淸淨也,¹⁸⁵ 就《寶性論》中, 卽揀非離垢之淨, 是彼性淨, 故云: 其性淨哉.) 開
示諸群生.(旣云, 本淨不待斷障, 卽知群生本來皆有, 但以惑翳而不自悟, 故佛開示皆
令悟入, 卽《法花》中, 開示悟入佛之知見. 如上所引,¹⁸⁶ 佛本出世只爲此事也. 彼云:
使得淸淨者, 卽《寶性》中'離垢淸淨也.' 心雖自性淸淨, 終須悟修, 方得性相圓淨. 故數
十本經論, 皆說二種淸淨, 二種解脫, 今時學淺之人, 或只知離垢淸淨離垢解脫, 故毁
於禪門卽心卽佛. 或只知自性淸淨, 性淨解脫. 故輕敎相, 斥¹⁸⁷於持律·坐禪·調伏等
行. 不知必須頓悟自性淸¹⁸⁸淨, 自性解脫, 漸修令得離垢淸淨, 離障解脫, 成圓滿淸淨,

---

183   《演義鈔》권제1(T36, 03c16)이다.
184   底本 및《金澤寫本》에는 "先",《都序》참조 "失"로 수정.
185   底本에는 "故",《金澤寫本》참조 수정.
186   底本에는 "別",《金澤寫本》참조 수정.
187   底本 및《金澤寫本》에는 "序",《都序》참조 "斥"으로 수정.
188   底本에는 "淨",《金澤寫本》참조 수정.

究竟解脫. 若身若[189]心, 無所擁滯, 同釋迦也.《寶藏[190]論》亦云, '知有有壞, 知無無敗.' 此皆能知有無之智, 眞[191]知之知有無不計.[192](旣不計有無, 卽自性無分別之知.)[193] 如是開示靈知之心, 卽是眞性, 與佛無異. 故云: 一偈開示而無遺.[194] 又不唯攝於《法花》, 抑又括於《密嚴》《圓覺》《佛頂》《勝鬘》《如來藏》《涅槃》等四十餘部經,《寶性》《佛性》《起信》《十地》《法花》《涅槃》等十五部論矣. 又以一眞心性, 對染淨諸法, 全揀全收. 全揀者, 如上所說. 但剋體直指, 靈知卽是心性, 餘皆虛妄. 故云: '非識所能識, 亦非心境界等, 乃至非性非相, 非佛非衆生, 離四句百非也.' 全收者, 染淨諸法, 無不是心. 心迷故妄起惑業, 乃至四生六道, 雜[195]穢國界, 心悟故從體起用, 四等六度, 乃至四弁十力, 妙身淨刹, 無所不現. 旣是此心現起諸法, 諸法全卽眞心, 如人夢所見事, 事事皆人, 如金作器, 器器皆金, 如鏡現影, 影影皆鏡. 夢對妄想業報, 器喩修行, 影喩應化. 故《花嚴》云: '知一切法, 卽心自性, 成就惠身, 不由他悟.'《起信論》中, '三界虛僞, 唯心所作, 離心則無, 六塵境界, 乃至一切分別, 卽分別自心, 心不見心, 無相可得. 故一切法, 如鏡中像.'《楞伽》云: '寂滅者, 名爲一心, 一心者, 名如來藏, 能[196]遍與造, 一切趣生, 造善造惡, 受苦受樂, 與因俱故, 知一切無非心也.')'

'불의 지견을 한 게송으로 개시하여 빠뜨림이 없다'[197]고 한 것은 〈보살

---

189   底本에는 "苦",《金澤寫本》및《都序》참조 수정.

190   底本 및《金澤寫本》에는 "性",《寶藏論》및《都序》참조 수정.

191   底本 및《金澤寫本》에는 "其",《寶藏論》및《都序》참조 "眞"으로 수정.

192   底本에는 "許",《金澤寫本》및《寶藏論》참조 수정.

193   底本에는 ( ) 속의 글이 대문자,《都序》및《金澤寫本》참조 소문자로 수정.

194   底本에는 "遣",《金澤寫本》및《寶藏論》참조 수정.

195   底本에는 "離", 교감 주 및《金澤寫本》참조 수정.

196   底本에는 "+能",《金澤寫本》참조 삭제.

197   《演義鈔》권제1(T36, 03c17)이다.

문명품〉에서 "각수보살 등 아홉 분의 수首보살이 문수사리보살에게 물었다. 묻는다. '무엇이 부처님 경계의 앎입니까(본래 있는 진심이다)?'

답한다. 문수보살이 앎에 대해 대답하였다.

'식識으로 알 수 있는 것이 아니며(식으로 알지 못한다는 것은 식은 분별에 속하기 때문이니, 분별은 참된 앎이 아니다. 진지眞知는 오직 무념이라야 알 수 있다) 역시 마음의 경계도 아니다(지혜로 알지 못한다. 말하자면 만약 지혜로 증득한다면 곧 증득의 대상인 경계에 속한다. 진지는 경계가 아니기 때문에 지혜로 증득하지 못한다. 별안간 비추는 마음을 일으킴도 진지가 아니다. 그러므로 경에서 '자심으로 자심을 취하고 환이 아닌 것으로 환법을 이루는 것이다'고 하였고, 《논》에서 '마음은 마음을 보지 못한다'고 하였으며, 하택대사荷澤大師는 '마음을 헤아리면 곧 어긋난다'고 하였다. 그러므로 북종에서 마음을 살피는 것은 참된 지취를 잃었다. 마음을 만약 살필 수 있다면 경계이기 때문이다. 그러므로 '역시 경계도 아니다'라고 한 것이다).

그 자성이 본래 청정함을(번뇌를 여의는데 기대지 않고도 미혹은 청정하며, 의심을 끊는데 기대지 않고도 오탁은 청정하다. 그러므로 '본래 청정하다'고 한 것이다. 《보성론》에 '번뇌를 여읜 청정이 아니고 그것의 자성이 청정한 것임을 가려낸 것'에 입각했다. 그러므로 '그 자성이 청정하다'고 한 것이다) 여러 중생에게 열어 보이시네(이미 본래 청정하고 장애가 끊어지는 데에 기대지 않으니 곧 중생은 본래 모두 있는 줄 안다. 다만 미혹으로 가려져 스스로 깨닫지 못하기 때문에 부처님이 열어 보여 모두 깨달아 들어가게 한 것이니, 즉 《법화경》에서 '불의 지견을 개시하여 깨달아 들어가게 한다'는 것이다. 위에서 인용한 것처럼 불이 본래 세상에 출현한 것은 다만 이 일을 위해서이다. 거기에서 말한 청정을 얻게 한다는 것은 곧 《보성론》 가운데 '이구청정離垢淸淨'이다. 마음은 본래 청정하지만 끝내 깨달아 닦아야만 비로소 성·

상이 원만한 청정함을 얻게 되기 때문이다. 수십 본의 경론이 모두 두 종류의 청정과 두 종류의 해탈이 있다고 하였는데, 요즘의 학식이 천근한 이들은 다만 '이구청정離垢淸淨'과 '이구해탈離垢解脫'만을 알기 때문에 선문禪門의 즉심즉불卽心卽佛을 헐뜯으며, 혹은 다만 '자성청정自性淸淨'과 '성정해탈性淨解脫'만을 알기 때문에 교상을 경시하거나 지계와 좌선과 조복 등의 수행을 배척하나니, 반드시 '자성청정'과 '자성해탈'을 단박에 깨닫고 점차로 닦아서 번뇌를 여읜 청정과 장애를 여읜 청정을 얻어서야 원만한 청정과 [198]구경의 해탈을 성취하게 되며, 저 몸과 마음이 옹색하고 막힌 바가 없어서야 석가모니와 같아지는 줄은 모른다.

《보장론寶藏論》에서 또, '앎이 있다면 무너짐이 있고 앎이 없다면 망가짐이 없다(이것은 모두 유·무를 아는 지혜이며). 진지眞知의 앎은 유·무로 계탁할 수 없다(유·무로 계탁할 수 없다면 곧 자성의 분별함이 없는 앎(知)이다)'라고 하였다. 이와 같이 신령하게 아는 마음이 곧 자성이며, 부처님과 차이가 없음을 열어 보였기 때문에 한 게송으로 열어 보여 빠뜨림이 없다'고 한 것이다. 또,《법화경》을 거둬들일 뿐만이 아니라《밀엄경》《원각경》《불정경》《승만경》《여래장경》《열반경》등 40여 부 경전과 《보성론》《불성론》《기신론》《십지론》《법화론》《열반론》등 15부 논서를 포괄한다.

또, 하나의 진실한 법계로써 염오하거나 청정한 모든 법을 상대하여 전부 가려내고 전부 거둬들인다. '전부 가려냄'은 위에서 설명한 것과 같다. 다만 체성에 나아가 곧장 신령스런 앎이 곧 심성이고, 나머지는 모두 허망하다고 가리킨 것이다. 그러므로 '식으로 알 수 있는 것이 아니며, 또한 마음의 경계도 아니고 등 내지 성·상도 아니고, 부처도 중생도 아니니, 사구와 백비를 여읜다'고 한 것이다.

---

198 底本 및《金澤寫本》에는《보성론》이라고 되어 있지만, 이는 후진 僧肇의《寶藏論》(T45, 144a22)에 나오는 내용이다. "知有有壞. 知無無敗. 眞知之知. 有無不計." 인용 원문인 종밀의 《都序》에도《보장론》이라고 되어 있다.

‘전부 거둬들임’은 염오하고 청정한 모든 법이 마음 아닌 것이 없지만, 마음이 미혹하기 때문에 혹惑·업業 내지 사생四生과 육도六道, 잡예雜穢 국계國界를 허망하게 일으키며, 마음이 각오하기 때문에 체를 좇아서 작용을 일으켜 사등심四等心과 육바라밀(六度) 내지 사변재와 십력과 미묘한 신체와 청정한 찰토가 나타나지 않는 곳이 없다. 이미 이 마음이 모든 법을 나타내 일으키기기 때문에 제법은 온전히 진심이다. 마치 사람이 꿈에 나타난 일들이 일마다 모두 사람인 것과 같고, 금으로 그릇을 만드는데 그릇마다 모두 금인 것과 같으며, 거울에 영상이 나타나는데 영상마다 모두 거울인 것과 같다. 꿈은 망상과 업보에 대응되고 그릇은 수행을 비유하며 영상은 응신과 화신을 비유한다.

그러므로 《화엄경》에서는 ‘일체 법을 아는 것이 곧 심의 자성이니, 지혜의 몸을 성취하는데 타를 말미암아 각오하지 않는다’고 하였고, 《대승기신론》[199]에서는 ‘삼계는 허망하고 거짓되니 오직 마음으로 지어진 것이다. 마음을 여의면 육진六塵의 경계가 없고, 내지 일체의 분별은 곧 자심을 분별하는 것이다. 마음은 마음을 보지 못하니 얻을만한 상이 없기 때문이다. 일체 법은 거울속의 형상과 같다’고 하였으며, 《능가경》[200]에서는 ‘적멸을 일심이라 이름하고, 일심을 여래장이라고 하니, 변만하게 일체의 취생趣生을 짓고 선악을 지어 고락을 받으며, 인因과 함께하기 때문에 일체가 마음이 아닌 것이 없음을 안다’고 하였다).”[201]

[39b04] 言大涅槃(《涅槃經》義理也.)一章, 必盡其體用者, (〈出現品〉有涅槃一章,
下當略釋, 廣如彼文.)

---

199   《大乘起信論》(T32, 577b16)의 내용이다.

200   《入楞伽經》〈問答品〉제2(T16, 519a01)의 내용이다.

201   “   ”은 《都序》(T48, 405a06-24, 405c06-22)의 내용을 정리한 것이다.

'대열반장(《열반경》의 의리이다) 한 장章은 반드시 그 체·용을 다했다'라고 한 것은 (《여래출현품》에 '열반' 한 장이 있다. 아래에서 간략하게 해설할 것이니, 자세한 것은 저 문장과 같다.)

제3장 | 교주教主는 헤아리기 어려움(教主難思[四])

1. 과가 원만함을 표방함(標果滿)

[39b05] [《鈔》] 非三身故者, 問十身必攝於三身, 那言非三身耶? 又下《疏》釋其身充滿一切世間云, "其身通於三身十身, 無不充滿, 法身普遍, 世所同依故, 智身證理, 如理遍故, 色身無碍, 亦同理遍, 竝是圓遍, 而非分遍. 謂一切世間一一纖塵等處, 佛皆圓滿, 總看亦現, 別看亦現等, 如何此云非三身耶? 答曰: 此言非者, 約教揀也, 彼言卽者, 約²⁰²義收也. 又言非者, 據別教也, 下言收者, 據同教也. 又言非者, 約深故, 下言收者, 約廣故. 又言非者, 非定性定相之三身也, 下言收者, 卽眞卽應之三身也.

[초] '(십신이 무애한 부처님이 설법한 것이지) 삼신三身은 아니기 때문'²⁰³이라는 것은, 묻는다. 십신十身은 반드시 삼신을 거둬들여야 할 것인데, 어째서 삼신은 아니라고 하는가? 또 아래《소》²⁰⁴에서 '그 몸은 모든 세간에 충만하다'를 해설하여 "그 몸은 삼신과 십신에 통하여 충만하지 않음이 없다. 법신은 널리 변만 하니 세간에서 함께 의지하는 대상이기 때문이며, 지신智身은 이치를 증득하여 이치와 같이 변만하기 때

---

202   底本에는 "總",《金澤寫本》참조 수정.

203   《演義鈔》권제1 (T36, 03c28)이다.

204   《大疏》권제4(T35, 532b0)의 내용이다.

문이고, 색신은 무애하니 역시 이치와 같이 변만하다. 모두 다 원만하게 변만하고 부분적으로 변만한 것이 아니다. 말하자면 모든 세간의 낱낱 털끝과 찰진 등 처소에 부처님은 모두 원만하여 총체적으로 봐도 현현하고 개별적으로 봐도 현현한다"라고 하였는데, 어째서 여기서는 '삼신은 아니'라고 했는가?

답한다. 여기서 '아니다'라고 한 것은 교에 한정하여 가려낸 것이고, 저 곳에서 '즉한다'고 한 것은 뜻에 한정하여 거둔 것이다. 또, '아니다'라고 한 것은 별교에 근거한 것이며, 아래에서 '거둔다'고 한 것은 동교에 근거한 것이다. 또, '아니다'라고 한 것은 깊음에 한정했기 때문이고, 아래에서 '거둔다'고 한 것은 넓음에 한정했기 때문이다. 또, '아니다'라고 한 것은 결정된 성性과 결정된 상相의 삼신이 아닌 것이고, 아래에서 '거둔다'고 한 것은 진신에 즉하고 응신에 즉한 삼신이다.

[39b14] 言經云爾時世尊至成最正覺等者(上總標也, 下別釋也.[205]), 智入三世(如量智, 俗智也.), 悉皆平等(如理智, 眞智也.), 兩句相合,(中道智, 鏡·平·妙·成四智也.) 此是意業滿也. 其身充滿一切世間(一根一塵, 一好一相.), 皆全徧三[206]種世間, 良以分圓無碍故, 此是身業滿也. 其音普順十方國土等, 經云: "一切衆生語言法, 一言演說盡無餘." 又云, "如來於一語言中, 演說無邊契經海." 又云, "佛演一妙音, 周聞十方國."等 此是語業滿也.

205   《金澤寫本》에는 "下別釋也"가 대문자임. 전후의 문맥구조상 小注로 수정.[역자 주]
206   底本에는 "之",《金澤寫本》참조 수정.

'경전에서 말한 "이때 세존께서 ··· 최정각最正覺을 이루셨다"[207]라고 한 것은 (위는 총체적으로 표방한 것이고, 아래는 별도로 해석한 것이다.)

'지혜가 삼세에 들어가(여량지如量智인 속지俗智이다) 모두 평등하시며(여리지如理智인 진지眞智이다)'의 두 구절을 서로 합하면(중도지中道智인 대원경지, 평등성지, 묘관찰지, 성소작지의 4지智이다) 이것은 의업意業이 만족된 것이다.

'그 몸은 일체의 세간에 충만하시며(하나의 근根과 하나의 진塵이며, 하나의 호好와 하나의 상相이다)'는 모두 온전히 삼종 세간에 변만하여 진실로 부분과 원만이 무애한 것이다. 이것은 신업身業이 만족된 것이다.

'그 음성은 시방 국토에 널리 수순하시었다' 등은 경전에서 "모든 중생들의 언어 법으로 한마디 말씀을 연설하되 다하여 남음이 없으셨다"고 하였고, 또 "여래께서는 한마디 말 가운데 무변한 계경契經 바다를 연설하시었다"고 하였으며, 또, "부처님이 하나의 묘한 음성을 연설하시자 시방 국토에 주변하게 들렸다" 등은 이것은 어업語業이 만족된 것이다.

[40a05] 言菩提之身以是總故者, 問: 下歸三身乃是化身, 下文又說, 心佛卽威勢身是總, 如何會通? 答: 此宗總別無碍, 隨擧一身, 卽攝餘九, 皆得稱總. 各隨義異, 咸得名別. 又此約眞應無碍菩[208]提, 下文但約化相菩提故.

'('시성정각'은 별도로) 보리신을 말한 것이니 이것이 총체이기 때문'[209]이라고 한 것은, 묻는다. 아래에서 삼신으로 귀속시켰으니 바로 화신이

---

207   《演義鈔》권제1(T36, 04a02-05)이다.
208   底本에는 "+薩",《金澤寫本》참조 삭제.
209   《演義鈔》권제1(T36, 04a06)이다.

며, 아래 글에서 또 '심불心佛은 위세신威勢身이니 이것이 총체이다'라고 하였는데 어떻게 회통하겠는가?

답한다. 이 (화엄)종은 총체와 별체가 무애하여 일신을 들어도 나머지 아홉신을 거두므로 모두 '총체'라고 할 수 있고, 각각 뜻이 다른 것에 따라 모두 다 '별체'라고 이름할 수 있다. 또, 이것은 진신과 응신이 무애한 보리신에 한정하였고, 아래 문장은 다만 화신의 모습인 보리신에 한정했기 때문이다.

[40a09] 言下當廣釋者, 卽是經初釋始成正覺處, 《疏》具五教成佛義釋故. 彼《疏》云: "約教不同, 小乘以三十四心斷結, 五分法身初圓, 名爲始成正覺, 是實非化. 大乘之中, 約化八相示成, 約報十地行滿, 四智創圓, 名曰始成正覺. 據實, 古今情亡, 心無初相, 名之曰始, 無念而照, 目之爲正, 見心常住, 稱之曰覺, 始本無二, 目之爲成. 約法身, 自覺聖智, 無成不成. 若依此經, 以十佛法界之身雲, 遍因陀羅無盡之時處, 念念初初, 爲物而現, 具足主伴, 攝三世間. 此初卽攝無量劫之初, 無際劫之初, 一成一切成, 無成無不成, 一覺一切覺, 無覺無不覺, 言窮慮寂, 不壞假名, 故云始成正覺."

'아래에서 자세하게 해석할 것이다'[210]라고 한 것은 경에서 처음 '시성정각'을 해설한 곳으로 《대소》에 5교에서 성불의 뜻을 해설한 것을 갖추고 있기 때문이다.

---

210   《演義鈔》 권제1(T36, 04a07)이다.

《소》[211]에서 "교에 한정하면 같지 않다. 소승은 34심三十四心으로 (번뇌의) 결박을 끊어 오분五分 법신이 처음으로 원만해진 것을 '시성정각始成正覺'이라고 한다. 이는 실제이고 화신은 아니다.

대승에서는 화신에 한정하면 팔상八相으로 성불함을 보이고, 보신에 한정하면 십지十地의 행이 원만하고 사지四智가 비로소 원만해진 것을 '시성정각'이라고 한다. 실제에 근거하면, 고금의 정식이 없어지고 마음에 첫 모습이 없는 것을 '시始'라고 하고, 무념으로 비추는 것을 '정正'이라고 말하며, 마음이 항상 머무는 것을 보는 것을 '각覺'이라 부르고, 시각과 본각이 둘이 없는 것을 '성成'이라고 한다. 법신에 한정하면 자각의 성스런 지혜는 성취함도 성취하지 못함도 없다.

이 경전에 의거하면, 십불법계十佛法界의 신운身雲이 인드라망의 다함 없는 시간과 공간에 변만하여 염념念念이 처음 처음이며, 사물을 위하여 현현하고 주主·반伴이 구족하여 삼종의 세간을 거둔다. 여기서의 처음은 무량겁의 처음이며 즈음이 없는 겁의 처음이며, 하나가 성취되면 일체가 성취되어 성취됨도 성취되지 않음도 없으며, 하나를 각오하면 일체를 각오하여 각오함도 각오하지 않음도 없다. 말이 다하고 사려가 적멸하지만 가명을 무너뜨리지 않는다. 그러므로 '시성정각'이라고 한다"고 하였다.

---

211   《大疏》권제4(T35, 0530a)의 내용이다.

2. 인이 깊음을 말함(語因深)

[40b04] [《鈔》] 卽是願身者, 果從因以得, 名願之身, 依主釋也.

[초] '곧 원력신이다'[212]라고 한 것은 과가 인을 쫓아서 얻게 된 것을 원력의 신이라고 하니 의주석依主釋이다.

3. 체가 현묘함을 밝힘(明體玄)

[40b05] [《鈔》] 以法性身爲法身故者, 揀功德法身·變化法身也.

[초] '법성신法性身으로 법신을 삼았기 때문'[213]이라는 것은 공덕법신功德法身·변화법신變化法身과 가려낸 것이다.

[40b06] 言約外虛空者, 空界色也, 非無爲也. 若准下《鈔》(十八上三十中)云: "通論虛空而有十義, 一體唯一味, 二性淨無染, 三無不含容起作, 四無生滅, 五無增減, 六無去來動轉, 七無成壞, 八無變異勞倦, 九非諸相, 十生起無起作."

---

212   《演義鈔》권제1(T36, 04a11)이다.
213   《演義鈔》권제1(T36, 04a19)이다.

'바깥 허공에 한정했다'[214]라는 것은 허공계의 색신이지 무위는 아니다. 만약 아래《초》[215](18장 상반 30중)의 말에 준거하면 "허공을 통괄해서 논하면 열 가지 뜻이 있다. 하나는 체성이 오직 일미뿐이고, 둘째는 성이 청정하여 염오가 없고, 셋째 포함하고 용납하여 일어나 짓지 않음이 없으며, 넷째 생멸함이 없고, 다섯째 증감됨이 없고, 여섯째 오고감도 움직여 전변됨도 없고, 일곱째 성취됨도 파괴됨도 없고, 여덟째 변이되거나 피곤하고 권태함도 없고, 아홉째 여러 상이 아니고, 열째 생기하지만 일어나 지음은 없다"고 하였다.

4. 덕을 갖추었음을 드러냄(彰德備)

[40b10] [《疏》] 富有者, 語借《周易》故,《周易》〈上繫〉云: "聖人所以, 崇德而廣業也." 注云: "窮理入神, 其德崇也, 兼濟萬物, 其業廣也." 次文復云: "智崇禮卑, 崇效天, 卑法地." 注云: "知以崇爲功, 禮[216]以卑爲用." 又云: "盛得大業, 至矣哉! 富有之謂大業, 日[217]新之謂盛德."

---

214 《演義鈔》권제1(T36, 04a21)이다.

215 《演義鈔》권제76〈十忍品〉(T36, 598c)이다.

216 底本 및《金澤寫本》에는 "體",《周易》〈繫辭傳〉 원문에 근거 수정.

217 底本에는 "曰",《金澤寫本》참조 수정.

[소] '풍부하게 (만덕을) 지니셨으며'²¹⁸라는 것은 말은 《주역》에서 빌려 온 것이다. 《주역》〈상계사전上繫辭傳〉에서 "성인이 덕을 숭상하고 업을 넓히는 까닭이다"라고 하였는데, 주석에서 "이치를 궁구하여 신묘함에 들어감은 그 덕이 숭고한 것이며, 겸하여 만물을 제도하는 것은 그 업이 광대한 것이다"라고 하였다. 그 다음 문장에서 또다시 "지혜는 숭고하고 예는 낮으니 숭고함은 하늘을 본받고 낮춤은 땅을 법 받는다"고 하였는데, 주석에서 "앎은 숭고함으로 공력을 삼고, 예는 낮춤으로 공용을 삼는다"고 하였다. 또, "성대하게 대업을 얻었으니 지극하구나! 풍부하게 지니고 있는 것을 대업大業이라고 하며, 날로 새로운 것을 성덕盛德이라고 한다"고 하였다.

[40b14] [《鈔》] 習氣者, 准法相宗, 習氣有二; 一者麤重, 謂二障氣分熏善無記, 帶無堪任硬澁之用, 解脫道捨, 是也. 二者種子, 謂現氣分熏習成故. 於中復三; 一者名言諸因緣種, 由表義·顯境二種名言所熏, 方成生故. 二者有支總別業種, 招報苦樂. 三者我執俱分執種, 令自他別. 此二皆是名言種上差別功能. 今《鈔》所明是前非後.

[초] '습기習氣'²¹⁹라는 것은 법상종法相宗에 근거하면 습기에 두 가지가 있다. 하나는 추중麤重한 것이니, 말하자면 두 가지 장애의 기분이 선善과 무기無記를 훈습하여 무감임성無堪任性의 단단하고 거친 작용을 띠고

---

218 《大疏》권제1(T35, 503a11)이다. "富有萬德, 蕩無纖塵."
219 《演義鈔》권제1(T36, 04a29), "無盡之德, 總名萬德. 塵沙無明, 種現習氣, 總皆斷盡, 故云蕩無纖塵."

있는 것으로 해탈도에서 사라진다는 것이 이것이다. 둘째는 종자이니, 말하자면 현행의 기분이 훈습하여 이룬 것이다. 그중에 또다시 셋이 있다. 하나는 명언名言의 여러 인연종자이니, 뜻을 표시함(表義)과 경계를 드러냄(顯境) 의 두 가지 명언종자로 훈습되는 것을 인해서야 비로소 생기를 이루기 때문이다. 둘은 유지有支의 총업·별업종자이니, 고락을 초래해서 받는다. 셋은 아집 구분俱分의 집취종자이니, 자타가 구별되도록 한다. 이 두 가지는 모두 명언종자 위에 차별된 공능이니, 지금 《초》에서 밝힌 것은 앞의 뜻이고, 뒤의 뜻은 아니다.

제4장 │ 설법하는 위의威儀가 널리 주변함
(說儀周普[十義])

1. 의지한 바의 선정을 밝힘(明所依定)

[41a04] 〔《疏》〕 湛智海之澄波虛含萬像者, 唯智一字, 是法, 餘皆是喩. 以智該²²⁰
之, 皆含法·喩. 譬如巨海(本²²¹覺佛智), 遇風湍激(被無明熏), 成諸波浪(生其八
識), 動相興而澄靜隱(妄想起而²²²寂照隱), 風緣若息(無明若斷), 波浪咸停(八識皆
亡), 顯本澄靜(顯出寂照). 星月炳現(心念常現), 以法對喩, 照然可見. 問曰: 科云
依定, 何言智耶? 答曰: 定與智俱, 隣近得名, 定有智故, 有財達號, 又果位智强,
就勝立稱故. 又云: 但言其智, 可有其難, 今言其湛, 豈非是定? 良以本覺具二種
用, 故立二名, 約修成寂妄義名定, 性自光明義名智, 雖有二用, 然是一體. 揀異
權²²³宗, 異智之定, 故此云爾.

[소] '담연한 지혜바다의 맑은 파도가 허공처럼 만상을 함유한다'²²⁴라
는 것은 오직 '지智' 한 글자만이 법이고, 나머지는 모두 비유이다. 지혜

---

220 底本에는 "說", 《金澤寫本》 참조 수정.

221 底本에는 "大", 《金澤寫本》 참조 수정.

222 底本에는 없음. 《金澤寫本》 참조 보충.

223 底本에는 "權+實", 《金澤寫本》 참조 삭제.

224 《大疏》 권제1(T35, 503a11)이다.

로 그것을 포괄하면 모두 법과 비유를 포함한다. 비유하면, 마치 거대한 바다(본각本覺인 불지佛智)가 바람을 만나 여울지고 부딪쳐서(무명의 훈습을 받는다) 여러 파도의 파랑을 만들어(8식을 생기生其한다) 움직이는 모습이 흥기하면 맑고 고요함이 감춰진다(망상이 일어나면 적멸한 관조가 은둔한다). 바람의 인연이 쉬게 되면(무명이 끊어지면) 파랑이 함께 멈추고(8식이 모두 없어지고) 본래 맑고 고요함이 드러나서(적멸한 관조가 출현한다) 별과 달이 훤하게 나타나는 것과 같다(심념心念이 항상 나타난다). 법으로 비유를 상대하면 환하게 알 수 있다.

묻는다. 과단에는 '선정에 의거함'이라고 하였는데 어째서 지혜를 말하는가?

답한다. 선정은 지혜와 함께하므로 인근석隣近釋(선정지혜)으로 이름을 얻기도 하고, 선정에는 지혜가 있기 때문에 유재석有財釋(선정의 지혜)으로 호칭을 이룰 수도 있으며, 또 과위에는 지혜가 강성하므로 수승함에 입각해서 명칭을 세울 수도 있다.

또, 답한다. 다만 지혜만을 말하면 논란이 있을 것이니, 여기서 말한 맑음이 어찌 선정이 아니겠는가. 진실로 본각은 두 종류의 작용을 갖추었기 때문에 두 가지 이름을 세우니, 만약 닦아서 망상을 적멸하게 한 뜻에 한정하면 '선정'이라고 하고, 성품 자체가 광명인 뜻에 한정하면 '지혜'라고 한다. 비록 두 가지의 작용이 있지만 하나의 체성이다. 권교의 종지와 다른 점을 가려내고, 지혜의 선정과는 다르기 때문에 여기에서 그렇게 말한 것이다.

[41a15] [《鈔》] 亦猶澄波等者, 本覺之定, 凡非了證, 香水之海, 世不見形, 復擧此

喩, 令見近知遠故.

[초] '역시 맑은 파도와 같다'[225]라는 것은 본각의 선정은 범부가 명료하게 알아 증득할 수 있는 것이 아니며, 향수해香水海는 세간에서 형상을 볼 수 없으니 또다시 이 비유를 들어 가까운 것을 보여 먼 것을 알게 한 것이다.

[41a17] 言無來無去者, 彼〈賢首品〉《疏》, 具[226]足十義. 今《鈔》暗用, 略無所闕. 彼云: "五無去來義, 水不[227]上取(名無去), 物不下就(名無來), 而能顯現. 三昧之心亦爾, 現萬法於自心, 彼亦不來, 羅身雲於法界, 未曾暫去." 是也. 或雖現而無來, 緣離而無去.

'오고 감이 없다'[228]고 한 것은 저 〈현수품〉의 《대소》에 10가지 뜻[229]을 구족하였는데, 지금 《초》에서는 암암리에 인용하고 생략해 없애서 빠뜨린 것이다. 저기 《소》에서 "다섯째는 오고감이 없는 뜻이니, 물은 올라가 취하지 못하고(감이 없다) 사물은 내려가 나아가지 못하는데도(옴이 없다) 현현할 수 있다. 삼매의 마음도 그러해서 자심에서 만법을 현현하지만 그것은 옴이 없고 법계에 신운身雲을 펼치지만 일찍이 잠시도 떠난

---

225 《演義鈔》권제1(T36, 04b18)이다.

226 底本에는 "是", 《金澤寫本》참조 수정.

227 底本에는 없음. 《金澤寫本》참조 보충.

228 《演義鈔》권제1(T36, 04b19)이다. 아래구절도 같다.

229 《大疏》권제16〈賢首品〉제12(T35, 0621b29~c20)의 내용이다.

적이 없다"²³⁰고 한 것이 이것이다. 혹은 비록 현현해도 옴이 없고 연이
떠나도 감이 없는 것이다.

[41b04] 言非有非無者, 彼云: "二現無所現義, 經云: '如光影故.'〈出現品〉云:
'普現一切衆生心念根欲, 而無所現.'" 此意實體而非有也, 假相而非無也. 又目覩
而可見, 非無也, 手撈而叵得, 非有也.

'있는 것도 아니고 없는 것도 아니다'라고 한 것은 (〈현수품〉의)《대소》
에서 "두 번째는 나타나되 나타난 것이 없는 뜻이니, 경에서 '빛이 비추
는 것과 같다'고 했기 때문이며, 〈여래출현품〉에서는 '모든 중생의 마음
과 생각과 근성과 욕락을 널리 나타내어 나타내지 않는 것이 없다'고 하
였다"²³¹ 했으니, 이 의미는 실체가 있는 것은 아니지만 가상假相이 없는
것이 아니라는 것이다. 또 눈으로 바라보아 볼 수 있으니 없는 것이 아
니고, 손으로 잡아도 잡히지 않으니 있는 것이 아니다.

[41b07] 言非一非異者, "三能現與所現非一義, 四非異義. 經云: '大海能現.' 能
所異故不一, 水外求像, 不可得故不異." 此意星滅水在而不一, 水盡星無而不異,
青白相異, 名不一, 濕性體同, 名不異.

'동일하지도 다르지도 않다'고 한 것은 (《대소》에서) "세 번째는 능현能現

---

230   《大疏》권제16〈賢首品〉제12(T35, 0621c07)이다.

231   《大疏》권제16〈賢首品〉제12(T35, 621c07)이다.

과 소현所現이 동일하지 않는 뜻이요, 네 번째는 다르지 않는 뜻이니, 경에서 '대해에 능히 현현한다'고 하였으니, 능현과 소현이 다르기 때문에 동일하지 않으며, 물 밖에서 형상을 구하여도 얻을 수 없기 때문에 다르지 않다'[232]고 하였다. 이 의미는 별이 사라져도 물은 그대로 있으니 하나가 아니고, 물이 다 없어지면 별도 없으니 다르지 않으며, 푸른색과 흰색이 서로 다르므로 하나가 아니라고 하며, 습성濕性인 체성은 동일하므로 다르지 않다고 하는 것이다.

[41b10] 言至明至靜者, 離智碍照義顯也, 名至明, 離煩惱碍寂義顯也, 名至靜.

'지극히 밝고 지극히 고요하다'[233]라는 것은 소지장所知障을 여의어 비추는 뜻이 드러난 것을 '지극히 밝다'고 하고, 번뇌장煩惱障을 여의어 적멸의 뜻이 드러난 것을 '지극히 고요하다'고 한다.

[41b12] 言無心頓現者, 無心卽是至靜也, 頓現卽是至明也. 彼云: "一無心能現義, 經云: '無有功用, 無分別故.'[234]" 彼云: "八頓現義, 經云: '一念現故.' 謂無前後, 如印頓成故."

232　《大疏》권제16〈賢首品〉제12(T35, 621c03)이다.

233　《演義鈔》권제1(T36, 04b20)이다.

234　底本 및《金澤寫本》에는 "經云" 이하에 "如光影故,〈出現品〉云普現一切衆生心念根欲, 而無所現故."로 되어있으나, 이 23자는 10가지 뜻 중 두 번째의 뜻을 인증하는 것으로, 앞에서 이미 인용된 내용이기도 하다. 따라서《大疏》에 의거하여 첫 번째 뜻의 인증 내용인 "無有功用, 無分別故."의 8자로 수정하였다.[역자 주]

'무심無心으로 한꺼번에 나타낸다'[235]고 한 것은 '무심'은 곧 지극히 고요
한 것이며, '한꺼번에 나타냄'은 지극히 밝은 것이다. 《현수품》《대소》에
서 "첫 번째는 무심으로 나타내는 뜻이니, 경에서 '공용이 없어 분별함
이 없다'고 했기 때문이다"[236]고 하였고, 《대소》에서 "여덟째는 한꺼번에
현현하는 뜻이니, 경에서 '일념에 나타나기 때문이다'고 하였으니 말하
자면 전후 순서가 없는 것이 마치 도장이 한꺼번에 성취하는 것과 같
다"[237]고 하였다.

[41b15] 言一切衆生心念根欲, 乃至云海印三昧威神力者, 彼云: "六廣大義, 經
云: '遍十方故.' 此則能現廣大也. 七普現義, 經云: '一切皆能現故.' 此則所現周
普也. 九常現義, 非如明鏡, 有現非現時. 十非現現義, 非如明鏡對[238]方現故." 上
來依斯散文, 配彼《疏》十義, 爛然可視. 問: 九會八入, 但說藏身等異, 不聞海印
之名, 那於此處云所依等乎? 答: 斯乃總定, 曾無入出, 餘皆是別, 有出入焉.

'모든 중생의 마음과 생각과 근성과 욕락 … 해인삼매海印三昧의 위신력
이다'[239]라는 것은, 《현수품》《대소》에서 "여섯째는 광대한 뜻이니, 경
에서 '시방에 변만하다'고 했기 때문이다. 이것은 곧 능현能現이 광대한
것이다. 일곱째는 널리 드러내는 뜻이니, 경에서 '일체를 모두 다 나타낸

---

235   《演義鈔》권제1(T36, 04b21)이다.

236   《大疏》권제16〈賢首品〉제12(T35, 621b29)이다.

237   《大疏》권제16〈賢首品〉제12(T35, 621c17)이다.

238   《大疏》에는 "對至"로 되어 있다.

239   《演義鈔》권제1(T36, 04b21-29)이다.

다'고 했기 때문이다. 이것은 곧 소현所現이 널리 주변한 것이다. 아홉째는 항상 나타내는 뜻이니, 밝은 거울이 나타낼 때도 나타내지 않을 때도 있는 것과는 같지 않다. 열째는 나타내지 않으면서 나타내는 뜻이니, 밝은 거울이 맞대어야 나타내는 것과는 같지 않기 때문이다." 여기까지 이 흩어진 문장에 의거해서 저《대소》의 열 가지 뜻에 배대하였으니, 환하게 보일 것이다.

묻는다. 구회九會에 여덟 번 입정한 것은 다만 '(여래)장신삼매' 등 다른 이름만 말하고 '해인삼매'란 이름은 듣지 못하였는데, 어떻게 이곳에서는 소의所依의 선정 등이라고 말하는가?

답한다. 이것은 바로 총체적인 선정이어서 일찍이 들고 나는 것이 없고, 나머지는 모두 개별적인 선정이어서 들고 나는 것이 있는 것이다.

[42a05] [《鈔》] 隨其所樂悉令見者, 問曰: 何故現今所樂所求, 多不遂耶? 答: 或現有障故, 或當無利故. 故下《鈔》(十二下三末)論云: "若諸菩薩, 成就如是增上戒定惠, 功德圓滿, 於諸財位, 得大自在, 何故現見, 有諸有情, 匱乏財位, 菩薩不施? 初答云, 謂諸菩薩見彼有情, 於其財位有重業障, 故不施與. 勿令惠施, 空無有果. 設復施彼, 亦不能受, 何用施爲? 如有頌云: 如母乳嬰兒, 一經月無倦, 嬰兒喉若閉, 乳母欲何爲? 二云, 謂諸菩薩見彼有情, 雖於財位無重業障, 而彼若得財位圓滿, 便多放逸, 不起善法, 作是思惟, 寧彼現法, 小時貧[240]賤, 勿彼[241]來生, 多時貧賤. 故不施彼所有財位. 三云, 謂諸菩薩, 見彼有情, 若乏財位, 厭生死心, 便現在

---

240   底本 및《金澤寫本》에는 "貪",《演義鈔》참조 수정. 아래도 동일.

241   《演義鈔》에는 "令"으로 되어 있다.

前, 求欲出離. 若得富貴, 即生放逸. 故不施彼所有財位, 作是思惟, 寧彼貧窮, 厭生死心, 常現在前, 勿彼富貴, 受樂放逸, 不起善法. 四云, 謂諸[242]菩薩, 見彼有情, 若當施彼, 滿足財位, 即便放逸, 積集種種惡不善業. 故不施彼所有財位. 如有頌云: 寧當貧乏於財位, 遠離惡趣諸惡行, 勿彼富貴亂諸根, 令感當來衆苦器. 五云, 謂諸菩薩, 見諸有情, 若得富貴, 即便損惱無量有情, 故不施彼所有財位, 作如是念, 寧彼一身受貧[243]窮苦, 勿令損惱餘多有情故. 本論結云: 是故現見有[244]諸有情匱乏財位."

[초] '그들이 즐거워하는 것을 따라 다 보게 하나니'[245]라는 것은, 묻는다. 무슨 까닭으로 현재 즐거워하고 구하는 것을 대부분은 성취하지 못하는가?

답한다. 혹은 현재에 장애가 있기 때문이며, 혹은 미래에 이익이 없기 때문이다.

그러므로 아래《초》[246](12하 3말미)에서 논하여[247] "묻는다. 만약 보살들이 이와 같은 증상의 계·정·혜를 성취하여 공덕이 원만해져서 모든 재물자리에 대 자재력을 얻었다면 무슨 까닭으로 보살들이 현재에 많은 중생들이 재물자리에 결핍되어 있는 것을 보면서도 베풀지 않는가?

첫 번째 대답은, 말하자면 보살들이 저 유정들이 재물자리에 무거운

242   底本 및《金澤寫本》에는 "謂",《演義鈔》참조 수정.

243   底本 및《金澤寫本》에는 "貪",《演義鈔》참조 수정.

244   底本 및《金澤寫本》에는 "有+情",《演義鈔》참조 삭제.

245   《演義鈔》권제1(T36, 04b27)이다.

246   《演義鈔》권제49(T36, 0380b~)의 내용을 요약해서 인용한 것이다.

247   《섭대승론》의 해당 내용을 정리한 것이다.

업장이 있기 때문에 베풀지 못하는 것을 보고도 은혜를 베풀지 말도록 한 것은 헛되어 결과가 없기 때문이다. 설령 다시 저들에게 베푼다 하더라도 역시 받을 수가 없는데 보시한들 무슨 소용이 있겠는가. 게송에서 "마치 어머니가 갓난아이에게 우유를 주는데 한 달 동안 게으름 없이 하더라도 영아의 목이 막힌다면 유모인들 무엇을 하려고 하겠는가?"하는 것과 같다.

두 번째 대답은, 보살들이 저 유정들이 비록 재물자리에 무거운 업장이 없더라도 그들이 재물자리가 원만해지면 곧 대부분 방일하여 선법을 일으키지 않는 것을 보고 이렇게 사유한다. '차라리 그들이 현재에 적은 시간 동안 빈천하게 할지언정 그들에게 미래 생에 많은 시간 동안 빈천하게 하지는 않겠다.' 그래서 그들에게 소유하고 있는 재물자리를 베풀지 않는 것이다.

세 번째 대답은, 여러 보살이 저 유정들이 만약 재물이 결핍하면 생사를 싫어하는 마음이 곧 현전하여 벗어나 여의기를 구하려고 하지만 만약 부귀를 얻으면 방일함이 생기는 것을 보았다. 그래서 그들에게 소유하고 있는 재물자리를 베풀지 않고 이렇게 사유한다. '차라리 그들이 빈궁하여 생사를 싫어하는 마음이 항상 현전하게 할지언정, 그들이 부귀하여 즐거움을 받아 방일하여 선법을 일으키지 않게 하지는 않겠다.'

네 번째 대답은, 말하자면 여러 보살이 저 유정들이 당래에 그들에게 베풀어 재물이 만족되면 곧 방일하여 갖가지 악과 불선업不善業을 쌓는 것을 보았다. 그래서 그들에게 소유하고 있는 재물자리를 베풀지 않는 것이다. 게송에서 '차라리 당래에 재물자리에 빈곤하고 핍박하여 악취와 모든 악행을 멀리 여의게 할지언정 그들이 부귀하여 여러 근根을 어지럽혀 당래에 많은 고통의 그릇을 감득하게 하지는 않겠다'고 하는 것과 같다.

다섯째 대답은, 말하자면 여러 보살이 저 유정들이 부귀하게 되면 곧 무량한 유정들을 손해하고 괴롭히는 것을 보았다. 그래서 그들에게 소유하고 있는 재물자리를 베풀지 않고 이와 같이 생각한다. '차라리 저 한 몸에서 빈궁한 고통을 받게 할지언정 나머지 많은 유정을 손해하고 괴롭히게 하지는 않겠다.' 본론에서 결론지어서 이 때문에 현재에 많은 유정들이 재물자리에 결핍되어 있는 것을 보게 된다"라고 하였다.

2. 응하시는 몸을 밝힘(明能應身)

[42b10] [《疏》] 皎性空(法性法身)之滿月,(實智報身) 頓落(隨緣化身)百川,(所應當根)

[소] 밝은 성품이 텅 빈(법성法性의 법신法身) 만월이(실지實智의 보신) 온갖 하천에(응현할 대상의 해당 근기) 단박에 떨어지도다(수연隨緣의 화신化身).[248]

[42b11] [《鈔》] 若以相歸性者, (攝報歸法, 水月歸天,) 言卽[249]空色照水者, (則法身

對根也,) 卽表三身無碍義也.

[초] '만약 상相으로 성性에 돌아간다면'[250] 하는 것은 (보신을 거둬들여 법신으로 돌아가고, 수월水月이 하늘로 돌아간 것이며,) '공에 즉한 색이 물에 비춘다'고 한 것은 (즉 법신이 근기를 상대한 것이니,) 삼신이 무애한 뜻을 표시한 것이다.

[42b13] 言影落晴天者, 一云, 此意晴天影落也, 則是法身之影現於衆生心水也. 故經云: "佛以法爲身, 淸淨如虛空, 所現衆色形, 令入此法中." 是也. 或影落晴天者, 水中月影落, 水中之晴天也, 衆生心中化身, 歸衆生心中本覺故. 卽《起信》隨染本覺, 不思議業相也.

'그림자가 맑은 하늘에 떨어지는 것이다'[251]라는 것은 일설은, 이 의미는 맑은 하늘의 그림자가 떨어지는 것이니, 곧 법신의 그림자가 중생심의 물에 나타나는 것이다. 그러므로 경에서 "불은 법으로 몸을 삼으니 허공처럼 청정하여 나타낸 여러 색상과 형상이 이 법 가운데로 들게 한다"고 한 것이 이것이다. 혹은 '그림자가 맑은 하늘에 떨어지는 것'은 물속의 달그림자가 물속의 맑은 하늘에 떨어진 것이니, 중생 마음속의 화신이 중생 마음속의 본각으로 돌아가는 것이다. 곧《대승기신론》의 염오를 따르는(隨染) 본각本覺과 부사의업상不思議業相이다.

---

250   《演義鈔》권제1(T36, 04c20)이다.
251   《演義鈔》권제1(T36, 04c22)이다.

3. 경을 설한 장소를 밝힘(明說經處)

[42b17] [《疏》] 不起樹王, 羅七處於法界者, 文含二義; 一云, 不起菩提樹, 該²⁵²羅身雲, 遍昇於七處也. 故《鈔》云: "是則不起菩提樹, 遍昇法界七處." 是也. 二云, 張羅七處, 遍於五重法界. 故《鈔》云: "今言羅七處於法界等." 是也.

[소] '보리수(樹王)에서 일어나지 않고 법계에 칠처七處를 펼치셨으며'²⁵³라는 것은 문장에 두 가지의 뜻을 포함하고 있다. 첫째 뜻은 보리수에서 일어나지 않고 신운身雲을 꾸려 펼쳐서 칠처에 변만하게 오른 것이다. 그러므로 《초》에서 "이렇다면 보리수에서 일어나지 않고, 법계의 칠처에 변만하게 오른 것이다"²⁵⁴고 한 것이 이것이다. 둘째 뜻은 칠처를 펼쳐서 5중의 법계에 변만한 것이다. 그러므로 《초》에서 "여기서 '법계에 칠처를 펼치시며'라는 말은"²⁵⁵ 등이라고 한 것이 이것이다.

[43a04] [《鈔》] 其第三句易故文無者, 問曰: 如前經云: "我等今見佛, 住於須彌頂", 豈非是所昇之處一天, 經文何得言無? 答曰: 所昇一天, 經文非無, 不離一樹, 經文非有, 所以云無. 若爾, 其第二句, 亦應無文, 所昇忉利十方之經雖有, 不離覺樹一方之經亦無故. 若十方悉然離合用之, 所昇之處通用十方, 不離之處但摘一

---

252   底本에는 "是",《金澤寫本》참조 수정.

253   《大疏》권제1(T35, 503a13)이다.

254   《演義鈔》권제1(T36, 005a10)이다.

255   《演義鈔》권제1(T36, 005a11)이다.

方, 云有文者, 其第三句亦爾, 所昇一天, 經文甚顯, 如前經云:"我等今見佛, 住於須彌頂." 不離之處, 摘取一樹, 經文亦有. 是則若據全論, 第二句亦無經文, 若約分說, 第三句亦有經文, 何故《鈔》云其第三句易故文無? 今謂通云: 如世請僧兩次陳請, 請著[256]三人, 一次云, 擬請講小乘十本經·大乘一本經法師, 如前經文, 不離之處而通一切, 如小乘十本經, 所昇之處唯是一天, 如大乘一本經, 請著一箇法師, 當第一句. 一次云, 講大乘十本經法師亦請, 此一請中, 請著二人, 一人大小乘各講十本經, 亦是所請, 一人講大乘十本經·小乘一本經, 亦是所請. 如十方悉亦然, 但就所昇云十方, 而通二句; 所昇不離各具十方, 當第四句, 所昇十方不離一方, 當第二句. 唯有大·小乘各講一本經法師, 不是所請, 唯有所昇不離各唯一處, 經中無文. 又解, 上就此文, 故作是說. 若准下《鈔》, 以此四句皆有經文. 故彼《鈔》云:"前品成於四句, 亦從此生, 謂前一偈半, 卽指上文, 是不起一切處而昇一處, 後十方悉亦然, 單取十方須彌頂亦然, 卽是不離一切處而昇一切處, 取上一閻浮提對此, 則是不離一處而昇一切處, 取上一閻浮, 對我等今見佛住於須彌頂, 卽是不離一處而昇一處, 如來自在力, 通於四句." 良以經文含隱,《鈔》釋出沒, 勿見一處而生偏執. 餘有不同, 例此可悉.

[초] '제3구[257]는 쉽기 때문에 경문이 없다'[258]라는 것은, 묻는다. 앞의 경에서 "저희들이 이제 부처님께서 수미천의 정상에 계신 것을 뵈옵니다"라고 한 것과 같을 텐데 어째서 이것이 '오른 곳인 일천一天'이 아닌가?

---

256 底本에는 "者",《金澤寫本》참조 "著"로 수정. 아래 "(請)著"도 동일.

257 제1구: 일체처의 보리수에서 일어나지 않고 일천에 오르는 것이요, 제2구: 일처에서 일어나지 않고 일체처에 오르는 것이요, 제3구: '일처에서 일어나지 않고 일처에 오르는 것이요, 제4구: 일체처에서 일어나지 않고 일체처에 오르는 것이다.

258 《演義鈔》권제1(T36, 005a09)이다.

경문이 없다고 어떻게 말할 수 있는가?

답한다. '오른 곳인 일천'이 경문에 없는 것이 아니고, '일처의 보리수(覺樹)를 떠나지 않았다'는 경문이 없기 때문에 '없다'고 한 것이다.

묻는다. 만약 그렇다면 제2구도 경문이 없다고 해야 할 것이다. '오른 곳인 도리천은 시방'이라는 경문은 있다 하더라도 '보리수 일방을 떠나지 않았다'는 경문은 역시 없기 때문이다. 만약 '시방이 모두 그렇다'는 것을 이합해서 사용하여 오른 곳은 '시방'에 통용되고, 떠나지 않은 곳은 '일방'만을 골라잡아서 경문이 '있다'고 한다면, 제3구도 그러해서 오른 곳인 '일천'은 경문에 잘 드러나니, 저 앞의 경에서 '저희들이 이제 부처님께서 수미천의 정상에 계신 것을 뵈옵니다'라고 한 것이고, '떠나지 않은 곳'은 '일처의 보리수'를 골라 취한 것이니 경문이 역시 있다. 이렇다면 전체에 근거하여 논하면 제2구도 경문이 없으며, 만약 부분에 한정하여 논하면 제3구 역시 경문이 있는데, 무슨 까닭으로 《초》에서는 제3구는 쉽기 때문에 경문이 없다고 했는가?

답한다. 이제 소통해서 말하겠다. 예를 들어 세간에서 승려에게 간청하여 두 차례 간청을 진술하는데 세 사람에게서 간청이 드러나는 것과 같다. 한 차례는 '소승10본경'과 '대승1본경'을 강의하는 법사에게 간청하는 것에 빗대면, 앞의 경문처럼 '떠나지 않은 곳이 일체처에 통하는 것'은 '소승10본경'과 같고 '오른 곳이 오직 일천'인 것은 '대승1본경'과 같으며, 간청은 한 명의 법사에게 드러나니, 제1구에 해당한다. 한 차례는 '대승10본경'을 강의하는 법사에게 역시 간청하는 경우, 이 한 번의 간청에서 두 사람에게서 간청이 드러난다. 한 사람이 '대승10본경'과 '소승10본경'을 각각 강의하는 것이 역시 간청의 대상(所請)이며, 한 사람이 '대승10본경'과 '소승1본경'을 강의하는 것이 역시 간청의 대상(所請)이다.

저 '시방도 모두 그러하다'에서 단지 오른 곳에만 입각해서 '시방'이라고 한다면 2구에 통하니, 오른 곳과 떠나지 않은 곳이 각각 '시방'을 갖춘 것은 제4구에 해당하며, 오른 곳은 '시방'이고 떠나지 않은 곳은 '일방'이라는 것은 제2구에 해당한다. 대승·소승에 각각 1본경을 강의한 법사만 있는 것은 간청의 대상이 아니며, 오른 곳과 떠나지 않은 곳이 각각 오직 일처만 있는 것은 경문에는 없다.

또, 해설한다. 위는 이 문장에 입각하였으므로 이 말을 했지만, 만약 아래《초》를 준거하면 이 4구는 모두 경문이 있다. 그러므로《초》[259]에서 "앞의 품에서 4구를 이룬 것도 역시 이로부터 생긴 것이다. 말하자면 앞의 한 게송 반은 위 글의 '일체처를 떠나지 않고 일처에 오른 것'을 가리키고, 뒤 구절의 '시방도 역시 그러하다'는 시방의 수미정상도 역시 그러하다는 것을 홀로 취하면 곧 '일체처를 떠나지 않고 일체처에 오른 것'이며, 위의 한 염부제를 취하여 이것에 대응시키면 '일처를 떠나지 않고 일체처에 오른 것'이고, 위의 한 염부제를 취하여 '저희들이 이제 부처님께서 수미천의 정상에 계신 것을 뵈옵니다'에 대응시키면 '일처를 떠나지 않고 일처에 오른 것'이니, 여래의 자재한 힘은 4구에 통한다"라고 하였다. 참으로, 경문은 함유하고 숨어 있고,《초》의 해설은 나타났다 사라졌다 하니, 한 곳을 보고서 치우친 집착을 내지 말라. 나머지 다른 점이 있는 것도 이를 준거하면 다 될 것이다.

---

259   《演義鈔》권제36〈升須彌山頂品〉제13(T36, 005a03)의 내용이다.

又下《疏》問云: "動靜相違, 去住懸隔, 旣云不起,[260] 何得言昇? 古有多釋, 一云, 本
釋伽身不起道樹, 應化而昇天上, 一云, 不起是報, 昇天是化, 一云, 不起是法身,
昇天是化用, 並非文意, 以此文中俱是毗盧遮那十身雲故. 一云, 去卽非去, 故云
不起, 非去卽去, 是以昇天, 如不來相而來等. 若爾, 但是昇相離故, 非是樹下別有
不起之身, 故不可也. 有云: 此佛神通, 同體業用, 卽住是去, 去卽是住, 住是體[261]
遍, 去是用應. 應是體應, 雖昇後而不離前, 體[262]是應體, 雖不離前而昇後. 若爾,
何殊第三師? 不起是法身, 又以住釋不起, 而言住是體遍, 何得獨住菩提耶? 昇天
何得非體遍耶? 菩提樹下寧非用耶? 今顯正義, 然佛得菩提, 智無不周, 體無不
在, 無依無住, 無去無來. 然以自在卽體之應, 應隨體遍, 緣感前後, 有住有昇, 閻
浮有感見在道樹, 天宮有感見昇天上. 非移覺樹之佛而昇天宮. 故云不離覺樹而
昇釋殿. 法惠偈云: '佛子汝應觀, 如來自在力, 一切閻浮提, 皆言佛在中' 此不離
也. '我等今見佛, 住於須彌頂' 此而昇也. 文理有據."

또, 아래《소》[263]에서 "묻는다. 움직임과 고요함은 상위하고 떠나고 머무
는 것은 현격한데 일어나지 않았다 하고는 어떻게 올랐다고 말할 수 있
겠는가?

답한다. 예부터 많은 해설이 있다. 일설은 본래 석가의 몸이 보리수에
서 일어나지 않고 응화해서 천상에 오른 것이라고 하였고, 일설은 일어
나지 않은 것은 보신이고 천상에 오른 것은 화신이라고 하였으며, 일설

---

260   《演義鈔》에는 "離"로 되어 있다.

261   底本 및《金澤寫本》에는 "對", 원문에 근거 수정.

262   上同.

263   《大疏》권제17〈升須彌山頂品〉제13(T35, 0627b)의 내용이다.

은 일어나지 않은 것은 법신이고, 천상에 오른 것은 화신의 작용(化用)이라고 하였는데, 모두 (이) 문장의 의미는 아니다. 이 문장에서는 모두가 비로자나불의 십신운十身雲이기 때문이다.

일설은 떠나는 것이 곧 떠나는 것이 아니므로 일어나지 않았다고 하고, 떠나지 않는 것이 곧 떠나는 것이기 때문에 천상에 오른 것이다. 오지 않는 모습이면서 오는 등과 같다. 그렇다면 다만 오른 모습을 여읜 것이며, 보리수 밑에 따로 일어나지 않는 몸이 있는 것은 아니다. 그러므로 불가하다.

어떤 이는 '이것은 부처의 신통한 동체의 업용이니 머무름 그대로 떠나고, 떠남 그대로 머무는 것이다. 머무름은 체가 변만한 것이고, 떠남은 업용으로 응현한 것이다. 응현은 체의 응현이므로 비록 뒤에 올랐지만 앞을 떠나지 않은 것이며, 체는 응현의 체이므로 앞을 떠나지 않고서 뒤에 오른 것이다'고 하였는데 만약 그렇다면 제3 법사와 무엇이 다르겠는가? 일어나지 않은 것은 법신이며 또 머무름으로써 일어나지 않음을 해석하면서 머무름은 체가 변만한 것이라고 하였는데, 어떻게 홀로 보리수에만 머물 수 있겠으며, 천궁에 오른 것이 어찌 체가 변만한 것이 아니겠으며, 보리수 아래는 어찌 업용이 아니겠는가?

이제 바른 뜻을 현시하겠다. 그러나 불은 보리를 얻어서 지혜가 변만하지 않음이 없으며, 체는 존재하지 않음이 없어서 의지함도 머무름도 없고 떠남도 옴도 없다. 그러나 자재하게 체에 즉한 응신이어서 응신이 체를 따라 변만하지만 수연하여 감득하는 것은 앞뒤 순서여서 머무름도 오름도 있으며, 염부제에서 감득함이 있으면 보리수에 있는 것을 보고, 천상에서 감득함이 있으면 천상에 오른 것을 보는 것이고, 보리수의

부처가 옮겨 천궁에 오른 것이 아니다. 그러므로 각수를 떠나지 않고 제
석천 궁전에 오른다고 한 것이다. 법혜 보살이 게송으로 '불자들아! 그대
들은 여래의 자재한 힘을 관찰하라. 모든 염부제에서 모두들 부처님이
그 속에 계신다고 말한다'라고 한 것은 '떠나지 않은 것'이고, '저희들이
이제 부처님께서 수미천의 정상에 계신 것을 뵈옵니다'라고 한 것은 '오
른 것'이니, 문리에 근거가 있다"고 하였다.

[44a15] 言如遍七處者, 問: 能遍旣一, 所遍應六. 答: 十方皆有七處, 如此一界菩
提場作能遍, 餘方菩提場爲所遍, 乃有七處. 若爾, 何故《鈔》次云: "如菩提場旣遍
法界, 其餘六處一一皆遍." 不言其七? 答: 但據此一界, 所以云六. 是知能遍唯局
一界七處, 所遍通乎十方. 細思細思.

'칠처七處에 변만하다'[264]고 한 것은, 묻는다. 변만하는 주체(能遍)가 일처
라면 변만한 대상(所遍)은 육처六處일 것이다.
　　답한다. 시방에 모두 칠처가 있는 것이니, 마치 이 한 세계의 보리도
량이 능변能遍이 되고, 나머지 방方의 보리도량은 소변所遍이 되어야 칠
처가 있게 되는 것과 같다.
　　묻는다. 그렇다면 무슨 까닭으로《초》에서 그 다음에 "보리도량이 이
미 법계에 변만한 것처럼 나머지 '육처'도 낱낱이 모두 변만하다"고 말하
고 '칠처'라고 말하지 않았는가?
　　답한다. 이 한 세계만 근거했기 때문에 '육처'라고 한 것이다. 이로서

264　　《演義鈔》권제1(T36, 005a25)이다.

능변能遍은 오직 한 세계의 칠처에 국한되고, 소변所遍은 시방에 통한다는 것을 알 수 있다. 상세히 생각하고 상세히 생각하라.

[44b03] 言前三約事法界者, 問曰: 如第一云, 遍法界同類刹中, 皆有七處. 此豈非是事事無碍耶? 能遍所遍皆是事故. 答: 能所合論, 可如上難, 但就所遍云事法界. 若爾, 第三遍法界微塵中刹, 旣云塵中之刹, 豈非事事無碍耶? 今謂通云: 此言塵中刹者, 非是塵中別有其刹, 但約塵卽是刹故. 下《鈔》云:"刹通麤細故." 或但據塵中刹, 體不彰無碍, 故此云爾.

'앞의 셋[265]은 사법계事法界에 한정했다'[266]라는 것은, 묻는다. 첫 번째에서 말한 것처럼 '법계의 동류 찰토에 변만함'에서 모두 칠처가 있다면 이것이 어찌 사사무애(법계)가 아니겠는가? 능변能遍과 소변所遍이 모두 사법이기 때문이다.

답한다. 능변과 소변을 합하여 논하면 위처럼 논란할 수 있지만 소변所遍에만 입각해서 사법계라고 한 것이다.

묻는다. 그렇다면 세 번째에 '법계의 미진 속 찰토에 변만하다'는 것은 이미 미진의 찰토라고 했으니 어찌 사사무애가 아니겠는가?

답한다. 이제 소통해서 말하겠다. 여기서 말한 미진 속의 찰토는 미진 속에 별도의 찰토가 있는 것이 아니고, 다만 미진이 그대로 찰토인 것에

---

265   ①遍同類刹, ②遍異類刹, ③遍法界塵, ④遍虛空容塵之處, ⑤遍法界帝網刹 등의 5류 가운데 앞의 셋은 사법계에 한정하고, 다음 하나는 이·사에 통하고, 뒤 하나는 사사무애법계라고 한 것이다.

266   《演義鈔》 권제1(T36, 005b04)이다.

한정했기 때문이며, 아래 《초》[267]에서 "찰토는 추중과 미세에 통한다"고
했기 때문이다. 혹은 미진 속의 찰토에만 근거한 것이어서 체가 무애함
을 드러내지 못하므로 여기서 그렇게 말한 것이다.

4. 경을 설한 시간을 밝힘(明說經時)

[44b10] [《疏》] 無違後際, 暢九會於初成者, 後際二字, 攝留支義, 擧後影初·中故,
暢九會於初成者, 攝賢首義, 無違二字, 卽是淸涼雙取二師之義.

[소] '후제後際에 어긋남이 없이 처음 정각을 이룰 때 9회를 폈다'[268]라
는 것은 '후제' 두 글자는 보리유지의 뜻[269]을 거둔 것이니, 후제를 들어
중간과 처음을 영략해서 취했기 때문이며, '처음 정각을 이룰 때 9회를
폈다'는 현수의 뜻을 거둔 것이며, '어긋남이 없다'는 두 글자는 즉 청량
이 두 법사의 뜻을 쌍으로 취한 것이다.

[44b12] [《鈔》] 婆伽婆者, 此云破煩惱, 故《涅槃》云: "能破煩惱, 名婆伽婆."

---

267   《演義鈔》권제2(T36, 015b)이다.

268   《大疏》권제1(T35, 503a13)이다.

269   보리유지는 앞의 5회는 초시에 설하고, 6회 이하는 제2칠일, 제9회는 후시설이라고 해설하
      였다.

[초] '바가바婆伽婆'[270]는 여기 말로 번뇌를 무너뜨림이다. 그러므로《열반경》에서 "번뇌를 능히 무너뜨리므로 '바가바'라고 한다"고 하였다.

[44b13] 言上來分於三時約所表故者, 表凡聖果故, 或表三僧祇故.

'위에서 3시로 나눈 것은 표시의 대상(所表)에 한정했기 때문'[271]이라는 것은 범부와 성인의 과를 표시했기 때문이며, 혹은 삼아승지를 표시했기 때문이다.

[44b14] 言初成頓說, 約圓融故者, 中後二時, 卽初時故. 經云: '一念卽無量劫', 賢首不違留支, 無量劫卽一念, 留支何乖賢首! 問曰: 未來時之與法有耶? 無耶? 若有, 何異小乘, 何名未來, 現已有故. 若無, 何殊始教, 何能融彼身子祇園在初成時耶? 不可融兎角歸牛頭耶? 答曰: 此義幽隱, 恐人迷昧, 粗依庸見, 以顯深宗. 一云: 未來之法, 雙具二義; 約性起故, 有本來具, 故不同始教, 約緣起故, 無緣未合, 故不同小乘, 是故, 前難一時併遣. 又云: 就德相門, 有法爾具足故, 海印頓現故. 下《鈔》釋衆海疑念云, "法界之中, 法爾有此疑與答故, 言海印頓現者, 疑之與答, 皆佛現故. 由上二義故, 疑答皆常." 以彼例此, 祇園之處身子之衆, 皆常有故. 就業用門, 無通妨同前. 如實義者, 未來之法, 現今是無, 當來是有. 若爾, 寧異始教? 今謂通云: 行布大同, 圓融迥異, 融當來有, 歸今現有故. 問曰: 二有同時可許, 相融現在現有時, 未來未有, 未來當有時, 現有已無, 云何相融耶? 答曰: 約行布

---

270   《演義鈔》권제1(T36, 005b13)이다.
271   《演義鈔》권제1(T36, 005b19)이다.

門, 是異時有, 約圓融門, 許同時有. 融行布異時之有, 作圓融同時之有故. 應擧例
云: 須彌芥子, 行布門中異處有, 圓融門中同處有, 融異處之有, 作同處之有. 若許
爾者, 融異時之有, 何不許同時有耶? 願諸賢士, 府賜刊詳. 故下《疏》(八下四十二)
云: "然大乘宗, 未來世法, 體用俱無, 今云何知? 依方便教, 但見現在因種, 知當
果相, 非見未來法體. 若一乘宗, 於九世中, 未來中現在, 體用俱有, 今稱實而知.
然非現在之現在, 故稱未來. 此有若是性有, 卽同小乘, 若是緣有, 緣[272]今未會,
云何言有? 若今時看緣性俱無, 以是現在未來定非有故. 若逐未來時看, 以是未
來之現在故, 還如今有." 斯[273]良證也.

'〈처음 정각을 이룰 때 한꺼번에 연설했다〉는 것은 원융함에 한정했기
때문'[274]이라는 것은 중간과 후시의 두 시간이 그대로 초시初時이기 때문
이다. 경에서 말한 '일념이 그대로 무량겁'인 측면에서 현수는 보리유지
와 어긋나지 않는데, '무량겁이 그대로 일념'인 측면에서 보리유지가 현
수와 어찌 어긋나겠는가!

<u>묻는다.</u> 미래 시간이 법과 함께 있는가, 없는가? 만약 있다면 소승과
무엇이 다르겠으며, 어떻게 미래라고 이름하겠는가? 현재에 이미 있기
때문이다. 만약 없다면 시교始教와 무엇이 다르겠으며, 저 수보리(身子)와
기원정사가 처음 성불할 때에 있는 것과는 어떻게 융통하겠는가. 토끼
의 뿔을 융합하여 소의 머리로 돌아가는 것은 가능하지 않잖은가.

<u>답한다.</u> 이 뜻은 그윽이 감춰져서 사람들이 미혹하고 어둘까 염려되

---

272   底本 및《金澤寫本》에는 없음.《大疏》참조 보충.

273   底本에는 "期",《金澤寫本》참조 수정.

274   《演義鈔》권제1(T36, 005b20)이다.

므로 대략 나의 소견에 의거해서 깊은 종지를 드러내겠다. 하나는 미래
법은 두 가지의 뜻을 쌍으로 갖추고 있으니, 성품이 일어나는 것(性起)에
한정하면 본래 구족되어 있으므로 시교와 같지 않으며, 인연으로 일어
나는 것(緣起)에 한정하면 연이 없이는 합하지 않으므로 소승과 같지 않
다. 그러므로 앞의 논란을 일시에 모두 보낼 수 있다.

또 말한다. 덕상문에 입각하면 '법이 으레 구족되어 있는' 까닭이며,
'해인삼매에서 단박에 현현'하기 때문이다. 아래 《초》[275]에서 대중 바다
(衆海)가 의심을 일으킨 생각에 대해 해석하여 "('이 일이 오래되었다'는
것은) 법계 속에 법이 으레 이 의문과 대답이 있기 때문이며, '해인삼매
에서 단박에 현현한다'는 것은 의문과 대답을 모두 불이 나타내기 때문
이다. 위의 두 가지 뜻을 말미암으므로 의문과 대답이 모두 항상 있다"
고 하였다. 저것으로 이것을 준례하면 기원(정사)의 처소와 수보리의 대
중이 모두 항상 있는 것이다. 업용문에 입각하면 회통할 것도 비방할 것
도 없으니 앞과 같고, 여실한 뜻이라면 미래법은 현재에는 없고 당래에
는 있다.

묻는다. 만약 그렇다면 어찌 시교와 다르겠는가?

답한다. 이제 소통해서 말하겠다. 항포문으로는 거의 같지만 원융문
으로는 아주 다르다. 당래에 있는 것을 융합하여 현재에 있는 것으로
돌아오기 때문이다.

묻는다. 둘이 동시에 있는 것을 허여할 순 있지만 서로 융합하면 현재
가 현재 있을 때에 미래는 아직 없고, 미래가 당래에 있을 때에 현재에

---

275 《演義鈔》권제23 〈現相品〉 제2(T36, 175c)이다.

있는 것은 이미 없을 것인데 어떻게 서로 융합하겠는가?

답한다. 항포문에 한정하면 다른 때에 있는 것이고, 원융문에 한정하면 동시에 있는 것이 인정된다. 항포문의 '다른 때에 있는 것'을 융합해서 원융문의 '동시에 있는 것'을 짓는 것이다. 예를 들어 말해보면, 수미산과 겨자는 항포문으로는 다른 곳에 있고, 원융문으로는 같은 곳에 있으니, 다른 곳에 있는 것을 융합하여 같은 곳에 있는 것을 짓는 것이다. 그렇다는 것을 허여하면 다른 때에 있는 것을 융합한 것인데, 어째서 동시에 있는 것을 허여하지 못하겠는가? 여러 현명한 학사들은 책의 상세함에 굽혀주길 바란다.

그러므로 아래《소》[276](권제8 하42)에서 "그러나 대승의 종지에 미래세의 법은 체·용이 모두 없거늘 현재에 어떻게 아는가? 방편의 가르침에 의지해서 단지 현재의 원인종자를 보고 당래의 과상을 안 것이지 미래법의 체를 본 것은 아니다. 일승의 종지라면 9세 가운데에 미래 속의 현재는 체·용이 둘 다 있어 지금 실제에 걸맞게 안다. 그러나 현재의 현재가 아니기 때문에 미래라고 한다. 이 있는 것이 성性이 있는 것이라면 소승과 같고, 연緣으로 있는 것이라면 지금은 연을 만나지 못하는데 어떻게 있다고 말하겠는가? 만약 지금의 시간이 연과 성이 모두 없다고 본다면 현재와 미래가 결정코 있는 것이 아니기 때문이며, 만약 미래의 시간을 좇아서 본다면 미래의 현재이기 때문에 도리어 지금 있는 것과 같다"고 하였으니 이것이 훌륭한 증거이다.

---

276   《大疏》권제46〈十通品〉제18(T35, 850c)이다.

《大方廣佛華嚴經談玄決擇》卷第一

《대방광불화엄경담현결택》권제1[277]

〈寫本記〉云:

高麗國大興王寺壽昌二年歲次(丙子), 奉宣雕造. 大宋國崇吳古寺宣和五年(癸卯)

歲, 釋安仁傳寫, 淳熙歲次(己酉), 吳門釋祖燈科點重看, 時年七十二歲也.

〈사본기〉는 다음과 같다.

고려국 대흥왕사에서 수창 2년 세차(1096, 병자)[278]에 선지를 받들어 새기

다. 대송국 숭오고사에서 선화宣和 5년(1123, 계묘)[279]에 석안인釋安仁이 베

껴 쓰고, 순희淳熙 세차(1189, 을유)[280]에 오고사 문중 석조등釋祖燈[281]이 과

점科點하고 중간重看하다. 그때 나이는 72세였다.

---

277   《金澤寫本》권1,4,5의 표제 장에는 담예湛睿(1271-1346)라는 이름이 쓰여 있는데, 이는 담예가
       고잔지(高山寺)와 도다이지(東大寺) 등에서 수택본으로 몸소 지니면서 공부하다가 훗날 관동으
       로 이주할 때 쇼묘지(稱名寺)로 가져온 것으로 보인다.

278   요遼 도종의 연호로 수창 2년은 1096년에 해당한다.

279   선화宣和(1119~1125)는 송나라 휘종의 연호로 5년은 1123년이다.

280   순희淳熙(1174~1189)는 남송 광종光宗의 연호로 을유 세차는 1189년에 해당한다. 이 필사본
       은 조등의 뒤를 이어 대송 유학승이었던 변지가 1271년에 빌려서 필사를 마쳤다고 언급한 '고
       려사의 비본'일 것이다.

281   조등祖燈(?~?)은 당시 일본에서 송나라로 유학한 학승이다.

弘安八年九月十九日於高山寺 令書寫了 沙門○○

홍안弘安 8년(1285)[282] 9월 19일 (일본 교토의) 고산사高山寺에서 사문 ○○[283]이 서사시켰다.[284]

〈錄摘文解〉

破名離釋其義於體, 合結其題, 十義釋一題,《疏》往復無際其唯法界歟(亦約十義),《鈔》至聖垂誥等文, 釋一心卽事同眞, 迷法界曰往, 六處皆法界用, 眞二義出眞理妄事非一非異圖. 迷來無始故無初際, 不釋動以求靜, 無障碍法剖爲心境二門, 張小使小, 欲知法諸佛心至如空無所依, 若有欲知佛境界, 當淨其意如虛空, 無有智外如爲智所入, 心佛與衆生三無差別, 初發心時便成正覺, 佛知見一偈開示而無遺, 雖得佛道不捨因門, 富有, 習氣, 湛智海之澄波, 不起樹王羅七處於法界, 初成頓説約圓融.

---

282   홍안弘安(1278~1287)은 일본의 연호로 홍안 8년은 1285년으로《金澤寫本》이 서사된 년도로 보인다.

283   서사시킨 이의 이름은 알 수 없지만,《만속장본》권제4의 〈사본기〉에 따르면, '1271년에 일본의 유학승 변지辨智가 송나라 湖州의 法寶禪寺에서 고려교사에 있던 비본을 빌려 베꼈다'고 했으므로, 그가 귀국할 때 자신이 베낀 필사본을 가져왔고(《고잔지본》), 그 뒤 1285년에 고산지에서 필사를 발주한 것(《金澤寫本》)으로 보인다.

284   이 개별적인 〈사본기〉는《金澤寫本》에만 있다.

大方廣佛華嚴經談玄決擇

卷第二

대방광불화엄경담현결택 권제

2*

上京開龍寺 圓通悟理大師 賜紫沙門 鮮演述

상경 개룡사 원통오리대사 사자사문 선연鮮演이 짓다.

* 《決擇記》 권제2부터 권제6까지는 《卍續藏本》(X8, 01a-089a)(《新纂卍續藏經》收錄本, 활자는
臺灣의 CBETA(Ver. 2008)를 사용)을 底本으로 하여, 《金澤寫本》(日本 稱名寺 所藏·金澤文庫
管理), 《藏經書院本》(京都大學圖書館 藏經書院 所藏)과 교감하였다.

5. 가르침을 받는 대중을 밝힘(明所被衆)

[1a07] 《疏》盡宏廓之幽宗者, 盡字是教, 餘皆是義. 宏者大也, 卽是廣義, 通収五教, 若巨海遍納於百川. 廓者空也, 卽是深義, 別揀九宗, 同天池獨具於十德. 或宏者事法界, 廓者理法界. 二字相合者, 事理無礙法界, 幽宗事事無礙法界. 或四字相合, 同詮一眞無障礙法界. 斯則能被之教義也.

[소] '크고 확 트인 유현幽玄의 종지 모두'[001]라는 것은 '모두(盡)'자는 '교'이고, 나머지는 다 '뜻'이다. ([초]) '굉宏은 큰 것이다'[002]는 곧 넓다는 뜻이니, 오교를 통틀어 거둬들인 것이 마치 거대한 바다가 온갖 하천을 두루 받아들이는 것과 같다. '확廓은 텅 빈 것이다'는 곧 깊다는 뜻이니, 구종九宗과 개별적으로 가려낸 것이 천지天池만이 홀로 열 가지 덕을 갖추고 있는 것과 같다. 혹은 '굉'은 사법계이며 '확'은 이법계라고도 하며, 두 글자를 합한 경우(宏廓)는 사리무애법계이고, '유종幽宗'은 사사무애법계이며, 네 글자를 합한 경우(宏廓幽宗)는 똑같이 '하나의 참된 무장애 법계'를 설명한다. 이것은 교화하는(能被) 교敎·의義이다.

[1a13] 《鈔》眞應權實者, 智冥一理曰眞, 悲赴萬根曰應. 或本高而迹下, 或本下而迹高, 名權, 本迹相稱, 名實.

---

001   《大疏》권제1(T35, 503a14)이다.

002   《演義鈔》권제1(T36, 005c01)이다.

[초] '진신眞身·응신應身과 권불權佛·실불實佛'003은 지혜가 하나의 이치에 그윽하게 합하는 것을 '진신'이라 하고, 대비로 모든 근기에 부응하는 것을 '응신'이라 한다. 본문本門은 높고 적문迹門은 낮거나, 본문은 낮고 적문은 높은 경우를 '권權'이라고 하고, 본문과 적문이 서로 걸맞는 것을 '실實'이라고 한다.

[1a15] ○言四十二眾者, 謂同生眾有一, 菩薩也, 異生眾有三十九, 執金剛神乃至大自在天王也, 座內流出眾, 眉間流出眾故. 四十二以配四十二位故.

○ '42대중大眾'004이라고 한 것은 동류생 대중에 하나가 있으니 보살이고, 이류생 대중에 서른아홉이 있으니 집금강신執金剛神부터 대자재천왕大自在天王까지이며, 자리에서 흘러나온 대중과 미간에서 흘러나온 대중이다. 42는 42계위에 배대한 것이다.

[1a17] ○言況口光所召者, 卽現相品眾齒面門光召十方眾, 是故彼經云: "有十億佛刹, 微塵數菩薩摩訶薩, 一一各有世界海, 微塵數諸菩薩眾, 前後圍繞, 而來集會, 乃至於其座上結跏趺坐."

○ '더욱이 입에서 광명을 놓아 불러들인'005이라고 한 것은 〈여래현상품〉에서 여러 치아와 입에서 광명을 놓아 부른 시방의 대중이다. 그러

---

003   《演義鈔》권제1(T36, 005c06)이다.
004   《演義鈔》권제1(T36, 005c09)이다.
005   《演義鈔》권제1(T36, 005c10)이다.

므로 저 경에서 "10억 불찰의 티끌수 보살마하살이 있는데, 낱낱 보살
마다 각각 세계해의 티끌수 보살 대중이 있어서 앞뒤로 둘러싸고 와서
법회에 모였으며 … 그 자리에 결가부좌하고 앉았다"[006]고 하였다.

[1a21] ○言毛光重現等者, 亦是此品, 謂"卽前所召十方世界海諸來菩薩, 身毛孔
中, 皆有光明, 一一光明中, 現無量菩薩, 此諸菩薩, 皆於塵中, 親近三世諸佛, 以
種種法門, 敎化眾生." 是也. 又彼經云: "如是坐已, 其諸菩薩身毛孔中, 一一各現
十方界海微塵數一切寶色光明, 一[007]一光中, 悉現十世界海微塵數諸菩薩等."

○ '모공에서 광명이 겹겹이 나타났다'[008]라고 한 것은 역시 〈(여래현상)
품〉이니, 말하자면 "앞서 불러들인 시방세계바다에서 온 보살들이 몸의
털구멍에서 모두 광명이 있었고, 낱낱 광명에서 무량한 보살들이 나타
났는데, 이 보살들이 모두 티끌 속에서 삼세의 제불을 친근하였고 갖가
지 법문으로 중생을 교화하였다"라고 한 것이 이것이다. 또, 경에서 "이
렇게 앉고 나자 그 모든 보살들의 몸의 털구멍에서 구멍마다 각각 시방
세계바다의 티끌수 일체 보배 빛깔의 광명을 나타냈고, 낱낱 광명에서
다 열 세계 바다의 티끌수 보살들이 나타났다"[009]라고 하였다.

---

006   《華嚴經》권제6 〈如來現相品〉제2(T10, 028c27)이다.
007   底本에는 없음.《演義鈔》및《金澤寫本》교감 주 참조 보충.
008   《演義鈔》권제1(T36, 005c12)이다.
009   《華嚴經》권제6 〈如來現相品〉제2(T10, 029a04-13)에 따르면 윗글은 요약해서 인용하였고,
       이 부분은 직접 인용한 것이다.

6. 《화엄경》을 설하는 근본을 밝힘(明說經本)

[1b04] [《鈔》] 本卽圓音者, 揀非在根之敎, 得名爲本. 故下《鈔》云: "一音普應, 但是敎本, 非是其敎." 卽其義也.

[초] '(경을 설한) 근본은 곧 원음圓音이며'[010]라는 것은 근기에 달려 있는 교敎여서 근본이란 이름을 얻게 된 것이 아님을 가려낸 것이다. 그러므로 아래《초》[011]에서 "하나의 음성으로 널리 응한 것은 다만 교의 근본이지 교는 아니다"고 하였으니 그 뜻이다.

[1b05] ○言經列二十者, "一名最勝光遍照, 狀如摩尼寶形, 乃至二十名妙寶焰."

○'경에서는 스무 가지로 열거했다'[012]라는 것은 "첫 번째 세계는 이름이 최승광변조最勝光遍照이니 모습은 마니보주의 형상과 같았으며, … 스무 번째 세계는 이름이 묘보염妙寶焰이다."[013]

[1b07] ○言結有等者, 經云: "此一一世界, 各有十佛刹微塵數廣大世界." 是也.

---

010   《演義鈔》권제1(T36, 005c14)이다.

011   《演義鈔》권제6(T36, 040a09)이다.

012   《演義鈔》권제1(T36, 005c16)이다.

013   《華嚴經》권제8 〈華藏世界品〉 권제5(T10, 042b29~)에서 열거된다. "有不可說佛刹微塵數世界, 於中布列. 其最下方有世界, 名最勝光遍照. 以一切金剛莊嚴, 光耀輪爲際, 依衆寶摩尼華而住. 其狀猶如摩尼寶形, 一切寶華莊嚴雲, 彌覆其上."

或獨〈華藏品〉中經云: "諸佛子, 彼一切[014]世界種,[015] 或須彌形, 江河形, 乃至云, 諸莊嚴具形. 如是有世界海微塵數." 或是〈世界成就品〉文, 彼有十種.[016] 經云: "爾時, 普賢菩薩復告大眾言, 諸佛子, 世界海有種種差別形相, 所謂或圓, 或方, 乃至云, 或如佛形. 如是等有世界海微塵數."

○'(십불찰진十佛刹塵이) 있다고 결론하여'[017]라고 한 것은 경에서 "낱낱의 세계에 각각 십불찰진의 티끌수 광대한 세계가 있다" 한 것이 이것이다. 혹은 유독 〈화장세계품華藏世界品〉의 경문에서 "불자들아! 모든 세계의 종류는 혹은 수미산 형상이며, 혹은 강하江河 형상이며, … 모든 장엄구莊嚴具 형상이다. 이와 같은 세계 바다의 티끌수 (세계)가 있다"고 하였다. 혹은 〈세계성취품世界成就品〉[018]의 경문이니, 그곳에 10종류가 있다. 경에서 "이때 보현보살이 다시 대중에게 말하였다. '불자들아! 세계 바다는 갖가지 차별된 형상이 있으니, 이른바 둥근 형상이며, 혹 네모난 형상이며, … 혹은 부처 형상이다. 이와 같은 등 세계 바다의 티끌수가 있다"[019]고 하였다.

[1b14] ○言經云: "佛演一妙音(一, 梵音故.), 周聞十方刹,(二, 遍聞一切, 稱法性

底本에는 "一一切",〈華藏世界品〉 및《金澤寫本》 참조 "一切"로 수정.

底本에는 "程",〈華藏世界品〉 및《金澤寫本》 교감 주 참조 수정.

016   上同.

017   《演義鈔》권제1(T36, 005c17)이다.

018   〈보현삼매품〉이라고 해야 할 것이다.[역자 주]

019   《華嚴經》권제7〈普賢三昧品〉제3(T10, 036a21~25)의 내용이다.

卷第二   383

故.) 衆音悉具足,(三, 此一卽多事理融故.) 法雨皆充[020]遍,(四, 彼一一音雨多法雨.)
一切言詞海(五, 彼法各異一切言詞.), 一切隨類音,(六, 各同一切衆生之音.) 一切佛
刹中,(七, 此音各各遍一切處.) 轉於淨法輪,(八, 所說各顯世淨之義) 一切諸國土, 悉
見佛神變. 聽佛說法音,(九, 普令一切各得見聞.) 聞已趣菩提.(十, 各各皆得究竟之
益.)" 具斯十義, 方曰圓音. 〈出現品〉中, 復有十喩, 次下具引.

○ 경[021]에서 "부처님께서 하나의 묘한 음성을 연설하시니(첫째, 범음梵音
이기 때문이다), 시방의 찰토에서 두루 들렸으며(둘째, 일체에 두루 들렸으니,
법성法性에 걸맞기 때문이다), 뭇 음성이 다 구족되어(셋째, 이것은 하나가 여럿
에 즉한 것이니, 사事·리理가 원융하기 때문이다), 법의 비가 모두 충만하게 변
만하네(넷째, 저 낱낱 음성의 비가 대부분 법의 비이다). 모든 언사言詞 바다와
(다섯째, 저 법이 모든 언사마다 각각 다르다) 모든 종류에 따른 음성으로(여섯
째, 각각 모든 중생의 음성과 같다), 모든 부처님의 찰토에서(일곱째, 이 음성은
각각 모든 곳에 변만하다) 청정한 법륜을 굴리시네(여덟째, 연설된 것이 각각 세
계가 청정한 뜻을 드러낸다). 모든 여러 국토에서 모두가 다 부처님의 신통
한 변화를 보고, 부처님이 연설한 법음을 들었으며(아홉째, 널리 일체가 각
각 보고 들을 수 있다), 듣고는 보리로 나아갔다(열째, 각각이 모두 구경의 이익
을 얻게 된다)"고 하였으니 이 열 가지 뜻을 구족해서야 비로소 '원음圓音'
이라고 한다. 〈여래출현품如來出現品〉에 또다시 열 가지 비유가 있으니, 다
음 아래에서 갖추어 인용할 것이다.

---

020   底本에는 "充+滿", 《演義鈔》 및 《金澤寫本》 참조 "充"으로 수정.

021   《華嚴經》 권제5 〈如來現相品〉 제2(T10, 032) 앞의 8구절은 《演義鈔》에서 인용하고 뒤의 4구
       절은 경문에서 직접 인용한 것이다.

7. 설법하는 위의威儀를 별도로 보임(別示說義)

[1b22] [《疏》] 主件重重極十方而齊唱者, 上句標擧, 下句釋成. 此意云, 主件重重, 作何事業? 故下句云, 極十方而齊唱也. 有力自在說法, 名主, 無力不自在說法, 名件. 但是說法之中, 分成主件, 非爲聽法得名爲件. 夫主件者, 必圓作事. 主旣說法, 件必說故. 何以得知? 下釋成云, 極十方而齊唱, 唱者顯示. 果主因件云, "謂遮那處普光堂, 東方十佛刹塵數世界外, 有金色世界, 文殊而來爲件." 應問: 彼云, 第二會文殊爲件, 爲說經耶? 爲聽經耶? 若云聽經, 違下經故, 下經正明文殊說第二會故. 若云說經, 何云聽法名件? 由此得知, 主件雖殊, 同說經也.

[소] '주체와 반려가 중중하게 시방 끝까지 일제히 연설한다'는 것은 위 구절은 표방하여 들은 것이고, 아래 구절은 해설을 완성한 것이다. 이 의미는 주체와 반려가 겹겹이 무슨 일을 만드는가? 그러므로 아래 구절에서 '시방 끝까지 일제히 연설한다'고 하였다. 유력하여 자재하게 설법하는 것을 '주체'라고 하고, 무력하여 자재하게 설법하지 못하는 것을 '반려'라고 한다. 다만 설법하는 중에 주체와 반려로 나뉜 것이지, 청법聽法하는 것을 반려라고 한 것은 아니다. 대저 주체와 반려는 반드시 원만하게 일을 만든다. 주체가 설법하면 반려도 반드시 설법하기 때문이다. 어떻게 알 수 있는가? 아래 구절에서 해설을 완성하면서 '시방 끝까지 일제히 연설한다'에서 '연설한다'는 것은 현시하는 것이니, 과위는 주체이며 인위는 반려라는 것은 '말하자면 비로자나불이 보광당에 계시자 동방으로 10억 불찰 티끌수 세계 밖에 있는 금색세계의 문수보살이

와서 반려가 되었다'는 것이다.

저기에서 '제2회 법회는 문수보살이 반려가 되었다'고 하였는데 경을 설하기 위해서인가, 경을 듣기 위해서인가 하고 물을 것이다. 만약 경을 듣기 위해서라고 하면 아래 경문과 어긋난다. 아래 경에서 바로 '문수보살은 제2회에 설법한다'고 밝혔기 때문이다. 만약 경을 설하기 위해서라고 하면 어떻게 청법한 것을 반려라고 한다고 하겠는가? 이로 인해 비록 주체와 반려로 다르지만 똑같이 경을 설한 것임을 알 수 있다.

[1c08] ○重重者, 隣次相押, 數多之義也. 極者, 盡也. 十方者, 窮法界之處也. 齊者, 同時也. 唱者, 宣唱也. 此意云, 說主說伴, 重重疊疊, 盡十方界, 一時宣暢《華嚴經》也. 揀異隨宜之教, 或有國土說, 或有國土不說故.

○ '중중하다'는 것은 가까운 차례대로 서로 포개진 것이 다수라는 뜻이다. '극'은 다하는 것이다. '시방'은 법계의 처를 끝까지 한 것이다. '일제히'란 동시인 것이다. '연설한다'는 선창하는 것이다. 이 의미는 설법하는 주체와 설법하는 반려가 겹겹이 쌓이고 쌓여 시방 법계에 다하도록 일시에 《화엄경》을 선창한다는 것이다. (근기의) 마땅함에 따른 교가 어떤 국토에서는 연설하고 어떤 국토에서는 연설하지 않은 것과는 다름을 가려낸 것이다.

[1c13] [《鈔》] 擧一爲主十方爲伴乃至云故曰重重者, 略總釋也. 此意云, 諸佛菩

薩, 隨一爲主, 法界諸佛菩薩, 咸爲其伴. 主唯是一, 互爲其主, 主[022]尚無數, 伴卽無邊, 互爲其伴, 伴寧知數? 旣主伴無數, 重重疊疊, 遍於法界. 主旣說經, 伴必隨說, 那有一方不說華嚴?

[초] '일방을 들어 주체로 삼으니 시방은 반려가 된다. … 그러므로 중중하다고 한다'는 것은 간략하게 전체적으로 해설한 것이다. 이 의미는 제불보살이 일방에 주체가 됨에 따라 법계의 제불보살은 다 같이 반려가 된다는 것이다. 주 법계는 하나뿐이면서도 번갈아 주체가 되니 주체도 오히려 무수한데 (시방의) 반려는 무변하면서도 번갈아 반려가 되니 어떻게 반려의 그 수를 알겠는가? 이미 주체와 반려가 무수하여 겹겹이 쌓이고 쌓여서 법계에 변만하며 주체가 경을 설하면 반려는 반드시 따라서 설하는데 어떻게《화엄경》을 설하지 않은 일방인들 있겠는가?

[1c18] ○言相猶難明下, 廣別釋也.

○ '상相은 밝히기가 어렵지만' 아래는 자세하게 개별적으로 해설한 것이다.

[1c18] ○言此一亦名輔翼者, 勝劣齊平, 但得稱伴, 以劣望勝, 復名輔翼. 謂淨土中, 有十八圓滿, 今菩薩眾, 卽輔翼圓滿也, 此非局此界.〈名號品〉中他方菩薩,《疏》科成六輔翼.

---

022   底本에는 "至", 교감 주 및《金澤寫本》참조 수정.

○ '이 하나를 역시 보익輔翼이라고 한다'고 한 것은 우열이 가지런하므로 '반려'라고만 일컬을 수 있으며, 열등함으로 수승함을 마주하면 또다시 '보익'이라고 할 수 있다. 말하자면 정토 중에 열여덟 원만圓滿이 있는데, 지금의 보살대중은 '보익원만輔翼圓滿'이다. 이것은 이 세계에만 국한된 것은 아니다. 〈여래명호품如來名號品〉에서는 타방의 보살을 《대소》에서 과단하여 '여섯 보익을 이룸'이라고 하였다.

[1c21] ○言不名因主果伴者, 問曰: 十玄門中, 主伴門云, 隨擧一法爲主, 餘一切法爲伴, 今何不爾? 答曰: 據義不同. 彼約稱性實義, 此約敎相軌義故. 如臣作主不可君爲參佐也. 若爾准下《疏》云: "主伴有三; 一迴向主伴, (所[023]修善根, 互相迴向故. 今成佛遞[024]爲主伴.) 二同行主伴, (同修禪戒等行.) 三如相主伴, (二俱稱性居然相收.)" 釋曰: 准彼所說, 毗盧與彼菩薩, 遞爲主伴, 豈非因果互爲主伴耶? 答曰: 彼約昔時同修善根, 互相迴向. 今隨一成佛, 餘作菩薩而爲其伴, 故云遞爲主伴, 非是因果互爲主伴. 又解, 此約化儀, 非因主而果伴, 彼據稱性故, 因果而遞互.

○ '인위가 주체가 되고 과위가 반려가 된다고는 하지 않는다'고 한 것은, 묻는다. 십현문十玄門 중 '주반문主伴門'[025]에서는 어떤 한 법을 들어 주체가 됨에 따라 나머지 법들은 반려가 된다고 하였는데 지금은 어째서 그렇지 않은가?

답한다. 준거한 뜻이 다르다. 그곳은 성품에 걸맞는 실제의 뜻에 한정

023　底本에는 "爾", 《金澤寫本》 참조 수정.

024　底本에는 "邊", 《金澤寫本》 참조 수정.

025　제10현문인 '主伴圓明具德門'이다.

하고, 이곳은 교상의 궤칙인 뜻에 한정한 것이다. 마치 신하가 주체가 되더라도 임금은 참좌參佐가 될 수 없는 것과 같다.

묻는다. 만약 그렇다면 아래《소》에서 말한 "주체와 반려에는 세 가지 뜻이 있다. 첫째는 회향하는 주·반으로, 닦은 선근을 서로서로 회향하기 때문에 이제 성불함에 번갈아 주·반이 된다. 둘째는 동행하는 주·반으로, 함께 참선과 지계 등의 수행을 닦는다. 셋째는 여여한 상의 주·반으로, 둘 다 성품에 걸맞아 그대로 서로를 거둔다"026고 한 것을 준거해서 해설해 보면 그곳에서 말해진 대로라면 비로자나불과 보살들은 번갈아 주·반이 되었으니 어찌 인위와 과위가 서로 주·반이 된 것이 아니겠는가?

답한다. 그곳에서는 옛날에 함께 닦은 선근을 서로 회향한 것에 한정했고, 여기서는 하나가 성불함에 나머지는 보살이 되어 그 반려가 됨을 따랐기 때문에 번갈아 주·반이 된다고 한 것이지 인위와 과위가 번갈아 주·반이 된다는 것이 아니다.

또, 해설한다. 이곳은 교화하는 의례에 한정했으므로 인위가 주체가 되고 과위가 반려가 되는 것이 아니며, 저곳은 성품에 걸맞는 것에 한정했기 때문에 인위와 과위가 서로 번갈은 것이다.

[2a08] ○言隣次相押故曰重重者, 此界他界附近名隣次. 若主若伴, 互遍名相押.

○'가까운 차례대로 서로 포개지기 때문에 중중하다'고 한 것은 이 세계

---

026   《大疏》 권제5(T35, 536a11)의 내용이다.

와 저 세계가 붙어 있어 가까운 것을 '인차隣次'라고 하며, 주체든 반려든 서로 변만한 것을 '서로 포개진다'고 한다.

[2a09] ○言如佛佛旣爾佛主菩薩伴亦然者, 問曰: 諸佛與遮那, 互爲主伴, 可⁰²⁷云旣爾. 菩薩與遮那, 旣無遞互, 何云亦然? 答曰: 約人卽無, 隨界乃有, 何者? 應云: 此界佛爲主, 餘界佛爲伴, 餘界佛爲主, 此界佛爲伴, 卽是果主果伴遞互也. 此界佛爲主, 餘界菩薩爲伴, 餘界佛爲主, 此界菩薩爲伴, 豈非果主因伴遞互義也?

○ '불과 불이 이미 그런 것처럼 불이 주체가 되고 보살이 반려가 됨도 역시 그렇다'고 한 것은, 묻는다. 제불과 비로자나불이 서로 주·반이 되는 것은 '이미 그렇다'고 할 수 있겠지만, 보살과 비로자나불이 이미 서로 번갈은 적이 없는데 어떻게 '역시 그렇다'고 하겠는가?

답한다. 사람에 한정하면 그럴 수 없고 세계에 따르면 그럴 수 있다. 어째서인가? 이 세계의 불이 주체가 되면 나머지 세계의 불은 반려가 되며, 나머지 세계의 불이 주체가 되면 이 세계의 불은 반려가 되는 것은 곧 과위가 주체이고 과위가 반려로 서로 번갈은 것이라고 할 것이니 이 세계의 불이 주체가 되면 나머지 세계의 보살은 반려가 되며 나머지 세계의 불이 주체가 되면 이 세계의 보살은 반려가 됨이 어찌 과위가 주체이고 인위가 반려로 서로 번갈은 뜻이 아니겠는가.

[2a15] ○言二者遮那一佛爲主等者, 前望多佛互作主伴, 顯重重義, 此望一佛一

往作主, 明重重義. 如前釋處中二義, 一總將七遞爲能遍, 二別將一遞爲能遍也.

○ '둘째는 비로자나 일불이 주체가 된다'라고 한 것은 앞에선 여러 불이 서로 주·반이 되는 것을 마주하여 중중의 뜻을 드러냈고, 여기서는 일불이 줄곧 주체가 됨을 마주하여 중중의 뜻을 밝혔다. 앞에서 해설한 곳의 두 가지 뜻과 같으니, 첫째는 총체적으로 칠처에서 번갈아 변만한 것이고, 둘째는 개별적으로 하나를 가지고 번갈아 변만한 것이다.

[2a18] ○言如長空等者, 此釋主移伴亦移也. 如西川內月在其中, 火星在西一丈許地, 木星在東一丈許地. 向東川內星月相望, 亦同其上, 非謂月與木星相近, 與火星遠也. 問: 此處[028]言移, 上言不起[029]樹王, 豈不相違? 答: 彼約起而不起, 此約不移而移, 文雖有異, 理歸一途. 又問: 爲但移人界耶? 答: 人界俱移.《鈔》文甚顯, 學者自觀.

○ '마치 넓은 하늘에'라고 한 이것은 주체가 이동하면 반려도 이동함을 해설한 것이다. 예컨대 서쪽 하천에 달이 그 속에 있고 화성은 서쪽으로 한 길쯤인 땅에 있으며 목성은 동쪽으로 한 길쯤인 땅에 있다면 동쪽 하천 속을 향해 별과 달이 서로 마주해도 역시 그 위에 똑같이 있지 달이 목성과는 가까워지고 화성과는 멀어지는 것은 아니다.

　　<u>묻는다.</u> 이곳에서는 이동한 것을 말하고, 위에서는 보리수(樹王)에서

028　　底本에는 "遞",《金澤寫本》참조 수정.
029　　底本에는 "起",《金澤寫本》참조 수정.

일어나지 않았다고 말하였으니 어찌 어긋나지 않겠는가?

답한다. 저곳에서는 일어나되 일어나지 않은 것에 한정한 것이고, 이곳에서는 이동하지 않되 이동한 것에 한정하였으니 문장은 비록 차이가 있지만 이치는 한길로 돌아간다.

또 묻는다. 사람이나 세계만이 이동한 것인가?

답한다. 사람과 세계가 함께 이동한 것이다. 《초》의 문장에 매우 잘 드러났으니 학자들은 스스로 관찰하라.

[2b01]○言如是主佛至東十[030]佛刹塵數界外至正當本金色世界處者, 此是第十佛刹塵數主佛主界當第一金色世界, 非謂第十主佛主界, 但當一佛刹塵數界內第十界已. 請思請思. 問曰: 主佛至彼金色世界, 本娑婆界, 爲有主佛? 爲復無耶? 若有主佛, 應成雜亂. 財首伴菩薩亦在此界故. 若無主佛, 是則說主不遍一切. 在彼金色處, 本界處無故. 答曰: 此義亦難, 幸希詳審. 但以爲門不同, 不應致難. 何者? 若約不移義, 此界有主佛, 財首伴菩薩無故. 若約移義, 此界有財首伴菩薩, 却[031]無主佛, 則無雜亂. 移與不移, 復不相礙. 亦無不遍. 是則前難一時都遣.

○ '이렇게 주불主佛이 동쪽으로 십불찰十佛刹 티끌수 세계 밖에 이르러서 … 바로 본래의 금색세계 처에 해당한다'라고 한 이것은 열 번째 불찰 티끌수 (세계)의 주불과 주세계는 첫 번째 금색 세계에 해당하는 것이지 열 번째의 주불과 주세계를 가리킨 것은 아니다. 다만 일불찰一佛刹

---

030   底本에는 "一", 《玄談》 및 《金澤寫本》 참조 수정.

031   底本에는 "劫", 《金澤寫本》 및 《藏經書院本》 참조 수정.

티끌수 세계 내의 열 번째 세계에 해당하는 것이니 생각하고 생각하라.

묶는다. 주불이 저 금색세계에 이르렀다면 본 사바세계에는 주불이 있는가, 또다시 없는가? 만약 주불이 있다면 잡란함을 이루게 될 것이다. 반려인 재수보살은 역시 이 세계에 있기 때문이다. 만약 주불이 없다면 이는 설법의 주체가 일체에 변만하지 못한 것이다. 저 금색 세계처에는 있고, 본 사바세계처에는 없기 때문이다.

답한다. 이 뜻 역시 난해하니 자세하게 살펴보길 바란다. 문門으로 삼은 것이 다르기 때문에 논란이 되질 않는다. 어째서인가? 이동하지 않은 뜻에 한정하면 이 세계는 주불이 있지만 반려인 재수보살은 없기 때문이다. 이동한 뜻에 한정하면 이 세계에 반려인 재수보살이 있고 도리어 주불이 없으니 잡란함이 없다. 이동함과 이동하지 않음이 또다시 서로 장애하지 않고 역시 변만하지 않음도 없다. 이렇다면 앞의 논란을 일시에 다 보내버린다.

[2b12] ○言如是主佛極於東方者, 問曰: 主佛之東, 爲更有世界耶? 更無世界耶? 若云更有, 何得言極? 極者盡也. 若云更無, 是則世界有邊, 文殊不應從東而來. 答曰: 更有世界. 若爾後難善遺, 前難如何? 答: 從此東方, 凡有世界處, 主佛必遍, 所以言極, 非謂世界有邊. 由此文殊, 亦從東來. 如盡眾生之願門, 但是眾生, 但有佛性, 無非所化, 非是眾生有化盡時.

○ '이와 같이 주불이 동방을 끝까지 다하면'이라고 한 것은, 묶는다. 주불의 동쪽에 다시 세계가 있는 것인가, 다시 세계가 없는 것인가? 만약 다시 있다고 한다면 어떻게 끝까지라고 할 수 있겠는가? 끝까지는 다하

는 것이다. 다시 없다고 하면 이는 세계가 끝이 있는 것이니 문수보살이 동쪽에서 오지 못할 것이다.

　답한다. 다시 세계가 있다.

　묻는다. 만약 그렇다면 뒤의 논란은 잘 보내버리겠지만 앞의 논란은 어찌하겠는가?

　답한다. 이 동방으로부터 있는 모든 세계처에 주불이 반드시 변만할 것이므로 끝까지라고 한 것이지 세계가 끝이 있다는 것은 아니다. 이 때문에 문수보살 역시 동쪽에서 오는 것이다. '중생이 다하도록'이라는 원력문이 다만 중생에게 불성만 있다면 교화되지 않음이 없다는 것이지, 중생이 교화하여 다하는 때가 있다는 것은 아닌 것과 같다.

[2b19] ○言終不見文殊師利從西向東來近主佛者, 此遮常情定相之解. 恐有疑云: 主佛在此娑婆, 金色在東, 彼界文殊, 從東向西, 來近主佛. 今移主佛極於東方, 越過金色. 彼界文殊, 應從西向東, 來近主佛. 所以遮云: 終不見文殊師利, 從西向東, 來近主佛. 何以故? 主若移時, 伴亦移故. ○言亦不見文殊師利從佛前過向西近佛者, 恐外疑云: 雖不見文殊, 從西向東, 來近主佛. 應是文殊, 從佛前過, 向東却迴向西, 來近主佛. 故《鈔》遮云: "亦不見等." 以表主移伴亦移故. 如恐未曉, 復擧喩明. 如一法師, 市中作法, 東門一僧, 而來佐法, 乃從東向西故. 法師移至東門之外, 是則東門一僧, 必從西向東, 而來佐法. 如或不然, 應是東門一僧, 從師前過, 向東却向西方, 而佐其法. 遮此常情二解, 故《鈔》云爾.

○ '끝내 문수사리보살이 서쪽에서 동쪽으로 와서 주불과 가까워지는 것을 보지 못한다'고 한 이것은 상정常情의 고정된 모습으로 이해하는

것을 차단한 것이다. 어떤 이가 의심하여 '주불은 이 사바세계에 있고 금색세계는 동쪽에 있는데, 그 세계의 문수보살이 동쪽에서 서쪽으로 와서 주불과 가까워졌으니 이제 이동하여 주불이 동방을 끝까지 다하여 금색세계를 훨씬 지났으므로 그 세계의 문수보살이 서쪽에서 동쪽으로 와서 주불과 가까워질 것이다'라고 할까 염려스럽다. 이 때문에 차단하여 '끝내 문수사리보살이 서쪽에서 동쪽으로 와서 주불과 가까워지는 것을 보지 못한다'고 하였다. 어째서인가? 주불이 이동할 때 반려 보살 역시 이동하기 때문이다.

○ '또한 문수사리보살이 부처님 앞을 지나가서 서쪽으로 향해 부처님과 가까워지는 것을 보지 못한다'고 한 것은 외부에서 의심하여 '비록 문수보살이 서쪽에서 동쪽으로 와서 주불과 가까워지는 것을 보지 못하더라도 문수보살이 부처님 앞을 지나 동쪽을 향하다가 도리어 서쪽으로 회향해 와서 주불과 가까워진다'고 할까 염려되어 《초》에서 차단하여 "또한 보지 못한다" 등이라고 한 것이니, 주불이 이동하면 반려 역시 이동함을 표시한 것이다.

아직 알지 못할까 염려되어 또다시 비유를 들어 설명하겠다. 예컨대, 한 법사가 시중에서 작법하는데 동쪽 문의 한 승려가 와서 작법을 보좌하면 이는 바로 동쪽에서 서쪽으로 향한 것이기 때문에 법사가 이동하여 동쪽 문 밖에 다다르게 되면 이는 동쪽 문의 승려가 반드시 서쪽에서 동쪽으로 와서 작법을 보좌해야한다. 만일 혹 그렇지 않다면 동쪽 문의 승려는 법사 앞을 지나 동쪽을 향하다가 도리어 서방으로 향하여 그 작법을 보좌할 것이다. 이런 상정의 두 가지 이해를 차단하려고 《초》에서 그렇게 말한 것이다.

[2c09] ○言如人以十錢布地等者, 問: 前擧十人爲喩, 今何重擧? 答: 彼約遞至主伴, 此約一往主伴. 若爾, 星月之喩, 已顯一往故. 答曰: 星月喩中, 未彰主佛周遍伴刹, 故此重明. 如人以十錢布地(標也), 未是已布於地. ○錢心爲主錢緣爲伴者, 指配法合也. ○第一錢當中者, 對東西上押之錢名中, 同本界不移之主伴對東西各移之主伴名中. ○則以第二錢押第一錢上近東一緣之地者, 此意云, 復用第二錢押第一錢上, 如何押耶? 故釋成云, 漸近東展出一楞[032]之地, 喩第二重主伴各移近東一界. ○則開元通寶等皆移[033]近東一緣之地者, 此顯一移一切皆移也.

○ ' 마치 사람이 열 개의 동전을 땅에 펼쳐두되'등이라고 한 것은, 묻는다. 앞에서 열 명의 사람을 들어서 비유했는데 지금 어째서 거듭 드는가?

답한다. 저기서는 번갈아 주·반이 되는 것에 한정했고, 여기서는 줄곧 주·반이 되는 것에 한정했다.

묻는다. 그렇다면 별과 달의 비유로 이미 줄곧 (주·반이 되는 것을) 드러내었기 때문이다.

답한다. 별과 달의 비유에는 주불主佛이 반찰伴刹에 변만함을 드러내지 않았기 때문에 여기서 거듭 밝혔으니, 사람이 열 개의 동전을 땅에 펼치는 것이지(표방함이다), 땅에 이미 펼쳐 놓은 것은 아닌 것과 같다.

○ '동전의 중심이 주불이 되고 동전의 가장자리가 반려가 되어' 하는 것은 법에 합치시켜 배대한 것을 가리킨다.

---

032   《金澤寫本》역시 "楞"으로 되어 있다.

033   《演義鈔》에는 "亦"으로 되어 있다.

○ '첫 번째 동전은 중심에 해당한다'고 한 것은 동서로 포개진 동전에 대해 중심이라고 한 것이니 본 세계에서 이동하지 않은 주·반이 동서로 각각 이동한 주·반에 대해 중심이 되는 것과 똑같다.

○ '두 번째 동전이 첫 번째 동전 위에 포개지면 동쪽 한 가장자리와 가까워진다'는 것은 이 의미는 또다시 두 번째 동전을 써서 첫 번째 동전 위에 포갠다면 어떻게 포개지는가? 그러므로 해석을 완성해 보면, 동쪽에 전개된 한쪽 모서리 자리와 점차 가까워진 것으로써 제2중의 주·반이 각각 이동하여 동쪽 한 세계에 가까워진 것을 비유하였다.

○ '개원통보 등이 모두 이동해서 동쪽 한쪽 가장자리에 가까워진다'는 것은 이것은 하나가 이동하면 일체가 다 이동함을 나타낸 것이다.

[2c20] ○如是錢錢重重相押皆漸近東者, 法合云, 如是主件重重相押, 皆漸近東. 是知東方, 界界有主, 界界有伴, 無不周遍故. 若至金色但有十箇主佛者, 主佛有不遍世界之失, 何者? 界有十佛刹微塵數故. 彼若救云, 一佛主刹微塵數世界無不遍失者, 應第一主佛移近東一佛刹微塵數界外第二佛刹微塵數界中. 何故?《鈔》云向東一界, 復違隣次之義也. ○更以十錢近西亦然者, 合前主移近西也. 餘說云云, 恐非正理.

○ '이와 같이 동전마다 중중하게 서로 포개져 모두 동쪽에 점차로 가까워진다'는 것은 법에 합치하여 말하면 이와 같이 주·반이 중중하게 포개져서 모두 동쪽에 점차로 가까워진 것이다. 이로서 동방은 세계마다 주체가 있고 세계마다 반려가 있어서 두루 변만 하지 않음이 없는 줄을 알 수 있다. 만약 금색세계에 이르러 다만 열 분의 주불만 있다면

주불은 세계에 변만 하지 않은 과실이 있게 된다. 어째서인가? 세계에 십불찰十佛刹 티끌수가 있기 때문이다. 저곳에서 변론하여 '한 부처님 주불이 찰진 수 세계에 변만하지 않은 과실이 없다'고 한다면 첫 번째 주불이 이동하여 동쪽의 한 불찰 티끌수 세계 밖의 두 번째 불찰 티끌수 세계와 가까워져야할 것이다. 무슨 까닭인가?《초》에서 '동쪽의 한 세계로 향한다'고 했으니 또다시 인차隣次에 어긋나는 뜻이다.

○ '다시 열개 동전이 서쪽에 가까워지는 것도 그렇다'는 것은 앞의 주불이 이동하여 서쪽에 가까워지는 것에 합치시킨 것이다. 나머지 설명에서 운운한 것은 아마도 바른 이치가 아닐 것이다.

[03a04] ○言如第一會重重遍法界者, 問: 普光忉利等處, 亦說第一會法門不? 若說, 何以經中但言菩提場說第一會, 不言於餘? 若彼不說, 何以云[034]遍? 答: 有多解; 一約佛德能, 云遍法界. 約根見聞, 云菩提場. 故下《疏》云: 但隨見聞, 說有初成·九會之別. 二據稱性圓融義, 云遍法界. 據不壞相行布義, 云菩提場. 三就廣融義, 於菩提場, 全攝普光忉利等法界處盡故. 由此但在菩提場, 卽是遍法界. 經就能融, 云菩提場. 故經云: 華藏世界所有塵, 一一塵中見法界. 一塵尙然況一處耶? 四就普遍義, 卽菩提場, 遍普光忉利等法界處也. 旣普光忉利等法界處中, 皆有菩提場. 是故但在菩提場, 說第一會, 亦無不[035]遍. 若爾, 第一會主, 與餘會主, 爲相見不? 若許相見, 應成雜亂. 若不相見, 何以知遍? 答: 相卽互亡不相見, 相入雙存許相見. 雖許相見, 有力無力異, 亦無雜亂. 若爾, 旣云無力, 應不名主. 答: 但

底本에는 없음.《金澤寫本》참조 보충.
035   底本에는 "普",《金澤寫本》참조 수정.

約相入門之無力, 非關主伴門之無力也. 若約主伴皆成有力, 各對當會伴菩薩故. 今約相入互成無力, 主佛自望更相入故. 又解; 或彼無力卽成其伴, 同彼相卽, 二種玄門有同體故. 是故准知, 九會教主, 若互相遍, 分有無力, 却成主伴, 故無雜亂. 餘會餘佛等, 准此應釋.

○ '저 제1회의 중중함이 법계에 변만한 것처럼'이라고 한 것은, <u>묻는다.</u> 보광명전과 도리천 등의 처소에서도 제1회의 법문을 하였는가? 설했다면 어째서 경에서는 보리도량에서만 제1회를 설하였다고 하고, 다른 회는 말하지 않았는가? 만약 그곳에서 설하지 않았다면 어떻게 변만하다고 하겠는가?

답한다. 여러 해석이 있다. 첫째는 불의 덕능에 한정하여 '법계에 변만하다'고 하고, 근기들이 보고 듣는 것에 한정하여 '보리도량'이라고 한 것이다. 그러므로 아래《소》에서 "다만 보고 듣는 것에 따라서 설법에 '초성初成'과 '구회'의 구별이 있다"고 하였다. 둘째는 성품에 걸맞는 원융문의 뜻에 근거하여 '법계에 변만하다'고 하며, 상을 무너뜨리지 않는 항포문의 뜻에 근거하여 '보리도량'이라고 한 것이다. 셋째는 광대하게 융합하는 뜻 측면에서 보리도량에서 온전하게 보광명전과 도리천 등의 법계 처를 거두어 다한 것이다. 이로 인해 보리도량에 있기만 해도 곧 법계에 변만한 것이다. 경에서는 융합하는(能融) 측면에서 보리도량이라고 했다. 그러므로 경에서 "화장세계에 있는 티끌과 낱낱 티끌 속에서 법계를 본다"고 하였으니 한 개의 티끌도 오히려 그러한데 하물며 한 처소이겠는가. 넷째는 널리 변만하는 뜻에 입각하면, 그대로 보리도량이 보광명전과 도리천 등의 법계 처에 변만하다. 이미 보광명전과 도리천 등의 법계처에 모두 보리도량이 있는 것이므로 이 때문에 단지 보리도량에만 있으면서 제1회를 설법하여도 역시 널리 변만하지 않음이 없다.

묻는다. 그렇다면 제1회의 교주와 나머지회의 교주는 상견하는가? 상견한다면 잡란함을 이루게 되며, 상견하지 않는다면 어떻게 변만한 줄 알겠는가?

답한다. 상즉하여 서로 없어지면 상견하지 못하고 상입하여 둘 다 있게 되면 상견한다. 상견한다고 허여해도 유력과 무력으로 달라서 또한 잡란함이 없다.

묻는다. 그렇다면 이미 무력하다고 했으니 법회의 교주라고 하지는 못할 것이다.

답한다. 다만 '상입문'의 무력에 한정한 것이지 '주반문'의 무력과는 무관하다. 만약 주·반이 모두 유력을 이룬 것에 한정하면 각각 당회의 반려보살과 대응시킨 것이고, 지금은 상입하여 서로 무력해진 것에 한정하면 주불이 자신을 마주하여 다시 상입인 것이다. 또, 견해가 있다. 혹은 저것은 무력이 곧 반려를 이룬 것이어서 저 상즉문과 같으니 두 가지 현문은 동일한 체성이 있기 때문이다. 이 때문에 준례해서 구회의 교주가 서로 변만한 경우는 유력과 무력으로 나뉘어 도리어 주·반을 이루게 되므로 잡란함이 없다는 것을 알 수 있다. 나머지 회와 나머지 불등도 이를 준례해서 해설해야 한다.

[03b01] ○言故有三兩身等者, 將時·處·根, 以顯佛身, 不全昭著.

○ '그러므로 6신身의 (이름) 등'이라고 한 것은 시간과 장소와 근기를 가

지고 불신佛身을 드러냈고, 완전하게 훤히 드러내지는 않았다.[036]

---

036   6신은 ①의지하는 바의 해인삼매는 '지신', ②법을 설하는 신은 '화신', ③경을 설하는 처는 '의
        생신', ④경을 설하는 시간은 '역지신', ⑤海會에 가피를 베푸는 것은 '위세신', ⑥원음과 ⑦주
        반은 '상호장엄신'이다.

제5장 | 말씀이 본말을 포괄함(言該本末)

1. 이·사를 서로 대하여 본말을 논함(理事相望論本末)

1) 무애의 뜻을 간략하게 밝힘(略明其無礙之義[二對])

(1) 무상無相이 상相을 장애하지 않음(初對無相不礙相)

[03b03] [《疏》] 雖空空絶跡而義天之星像燦然者, 肇公云: "大象隱於無形, 故不見以見之, 大音匿於希聲, 故不聞以聞之." 斯之謂矣.

[소] '비록 텅 비고 텅 비어 자취가 끊어졌으나 의천義天의 성상星像이 찬연하다'는 것은 승조僧肇 공이 "큰 형상은 형상이 없는 데에 은닉한다. 그래서 보지 못함으로서 본다. 큰 소리는 소리가 없는 데에 숨는다. 그래서 듣지 못함으로서 듣는다"[037]고 하였으니 이것을 이른다.

[03b06] [《疏》] 湛湛亡言者, 上句直目無言理本也, 下句卽目言之事末也. 教海, 佛音本質教也, 波瀾, 根聞影像教也. 或分教義而有異故. 又解, 上言湛者, 遣言也. 復云湛者, 遣無言也. 恐未兼亡, 故致亡言, 以遣能所遣之跡也. 意全當句卽絶也.

---

037 《조론》〈열반무명론〉(T45, 161b20)의 내용이다.

教海者, 卽上亡言理本也. 波瀾, 卽目言之事末也. 若爾, 何云敎海耶? 答: 言音實相卽法輪故, 第十敎體海印炳現故.

[소] '고요하고 고요하여 말이 없지만' 이라는 것은 위 구절은 곧장 무언無言이 이치의 근본임을 지목한 것이며, 아래 구절은 언어는 사법의 지말임을 가리킨 것이다. 교해敎海는 부처님의 음성인 본질교本質敎이며, 파란波瀾은 근기들이 듣는 영상교影像敎이다. 혹은 교와 의로 나뉘어 차이가 있는 것이다. 또 해설해 보면, 위에서 말한 '고요하고(湛)'는 말을 없앤 것이고, 또다시 말한 '고요하여'는 무언을 없애버린 것이다. 겸하여 없애지 못할까 해서 말을 없애는 데까지 이르렀으니, 보내버림(能遣)과 보내버려짐(所遣)의 자취를 보내버린 것이다. 의미가 온전하면 해당 구절은 곧 끊어진 것이다. '교해'는 곧 위 무언의 이치의 근본이며, '파랑(波瀾)'은 곧 언어의 사법의 지말을 지목한 것이다.

　　묻는다. 만일 그렇다면 어떻게 교해라고 하겠는가?

　　답한다. 언어와 음성의 실상이 법륜이기 때문이며, 열 번째의 교체敎體가 '해인삼매에서 훤하게 현현'하기 때문이다.

[03b13] [《鈔》] 夫大像無形等者, 語借老子, 意目一眞法界. 或比類而言, 以劣況勝也. 道體淺近, 尙無形言, 眞法深玄, 豈有名相? 希字結上無聲, 微字結上無形, 絶朕雙結上二言, 心絶動搖(離相), 言亡戲論(離言)故.《大般若經》〈那伽室利分〉, "龍吉祥云: '我欲入城, 爲有情故, 巡行乞食.' 妙吉祥云: '隨汝[038]意往, 然於行時,

---

038　　底本에는 "如",《大般若經》및《金澤寫本》참조 수정.

勿得舉足, 勿得下足, 勿屈, 勿申, 勿起於心, 勿戲論, 勿生路想城邑聚落想大小男
女想想等. 所以者何? 菩提遠離諸所有想, 無高無下, 無卷無舒. 心絶動搖, 言亡戲
論, 無有數量." 是也.

[초] '큰 형상은 형상이 없는'이라는 말은 노자老子에게서 차용했지만
뜻은 하나의 참된 법계를 지목한 것이다. 혹은 비슷하게 유추해서 말한
것으로 열등함으로 수승함에 견준 것이다. 도체道體는 천근한데도 오히
려 형언할 것이 없는데, 진법眞法은 깊고 현묘한데 어찌 명칭과 형상이
있겠는가? '희希' 자는 위의 무성無聲을 결론짓고, '미微' 자는 위의 무형
無形을 결론지은 것이며, '조짐을 끊음(絶朕)'은 위의 두 가지 말을 쌍으로
결론지은 것이니 마음은 동요가 끊어지고(형상을 벗어난 것이다), 말은 희
론이 없어지기 때문이다(말을 벗어난 것이다).

《대반야경》〈나가실리분〉에서 "용 길상이 말하였다. '내가 도성으로
들어가려는 것은 유정을 위한 까닭으로 순행하여 걸식하는 것이다.' 묘
길상이 말하였다. '그대의 뜻대로 가되 그러나 순행할 때에 발을 들지도
말고, 발을 내려놓지도 말며, 굽히지도 펴지도 말라. 마음을 일으키지도
말고 희론하지도 말며, 길이라는 생각도, 성읍·취락이라는 생각도, 크
고 작다거나, 남자 여자 등이란 생각들도 내지 말라. 왜냐하면 보리는
모든 생각을 멀리 벗어나서 높거나 낮음도 없고 접거나 펼침도 없으며,
마음은 동요가 끊어지고 말은 희론이 없어져 수량이 없다'"[039]고 한 것
이 이것이다.

---

039   《大般若經》(T07, 976c28~a07)의 내용이다.

[03b22] ○自入眞趣[040](證聖), 何用廣陳言(教)相(義), 翻欲擾人(不順本法名翻, 引生倒解名擾)? 此難近躡說儀, 周普遠通, 四段之中, 皆有相故. 言無說(無言)無示(無相), 或無能說言, 無所示義, 或無對初根說, 無對久根示, 或無聲說, 無名句示.

○ '스스로 진취眞趣에 들어갔는데(성성聖을 증득함) 왜 언어(교教)와 형상(뜻)을 자세하게 진술하여 뒤집어 사람을 흔들 필요가 있겠는가(본법에 따르지 않는 것을 '뒤집는다'고 하며, 전도된 이해를 이끌어 내는 것을 '흔든다'고 한다)? 이 논란은 가깝게는 설법의식의 두루하고 널리하고 멀리하고 통하는 네 단락에 모두 상相이 있음을 뒤밟은 것이다. 설법함이 없고(무언) 보임이 없다(무상)는 것은 혹은 설법할 말이 없고 보여줄 뜻이 없는 것이며, 혹은 처음인 근기에게는 말할 것이 없고 오래된 근기에게는 보일 것이 없다는 것이며, 혹은 음성으로 말할 것이 없고 명구名句로 보일 것이 없다는 것이다.

[03c02] ○言無中無有二等者, 此意於無相理中, 無內外人法等一切二也. ○言無二亦復無者, 爲遣有二之相, 假借無二之迹. 於無相理中, 何有無二? 所以云無二亦復無. ○言諸法無二無不二者, 無二空也, 無不二空空也. ○言謂若有有可有等者, 此意云, 眞如理中, 若有一種有相埵可定相實有, 則許對彼乃有一種無相埵可定相實無. 何所以耶? 有無相待故. 已上反釋, 自下順釋. 今無彼有相埵可實有, 驗知亦無此無相埵可實無故.

---

040   底本에는 "赳", 교감 주 및《金澤寫本》참조 수정.

○ '무無에는 둘이 없다'는 의미는 무상無相의 이치에는 내·외와 인人·법法 등 일체의 둘이 없다는 것이다.

○ '둘이 없는 것 역시 또다시 없다'고 한 것은 둘이 있는 상을 제거하기 위해 둘이 없는 자취를 임시로 빌린 것이니 무상의 이치에 무슨 둘이 없음이 있겠는가. 그래서 둘이 없음 역시 또다시 없다고 한 것이다.

○ '모든 법에는 둘이 없고 둘이 아님도 없다'고 한 것은 둘이 없음은 공함이고 둘이 아님도 없다는 공함도 공한 것이다.

○ '말하자면 유有가 유일만한 것이 있다면'이라고 한 의미는 진여의 이치 가운데 만일 한 가지라도 유상有相이 결정코 상이 실제로 있음을 감당할 만한 것이 있다면 저것과 상대하여 이내 한 가지라도 무상無相이 결정코 상이 실제로 없음을 감당할 만한 것이 있다는 것이 인정되는 것이다. 무슨 까닭인가? 유·무는 상대하기 때문이다. 이상은 반대로 해설하였고 아래부터는 수순해서 해설하겠다. 이제 유상이 실제로 있음을 감당할 만한 것이 없으니, 역시 무상이 실제로 없음을 감당할 만한 것이 없다는 것을 증험으로 알 수 있다.

[03c11] ○言若無所得當句卽絶者, 謂空空二字, 分能·所遣. 迹終不盡, 今言絶迹. 性本自空, 更不待遣, 方符至理. 若爾, 上云空空, 應無益用, 有能·所遣, 如鳥履沙故. 若許無用, 何須言之? 今謂通云, 眾生悟法, 難便造玄, 先須由漸, 故資遣拂. 如彼眞空絶相觀, 三句九門, 揀情顯解, 方云泯絶無寄, 令契眞空. 法多如是, 學者准知.

○ '만일 얻을 것이 없다면 해당 구절이 곧 끊어진다'고 한 것은 말하자

화엄경담현결택기 1

면 '공공空空'의 두 글자가 보내버림(能遣)과 보내버려짐(所遣)으로 나뉜다
는 것이다. 자취가 끝내 다하지 않는 것을 지금 자취가 끊어진다고 하
는 것이다. 성性은 본래 자체로 공하여 다시 보내버리는 데에 기대지 않
아야 비로소 지극한 이치에 부합한다.

묻는다. 그렇다면 위에서 말한 '공공'은 무용지물일 것이다. 능견과 소
견이 있어서 새가 모래를 밟는 것과 같기 때문이다. 쓸모없음을 인정하
면 무슨 말할 필요가 있겠는가?

답한다. 이제 소통시켜 말하겠다. 중생은 법을 깨닫는다 하더라도 곧
장 현묘한 데 이르기는 어렵다. 먼저 점차를 말미암을 필요가 있으므로
보내버리고 털어내는 것을 밑바탕으로 삼아야 한다. 마치 진공절상관眞
空絶相觀이 3구9문으로 정위情謂를 가려내고 이해를 드러내서야 비로소
민절하고 기탁함이 없어서 진공에 계합하게 된다고 하는 것과 같다. 법
이 대부분 이와 같으니 학자들은 준례해서 알라.

[03c17] ○言謂依晴空等者, 喩依晴[041]空炳現星像, 法依義天朗現法門.《疏》據
影顯云, 義天之星像燦然.

○ '이를테면 맑은 허공을 의지하여'라는 것은 맑은 허공을 의지하여
성상星像이 환하게 나타나는 것은 비유이며, 의천義天을 의지하여 밝게
법문이 드러나는 것은 법이다.《소》에서는 영략해서 드러낸 것에 근거
하여 '의천의 성상星像이 찬연하다'고 하였다.

---

041   底本에는 "情", 교감 주 및《金澤寫本》참조 수정.

(2) 무언이 언을 장애하지 않음(二對無言不礙言)

[03c19] ○言若礙於言等者, 良以無言有二; 一者礙, 二者不礙, 如次可知.

○ '만일 말에 걸린다면'이라는 것은, 무언無言은 두 가지가 있다. 첫째는 걸리는 것이고, 둘째는 걸리지 않는 것이다. 차례대로 알 것이다.

[03c20] ○言若礙於言身子被呵等者, 乃《淨名》中卷, "舍利弗言: '天止此室, 其已乃知.' 答: '我止此室, 如耆年解脫.' 舍利弗言: '天止此久耶?' 天曰: '耆年解脫, 亦如何久?' 舍利弗默然不答. 天曰: '如何耆年大智而默?' 答: '解脫者無所言說, 故吾於是不知所以云.' 天曰: '言說文字, 皆解脫相, 所以者何? 解脫不內不外, 不在兩間, 文字亦不內不外, 不在兩間. 是故, 舍利弗, 無離文字說解脫也. 所以者何? 一切諸法皆解脫相.'" 卽其義也.

○ '만일 말에 걸린다면 사리불(身子)이 질타를 받은 것처럼'이라고 한 것은 바로 《정명경》 중권에서 "사리불이 말했다. '그대 천녀는 이 방에 머물렀으니 이미 알겠습니다.' 답하였다. '제가 이 방에 머문 것은 고덕(耆年)께서 해탈하신 것만큼 오래되었습니다.' 사리불이 말했다. '그대 천녀는 이곳에 오래도록 머물렀습니까?' 천녀가 말했다. '고덕이 해탈하신 것도 얼마나 오래되셨습니까?' 사리불은 잠자코 대답하지 않았다. 천녀가 말하였다. '어째서 고덕의 뛰어난 지혜를 가지고 침묵하십니까?' 대답했다. '해탈은 말로 할 수가 없기 때문에 나는 이에 대해 뭐라고 말해야 할지 모르겠습니다.' 천녀가 말하였다. '언설과 문자는 모두 해탈의

상입니다. 왜냐하면 해탈은 안도 밖도 없고 둘 사이에도 없으며, 문자 역시 안도 밖도 없으며 둘 사이에도 없습니다. 그래서 사리불이시여, 문자를 떠나서 해탈을 말할 수 없습니다. 왜냐하면 모든 법이 다 해탈상이기 때문입니다"[042]라고 한 것이 그 뜻이다.

[04a04] ○言不礙於言文殊攸讚者, 此亦《淨名》〈入不二法門品〉意, 謂先三十二菩薩, 各說入不二法門, 以言顯理, 猶滯於言. 次文殊云: '如我意者, 於一切法, 無言無說, 無示無識, 離諸問答, 是爲不二法門.' 上三十二皆有言也, 後維摩詰默然無言, 顯不二理. 此則無言也. 是故文殊讚淨名曰: '善哉! 善哉! 乃至無有文字·語言, 是爲眞入不二法門.' 故云不礙於言, 文殊攸讚. 斯之謂也. 問曰: 淨名默住, 以顯絶言頓理. 何云不礙言耶? 答曰: 但絶生滅虛妄言說, 不礙眞門如義言說. 問曰: 如義言說, 爲理爲事? 若云事者, 違自眞門, 事相本盡故. 若云理者, 復違此假, 理本不礙事末故. 今謂通云, 文雖用彼, 義乃稍別. 是則用《淨名》之文, 成華嚴之義, 妙之至也.

○ '말에 걸리지 않는 것은 문수보살이 찬탄한 것'이라고 한 것은 이것 역시《정명경》〈입불이법문품〉의 의미이다. 말하자면 앞서 32보살이 각각 불이不二에 들어가는 법문을 말하여 말로 이치를 드러냈으나 오히려 말에 막혔다. 그 다음으로 문수보살이 '제 생각 같아서는 모든 법에 대해 말이 없고 말함도 없으며 보이는 일이 없고 식별하는 일도 없으며 모든 문답을 떠나야 이것을 불이법문不二法門이라 할 것입니다'라고 하였

042   《維摩詰所說經》卷中,〈文殊師利問疾品〉第五(T14, 548a07~15)의 내용이다.

다. 앞서 32보살들이 모두 말이 있었는데 뒤에 유마힐 거사가 잠자코 아무런 말없이 불이의 이치를 드러냈다. 이것이 무언이다. 이 때문에 문수보살이 정명을 찬탄하여 '훌륭하고 훌륭합니다. … 문자로도 언어로도 설명이 전혀 없는 이것이 진실로 불이에 들어가는 법문입니다'라고 하였다.[043] 그러므로 말에 걸리지 않는 것은 문수보살이 찬탄하는 바라고 하였으니 이것을 말한다.

묻는다. 정명이 잠자코 머문 것은 말이 끊어진 돈頓의 이치를 드러낸 것인데 어째서 말에 걸리지 않는다고 하는가?

답한다. 다만 생멸문의 허망한 문자와 언설을 끊은 것이고 진리문의 뜻과 같은 언설에 걸리지 않는 것이다.

묻는다. 뜻과 같은 언설은 진리인가, 사법인가? 만일 사법이라고 한다면 스스로 진리문은 사상事相이 본래 다했다는 것과 어긋나며, 만일 진리라고 한다면 또다시 이 이치의 근본은 사법의 지말에 걸리지 않는다는 가설에 어긋난다.

답한다. 이제 소통해서 말하겠다. 문장은 비록 저 경문을 인용했지만 뜻은 조금 다르다. 이렇다면《정명경》의 문장을 인용하여《화엄경》의 뜻을 이룬 것이니 묘함이 지극하다.

[04a17] ○言況文字性離即言亡言者, 上句標, 下句釋. 即言釋上文字, 亡言釋上性離. 或此意云, 況文字眞性, 俱離彼即言亡言之兩迹也. 言流八音者, 或體·業·

043   《維摩詰所說經》卷中,〈入不二法門品〉第九(T14, 551c16~24)의 내용이다.

具·爲·從⁰⁴⁴·屬·依·呼八轉之聲也, 或最好·易了·調和·柔輭·不誤·不女·尊慧·深遠之八音也.

○ '하물며 문자성을 떠난 것이어서 말에 즉하여 말이 없는 것이겠는 가?'라고 한 것은 위 구절은 표방이고, 아래구절은 해설이다. '말에 즉함' 은 위의 '문자'를 해설한 것이고, '말이 없음'은 '성리性離'를 해설한 것이 다. 혹은 이 의미는 '하물며 문자의 진짜 성질은 저 즉언卽言과 망언亡言 의 양쪽 자취를 다 떠난 것이겠는가'이다.

'8음八音을 (청표에) 흘리시며'라고 한 것은 체격體格·업격業格·구격具格·위격爲格·종격從格·속격屬格·의격依格·호격呼格의 8전성八轉聲⁰⁴⁵이다. 혹은 최호最好·이료易了·조화調和·유연柔輭·불오不誤·불녀不女·존혜尊慧·심원深遠의 8음이다.

[04a22] ○言至趣(無言無相, 理本也.)非遠(不礙言相, 事末⁰⁴⁶也.), 心行得之(滯迹 心行, 取之也.), 則甚深(冋窮邊際也.), 上句縱, 下句奪也. ○言像(有言有相, 事末也.) 非近(不礙無言無相, 理本也.), 虛⁰⁴⁷懷體之(無漏眞智證之也.), 而目擊(爛然可觀也.). 上句縱, 下句奪也. 肇公云: "道遠乎哉! 觸事而眞, 聖遠乎哉⁰⁴⁸! 體之則神." 卽其 義也. 上云言像者, 出《周易》故. 《易》云: "言者所以明象, 得象而忘言, 象者所以存

044   底本에는 "後", 교감 주 및 《金澤寫本》 참조 수정.
045   '8전성'은 범어에서 명사·대명사·형용사 어미의 여덟 가지 변화를 가리키는 말이다.
046   底本에는 "來", 《金澤寫本》 참조 수정.
047   底本에는 "靈", 《金澤寫本》 및 《조론》 참조 수정.
048   底本에는 없음. 《金澤寫本》 및 《조론》 참조 보충.

意, 得意而忘象, 是故存言者非得象者也, 存象者非得意者也. 象生於意而存象
焉, 則所存者乃非其象也, 言生於象而存言焉, 則所存者乃非其言也. 然則亡象者,
乃得意者也, 亡言者, 乃得象者也." 今借此語用也.

○'지취至趣(말이 없고 형상이 없는 것이니, 이치의 근본이다)는 먼 것이 아니지
만(말과 형상에 걸림이 없는 것이니, 사법의 지말이다) 심행으로 얻는다면(자취
를 띤 심행으로 취한 것이다) 매우 깊다(그 끝을 다할 수가 없다)'는 것은 위 구
절은 긍정하고, 아래 구절은 부정한 것이다.

○'언상言像(말이나 형상이 있는 것은 사법의 지말이다)은 가까운 것이 아니지
만(말이나 형상이 없는 것에 걸림이 없는 것이 이치의 근본이다) 생각을 비워서
체득해야(무루無漏의 진지眞智로 증득하는 것이다) 눈앞에서 볼 수 있다(찬연
하게 볼 수 있다)'는 위 구절은 긍정이고, 아래 구절은 부정이다. 승조 공이
"도가 멀리 있는가! 맞닥뜨린 일이 진리이며 성聖이 멀리 있는가! 체득
하면 신령하다"[049]고 하였으니 그 뜻이다. 위에서 언상言像이라고 한 것
은《주역》에서 나온 것이다.《주역》에서 "언어(言)란 상징(象)[050]을 밝히는
방법이어서 상징을 얻으면 언어를 잊고, 상징은 의미(意)를 두게 하는 방
법이어서 의미를 얻으면 상징을 잊는다. 이 때문에 언어를 둔 자는 상징
을 얻은 자가 아니고, 상징을 둔 자는 의미를 얻은 자가 아니다. 상징은

《肇論》〈不眞空論〉第二(T45, 153a04)이다.

050   상징(象)은《易經》을 구성하는 卦와 辭의 필연적 연관성을 설명하기 위해 〈십익〉에서 사용한
개념이다. 〈십익〉 가운데 〈설괘전〉에서는 특히 8괘 物象을 나열하고 있는데, 왕필은 주역해석
서인《明象》에서 자세히는《역경》의 卦와 辭를 言과 象과 意로 나누고, 辭를 구성하는 언어
(言)와 卦와 辭를 연결하는 象은 卦와 辭의 의미(意)를 드러내기 위한 수단이라고 하였다. 구미
숙, 〈왕필의 得意忘象에 관한 연구〉,《대동철학》42, 2008.

의미에서 생겼는데 상징을 두었다면 둔 것은 그 상징이 아니며 언어는 상징에서 생겼는데 언어를 두었다면 둔 것은 그 언어가 아니다. 그렇다면 상징을 없앤 자라야 의미를 얻은 자이고 언어를 없앤 자라야 상징을 얻는 자이다"[051]라고 하였으니 지금 이 말을 차용한 것이다.

[04b09] ○言絶之理(無言)而非絶,(不礙言也.) 繁興之籍(言也.)而非興.(不礙無言也.) ○言融常心言無所遣矣者, 表卽妄同眞也. 下《疏》云: "卽凡心而見佛心." 融常心也. 下經云: "能令三界所有聲聞者, 皆是如來音." 融常言也. 不有此語, 恐謂唯佛心言與理無礙也.

○ '말이 끊어진 이치지만(말이 없다) 끊어진 것이 아니며(말에 걸리지 않는다), 번다하게 일어나는 현적玄籍이지만(말이다) 일어난 것이 아니다(말 없는 데 걸리지 않는다).'

○ '일상의 심언心言을 융합하여 보내버릴 것이 없다'는 것은 망심에 즉하여 진심과 같음을 표방한 것이다. 아래《소》에서 "범부 마음에 즉하여 부처 마음을 본다"[052]고 한 것은 일상적인 마음(常心)을 융합한 것이며, 아래 경에서 "삼계의 모든 성문들이 모두 여래의 음성이도록 하였다"[053]라고 한 것은 일상적인 말(常言)을 융합한 것이다. 이 말이 없었다면 아마 오직 부처의 마음과 말만이 이치에 걸림이 없다고 여겼을 것이다.

---

051 《演義鈔》 권제36(T36, 275b16~24)에서 재인용한 것이다.

052 《大疏》 권제1(T35, 503a21)의 내용이다.

053 《華嚴經》 권제15 〈賢首菩薩品〉 제12(T10, 076c07)의 내용이다.

2. 모든 교를 서로 대하여 본말을 논함(諸教相望論本末)

[04b14] [《疏》] 若乃千門潛注等, 若乃二字, 引句之詞. 千門潛注與眾典爲洪源等者, 此經所詮無障礙法界, 具無邊異義, 但以前之四根未堪具受. 故我世尊隨彼根宜, 於無障礙法界中, 分四諦等義, 以爲小乘等教. 隨彼偏根所執, 偏義是無. 就彼法體所斷, 通義是有. 仍屬此經無障礙法界. 故此云爾. 問曰: 本末之義云何? 曲有⁰⁵⁴三種; 一云, 小乘云末, 大乘云本. 故《法華經》云: "除先修習學小乘者." 又云: "我此九部法(小乘法也), 隨順眾生說, 入大乘爲本." 是也. 二云, 三乘爲末, 一乘爲本. 故《法華》云: "於佛一乘, 分別說三." 是也. 三云, 前四偏教云末, 第五圓教爲本. 故《鈔》云: "《華嚴》爲諸教之本源矣." 又下《鈔》云: "前四因中卽有, 至果皆無等." 是也. 前之二本, 餘教容有, 後之一本, 獨我《華嚴》.

[소] '천 가지 문이 스며들어'에서 '약내若乃' 두 글자는 구절을 이끄는 말이다. '천 가지 문이 스며들어 여러 경전에 큰 근원이 되어주는' 등은 이 경전에서 설명하는(所詮) 무장무애 법계가 끝없이 다양한 뜻을 갖추었지만 다만 앞의 네 근기들은 감당하여 다 받아들이지 못한다. 그러므로 우리 세존께서 그 근기들의 마땅함에 따라서 무장무애 법계에서 사성제 등의 뜻을 나눠 소승교 등으로 삼은 것이다. 저 치우친 근기들이 집착하는 것에 따랐지만 치우친 뜻은 없으며, 저 법체가 끊어진 것에 입각했지만 관통하는 뜻이 있으니, 이내 이 경의 무장무애 법계에 귀속된

---

054   底本에는 없음.《金澤寫本》참조 보충.

다. 그러므로 여기서 그렇게 말하였다.

묻는다. 본말本末의 뜻은 어떠한가?

답한다. 곡진하게는 세 종류가 있다. 첫째는 소승을 '지말'이라 하고,
대승을 '근본'이라 한다. 그러므로 《법화경》에서 "먼저 소승을 수습하고
배운 이들을 제외한다"고 하였고, 또 "나는 이 9부법(소승법이다)을 중생
에게 수순하여 말했지만 대승에 들어가는 것이 근본이다"고 한 것이 이
것이다. 둘째는 삼승三乘은 '지말'이고, 일승一乘은 '근본'이다. 그러므로
《법화경》에서 "일불승에서 분별하여 삼승을 말한다"고 한 것이 이것이
다. 셋째는 앞의 4종의 편교偏敎는 '지말'이고, 다섯 번째 원교가 '근본'이
다. 그러므로 《초》에서 "화엄이 모든 교의 본원이 된다"고 하였고, 또 아
래 《초》에서 "앞의 4교는 인因에는 있지만 지극한 과果에는 모두 없다"
등이라 한 것이 이것이다. 앞의 두 근본은 나머지 교에도 있다고 용납되
지만 뒤의 한 근본은 오직 우리 화엄뿐이다.

[04c03] [《鈔》] 如海潛等者, 此借〈出現品〉喩義證敎也.

[초] '마치 바다가 (사천하에) 스며들어'라는 것은 〈여래출현품〉의 비유
를 빌려서 뜻으로 교를 증명한 것이다.

[04c03] ○言九流等者, 《正理》云: "《漢藝文志》云: '一儒流,(述唐虞之政,[055] 宗仲

055　底本에는 "故", 《藝文志》 및 《金澤寫本》 참조 수정.

尼之道.) 二道流,(陳堯舜揖讓之德, 明南面爲政之術.[056]) 三陰陽流,(順天曆象, 敬授民時.) 四法流,(明賞勅[057]·法助·禮[058]制也) 五名流,(正名·列位·言順·事成) 六墨流,(淸廟, 淨祀, 養老, 惠施) 七縱橫流,(受命使乎,[059] 專對權事.) 八雜流,(知[060]國大[061]體, 事無不貫.) 九農流.(勸勵耕桑, 備陳食貨.)' 出《釋氏六帖》."

○ '9류九流' 등이라고 한 것은《정리正理》[062]에서 "《한서예문지》에 '①유류儒流(당우唐虞의 정치를 진술하고, 중니仲尼의 도를 종조로 한다), ②도류道流(요순의 읍하고 사양한 덕에 대해 진술하고, 남면하여 정사하는 기술을 밝힌다), ③음양류陰陽流(천력의 상징에 수순하여 백성의 때를 공경스럽게 준다), ④법류法流(상칙, 법조, 예제를 밝힌다), ⑤명류名流(명칭을 바로잡고 직위를 열거하며 언어가 수순하고 일이 성사된다), ⑥묵류墨流(사당을 청결하게 하고 제사를 정갈하게 모시며 노인을 봉양하고 은혜롭게 베푼다), ⑦종횡류縱橫流(사명(命使)를 받고, 권사權事를 전적으로 대행한다), ⑧잡류雜流(국가의 대체를 알아 일에 관통하지 않은 것이 없다), ⑨농류農流(밭 갈고 누에치는 것을 권고 장려하고, 식화食貨를 구비되게 진술한다)이다'고 하였으니《석씨육첩釋氏六帖》[063]에 나온다"고 하였다.

---

056   CBETA에는 "衛", 底本 및《藝文志》《金澤寫本》《藏經書院本》참조 수정.

057   底本에는 "敕",《藝文志》및《金澤寫本》,《藏經書院本》참조 수정.

058   CBETA에는 "來", 底本 및《藝文志》,《金澤寫本》,《藏經書院本》참조 수정.

059   底本에는 "手",《藝文志》및《金澤寫本》참조 수정.

060   底本에는 "和",《藝文志》및《金澤寫本》참조 수정.

061   底本 및《金澤寫本》에는 "大國",《藝文志》"國大"로 도치.

062   《正理》는《辯正論》(唐, 法琳 찬술)인 듯하다.《辯正論》〈三教治道篇〉第一(T52, 492a24)을 요약 정리한 내용이기 때문이다.

063   《釋氏六帖》은 五代의 승려 義楚가 대장경을 편람하고 지은 책으로 석씨와 관련 있는 의리문장과 서사군품을 모아 부류로서 상종하고, 門目을 나눠 세우고 대강을 총괄하였다. 全書가 50부로 440門에 달한다.

[04c08] ○言第五經等者, 隋譯經也, 秦譯當第六.

○'제5경第五經'이라는 것은 수隋나라 역본경이다. 진秦나라 역본은 제6경에 해당한다.

[04c09] ○言始見我身者, 卽指圓根菩薩, 初始於菩提樹下, 見我十身無礙毗盧佛身.

○'처음 내 몸을 보고'라고 한 것은 원교 근기의 보살이 처음에 보리수 아래에서 우리의 십신이 무애한 비로자나불신을 본 것을 가리킨다.

[04c10] ○言聞我所說者, 卽前圓根菩薩, 聞我毗盧所說《華嚴經》, 卽皆信受者, 無一圓根不信受也. 若爾, 何以鹿苑轉四諦輪也? 故經云: "除先修習學小乘者." 此意但除却先來修習學小乘人, 不堪聞此根本法輪. 外所有圓根衆生, 盡皆信受. 是知將根准敎. 旣有小根, 必有小敎. 故《鈔》云所說也. 我今靈山會上, 亦令前來小乘之人, 得聞是《法華經》, 悟入根本華嚴佛慧也. 所謂初入佛慧, 旣是華嚴. 復入佛慧, 理有何疑? 初成之說非《法華》故.

○'내가 설법한 것을 듣고'라는 것은 앞의 원교 근기의 보살이며, '우리 비로자나불이 설법한《화엄경》을 듣고 모두 믿고 받아 지녔다'는 것은 원교 근기의 보살은 누구라도 믿고 받아 지니지 않은 이가 없는 것이다.
　　묻는다. 그렇다면 어째서 녹야원에서 사성제 법륜을 굴렸는가?
　　답한다. 그러므로 경에서 '앞서 온 소승을 수습하고 배운 자들은 제외한다'고 한 것이니, 이 의미는 다만 앞서 온 소승을 수습하고 배운 자들은 이 근본 법륜을 듣고는 감당해내지 못하므로 제외시켰으며, 그밖에 모든 원교 근기의 중생들은 모두 다 믿고 받아 지닌 것이다. 이로서 근기를 가지고 교를 준거했음을 알 수 있다. 이미 소승의 근기가 있다면 반드시 소승교가 있는 것이다. 그러므로 《초》에서 '설법한 것'이라고 하였다. '내가 지금 영산회상에서 또한 앞서 온 소승인들이 이 《법화경》을 듣고는 근본인 화엄의 불 지혜에 깨달아 들어가게 하였다'는 것은 이른바 처음에 깨달아 들어간(悟入) 불의 지혜가 이미 화엄이라면 또다시 불의 지혜에 오입하는 것이 이치가 있는데, 어째서 의심하는가? 처음 성불할 때 설법한 것이 《법화경》이 아니기 때문이다.

제6장 | 지취旨趣가 유현하고 미묘함(旨趣玄微)

1. 이사무애를 밝힘(明理事無礙[三])

1) 삼대를 보임(示三大)

[04c20] [《疏》][064] 智周鑒而常靜者, 故肇公云: "夫聖人虛心冥照, 理無不統,[065] 懷六合於胷中, 靈鑒有餘, 鏡萬有於方寸, 其神常虛." 卽斯義也.

[소] '지혜는 두루 비추면서도 항상 고요하다'는 것은 그러므로 승조 공이 "성인은 텅 빈 마음으로 그윽하게 비추어 이치로 통솔하지 않음이 없다. 가슴속에 육합六合[066]을 품었으되 신령스런 비춤은 유여하며, 마음속에 만유를 비추어내되 그 신묘함은 항상 텅 비어 있다"[067]고 하였으니 이 뜻이다.

(1) 삼대를 거듭 설하는 대략 세 가지의 뜻(重說三大略有三義)

---

064   선연은 이 소문을 바로 뒤의 초문보다 먼저 해설했지만, 이는 뒤의 초문 '能證能觀' 바로 앞에서 설명이 되어야 과목순서에 맞다.

065   底本 및 《金澤寫本》에는 "該", 《肇論》 참조 "統"으로 수정.

066   六合: 天地와 四方을 말하는데 혹은 上下와 四方을 말하기도 한다.

067   《肇論》〈涅槃無名論〉(T45, 159c02), 《大疏》권제49(T35, 879b27)의 내용이다.

[04c23] [《鈔》] 昔人云等者, 所遮異釋也. 昔人將四不義所顯一理爲體大, 以微細·帝網二玄, 爲相大, 以神通·自在·相卽·廣狹·十世·隱顯等玄門, 爲用大. 問曰: 何以偏將二種玄門爲相大, 自餘玄門爲用大耶? 答曰: 二種玄門約本具義, 自餘玄門約新現義, 故此云爾, 理實互通. 問: 此師旣許事事無礙, 寧不許事理無礙也? 答: 許事理無礙, 何爲所遮異釋也. 今謂通云: 非彼不許, 但文中不說, 爲所遮故.

[초] '옛사람이 언급한 것과 같다'는 다른 해석을 차단한 것이다. 옛사람이 네 가지 불不의 뜻[068]으로 드러낸 하나의 이치로 체대를 삼고, '미세문微細門'과 '제망문帝網門'의 두 가지 현문玄門으로 상대를 삼으며, 신통문神通門, 자재문自在門, 상즉문相卽門, 광협문廣狹門, 십세문十世門, 은현문隱顯門 등의 현문으로 용대를 삼은 것이다.

묻는다. 어째서 두 가지 현문만을 치우쳐 잡아 상대를 삼고 자체의 나머지 현문으로 용대를 삼았는가?

답한다. 두 가지 현문은 본래 구족되어 있는 뜻에 한정하였고, 나머지 현문은 새로 현현하는 뜻에 한정하였기 때문에 여기서 그렇게 말했지만 이치상 실제는 서로 통한다.

묻는다. 이 법사가 이미 사사무애를 인정했는데, 어찌 사리무애를 인정하지 않았겠는가?

답한다. 사리무애를 인정하면 무엇으로 다른 해석을 차단하겠는가. 이제 소통해서 말하겠다. 저것을 인정하지 않은 것이 아니고, 문장에서 말하지 않았을 뿐이니 차단하기 위한 까닭이다.

068　四不義: 不生·不滅·無來·無去를 말한다.

(2) 상대가 체대를 장애하지 않음을 밝힘(明相不礙體)

[05a06] ○《鈔》顯德相等者, 問曰: 此言德相爲相大, 與十所因中德相之門, 同
異云何? 答: 有二解; 一云, 此卽是彼. 如將十玄, 就本具義, 屬德相門, 卽是相大,
就應根義, 屬業用門, 卽屬用大, 故前《鈔》云: "二約事事無礙, 十玄之相, 本自具
足, 卽是別敎之意." 彼言本自具足, 卽德相門也. 又云, 此言德相非德相門, 勿謂
名同不分義異, 如佛證窮爲德相門, 豈佛證窮, 唯證相大耶? 由此知非. 復擧一喩,
以顯深旨. 如世一劒, 先在匣中, 本具體相用三,(同德相文中, 本具三大也.) 對賊便
用,(如臨根業用門.) 體相用三亦無所闕(三大無闕.). 更宜思審.

○[초] '덕상德相을 드러낸 것' 등이란, 묻는다. 여기서 말하는 덕상으로
상대相大를 삼은 것이 십소인十所因의 덕상문과 같은가, 다른가?

답한다. 두 가지 해설이 있다. 첫째는 이것이 곧 저것이다. 십현문을
가지고 본래 구족한 뜻에 입각하면 덕상문에 속하니 곧 상대이고, 근기
에 응현한 것에 입각하면 업용문에 속하니 곧 용대에 속하는 것과 같
다. 그러므로 앞의《초》에서 "둘째 사사무애에 한정하면 십현문의 상은
본래 저절로 구족한 것이니 곧 별교의 의미이다"고 하였으니 저기서 말
한 본래 저절로 구족한 것이 곧 덕상문이다.

또 해설하면, 여기서 말하는 덕상은 덕상문이 아니다. 명칭이 같다고
해서 뜻의 차이가 나뉘지 않는다고 여겨서는 안 된다. 부처님이 궁극까
지 증득한 것을 덕상문이라고 하는 것인데 어찌 부처님이 궁극까지 증
득한 것이 상대만을 증득한 것이겠는가. 이로 말미암아 아닌 줄 알 수
있다. 또다시 비유 하나를 들어서 깊은 지취를 드러내보면, 마치 세상에

서 칼 한 자루가 칼집에 있을 때는 본래 체·상·용 셋을 구족하고(덕상문에 본래 삼대를 구족한 것과 같다) 적을 상대하면 용이라고 하지만(근기에 임한 업용문과 같다) 체·상·용 삼대는 역시 결여된 것이 없는 것과 같다(삼대는 결여된 것이 없다). 재삼 생각하고 살펴봐야 한다.

(5) 지止·관觀이 무애함(止觀無礙)

[05a16] ○言卽能證能觀者, 止爲能證, 觀(去)爲能觀(平). 或地上止觀爲能證, 地前止觀爲能觀. 或果中止觀爲能證, 因中止觀爲能觀. 言若當句明卽止觀無碍者, 若止若觀[069]皆通事理也. 故下《疏》云: "定慧雖多, 不出二種. 一事, 二理. 制之一處, 無事不辨, 事定門也. 能觀心性, 契理不動, 理定門也. 明達法相, 事觀也. 善了無生, 理觀也. 諸經·《論》中, 或單說事定, 或但明理定, 二觀亦然. 或敵體事理, 止觀相對. 或以事觀對於理定. 如《起信》云: '止一切相, 乃至心不可得爲止, 而觀因緣生減爲觀.' 或以理觀對於事定, 下經云: '一心不動入諸禪, 了境無生名般若.' 是也. 或俱通二, 如下云: '禪定持心常一緣, 智慧了境同三昧.' 是也. 或二俱泯, 非定非散. 或卽觀之定但名爲定, 如觀心性名上定, 是也. 或卽定之觀但名爲觀, 如以無分別智觀名般若, 是也. 或說雙運, 謂卽寂之照, 是也." 配釋此文, 學者可知. 問曰: 上明止觀, 從境彰名, 云事云理? 若論止觀自體, 事理何收一云? 或止爲理觀爲事, 或觀爲理止爲事, 何以止觀不雙取事理耶? 答: 文違大段事理無礙故. 或止觀皆是始覺爲體, 故下《鈔》云: "皆生止觀." 科約三大, 云事理無礙.

---

069 底本에는 皆 앞에 "觀爲能觀. 言若當句明卽止觀無碍者若止若觀" 19자가 없다.《金澤寫本》참조 보충.

○ '능히 증득함(能證)과 능히 관조함(能觀)'이라고 한 것은 지止가 능증이 되고, 관觀(거성)이 능관能觀(평성)[070]이 된다. 혹은 십지 이후는 지·관이 능증이 되고, 십지 이전은 지·관이 능관이 된다. 혹은 과위果位에서의 지·관은 능증이 되고, 인위因位에서의 지·관은 능관이 된다. '만약 해당 구절로 밝히면 곧 지·관이 무애하다'고 한 것은 지이든 관이든 모두 사리에 통한다.

그러므로 아래《소》[071]에서 "정혜定慧가 많다고 하더라도 두 종류에서 벗어나지 않으니, 하나는 사事이고, 둘은 이理다. 한곳에 제어하여 힘쓰지 않는 일이 없는 것이 사정문事定門이며, 능관의 심성이 이치에 계합하여 부동하는 것이 이정문理定門이다. 법상을 밝게 통달한 것이 사관事觀이며, 무생을 잘 아는 것이 이관理觀이다. 여러 경론에서는 사정 하나만 말하거나 단지 이정만을 밝히기도 하는데 2관 역시 그렇다. 혹은 사리를 적체敵體하여 지·관을 상대하며, 혹은 사관으로 이정을 상대하기도 하니,《대승기신론》에서 '모든 상이 고요해지고 … 마음에 얻을 것이 없는 것이 지이며, 인연 생멸을 관찰하는 것을 관이라고 한다'고 한 것과 같다. 혹은 이관으로 사정을 상대하니, 아래 경문에서 '일심이 부동하여 모든 선정에 들며 경계가 무생임을 분명하게 아는 것을 반야라고 한다'고 한 것이 이것이다. 혹은 둘에 모두 통하니, 아래《소》에서 '선정은 마음을 지녀 하나의 연緣에 항상 있으며, 지혜는 경계를 분명하게 알아 삼매와 같다'고 한 것이 이것이다. 혹은 둘 다 없애버리니, 선정도 아니고

---

070   觀(거성)은 '나타내다, 보이다'의 의미이며, 能觀(평성)은 '보다, 관조하다'의 의미이다.

071   《大疏》권제16 〈賢首品〉 제12 (T35, 624b)에서 인용하였다.

산란도 아니다. 혹은 관에 즉한 선정만을 선정이라 하니, 저 심성을 관하는 것을 상정上定이라고 하는 것이 이것이다. 혹은 정에 즉한 관만을 관이라 하니, 저 무분별지로 관하는 것을 반야라고 하는 것이 이것이다"고 하였다. 이 문장에 배대해서 해석해 보면 학자들은 알 수 있을 것이다.

묻는다. 위에서 밝힌 지·관은 경계로부터 이름을 드러내었으니 사법인가, 이치인가? 만일 지·관의 자체를 논한다면 사리를 어떻게 하나로 거둬서 말하겠는가? 혹은 지는 이치이고 관은 사법이라고 하거나, 혹은 관을 이치라고 하고 지를 사법이라고 하였으니 어째서 지·관은 사리를 쌍으로 취하지 않는가?

답한다. 문장이 대단락인 사리무애에 어긋나기 때문이다. 혹은 지와 관은 모두 시각始覺으로 체를 삼은 것이다. 그러므로 아래 《초》에서 "모두가 지·관을 생기한다"고 한 것이고, 과목은 삼대에 한정했으므로 사리무애라고 한 것이다.

[05b11] ○言權實無礙等者, 謂達事止觀名權, 照理止觀名實. 此亦約當句, 明無礙也.

○'권權·실實이 무애無礙하여' 라는 것은 말하자면 사법에 통달한 지·관을 '권'이라 하고, 이치를 비춘 지·관을 '실'이라고 하는 것이다. 이것 역시 해당 구절에 한정하여 무애임을 밝힌 것이다.

[05b13] ○言若別對三大等者, 此則將第四句能觀止觀之心, 對上三句所觀體用

之境. 如對初句云冥眞體(理也, 體也, 境也.)生第四句常靜,(止心也) 萬化之域(事也, 用也, 境也.)生第四句周鑒,(觀心也.) 對第二句顯德相(事也, 用也, 境也.)生第四句周鑒,(觀心也) 重玄之門(理也, 體也, 境也.)生第四句常靜(止心也) 對第三句用繁興(事也, 用也, 境也.)生第四句周鑒,(觀心也.) 以恒如(理也, 體也, 境也.)生第四句常靜.(止心也.) 故《鈔》云: "各具體用, 皆生止觀." 今言觀者, 乃是緣事之觀, 止者, 卽是緣理之止. 全同《起信》云云.

○ '만일 개별적으로 삼대三大에 대응시키면'이라는 이것은 제4구의 능관能觀하는 지·관의 심으로 위 3구절의 소관所觀의 체대·용대의 경계에 대응시킨 것이다.[072]

예컨대 제1구절의 '진체眞體에 그윽하게 합치하는 것(이치이고, 체대이며, 경계이다)'에 상대하여 제4구절의 '항상 고요함(지심止心이다)'이 생겼고, '만 가지 변화(萬化)의 영역(사법이고, 용대이며, 경계이다)'에서 제4구절의 '두루 비춤(관심觀心이다)'이 생겼으며, 제2구절의 '덕상을 드러냄(사법이고, 용대이며, 경계이다)'에 상대하여 제4구절의 '두루 비춤(관심이다)'이 생겼고, '중현重玄의 문門(이치이고, 체대이며, 경계이다)'에서 제4구절의 '항상 고요함(지심이다)'이 생겼으며, 제3구절의 '작용이 번다하게 일어나는 것(사법이고, 용대이며, 경계이다)'에 상대하여 제4구절의 '두루 비춤(관심이다)'이 생겼고, '항상 여여함(이치이며, 체대이며, 경계이다)'에서 제4구절의 '항상 고요함(지심이다)'이 생긴 것이다.

072 　제1구: 冥眞體於萬化之域, 제2구: 顯德相於重玄之門, 제3구: 用繁興以恒如, 제4구: 智周鑒而常靜이다.

그러므로 《초》에서 "각각 체·용을 갖추고 있고, 모두가 지·관을 생기한다"고 하였다. 여기서 말한 '관'은 바로 사법을 반연하는 관이며, '지'는 이치를 반연하는 지이니,《대승기신론》에서 언급한 것과 완전히 똑같다.

[05c07] ○言若作三觀釋等者, 能觀之心, 分成三觀, 所觀之境, 開爲三諦. 對空觀開眞諦, 屬體大, 對假觀開俗諦, 屬用大, 對中觀開義諦, 屬相大. 問曰: 三諦之中, 義諦爲二諦之所依. 三大之中, 體大爲二大之所依, 義理相順, 何故體大爲眞諦空觀所緣, 相大爲義諦中觀所緣耶? 今謂通云, 此言三諦, 非取義諦, 但取眞俗及中道諦. 但體大唯理法界, 作眞諦生空觀, 用大多事法界, 作俗諦生假觀, 相大通四法界, 作中道諦, 生中道觀. 三大通所依, 方是第一義諦, 一心本法也. 或云三大是用, 義諦是體, 二大與體別論, 屬眞俗二諦, 相大與體大合論, 屬第一義諦. 更希刊定. 問: 其中道諦, 爲俗事耶? 爲眞理耶? 答: 幻有中道卽事, 眞空中道卽理, 俱融中道雙通事理. 問: 行相云何? 答: 有五重故. 問: 何者是耶? 一幻有中道, 二眞空中道, 三眞空成幻有中道, 四幻有成眞空中道, 五俱融中道. 貴令易曉, 列圖顯示.

○ '만일 삼관三觀으로 해석한다면'이라는 것은 능관能觀의 심을 나눠 삼관을 이루고, 소관所觀의 경계를 분리하여 삼제三諦를 삼은 것이니, 공관空觀에 상대하여 진제眞諦를 분리해서 체대에 귀속시키고, 가관假觀에 대응하여 속제俗諦를 분리해서 용대에 귀속시키며, 중관中觀에 대응하여 제일의제第一義諦를 분리해서 상대에 귀속시킨 것이다.

밑줄친 묻는다. 삼제 가운데 '제일의제'는 2제가 의지하는 대상이 되고, 삼대

가운데 체대는 2대가 의지하는 대상이 되는 것이 의리상 서로 수순할 텐데 어째서 체대가 '진제'와 '공관'이 반연하는 대상이 되며, 상대는 '제일의제'와 '중관'이 반연하는 대상이 되는가?

답한다. 이제 소통해서 말하겠다. 여기서 말한 삼제는 '제일의제'는 취하지 않고, 다만 '진제'와 '속제'와 '중도제'를 취한 것이다. 체대는 오직 이법계일 뿐이어서 진제를 지어 공관을 생하고, 용대는 대부분 사법계여서 속제를 지어 가관을 생하며, 상대는 사종 법계에 통하여서 중도제를 지어 중도관을 생한다. 삼대가 공통으로 의지하는 것이라야 제일의제이니 일심의 근본법인 것이다. 혹은 삼대는 용이며 제일의제는 체라고 한다. 혹은 2대와 체대를 별도로 논하여 진제·속제 2제에 귀속시키고 상대와 체대를 합쳐 논하여 제일의제에 귀속시킨 것이니 다시 간정하길 바란다.

묻는다. 중도제는 세속사법인가, 진리인가?

답한다. 환으로 있는(幻有) 중도는 사법에 즉하고 진공眞空 중도는 진리에 즉하며 둘을 다 융합한 중도는 쌍으로 사리에 통한다.

묻는다. 행상은 어떠한가?

답한다. 5중이 있다.

묻는다. 무엇인가?

답한다. 첫째는 환유幻有 중도이며, 둘째는 진공眞空 중도이며, 셋째는 진공이 환유를 이룬 중도이며, 넷째는 환유로 진공을 이룬 중도이며, 다섯째는 둘을 다 융합한 중도이다. 쉽게 알 수 있도록 표로 열거해서 현시하겠다.

[05c07]　　　　　　　　　　五重中道圖

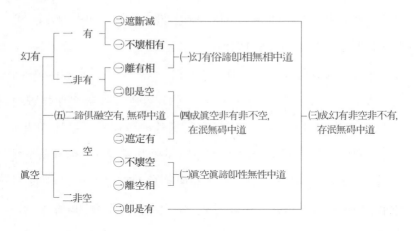

[오중중도도五重中道圖]

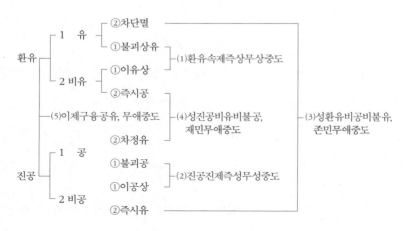

[06a09] ○言三止三觀融爲一心等者, 問: 一心之中, 分止觀諦, 九法歷然, 行相云

何? 答: 如依一鏡鑒現好醜中三影. 影喩三諦, 其理昭然, 現好影之明, 如空觀, 現

好影之淨, 如體眞止, 現醜影之明, 如假觀, 現醜影之淨, 如隨緣止, 現中影之明,

如中道觀, 現中影之淨, 如離邊止. 三影三明三淨, 約義條別, 究體唯是一鏡, 將喻對法, 學者詳悉.

○ '삼지三止와 삼관三觀을 융합하여 일심一心을 삼아서'라고 한 것은, 묻는다. 일심에서 지止·관觀·제諦로 나눠져서 9법이 뚜렷한데 행상은 어떠한가?

답한다. 마치 한 개의 거울에 좋고 추하고 중간인 세 가지의 영상이 비추어 현현하는 것과 같다. 영상은 삼제에 비유되니 그 이치는 환하다. 좋은 영상이 밝게 현현하는 것은 공관과 같고 좋은 영상이 깨끗하게 현현하는 것은 체진지體眞止와 같으며, 추한 영상이 밝게 현현하는 것은 가관假觀과 같고 추한 영상이 깨끗하게 현현하는 것은 수연지隨緣止와 같다. 중간인 영상이 밝게 현현하는 것은 중도관中道觀과 같고, 중간인 영상이 깨끗하게 현현하는 것은 이변지離邊止와 같다. 세 영상과 세 밝음과 세 깨끗함은 뜻에 한정하면 조항이 각별하지만 체를 궁구하면 오직 한 개의 거울일 뿐이다. 비유로 법에 상대하는 것은 학자들이 상세히 다 알 것이다.

2) 진망을 융합함(融眞妄)

(1) 쌍으로 융합함을 밝힘(正明雙融)

[06a16] [《疏》] 眞妄交徹卽凡心而見佛心者, 上句標寬, 下句釋狹.

[소] '진眞과 망妄이 서로 어우러져 통하니, 범부의 마음에 즉하여 부처의 마음을 본다'는 것은 위 구절은 표방이 넓고, 아래 구절은 해석이 좁다.

[06a17] 《鈔》 眞謂理也,(唯性非相.) 佛也,(唯淨非染, 通性通相.) 涅槃也,(唯淨非染, 通性通相.) 妄謂惑也,(唯染非淨, 通性通相.) 生也,(唯染非淨, 通性通相.) 生死也,(唯染非淨, 通性通相.)

[초] '진眞은 말하자면 이치이며(성性뿐이고 상相은 아니다), 부처이며(청정뿐이며 염오는 아니다. 성·상에 통한다), 열반이다(청정뿐이며 염오는 아니다. 성·상에 통한다). 망은 말하자면 미혹이며(염오뿐이며 청정은 아니다. 성·상에 통한다), 중생이며(염오뿐이며, 청정은 아니다. 성·상에 통한다), 생사이다(염오뿐이며 청정은 아니다. 성·상에 통한다).073

[06a19] ○言眞該妄末者, 眞理卽事門也. ○言妄徹眞源者, 事法卽理門也. ○言謂無有不濕之波等者, 上句妄徹眞也, 下句眞徹妄也.

○ '진리가 망법의 지말을 포괄한다'고 한 것은 '진리가 그대로 사법인 문'이다.
○ '망법이 진리의 근원에 어우러져 통한다'고 한 것은 '사법이 그대로 진리인 문'이다.
○ '말하자면 습하지 않은 파도가 없으며, (파도를 여읜 습기는 없다)'라

---

073   ( )의 내용은《초》의 내용을 의취한 것이다.

고 한 것은 위 구절은 망법이 진리에 어우러져 통하는 것이며, 아래 구절은 진리가 망법에 어우러져 통하는 것이다.

[06a21] ○言如來不斷性惡者, 小教有二義; 一佛前十五界是有漏, 起他惡法故. 生無比之貪, 引央掘之瞋. 二云示現, 愛語羅睺, 叱呵調達故. 始教亦[074]二義; 一云, 眞如昔日與惡而爲實性. 今至果位, 惡法雖斷, 惡性常存故. 二云示現, 同前小教. 終教亦有二義; 一云, 昔日眞如隨緣以作諸[075]法. 今至果位, 無明旣斷, 惡相雖無, 隨緣眞性仍存故. 如依靜水, 隨風成波, 風停波息, 成波之[076]性恒存故. 如龍樹論: "獨力隨相, 非所斷故." 二云, 惡具二義; 一者[077]不壞相異眞義,(當緣生相有也.) 二者稱性卽眞義.(當無性體空義) 今據後義, 故云不斷. 頓教云, 惡相本盡, 更不待斷, 惡性本現, 非所斷故. 圓教云, 稱性之惡, 如鏡中火, 現而常虛, 非所斷故. 雖通五教, 正取能同終教事理無礙. 故下《鈔》云: "如來不斷[078]性惡[079]者, 善惡同以心性爲性, 若斷性惡, 則斷心性, 性不可斷, 亦猶闡提不斷性善." 又龍樹云: "如斬眠士夫, 豈悟士夫不傷等." 若爾, 何故《涅槃經》說: "如來無不善佛性"? 答曰: 彼據以理從事卽無, 此據攝事從理不斷. 又彼約現在爲名, 此據過去立號, 故彼此文不相違背.

○ '여래는 성악性惡을 끊지 않으며'라는 것은 소승교에는 두 가지 뜻이

---

074   底本에는 "示", 《金澤寫本》 참조 수정.

075   底本에는 "說", 《金澤寫本》 참조 수정.

076   底本에는 "三", 《金澤寫本》 참조 수정.

077   底本에는 없음. 《金澤寫本》 참조 보충. 아래도 동일.

078   底本에는 없음. 《金澤寫本》 및 《연의초》 참조 보충.

079   底本에는 "惡性", 《金澤寫本》 참조 "性惡"으로 도치.

있다. 하나는 부처 이전의 15계[080]는 유루이니, 저 악법을 일으키기 때문이다. 무비無比(아시타선인)의 탐욕을 내게 하고, 앙굴마라의 진심을 인발한다. 둘은 시현示現이니, 라홀라에게 사랑스럽게 말하고(愛語) 조달(제바달다)을 꾸짖었기 때문이다.

시교始敎에도 두 가지 뜻이 있다. 하나는 진여가 예전에는 악의 실성實性이 되어주었고, 지금 과위에 이르러서는 악법은 비록 끊어졌지만 악성惡性은 항상 존재하기 때문이다. 둘은 시현示現이니, 앞의 소승교와 같다.

종교終敎에도 두 가지 뜻이 있다. 하나는 예전에는 진여가 수연隨緣함으로서 여러 법을 지었고, 지금 과위에 이르러서는 무명이 이미 끊어졌으니 악상惡相은 없어지더라도 수연하는 진여성은 여전히 존재하는 것이다. 마치 잔잔한 물을 의지해서 바람에 따라 파도를 이루었다가 바람이 멈추면 파도는 그쳐지지만 파도를 이루는 성은 항상 존재하는 것과 같은 것이다. 용수보살이 《(석마하연)론》[081]에서 '독력獨力의 수상隨相은 끊어지는 것이 아니다'라고 한 것과 같다.

둘은 악은 두 가지 뜻을 갖추었으니, 첫째는 불괴상不壞相으로, 진여와 다른 뜻이다(연생상유緣生相有에 해당한다). 둘째는 성품에 걸 맞는 것으로, 진여에 즉하는 뜻이다(무성체공無性體空의 뜻에 해당한다). 여기서는 뒤의 뜻에 의거했기 때문에 '끊지 않으며'라고 한 것이다.

돈교에서는 악상은 본래 다한 것이어서 다시 끊어지는데 기대지 않으며, 악성은 본래 현전하는 것이어서 끊어지는 것이 아니다. 원교에서는

---

080   18界에서 意, 法, 意識을 제외한 것을 말한다. -《구사론》권제2(T29, 008a)
081   《釋摩訶衍論》권제3(T32, 618a15)이다. 독력수상은 生相의 3가지 중 하나이다.

성품에 걸 맞는 악은 마치 거울 속에 불꽃이 나타나지만 항상 허망한 것과 같아서 끊어지는 것이 아니다.

5교에 다 통하지만 직접적으로는 능동能同 종교終敎의 사리무애를 취한 것이다. 그러므로 아래 《초》[082]에서 "여래가 성악을 끊지 않는 것은 선과 악이 똑같이 심성으로 성을 삼으니, 만일 성악을 끊는다면 심성을 끊게 된다. 성은 끊을 수 있는 것이 아니다. 역시 일천제조차도 성선性善이 끊어지지 않는다"고 하였고, 또 용수보살이 "잠든 사부를 참수할 때 어찌 깨어 있는 사부가 다치지 않을 수 있겠는가"[083]라고 하였다.

묻는다. 만일 그렇다면 어째서 《열반경》에서는 '여래는 선하지 않은 불성이 없다'고 했는가?

답한다. 저것은 이치로 사법을 쫓아서 '없다'고 한 것이고, 이것은 사법을 거둬들여 이치를 따랐기 때문에 '끊지 않는다'고 하였다. 또, 저것은 현재에 한정하여 이름한 것이고, 이것은 과거에 의거해서 명칭을 세운 것이다. 그러므로 저것과 이것이 문장이 서로 위배되지 않는다.

[06b16] ○言又佛心中有眾生等者, 如和尙鏡中弟子是也.

○ '또 불심 가운데 중생이 있다'라고 한 것은 화상和尙이라는 거울 가운데 제자와 같은 것이 이것이다.

---

082 《演義鈔》 권제79 〈여래출현품〉 제37(T36, 619a25)의 내용이다.

083 《釋摩訶衍論》 권제3(T32, 620b13), "譬如眠士夫及與悟士夫. 俱行俱轉不相離故. 亦不可言斬眠士時悟士不傷. 相續一故. 亦不可說得悟士時眠士空無. 相續同故"

[06b17] ○言今約不壞相者, 一約不壞行布相, 行布門中, 眾生可具其佛,(如鑛具
金, 如璞具玉.) 佛不可具其眾生.(如熟金而非鑛, 如淨玉而非璞.) 二約不壞行布教
相, 聞凡卽佛, 於凡有益,(引生趣求.) 佛卽是凡, 令人妄解.(引生倒解.) 由此但云, 卽
凡心而見佛心.

○ '지금은 상을 무너뜨리지 않는 것에 한정했다'고 한 것은 첫째는 항
포문行布門의 상을 무너뜨리지 않는 것에 한정한 것이니, 항포문에서는
중생이 부처를 갖출 수 있고(광석이 금을 갖추고 있고 옥석이 옥을 갖추고 있
는 것과 같다), 부처는 그 중생을 갖추고 있을 수 없다(마치 금을 정련하면 광
석이 아닌 것과 같고 옥을 정미하면 옥석이 아닌 것과 같다). 둘째는 항포문의 교
상을 무너뜨리지 않은 것에 한정한 것이니, 범부가 곧 부처란 말을 들으
면 범부에게는 이익이 있으며(중생을 나아가 구하도록 이끈다), 부처가 곧 범
부라고 하면 사람들이 잘못 이해하게 된다(중생을 전도된 이해로 이끈다).
이 때문에 다만 범부심에 즉하여 그대로 불심을 본다고만 한 것이다.

[06b21] ○言不離一心故者, (十所因中, 唯心所現故. 出《起信論》.) ○言妄攬眞成無
別妄故者, (依理成事門, 出《起信論》《勝鬘經》.) ○言眞隨妄顯無別眞故者, (事能顯
理門.) 眞妄名異, 無二體故, (眞理卽事門, 事法卽理門.) 眞外有妄, 理不遍故, (返
釋理遍於事門.) 妄外有眞, 事無依故, (返釋事遍於理門.) 然或說妄空眞有, (《唯識
論》《涅槃經》) 或說妄有眞空, (三論二諦義) 俱空, (隨俗說二諦, 通《華嚴經》也.) 俱
有, (《唯識》《華嚴》), 雙非, (觸物皆中, 遮義也.) 兩是, (眞妄通二諦, 或觸物皆中, 表
義也.)

○ '일심을 떠나지 않는다'고 한 것은 (십소인十所因 중에 '오직 마음으로 나타 낸 것'이기 때문이니,《대승기신론》에 나온다.)

○ '망은 진을 잡아서 이루니 별도의 망이 없기 때문'이란 것은 (진리를 의지해서 사법을 이루는 문이니,《대승기신론》과 《승만경》에 나온다.)

○ '진은 망을 따라서 드러나니 별도의 진이 없기 때문'이란 것은 (사법이 진리를 드러내는 문이다.) '진과 망은 이름은 다르지만 두 개의 체가 없기 때문이며'는 (진리가 그대로 사법인 문이며, 사법이 그대로 진리인 문이다.) '진 밖 에 망이 있으면 진리가 변만하지 못하기 때문이며'는 (진리가 사법에 변만 한 문을 반대로 해설한 것이다.) '망 밖에 진이 있으면 사법이 의지할 것이 없 기 때문이다'는 (사법이 진리에 변만함을 반대로 해설한 문이다.) '그러나 혹은 망은 공하고 진은 있다고 하고'는 (《성유식론》《열반경》이다.) '혹은 망은 있 고 진은 공하다고 하며'는 (《삼론》 이제의 뜻이다.) '둘 다 공하다고 하고'는 (세속을 따라 이제를 설한 경우이니,《화엄경》에 통한다.) '둘 다 있다고 하며'는 (《성유식론》과 《화엄경》이다.) '둘 다 아니라고 하거나'는 (사물에 접촉하는 모두 가 중도이니 차전遮詮의 뜻이다.) '둘 다 옳다고 한다'는 (진과 망이 이제에 통한 것이며, 혹은 사물에 접촉하는 모두가 중도이니 표전表詮의 뜻이다.)

① 진망의 두 가지의 뜻(眞妄自有二義)
가. 삼성에 한정하여 설명함(約三性說)

[06c04] ○言淨分同眞(無漏依他, 同圓成性.), 染分爲妄(有漏依他.), 言淨分之事 妄未盡故者, 無漏依他, 緣生幻有故.《金剛經》云: "凡所有相, 皆是虛妄." 又下

《鈔》云: "謂[084]如眞如現依他時, 設有淨分, 亦名爲染. 如鏡現像不簡淨穢, 皆非鏡體故, 唯能現得名爲淨, 所現皆染." 卽其義也.

○ '청정분은 진眞과 같고(무루의 의타기성이니, 원성실성과 같다), 염오분은 망이니(유루의 의타기성이다), 청정분의 사법은 망이 다하지 않았기 때문'이라고 한 것은 무루의 의타기성이 인연으로 생겨서 환으로 있기 때문이다. 《금강경》에서 "존재하는 모든 상은 모두 허망하다"고 하였고, 또 아래 《초》에서 "말하자면 마치 진여가 의타기성으로 현현할 때 설령 청정분이 있더라도 역시 염오분이라고 이름하는 것과 같으며, 거울이 형상을 나타낼 때 깨끗하다거나 더럽다거나 따지지 않는 것은 모두 거울의 자체가 아니기 때문인 것과 같다. 오직 나타내는 것만을 청정분이라 이름할 수 있고, 나타난 대상은 모두 염오분이라고 한다"고 한 것이 그 뜻이다.

　나. 이제二諦에 한정하여 설함(約二諦說)
　　가) 이·사의 두 문에 한정함(約理事二門)

[06c09] ○言淨分圓成皆有者, 淨分卽依他摩訶般若也, 圓成卽解脫法身也.

○ '청정분과 원성실성에 모두 있다'고 한 것은 청정분은 곧 의타기성의 '마하반야摩訶般若'이며, 원성실성은 곧 '해탈법신解脫法身'이다.

084　《演義鈔》권제33(T36, 254b04)의 내용이다.

[06c10] ○言若隨俗說二諦則眞妄俱空者,(三諦中料揀也, 或三諦意, 或終·圓義.)
妄法無性故空, 眞法無相故空. 或眞妄相待, 方有眞妄名生, 如彼長短, 故名俱空.
或依手巾體, 幻作兔兒相,(體如眞相如妄,) 若隨愚夫說作兔兒, 體相俱空.(若隨俗
說二諦, 則眞妄俱空.)

○ '만일 세속을 따라서 이제二諦를 설한 것이라면 진과 망이 둘 다 공
하다'고 한 것은 (삼제 가운데에서 요간한 것이다. 혹은 삼제의 의미이며, 혹은 종
교終教와 원교圓教의 뜻이다.) 망법妄法은 무성無性이기 때문에 공하며, 진법
眞法은 무상無相이기 때문에 공하다. 혹은 진과 망은 서로 기대해서야 진
망이라는 이름이 생겨남이 있게 된다. 장단長短과 같다. 그러므로 둘 다
공하다고 한 것이다. 혹은 수건의 체를 의지해서 환으로 만든 토끼 새끼
의 모양을(체는 진과 같고 모양은 망과 같다) 만일 어리석은 범부를 따라서
토끼 새끼라고 말한다면 체와 상이 모두 공하다(만일 세속을 따라서 이제
를 설하면 진과 망이 둘 다 공하다).

[06c15] ○言若約眞妄通二諦則眞妄俱通空有者, 一云, 在俗諦, 眞妄俱有, 幻有·
實有故, 在眞諦, 眞妄俱空, 性空·相空故. 二云, 在俗諦, 眞妄俱空,(即前隨俗說二
諦, 則眞妄俱空.) 在眞諦, 眞妄俱有.(故下《鈔》云: "眞妄皆眞, 則本末一味, 居然交
徹.")

○'진과 망이 이제二諦에 통하는 것에 한정하면 진과 망이 모두 공空과
유有에 통한다'고 한 것은 첫째는, 속제에 있어서는 진과 망이 모두 있으
니 환으로 있고 실제로 있기 때문이며, 진제에 있어서는 진과 망이 모

두 공하니 성이 공하고 상이 공하기 때문이다. 둘째는, 속제에 있어서는 진과 망은 둘 다 공하며(곧 앞의 세속을 따라서 이제를 설한 경우는 진망이 모두 공하다는 것이다), 진제에 있어서는 진과 망은 둘 다 있다(그러므로 아래 《초》에서 "진망이 모두 진인 경우는 본말이 일미여서, 있는 그대로 서로 어우러져 통한다"[085]고 하였다).

② 모두 다 서로 어우러져 통함(竝皆交徹)
가. 종지에 한정하여 밝힘(約宗以明)

[06c18] ○言約宗以明,《唯識》等宗不得交徹者, 問: 三論,《涅槃》皆說交徹, 何云不得? 答: 一云, 內等, 不等《涅槃》及與三論. 何以得知? 等字在上, 宗字在下故. 一云, 亦等於彼, 彼論彼經, 雖說交徹, 非正所宗. 今我《華嚴》, 正以無障礙法界爲宗, 故《鈔》云爾.

○ '종지에 한정해서 밝혀보면,《유식론》등의 종지는 서로 어우러져 통하지 못한다'고 한 것은, 묻는다. 삼론[086]과 《열반경》에서 모두 '서로 어우러져 통한다'고 하였는데 어째서 그렇지 않다고 하는가?

답한다. 일설은 안쪽의 '등等'이어서 《열반경》과 삼론을 등취等取하지 않은 것이다. 어떻게 알 수 있는가? '등等' 자는 앞에 있고, '종宗' 자는 뒤에 있기 때문이다. 일설은 역시 저것을 등취한 것이니, 저 논論과 경經에

---

085   《演義鈔》권제1(T36, 008c22)이다.
086   《중론》《십이문론》《백론》을 말한다.

서 비록 서로 어우러져 통한다고 말했더라도 바로 종지로 삼은 것은 아니다. 지금 우리《화엄경》은 바로 무장무애 법계로 종지를 삼는다. 그러므로《초》에서 그렇게 말한 것이다.

[06c23] ○言情有卽是理無者, 問: 理無之義, 遍圓二性, 爲屬何性? 若屬圓成, 何云遍計有二義, 一者情有, 二者理無? 若屬遍計, 何云情有卽理無, 妄徹眞耶? 答: 義在⁰⁸⁷兩途; 若與情有非一義, 屬圓成性, 若與情有非異義, 屬遍計性. 今約初義, 故《鈔》云"眞." 又解屬遍計性, 遍計性中通眞妄故, 不同始敎唯是妄故. 依他之中無性之義, 准此應釋.

○ '정유情有가 곧 이무理無'라는 것은, 묻는다. '이무'의 뜻은 변계소집성과 원성실성 중 어디에 속하는가? 만일 원성실성에 속한다면 어째서 변계소집성에는 두 가지의 뜻이 있으니, 하나는 '정유'이며 둘째는 '이무'라고 했는가? 만일 변계소집성에 속한다면 어떻게 '정유'가 곧 '이무'이며, 망이 진에 어우러져 통한다고 하겠는가?

　답한다. 뜻이 두 갈래로 있다. 만일 ('이무'가) '정유'와 다른 뜻이라면 원성실성에 속하며, '정유'와 같은 뜻이라면 변계소집성에 속한다. 지금은 첫 번째 뜻에 한정했다. 그러므로《초》에서 "진眞"이라고 한 것이다. 또 변계소집성에 속한다고 해설되니, 변계소집성 가운데 진과 망에 통하기 때문이며, 시교에서 오직 망일뿐이라고 한 것과는 다르기 때문이다. 의타기성의 '무성無性'의 뜻은 이를 준거해서 해석해야 할 것이다.

___

087　底本에는 "有",《金澤寫本》참조 수정.

라. 생사와 열반에 한정해서 말함(約生死涅槃說)

[07a06] ○言此經云有諍[088]說生死等者, 上半假立, 謂待前流轉生死, 立涅槃. 煩惱名諍, 觸動善品, 損害自他, 故名爲諍, 此有漏法, 諍隨增故, 名爲有諍. 有彼諍故, 生死者有漏爲體, 無彼煩惱, 故稱涅槃. 下半雙非, 謂生死涅槃俱因煩惱, 假立其名, 何有眞實? 又二互相待故俱空, 二互相奪故皆寂. 上二句俱有交徹, 下[089]二句俱空交徹. 或望能奪義, 俱有交徹, 望所奪義, 俱空交徹也.

○ 이 경에서 '다툼이 있는 것을 생사生死라고 한다'라고 한 것은 상반上半은 가립假立한 것이니, 말하자면 앞의 생사에 유전하는 것과 상대하여 열반을 세운 것이다. 번뇌를 다툼이라고 한 것은 선한 성품을 촉발해 움직여서 나와 남을 손해하기 때문에 '다툼'이라고 하며, 이 유루법이 다툼이 따라 증가하기 때문에 '다툼이 있다'고 한다. 그런 다툼이 있기 때문에 생사는 유루로 체를 삼으며, 그런 번뇌가 없기 때문에 열반이라고 한다.

하반下半[090]은 쌍으로 아닌 것(雙非)이니, 말하자면 생사와 열반은 둘 다 번뇌를 원인으로 하여 그 명칭을 가립한 것인데 무슨 진실이 있겠는가. 또 둘이 서로 상대하기 때문에 둘 다 공하며, 둘이 서로 부정하기 때문에 모두 고요하다. 위 두 구절은 '둘 다 존재함(俱有)'으로 서로 어우러져 통하고, 아래 두 구절은 '둘 다 공함(俱空)'으로 서로 어우러져 통한다.

088　底本에는 "淨",《金澤寫本》및《藏經書院本》참조 수정.

089　底本 및《金澤寫本》에는 "二", 문맥상 "上二句"에 대응되는 "下二句"의 "下"로 수정.[역자 주]

090　'有諍說生死, 無諍說涅槃.'(상반) '等俱不可得, 則體無二也.'(하반)

혹은 부정하는(能奪) 뜻 측에선 '둘 다 존재함'으로 서로 어우러져 통하고, 부정되는(所奪) 뜻 측에선 '둘 다 공함'으로 서로 어우러져 통한다.

[07a13] ○言故影公云等者, 卽是《中論》序也. 此一段文, 准下《鈔》釋:"而有四對. ○言以眞諦故無有俗諦故無無者, 此是初對, 定有無所在. 我約眞諦上說空, 是無性空, 不同無物空也. 我就俗諦明有, 此是緣有, 非定[091]性之有也. 二眞故無有, 則雖無而有. 俗故無無, 則雖有而無. 一對彰有無體相, 是不壞有之無, 不礙無之有, 故成中道. 三雖有而無, 則不累於有. 雖無而有, 則不滯於無. 一對彰有無之德, 若是定性之有, 此有則唯是有, 不得卽無. 若是定性之無, 此無卽唯是無, 不得卽有. 今二互相卽, 故不偏[092]滯."

○ '그러므로 담영曇影 공이 말하길' 등이라고 한 것은 곧《중론》의 서문이다. 이 한 단락의 문장은 아래《초》의 해설에 준거하면, "네 가지 대구가 있다.
○ '진제眞諦이므로 유有가 없으며 속제俗諦이므로 무無가 없다'고 한 것은 이것은 첫 번째 대구로 유무의 소재를 정한 것이다. 아我를 진제에 한정하면 공하다고 한다. 이는 무성無性의 공이고, 무물無物의 공과 다르다. 아我를 속제에 입각하면 있다고 설명한다. 이것은 인연으로 있는 것이고 고정된 성으로 있는 것은 아니다. 둘째는 진제이기 때문에 있는 것이 없다면 비록 없더라도 있는 것이며 속제이기 때문에 없는 것이 없다

---

091   底本에는 "空",《金澤寫本》참조 수정.
092   底本 및《金澤寫本》에는 "偏", 교감 주 및 문맥상 근거 수정.

면 비록 있더라도 없는 것이다. (이) 한 가지 대구는 유무의 체상을 드러낸 것이다. 유가 무너지지 않는 무이며, 무에 걸림이 없는 유이기 때문에 중도를 이룬다. 세 번째는 비록 있더라도 없다면 유에 계루되지 않으며 비록 없더라도 있다면 무에 막히지 않는다. (이) 한 가지 대구는 유무의 덕성을 드러낸 것이다. 고정된 성질의 '유'라면 이 있는 것이 오직 '유'일 뿐이어서 '무'에 즉하지 못하며 만일 고정된 성질의 '무'라면 이 없는 것이 오직 '무'일 뿐이어서 '유'에 즉하지 못한다. 지금은 두 가지가 상즉하기 때문에 치우치거나 막히지 않는다"[093]라고 하였다.

[07a23] ○《鈔》 乃至云[094]者, 具足應云: '不滯於無, 則斷滅見息, 不存於有, 則常著永消, 俱不俱等, 何由而有? 諸邊都寂, 故云皆離.'"此彰有無離過, 滯空則斷, 累有則常, 旣不滯不累, 故無斷常. 又釋, 初對雙離有無, 故云無有無無, 此成空觀. 第二對不壞有無, 故云雖有而無, 雖無而有, 此成假觀. 第三對明二諦相卽故, 不偏滯於有無故, 不爲有邊所動無邊所寂, 成中道觀. 肇公亦云: '涉有未始迷虛, 故常處有而不染.' 此不累於有也. '不厭有而觀虛, 故恒觀虛而不證.' 此不滯於無也. 第四離過准前. 又釋初對中, 初句[095]是眞空義, 下句是妙有義, 第二對亦有亦無義, 第三對非有非無義, 第四對離過則成具德四句也. 又初對雙離二過, 一離有, 二離無, 第二對離非有非無, 第三對離亦有亦無, 第四對總明離過. 故《起信》云: '眞如非有相非無相, 非非有相非非無相, 非有無俱相.' 卽其義也."

---

093   《演義鈔》 권제30(T36, 225b19~27)의 내용이다.
094   底本 및 《金澤寫本》에는 "云乃至", 《演義鈔》 참조 도치.
095   底本에는 "對", 《金澤寫本》 참조 수정.

[초] '내지 운운'이라는 것은 다 갖춘다면 '무에 막히지 않는다면 단멸견斷滅見이 쉬어지고, 유를 남겨두지 않는다면 상착견常著見이 영구히 소멸된다. (유무가) 함께함과 함께하지 않는 등은 무슨 이유로 있는가? 모든 변견邊見이 다 고요해졌으므로 모두 벗어난다고 하는 것이다'[096]라고 해야 한다. "이것은 유무가 과실을 벗어남을 드러낸 것이다. 공에 막히면 단견이고, 유에 계루되면 상견이다. 이미 막히지도 계루되지도 않았기 때문에 단견과 상견이 없다.

또 해설해 보면, 첫 번째 대구는 유무를 쌍으로 벗어난다. 그러므로 '유도 없고 무도 없다'고 하는 것이니 이것이 공관空觀을 이룬다. 두 번째 대구는 유무를 무너뜨리지 않는다. 그러므로 비록 '있더라도 없으며 없더라도 있다'고 하는 것이니 이것은 가관假觀을 이룬다. 세 번째 대구는 이제가 상즉임을 밝혔기 때문에 유무에 치우치거나 막히지 않은 것이니, 유 측면에서 동요되거나 무 측면에서 적멸되지 않아서 중도관中道觀을 이룬다. 승조 공 역시 '유를 섭렵하는데 처음부터 공함에 미혹하지 않는다. 그래서 항상 유에 머무르면서도 염오되지 않는다'고 하였으니 이것은 유에 계루되지 않는 것이며, '유를 싫어하지 않으면서 공함을 관찰한다. 그래서 항상 공함을 관찰하면서도 증명하지 않는다'고 하였으니[097] 이것은 무에 막히지 않은 것이다. 네 번째 대구인 과실을 떠난다는 것은 앞을 준거하라.

또 해설해 보면, 첫 번째 대구에서 위 구절은 진공眞空의 뜻이며, 아

---

096   《大疏》권제13 〈光明覺品〉 제9(T35, 597a09)에 나온다.
097   《肇論》〈宗本義〉의 내용이다.

래 구절은 묘유妙有의 뜻이다. 두 번째 대구는 유이기도 무이기도 한 뜻이며, 세 번째 대구는 유이지도 무이지도 않은 뜻이며, 네 번째 대구는 과실을 떠난 것이니 '구덕문具德門'의 4구절을 이룬다. 또, 첫 번째 대구는 둘의 허물을 쌍으로 벗어난 것이니, 첫째는 '유'를 떠나고, 둘째는 '무'를 떠난다. 두 번째 대구는 '유도 아니고 무도 아님'을 떠나고, 세 번째 대구는 '유이기도 무이기도 한 것'을 떠나며, 네 번째 대구는 '과실을 떠난 것'을 총괄해서 밝힌 것이다. 그러므로《대승기신론》에서 '진여는 유상도 아니고 무상도 아니며 유상 아님도 아니고 무상 아님도 아니며 유상·무상이 함께인 것도 아니다'고 한 것이 그 뜻이다."[098]

[07b15] ○言眞妄皆眞等者, 問: 妄法歸眞, 其義可爾, 云何眞法亦歸眞耶? 答: 上言眞, 妄法體也, 下言皆眞, 眞諦也. 又上言眞, 對妄之眞, 下言眞, 絶妄之眞. 又上約分相門, 收妄之眞故.

○ '진과 망이 모두 진이다'라고 한 것은, 묻는다. 망법이 진眞으로 돌아간다는 그 뜻은 그럴 수 있지만 어떻게 진법眞法 역시 진으로 돌아간다고 하겠는가?

답한다. 위 (구절)에서 말한 '진'은 망법의 체성이며, 아래 (구절)에서 말한 '모두 진'이란 진제眞諦이다. 또, 위에서 말한 '진'은 망에 상대한 진이며, 아래서 말한 '진'은 망이 끊어진 진이다. 또, 위는 분상문分相門에 한정하였으니 망을 거둬들인 진이기 때문이다.

---

098   《演義鈔》권제30(T36, 225b28-c15)이다.

(2) 함께 존재함을 방해하지 않음(不礙雙存)

[07b19] [《疏》] 事理雙修, 依本智而求佛智者, 上標, 下釋也. 依本覺理智,(釋理修也.) 求始覺事智.(釋事修也.)

[소] '사事·리理를 쌍으로 닦으니 근본지(本智)에 의지해서 불지佛智를 구하다'라는 것은 위 (구절)은 표방이고, 아래 (구절)은 해설이다. 본각의 이지理智를 의지해서(이수理修를 해설한 것이다) 시각의 사지事智를 구하는 것이다(사수事修를 해설한 것이다).

[07b21] [《鈔》] 亦由惑者, 執禪則依智性, 乃至云, 竝爲偏執者, 義當四病也. 故《大方廣圓覺經》說眾生修行當離四病. 一者作病, 但作有爲事行, 未識眞如本心, 尙不得生佛家, 豈得冥合圓覺? 故說爲病.(義當執法者也.) 二者任病, 生死旣空, 何勞除斷? 涅槃本寂, 何假欣修? 一切放縱身心, 更不念其罪福, 泯絕無寄, 故成其病." 嗟[099]乎! 近代, 多落此科, 誦禪歌, 毀於法筵. 虛尋名相, 說理性, 非於塔寺. 狂認福田, 妄立宗途. 惆惑含識, 斷除佛種. 良足悲哉! 凡佛眞子, 當須屛遠. 殊不知, 藍塸適補比丘, 壽增寺礎將移, 天人目動, 況復觸事涉[100]理, 絕空色觀空, 不廢眾緣, 眞宴坐矣. 如《維摩經》〈菩薩行品〉: "佛告眾香世界諸菩薩等, 菩薩行者, 於遠離樂[101]不以爲貴, 不著己樂廢於彼樂, 在諸禪定如地獄想等." 斯則菩薩於禪, 實有所證, 佛尙誡令不著, 況未有所入, 得妄著耶? 且沙門斂念, 誠爲通規. 其

---

099   底本에는 "差",《金澤寫本》참조 수정.

100   底本에는 "陟", 교감 주 및《金澤寫本》참조 수정.

101   底本 및《金澤寫本》에는 없음.《維摩經》참조 보충.

誰不然, 妄自矜衒, 兼投藥失,[102] 所損非細. 故《智度論》九十六說: "彌勒菩薩知須
菩提樂說空義, 故教誡云, '不應新學菩薩前說, 何以故? 若有少福德善根者, 聞
畢竟空法, 卽便著空. 遂作是念, 若一切法空無所有者, 我爲作何福德? 則應失前
業'等." 如是經·論, 如來勸令離病, 彌勒誡物談空. 但有信心, 不可警愼. 三止病,
眞心絶念, 動念卽乖. 若止妄念不生, 眞性自然顯現. 斯由不知妄念卽眞, 貪嗔本
道, 而於妄外求眞, 何異除波覓水? 故成其病. 四者滅病, 道由惑覆, 惑盡道彰, 故
欲斷惑求眞, 令得身心永寂. 夫菩薩用心, 利他爲本. 今欲避諠[103]取寂, 誠非大士,
況乎不釋動以求靜, 不怖惑而度生, 眞覺士也. 今欲離障求寂, 尙雜二乘狹見, 豈
能冥通圓覺? 故說爲病.(此之三病, 義當執禪者也.) 如是四行, 互闕[104]卽成非, 齊
運則無過. 若能常作常止常任常滅, 易脫相資, 無非有益. 亦猶四大造色, 遞發有
損, 倂力成功. 今此事理雙修, 依本智而求佛智, 竝除前病. 所謂執禪則多落止·
任·滅之三病, 執法則唯墮作之一病. 故此雙行爲眞修矣. 又下《疏》云: "然今法
學之者, 多棄內而外求. 習禪之者, 好亡緣而內照. 竝爲偏執,[105] 俱滯兩邊." 又云:
"勉㫱求悟, 不得徒自勞形(此遮執法者也.) 努力修行, 不得撥無因果.(此遮執禪者
也.)"

[초] '미혹한 자가 참선에 집착하면 지성智性(의 지음도 닦음도 없음)에
의거해서 … 모두 치우친 집착이 되므로'라고 한 것은 뜻이 네 가지 병
에 해당한다. 그러므로《대방광원각경大方廣圓覺經》에서 중생은 수행하는

---

102   底本에는 "失所",《金澤寫本》참조 "失"로 수정.

103   底本 및《金澤寫本》에는 "[言*寅]", 문맥상 수정.

104   底本에는 "聞",《金澤寫本》에는 "開",《金澤寫本》주필 교감 주 참조 수정.

105   《金澤寫本》에는 "照"로 되어 있다.

데 네 가지 병을 벗어나야 한다고 설하였다.[106] 첫째는 작병作病이니, 유위의 사행事行만을 짓고 진여 본심을 알지 못하면 불가에서조차 태어나지 못하는데 어찌 원각에 부합할 수 있겠는가. 그러므로 병이 된다고 하였다(뜻이 법에 집착한 자에 해당한다).

둘째는 임병任病이니, 생사가 이미 공한데 어째서 제거해 끊으려 애쓰며 열반이 본래 적멸한 것이라면 어째서 흔쾌하게 닦을 필요가 있는가 하여 일체 심신을 방종하고 그 죄와 복을 생각지도 않으며 민절하여 의탁함이 없기 때문에 이 병을 이룬다.

아! 오늘날, 대다수가 이 과에 떨어져 선가禪歌를 읊조려 법석을 훼손하며, 명상名相을 헛되이 찾아 이성理性을 말하면서 탑사塔寺를 그르친다. 복전을 어리석게 인식하여 종도宗途를 망령되게 세우고, 함식含識을 그릇되게 미혹시켜 부처될 종자를 끊어 없애니 진실로 슬프도다. 부처의 참제자들은 반드시 물리쳐 멀리해야 할 것이다. 잘 모르는가? 남당藍塘의 적보適補 비구가 수증사壽增寺 절의 초석을 옮기려 하자 천인들이 눈으로 옮겨 놓았는데 하물며 또다시 사법마다 진리를 섭렵하고 공空·색色이 끊어진 것으로 공을 관조하는 것이겠는가. 여러 연緣을 폐하지 않는 것이라야 참으로 편안한 좌선일 것이다.《유마경》〈보살행품〉에서 "부처님께서 여러 향 세계의 보살들에게 말씀하셨다. '보살행은 멀리 벗어나는 즐거움에 대해 귀하게 여겨서는 안 된다. 자신의 즐거움에 집착하여 저 즐거움을 없애버려선 안 되며, 모든 선정에 있으면서 지옥과 같

---

106   四病에 관한 설명은《圓覺經》(T17, 920b20)에서 직접 인용한 원문이 없고《圓覺經略疏》(T39, 568c20)에서 약간의 동일한 문장이 보일 뿐 대체적으로 선연의 글이다.

다는 생각을 내라' 등"[107]이라고 하였으니, 이렇다면 보살은 선정에 대해 실제로 증득된 것이 있어도 부처님이 오히려 경계하여 집착하지 않게 하였는데 하물며 증입된 것이 없으면서 망령되게 집착할 수 있겠는가.

또, 사문은 생각을 거두어 정성껏 관통해서 살펴야 하는데, 누군가 는 그렇지 않고 망령되게 자신을 자랑하고 뽐내며 겸하여 투약하는데 실수하여 손해된 적이 적지 않다. 그러므로 《대지도론》 제96권에서 "미 륵보살은 수보리가 공空의 뜻을 즐겨 말하는 것을 알았다. 그래서 가르 쳐 경계하길 '새로 배우는 보살에게 앞서 말한 것을 말하지 말라. 왜냐 하면 복덕선근이 적은 이가 필경에 공하다는 법을 들으면 곧장 공에 집 착해서 마침내 〈모든 법이 공하여 있는 것이 없다면 내가 무슨 복덕을 지을 수 있겠는가〉라는 생각을 하여 이전의 복업을 잃게 될 것이다'고 하였다."[108] 이와 같이 경론에서 여래께서 병을 벗어나도록 권하였고, 미 륵보살은 물物에게 공空을 얘기하는 것을 경계하였다. 다만 신심이 있어 야하니 경책하여 삼가지 않을 수 없다.

셋째는 지병止病이니, 진심眞心은 생각이 끊어졌으니 생각이 동하면 어긋난다. 만일 망념을 그쳐 일어나지 않게 하면 진성은 자연히 현현한 다. 이는 망념이 그대로 진이며 탐욕과 성냄이 본래 도인줄 알지 못하는 이유로 인해 망 밖에서 진을 구하는 것이니 어찌 파도를 제거하고 물을 찾는 것과 다르겠는가. 그러므로 이 병을 이룬다.

넷째는 멸병滅病이다. 도는 미혹으로 인해 뒤덮여진 것이어서 미혹이

---

107   《維摩經》 권하 〈香積佛品〉 제10(T14, 554a28~b13)의 내용이다.

108   《大智度論》〈隨喜迴向品〉 권제39(T25, 489c02~07)이다.

다하면 도가 드러난다. 그러므로 미혹을 끊어서 진을 구하려하면 심신이 영원히 적멸하게 된다. 대개 보살의 용심은 이타로 근본을 삼는다. 그런데 떠들썩함을 피하여 고요함을 취한다면 진실로 대사大士가 아니며 동요를 내버리지 않고서 적정을 구하고 미혹을 두려워하지 않으면서 중생을 제도하는 것이야말로 진실한 학사이다. 지금 장애를 여의고 적정을 구하려 하면서도 오히려 이승의 좁은 견해에 뒤섞이는데 어찌 원각에 그윽하게 통하겠는가? 그러므로 병이 된다고 한다(이 세 가지 병은 뜻이 선정에 집착하는 것에 해당한다).

이와 같은 네 가지 행은 서로 결여되면 잘못을 이루고, 나란히 운용하면 과실이 없다. 항상 짓고 항상 그치며 항상 임의대로하고 항상 없애는 것에서 쉽게 벗어나도록 서로 의뢰한다면 유익하지 않은 것이 없다. 또한 사대四大로 색을 조성할 때 번갈아 발생하면 손괴가 있지만 힘을 합치면 공력을 이루는 것과 같다. 지금 사리를 쌍으로 닦는 이것은 본지에 의거하여 불지를 구하고 아울러 앞의 병을 제거하는 것이니 이른바 참선에 집착하면 대부분 지병止病·임병任病·멸병滅病에 떨어지고, 법에 집착하면 오직 작병 하나에 떨어진다는 것이다. 그러므로 쌍으로 수행하는 이것이 참된 수행이 된다.

그러므로 아래《소》[109]에서 "그러나 요즘 법을 배우는 자들은 대부분 안을 버리고 밖으로 구하고, 참선을 익히는 자들은 반연을 잊고 안으로 비추는 것을 좋아하니 모두 치우친 집착이며 둘 다 양변에 막힌 것이다"고 하였고, 또 "포단에 힘써서 깨우침을 구하되 한갓 스스로 노고해

---

109   《大疏》권제3(T35, 526b20)이다.

서는 안 되며(이것은 법에 집착한 자를 차단한 것이다), 노력해서 수행하되 인과를 뽑아 없애서는 안 된다(이것은 참선에 집착하는 자를 차단한 것이다)"[110]고 하였다.

[08a09] ○言無所求中吾故求之者, 暗引《方等經》乞士之語. 上句釋依本智, 下句釋求佛智也. 故《方等經》中說: '佛爲雷音, 說於昔因緣已. 又云, 過去有佛, 名栴檀華. 彼佛去世甚久. 我於彼時, 如汝無異. 彼有菩薩, 名曰上首, 作一乞士, 入城乞食. 時有比丘, 名曰恒伽, 謂乞士曰: 汝從何來? 答曰: 我從眞實中來. 又問: 何謂眞實? 答曰: 寂滅相故, 名爲眞實. 又問: 寂滅相中, 有所求無所求耶? 答: 無所求. 又問: 無所求者, 何用求耶? 答: 無所求中, 吾故求之等. 乃至云, 恒伽聞已, 賣身供養.'" 下《疏》釋云: "性相雙鑒, 終日求而無所求也."

○ '구하는 것이 없는 중에 내가 일부러 이를 구하니'라고 한 것은《방등경》의 걸식사의 말을 암암리에 인용한 것이다. 위 구절은 본지本智에 의지함을 해석한 것이고, 아래 구절은 불지佛智를 구함을 해석한 것이다.

　그러므로《방등경》에서 "부처님이 뇌음보살이었을 때, (《법화경》의) 옛 인연을 말씀해 마치고는 또 말씀하셨다. 과거에 전단화불栴檀華佛이 계셨는데, 그 부처님은 세상을 떠나온 지 아주 오래되었다. 그때에 나는 그대와 다름이 없었다. 그곳에 상수上首라고 하는 보살이 있어 일개 걸식사가 되어 도성으로 들어가 음식을 걸식하였다. 그때에 항가恒伽라는 비구가 걸식사에게 말했다. '그대는 어디에서 오는가?' 대답하였다. '나

110　《普賢行願品別行疏》卷第五이다.

는 진실로부터 왔다.' 또 물었다. '무엇을 진실이라고 하는가?' 대답하였다. '적멸상이기 때문에 진실이라고 한다.' 또 물었다. '적멸상중에서 구하는 것이 있는가, 없는가?' 대답하였다. '구하는 것이 없다.' 또 물었다. '구하는 것이 없는 자가 어째서 구하는가?' 대답하였다. '구하는 것이 없는 중에 내가 일부러 이를 구하는 것이다.' … 항가비구가 듣고 나서 자신을 팔아서 공양하였다"고 하였다.[111] 아래 《소》[112]에서 해설하여 "성·상을 쌍으로 비추므로 종일 구하더라도 구하는 것이 없다"고 하였다.

2. 사사무애를 밝힘(明事事無礙)

1) 걸림 없는 이유를 밝힘(明無礙所由)

[08a20] [《疏》] 理隨事變等者, 一云, 一者理也, 多者事也. 或一與多皆目事也.

[소] '진리는 사법을 따라서 변하는 지라, (하나와 여럿이 연기함이 무변하며)' 등이란 것은 첫째는 하나는 진리이고 여럿은 사법이라고 하며, 혹은 하나와 여럿이 모두 사법을 말한 것이다.

---

111   《演義鈔》 권제40(T36, 309a06)에서 영략해 인용한 것이다.
112   《大疏》 권제19 〈梵行品〉 제16(T35, 647c09)이다.

2) 걸림 없는 모습을 드러냄(顯無礙之相)[具十玄門]

[08a22] 《疏》故得十身歷然而相作者, 歷然行布不壞相也, 相作圓融壞相也. 終日不壞而壞, 壞而不壞, 名不思議, 非謂體廢相存也. 若謂能卽體廢相存者, 體據卽義廢, 不卽義存, 卽與不卽, 二互無礙, 存泯莫拘, 是不思議. 相約卽義尙存, 不卽極存, 但一向存, 應非無礙, 是可思議. 學者更審.

[소] '그러므로 십신十身이 뚜렷하면서도 서로 지을 수 있으며'라는 것은 뚜렷하게 항포여서 상을 무너뜨리지 않는 것이며, 서로 짓는 것이 원융하여 상을 무너뜨리는 것이다. 종일토록 무너지지 않으면서도 무너지고, 무너지면서도 무너지지 않는 것을 '부사의不思議'라고 한 것이지 체가 없어지고 상이 존재하는 것을 말하는 것이 아니다.

만일 능즉能卽하는 체가 없어지고 상이 존재하는 것을 말한 것이라면, 체는 '즉하는 뜻'은 폐하고 '즉하지 않는 뜻'은 놔둔 것에 근거한 것이니, 즉하고 즉하지 않는 두 가지가 서로 무애하여 존재하거나 없어지는 것이 구애받지 않는 것이 '부사의함'이다. 상은 '즉하는 뜻'은 오히려 두고 '즉하지 않은 것'은 존재를 다한 것에 한정한 것이다. 다만 줄곧 존재만 하면 무애한 것이 아닐 것이니 이는 '가사의함'이다. 학자들은 다시 숙고하라.

[08b04] 《鈔》一同時具足相應門等者, 然此十門, 具於五對; 一總別對, 初門是總, 餘九爲別. 二法喩對, 第七是喩, 餘九爲法. 三假實對, 第九是假, 餘九爲實. 四全分對, 三四是全, 六八爲分. 五增微對, 廣·顯·主增, 狹·隱·伴微. 不唯五對無礙,

實乃擧一全收.

[초] '첫째는 동시구족상응문同時具足相應門'이라 하지만 이 십현문은 다섯 대구를 갖추고 있다. 첫째는 총체와 개별의 대구로, 제1문(동시문)은 '총체'이고 나머지 아홉 문은 '개별'이다. 둘째는 법과 비유의 대구로, 제7문(경계문)은 '비유'이고 나머지 아홉 문은 '법'이다. 셋째는 가유假有와 실재實在의 대구로, 제9문(십세문)은 '가유'이고 나머지 아홉 문은 '실재'이다. 넷째는 전체와 부분의 대구로, 제3문(상용문)과 제4문(상즉문)은 '전체'이고 제6문(미세문)과 제8문(탁사문)은 '부분'이다. 다섯째는 증가와 미미의 대구로, 광대(제2문 광협문)·현현(제5 은현문)·주체(제10 주반문)는 '증가'이고, 협소·은은·반려는 '미미'이다. 다섯 대구가 무애하여 실제로는 하나를 들면 온전히 거둬진다.

(1) 모든 법이 상즉하여 자재한 문(諸法相卽自在門)

[08b08] ○言能以眾生身作自身等者, 問此言眾生, 爲取我等妄染眾生耶? 爲取[113] 示現變化[114]眾生耶? 答: 一云, 但取變化眾生. 若取我等妄染眾生, 應無所化, 俱作能化十身故. 又違此《鈔》云: "則於此身現如是形." 復違下《鈔》: "眾生身等攝歸三身中化身"故. 二云, 但取我等妄染眾生. 何知? 論三分中是染分故, 三世間中眾生世間故. 若爾, 前難何通? 答: 常作能化, 不礙爲所化故. 就能悟門, 取眾生身作

---

113   底本에는 "眾", 《金澤寫本》 참조 수정.
114   底本에는 없음. 《金澤寫本》 참조 보충.

自菩薩身爲能化, 就迷門, 取眾生不作菩薩身爲所化. ○[115]言則於此身現如是形者, 約同體變化也. 下歸化身者, 豈不見下《鈔》云: "萬化云云, 皆是法身大用", 又經云: "心佛與眾生, 是三無差別", 又, "果門攝法無遺"? 三云, 上二雙取, 引證同前. 向明十身, 皆是佛身. 恐滯常情, 略伸區別. 問: 旣俱佛身, 唯應第七如來身攝, 何分餘九? 若就行布, 而有餘九. 應非皆是佛身所攝耶? 答: 圓融不礙行布故, 佛爲能融, 皆是佛身, 不壞本相, 故存餘九. 二門雙取, 故說十身皆是佛身. 若以餘九, 隨一爲門, 具十亦然. 今就佛門, 是故云爾. 問: 前之七身, 作菩薩身, 行相可知. 具色相故. 後之三身, 旣非色相. 云何作於菩薩身耶? 下《疏》答云: "入法智中, 自然應現自己身故, 令於虛空忽見自身, 故名爲作, 作餘亦爾." 又問: 餘之七身可作能化, 具色相故, 後之三身旣非色相, 云何化生而作能應耶? 答曰: 苟能得法契神, 何必要因色相? 是故彼三卽爲能應佛身, 良以根性心樂類非一故.

○ '중생신으로 자신自身을 지으며'라고 한 것은, 묻는다. 여기서 말한 중생은 우리들 망염중생妄染眾生을 취한 것인가, 시현示現으로 변화한 중생을 취한 것인가?

답한다. 첫째 해설은 변화한 중생만을 취한 것이다. 만일 우리들 망염중생을 취한다면 교화대상(所化)이 없게 될 것이다. 모두 다 교화주체(能化)의 십신十身을 짓기 때문이다. 또, 여기《초》에서 '이 신身에 이와 같은 형상을 나타낸다'고 한 것과 어긋나며, 또다시 아래《초》에서 '중생신 등은 삼신 중 화신에 거둬들여 귀속시킨다'고 한 것에도 어긋나는 까닭이다.

---

115   底本에는 ▲표시로 단락을 구분하고, CBETA에서는 페이지[08b17]를 표시했지만 이는 앞문장과 바로 이어진 내용이므로 이해를 돕기 위해 바로 뒤에 붙였다.[역자 주]

둘째 해설은 우리들 망염의 중생만을 취한 것이다. 어떻게 알 수 있는가? 삼분 가운데 '염오분'이라고 논했기 때문이며, 삼종세간 가운데 '중생세간眾生世間'이기 때문이다.

묻는다. 그렇다면 앞의 논란을 어떻게 소통하겠는가?

답한다. 항상 교화주체를 지으면서 교화대상이 되는 것에도 걸림이 없기 때문이다. 능오문能悟門에 입각해서 자신의 보살신을 짓는 중생신을 취하여 교화주체를 삼고, 미혹문에 입각해서 보살신을 짓지 못하는 중생을 취하여 교화대상을 삼은 것이다.

○ '이 신身에서 이와 같은 형상을 나타낸다'고 말한 것은 동체로 변화한 것에 한정한 것이고, 아래 《초》에서 '화신에 귀속시킨 것'은 어찌 아래 《초》[116]에서 "만 가지로 변화 운운한 것은 모두 법신의 대용大用이다"라고 하였고, 또 경에서 "마음과 부처와 중생, 셋은 차별이 없다"고 하였으며, 또 "과문果門은 법을 섭수하여 빠뜨림이 없다"[117]고 한 것을 보지 못했는가.

셋째 해설은 위의 두 가지를 쌍으로 취한 것이니, 인증은 앞과 같다. 이전에 십신[118]이 다 불신佛身임을 밝혔지만 상정에 막힐까 염려되어 간략하게 거듭 구별하겠다.

묻는다. 다함께 불신이라면 일곱 번째 '여래신'만이 섭수될 텐데, 어째서 나머지 아홉 신을 나누는가? 만일 항포문에 입각해서 나머지 아홉

---

116 《演義鈔》 권제4(T36, 027b)이다.

117 《大疏》 권제3(T35, 520a)에서 인용하였다.

118 十身(삼세간을 융합한 십신): ①衆生身 ②國土身 ③業報身 ④聲聞身 ⑤獨覺身 ⑥菩薩身 ⑦如來身 ⑧智身 ⑨法身 ⑩虛空身이다.

신이 있다면 모두가 불신에 섭수되는 것이 아닌 것인가?

답한다. 원융문은 항포문을 장애하지 않기 때문에 불이 능융能融이 되면, 모두 불신이지만 본래의 상을 무너뜨리지 않기 때문에 나머지 아홉 신이 있다. 두 가지 문을 쌍으로 취했기 때문에 '십신이 모두 불신'이라고 한 것이다. 나머지 아홉 신으로 하나씩 문을 삼아 십신을 갖추는 경우 역시 그렇다. 지금은 불문佛門에 입각했기 때문에 그렇게 말한 것이다.

묻는다. 앞의 일곱 신이 보살신을 짓는 행상은 알 수 있으니 색상을 갖추었기 때문이다. 뒤의 삼신[119]은 색상이 아닌데 어떻게 보살신을 짓는 줄 아는가?

답한다. 아래《소》[120]에서 답하였다. "법과 지혜에 들어가는 중에 자연히 자신을 응현하기 때문이며, 허공에서 홀연히 자신을 보게 되기 때문에 짓는다고 한다. 나머지 신을 짓는 것도 역시 그렇다."

또 묻는다. 나머지 일곱 신은 능화能化를 지을 수 있으니 색상을 갖추고 있기 때문이다. 뒤의 삼신은 색상이 아닌데 어떻게 화생하면서 응현함을 짓는다고 하는가?

답한다. 진실로 법을 얻어 신神에 계합한다면 무슨 색상을 말미암을 필요가 있겠는가. 그래서 저 삼신은 능히 응현하는 불신이 된다. 참으로 근성과 심락의 종류는 하나가 아니기 때문이다.

---

119   뒤의 삼신은 ⑧智身 ⑨法身 ⑩虛空身이다.

120   《大疏》권제42(T35, 823c12)이다.

[08c09] ○〔《鈔》〕言歷然者不壞相故者, 歷然卽是不亂. 不亂,《鈔》指卽是行布, 驗知不壞相行布義, 非圓融中體廢相存也.

○[초] '뚜렷하다는 것은 상을 무너뜨리지 않기 때문'이라고 한 것은 뚜렷함은 곧 잡란하지 않은 것이다. 잡란하지 않음은《초》에서 곧 항포라고 지적한 것이니, 상을 무너뜨리지 않는 항포문의 뜻이지 원융문의 체는 없어지고 상은 두는 것이 아닌 줄을 증험으로 알 것이다.

[08c11] ○言如初發心時便成正覺不壞初心之相[121]者, 初心卽妙覺, 成佛義如常. 卽而不卽, 初心義存, 二義雙取, 說得初心成佛, 出〈梵行品〉文. 良以初心卽無其體, 全攬妙覺體成故. 如世指環, 別無其體, 全攬金成. 故說指環當體卽金, 環相仍存故.

○ '처음 발심할 때 정각을 이루되 초심의 상을 무너뜨리지 않는 것과 같다'고 한 것은 초심이 묘각妙覺에 즉한 것이다. 성불의 의미는 보통과 같다. 즉하되 즉하지 않는 것은 초심의 의미를 둔 것이며, 두 가지 뜻을 쌍으로 취하여 초심에 성불한다고 한 것이니, 〈범행품梵行品〉의 문장에 나온다. 진실로 초심은 곧 그 체가 없고 온전히 묘각의 체를 잡아서 이뤄지기 때문이다. 마치 세상에서 반지를 가리킬 때 별도의 체는 없고, 온전히 금을 잡아서 성립되는 것과 같다. 그러므로 반지의 당체를 가리켜 금이라고 말하지만 반지의 형상은 여전히 존재하는 것이다.

---

121   底本에는 없음.《金澤寫本》참조 보충.

[08c16] ○言十信攝於諸位諸位十信歷然者, 十信攝於諸位, 圓融也, 諸位十信歷
然, 行布也, 出〈賢首品〉文. 問: 約圓融義, 十信攝於諸位, 爲於信位實成佛耶? 爲
實未成佛耶? 若實成佛, 住·行·向等便徒虛設, 若實未成佛, 信該果海有言無義.
有云, 圓融門中已成佛, 行布門中未成佛. 若爾, 後位但應行布修斷, 圓融門中已成
佛故. 若謂雖已成佛, 不礙復有修斷者, 妙覺位後應更修斷. 若更修斷, 前佛應勝,
後佛應劣, 修斷多少不同故. 今謂通云: 六位互攝, 如六面鏡互現其影, 信攝餘五
位, 如第一鏡影現五鏡影. 信位有障, 信攝諸位一切皆障, 是知一障一切障. 第一
鏡上塵垢昏坌, 彼鏡中影一切不現, 是知一昏一切皆昏, 如在信位修斷其障, 能
攝之障旣斷, 所攝之障一切皆除. 是則一斷一切皆斷, 如磨第一鏡塵垢皆除, 不
唯能之鏡昏除, 鏡中之影昏障亦無, 卽是一磨一切皆磨, 一現一切皆現. 約信位
中, 諸位惑障皆斷, 豈不名佛? 約第一鏡塵垢皆除, 豈非明淨? 約住位中諸位惑障
全未斷故, 豈得名佛? 約第二鏡中, 諸鏡塵垢, 全不磨故, 豈名明淨? 是知位位圓
修圓斷, 譬如鏡鏡全磨全淨. 以喩對法, 朗在目前.

○ '십신十信이 모든 계위를 거두되 모든 계위와 십신이 뚜렷하다'는 것
은 십신이 모든 계위를 거두는 것은 원융이며, 모든 계위와 십신이 뚜렷
한 것은 항포이다. 〈여래출현품〉 문장에 나온다.

묻는다. 원융의 뜻에 한정하여 십신이 모든 계위를 거둔다면 신위信位
에서 실제로 성불하는가, 실제로 성불하지 못하는가? 만약 실제로 성불
한다면 주住·행行·회향廻向 등은 한갓 헛된 가설일 것이며, 만일 실제로
성불하지 못한다면 신위가 과해果海를 꾸린다는 것이 말은 있고 뜻이
없다. 어떤 이는 '원융문에서 성불했다면 항포문에서 성불하지 않은 것
이다'라고 말한다. 만일 그렇다면 뒤의 계위는 항포문으로만 닦아 끊을

것이다. 원융문에서는 성불했기 때문이다. 만일 성불했을지라도 또다시 닦아 끊는 것이 있다고 한다면 묘각지위이후 다시 닦아 끊어야할 것이다. 만일 다시 닦아 끊는 것이라면 앞의 부처가 수승할 것이며, 뒤의 부처는 열등할 것이다. 닦아 끊는 것이 다소 다르기 때문이다.

답한다. 소통해서 말하겠다. 여섯 계위가 서로 거두는 것은 6면에서 거울이 서로 영상을 나타내는 것과 같고, 신위가 나머지 다섯 계위를 거두는 것은 첫 번째 거울의 영상이 다섯 거울의 영상을 나타내는 것과 같다. 신위에 장애가 있으면 신위가 거둔 모든 계위에 모두 다 장애가 있다. 이로써 하나가 장애됨에 모두가 장애됨을 알 수 있다. 첫 번째 거울이 티끌먼지로 얼룩지면 그 거울의 영상은 다 나타나지 않는다. 이로서 하나가 얼룩지면 모두가 다 얼룩지는 것을 알 수 있다. 마찬가지로 신위에서 장애를 닦아 끊으면 능섭能攝의 장애가 끊어졌으므로 소섭所攝의 장애도 모두 다 제거된다. 이렇다면 하나가 끊어지면 모든 것이 다 끊어지는 것이다. 마찬가지로 첫 번째 거울의 티끌먼지를 닦아서 다 제거하면 거울의 얼룩이 제거된 것뿐만 아니라 거울 영상의 얼룩진 장애도 제거된다. 곧 하나가 닦아지면 모두가 다 닦아지는 것이며, 하나가 나타나면 모두가 다 나타나는 것이다.

신위信位에서 모든 계위의 미혹 장애가 모두 끊어졌다면 어찌 부처라고 하지 않을 것이며, 첫 번째 거울의 티끌먼지가 모두 제거되면 어찌 밝고 깨끗한 것이 아니겠는가. 주위住位에서 모든 계위의 미혹 장애가 완전히 끊어지지 않는다면 어찌 부처라고 할 수 있으며, 두 번째 거울에 모든 거울의 티끌먼지가 완전히 닦아지지 않았다면 어찌 밝고 깨끗하다고 할 수 있겠는가. 그러므로 계위마다 원만히 닦고 원만히 끊는 것임을

알 수 있다. 비유하면 거울마다 완전히 닦아지고 완전히 깨끗해진 것과
같다. 비유로 법을 상대한 것은 눈앞에 환하게 있다.

(2) 광대함과 협소함이 자재하여 걸림 없는 문(廣狹自在無礙門)

[09a13] [《疏》] 廣大卽入於無間等者, 《疏》中影略, 應云, 無外廣大身剎, 卽入於
無間塵毛, 無間塵毛包納於無外身剎. 問: 塵毛具二義, 不壞相故狹, 稱性故廣,
可爾, 無外身剎, 不壞相故廣, 豈稱性故狹, 名無礙也? 答: 亦不壞相故狹, 稱性故
廣. 故經云: "空生大覺中, 如海一漚發." 空尙如漚, 何況身剎? 又云: 十因各隨義
顯, 今取法無定性, 故大能小也. 或亦稱性故小, 性非定大故. 何以得知? 全在一
塵, 而包容故.

[소] '광대함은 틈이 없는데 들어가' 등이란 《소》에서는 영략하였다. '밖
이 없는 광대한 몸과 국토가 틈이 없는 티끌과 터럭으로 들어가고, 틈
이 없는 티끌과 터럭이 밖이 없는 몸과 국토를 포용해서 받아들인다'라
고 해야 할 것이다.

　묻는다. 티끌과 터럭은 두 가지의 뜻을 갖추고 있으니, 상을 무너뜨리
지 않기 때문에 협소하고, 성품에 걸맞기 때문에 광대하다는 것은 그럴
수 있지만, 밖이 없는 몸과 국토가 상을 무너뜨리지 않기 때문에 광대
한 것이라면 어찌 성품에 걸맞기 때문에 협소한 것을 무애하다고 이름
하는가?

　답한다. 역시 상을 무너뜨리지 않기 때문에 협소하고, 성품에 걸맞기

때문에 광대하다. 그러므로 《(능엄)경》[122]에서 "허공이 대각에서 생긴 것은 마치 바다에 하나의 물거품이 일어난 것과 같다"고 하였으니, 허공도 오히려 물거품과 같은데 하물며 몸과 국토이겠는가. 또, 말한다면 (덕용의) 십소인十所因이 각각 뜻에 따라 나타나지만, 여기선 '법에 정해진 성性이 없다'는 것을 취한 것이다. 그러므로 대大가 능히 소小인 것이다. 혹은 또 성품에 걸맞기 때문에 소小이니, 성이 결정된 대大가 아니기 때문이다. 어떻게 알 수 있는가? 온전히 한 티끌에 있으면서도 포용하기 때문이다.

[09a21] 【鈔】 雖有即入, 意取廣狹, 揀濫釋成也. 問: 廣狹無礙別立玄門, 凡聖無礙, 應別立也. 染淨·依正等, 皆應別立. 此若不爾, 彼廣狹門, 應即入收, 不應別立. 答: 許別立, 但示方隅.[123] 且作是說, 皆皆無量.

[초] '비록 즉即·입入이 있을지라도 의미는 광협을 취하였다'는 혼란을 가려내고 설명을 완성시킨 것이다.

묻는다. '광대함과 협소함의 무애'를 별도로 현문을 세웠으니, 범부와 성인의 무애도 별도로 세워야 할 것이며, 염오·청정과 의보·정보 등도 모두 별도로 세워야 할 것이다. 이것을 그렇게 하지 않으면 저 광협문은 즉입문에 거둬져야하고 별도로 세우지 않아야 한다.

답한다. 별도로 세우도록 허여한 것은 다만 귀퉁이만을 보여준 것이

---

122   《首楞嚴經》권제6(T19, 130a21)에 나온다.

123   底本 및 《金澤寫本》에는 "偈", 교감 주 참조 수정.

다. 우선 이 말만 해도 모두가 다 무량하다.

(3) 미세하게 서로 용납하여 안립하는 문(微細相容安立門)

[09b01] 《疏》炳然齊現等者, 上句法, 下句喩. 問: 隔瓶見物, 豈不違肉眼, 九緣生義, 闕空緣耶? 瓶具質礙故. 答: 良由缾淨, 得見彼物. 若爾, 如對明鏡, 何不見障外之色耶? 答: 鏡但表淨裏不淨故, 琉璃表裏皆瑩淨故. 如水澄淸見魚鼈故.

[소] '분명하게 일제히 나타나는 것은 (마치 겨자병과 같고)'라는 것은 위 구절은 법이고, 아래 구절[124]은 비유이다.

묻는다. 병을 사이에 두고 사물을 보는 것이 어찌 육안과 어긋나는 것이 아니겠는가? 아홉 가지의 연緣으로 발생하는 뜻에서 공간 연을 뺀 것인가? 병은 질감장애(質礙)를 갖추고 있기 때문이다.

답한다. 실로는 병이 깨끗함으로 인해 저 사물을 볼 수 있는 것이다.

묻는다. 그렇다면 저 밝은 거울을 대해서는 어째서 막힌 것 밖의 색을 못 보는가?

답한다. 거울은 겉만 깨끗하고 속은 깨끗하지 않기 때문이며, 유리는 겉과 속이 모두 밝고 깨끗하기 때문이며, 물이 맑고 깨끗해서 물고기를 볼 수 있는 것과 같기 때문이다.

[09b06] 《鈔》一能含多皆曰相容者, 下《鈔》又云: "法法皆爾, 故云相容也." 微

---

124   아래 구절은 '猶彼芥瓶'이다.

화엄경담현결택기 1

細之義下釋有三; 一, 能含微細, 一塵一毛故. 二, 所含微細, 不壞相故. 三, 難知微細, 小能含大, 常情不測故. 如對一釋迦像, 想彼像中, 含盡十方三世遍法界虛空界無盡三寶, 禮彼一像, 卽是徧禮無盡三寶也. 供彼一像, 念彼一像等, 准前應知. 如焚一爐香, 想彼香中, 含一切香, 華·燈·幢·傘·蓋·飮食·湯藥·菓木·音樂·螺鈸·宮殿·池沼等, 一切諸供養具遍供, 如前一像中無盡三寶. 隨獻餘供, 含物亦然. 曰[125]修此行, 有何罪而不滅, 有何福而不生. 良以法雖本爾, 心不相應, 難獲巨利. 幸願群英, 勉强而行. 自餘玄門, 倣此而修. 滯相而修, 百千萬劫, 未及一眴之功. 深思深思. 相入門中, 當想自身遍入十方諸佛會裏佛菩薩四眾八部身中, 彼若說法, 我亦說法, 彼若聞法, 我亦聞法, 彼若斷障, 我亦斷障, 彼若證眞, 我亦證眞, 彼若發菩提心, 我亦發菩提心. 彼若化生, 我亦化生, 彼若拔苦與樂, 我亦拔苦與樂, 盡彼諸行善事, 我亦行之. 復想六道眾生皆在自身之內, 自若禮誦, 彼一切眾生悉皆禮誦等. 自餘妙行, 准此應知.

[초] '하나가 여럿을 포함하는 것을 모두 상용相容이라고 한다'는 (바로) 아래《초》에서 또 "법마다 모두 그렇기 때문에 상용이라고 한다"고 하였으니, 미세의 뜻은 아래 해설에 세 가지가 있다. 첫째는 능함能含의 미세이니, 한 티끌과 한 터럭이기 때문이고, 둘째는 소함所含의 미세이니, 상을 무너뜨리지 않기 때문이며, 셋째는 알기 어려움의 미세이니, 소小가 대大를 포함하는 것은 상정常情으로는 알기 어렵기 때문이다. 마치 한 석가모니 불상을 대하여 저 불상에 시방삼세 끝까지 법계와 허공계에 변만한 다함없는 삼보가 포함되어 있다고 상상하는 것과 같으니, 저

---

125   底本에는 "曰",《金澤寫本》참조 수정.

한 불상에 예경하는 것은 곧 다함없는 삼보에게 두루 예경하는 것이다. 한 불상에 공양하고 한 불상을 생각하는 등은 앞을 준하면 알 것이다. 마치 한 향로에 향을 사를 때 그 향에 모든 향이 포함되었다고 상상하는 것과 같이 꽃·등·당번·일산·보개·음식·탕약·과일·음악·나발·궁전·연못 등 일체 공양구들을 두루 공양하는 것은 앞의 한 불상에 다함없는 삼보와 같다. 나머지 공양을 수희 헌공할 때 포함한 물건이 역시 그렇다. 날마다 이를 수행하면 무슨 죄인들 소멸하지 않을 것이며, 어떤 복인들 생기지 않겠는가. 참으로 법은 본래 그렇지만 마음이 상응하지 못하면 크나큰 이익을 얻기 어렵다. 다행히 여러 영웅들이 강력하게 힘써서 수행하길 발원하니 나머지 현문도 이를 모방해서 닦아야한다. 상을 떠고서 닦으면 백 천만겁이 한 순간의 공덕에도 미치지 못할 것이다. 깊이 생각하고 생각하라.

상입문에서는 자신이 시방제불의 법회 속의 불보살과 사부대중과 팔부신중에 두루 들어가는 것을 상상하여 저들이 설법하면 나도 역시 설법하고, 저들이 법문을 들으면 나 또한 법문을 들으며, 저들이 장애를 끊으면 나 역시 장애를 끊고, 저들이 진眞을 증득하면 나 또한 진을 증득하며 저들이 보리심을 내면 나 또한 보리심을 내고, 저들이 중생을 교화하면 나 역시 중생을 교화하며, 저들이 고통을 뽑고 안락을 주면 나 역시 고통을 뽑고 안락을 주고, 저들이 모든 행의 훌륭한 일들을 다 하면 나 또한 행한다. 또다시 육도중생들이 모두 자신 안에 있다고 상상하여 자신이 예경하면 저 모든 중생들이 다 예경하는 등이니 자신의 다른 묘행은 이를 준거하여 알 것이다.

(6) 비밀스럽게 감춰짐과 드러남이 함께 이뤄지는 문(秘密隱顯俱成門)

[09c02] [《疏》] 隱顯俱成等者, 如觀一釋迦像, 於中乃有無盡佛菩薩等身像也. 但彼多像隱一像顯也.

[소] '감춰짐(隱)과 드러남(顯)이 함께 이뤄지는' 등이란 마치 한 석가모니 불상 속에 다함이 없는 불보살 등의 신상이 있다고 관하는 것과 같다. 다만 저 여러 상은 감춰지고 하나의 상은 드러나는 것이다.

[09c04] [《鈔》] 而明下有晦等者, 上明異處, 下辨同處. 文理昭然.

[초] '밝음(明) 아래 어둠(晦)이 있다' 등은 위는 이처異處를 밝혔고, 아래는[126] 동처同處를 가렸다. 문리가 분명하다.

[09c05] ○言如東方入正定爲一半等者, 此意, 一菩薩全在東方入定, 而不妨同時全在西方出定, 是謂難思. 問: 何故入定爲明, 出定爲晦耶? 答: 在定觀根審法名明, 出定涉有化生名晦. 是故在定復得顯加, 出定但感冥加. 明晦之義, 昭然可悉. 或約但見入定不見出定故.

○ '마치 동방에서 정정正定에 드는 것은 한쪽 반은 (밝음이 되고)'라는 의미는 한 보살이 동방에서 온전히 입정해 있으면서 동시에 서방에서

---

126   아래 구절은 '暗下有明'이다.

온전히 출정해 있는 것을 방해하지 않는다는 것이니, 이것을 생각하기 어렵다고 한다.

묻는다. 어째서 입정을 '밝음'이라 하고, 출정을 '어둠'이라고 하는가?

답한다. 선정에 있으면서 근기를 관하고 법을 살피는 것을 '밝음'이라 하고, 출정해서 만유를 섭렵해서 중생을 교화하는 것을 '어둠'이라고 한다. 그래서 선정에 있으면서 또다시 드러난 가피를 할 수 있고, 출정해서는 다만 그윽한 가피를 감득한다. 밝음과 어둠의 뜻은 분명하여 다 알 것이다. 혹은 입정만을 보고 출정은 보지 못한 것에 한정한 것이다.

(7) 인드라의 그물망 같은 경계 문(因陀羅網境界門)

[09c11] 《鈔》影復現影重重無盡者, 此是其喻, 法合云何? 如一塵稱性以作能含, 一切刹土俱爲所含之刹, 皆攬塵成. 塵復稱性, 復含其刹, 是知能含塵塵不盡, 所含刹刹無窮. 是此門也. 問: 第一塵稱性含刹盡耶? 含[127]刹不盡耶? 若含刹不盡, 是則彼塵不稱其性. 若云稱性而含刹不盡, 彼不含刹應在性外. 若許含盡, 彼第一塵所含之刹, 俱[128]作第二重能含. 更有何刹, 爲第二重所含耶? 若遞互含,[129] 與微細·相入二門何異? 若云第一塵稱性含刹皆盡. 彼所含刹亦乃稱性, 作能含時, 復更出生所含之刹者. 問: 所出生刹, 爲本爲新? 若本具者, 應第一重塵却有含刹不盡之失. 若新生者, 德相門中, 應無帝網. 此義極難, 深宜用心. 今謂通云: 如瑩一圓鏡在東, 瑩一方鏡在西. 兩鏡互入, 同相入門. 一性而入, 似微細門. 今

---

127 底本에는 "舍",《金澤寫本》및《藏經書院本》참조 수정.

128 底本에는 "但",《金澤寫本》참조 수정.

129 CBETA에는 "合", 底本 및《金澤寫本》,《藏經書院本》참조 수정.

帝網門, 則不如是. 如東圓鏡內[130]現西方鏡影, 全盡無不盡之失. 其方鏡常入而不

入, 還在本位, 其西方鏡內却現, 東圓鏡影幷圓鏡內方鏡之影, 全盡亦無不盡之

失, 其西方鏡幷所現影, 已有三重. 其東圓鏡常入而不入, 還[131]在本位, 復作能現,

現西方鏡幷彼二影, 亦無不盡, 其東圓鏡幷彼三影, 已有四重. 其西方鏡常入而不

入, 還在本位, 復作能現, 現東圓鏡幷彼三影, 無不盡失, 其西方鏡幷彼四影, 已

有五重. 後後作法, 准此應知. 由重重無不盡之失及相濫之過. 故《鈔》云: "亦如

兩鏡互照, 重重涉入, 傳耀相寫, 遞出無窮." 卽其義也. 故下《大鈔》(十七上半二十

紙)云: "又重重現故者, 雙釋普入及方網言. 塵能受刹, 刹以塵成, 亦能受刹, 重重

皆入, 名爲普入. 旣交絡入, 九方入東, 東入西時, 帶餘九入, 西入南時, 帶東諸方而

入於南, 故成重重. 卽初地中, 如帝網差別故, 爲眞實義故."

[초] '영상이 또다시 영상을 나타내어 겹치고 겹쳐져 다함이 없는 것과

같다'는 것은 이것은 비유이니 법에 합치시킴은 어떠한가? 한 티끌이 성

에 걸맞아 포함주체(能含)가 되고, 일체의 찰토가 다함께 포함대상(所含)

의 찰토가 되는 것은 모두가 티끌을 잡아서 이뤄진다. 티끌이 또다시 성

에 걸맞고 또다시 찰토를 포함하므로 이로써 포함주체의 티끌티끌이

다함이 없고, 포함대상의 찰토찰토가 끝이 없는 것을 알 수 있으니, 이

것이 '(인다라망경계)현문'이다.

묻는다. 제1중의 티끌이 성에 걸맞아 찰토를 함유하여 다하는가? 찰

토를 함유하여 다하지 않는가? 찰토를 함유하여 다하지 않는다면 이는

130   底本에는 없음.《金澤寫本》참조 보충.
131   底本에는 "現",《金澤寫本》및《藏經書院本》참조 수정.

저 티끌이 성에 걸맞지 않는 것이다. 만일 성에 걸맞다고 하면서 찰토를 함유하여 다하지 않는다면 저 티끌이 함유하지 못한 찰토가 성性 밖에 있게 될 것이다. 다 함유함을 허여한다면 저 제1중의 티끌에 함유된 찰토가 함께 제2중의 능함能含이 될 텐데 다시 무슨 찰토가 있어서 제2중의 소함所含이 되겠는가? 번갈아 서로 함유한다면 '미세문'과 '상입문'의 2문과는 무슨 차이가 나겠는가? 제1중의 티끌이 성에 걸맞아 찰토를 함유하여 모두 다한다고 하면 소함의 찰토 역시 성에 걸맞아 능함이 될 때 또다시 소함의 찰토를 출생할 것이니, 묻는다. 출생된 찰토는 본래 갖춰진 것인가, 새로 생긴 것인가? 만약 본래 갖춰진 것이라면 제1중의 티끌이 도리어 찰토를 함유하여 다하지 못하는 과실이 있게 될 것이며, 만일 새롭게 생긴 것이라면 덕상문에 '제망문'은 없어야 할 것이다.

답한다. 이 뜻이 극히 어렵다. 깊이 마음을 써야한다. 이제 소통해서 말하겠다. 마치 밝고 둥근 거울이 동쪽에 하나 있고, 밝고 네모난 거울이 서쪽에 하나가 있어서 두 거울이 서로에 들어가는 것은 '상입문'과 같고, 동일한 성이 들어가는 것은 '미세문'과 유사하다. 지금 '제망문'은 이와 같지 않다.

예를 들어 동쪽의 둥근 거울 속에 서쪽의 네모난 거울영상을 전부 다 나타내어 다하지 않는 과실이 없다. (서쪽의) 네모난 거울은 항상 들어가면서도 들어가지 않고 도리어 본래 자리에 있으면서 서쪽의 네모난 거울 속에 문득 동쪽의 둥근 거울의 영상과 둥근 거울 속의 네모난 거울의 영상을 전부 다 나타내어 역시 다하지 않는 과실이 없으니, 서쪽의 네모난 거울과 소현所現 영상이 3중으로 있게 된다. 동쪽의 둥근 거울은 항상 들어가면서도 들어가지 않고 도리어 본래 자리에 있으면서 또다시 능현能現이 되어 서쪽의 네모난 거울과 그 속의 두 영상을 나타내어 또한 다하지 않음이 없으니, 동쪽의 둥근 거울과 그 속의 세 영상이 4중으로 있게 된다. 서쪽의 네모난 거울은 항상 들어가면서도 들어가지 않고 도리어 본래 자리에 있으면서 또다시 능현能現이 되어 동쪽의 둥근 거울과 그 속의 세 영상을 나타내어 다하지 않는 과실이 없으니, 서쪽의 네모난 거울과 그 속의 네 영상이 5중으로 있게 된다.

뒤로 가면서 짓는 방법은 이를 준하여 알 것이다. 중중함으로 인해 다하지 않는 과실과 서로 뒤섞이는 허물이 없다. 그러므로 《초》[132]에서 "역시 두 개의 거울이 서로 비추면 겹겹이 삽입하여 빛을 전달하고 서로 전사해서 번갈아 나타남이 끝이 없는 것과 같다"고 하였으니, 이 뜻이다. 그러므로 아래《대초》(17권 상반 20지)[133]에서 "또 겹겹이 나타나기 때문'이라고 한 것은 보입普入과 방망方網을 쌍으로 해석한 말이다. 티끌이 찰토를 받아들이고 찰토는 티끌로 이뤄져 역시 찰토를 받아들여 겹겹이 모두 들어가는 것을 '보입'이라고 한다. 서로 교차해서 들어가 9방이 동방으로 들어가고, 동방이 서방으로 들어갈 때 나머지 9방을 띠고서 들어가며 서방이 남방으로 들어갈 때 동방의 여러 방을 띠고서 남방으로 들어간다. 그러므로 겹겹을 이룬다. 곧 초지初地에서 제망이 차별되는 것과 같으며, 진실한 뜻이 되기 때문이다"고 하였다.

(8) 십세가 격별한 법으로 달리 이뤄진 문(十世隔法異成門)

---

132   《演義鈔》권제2(T36, 010c01)이다.

133   《演義鈔》권제68(T36, 554c28)이다.

[10a17] 《鈔》以三世相因互相攝故者, 緣起相由故. 時無別體, 依法假立, 如依昨日日輪立過去世, 依今日日輪立現在世, 依來日日輪立未來世. 昨日日輪, 離今日來日二輪之外, 別無日輪, 全攬今日來日二輪, 作昨日日輪. 上立過去世, 彼日輪體, 旣攬今日來日二輪所成. 果不異因, 卽是今日日輪, 應立現在世, 復卽來日日輪, 更立未來世. 餘二因二果, 准此應知. 方成九世, 如攬塵成刹, 歸本是塵, 如攬念成世, 歸本名念, 一念本時, 攝九世末時, 本末雙擧, 故云十世. 問: 一念卽無量劫, 應是相卽門也. 答: 雖有卽義, 意取十世, 如前廣狹門故.

[초] '삼세가 서로 인하여 서로 거두는 까닭이요'는 연기하여 서로 말미암기 때문이다. 시간은 별도의 체성이 없고 법에 의지해서 가립假立되니, 마치 어제의 태양에 의거해서 과거세를 세우고, 오늘의 태양에 의거해서 현재세를 세우며, 내일의 태양에 의거해서 미래세를 세우는 것과 같다. 어제의 태양은 오늘과 내일의 두 태양 이외에 별도의 태양은 없으며, 전부 오늘과 내일의 두 태양을 잡아서 어제의 태양이 된다. 위에 세워진 과거세는 그 태양의 체성은 이미 오늘과 내일의 두 태양을 잡아서 성립된 것이다. 과는 인과 다르지 않으니, 곧 오늘의 태양으로 현재세를 세울 것이고, 또다시 내일의 태양으로 다시 미래세를 세운다. 나머지 두 가지 인과 두 가지 과는 이에 준하면 알 것이다. 9세를 이루는 것도 마치 티끌을 잡아서 찰토를 이루므로 근본으로 돌아가면 티끌인 것과 같고, 마치 '염念'을 잡아서 '세世'를 이루지만 근본으로 돌아가면 염이라고 하는 것과 같다. 일념의 근본 시간이 9세의 지말 시간을 거두고, 근본과 지말을 쌍으로 거두므로 십세라고 한다.

묻는다. 일념이 그대로 무량겁이란 '상즉문相卽門'이어야 할 것이다.

화엄경담현결택기 1

답한다. 비록 즉하는 뜻이 있을지라도 뜻은 십세를 취한 것이니, 앞의 '광협문廣狹門'과 같기 때문이다.

[10b03] ○言故莊生一夢身爲蝴蝶者, "《莊子》〈第二齊物篇〉云: '昔者莊周, 夢爲蝴蝶, 栩栩然自喻適志, 不知周也.' 方其夢爲蝴蝶, 而不知周, 則與死不殊異也. 而所在無不適志, 則當生而係生者,[134] 必能當死而戀死矣. 由此觀之, 知夫[135]在生而哀死者, 誤也. '俄然覺, 則蘧蘧然周也, 不知周之夢爲蝴蝶歟, 蝴蝶之夢爲周歟, 周與蝴蝶則必有分矣.' 此謂物化. 意云, 昨日之夢於今化矣, 生死之變豈異於此. 又自周而言, 蝴蝶稱覺, 未必非夢. 此亦可以喻萬法如夢矣."

○ '그러므로 장생莊生이 하룻밤 꿈에 나비가 되어'라고 한 것은 "《장자》 제2 〈제물편〉에서 '언젠가 장주가 꿈에 나비가 되어 훨훨 날아다닌 채 유쾌하게 즐기면서도 장주인 줄 몰랐다네'라고 하였으니, (곽상이 주석하여) 그 꿈속에 나비가 되어 (자신이) 장주인 줄 몰랐으니 그렇다면 죽음과 차이 나지 않는 것이며, 있는 곳에서 뜻대로 자적하지 않음이 없었으니 그렇다면 살아 있을 적에 삶을 관계하던 것은 반드시 죽어 있을 적에 죽음을 그리워하는 것이다. 이로써 관찰해 보면 무릇 살아 있으면서 죽음을 슬퍼하는 것은 잘못임을 알 수 있다.

'그러다가 문득 잠에서 깨어나 보니 자신이 분명히 장주였다네. 장주가 꿈에 나비가 된 것인지 나비가 꿈에 장주가 된 것인지 몰랐다네. 장

---

134   底本에는 "有", 《演義鈔》 및 《金澤寫本》 참조 수정.

135   底本 및 《金澤寫本》에는 "失", 《演義鈔》 및 《藏經書院本》 참조 수정.

주와 나비는 반드시 구분이 있을 것이므로 이것을 물화物化라고 한다네.' 의미를 말해보면, 어젯밤의 꿈은 금일에는 변화했다. 생사의 변화가 어찌 이것과 다르겠는가. 또 장주로부터 말하면 나비는 깨어있다고 이르겠지만 반드시 꿈이 아닌 것도 아니다'라고 하였으니 이것은 역시 만법이 꿈과 같다는 것을 비유할 수 있다."[136]

(9) 사법에 의탁하여 법을 드러내어 이해를 내는 문(託事顯法生解門)

[10b13] [《鈔》]以隨一事卽是無盡法界者, 問: 與相卽門何別? 答: 但是相卽門四句中, 一卽多之一句義也, 同微細門是相入門中, 一攝多之一義也. 或不同相卽. 彼行布門一與多異, 圓融門中廢一同多, 今託[137]事門行布門中體是一法, 圓融門中便是多法, 非是廢一同多, 故不同也. 如託一人便顯六親, 非廢一人方卽六親. 況生其解, 尤異相卽?

[초] '하나의 사事를 따라 곧 다함 없는 법계이니'라는 것은, 묻는다. '상즉문'[138]과는 어떻게 구별되는가?

답한다. 다만 '상즉문'의 4구중에 (제1구) '하나가 여럿에 즉함'이란 한 구절의 뜻일 뿐이니, '미세문'이 '상입문'의 '하나가 여럿을 거두는' 한 구절의 뜻인 것과 같다. 혹은 상즉문과 다르다. 저것은 항포문에서 '하나가 여럿과 다른 것'이며 원융문에서 '하나를 없애고 여럿과 같아지는

---

136   《莊子注》(상수·곽상 주해)는《演義鈔》권제75(T36, 595a22)에서 재인용한 것이다.

137   底本에는 "記",《金澤寫本》참조 수정.

138   '諸法相卽自在門'을 말한다.

것'인데, 지금 '탁사문'은 항포문에서 '체가 하나인 법'이며 원융문에서 '곧 여럿인 법'이어서 '하나를 없애고 여럿과 같아지는 것'이 아니다. 그러므로 같지 않다. 마치 한 사람에 의탁해서 육친을 드러내고 한 사람을 없애고는 육친이 아닌 것과 같다. 하물며 그 이해를 내는 것이 '상즉문'과 더욱 다른 것이겠는가.

(10) 모든 장藏의 순수함과 잡란함으로 덕을 갖춘 문(諸藏純雜具德門)

[10b20] [《鈔》] 然有二意故賢首改爲廣狹等者, 今代至相反難賢首云, 若眞理爲廣, 事相爲狹, 則是事理無礙, 如[139]無間塵毛名狹, 無外身刹爲廣, 此二門異, 亦不成事事無礙, 若無外身刹與無間塵毛無礙, 卽事事無礙義成, 而復狹中存廣, 卽相入門, 狹中不存廣, 卽相卽門. 賢首若云, 雖有卽入意取廣狹者. 至相亦云, 雖有卽入意取純雜. 彼此異因不可得故. 有云, 二師理齊, 清凉雙取. 但以賢首廣狹, 通一切法, 至相純雜, 但論其行. 故《鈔》云: "今以至相但約行爲小異." 或廣狹中, 有無礙言, 故異至相. 若爾, 純雜中有具德語, 何殊賢首? 今謂[140]通云: 至相所立純雜各異, 致招多難, 賢首所立, 廣狹是一, 都無前妨, 如將一塵稱性故廣, 不壞相故狹. 豈有相濫? 若爾, 同體廣狹可然, 異體云何? 答: 初旣不濫, 後有何疑? 何以得知? 下釋十玄次第云, '廣狹躡前事理無礙, 爲後八門之所以也.' 又下清凉會取純雜云, '契理爲純, 不壞相雜.' 是故得知如無異意. 賢首所難, 還成自害, 幸希詳審.[141]

---

139 底本에는 "知", 《金澤寫本》 참조 수정.

140 底本에는 "云", 《金澤寫本》 참조 수정.

141 底本에는 "當", 《金澤寫本》 참조 수정.

[초] '(지상至相의 십현문에 이 명칭(제장순잡구덕문)이 있다.) 그러나 두 가지 뜻이 있기 때문에 현수賢首가 고쳐서 광협(자재무애문)이라고 하였다'라는 것은 여기서 지상을 대신해서 반대로 현수를 논란해 보면, 만일 진리가 광대가 되고 사상事相이 협소가 된다면 '사리무애'이고, 저 틈이 없는 티끌과 터럭을 '협소'라고 하고 밖이 없는 몸과 찰토를 '광대'라고 하면 이 두 문이 달라서 또한 사사무애를 이루지 못한다는 것을 알 수 있다. 만일 밖이 없는 몸과 찰토와 틈이 없는 티끌과 터럭이 무애하면 사사무애의 뜻이 이뤄지지만 또다시 협소 속에 광대를 두면 '상입문'이고, 협소 속에 광대를 두지 않으면 '상즉문'이 된다. 현수가 만일 '비록 즉·입이 있을지라도 의미상 광협을 취했다'고 한다면 지상도 역시 '비록 즉·입이 있을지라도 의미상 순잡純雜을 취했다'고 할 것이다. 피차간에 다른 인을 얻을 수가 없기 때문이다.

어떤 이는 말한다. 두 법사의 이치가 똑같아서 청량이 쌍으로 취한 것이다. 다만 현수의 '광협문'은 일체 법에 통하고, 지상의 '순잡문'은 그 행行만을 논한 것이다. 그러므로 《초》에서 "지금 지상은 행에만 한정한 것이어서 조금 다르다"고 하였다. 혹은 '광협문'에는 '무애'란 말이 있기 때문에 지상과는 다르다.

묻는다. 그렇다면 '순잡문'에 '구덕具德'이란 말이 있는데, 현수와는 무엇이 다른가?

답한다. 이제 소통해서 말하겠다. 지상 사가 세운 '순잡'은 각각 달라 많은 논란을 초래하게 된다. 현수가 세운 '광협'은 하나여서 앞의 논란이 전혀 없다. 마치 하나의 티끌을 가지고 성에 걸맞으므로 '광대'이고, 상을 무너뜨리지 않기 때문에 '협소'라고 한 것과 같으니 어찌 서로 혼란함이 있겠는가.

묻는다. 그렇다면 동체同體의 광협은 그럴 수 있지만 이체異體는 어찌 하겠는가?

답한다. 애당초 혼란하지 않는데 뒤에 무슨 의심이 있겠는가. 어떻게 알 수 있는가? 아래에서 십현문의 차례를 해설하면서 '광협문은 앞의 사리무애를 뒤따르고, 뒤의 여덟 문의 이유가 된다'[142]고 하였고, 또 아래에서 청량이 '순잡문'을 회통해 취해서 '이치에 계합되는 것이 순純이 되고, 상을 무너뜨리지 않는 것이 잡雜이다'[143]고 하였다. 그러므로 같아서 다른 의미가 없다는 것을 알 수 있다. 현수를 논란한 것이 도리어 자신을 훼방하는 것을 이루게 될 것이니 상세히 살펴보길 바란다.

142　《演義鈔》권제10(T36, 075c07~10), "二廣狹門別中先辯此者, 是別門之由. 由上事理無礙中, 事理相遍故, 生下諸門. 且約事如理遍故廣, 不壞事相故狹, 故爲事事無礙之始"의 내용을 의취한 것이다.

143　《演義鈔》권제10(T36, 077b13~16), "今欲會取, 卽事同理而遍故純, 不壞一多故雜, 則亦有事事無礙義耳."의 내용을 의취한 것이다.

제7장 | 이익을 이루어 단박에 초월함(成益頓超[十義])

1. 고원하고 심심함을 모두 드러냄(總顯高深)

1) 고원함을 밝힘(明高遠)

[10c14] [《鈔》] 不信不解不順不入者, 如次配教·理·行·果四法也.

[초] '믿지 않고 알지 못하며 수순하지 않고 들어가지 않으면'은 차례대로 교敎·리理·행行·과果의 4법에 배대된다.

[10c15] ○言以不能生如來家者, 進不至十地見性等家, 退不生三賢解悟家, 是知依權教修者, 尚不至三賢, 豈臻十地. 若爾, 何故下文云, "別教十地證竟, 但是圓家住爾"? 答: 彼宗自談云, 證十地竟, 圓宗斷彼義當住爾, 如寡聞比丘自謂無學, 小教斷彼實是凡夫. 又如愚法二乘謂證涅槃, 始教斷彼但是擇滅, 迴心已後, 更經多劫, 方至十信等也.

○ '여래의 집안에 태어날 수 없거니와'라는 것은 나아가서는 십지十地의 견성 등 집안에 이르지 못하고, 물러나서는 삼현三賢의 해오解悟 집안에도 태어나지 못하는 것이다. 이로서 알 수 있다. 권교를 의지해서 닦는 자들은 오히려 삼현의 지위에 조차 이르지 못하는데 어찌 십지에 이

르겠는가?

묻는다. 그렇다면 어째서 아래 문장에서 "별교는 십지를 증득하여 마치지만 이는 원교 집안의 주위住位일 뿐이다"라고 하였는가?

답한다. 저 종에서 스스로 십지를 증득해 마쳤다고 말하지만 원종에서는 그것은 뜻이 주위住位에 해당할 뿐이라고 단정한다. 과문寡聞비구가 스스로를 무학無學이라고 말하지만 소승교는 그것이 실제는 범부라고 단정하는 것과 같으며, 또 우법이승愚法二乘은 열반을 증득했다고 하지만 시교始敎에서는 그것이 택멸일 뿐이고 회심한 이후에 다시 많은 겁을 지나서야 신信 등에 이른다고 단정하는 것과 같다.

2) 깊고 미묘함을 드러냄(彰深妙)

[10c22] [《疏》] 在視聽於嘉會者, "問:《文殊巡行經》云: '五百聲聞聞而不信.'《法華》不輕亦令其聞, 何得此中不令其聞耶? 答: 爲顯不共故. 故《智論》明般若有共不共, 指此《不思議經》不共二乘說故. 又大聖化儀, 其類不等. 或聞而不信, 以爲遠種, 如上所引. 或以威力, 令其出會, 如《法華》中五千拂席. 或令在會使其不聞, 卽如今經.《法華》漸敎之終, 將收敗種故, 加令其去, 篤勵在會, 使其信受. 此經頓敎之始, 爲顯深勝, 留使不聞, 令諸後學修見聞種." 然嘉會之言, 卽《周易》乾卦文言矣. 彼釋乾元·亨·利·貞四德云: "元者, 善之長也. 亨者, 嘉之會也. 利者, 義之和也. 貞者, 事之幹也. 君子體仁足以長人, 嘉會足以合禮, 利物足以和義, 貞固足以幹事. 君子行此四德, 故曰乾, 元亨利貞." 今但借其嘉會之言爾.

[소] '(상덕들도) 가회嘉會에서 보고 듣는 것이 막혔다'는 것은 "묻는다. 《문수순행경文殊巡行經》[144]에서는 '오백성문五百聲聞들은 듣고도 믿지 않았다'고 하였고, 《법화경》에서는 상불경常不輕보살도 그들로 하여금 듣게 하였는데 어떻게 여기서는 그들로 하여금 듣지 못하게 했는가?

답한다. 불공법不共法을 드러내고자 했기 때문이다. 그러므로 《대지도론》에서 반야를 밝히면서 '공共과 불공不共이 있다'고 한 것은 이 《부사의경》[145]을 가리켜서 이승의 설과는 공유하지 않는다고 한 것이다.

또, 대성께서 교화하는 의식은 그 부류가 평등하지 않았다. 듣고도 믿지 않는 경우엔 먼 종자로 여겼으니 위에서 인용한 것과 같다. 어떤 경우엔 위신력으로 그 법회에서 나가게 하였는데 《법화경》에서 5천 명이 자리를 털고 일어난 것과 같다. 어떤 경우엔 법회에 있으면서 그들이 듣지 못하게 하였는데 바로 이 《(화엄)경》과 같다. 《법화경》은 점교漸敎의 최종이었으므로 어그러진 종자들을 거두려고 했기 때문에 가피해서 그들이 떠나도록 하였고, 법회에 있는 이들을 돈독하고 권려하여 그들이 믿어 받들게 하였다. 이 《(화엄)경》은 돈교의 시초였으므로 깊고 수승함을 드러내기 위하여 머무르되 듣지 못하게 하여 후학들이 보고 듣는 종자를 닦게 하였다."[146]

그러나 '가회嘉會'란 말은 《주역》 '건괘乾卦' 〈문언전文言傳〉(의 말)이다. 거기서 건의 원元·형亨·리利·정貞 4덕을 해설하여 "'원'은 선행의 으뜸이요, '형'은 아름다운 것의 모임(嘉會)이요, '리'는 의리의 조화요, '정'은 사

---

144 《문수사리순행경》 1권([범]Mañjuśrīvihārasūtra. T470)의 약칭으로, 菩提流支가 번역하였다.

145 《不思議經》은 《入不思議解脫經》으로 〈입법계품〉을 말한다.

146 《大疏》 권제54 〈入法界品〉 권제39(T35, 915b06)의 내용이다.

화엄경담현결택기 1

물의 근간이다. 군자는 인을 체득함이 남의 우두머리가 될 만하고, 모임을 아름답게 함은 예에 합할 수 있고, 사물을 이롭게 함이 의리에 조화될 수 있고, 곧음을 굳건히 함은 사물의 근간이 될 수 있다. 군자는 이네 가지 덕을 행한다. 그러므로 건은 원·형·이·정하다고 하는 것이다"라고 하였다. 여기서는 '가회'란 말만을 빌린 것이다.

[11a11] [《鈔》] 悉覺眞諦等者, 下《疏》曰: "然此聲聞, 皆是菩薩, 欲顯深法, 託爲聲聞, 故所歎德, 言含本·迹. 言悉覺眞諦,(迹云現觀了四諦, 本云覺第一義諦.) 皆證實際,(迹云入正性離生, 本云能入無際際故.) 深入法性,(迹云所學已窮, 本云窮二空源.) 永出有海,(迹云生分已盡, 本云能入不染.) 依佛功德,(迹云逮得己利, 本云依十力等.) 離結使縛,(迹云現行已離, 本云不斷不俱.[147]) 住無礙處,(迹云種子亡故, 本云無二[148]礙故.) 其心[149]寂靜, 猶如虛空,(迹云心善解脫, 本云處亂恒寂.) 於諸佛所,[150] 永斷疑惑,(迹云慧善解脫, 本云未證無礙.) 於佛智海, 深信趣入.(迹云皆可迴心, 本云種智信入.)"

[초] '(그들의 덕을 찬탄하여) 모두 다 진제眞諦를 깨달았으며' 등은 아래《소》[151]에서 "그러나 이 성문들은 모두 보살이다. 깊은 법을 드러내려고 성문이 된 것에 의탁한 것이다. 그러므로 덕을 찬탄한 말씀이 본문本

---

147 底本 및《金澤寫本》에는 "折",《大疏》 참조 수정.
148 底本 및《金澤寫本》에는 "二無",《大疏》 참조 도치.
149 底本에는 없음.《金澤寫本》 참조 보충.
150 底本에는 "處",《金澤寫本》 참조 수정.
151 《大疏》제54〈입법계품〉제39(T35, 910a01)를 요약해서 인용한 것이다.

門과 적문迹門을 포함한다. 말하자면 다 진제를 깨달았으며(적문으로는 '현관現觀으로 사성제를 분명하게 아는 것'이며, 본문으로는 '제일의제第一義諦를 깨달은 것'이다), 모두 실제를 증득하고(적문으로는 '바른 성품에 들어가 생을 떠난 것'이며, 본문으로는 '한계가 없는 한계에 들어간 것'이다), 깊이 법성에 들어가(적문으로는 '배우는 것이 끝난 것'이고, 본문으로는 '2공을 근원까지 다한 것'이다), 영원히 유해有海에서 벗어났으며(적문으로는 '생분生分이 끝난 것'이고, 본문으로는 '불염不染에 들어간 것'이다), 부처님의 공덕에 의지하여(적문으로는 '자리己利를 체달한 것'이고, 본문으로는 '십력 등을 의지하는 것'이다), 결結·사使의 계박을 떠났으며(적문으로는 '현행을 이미 여읜 것'이고, 본문으로는 '끊지도 함께하지도 않는 것'이다), 장애가 없는 처소에 머물러(적문으로는 '종자가 없어진 것'이고, 본문으로는 '두 가지 장애가 없는 것'이다), 그 마음이 적정한 것이 마치 허공과 같으며(적문으로는 '마음의 선善 해탈'이고, 본문으로는 '잡란함에 처하면서도 항상 적정한 것'이다), 제불의 처소에서 영원히 의혹을 끊고(적문으로는 '지혜의 선 해탈'이며, 본문으로는 '증득하지 않았더라도 장애됨이 없는 것'이다), 부처님의 지혜바다에 깊은 믿음으로 취입하였다(적문으로는 '모두가 회심할 수 있는 것'이고, 본문으로는 '일체종지一切種智로 믿어 들어간 것'이다)"고 하였다.

[11a18] ○言皆悉不見[152]者, 神力,(十力等.) 嚴好,(常光莊嚴等.) 境界,(悲智所緣等.) 遊戲,(不壞本相等.) 神變,(重閣同空等.) 尊勝,(一切不能制.) 妙行,(悲智無[153]切用等.) 威德,(謂命等十種自在.) 住持,(謂勝住持, 令有所作.) 淨刹,(謂於娑婆, 見華藏等.)

---

152   底本 및《金澤寫本》에는 "見+神",《演義鈔》참조 삭제. "皆悉不見如來神力"으로 이어지므로 神은 연문으로 보여 삭제[역자 주]

153   底本에는 "云",《金澤寫本》참조 수정.

入,(身遍刹塵, 智入諸法.) 至,(卽新來衆.) 詣.(卽此往彼.)

○ '모두가 다 보지 못했다'는 것은 (여래의) 위신력(십력 등이다)과 장엄하신 상호(항상 빛으로 장엄하는 등이다)와 경계(자비와 지혜로 반연하는 대상 등이다)와 유희(본래의 상을 무너뜨리지 않는 등이다)와 신통변화(서다림의 중각이 허공과 같아지는 등이다)와 존승尊勝(일체 제어할 수 없는 것이다)과 묘행妙行(자비와 지혜의 끊어짐 없는 작용 등이다)과 위덕威德(수명 등 열 가지의 자재함을 말한다)과 주지住持(수승하게 주지하여 짓는 것이 있게 하는 것을 말한다)와 청정한 찰토(사바세계에서 화장세계를 보는 등을 말한다)와 들어감(몸이 찰진에 두루하고 지혜로 제법에 들어가는 것이다)과 도달함(새로 온 대중이)과 나아감(이곳에 즉해서 저곳으로 가는 것이다)이다.

2. 이익을 이룸을 바로 드러냄(正顯成益[八段])

1) 보고 듣는 이익을 밝힘(明見聞益)

[11a23] [《疏》] 見聞爲種八難超十地之階者, 此意, 但說八難見聞《華嚴》, 熏金剛種, 非謂八難現身證聖.[154] 是故地獄轉報生天, 方登十地. 故《鈔》云: "皆容見聞爲種之義." 未見明文, 說八難身得入見道. 若許入見, 何得名難? 復違論說, '極忻非

154　底本에는 "聖證", 《金澤寫本》 참조 "證聖"으로 도치.

上二, 極威非三塗,[155] 唯欲界人天, 佛出世現觀.' 若云但障, 權教見道名爲難者, 劣道尙障, 何況勝道. 別教十地證竟, 但是圓家住爾. 八難未至, 別教三賢, 豈許得 證圓教初地? 又准天台止觀, 乘急戒緩, 許三塗身而得聖道. 更宜思審.

[소] '견문이 종자가 되므로 팔난八難[156]에 십지十地의 계위를 초월하며' 라는 것은 이 의미는 다만 팔난에 《화엄경》을 보고 들으면 금강종자를 훈습하게 되는 것을 말한 것이지, 팔난에 현존하는 몸으로 성도를 증득 하는 것을 말한 것이 아니다. 이 때문에 지옥에서 전변하여 과보로 천 상에 태어나서야 십지에 오를 수 있다. 그러므로 《초》에서 "모두 견문이 종자가 되는 뜻을 용납한 것이다"[157]고 한 것이고, 명문에서 '팔난에 현 신으로 견도에 들어간다'고 설한 것을 보지는 못하였다. 만일 견도에 들 어가는 것을 허용한다면 어떻게 '어려움(難)'이라고 이름할 수 있겠는가. 또다시 《(현양)론》에서 "지극한 쾌락이 위의 두 곳은 아니고, 지극한 위 엄이 삼악도는 아니다. 오직 욕계欲界의 인간과 천상만이 부처님이 출세 하는 것을 분명하게 본다"[158]고 한 것에 어긋난다. 만일 장애만을 언급 하여 권교에서의 견도를 '어려움(難)'이라고 이름한다면 열등한 도道조 차 오히려 장애받는데 하물며 수승한 도이겠는가. 별교에서 십지를 증 득해 마친 것이 다만 원교 집안의 주위住位일 뿐인데, 팔난이 아직 이르

---

155   《顯揚論》에는 이 구절이 "極感非惡趣"으로 되어 있다.

156   ①在地獄難, ②在畜生難, ③在餓鬼難, ④在長壽天難, ⑤在鬱單越難, ⑥世智辯聰難, ⑦聾盲 啞難, ⑧佛前佛後難.

157   《演義鈔》 권제2(T36, 011c14)이다.

158   《顯揚論》 제16(T31, 560b19)의 내용이다.

지 않은 별교의 삼현위를 어찌 원교의 초지를 증득했다고 허여할 수 있겠는가. 또, 천태지관의 '승乘'은 빠르고 '계율'은 더디다는 것에 준거하여 삼악도의 몸으로 성도聖道를 얻게 됨을 허여한 것이다. 다시 숙고해 봐야 한다.

[11b08] [《鈔》] 其有生疑不信者, 永不得聞如是義者, 問: 地獄天子由昔聞經, 熏成堅種, 不信毀謗, 墮阿鼻獄. 彼雖不信, 亦得聞經, 熏成堅種, 何故今文云: '其有生疑不信者, 永不得聞如是義?' 答: 一云; 不信毀謗, 墮阿鼻獄, 長劫不聞. 故經云: "永非謂畢竟不聞." 二云; 但遮其不聞, 言永不聞. 三云; 不信雖聞, 猶如不聞. 問: 地獄天子, 昔聞經時, 不信誹謗, 不善心中, 云何得熏成佛堅種? 若種堅種, 是成佛因, 如何反墮阿鼻地獄? 又不善心得熏堅種, 應善心中却熏惡種. 若許爾者, 三乘聖人, 還墮惡趣. 是則因果雜亂, 深違教理. 有云: 其不善心, 但熏惡趣, 招地獄報, 其《華嚴經》, 熏成堅種, 作成佛因, 良以在纏本覺爲本性住種性. 經聲入耳, 熏彼本覺, 用增勝故, 名習所成種性. 本新相合, 共爲堅種. 故《法華》云: "佛種從緣起, 是故說一乘." 若爾, 他經聲爲緣, 無自善心爲因, 旣闕因力, 如何熏種? 答: 本覺爲因故. 若爾, 聞他殺盜等聲, 自生悲心, 應熏惡種, 亦有惡聲爲緣, 本覺爲因故. 不可本覺唯與善種爲因, 頗有惡種不攬理成. 今謂通云: 聞經之心, 具二種義; 一者神解義, 二者暗鈍義. 由神解義, 解得《華嚴》語義, 內心爲因, 經聲爲緣. 因緣和合, 熏成堅種. 由暗鈍義, 誹謗《華嚴》語義, 內心爲因, 經聲爲緣, 因緣和合, 熏成地獄種. 一念心中, 齊熏二種, 實不思議, 如謗不輕云, '我等何用如是虛妄授記.' 由解彼言, 記自成佛, 熏金剛種, 由不信故, 熏地獄種. 故《梵網》云:

"但解法師語,[159] 盡受得戒." 彼受戒時, 亦熏堅種. 儻若不解, 得熏堅種者, 無一眾生無堅種故. 准諸法顯義體, 無有一法非《華嚴》故. 豈有眾生不見聞耶? 若皆有種, 何故《鈔》云: "由昔無因."? 外曰: "文中但云見聞爲種, 何須要解?" 今復通云: 若不解時, 不名見聞. 如舍利弗等, 在逝多園, 所見世尊, 卽是無盡身雲佛, 所見祇園, 卽華藏界, 所聞言敎, 卽是華嚴, 但未了解, 不名見聞. 又云: 見毗盧佛身, 眼得清淨, 現今所見一切境界, 無非毗盧十身, 何故一切眾生眼得未清淨耶? 由此得知, 未能解得, 竝是佛身, 不名爲現. 如人見金解作其鐵. 外人問曰: "汝見金耶?" 彼人答曰: "我不見金, 但見其鐵." 應知不解不名見聞, 應知見聞必作其解. 由解心故, 順本覺性, 由順本覺, 熏成堅種. 於理甚妙, 更希刊削.

[초] '의심을 내어 믿지 않는 자는 영원히 이와 같은 뜻을 듣지 못하게 된다'라는 것은, 묻는다. 지옥천자地獄天子가 예전에 경을 들은 것으로 인해 견고종자를 훈습해 이뤘지만, 믿지 않고 헐뜯고 비방하여 아비지옥에 떨어졌다. 그가 믿지 않았더라도 역시 경을 듣고 견고종자를 훈습해 이루었는데, 어째서 지금 문장에서 '의심을 내어 믿지 않는 자는 영원히 이와 같은 뜻을 듣지 못하게 된다'고 하였는가?

답한다. 첫째는 믿지 않고 헐뜯고 비방하여 아비지옥에 떨어져 오랜 겁 동안 듣지 못한다. 그러므로 경에서 "영원히는 필경에 듣지 못하는 것을 말하는 것은 아니다"고 하였다. 둘째는 듣지 못하는 것만을 차전遮詮하여 영원히 듣지 못한다고 말한 것이다. 셋째는 믿지 않으므로 비록 들어도 듣지 못한 것과 같다.

---

159   底本에는 "悟", 《梵網經》, 《金澤寫本》, 《藏經書院本》 참조 수정.

묻는다. 지옥천자가 예전에 경을 들었을 때 믿지 않고 비방한 것은 불선심不善心인데, 어떻게 성불의 견고종자를 훈습할 수 있었는가? 만일 견고종자를 심었다면 이는 성불의 원인인데, 어째서 반대로 아비지옥에 떨어졌는가? 또 불선심에서 견고종자를 얻었다면 선심에서는 도리어 악의 종자를 훈습하게 될 것이다. 만일 그렇다고 허여한다면 삼승의 성인은 또다시 악취惡趣에 떨어질 것이다. 이렇다면 인과가 잡란하여 교리에 깊이 어긋날 것이다. 어떤 이는 '불선심은 다만 악취를 훈습하여 지옥과보를 초래할 뿐이다'라고 하였다.

답한다. 《화엄경》에서 견고종자를 훈성熏成하여 성불의 원인을 짓는 것은 실로는 재전본각在纏本覺으로서 '본성주종성本性住種性'을 삼은 것이다. 경의 소리가 귀에 들어가면 저 본각이 훈습되어 작용이 더욱 수승해지기 때문에 '습소성종성習所成種性'이라고 한다. 본각과 새로 훈습된 것(新熏)이 서로 합쳐져 함께 견고종자가 되는 것이다. 그러므로 《법화경》에서 "성불의 종자는 연을 따라 일어난다. 이 때문에 일승을 설한다"고 한 것이다.

묻는다. 만일 그렇다면 저 경의 소리는 연이 되고, 자체에 선심은 원인이 됨이 없으니, 이미 원인력이 결여됐는데 어떻게 종자를 훈습하는가?

답한다. 본각이 인이 되기 때문이다.

묻는다. 만일 그렇다면 저 살생하고 도둑질하는 소리를 듣고 자체에 자비심이 생겨도 악의 종자를 훈습할 것이니, 또한 악한 소리가 연이 되고 본각이 인이 되는 경우도 있기 때문이다. 본각이 오직 선의 종자에만 인이 되어 주고, 악의 종자가 이치를 잡지 않고서 성립되는 경우가 조금이라도 있기는 불가하다.

답한다. 이제 소통해서 말하겠다. 경을 듣는 마음은 두 종류의 뜻을 갖춘다. 첫째는 신비롭게 이해하는 뜻이며, 둘째는 어두워 암둔한 뜻이다. 신비롭게 이해하는 뜻으로 인해서 《화엄경》의 말뜻을 이해하여 내심이 인이 되고 경의 소리가 연이 되어 인연이 화합하여 견고종자를 훈성熏成하게 되며, 어두워 암둔한 뜻으로 인해서 《화엄경》의 말뜻을 비방하여 내심이 인이 되고 경의 소리가 연이 되어 인연이 화합하여 지옥종자를 훈성하게 된다. 일념의 마음속에 일제히 두 종자를 훈습하는 것이 실로 불가사의하다. 상불경보살常不輕菩薩을 ('그대를 가벼이 여기지 않으니, 당래에 성불할 사람이기 때문'이라고 말한 것을) 비방하여 '우리들에게 이와 같은 허망한 수기가 무슨 소용이 있는가?' 하는 것처럼, 그의 말을 이해함으로 인해 '자신이 성불한다'는 수기는 금강종자를 훈성하게 되고, 불신함으로 인해 지옥종자를 훈성하게 된다. 그러므로 《범망경》에서 "법사의 말씀을 이해하기만 해도 다 계를 받을 수 있다"[160]고 하였다. 그들이 계를 받을 때 또한 견고종자를 훈습한다. 혹시라도 이해하지 못하고 견고종자를 훈습할 수 있는 것은 어떤 중생도 견고종자가 없는 이가 없기 때문이다. '모든 법이 뜻을 드러내는 교체'에 준거하면, 어떤 한 법도 《화엄》 아닌 것이 없기 때문이니, 어찌 보고 듣지 못하는 중생이 있겠는가.

묻는다. 만일 모두 종자가 있다면 어째서 《초》에서 "예전에 인이 없음으로 인해서"라고 했는가? 외부에서는 말하길 "문장에는 〈보고 듣는 것이 종자가 된다〉고만 했는데, 무슨 이해할 필요가 있는가?"라고 하였다.

---

160   《梵網經》〈盧舍那佛說菩薩心地戒品〉第十卷下(T24, 103b10)를 인용한 것이다.

답한다. 이제 또다시 소통해서 말하겠다. 이해하지 못할 때는 '견문'이라고 이름하지 않는다. 예컨대 사리불 등이 서다림 동산에 있을 때, 뵈었던 세존은 다함 없는 신운불身雲佛이고 보았던 기수 동산은 화장세계이며 들었던 언교는 곧 《화엄》이지만, 아직 이해하지 못하여 '견문'이라고 이름하지 않는 것과 같다. 또, 비로자나불신을 보고 눈이 청정해져서 현재 보이는 모든 경계가 비로자나불의 십신이 아님이 없다고 했는데 어째서 모든 중생들의 눈은 청정해지지 않는가? 이로서 알 수 있다. 아직 이해하지 못했다면 모두가 다 부처님 몸(佛身)이지만 '분명하게 보았다(現見)'고 이름할 수 없다. 예컨대 사람이 금을 보고 그것을 철이라고 이해했다면, 외부인이 '그대는 금을 보았는가?' 하고 물었을 때 그 사람은 '나는 금은 보지 못했고 철만을 보았다'고 대답하는 것과 같이, 이해하지 못한 것을 '견문'이라고 이름하지 않는다는 것을 알아야 하며, 견문하면 반드시 그 이해를 이룬 것임을 알아야 한다. 이해하는 마음을 말미암기 때문에 본각성에 수순하며, 본각에 수순함으로 인해서 견고 종자를 훈습해서 만든다. 이치가 매우 미묘하니, 다시 간삭刊削하길 바란다.

[11c22] 【鈔】 中有一光名淸淨功德者, 故下《疏》(第八下半六十九)云: "第二擧因對顯者, 爲顯勝故. 此有數重; 一, 以[161]相德深廣, 言不能備故, 置之說好. 二, 好德復多, 以三十二相, 旣有八十隨好, 十蓮華藏之相好彌多矣, 且擧其一. 三, 一中

---

161   底本에는 "似", 교감 주 및 《金澤寫本》 참조 수정.

置勝, 但說劣者, 故明足下. 四, 足下一好, 復有多光, 但說一光. 五, 果位一光,[162] 亦
不可說, 故寄因顯. 因光成益, 三重頓圓, 況果一光. 如是展轉, 況於諸相. 況復總
說, 如來諸德, 果海絶言, 亦斯義矣."

[초] '(항상 40가지의 광명을 놓는 중에) 한 광명이 있으니 이름이 청정
공덕淸淨功德'이라는 것은, 그러므로 아래《소》[163](제8 하반 69)에서 "둘째,
인因을 들어서 대비시켜 드러낸다는 것은 수승함을 드러내기 위한 것
이다. 여기에 몇 가지 중요한 점이 있다. 첫째는 상덕相德이 깊고 광대하
여 말로 다 갖출 수 없기 때문에 놔두고 호덕好德을 말한 것이다. 둘째
는 호덕이 또다시 많아서 32상에 이미 80수호隨好가 있고 열 연화장의
상호는 더욱더 많지만 우선 그 하나를 들은 것이다. 셋째는 하나 속에
수승한 것은 놔두고 열등한 것만을 말한 것이다. 그래서 발밑을 밝힌 것
이다. 넷째는 발밑 하나의 수호에 다시 많은 광명이 있지만 한 광명만
을 말한 것이다. 다섯째는 과위는 한 광명도 또한 설할 수가 없다. 그러
므로 인위에 붙여서 드러낸 것이다. 인위의 광명으로 이익을 이뤄 3중
으로 단박에 원만해지는데 하물며 과위의 한 광명이겠는가? 이와 같이
점점 모든 상덕相德에 견준 것이다. 하물며 다시 여래의 모든 덕을 총괄
해서 말한 것이겠는가. 과해果海는 말이 끊어졌다는 것이 역시 이 뜻이
다"고 하였다.

---

162   底本에는 亦앞에 "五果位一光"의 5자가 없다.《大疏》및《金澤寫本》참조 보충.

162   底本에는 亦앞에 "五果位一光"의 5자가 없다.《大疏》및《金澤寫本》참조 보충.

163   《大疏》권제48〈如來隨好光明功德品〉제35(T35, 867a18)에 해당한다.

[12a06] ○言了知如是悉是虛妄乃至淸淨善根者, 下《疏》(八下半七十二)釋云: "後
了知下能減, 謂了惑本虛, 居然不生. 故《晉經》云: '此諸煩惱, 皆悉除滅.'除滅故
淸淨. 惑亡智顯, 卽自在光明, 善根成就. 言香幢雲者, 卽九地善根也." 言若有衆生
見其蓋者, 至一恒河沙善根者,《疏》釋云: "准《晉經》云, '種一恒河沙轉輪聖王所
植善根, 所謂白淨寶網輪王等', 是則多箇輪王, 非一輪王之多善也. 梵本亦然, 而
言淸淨金網者, 准《瓔珞》上卷, 金輪在十迴向, 初地已上, 皆是琉璃輪, 而增寶數
爲別. 是知舊譯爲寶網者, 勝金網也. 故彼經云: '歡喜地, 百寶瓔珞, 七寶相輪, 爲
四天王. 一萬子以爲眷屬, 百法身爲百佛國土中, 化十方天下.'已後略無. 化之分齊,
寶數一一增, 至七地十三寶相輪, 八地但云大應寶相輪, 九地云白雲寶相輪, 十地
百萬神通寶光瓔珞無畏珠寶相輪. 若順《晉經》, 白淨之言, 則是九地, 卽前香幢雲
自在光明. 若然彼但是所等, 則金網無失. 若取十地, 爲淸淨金網, 正當十地, 以無
畏珠, 爲淸淨義. 又攝化分齊, 與上第十地攝報果同, 則證十地明矣. 故下此王放
光遇者, 亦登十地. 言一恒沙者, 謂從九地已還, 乃至十住[164]銅輪. 以此十地所化
分齊, 比前如恒沙矣.[165] 故《晉經》云: '寶網輪王等.'等取前也."

○ '이와 같이 모두가 다 허망하다는 것을 분명하게 알고 … 청정 선근
을 (성취한다)'라고 한 것은 아래《소》[166](8 하반 72지)에서 해설하여, "뒤
의 '분명하게 알고' 아래는 제거해서 소멸(除滅)시키는 것이다. 말하자면
미혹이 본래 허망한 줄 분명하게 알아서 가만히 (미혹이) 생기지 않는
것이다. 그러므로《진경晉經》에서 '이 번뇌들은 모두 다 제멸하였다. 제

---

164   底本에는 "住十",《대소》및〔金澤寫本〕참조 도치

165   底本에는 "比前諸位此齊如恒沙矣",《大疏》및《金澤寫本》참조 삭제.

166   《大疏》제48〈如來十身相海品〉제34(T35, 869a08)의 내용이다.

멸했기 때문에 청정하다'고 하였다. 미혹이 없어지고 지혜가 드러났으니 즉 자재광명 선근이 성취된 것이다. '향당운香幢雲'이라고 한 것은 9지 선근이다"고 하였다.

'만일 어떤 중생이 보배덮개(寶蓋)를 보면 … 일 항하사 선근을 (심는다)'라고 한 것은 《소》¹⁶⁷에서 해설해서 《진경》에 준거하면, 일 항하사 전륜성왕이 심은 선근을 심는 것이다. 소위 '백정보망륜왕白淨寶網輪王' 등"이라고 하였으니, 이렇다면 여러 명의 전륜왕이고, 한 명의 전륜왕의 많은 선근은 아닌 것이다. 범본 역시 그렇다. 그런데 '청정금망전륜왕淸淨金網轉輪王'이라고 한 것은 《영락경》 상권에서 준거한 것이니, '금륜金輪'은 십회향에 있고, 초지 이상이 '유리륜琉璃輪'이며, 보배의 수를 첨가하는 것으로 구별한다. 이로서 알 수 있다. 구역舊譯에서 '보망寶網'이라고 한 것은 '금망金網'보다 수승하다. 그러므로 《영락경》에서 '환희지의 백보영락百寶瓔珞 칠보상륜七寶相輪의 사천왕은 만 명의 아들을 권속으로 하고, 일백 법신으로 일백 불국토에서 시방의 천하를 교화한다'¹⁶⁸고 하였다. 이하는 생략한다.

교화의 분제는 보배의 수가 하나씩 증가해서 7지에 이르면 13보상륜이다. 8지는 '대응보상륜大應寶相輪'이라고만 하고, 9지는 '백운보상륜白雲寶相輪'이고, 10지는 '백만신통보광영락무외주보상륜百萬神通寶光瓔珞無畏珠寶相輪'이다. 만일 《진경》에 따른다면 '백정白淨'이란 말은 9지이니, 바로 앞의 '향당운자재광명香幢雲自在光明'이다. 그렇다면 《진경》에서는 등취等

---

167   《大疏》 제48 〈如來十身相海品〉 제34(T35, 869a14)의 내용이다.
168   《菩薩瓔珞本業經》〈賢聖學觀品〉 제3(T24, 1016a28)에 해당한다.

取된 것일 뿐이니, 금망이 잘못이 없다. 만일 십지를 '청정금망'이라고 한
것을 취한다면 바로 십지가 무외주無畏珠를 청정의 뜻으로 삼은 것에 해
당한다. 또, 섭화의 분제는 위의 제10지의 섭보과와 동일하다. 그렇다면
십지를 증득했음이 분명하다. 그러므로 아래에서 이 왕이 놓은 광명을
만난 자들도 십지에 오른 것이다.

'일 항하사'라고 한 것은 제9지 이후부터 십주十住의 동륜왕까지를 말
한다. 이 십지로 교화되는 분제로써 앞의 '항하사와 같다'는 것에 견준
것이다. 그러므로《진경》에서 '보망륜왕 등'이라고 한 것은 앞을 등취한
것이다"라고 하였다.

2) 이해하여 수행하는 이익을 밝힘(明解行益)

[12b05] [《鈔》] 上二皆明證速者, 指《疏》中二, 則超十地之階, 與圓曠劫之果. 指
《鈔》中二, 則善財童子及威光太子.

[초] '위의 두 가지는 모두 증득이 빠름을 밝힌 것'이라는 것은《소》에
서의 두 가지는 십지十地의 계위를 초월하는 것과 광겁에 과를 원만히
하는 것을 가리키며,《초》에서의 두 가지는 선재동자와 위광태자威光太
子를 가리킨다.

[12b07] ○言又此經宗三生圓滿者, 非謂隨生圓滿備經三生方得圓滿. 或一生身經
歷三生, 如是聞經已依解起行, 隨行證入. 或多生身但在一生, 如是聞經已, 雖熏堅

種, 無眞解行, 圓因旣闕, 妙果曷成? 縱經多劫, 只是一生. 三生之義, 各在何位? 准賢首說, 長流凡夫見聞成種, 名見聞生, 四十心位, 十地聖人, 眞解眞行, 名解行生, 妙覺如來, 因圓果滿, 名證入生. 准淸涼義, 但取十地, 爲證入生, 餘同賢首.

○ '또, 이 경의 종지는 3생에 원만해진다'고 한 것은 생에 따라 원만해지는 것이지, 3생을 구비되게 지나서야 비로소 원만해진다는 것을 말한 것이 아니다.

혹은 한 생의 몸으로 3생을 경력한다. 이와 같이 경을 듣고는 이해에 의해 수행을 일으키고 수행을 따라 증입하는 것이다. 혹은 여러 생의 몸이지만 다만 한 생에 있을 뿐이다. 이와 같이 경을 듣고 나서 비록 견고종자를 훈습하더라도 진실한 이해와 수행이 없다면 원만의 원인이 결여된 것인데 묘과妙果를 어떻게 이루겠는가. 설령 여러 생을 지나더라도 다만 한 생뿐이다.

<u>묻는다.</u> 3생의 뜻은 각각 어느 계위에 있는가?

<u>답한다.</u> 현수의 설에 준거하면, 장류長流의 범부가 견문하여 종자가 이뤄졌으면 '견문생見聞生'이라고 하고, 사십 심위心位와 십지의 성인은 진실한 이해와 진실한 수행이므로 '해행생解行生'이라고 하며, 묘각 여래는 인과가 원만하므로 '증입생證入生'이라고 한다. 청량의 뜻에 준거하면, 단지 십지만을 취하여 '증입생'이라고 하였고, 나머지는 현수와 동일하다.

[12b14] ○言卽上二句者, 見聞爲種, 幷解行在躬.

○ '(첫째는 견문생이요, 둘째는 해행생이니) 곧 위의 두 구절이다'라고

한 것은 견문이 종자가 되는 것과 아울러 해행이 몸에 있는 것이다.

[12b15] ○言卽下二句者, 超十地之階, 與圓曠劫之果.

○ '(셋째는 증입생이니) 곧 아래의 두 구절이다'라고 한 것은 십지의 계위를 초월하는 것과 광겁에 과를 원만히 하는 것이다.

3) 단박에 증득하는 이익을 밝힘(明頓證益)

[12b17] 《鈔》 大[169]悲爲身,(定所依身, 悲所熏故, 卽悲爲身, 定依體故.) 大悲爲門,(益生唯悲, 令物入故, 入定用悲, 爲能入故.) 大悲爲首,(凡所益物, 悲先導[170]故, 智定之中, 悲增勝故.) 以大悲法而爲方便.(入定益物, 悲爲方便, 卽智卽定, 悲無愛見.) 又此四悲[171]亦是從佛向機之漸次矣, 充遍虛空.(一廣周故, 二無緣故.)

[초] '대비大悲로 몸을 삼고(선정이 의지하는 바의 몸이 대비로 훈습된 것이기 때문이며, 곧 대비로 몸을 삼는 것은 선정이 의지하는 체이기 때문이다), 대비로 문을 삼으며(중생을 이롭게 하는 것은 오직 대비뿐이니 만물이 들어가게 하기 때문이며, 입정은 대비로써 능히 들어갈 수 있기 때문이다), 대비로 머리를 삼고(무릇 만물을 이롭게 하는 것은 대비가 선도하기 때문이며, 지혜와 선정 속에서 대비가

---

169   底本에는 "本",《演義鈔》및《金澤寫本》참조 수정.

170   《金澤寫本》에는 "尊"으로 되어 있다.

171   底本에는 없음.《金澤寫本》참조 보충.

더욱 수승하기 때문이다), 대비법으로 방편을 삼는다(입정하여 만물을 이익 하

는 데에 대비가 방편이 되고, 지혜에 즉하고 선정에 즉한 대비는 애견愛見이 없다).

또 이 네 가지 대비는 또한 부처님을 좇아서 근기에게 회향하는 점진적

인 차례이니, 허공에 충만하다(첫째는 광대하게 주변하기 때문이고, 둘째는 연

고가 없기 때문이다).'

[12b20] ○言入師子頻申三昧《舊經》云奮迅者, 卽頻申之義, 俱是展舒, 四體通暢

之狀. 總相釋者, 卽用之體, 寂而造極, 則差別萬殊, 無非法界. 卽體之用, 不爲而

普周, 故小大相參, 緣起無盡, 名曰頻申, 自在之義. 又准《涅槃》: "眞師子王, 自知

身力牙爪鋒鋩, 乃至晨朝出穴頻申欠呿,[172] 四向顧望, 發聲震動,[173] 爲十一事, 何等

爲十一? 一者, 謂欲壞實非師子詐作師子故, 二, 爲欲試自身力故, 三, 爲欲令住

處淨故, 四, 爲諸子知處所故, 五, 爲輩輩無怖心故, 六, 爲眠者得覺悟故, 七, 爲

一切放逸諸獸不放逸故, 八, 爲諸獸來附近故, 九, 爲調大香象故, 十, 爲教告諸

子息故, 十一, 爲欲莊嚴自眷屬故. 一切禽獸聞師子吼, 水陸[174]之屬潛沒深淵, 陸

行之類藏伏孔穴, 飛者墮落, 大香象王怖走失糞." 淸涼以法義合彼師子: "謂以同

體大悲爲身, 以增上大悲爲首, 以卽智大悲爲眼, 純以智慧爲牙爪, 大悲方便爲振

尾, 悲爲方便居然[175]末故, 方便[176]振動義故, 總取四悲爲足, 依此立故, 以法界三

昧爲[177]窟, 所入證故, 以無緣大悲爲窟門, 入出由此故, 以體用無礙爲頻申, 舒展自

---

172   底本 및《金澤寫本》에는 "[去*欠]",《演義鈔》및《涅槃經》참조 수정.

173   "震動"은《演義鈔》및《涅槃經》에는 "振吼"로 되어 있다.

174   《演義鈔》및《涅槃經》에는 "性"으로 되어 있다.

175   《大疏》에는 "其"로 되어 있다.

176   底本 및《金澤寫本》에는 "動",《大疏》참조 수정.

177   底本에는 없음.《大疏》및《金澤寫本》참조 보충.

在故, 以演法界法門爲哮吼, 決定宣說, 一切衆生本與如來同法界故. 如此師子,
隨一一毛, 皆稱法界. 次言爲十一事而頻申者, 一, 摧破魔軍詐師子故. 二, 示衆
神力, 十力等力爲身力故. 三, 淨法界土, 佛住處故. 四, 爲邪見凡夫知歸處故. 五,
安撫生死怖群黨故. 六, 覺悟無明眠衆生故. 七, 爲行[178]惡法獸, 捨放逸故. 八,
令諸菩薩及邪見諸獸, 來依附故. 九, 爲諸外道及二乘香象, 令如盲聾捨放逸故.
十, 敎諸菩薩子息, 令頓證故. 十一, 莊嚴正見四部眷屬, 俱增威勢, 不怖一切邪
黨, 一切邪黨皆怖畏故, 又野干隨逐師子百年, 不能作師子吼. 二乘安處法會, 如
盲如聾故."

○ '사자빈신삼매師子頻申三昧에 드시었다는 것은 구역舊譯에서는 분신奮迅
이라고 한다'고 한 것은 곧 '빈신'의 뜻은 둘 다 펴는 것이니, 사지가 관
통하여 쭉 펴진 모습이다. 총상으로 해석한다면, 작용에 즉한 체는 고
요하면서도 끝까지 나아가니 곧 차이가 천차만별이지만 법계 아닌 것이
없으며, 체에 즉한 작용은 하지 않으면서도 널리 주변하므로 크고 작은
상들이 들쭉날쭉 하면서도 연기하여 다함이 없는 것을 '빈신'이라고 한
다. 자재함의 뜻이다.

또, 《열반경》에 준거하면 "참사자 왕은 스스로 신력身力을 알아서 어
금니와 발톱을 뽐내며 … 새벽에 굴속에서 나와 몸을 다듬고 입을 벌리
고 사방을 살피면서 소리를 질러 진동시키는 것은 열한 가지 일을 위함
이다. 그 열한 가지는, 첫째는 사자가 아니면서 사자 행세를 하는 무리
를 부수려는 것이요, 둘째는 몸에 있는 기운을 시험하려는 것이요, 셋

---

178   底本에는 없음.《大疏》및《金澤寫本》참조 보충.

째는 있는 곳을 깨끗이 하려는 것이요, 넷째는 새끼들에게 처소를 알려주려는 것이요, 다섯째는 여러 무리들이 두려운 마음이 없도록 하려는 것이요, 여섯째는 자는 놈을 깨우려는 것이요, 일곱째는 마음 놓은 짐승들이 정신을 차리게 하려는 것이요, 여덟째는 여러 짐승들이 와서 친근하도록 하려는 것이요, 아홉째는 큰 코끼리들을 조복하려는 것이요, 열째는 새끼들을 가르치려는 것이요, 열한째는 자기의 권속들을 장엄하려는 것이니라. 모든 짐승이 사자후하는 소리를 들으면, 물에 사는 짐승들은 물속으로 깊이 들어가고, 뭍에 사는 짐승들은 굴속으로 숨고, 날아다니는 놈들은 떨어지고, 코끼리들은 넋을 잃고 똥을 싸느니라"[179] 라고 하였다.

청량은 법과 뜻으로 저 사자에 합치시켰으니, "이를테면 동체대비로 몸을 삼고, 대비를 증상하는 것으로 머리를 삼으며, 지혜에 즉한 대비로 눈을 삼고, 순전히 지혜로 어금니와 발톱을 삼으며, 대비의 방편으로 떨쳐내는 꼬리를 삼은 것이다. 대비로 방편을 삼은 것은 거연하게 지말이기 때문이고, 방편은 진동의 뜻이기 때문이며, 네 가지 대비를 다 취하여 다리를 삼은 것은 이에 의거해서 서기 때문이요, 법계 삼매로 굴을 삼은 것은 증입해 들어가기 때문이요, 인연 없는 대비로 소굴의 문을 삼은 것은 들고 나는데 이를 말미암기 때문이요, 체성과 덕용이 무애함으로 빈신을 삼은 것은 떨쳐 펼치는데 자재하기 때문이요, 법계의 법문을 연설하는 것으로 표효함을 삼은 것은 결정코 일체의 중생이 본래 여래와 더불어 동일한 법계임을 널리 연설하기 때문이다. 이와 같이 사자

---

179   《열반경》〈師子吼菩薩品〉第11-1(T12, 522b24)이다.

는 낱낱 털끝마다 모두 법계에 걸맞다.

　다음으로 열한 가지의 일을 위하여 '빈신'하는 것을 말한다면, 첫째
는 거짓으로 사자 행세하는 마군을 꺾어 부수기 위한 것이요, 둘째는
대중에게 위신력과 십력+カ 등의 역으로 신력身カ을 삼았음을 보이기 위
한 것이요, 셋째는 청정한 법계 국토가 부처님이 머무는 곳이기 때문이
요, 넷째는 삿된 견해의 범부가 돌아갈 곳을 알게 되기 때문이요, 다섯
째는 생사에 대해 두려워하는 많은 무리들을 편안하게 어루만지기 때
문이요, 여섯째는 무명번뇌의 중생을 각오하게 한 것이요, 일곱째는 악
법을 행하는 짐승들이 방일함을 버리게 한 것이요, 여덟째는 모든 보살
들과 삿된 견해의 짐승들이 귀의하여 따르게 한 것이요, 아홉째는 외
도들과 이승의 코끼리들이 농아처럼 방일함을 버리게 한 것이요, 열째
는 모든 보살자식들로 하여금 단박에 증득하게 한 것이요, 열한째는 정
견正見을 장엄한 사부권속들은 모두 위세가 증가하여 모든 삿된 무리를
두려워하지 않으나, 모든 삿된 무리는 다 두려워하게 한 것이다. 또, 야
간野干들은 사자를 백년간 뒤따르더라도 사자후를 할 수 없으며, 이승
은 법회에 편안하게 머무르되 벙어리와 맹인들과 같기 때문이다"[180]라고
하였다.

[13a03] ○言廣說以十能入等者, 經云: "彼諸菩薩, 以種種解·種種道·種種門·種
種入·種種理趣·種種隨順·種種智慧·種種助道·種種方便·種種三昧. 入如是[181]

等, 十不可說佛刹微塵數, 佛神變[182]海方便門."

○ '열 가지의 능입能入으로 (이 소입所入에 드는 것을) 자세하게 설명하였다' 등이라고 한 것은 경에서 "저 보살들이 ①갖가지 이해와 ②갖가지 도道와 ③갖가지 문과 ④갖가지 취입과 ⑤갖가지 이치와 ⑥갖가지 수순과 ⑦갖가지 지혜와 ⑧갖가지 조도助道와 ⑨갖가지 방편과 ⑩갖가지 삼매로써 이러한 등 십불가설 불찰 미진수 부처님의 신통변화 바다의 방편문에 들었다"[183]라고 하였다.

4) 방편을 초월하는 이익을 밝힘(明超權益)

[13a07] [《疏》] 象王迴[184]旋六千道成於言下者, 文殊迴觀法器故, 如象王迴者,[185] 身首俱轉, 無輕擧故. 卽六千比丘會, 表六根清凉, 可入法界故. 問: 此言成道, 爲當何位? 答: 唯居十信. 何以知耶? 故下《大疏》: "成彼化事中, 通有三會. 一比丘會, 顯迴小入大故, 二諸乘[186]人會, 通收諸權入一實故, 三善財會, 顯純一乘根一生成辦[187]故. 又前二會, 表居信未久尙不定故.[188] 善財信終, 可入證故." 斯之謂矣.

---

182   底本에는 "返", 교감 주 및 《金澤寫本》《華嚴經》 참조 수정.
183   《華嚴經》〈入法界品〉第39-2(T10, 327c25)이다.
184   底本에는 "廻"를 모두 "迴"로 적고 있다.
185   底本에는 없음. 《金澤寫本》 참조 보충.
186   底本에는 "來", 교감 주 및 《金澤寫本》 참조 수정.
187   底本에는 "辯", 《大疏》 및 《金澤寫本》 참조 수정.
188   底本에는 없음. 《金澤寫本》 참조 보충.

又《綱要》云: "爾時尊者舍利弗下, 成彼化事, 通有三會. 第一, 六千比丘會, 顯迴小入大故. 第二, 從第六十二經初, 至復有無數眾生於三乘中各得調伏, 即諸乘人會, 表總收故. 第三, 從爾時福城人聞文殊師利童子下, 攝善財會. 上三皆是十信, 以信未入位, 故有三類. 此下善財純一乘根, 入位之後, 唯是一人. 故盡經終, 唯明善財." 文甚分明, 幸勿餘惑.

[소] '코끼리 왕처럼 돌아보니 6천 비구가 언하에 도를 성취하였다'는 것은 문수보살이 "법기들을 돌아 관찰한 것이며, '코끼리 왕이 돌아보는 것과 같았다'는 것은 몸과 머리를 함께 돌려 경거망동함이 없는 것이다"[189] 곧 6천 명의 비구회이니, 육근이 청량하여 법계에 들어갈 수 있는 것을 표시하기 때문이다.

　　묻는다. 여기서 말한 성도는 어느 계위에 해당하는가?

　　답한다. 오직 십신에 거한다. 어떻게 아는가? 그러므로 아래 《대소》[190]에서 "교화의 일을 성취하는데 통틀어 3회가 있다. 1회는 비구회이니, 소승에서 회심하여 대승에 들어감을 드러내기 때문이고, 2회는 제승인회諸乘人會이니, 모든 권교들을 통틀어 거두어 하나의 실교에 들어가기 때문이며, 3회는 선재회善財會이니, 순전히 일승의 근기는 한 생에 끝마친다는 것을 드러내기 때문이다. 또, 앞의 2회는 신위 끝에 있게 된지 아직 오래되지 않아 오히려 결정되지 않기 때문이고, 선재는 신위의 최종이어서 들어가 증득할 수 있기 때문이다"고 하였으니 이것을 일컫는다.

189　　《大疏》권제55(T35, 919b14)이다.

190　　《大疏》권제55(T35, 919a07)이다.

또, 《화엄강요》에서 "'이때 존자 사리불이' 아래는 저 교화의 일을 이루는데 통틀어 3회가 있다. 제1회는 6천 비구회이니, 소승에서 회심하여 대승으로 들어감을 드러내기 때문이며, 제2회는 제62경 처음부터 '다시 무수한 중생이 삼승에서 각기 조복되었다'까지는 곧 제승인회이니, 총괄해서 거두는 것을 표시하기 때문이며, 제3회는 '이때 복성사람들이 문수사리 동자가 … 듣고'부터 아래는 선재회에 거둬진다. 위 3회는 모두 십신이다. 신위는 아직 계위에 들어가지 못하므로 세 부류가 있는 것이다. 이 아래 선재가 순전히 일승의 근기로 계위에 들어간 이후는 오직 한 사람이다. 그러므로 경을 다해 마치고 오직 선재만을 밝힌 것이다"라고 하였다. 문장이 매우 분명하니 다른 의혹하지 말길 바란다.

[13a21] [《鈔》] 觀文殊十德者, 下《疏》云: "一身相勝, 二常光勝, 三放光勝, 四眾會勝, 五行路勝,(表常依八正故.) 六住處勝,(擧足下足, 無非道場, 隨心轉故.) 七福[191]嚴勝,(常觀空有二邊, 心地之下具如來藏恒沙性德. 無心[192]亡照, 任運寂知, 而顯現故.) 八林樹勝,(樹立萬行, 嚴法體故.) 九自在勝,(於我無我, 得不二解. 自在主中, 爲最勝故.) 十上攝勝.(此有二意; 一約事, 心常上攝諸佛法故. 二約表, 諸佛顯揚皆依般若, 究竟至於一切智故.)"

[초] '문수보살의 십덕을 관찰하게 할 때'라는 것은 아래 《소》[193]에서, "첫째는 신상身相이 수승함이요, 둘째는 상광常光이 수승함이요, 셋째는

---

191   底本 및 《金澤寫本》에는 "莊", 《大疏》 참조 수정.

192   底本 및 《金澤寫本》에는 "二+心", 《大疏》 참조 "二" 삭제.

193   《大疏》 권제55(T35, 919b01)의 내용이다.

방광放光이 수승함이요, 넷째는 중회眾會가 수승함이요, 다섯째는 행로行路가 수승함이요(항상 팔정도에 의지함을 표시하기 때문이다), 여섯째는 주처住處가 수승함이요(발을 들거나 내려놓음에 도량이 아님이 없어서 마음을 따라 전전하기 때문이다), 일곱째는 복덕으로 장엄함이 수승함이요(항상 공·유의 양변을 관찰하고, 심지心地 아래 여래장 항하사와 같은 성덕을 구족하였기 때문이며, 무심으로 비춤을 잊고 마음대로 적정하면서도 아는 것을 현현하기 때문이다), 여덟째는 임수林樹가 수승함이요(만행을 수립하여 법체를 장엄하기 때문이다), 아홉째는 자재가 수승함이요(아·무아에 대해 둘이 아니라고 이해하며, 자재하게 주재하는데 최고로 수승하기 때문이다), 열째는 위로 섭수함이 수승함이다(여기에 두 가지 의미가 있다. 첫째는 사법에 한정한 것이니, 마음으로 항상 불법들을 위로 섭수하기 때문이고, 둘째는 표법表法에 한정한 것이니 제불이 현양하는 것이 모두 반야를 의지하여 구경에 일체지에 이르기 때문이다)"고 하였다.

[13b02] ○言令發十種無疲厭心者, "所謂積集一切善根, 心無疲厭.(一) 見一切佛承事供養,(二) 求一切佛法,(三) 行一切波羅蜜,(四) 成就一切菩薩三昧,(五) 次第入一切三世,(六) 普嚴淨十方佛刹,(七) 敎化調伏一切眾生,(八) 於一切刹一切劫中, 成就菩薩行,(九) 爲成就一切眾生, 修行一切佛刹微塵數波羅蜜, 成就如來十[194]力. 如是次第, 爲成就一切眾生, 成就如來一切力.(十: 後九皆有無疲厭心四字.)" 法門無盡, 眾生無邊, 取相而修, 多生疲厭, 厭則退墮二乘. 若無愛見而修, 則無疲厭矣.[195] 無疲則佛果非遠, 況我身耶?"

---

194   底本에는 "一",《화엄경》및《金澤寫本》참조 수정.
195   底本 및《金澤寫本》에는 "雖",《대소》참조 수정.

○ '열 가지의 피곤이나 싫증이 없는 마음을 내게 하였다'고 한 것은 "이른바, 일체 선근을 적집하는 데에 마음에 피곤해하거나 싫증냄이 없다 (1), 일체 제불을 뵙고 받들어 공양하는 데에(2), 일체 불법을 구하는 데에(3), 일체 바라밀을 행하는 데에(4), 일체 보살의 삼매를 성취하는 데에 (5), 차례대로 일체 삼세에 들어가는 데에(6), 널리 시방의 불찰토를 장엄하여 청정하게 하는 데에(7), 일체 중생을 교화하여 조복시키는 데에 (8), 일체 찰토와 일체 겁에서 보살행을 성취하는 데에(9), 일체 중생을 성취하게 하려고 일체 불찰 미진수 바라밀을 수행하여 여래의 십력을 성취하고, 이와 같은 차례대로 일체 중생을 성취하게 하려고 여래의 일체력을 성취하는 데에(10)"[196] 뒤 아홉 가지에 모두 '마음에 피곤해하거나 싫증냄이 없다'의 네 글자가 있다.

"법문은 다함이 없고 중생은 끝이 없으니 상을 취하여 닦으면 다생에 피곤하고 싫증난다. 싫증나면 이승으로 물러나서 떨어지며, 만일 애착하는 견해 없이 수행하면 피곤이나 싫증이 없게 된다. 피곤함이 없다면 불과佛果는 먼 것이 아니니, 하물며 나의 몸에서이겠는가."[197]

[13b12] ○言則得三昧名無礙眼等者, 下《疏》釋云: "略有三義; 一能見離障故, 二所見無擁故, 三一具多用故, 雖具此能而無見相, 故名三昧." ○言得此三昧至而爲莊嚴者,[198] 正明天[199]眼用也. ○言及亦聞彼至悉皆解了者, 天耳用也, 亦能觀察至

---

196   《華嚴經》권제61〈入法界品〉第39-2(T10, 331b)의 내용이다.

197   《大疏》권제55(T35, 919b)의 내용이다.

198   底本에는 없음.《金澤寫本》참조 보충.

199   底本에는 없음.《金澤寫本》참조 보충.

諸根心欲者, 他心用也. ○言亦能憶念至十種辯才者, 宿住用也.

○ '곧 삼매를 얻으니 이름이 무애안견(일체불경계)' 등이라고 한 것은 아래《疏》[200]에서 해석하여 "간략히 세 가지 뜻이 있다. 첫째는 능견能見이 장애를 떠난 것이고, 둘째는 소견所見이 막힘이 없는 것이며, 셋째는 하나가 여럿의 작용을 갖춘 것이다. 비록 이 능력을 갖추면서도 견상見相이 없기 때문에 '삼매'라고 이름한다"고 하였다.

○ '이 삼매를 얻어 … 장엄함을 보며'라고 한 것은 바로 천안통天眼通의 작용을 설명한 것이다.

○ '또한 저 (제불 여래의 갖가지 음성으로 제법을 연설하는 것을) 듣고 … 모두 다 이해하였다'라고 한 것은 천이통天耳通의 작용이다. '또한 (저 세계의 일체 중생의) 근기들의 심욕을 관찰하였다'란 타심통他心通의 작용이다.

○ '또한 (저 세계의 일체 중생의) … 열 종류 변재를 억념하며'라고 한 것은 숙주통宿住通의 작용이다.

[13b18] ○言又卽成就至一切佛法者, "通[201]顯多門, 上一定之用旣爾, 多門無盡例然. 此顯圓敎攝根, 創立大心, 乃得十地之後十通之用, 以始攝終故, 如〈初發心功德品〉等辨."

---

200   《大疏》권제55(T35, 0919c)이다.

201   《金澤寫本》에는 "遍+通"으로 되어 있다.《大疏》참조 그대로 둠.

○ '또, (10천 보리심과를) 성취해서 … 일체 불법을 (구족되게 성취하였다)'라고 한 것은 "통틀어 여러 문을 드러낸 것이니, 위의 하나의 선정 작용이 이미 그렇다면 여러 문이 다함이 없는 것도 다 그렇다. 이것은 원교가 근기를 섭수하는 데에 대심大心을 창립해서 이에 십지十地 이후 십통十通의 묘용을 증득한 것을 드러내니, 시작으로 끝을 섭수하기 때문이다. 〈초발심공덕품〉 등에서 변별한 것과 같다."[202]

5) 지혜를 이루는 이익을 밝힘(明成智益)

[13b22] [《疏》] 啓明東廟者, 卽啓菩提智明也. 此菩提心, 爲當何位? 善財童子, 爲聖爲凡? 古有多釋; 一云, 地上菩薩, 一云, 地前賢人. 一云, 通二地前地上二位中收. 此上諸釋, 皆非正義. "故賢首云: '應是善趣信行中人, 依圓教宗, 有其三位; 一見聞位, 卽是善財, 次前生身, 見聞如是普賢法故. 成解脫分善根, 如前嘆德中辨. 二是解行位, 頓修如此五位行法. 如善財童子, 此生所成. 至普賢位是. 三證入生, 卽因位窮終, 沒同果海. 善財來生是也. 若爾定是何位? 謂以在信是信位, 在住是住位. 一身歷五位, 隨在卽彼收, 以遍[203]一切故, 如普賢位.' 此之一解, 甚順經宗." 疏主自云: "謂歷位而修, 得見普賢, 一時頓具, 地獄天子尙三重頓圓, 何以善財, 尅定時分[204]等?" 此意, 行則漸修, 位卽頓證. 是今義矣.

---

202   《大疏》권제55(T35, 0919c)의 내용이다. 또, 《探玄記》(T33, 0452c)에 나온다.

203   底本 및 《金澤寫本》에는 "通", 《大疏》 참조 수정.

204   《大疏》권제55에는 "時分"이 "初地"로 되어 있다.

[소] '(복성) 동쪽 (대탑)묘에서 열어 밝힌 것'이라는 것은 보리 지혜를 열어 밝힌 것이다. 이 보리심은 어느 계위에 해당하는가? 선재동자는 성인인가, 범부인가? 예전에 여러 해석이 있었다. 일설은 지상地上 보살이라고 하고, 일설에는 지전地前 현인이라고 하며, 일설은 둘에 통하여 지상과 지전의 두 계위에 거둬진다고 하였다. 이상의 해석들은 모두 바른 뜻이 아니다.

그러므로 "현수는 '(선재동자는) 신행에 잘 취향한 사람일 것이다. 원교의 종지에 의거하면 그 3위가 있다. 첫째는 견문위이니, 곧 선재가 바로 전생에 이와 같은 보현보살의 법문을 견문하였기 때문에 해탈분의 선근을 성취한 것이다. 앞의 〈덕을 찬탄한 문〉에서 변별한 것과 같다. 둘째는 해행위이다. 이와 같은 다섯 계위의 행법을 단박에 닦는 것이니 선재동자가 이번 생에 성취시킨 것과 같으니 보현위에 도달한 것이 이것이다. 셋째는 인위가 끝까지 다하여 과해果海에 녹아들어 같아지는 것이다. 선재동자의 내생이 이것이다.

묻는다. 만약 그렇다면 결정코 어떤 계위인가?

답한다. 말하자면 신심(信)에 있을 때는 신위信位이고, 주심(住)에 있을 때는 주위住位이다. 일신에 다섯 계위를 경력하여 있는 곳에 따라 그것에 거둬져 일체에 변만하기 때문이니, 보현의 지위와 같다'고 하였는데 이 한 견해가 경의 종지에 매우 수순한다"[205]고 하였으며, 소주疏主 자신은 "말하자면 계위를 경력하면서 수행하고, 보현보살을 친견하게 되면서 일시에 단박에 갖춰진 것이다. 지옥천자도 오히려 3중으로 한꺼번에

---

205   《大疏》권제55(T35, 921a12)의 내용이다.

원만해졌는데 어떻게 선재동자를 시분 등으로 확정하겠는가"[206]라고 하였다. 이 의미는 수행은 점차로 닦지만 계위는 단박에 증득된다는 것이니 지금의 뜻이다.

[13c11] [《鈔》] 至福城東者, "其城居人多有福德, 故曰福[207]城, 城表防非. 東爲群方之首, 亦啓明之初, 表順福分善入道初故, 又表福智入位本故."

[초] '복성 동쪽에 이르러'라는 것은 "그 성에 거주하는 사람들이 대부분 복덕이 많았으므로 '복성'이라고 한다. 성은 그릇됨을 방어하는 것을 표시한다. 동쪽은 여러 방향의 머리이며 열어 밝힘의 처음이기도 하니, 복덕분의 선근에 수순하는 것이 도에 들어가는 처음임을 표시하고, 또 복덕과 지혜가 계위에 들어가는 근본임을 표시한 것이다."[208]

[13c13] ○住莊嚴幢娑羅林者, "此云高遠, 以林木森聳故, 表當起[209]萬行莊嚴摧伏[210]故."

○ '장엄당의 사라수림에 머문다'는 것은 "이곳 말로는 '고원高遠'이니, 숲의 나무들이 빽빽하고 우뚝하기 때문이다. 만 가지의 행을 일으켜 장엄

---

206   《大疏》권제55(T35, 921a21)의 내용을 요약 정리한 것이다.

207   底本에는 "德",《大疏》및《金澤寫本》참조 수정.

208   《大疏》권제55(T35, 919c16)의 내용이다.

209   底本에는 "趣",《大疏》및《金澤寫本》참조 수정.

210   底本 "摧伏"의 2자가 없다.《大疏》및《金澤寫本》참조 보충.

최복임을 표시한다."[211]

[13c15] ○大塔廟者, "卽歸宗之所. 日照三藏云: '此城在南天竺, 城東大塔廟, 是古佛之塔. 佛在世時, 已有此塔.' 三藏親到其所, 其塔極高大, 東面鼓樂供養, 西面不聞. 於今現在. 此處居人, 多唱善財歌詞. 此城內人, 並有解脫分善根, 堪爲道器. 此表所依法界本覺眞性, 諸佛同依. 故云往昔諸佛曾所止住等."

○ '대탑묘'는 "귀의하여 종조로 하는 곳이다. 일조日照삼장이 말하였다. '이 성은 남천축국에 있다. 성 동쪽의 대탑묘가 고불의 탑이다. 부처님께서 살아계실 때 이미 이 탑이 있었다.' 삼장이 친히 그곳에 가봤는데 그 탑은 매우 높고 커서 동쪽 측면에서 음악을 연주하여 공양하면 서쪽 측면에서는 들리지 않는다. 지금까지 현존한다. 이곳에 사는 사람들은 대부분 선재동자의 가사를 부른다. 성 안 사람들은 모두 해탈분의 선근이 있어 도기道器를 감당할 수 있다. 이것은 의지하는 바 법계본각진성法界本覺眞性은 모든 부처님이 똑같이 의지한다는 것을 표시한다. 그러므로 예전에 제불이 일찍이 멈추어 머물던 곳 등이라고 한 것이다."[212]

[13c21] ○言五百優婆塞等者, 表五位證入故.

○ '오백 우바새優婆塞'라는 말은 다섯 계위로 증입함을 표시한 것이다.

---

211   《大疏》권제55(T35, 919c19)의 내용이다.
212   《大疏》권제55(T35, 919c20)이다.

[13c21] ○言別觀善財者, "解心順理曰善, 積德無盡曰財. 知其不群, 特迴聖眷."

○ '별도로 선재를 관찰하시어'라고 한 것은 "마음을 알고 이치에 수순하는 것을 '선善'이라고 하며, 덕을 쌓은 것이 다함이 없는 것을 '재財'라고 한다. 그가 무리 짓지 않은 줄 알고 특별하게 성현의 권속으로 돌린 것이다."[213]

[13c23] ○言又令憶念過去善根者, "令憶宿善, 使不自輕故."

○ '또 과거의 선근을 억념憶念하게 하고'라고 한 것은 "숙세의 선근을 억념하게 하여 스스로 가볍게 여기지 않게 한 것이다."[214]

[13c24] ○言隨文殊師利而說偈言等者, "同飡妙旨, 獨穎眾流, 重法隨師, 說偈求度." 故彼偈云: "三有爲城塹, 憍慢爲垣墻, 諸趣爲門戶, 愛水爲池塹. 願輪大悲轂, 信軸堅忍[215]轄, 功德寶莊校, 令我載此乘."

○ '문수사리보살을 따라 게송을 설하였다' 등이라고 한 것은 "묘한 지취를 똑같이 먹고 중다한 흐름에서 홀로 영특하며 법을 소중히 여기고, 스승을 따라 게송을 설하여 바라밀을 구한다."[216] 그러므로 저 게송에

---

213   《大疏》권제55(T35, 920c15)의 내용이다.
214   《大疏》권제55(T35, 920c25)의 내용이다.
215   底本 및《金澤寫本》에는 "固",《華嚴經》참조 수정.
216   《大疏》권제55(T35, 920c27)의 내용이다.

서 "삼유三有는 성곽이 되고, 교만은 담장이 되며, 여러 갈래 길은 문호
가 되고, 탐애의 물은 해자가 되었네. 서원은 바퀴, 대비는 속 바퀴, 신심
은 굴대, 견고한 인내는 비녀장, 공덕 보배로 잘 꾸미시니 그 수레에 나
를 태워 주소서"[217]라고 한 것이다.

[14a04] ○言一百一十由旬者, 爲表十地及等覺地一一, 皆具諸地功德. 或不分等
覺, 卽開十信, 進退皆表一百一十也. 始信該於極果, 故曰遙申, 隨順行成, 故曰右
手.

○ '일백십 유순由旬'이라고 한 것은 십지十地와 등각等覺은 낱낱 지地마
다 모두 여러 지의 공덕을 갖추고 있음을 표시하기 위해서이다. 혹은 등
각을 분리하지 않고 곧 십신을 분리해낸 것이니, 나아가든 물러나든 모
두 '일백십'을 표시한다. "처음의 신심이 지극한 과를 포괄하므로 '멀리
펼쳤다'고 하며, 수순하는 행으로 성취하므로 '오른손'이라고 한다."[218]

[14a07] ○言若離信根至之所憶念者, "九句經文, 前七闕因; 一闕行本故, 二求小
故心劣, 處生死而憂悔, 三橫不具, 四竪不進, 五滯一善, 六不廣求, 七不起無住行
願. 後二闕緣. 後不能了下, 有十五句, 前五, 約所知理事, 後十, 約能知分齊. 例前
諸文思之."

---

217   《華嚴經》권제62 〈入法界品〉 第39-3(T10, 332c17)의 게송이다.
218   《大疏》권제60(T35, 960a24)의 내용이다.

○ '만일 신근信根을 떠나면 … (여래의) 억념하는 바가 (되지 못하고)' 라고 한 것은 "9구절 경문에 앞의 7구절은 인이 결여된 것이다. 첫째는 행의 근본이 결여되었기 때문이요, 둘째는 소승을 구하기 때문에 마음이 하열하여 생사에 처하면서 근심함이요, 셋째는 공간(橫)적으로는 구비하지 못함이요, 넷째는 시간(竪)적으로는 나아가지 못함이요, 다섯째는 한 가지의 선근에 막힘이요, 여섯째는 광대하게 구하지 못함이요, 일곱째는 머무름이 없는 행원을 일으키지 못함이다. 뒤의 두 구절은 연이 결여된 것이다. 뒤에 '분명하게 알지 못하고' 아래는 15구절이 있다. 앞의 다섯 구절은 소지所知의 이理·사事에 한정하였고, 뒤의 10구절은 능지能知의 분제에 한정하였다.[219] 앞의 여러 문장을 준례하여 생각하라."[220]

6) 지위를 이루는 이익을 밝힘(明成位益)

[14a13] 《疏》 寄位南求者, 寄位即是寄位[221]修行相也. 寄者託也, 依附之義. 位者次也, 階降之義. 斯則行布圓融, 寄漸顯頓, 寄人顯法, 寄相顯性也. 下《疏》云: "且依古德, 配爲五相; 謂初,[222] 四十一人名寄位修行相. 寄四十一位,[223] 依人求解

---

219 如是法性·如是理趣·如是法門·如是所行·如是境界·(如是住處)과 若周遍知·若種種知·若盡源底·若解了·若趣入·若解說·若分別·若證知·若獲得인데, 위의 5구는 6구로, 10구는 9구로 되어 있다. 경문과 소문·초문을 모두 검색해도 위는 6구 아래는 9구가 된다.

220 《大疏》권제60(T35, 0960b)의 내용을 정리한 것이다.

221 底本에는 없음.《金澤寫本》참조 보충.

222 底本 및《金澤寫本》에는 없음.《大疏》참조 보충.

223 《大疏》에는 "人"으로 되어 있다.

顯修行故. 二, 從摩耶下九會十一人, 明會緣入實相. 卽會前住等, 成普別兩行, 契證法界故. 初得幻智, 後得幻住, 該於中間, 如幻之緣, 入一實故. 三, 慈氏一人名攝德成因相. 會前二門之德, 竝爲證入之因故, 故法門名三世不忘念, 則攝法無遺.[224] 四後文殊, 名智照無二相. 謂行圓究竟, 朗悟在懷, 照前行等, 唯一圓智, 更無前後, 明昧等殊故. 五普賢一人, 名顯因廣大相. 始覺同本, 圓覺現前, 稱周法界, 無不包含故. 其後四相, 亦得稱爲寄位, 前三義同等覺故. 摩耶·慈氏竝入重玄之門, 文殊表菩薩地盡, 心無初相. 普賢義同妙覺, 纔見普賢, 便等佛故. 今從別義, 且爲五相. 此五亦是菩薩五種行相; 一高行,(歷位上昇.) 二大行,(同入一實) 三勝行,(具上廣大, 成補處因.), 四深行,(般若絶相) 五廣行.(一一稱性[225]) 然南者, 古有五[226]義; 初一約事, 謂擧一例諸, 一方善友已自無量, 況於餘方? 餘四約表; 二者明義, 表捨暗向智故. 南方之明, 萬物相見, 聖人南面聽政,[227] 蓋取於此. 三中義, 離邪僻東西二邊, 契中正之實道故. 四生義, 南主其陽, 發生萬物, 表善財增長行故, 北主其陰, 顯示滅義故, 世尊涅槃, 金棺北首. 五隨順義, 背左向右, 卽隨順義, 以西域風俗城邑蘭宅皆悉東向故. 自東之南, 順日月轉, 顯於善財隨順教理故. 此五義中, 初一則通, 次一後二, 地前表之[228], 契中道義, 地後表之. 亦通地前, 正證離相. 地中不以南表, 地後顯於業用, 不同地中. 後文殊有示無方, 表於般若加行, 有修[229]正證無二故. 普賢無方無示, 表法界普周故. 有人唯取隨順一義, 非前諸釋. 謂正明之義, 出此方故. 寧知西域南非明等, 況通方之說言旨多含?" 故通五義矣.

224　底本 및《金澤寫本》에는 "邊",《大疏》참조 수정.

225　底本에는 "性稱",《金澤寫本》참조 도치.

226　底本 및《金澤寫本》에는 "多",《大疏》참조 수정.

227　底本에는 "聽政"의 2자가 없다.《金澤寫本》및《大疏》참조 보충.

228　底本에는 없음.《大疏》및《金澤寫本》참조 보충.

229　《大疏》에는 "行"으로 되어 있다.

[소] '지위에 기탁하여 남쪽으로 구하여 가니'는 지위에 기탁함은 지위에 의탁하여 수행하는 상이다. 기탁은 의탁함이니 의지하여 부치는 뜻이다. 계위는 차례이니 오르고 내리는 뜻이다. 이것은 곧 항포와 원융으로 점차에 기탁해서 단박을 드러내고, 사람에 의탁해서 법을 드러내며, 상에 의탁해서 성을 드러내는 것이다.

아래《소》[230]에서 "우선, 고덕이 다섯 가지의 상(五相)으로 배대한 것에 의거해 보면, 첫 번째 상은 마흔한 분의 선지식은 '지위에 의탁하여 수행하는 상(寄位修行相)'이라고 이름한다. 41지위에 의탁하고 사람에 의지하여 이해를 구하고 수행을 드러내기 때문이다.

두 번째 상은 마야부인 이하부터 9회에 열 한분의 선지식은 '연緣을 모아 실제에 들어가는 상(會緣入實相)'을 밝힌 것이다. 즉 앞의 주住 등을 모아 보행普行과 별행別行의 두 가지 행을 성취하고 법계에 계합하여 증득하기 때문이며, 처음에 환지幻智를 얻고 뒤에 환주幻住를 얻으며, 중간의 여환如幻의 연을 포괄해서 하나의 실제에 들어가기 때문이다.

세 번째 상은 자씨미륵보살 한 분의 선지식은 '덕을 거둬 인을 이룬 상(攝德成因相)'이라고 한다. 앞 두문의 덕을 모아 아울러서 증입하는 인을 삼기 때문이다. 그러므로 법문의 이름이 '삼세불망념'이니, 법을 거둬 빠뜨림이 없는 것이다.

네 번째 상은 뒤의 문수보살은 '지혜와 관조가 둘이 없는 상(智照無二相)'이라고 한다. 말하자면 수행이 원만하고 구경하여 밝은 깨달음이 마음에 있어서 앞의 행 등이 오직 하나의 원만한 지혜이고, 다시 전후라

---

230   《大疏》권제55(T35, 0918b)이다.

든가 어둡고 밝다든가 하는 차이가 없음을 비추기 때문이다.

다섯 번째 상은 보현보살 한 분의 선지식은 '인이 광대함을 드러낸 상(顯因廣大相)'이라고 한다. 시각이 본각과 같고, 원각이 현전하여 법계에 걸맞게 주변하여 포함하지 않는 것이 없기 때문이다.

뒤의 네 가지 상을 또한 '기위寄位'라고 일컬을 수 있다. 앞의 셋은 뜻이 등각과 같기 때문이니, 마야부인과 자씨미륵보살은 함께 중현重玄의 문에 들어가며, 문수보살은 '보살지가 다했음'을 표시하니 마음에 초상初相이 없으며, 보현보살은 뜻이 묘각과 같으니 보현보살을 보자마자 바로 부처와 같아지기 때문이다. 여기선 별행의 뜻에 나아가서 우선 5상을 삼은 것이다.

이 다섯 가지는 또한 보살의 다섯 종류의 행상이다. 첫째는 고행高行이요(지위를 경력하여 상승한다), 둘째는 대행大行이요(하나의 실제에 똑같이 들어간다), 셋째는 승행勝行이요(위의 광대함을 갖춰 보처의 인행을 성취한다), 넷째는 심행深行(반야로 상을 끊는다), 다섯째는 광행廣行이다(낱낱이 성에 걸맞다)."

"그러나 남쪽은 예부터 다섯 가지의 뜻이 있다. 처음 한 가지 뜻은 사법에 한정한 것이니, 말하자면 하나를 들어서 여럿을 준례하는 것이다. 일방의 선우가 자체적으로 무량한데 하물며 나머지 방이겠는가. 나머지 네 가지의 뜻은 표시에 한정하였으니, 둘째는 정명正明의 뜻이니, 어둠을 버리고 지혜로 향함을 표시한 것이다. 남방의 밝음으로 만물이 상견하고, 성인이 남면하여 정사政事를 듣는 것은 대개 이 뜻을 취한 것이다. 셋째는 중정中正의 뜻이니, 삿되고 치우친 동서 양변을 떠나 중정의 진실한 도에 계합하기 때문이다. 넷째는 발생發生의 뜻이니, 남쪽이 양기를 주관하여 만물을 발생시키는 것이 선재동자가 수행을 증장시키는 것을 표시하기 때문이다. 북쪽은 음기를 주관하여 소멸하는 뜻을 현시하기 때문에 세존께서 열반하실 때 금관의 북쪽을 향한 것이다. 다섯째는 수순隨順의 뜻이니, 왼쪽을 뒤로하고 오른쪽으로 향하는 것이 수순의 뜻이다. 인도의 풍속에 성읍과 동산과 주택은 모두 다 동쪽을 향하기 때문이며, 동쪽에서 남쪽으로 가는 것이 일월에 수순하여 도는 것이니, 선재동자가 교리에 수순함을 현시하기 때문이다.

이 다섯 가지의 뜻에서 첫 번째 하나는 공통적이고, 그 다음 하나와 뒤의 둘은 십지 이전(地前)을 표시한다. 중도의 뜻에 계합하는 것은 십지 이후(地後)를 표시하며, 또한 십지 이전의 상을 여읨(離相)을 증득한 것에도 통한다. 지중地中은 남쪽으로써 표시하지 않고, 십지 이후는 업용을 현시하여 지중과는 다르다. 뒤의 문수는 보임은 있고 방소方所는 없으니, 반야의 가행加行에는 수행과 증득이 둘이 없음을 표시하기 때문이며, 보현은 방소도 없고 보임도 없으니, 법계에 널리 주변함을 표시하기 때문이다. 어떤 사람은 오직 '수순'의 뜻 한 가지만을 취하고 앞의 여러 해석은 아니라고 하였으니, 말하자면 '정명'의 뜻은 이 나라에서 나왔기 때문인데, 어찌 인도(西域)에서는 남쪽이 '정명' 등은 아닌 줄을 알겠는가. 하물며 통방通方의 말씀이어서 말의 취지를 많이 포함하고 있는 것이겠는가"[231] 그러므로 다섯 가지의 뜻에 통한다.

[14b20] [《鈔》] 時善財童子至敎化衆生等者, 自見己身等普賢化也.

---

231   《大疏》권제55(T35, 920a16~)의 내용이다.

[초] '그때 선재동자가 … 중생을 교화함을 (보았다)'는 스스로 자신의 몸이 보현보살과 똑같이 교화하는 것을 본 것이다.

[14b21] ○言不於此刹沒彼刹現者, "(以沒現相, 如法性故, 此彼相卽故.)"

○'이 국토에서 없어지지 않고 저 국토에서 나타난다'고 한 것은 "(없어지고 나타나는 상이 법성과 같기 때문이며, 피차가 상즉하기 때문이다.)"[232]

[14b22] ○言與普賢等者, 等因圓也.

○ '보현보살과 똑같았다'고 한 것은 인因이 원만한 것이 똑같은 것이다.

[14b22] ○與諸佛等者, 等果滿也.

○ '제불과 똑같았다'는 과果가 만족된 것이 똑같은 것이다.

[14b23] ○一身充滿至悉皆同等者, 別顯等相. 若依通相, 義當等覺, 離言不可說故.

○ '일신이 (일체 법계에) 충만하여 … 모두 다 동등하였다'는 별도로 동등한 상을 드러낸 것이다. 만일 통상에 의거하면 뜻이 등각에 해당하니, 말을 떠나 있어 설할 수 없기 때문이다.

---

232 《大疏》권제60(T35, 962a03)의 내용이다.

8) 행원行願을 성취하는 이익을 밝힘(成就行願益)

[14c01] 《疏》盡眾生之願門者, 問: 眾生當有成佛盡時不? 設爾何失? 二俱有過. 若云有盡, 而生界便減,[233] 佛界便增. 又違《十地經》云: "若眾生界盡, 我願乃盡, 而眾生不可盡故, 我此大願善根, 無有窮盡." 又如來利他功德, 亦有盡時. 是知最後眾生, 定不成佛. 從初發心, 都無所化, 入聖眾生, 利他行闕, 因行不圓, 豈得成佛. 若云不盡, 盡眾生之大願, 但當虛發. 又違《涅槃經》: "凡是有心, 定當作佛." 盡法界內, 頗有一生無佛性耶? 既是有性, 遲速縱異, 寧有一生不成佛耶? 勿謂新新續起眾生, 是則眾生有始. 故《仁王經》云: "三界外有別眾生始起者, 是外道《大有經》說." 勿謂成佛已後再作眾生. 良以金無重礦, 佛無再生, 無明既盡, 無重生理故. 龍樹名爲無始有終住地. 由此得知, 進退非理. 今謂通云: 如世一人得長生術, 飛行自在, 踊在虛空.(如有一人已成佛道.) 應問, 彼人之西, 虛空多耶? 彼人之東, 虛空多耶? 答: 不可論其多少. 何以故? 虛空無邊故.(應問, 此佛之前, 成佛者多耶? 此佛之後, 未成佛者多耶? 答: 不可論其多少. 何以故, 生佛無邊故.) 此人用神通力, 往東而行, 一彈指頃, 越過百千萬里虛空.(此佛運慈悲力, 一念化了, 百千萬類眾生, 皆成佛道.) 是則此人不老不死, 亦不暫住. 如是而行, 盡未來際. 頗有東方一界虛空, 此人不過越耶?(是則此佛不遷不減, 亦不暫住. 如是而化, 盡未來際. 頗有一眾生, 此佛不化令成佛耶?) 應知東方界界[234]虛空, 彼人皆可越在西方.(應知眾生一一皆可化度, 令成佛道.) 雖盡未來如是而行, 豈行盡東方虛空耶?(雖盡未來如是而化, 豈化盡眾生耶?) 何以故, 虛空無邊故.(何以故? 眾生無邊故.) 勿謂東方新生虛

---

233   底本에는 "減",《金澤寫本》참조 수정.

234   底本에는 "界",《金澤寫本》"界+界"로 보충.

空. 勿謂已越西方虛空, 還來東方.(勿謂眾生新生, 勿謂已成佛道, 還作眾生.) 縱行
無量劫, 終不可說彼人之西虛空多彼人之東虛空少(縱化無量劫, 終不可說, 已成
佛者多, 未成佛者少.) 是故諸難一時頓盡. 更請研尋, 尤增義味.

[소] '중생이 다하도록'이라는 서원문'은, 묻는다. 중생이 당래에 성불하
여 다하는 때가 있는 것인가? 설령 그렇더라도 무슨 잘못이 있겠는가?
둘 다 과실이 있다. 만일 다함이 있다고 하면 중생계가 감소하고 불계가
증가할 것이다. 또,《십지경》에서 "중생계가 다한다면 나의 서원도 다하
겠지만 중생계가 다하지 않기 때문에 나의 이 대원 선근도 다하여 끝남
이 없다"[235]라고 설한 것에도 어긋난다. 또, 여래의 이타공덕도 다할 때
가 있게 된다. 이로서 최후의 중생은 결정코 성불하지 못한다는 것을
알 수 있다. 초발심부터 교화 받을 중생이 전혀 없다면 성현에 들어간
중생은 이타행이 결여되어 인행이 원만하지 못할 것이니 어찌 성불할
수 있겠는가?

　만일 다하지 않는다고 한다면 '중생이 다하도록'이라는 대원은 다만
허망한 발원이 될 것이다. 또,《열반경》에서 "무릇 마음이 있으면 결정코
부처가 될 것이다"[236]라고 한 것에도 어긋난다. 온 법계 안에 불성이 없
는 중생이 한 명이라도 있는가. 성품이 있다고 하면 더디거나 빠른 차
이는 나더라도 어찌 성불하지 못하는 중생이 한 명이라도 있겠는가. 새
롭게 연속해서 중생이 일어난다고 여기지 말라. 이렇다면 중생이 시작

235　　《華嚴經》권제34 〈十地品〉 제26-1(T10, 182b15)을 요약해서 인용한 것이다.
236　　《大疏》권제2(T35, 512a16)에서 인용한 듯하다.

이 있는 것이다. 그러므로 《인왕경》에서 "삼계 밖에 따로 중생이 시작된다고 하는 것은 외도의 《대유경》에서 설한 것이다"[237]라고 하였으니, 성불한 이후에 다시 중생이 된다고 여기지 말라. 진실로 금은 거듭 광석이 되는 일이 없고, 부처는 다시 중생이 되는 일이 없다. 무명이 다했다면 중생으로 거듭될 리가 없기 때문이다. 용수보살은 시작은 없고 끝은 있는 주지住地라고 이름 하였다. 이로서 진퇴에 모두 이치가 아닌 것을 알 수 있다.

답한다. 이제 소통해서 말하겠다. 마치 세상에 어떤 한 사람이 장생술을 터득해서 비행이 자재하여 허공으로 뛰어올랐다면(마치 어떤 한 사람이 불도를 성취한 것과 같다), 그에게 '당신의 동쪽에 허공이 많습니까, 당신의 서쪽에 허공이 많습니까?' 하고 물으면 '많고 적음을 말할 수가 없다'고 대답할 것이다. 왜냐하면 허공은 무변하기 때문이다('이 부처님 이전에 성불한 자가 많습니까, 이 부처님 이후에 성불하지 못한 자가 많습니까?' 하고 물으면 '다소를 말할 수가 없다'고 대답할 것이다. 왜냐하면 중생과 부처는 무변하기 때문이다).

이 사람이 신통력을 써서 동쪽으로 가서 한 손가락 튕기는 순간에 백 천만 리의 허공을 지나갔다면(이 부처님이 자비력을 운용하여 일념에 교화하여 마치고, 백 천만 부류의 중생이 모두 불도를 이룬다), 이렇다면 이 사람은 늙지도 죽지도 않고 또한 잠시 머무르지도 않는다. 이와 같이 미래제가 다하도록 간다면 동방 한 세계의 허공이라도 이 사람이 지나치지 못한 곳이 있겠는가(이렇다면 이 부처님은 옮겨가지도 소멸하지도 않고 또한 잠시 머무

---

237 《仁王般若波羅蜜護國經》〈菩薩行品〉 권제3(T08, 836c28)의 내용이다.

르지도 않는다. 이와 같이 교화하여 미래제가 다한다면 어떤 한 중생이라도 이 부처님이 교화하여 성불하게 하지 못한 이가 있겠는가).

동방 세계 세계의 허공을 저 사람이 모두 지나쳐서 서방에 있을 수 있다는 것을 알아야 한다(중생마다 모두 교화 제도되어 불도를 이루게 됨을 알아야 한다).

비록 미래세가 다하도록 이와 같이 가더라도 어찌 동방 허공을 다 지나가겠는가(비록 미래제가 다하도록 이와 같이 교화할지라도 어찌 중생을 교화하여 다 할 수 있겠는가). 왜냐하면 허공이 무변하기 때문이다(왜냐하면 중생이 무변하기 때문이다).

동방에 허공이 새로 생긴다고 여기지 말며, 서방 허공을 지나쳐서 다시 동방으로 온다고 여기지 말라(중생이 새로 생긴다고 여기지 말며, 불도를 성취하고 나서 다시 중생이 된다고 여기지 말라).

무량겁토록 지나간다하더라도 끝내 그 사람의 서방 허공이 많고 그 사람의 동방 허공은 적다고 말할 수 없다(무량겁토록 교화하더라도 끝내 성불한 자가 많고 성불하지 못한 자가 적다고 말할 수 없다). 그러므로 모든 논란이 일시에 한꺼번에 없어진다. 다시 연구하여 숙고해 보라. 의미가 더욱 증가할 것이다.

제9장 | 만나게 됨을 감사하고 경축함(感慶逢遇)

2. 만남에 감사함을 바로 밝힘(正明感遇)

1) 시간을 축하함(慶時)

[15a05] [《鈔》] 明時難遇者, "《十地論》云: '是中時者, 無八難故. 如偈說; 〈如王懷憂惱, 病恚著諸欲, 嶮處無侍衛, 讒[238]佞無忠臣. 如是八難時, 智臣不應語, 心王亦如是, 非時不應說.' 釋曰: 論但有偈, 更無解釋. 今當釋之. 前一偈半是喩, 但半偈合. 王喩衆生, 於所說法取捨自在故. 一如人煩惱, 言不入心. 衆生憂惱, 法不入心. 二病苦, 喩衆生有苦, 法不入心. 三恚, 四欲, 可知. 五嶮處喩八難處. 六無善法爲侍. 七近惡友讒佞. 八無善友忠臣. 此八皆爲說法之難." 今時反此, 故云難遇.

[초] '밝은 때는 만나기 어려운데'란 《십지론》에서 '여기서 때는 팔난八難이 없기 때문이다. 게송에서 설한 것과 같다. 〈왕이 근심과 고뇌를 잔뜩 안고서, 병들고 성난 마음으로 온갖 욕심 집착하면, 험난한 곳에서도 시종할 사람이 없고, 아첨하는 간신은 많아도 충신이 없듯이, 이와 같이 팔난이 있을 때, 지혜로운 신하는 말하지 않나니, 심왕도 또한 이러하여, 때가 아니면 말하지 않는다네〉'라고 하였고, 해석에는 《십지론》

---

238   底本에는 "纔", 《金澤寫本》 및 《藏經書院本》 참조 수정.

에는 게송만 있고 해설은 없다'고 하였다.

이제 해석해 보겠다. 앞의 한 게송 반은 비유이고, 반 게송만이 법이다. 왕은 중생을 비유한다. 설해진 법에 대해 취사가 자재하기 때문이다. 첫째는 사람이 근심하고 고뇌할 때 말이 마음에 들어가지 못하듯이, 중생이 근심할 때 법이 마음에 들어가지 못한다. 둘째는 병고는 중생에게 고통이 있으면 법이 들어가지 못함을 비유한다. 셋째 진애와 넷째 애욕은 알 것이다. 다섯째는 험난한 곳은 '팔난처'를 비유한다. 여섯째는 선법의 시중이 없고, 일곱째는 악우의 아첨을 가까이 하고, 여덟째는 선우인 충신이 없다. 이 여덟 가지가 모두 설법의 어려움이 된다."[239] 지금 시기는 이와 반대이므로 '만나기 어렵다'고 한 것이다.

[15a14] ○言今値聖明天子者, 卽唐德宗皇帝也.

○ 이제 거룩하고 총명한 천자를 만나서'라고 한 것은 당나라 덕종德宗 황제이다.

[15a15] ○言敷陳五教者, 或五經之教, 或五常[240]之教, 或小·始等五教也.

○ '5교五教를 펼치고'라고 한 것은 '오경五經'의 교이거나 '오상五常'의 교이거나 소승교·시교 등 '5교'이다.

---

239   《演義鈔》권제71(T36, 0570b)의 내용이다.
240   底本에는 "帝",《金澤寫本》참조 수정.

[15a16] ○言學肆者, 肆陳也. 今時習學之處, 謂之學肆. 《周礼[241]》云: "司市常以陳肆辨物, 學中列書史, 如市陳列貨物也." 又《要覽》云: "因後漢張楷字公超, 學徒隨之, 所居爲市, 故今學處, 而稱肆焉."

○'학사學肆'라고 한 것은 늘어놓으며 진술하는 것이다. 요즘은 학문을 익히는 곳을 '학사'라고 한다. 《주례周禮》에서 "사시司市는 항상 물건을 진열해 놓아 가려내고, 학사에서 서書·사史를 늘어놓은 것이 마치 시장에서 화물貨物을 진열하는 것과 같은 것이다"라고 하였고, 또《요람要覽》에서 "후한의 장해張楷는 자가 공초公超인데, 학도들이 그를 따라와서 거처한 곳이 시장을 이루게 된 것으로 인하여 그래서 요즘 배우는 곳을 '사肆'라고 부른다"고 하였다.

2) 장소를 축하함(慶處)

[15a19] ○言諸佛祖師者, 出《佛名經》.

○'(문수대성은) 제불의 조사'라고 한 것은《불명경佛名經》에서 나온다.

[15a20] ○言大聖雖周法界者, 眞身寬遍也.

---

241   底本에는 "孔", 《金澤寫本》 참조 수정.

○ '대성이 비록 법계에 두루 하지만'이라고 한 것은 진신이 멀리 변만한 것이다.

[15a21] ○攝機長在此山者, 應身局處也.

○ '중생을 거두시며 오래도록 이 산에 계시니'는 응신이 구획하는 처이다.

[15a21] ○應感普周若百川影落, 應身寬遍也.

○ '감응이 널리 두루 하는 것이 온갖 하천에 그림자가 떨어지는 것과 같고'는 응신이 멀리 변만한 것이다.

[15a22] ○淸凉長在猶素月澄空, 眞身局處也, 意顯眞·應局無礙故.

○ '청량산에 오래도록 계신 것은 맑은 하늘에 밝은 달이 있는 것과 같다'는 진신이 구획하는 처이니, 의미는 진신과 응신의 구획이 무애함을 드러낸 것이다.

[15a23] ○言況大孚靈鷲標乎聖等之名等者, "案《感通傳》云: '今五臺山東南三十里, 現有大孚靈鷲寺, 兩堂舊迹猶存. 南有花園, 可二頃許. 四時發彩, 人莫究之.' 或云; 是漢明所立. 又云; 魏文所作. 互說不同如何會? 答: 俱是二帝所作. 周穆王時, 已有佛法. 此山靈異, 文殊所居. 周穆王, 於中造寺供養. 及阿育王亦依置塔. 漢明之初, 摩騰天眼亦見有塔, 請帝立寺. 山形似於靈鷲. 故號爲大孚靈鷲寺. 大

孚者弘信也. 帝信佛理, 立寺勸人. 花園今在寺前, 後之君王. 或改爲大花蘭寺. 至則天大聖皇后, 與于闐三藏, 譯《華嚴經》, 見菩薩住淸涼山, 因改爲大華嚴寺焉."

○ '하물며 대부영축大孚靈鷲으로 성스런 명칭을 표방하였거늘' 등이라고 한 것은 "《감통전感通傳》²⁴²을 살펴보면, '지금 오대산 동남쪽 30리쯤에 현존하고 있는 대부영축사大孚靈鷲寺는 두 개의 당이 옛 자취 그대로 있다. 남쪽에 화원이 있는데 이백 이랑 남짓하고, 사계절 화려하게 꽃이 피지만 사람들이 찾는 일이 없다'라고 하였다.

　묻는다. 어떤 이는 한나라 명제 때 세워진 것이라고 하고, 또 어떤 이는 위나라 문제 때 지었다고 한다. 서로 말이 다르니 어떻게 회통하겠는가?

　답한다. 두 황제가 지은 것이 모두 맞다. (서)주周의 목왕穆王²⁴³ 시절에 이미 불법이 있었고, 이 산은 신령하고 특이하여 문수보살이 상주하는 처소이다. 주나라 목왕이 그 속에 절을 짓고 공양을 올렸고, 아육왕도 의뢰하여 탑을 건립했다.²⁴⁴ 한나라 명제 초에 마등보살이 천안으로 이 탑이 있는 것을 보고, 황제에게 간청해서 절을 세웠는데 산의 모습이 영취산과 닮았으므로 '대부영축사'라고 불렀다. 대부는 크게 믿는 것이니, 황제가 불법을 믿었으므로 절을 세워 사람들을 권장한 것이다. 화원이 바로 절 앞에 있었으므로 후대의 군왕들이 '대화원사'라고 고쳤는

242　《律相感通傳》으로, 당 나라 때 終南山 沙門 釋 道宣이 찬술하였다.

243　西周 穆王 姬滿은 周의 제5대 왕(재위: 기원전977~922)이다.

244　아육왕은 고대 인도의 아소카왕으로, 통일한 閻浮提洲에 귀신의 무리에게 명령하여 9억 명의 사람이 사는 곳마다, 탑 하나를 세우게 했는데, 이렇게 해서 閻浮界 내에 8만 4천개의 탑이 세워졌다는 내용이 전한다.

데, 대성 측천황후에 이르러 우전于闐삼장[245]과 함께《화엄경》을 번역하면서 보살들이 청량산에 사는 것을 친견하고 인하여 '대화엄사'라고 고쳤다."[246]

3) 닦은 바를 축하함(慶所修)

[15b10] ○言不入餘人之手者,〈出現品〉經云: "不入餘眾生手, 唯除不思議乘菩薩也."

○ '다른 사람들의 손에 들어가지 않는다 하였는데'라고 한 것은《화엄경》〈여래출현품〉에 "(이 법문은) 다른 중생의 손에는 들어가지 않는다. 부사의승 보살만은 예외이다"[247]라고 하였다.

[15b12] ○言積行菩薩等者, 亦〈出現品〉, 如前《鈔》引.

○ '적행보살조차도 (미혹하였거늘)'이라고 한 것은 역시〈여래출현품〉이다. 앞의《초》에서 인용한 것과 같다.[248]

---

245   80권본《화엄경》을 번역한 唐의 실차난타를 말한다.

246   《演義鈔》권제76(T36, 601c04)의 내용이다.

247   《華嚴經》권제52〈如來出現品〉제37-3(T10, 277c01)이다.

248   《演義鈔》권제2(T36, 011a18)이다.

[15b13] ○言手舞何階者, 手舞之餘不能階及也. 手舞之言, "出《毛詩》序. 彼云: 情動於中, 而形於言. 言之不足, 故嗟嘆之. 嗟嘆不足, 故歌詠之. 歌詠不足, 不知手之舞之, 足之蹈之也."

○ '손을 흔들며 춤추는 것으로써 어찌 올라가겠는가?'라고 한 것은 손을 흔들며 춤추는 나머지로도 올라 다다를 수 없는 것이다. '손을 흔들며 춤춘다'는 말은 《모시毛詩》[249] 서문에 나온다. 거기서 "정이 마음속에 동하면 말로 형언하고, 말로는 부족하기 때문에 찬탄하며, 찬탄으로도 부족하기 때문에 노래 부르고, 노래 부르는 것으로도 부족하여 자기도 모르게 손을 흔들며 춤추고 발로 뛰는 것이다"[250]고 하였다.

---

249   《毛詩》는 春秋時代 魯國人 毛亨 일파가 남긴 《詩經》 판본이다.
250   《演義鈔》 권제46(T36, 359a02)이다.

제10장 | 명칭과 제목을 간략하게 해석함(略釋名題)

2. 경과 품의 제목을 쌍으로 해석함(雙釋二目)

1) 총 제목을 먼저 해석함(先釋總題)

간략히 여섯 대구로 해설함(六對)

(1) 총·별의 대구

[15b17] [《鈔》] 卽總·別一對者, 華字唯能嚴, 大方廣佛唯所嚴, 嚴字通能所故.

[초] '총목總目·별목別目의 일대一對'[251]라는 것은, '화華' 자는 오직 능엄能嚴일 뿐이고, '대방광불大方廣佛'은 오직 소엄所嚴일 뿐이며, '엄嚴' 자는 능엄·소엄에 통하기 때문이다.

각각 두 가지의 뜻으로 해설함(各以二義釋之)

(1) '대'의 두 가지의 뜻

[15b18] ○言無說者, 性無言故.

251 　'엄' 자는 總目이며, '엄' 위의 다섯 글자는 別目임을 말한다.

○ '말한 것이 없다'고 한 것은 성性은 말이 없기 때문이다.

[15b18] ○離說者, 忘[252]言方會故.

○ '말하는 것을 떠나 있다'는 것은 말을 잊어서야 비로소 회합되기 때문이다.

　(6) '엄'의 두 가지의 뜻

[15b19] ○言一以萬行飾其本體至非瑩不明者, 嚴飾法也, 修顯本果也, 依本智之理修也.

○ '첫째는 만행萬行으로 그 본체를 장엄하는 것이니 … 닦지 않으면 밝지 않다'[253]고 한 것은 법을 장엄해서 꾸미는 것이고, 수행하여 본래의 과를 드러낸 것이니, 본지本智에 의지하는 이수理修이다.

[15b20] ○二以萬行至琢玉成像者, 嚴成人也, 修生新果也, 而求佛智之事修也.

○ '둘째는 만행(공덕)으로 … 옥을 다듬어서 그릇을 만든다'[254]는 것은 장엄해서 사람을 이루는 것이고, 수행하여 새로운 과가 생기는 것이니,

---

252　底本에는 "應", 《金澤寫本》 참조 수정.
253　《演義鈔》 권제2(T36, 015a07)이다.
254　《演義鈔》 권제2(T36, 015a08)이다.

불지佛智를 구하는 사수事修이다.

[15b22] ○言又飾本體如鑄金成像者, 此喩金卽是像, 以表飾法卽是成人, 修顯卽是修生, 因與果一故.

○ '또 본체를 꾸미는 데 금을 주조해서 그릇을 만드는 것과 같다'[255]고 한 이 비유는 금이 그대로 그릇인 것으로써 법을 꾸미는 것이 그대로 사람을 이루는 것이며, 수행해서 드러난 것이 그대로 수행해서 생긴 것임을 표시한 것이니, 인이 과와 동일하기 때문이다.

[15b24] ○言以行成人如巧匠成像者, 下《鈔》云: "新佛·舊成, 曾無二體, 以報就法. 如出摸之像, 像本舊成, 故無二體. 言新成·舊佛, 法·報似分者, 以法就報. 如以金成像, 金像似分, 以有未成像金故, 今成像竟, 似分二矣. 前對是非異, 此對是非一, 非一卽非異, 故言似分, 意無二體." 此喩像卽是金, 以[256]表成人卽是飾法, 修生卽是修顯, 緣與[257]果異故. 或前據法頓成, 後約人漸成也.

○ '수행으로 사람을 이루는 것이 마치 솜씨 좋은 장인이 그릇을 만드는 것과 같다'[258]고 한 것은 아래《초》에서 "새로운 부처(新佛)와 오래전 성불(舊成)이 일찍이 두 개의 체가 없다'는 것은 보신으로써 법신에 나아

---

255 《演義鈔》 권제2(T36, 015a09)이다.

255 《演義鈔》 권제2(T36, 015a09)이다.
256 底本에는 "似",《金澤寫本》참조 수정.
257 底本에는 "爲",《金澤寫本》참조 수정.
258 《演義鈔》 권제2(T36, 015a10)이다.

간 것이니, 마치 틀에서 나온 형상은 모습이 본래 오래전에 이뤄진 것과 같으므로 두 개의 체가 없는 것과 같다. '새로 성불한 것(新成)과 옛 부처(舊佛)는 법신과 보신으로 나눠진 듯하다'라고 한 것은 법신으로써 보신에 입각한 것이니, 마치 금으로 그릇을 만들면 금과 그릇이 나눠진 듯하나, 아직 그릇을 만들지 않은 금이 있기 때문에 지금 그릇을 만드는 것이 끝나야 둘로 나눠진 듯이 하는 것과 같다. 앞의 대구는 다르지 않은 것이며, 이곳 대구는 동일한 것이 아니다. 동일하지 않은 것이 곧 다르지도 않은 것이니 그러므로 '나눠진 듯하다'고 말했지만 결국에는 두 개의 체가 없다"[259]고 하였다.

이 비유는 그릇이 그대로 금인 것으로써 사람을 이룸이 그대로 법을 꾸미는 것이며, 수행하여 생긴 것이 그대로 수행하여 드러난 것임을 표시한 것이니, 연緣이 과果와 다르기 때문이다. 혹은 앞은 법이 단박에 이뤄지는 것에 근거했고, 뒤는 사람은 점차로 이뤄지는 것에 한정한 것이다.

(7) '경'의 네 가지의 뜻

[15c07] ○言唯經擧四義者, 謂法也·貫也·攝也·常也.[260] 故《上生疏》云: "生資教攝, 永絶煩[261]籠, 理籍文貫, 長離散滅. 百靈常[262]軌, 千葉良規, 利物詮眞, 目

---

259   《演義鈔》권제79 (T36, 0614c)이다.

260   窺基撰述,《觀彌勒菩薩上兜率天經題序》(T38, 0272c13)에는 "經者, 攝也·貫也·常也·法也"의 차례대로 해설하고 있어 설명 순서가 조금 다르다. 따라서 '生資教攝'은 攝을 해설하는 구절이 되고, '利物詮眞'은 法을 해설하는 구절이 된다.

261   《觀彌勒菩薩上兜率天經題序》에는 "樊"으로 되어 있다.

262   底本 및《金澤寫本》에는 "長",《觀彌勒菩薩上兜率天經題序》참조 수정.

爲經也."

○ '오직 경만은 네 가지의 뜻을 들었다'[263]고 한 것은 말하자면 '법'이며,
'관천貫穿'이며, '섭수'이며, '항상함'이다. 그러므로 《미륵상생경소》에서
"중생은 교를 밑바탕으로 해서 섭수되어져 번뇌의 삼태기를 영원히 끊
으며, 진리는 글로 기록됨으로 해서 꿰어져 흩어 없어지는 것에서 길이
벗어난다. 온갖 영령들이 항상 궤칙으로 삼고 천엽들이 진실하게 엿보
며, 사물들을 이롭게 하고 진리를 말로 설명하므로, 지목해서 '경經'이라
고 한다"[264]고 하였다.

---

263   《演義鈔》 권제2(T36, 015a11)이다.

264   窺基 찬술.《觀彌勒菩薩上兜率天經題序》(T38, 0272c)의 내용이다.

《大方廣佛華嚴經談玄決擇》卷第二

《대방광불화엄경담현결택》권제2

[016a05] 〈寫本記〉云:

高麗國大興王寺壽昌二年(丙子)歲奉宣雕造. 大宋國崇吳古寺, 宣和五年(癸卯)歲,
釋安仁傳寫, 淳熙歲次(己酉), 釋科點重看, 祖燈[265]眼疲也.(莫罪莫罪.)

〈사본기〉에, 고려국 대흥왕사에서 수창壽昌 2년 (병자)세차에 선지를 받
들어 조조하다. 대송국 숭오고사에서 선화宣和 5년 (계묘)세차에 석 안
인安仁이 베껴 쓰고, 순희淳熙 세차(을유)에 석(조등祖燈)이 과점하고 거듭
살펴보다. 조등이 눈이 피로하였다. (허물하지 말고, 허물하지 말기를.)

〈錄摘文解〉

[15c15] 盡宏廓之幽宗, 眞應權實, 四十二眾, 主伴重重等, 如長空等, 空空絶迹湛
湛亡言, 大象無形, 九流, 智周鑒而常靜, 昔人以四不義所顯體大, 五重中道圖, 三
止, 三觀, 融爲一心, 如來不斷性惡, 情有卽是理無, 四病, 無所求中吾故求之, 故
得十身歷然相作, 能以眾生身作自身, 約同體變化, 十信攝諸位, 廣大卽入於無間,
一能含多皆曰相容, 影復現影, 重重無盡, 以三世相因互相攝故, 莊周夢爲胡蝶,

---

265   底本 및《金澤寫本》에는 "釋科點重看祖燈", 제1권의 〈사본기〉에는 "吳門釋祖燈科點重看(오
       고사 문중 석조등이 과점하고 중간하다.)"로 되어 있다

隨一事卽是無盡法界, 不信不解不順不入, 杜視聽於嘉會, 悉覺眞諦, 見聞爲, 其有生疑不信者永不得聞如是義, 三生圓滿, 大悲爲身, 象王迴旋, 十無疲厭心, 啓明東廟, 寄位南求, 盡衆生之願門, 大聖雖周法界, 經[266]擧四義.

266   底本에는 "聖", 《金澤寫本》참조 수정.

大方廣佛華嚴經談玄決擇

卷第三

대방광불화엄경담현결택　권제

3

上京開龍寺 圓通悟理大師 賜紫沙門 鮮演述

상경 개룡사 원통오리대사 사자사문 선연鮮演이 짓다.

제2편
귀의하고 공경하며
가피를 청함(歸敬請加)

제1장 | 삼보에 귀의하고 공경함(歸敬三寶)

1. 총체적으로 밝힘(總明)

[16a16] [《疏》] 歸命者, 顯歸敬之相也. 歸者, 依投趣向義. 命者, 總御諸根, 一身之要, 更無二焉. 又准《西域記》云: "天竺致敬之式, 其儀有九; 一發言問訊,[001] 二俯首示敬. 三擧手高揖. 四合掌平拱. 五屈膝. 六長跪. 七手肘[002]據[003]地. 八五輪著地.[004] 九五體投地." 今言歸敬, 義兼八九. 又准淸涼, 而有十門; 一我慢禮, (如碓

---

001 《大唐西域記》에는 "慰問"으로 되어 있다.

002 《大唐西域記》에는 "膝"로 되어 있다.

003 《大唐西域記》에는 "踞"로 되어 있다.

004 《大唐西域記》에는 "俱屈"로 되어 있다.

上下, 無恭敬心.)^005 **二唱和禮,** (高聲諠^006雜, 詞句渾亂. 此二非儀.^007) **三恭敬禮,** (五輪著地, 捧足殷重. 此則小敎及始敎中相宗禮也.) **四無相禮,** (入深法性, 離能所相. 卽始敎中空宗禮, 以順空義故.) **五起用禮,** (雖無能所, 普運身心, 如影普遍, 禮不可禮. 則終敎禮, 通理事故.) **六內觀禮,** (但禮身內法身眞佛, 不向外求.) **七實相禮,** (若內若外, 同^008一實相.^009 此二頓敎, 無心是道, 卽心是佛, 名之禮也. 但禮心佛, 無禮相故.) **八大悲禮,** (隨一一禮, 普代眾生. 次三圓敎, 此通終敎·圓敎, 一乘故. 同體大悲, 曲論有二; 一同一理體, 二同一事體. 前則同敎, 後則別敎. 謂同體大悲, 自禮卽是他禮故.) **九總攝禮,** (攝前六門, 以爲一觀. 上有八門, 今言六者, 不取前二, 故但六也.) **十無盡禮,** (入帝網境, 若佛若禮, 重重無盡. 經云: '於一微塵中, 見^010一切諸佛. 菩薩眾圍遶, 法界塵亦然. 一一如來所, 一切刹塵禮.' 若依此禮, 一一禮卽有無盡功德, 豈可量哉! 不依此觀, 徒自疲勞. 又賴萬行, 一一皆爾, 細思行心, 看入何^011門. 勿自欺謾, 一生虛度.) 釋曰: 上言歸敬, 正當第十; 傍兼前七. 不唯上求於加護, 抑又下設於軌儀. 幸願群英. 勉旃行焉.

[소] '귀명歸命하옵니다'^012는 귀의하여 공경하는 모습을 현시한 것이다. '귀의(歸)'는 의탁하고 취향하는 뜻이며, '명근(命)'은 여러 근을 총괄적으

---

005 이하 10문의 ( )속의 글은《大疏》를 의취하고 선연의 글이 첨가된 형식이다.

006 底本에는 "[口*寅]",《金澤寫本》참조 수정.

007 底本에는 "義",《金澤寫本》참조 수정.

008 底本에는 "固",《金澤寫本》참조 수정.

009 底本에는 "故",《金澤寫本》참조 수정.

010 底本에는 "其",《연의초》및《金澤寫本》참조 수정.

011 底本에는 "阿",《金澤寫本》참조 수정.

012 《대소》권제1(T35, 503b27)이다.

로 제어하는 일신의 요체이고 다시 둘도 없는 것이다.

또, 《대당서역기》[013]에 준거하면 "천축에서 지성껏 예경하는 방식은 그 의례에 아홉 가지가 있다. 첫째는 발언해서 안부를 여쭈는 것이요, 둘째는 머리를 굽혀서 공경을 보이는 것이요, 셋째는 손을 들어서 높이 읍하는 것이요, 넷째는 합장하여 평평하게 팔을 모으는 것이요, 다섯째는 무릎을 꿇는 것이요, 여섯째는 장궤하는 것이요, 일곱째는 팔꿈치를 땅에 대는 것이요, 여덟째는 오륜을 땅에 붙이는 것이요, 아홉째는 오체를 땅에 붙이는 것이다."[014] 지금 말한 귀경은 여덟째와 아홉째의 뜻을 겸한다.

또, 청량에 준거하면 10문이 있다. "첫째는 아만례我慢禮(위아래로 방아 찧듯이 절하고 공경심이 없는 것이다)요, 둘째는 창화례唱和禮(큰 소리가 떠들썩하게 뒤섞이고 언사들이 혼란한 것이다 이 두 가지는 의례가 아니다)요, 셋째는 공경례恭敬禮(오륜을 착지하고 발을 은중하게 받드는 것이다. 이것은 소승교 및 시교始敎가운데 상종相宗의 의례이다)요, 넷째는 무상례無相禮(깊은 법성에 들어가 능례·소례의 상을 떠난 것이다. 시교 가운데 공종空宗의 의례이다. 공의 뜻에 수순하기 때문이다)요, 다섯째는 기용례起用禮(비록 능례·소례는 없지만 심신을 널리 운용함이 그림자가 널리 변만한 것과 같아서 예하되 예라고 할 수 없는 것이다. 곧 종교終敎의 의례이다. 이·사에 통하는 것이다)요, 여섯째는 내관례內觀禮(자신의 법신진불에만 예할 뿐이고, 밖으로는 구하지 않는 것이다)요, 일곱째는 실상례實相禮(안이든 밖이든 동일한 실상이다. 이 두 가지는 돈교의 예이다. 무심이 도이고 마음에 즉하여

---

013   玄奘 譯, 辯機 撰, 《大唐西域記》 권제2(T51, 877c12~c15)에 나온다.

014   오륜투지五輪投地·오륜착지五輪着地·거신투지擧身投地·투지례投地禮라고도 하는데 두 무릎·두 팔꿈치·이마의 5체를 땅에 붙여 예배하는 것으로 인도 최상의 공경례이다.

이 부처인 것을 예라고 이름한다. 다만 심불에게 예할 뿐이고, 예함이 없이 예하는 것이다.)요, **여덟째는 대비례**大悲禮(낱낱 예를 따라서 널리 중생을 번갈아 하는 것이다. 다음 세 가지는 원교이다. 이것은 종교와 원교에 통한다. 일승이기 때문이다. 동체대비는 곡진하게 논하면 두 가지가 있으니, 하나는 동일한 이체理體이며, 둘은 동일한 사체事體이다. 앞은 동교이고 뒤는 별교이다. 말하자면 동체대비는 자신의 체가 그대로 타인의 체이기 때문이다.)요, **아홉째는 총섭례**總攝禮(앞의 여섯 문을 거두어 하나의 관법觀法을 삼은 것이다. 위에는 여덟 문이 있는데, 지금 여섯이라고 한 것은 앞의 둘을 취하지 않았기 때문에 여섯뿐이다.)요, **열째는 무진례**無盡禮(제망帝網의 경계에 들어가는 것이다. 부처든 예이든지 중중무진하다. 경[015]에서 '하나의 미진微塵 가운데서, 일체의 제불을 뵈오니, 보살대중들이 주위를 에워싸고 있고, 법계의 찰진刹塵 역시 그러하네. 낱낱의 여래 처소와 일체의 찰진까지 예를 올리네.'[016] 만일 이런 예에 의거하면 낱낱 예에 그대로 무진한 공덕이 있는 것이니 어찌 헤아릴 수 있겠는가. 이런 관법에 의거하지 않는다면 한갓 스스로 피로할 뿐이다. 만행에 의뢰함도 낱낱이 모두 그렇다. 세밀하게 심행을 생각하여 어떤 문門인지 살펴서 들어가고 스스로를 기만하여 일생을 헛되이 넘기지 말라)이다."[017]

해석해 보면 위에서 말한 '귀경'은 정식으로는 열 번째에 해당하고, 부차적으로는 앞의 일곱을 겸한다. 위로는 가호를 구할 뿐만이 아니라 또, 아래로는 의궤를 시설하였으니 여러 영재들은 부지런히 행하길 바란다.

---

015   佛陀跋陀羅 譯,《文殊師利發願經》(T10, 878c29)이다.

016   두 번째 게송 '낱낱의 여래처소'는 "보현보살의 원력이기 때문에, 모든 부처님들을 빠짐없이 다 친견하고(普賢願力故, 悉覩見諸佛)"라는 앞의 2구절이 생략된 형태이다.

017   《華嚴經行願品疏》권제10(X05, 193a13) 및《行願品疏鈔》권제3(X05, 267a05)을 요약해서 정리한 것이다.

[16b09] 言無盡三寶者, 何故此三通稱寶名? 准《心地觀經》, "具足十義; 一堅固,[018] 如摩尼珠寶, 無人能破. 佛法僧寶亦復如是, 外道天魔不能破故. 二者無垢, 如世間勝寶淸淨光潔, 不雜塵穢, 佛法僧寶亦復如是, 悉能[019]遠離煩惱塵垢. 三者與樂, 如天德瓶能與安樂, 佛法僧寶亦復如是, 能與眾生世出世樂. 四者難遇, 如吉祥寶希有難得, 佛法僧寶亦復如是, 業障有情億劫難遇. 五者能破, 如如意寶能破貧窮, 佛法僧寶亦復如是, 能破世間諸貧苦故. 六者威德, 如轉輪王所有輪寶, 能伏諸怨, 佛法僧寶亦復如是, 具六神通, 降伏四魔. 七者滿願, 如摩尼珠隨心[020]所求, 能雨[021]眾寶, 佛法僧寶亦復如是, 能滿眾生所修善願. 八者莊嚴, 如世間[022]寶莊嚴王宮, 佛法僧寶亦復如是, 莊嚴法王菩提寶[023]宮. 九者最妙, 如天妙寶最爲微妙, 佛法僧寶亦復如是, 超諸世間最勝妙寶. 十者不變, 譬如眞金入火不變, 佛法僧寶亦復如是, 世間八風不能傾動. 佛法僧寶, 具足無量神通變化, 利樂有情, 暫無休息. 以[024]是義故, 諸[025]佛法僧, 說名爲寶."

'다함이 없는 삼보三寶'라고 한 것은, 무슨 까닭으로 이 셋을 보배라고 통칭하는가? 《심지관경》[026]을 준거하면 "열 가지 뜻을 구족한다. 첫째는 견고함이니, 마니보주는 아무도 파괴할 수 없는 것처럼 불·법·승 삼보

018　《心地觀經》에는 "牢"로 되어 있다.

019　底本에는 "能速", 《金澤寫本》에는 "能悉", 《心地觀經》참조 "悉能"으로 수정.

020　底本 및 《金澤寫本》에는 "身", 《心地觀經》참조 수정.

021　底本 및 《金澤寫本》에는 "與", 《心地觀經》참조 수정.

022　《心地觀經》에는 "珍"으로 되어 있다.

023　底本에는 없음. 《心地觀經》및 《金澤寫本》참조 보충.

024　底本에는 "如", 《心地觀經》및 《金澤寫本》참조 수정.

025　底本에는 없음. 《心地觀經》및 《金澤寫本》참조 보충.

026　《大乘本生心地觀經》권제2 〈報恩品〉(T03, 300a26~)에 나온다.

도 또다시 이와 같아서 외도外道나 천마天魔들이 파괴하지 못하기 때문이다.

둘째는 때가 없음이니, 세상의 뛰어난 보배는 맑게 빛나고 깨끗하여 티끌의 더러움에 뒤섞이지 아니하듯이 불·법·승 삼보도 또다시 이와 같아서 모든 번뇌 때를 모두 다 멀리 벗어날 수 있기 때문이다.

셋째는 즐거움을 주는 것이니, 마치 천덕병天德瓶[027]이 편안함과 즐거움을 주는 것처럼 불·법·승 삼보도 또다시 이와 같아서 중생들에게 세간과 출세간의 즐거움을 준다.

넷째는 만나기 어려움이니, 길상한 보배는 드물어서 얻기 어려운 것처럼 불·법·승 삼보도 또한 이와 같아서 업장이 있는 유정은 억겁에도 만나기 어렵다.

다섯째는 깨뜨릴 수 있음이니, 여의보주如意寶珠가 가난과 궁핍을 깨뜨리는 것처럼 불·법·승 삼보도 또다시 이와 같아서 세간의 모든 가난과 괴로움을 깨뜨리기 때문이다.

여섯째는 위덕威德이니, 전륜왕이 가진 윤보輪寶가 모든 원수를 복종시키듯이 불·법·승 삼보도 또다시 이와 같아서 여섯 가지 신통을 갖추고 있어 네 마군을 항복시킨다.

일곱째는 서원을 원만히 함이니, 마니구슬(摩尼珠)이 마음에서 구하는 대로 뭇 보배들을 비처럼 내려주듯이 불·법·승 삼보도 또다시 이와 같아서 중생이 닦은 훌륭한 서원을 원만하게 한다.

---

027   천덕병天德瓶: 소원을 성취할 수 있는 병을 말한다.《탐현기》에 의하면 '천덕병은 그 속에서 찾는 것을 모두 얻을 수 있기 때문에 여의주와 같다'고 하였다.

여덟째는 장엄이니, 세상의 진귀한 보배로 왕궁을 장엄하듯이 불·법·승 삼보도 또다시 이와 같아서 법왕의 보리 보궁寶宮을 장엄한다.

아홉째는 가장 미묘함이니, 하늘의 묘한 보배가 가장 미묘하듯이 불·법·승 삼보도 또다시 이와 같아서 모든 세간에서 가장 좋고 묘한 보배보다도 더 뛰어나다.

열째는 변하지 않음이니, 비유컨대 순금은 불에 들어가도 변하지 않 듯이 불·법·승 삼보도 또다시 이와 같아서 세간에 여덟 가지의 바람 (八風)이 뒤집거나 움직이지 못한다.

불·법·승 삼보는 한량없는 신통변화를 구족하여 유정을 이롭고 즐 겁게 해서 잠시도 쉬지 않는다. 이 뜻인 까닭에 모든 불·법·승을 '보배' 라고 이름한다"고 하였다.

2. 별도로 드러냄(別顯)

1) 불보에 귀의함(歸依佛寶)

[16c03] 言十號之一者, 《瑜伽》八十三解十號云: 一如來,(倣同先迹號) 二應供,(堪 爲福田號) 三正遍知,(達僞通眞號) <u>四明行足,(果從因得號) 五善逝,(妙往菩提號) 六世間解,(窮盡法界號)</u>028 七無上士調御丈夫,(降生成道號) 八天人師,(應根說法

---

028   底本에는 "四明行足,(果從因得號) 五善逝,(妙往菩提號) 六世間解,(窮盡法界號)"의 36자가

號) 九佛,(三覺圓明號) 十世尊.(處世獨尊號)" 今當第七降生成道號也. ○言法界
亦二義一成上依處等者, 淸凉或以寬釋狹, 如今文是. 上言塵刹狹, 下言法界寬.
以寬釋狹, 狹亦成寬. 或以狹釋寬.〈華藏品〉文云:"華藏世界所有塵, 一一塵中見
法界, 寶光現佛如雲集, 此是如來刹自在." 上言法界寬, 下言寶光等狹. 以下狹釋
上寬, 寬亦稱狹. 宜細詳審. ○言十力者, 一處非處力等. ○言無畏者, 一一切無畏
等. ○言百四十不共者,《瑜伽》云:"謂諸如來三十二大人相, 八十種隨好, 四一切
種淸淨, 十力, 四無所畏, 三念住, 三不護, 大悲, 無忘[029]失法, 永害習氣, 及一切種
妙智." 卽其義矣. ○言無盡之德者, 故經云:"刹塵心念可數知, 大海中水可飮盡,
虛空可量風可繫, 無能盡說佛功德."

(초) '(조어사는 자리·이타에 통하니) 여래 십호+號의 하나'라고 한 것
은《유가사지론》권제83[030]에 십호를 해설하여 "첫째 여래如來(앞선 자취를
모방하여 같아졌다는 칭호), 둘째 응공應供(복전을 감당할 수 있다는 칭호), 셋째
정변지正遍知(진위眞僞에 통달했다는 칭호), 네 번째 명행족明行足(과덕은 인행으
로부터 증득했다는 칭호), 다섯째 선서善逝(보리에 잘 나아간다는 칭호), 여섯째
세간해世間解(법계를 궁구하여 다했다는 칭호), 일곱째 무상사조어장부無上士
調御丈夫(강생하여 성도한다는 칭호), 여덟째 천인사天人師(근기에 응하여 설법한
다는 칭호) 아홉째 불佛(삼각三覺이 원명하다는 칭호), 열째 세존世尊(세간에 거
주하는 이들 중에 홀로 존귀하다는 칭호)"[031]이라고 하였다. 지금은 일곱 번째

없다.《金澤寫本》참조 36자 보충.

029 底本에는 "應",《金澤寫本》참조 수정.

030 《瑜伽師地論》권제83〈攝異門分〉(T30, 765a15)이다.

031 《法華玄贊》권제2(T34, 689c05);《演義鈔》권제23(T36, 180b27)의 내용을 요약 정리.

'강생하여 성도한다는 칭호'에 해당한다.

○ '법계 역시 두 가지의 뜻이 있다. 하나는 위의 의처依處를 이루는' 등이라고 한 것은 청량은 어떤 때는 드넓은 것으로 협소한 것을 해설하였는데, 여기 문장과 같다. 위에서 말한 진찰은 협소하고, 아래에서 말한 법계는 드넓다. 드넓은 것으로 협소한 것을 해설하였으니 협소한 것도 역시 드넓음을 이룬다. 어떤 때는 협소한 것으로 드넓은 것을 해설하였는데, 〈화장세계품〉의 문장에서 "화장세계華藏世界에 있는 티끌과 낱낱 티끌 속에서 법계를 본다. 보배 광명으로 나타난 부처님 구름이 모여든 듯하니, 이것은 여래 찰진의 자재함이라네"032라고 하였다. 위에서 말한 법계는 드넓고 아래에서 말한 보광전 등은 협소하다. 아래의 협소한 것으로 위의 드넓은 것을 해설하였으니 드넓은 것도 또한 협소한 것이라고 일컬을 수 있다. 세밀하고 자세하게 살펴야 할 것이다.

○ '십력十力'이라고 한 것은 첫째 처處·비처지력非處智力 등이다.

○ '두려움 없음(無畏)'이라고 한 것은 첫째 일체종(일체의 법에 등정각을 나타내는) 무외 등이다.

○ '140가지 불공不共'033이라고 한 것은 《유가사지론》034에서 "말하자면 여래의 '32대인상大人相'과 '80종 수호隨好'와 '4가지의 일체종청정一切種淸淨'과 '10력'과 '4무소외無所畏'와 '3념주念住'와 '3불호不護'와 '대비'와 '망실

---

032 《華嚴經》권제8 (T10, 039b28)이다.

033 《演義鈔》에는 140가지(혹은 144)는 '140종의 무진 덕'을 말한 것이고, 불공은 '18불공법'으로 바로 앞에서 언급되어 있다. 따라서 이 구절은 앞뒤가 혼합되어 있다.

034 《瑜伽師地論》권제50 〈本地分〉 제7(T30, 574a11) 등의 내용이다.

함이 없는 법(無忘失法)'[035]과 '영원히 습기를 해친 것'과 '일체종묘지一切種
妙智'이다"라고 하였으니 곧 그 뜻이다.

○ '다함이 없는 덕'이라고 한 것은 그러므로 경에서 "찰진利塵 심념心念
을 세어서 알 수 있고, 바닷물을 먹어서 다할 수 있으며, 허공을 헤아
릴 수도 바람을 묶을 수도 있지만, 부처님의 공덕은 다 말할 수가 없다
네"[036]라고 한 것이다.

[16c18] ○言承恩重者, 曠劫積修, 難行苦行, 本爲衆生故. 隱實顯權, 成道說法,
種種曲巧, 處處開悟故. 用大悲力, 碎金剛體, 祐及法界, 留二十年, 福蔭含靈, 潛
形護持, 稱性《華嚴》, 令見聞者, 當成佛道故. 淸涼云: "一發心普被恩, (始自發心,
終獲[037]極果, 普緣衆生, 而爲化境.) 二者難行苦行恩, (猶如慈母咽[038]苦吐甘, 謂[039]
捨頭目·髓腦·國城·妻子, 割[040]身千燈, 投形餓虎, 香城粉骨, 雪嶺亡軀, 如是身等事,
皆爲衆生.) 三一向爲他恩, (曾無一念爲於自己, 由如慈母但念子樂自然碎.[041] 經云:
'菩薩所修功德行, 不爲自己及他人. 但爲最上智慧心, 利益衆生故迴向.') 四垂形六道
恩, (爲證滅道, 應受無爲寂滅之樂, 而垂形六道遍入三塗, 以身救贖一切衆生.) 五
隨逐衆生恩, (上辨橫遍六道, 今約長劫不捨, 如子見父視父, 而已無出離心. 如來慈

위와 동품에 "云何如來無忘失法. 謂諸如來常隨記念. 若事若處若如若時有所爲作. 如來卽於
此事此處此如此時. 皆正隨念. 是名如來無忘失法"라고 하였다.

《華嚴經》 권제80 〈入法界品〉 제39-21(T10, 444c26)의 내용이다.

底本에는 "護", 교감 주 및 《金澤寫本》 참조 수정.

《演義鈔》에는 "嚥"으로 되어 있다.

《演義鈔》에는 없음.

《演義鈔》에는 "剜"으로 되어 있다.

《演義鈔》에는 "猶如慈母但令子樂自殺不辭"로 되어 있다.

화엄경담현결택기 1

父, 備將萬行, 隨逐救攝等.) 六大悲深重恩, (故善財童子謂無憂德神云: '聖者, 譬如有人, 唯有一子, 愛[042]念情至, 忽見被人割[043]截支體. 其心痛切, 不能自安等'.) 七隱勝彰劣恩, (十蓮華藏微塵之相, 滴海難稱, 無盡之德, 竝隱不彰, 但云, 百劫修成三十二相, 三十四心斷見修惑, 五分法身覺樹初圓, 如老比丘同五羅漢. 故《法華》中, '脫珍飾服, 著弊垢衣, 執除糞器, 往到子所'等.) 八隱實施權恩, (圓頓一乘隱而不說. 乃以三乘人天小法, 教化眾生. 此上二恩,[044]《淨名》〈香積品〉. 彼來[045]菩薩讚云: '如世尊釋迦牟尼佛, 隱其無量自在之力, 乃以貧所樂法, 度脫眾生'等.) 九隱眞現應恩,[046] (故《法華》云: '若見如來常在不滅, 便起憍慢而懷厭怠'等.) 十悲念無盡恩, (謂世尊同人中壽, 應受百年, 留二十年福, 以庇末法弟子等. 留三藏八藏之教, 廣益眾生, 依之修行, 皆得成佛. 形像·塔廟, 乃至舍利, 一興供養, 千返生天等.) 自頂至足, 從生至死, 皆佛之蔭. 斯之恩德, 何可報耶? 得人小恩, 常懷大報, 卽《涅槃經》. 不知恩者, 多遭橫死, 卽《華嚴經》. 具斯十義, 故云恩重."

○ '은혜를 받음이 중하기 때문'이라고 한 것은 오랜 겁토록 수행을 쌓고 고행을 어렵게 행한 것은 본래 중생을 위한 것이며, 실제를 숨기고 권교 방편을 드러내어 도를 이루고 설법하며 갖가지로 곡진하게 선교한 것은 처처에 열어 보여주어 깨닫게 한 것이다. 대비력을 쓰고 금강의 체를 깨부숴서 도움이 법계에까지 다다르고, 20년을 남겨둔 복덕으로 함령들

---

042   底本 및《金澤寫本》에는 "憂",《演義鈔》참조 수정.

043   底本에는 "害", 및《金澤寫本》참조 수정.

044   《演義鈔》에는 "句"로 되어 있다.

045   《演義鈔》에는 "諸"로 되어 있다.

046   《演義鈔》에는 "示滅生善恩"으로 되어 있다. 소주의 내용도 이를 주석한 것이다.

을 덮어주며, 숨겨진 모습으로 호지하여서 성품에 걸맞는《화엄경》을 보고 듣게 한 것은 당래에 불도를 이룰 수 있게 한 것이다.

청량이 말하였다. "첫째는 발심으로 널리 입히신 은혜요(처음 발심한 것으로부터 극위의 과덕(極果)을 증득해 마칠 때까지 널리 중생을 반연하여 교화의 대상으로 삼는다),

둘째는 고행을 어렵게 행하신 은혜요(자애로운 어머니가 쓴 것은 삼키고 단 것은 뱉어 내듯이, 두목과 수뇌와 국성과 처자들을 버리고, 몸을 도려내어 천개의 등불을 켜며,[047] 굶주린 호랑이에게 몸을 던지고, 향성香城[048]에서는 뼈를 부수며 설령雪嶺에서는 몸을 버리셨으니 이처럼 몸 등으로 하신 일들이 모두 중생을 위해서이다),

셋째는 줄곧 타인을 위하는 은혜요(일찍이 일념이라도 자기를 위한 적이 없고, 자애로운 어머니가 자식의 즐거움만을 생각하고 스스로 부숴 지는 것과 같다. 경에서 '보살이 닦은 공덕 행은 자기와 타인을 위한 것이 아니라, 다만 최상의 지혜 심으로 중생을 이롭게 하려고 회향하는 것이다'고 하였다),

넷째는 형상을 육도六道에 드리운 은혜요(멸도를 증득하였으니 무위 적멸의 낙을 받아야 할 텐데도 형상을 육도에 드리우고, 삼도三塗에 두루 들어가 몸소 일체 중생을 구하신 것이다),

다섯째는 중생을 뒤따라 좇아간 은혜요(위는 횡으로 육도에 변만한 것이고, 여기는 오랜 겁 도록 버리지 않은 것에 한정한 것이다. 마치 아들이 아버지를 보고 아버지를 보았으므로 벗어나려는 마음이 없게 되는 것처럼 자상한 아버지이신 여래는 만행을 고루 갖춰서 뒤따라 좇아가서 구호하고 섭수하신 등이다),

---

047 《佛說菩薩本行經》卷上에 나온다.

048 향성香城은《반야경》에서 설한 법용法涌보살의 주처住處로 상제常啼보살이 이곳에서 몸을 희생하여 반야바라밀다를 구했다고 한다.

여섯째는 대비심이 매우 깊고 중한 은혜요(그러므로 선재동자가 무우덕신 無憂德神에게 말하기를 '성자시여! 비유컨대 마치 어떤 사람이 오직 아들 하나뿐이어서 사랑하는 마음이 지극한데 갑자기 사람들에게 팔다리를 잘리는 것을 본다면 그 마음이 매우 아파서 스스로 편안치 못한 것과 같이' 등이라고 하였다),

일곱째는 수승한 것을 감추고 하열한 것을 드러낸 은혜요(열 연화장세계의 티끌 형상은 한 방울 바닷물도 일컫는 것이 어렵지만 무진한 덕을 모두 감추고 드러내지 않았으며, 다만 '백겁 동안 수행해서 32상을 성취했고 34심으로 견혹見惑과 수혹修惑을 끊었으며 오분법신을 보리수에서 처음으로 원만히 했다'고 하였으니, 마치 늙은 비구가 다섯 나한과 똑같은 것과 같다. 그러므로《법화경》에서 '보배로 장식된 의복을 벗고 다 떨어진 더러운 옷으로 갈아입고 똥 치우는 그릇을 들고 아들의 처소로 갔다'고 한 등이다),

여덟째는 실교를 감추고 권교 방편을 베푼 은혜요(원·돈의 일승은 감추고서 말하지 않고, 삼승의 인천교와 소승교로 중생을 교화한 것이다. 이 위의 두 구절은《정명경》〈향적불품〉에서 거기서 온 보살들이 찬탄해서 '세존이신 석가모니부처님과 같으신 분도 한량이 없고 자유자재한 힘을 지니고서도 그 힘을 감추고, 저 빈천하고 하잘 것 없는 법만 좋아하는 중생들이 원하는 것에 따라 제도하여 해탈케 하신 것과 같이'[049] 등이라고 하였다),

아홉째는 진신眞身은 감추고 응신應身을 드러낸 은혜요(그러므로《법화경》에서 '만일 부처님께서 항상 계시고 멸도하지 않는다고 알면 교만을 일으키고 싫증내고 게으른 마음을 품게 될 것이다'[050] 등이라고 하였다),

---

049 《淨名經》권하〈香積佛品〉제10(T14, 553a16)의 내용이다.
050 《法華經》〈如來壽量品〉제16(T09, 042c27)의 내용이다.

열째는 대비심이 다함이 없는 은혜이다(말하자면 세존은 사람들의 수명과 똑같이 100세를 받을 수 있었지만 20년을 남겨둔 복을 말법의 제자들에게 내려주신 등이고, 삼장三藏과 팔장八藏의 교를 남겨두어 중생들을 광범하게 이롭게 하여 그것을 의지하여 수행하면 모두 성불할 수 있도록 하였으며, 형상과 묘탑 및 사리에 한번 공양을 올리면 천 번 생천하게 하신 등이다).

정수리로부터 발바닥에 이르기까지 태어남부터 죽음까지 모두 부처님의 그늘이다. 이런 은덕을 어떻게 보답하겠는가? '작은 은혜를 얻은 사람은 크게 보답할 것을 항상 품는 법'이라고 한 것은 곧《열반경》이며, '은혜를 알지 못한 자는 대부분 횡사하게 된다'고 한 것은 곧《화엄경》이니, 열 가지 뜻을 갖추었으므로 은혜가 중하다고 한 것이다"[051]고 하였다.

2) 법보에 귀의함(歸依法寶)

[17a17] 言一約事就義門, 約別相事體之上, 各各隨義, 以成三寶. 隨一事體, 義具三寶, 故云同體. ○言今擧佛所住等者, 屬今文也, 攝法從人故. ○言二約會事從理門, 會三寶差別之事, 歸一眞無差之理, 故云同體. ○言今擧佛[052]法等者, 屬今文也. ○言三約理義融現門者, 約理體上, 義開三寶. 和融顯現, 故稱同體. 或理是佛寶,[053] 義是法寶, 融是僧寶, 現通三寶. ○言由此一門等者, 屬今文也, 於所住中, 三寶足矣. ○言三門雖異並稱同體者, 通釋上三. ○言力持身者, 舍利等也.

051　《演義鈔》권제35〈正行品〉제11(T36, 265a20)에 나온다.

052　底本에는 "佛擧",《演義鈔》및《金澤寫本》《藏經書院本》참조 도치.

053　底本에는 "法",《金澤寫本》참조 수정.

550　　　　　　　　　　　　　　　　　　　　　　　　　　　화엄경담현결택기 1

○言通於諸乘等者, 小·權·實乘也. ○言歸勝非劣者, 約乘名勝, 一乘也. 約寶名勝, 同體也.

'첫째는 사事로 뜻에 입각한 문에 한정하면' 이라고 한 것은 별상別相의 사체事體 위에서 각각이 뜻에 따라 삼보를 이루어 하나의 사체를 따르더라도 뜻은 삼보를 갖춘 것이다. 그러므로 동체라고 한다.

○ '여기선 불이 머무는 곳을 들어서 (법을 밝힌 것은 부처위에 동체를 논한 것을 잡아서이다)' 등이라고 말한 것은 지금(1문) 문장에 속한다. 법을 거둬들여 사람을 따랐기 때문이다.

○ '둘째는 사법을 회통하여 이치를 따르는 문에 한정하면'이라 한 것은 삼보의 차별된 사법을 회통하여 하나의 진실한 무차별의 이치로 돌아간 것이다. 그러므로 '동체'라고 한다.

○ '지금은 불보와 법보가 (모두 진성으로 돌아가는 것을) 들어서' 등이라고 한 것은 지금(2문) 문장에 속한다.

○ '셋째는 이치와 뜻이 융화되어 현현하는 문에 한정하면'이라는 것은 이치의 체 위에서 의미상 삼보를 나누지만, 융화해서 현현하므로 동체라고 일컫는다. 혹은 이치는 불보이고 뜻은 법보이며 융화는 승보이고 현현함은 삼보에 통한다.

○ '이 하나의 문을 말미암기 때문에' 라고 한 것은 여기(3문) 문장에 속한다. 머무는 바에 삼보가 구족되었기 때문이다.

○ '3문이 비록 다를지라도 모두 동체라고 일컫는다'고 한 것은 위의 3문을 통석한 것이다.

○ '역지신力持身'이라고 한 것은 사리 등이다.

○ '여러 승乘에 통한다'고 한 것은 소승과 권교·실교의 승이다.

○ '수승한데로 돌아가서 열등하지 않거니와'라고 한 것은 승乘에 한정해서 수승하다는 것은 일승이고 삼보에 한정해서 수승하다는 것은 동체(삼보)이다.

3) 승보에 귀의함(歸依僧寶)

[17b05] 言以是海會之上首者, 初普賢者, 下《疏》云: "體性周遍曰普, 隨緣成德曰賢, 此約自體. 又曲濟無遺曰普, 隣極亞聖曰賢, 此約諸位普賢. 又德周法界曰普, 至順調善曰賢, 此約當位普賢. 又果無不窮曰普, 不捨因門曰賢, 此約佛後普賢. 位中普賢, 悲智雙運, 佛後普賢, 智海已[054]滿, 而運卽智之悲, 寂而常用, 窮未來際. 又一卽一切曰普, 一切卽一曰賢, 此約融攝." 又云: "而有十普; 一所求普, 二所化普, 三所斷普, 四所行事行普, 五所行理行普, 六無礙行普, 七融通行普, 八所起用普, 九所行處普, 十所行時普." 故新集《稱讚三寶六師文》文云: "普賢菩薩懺悔師者, 冥眞妙體稱性海, 遍塵方應物, 嚴身隨緣起, 而相周沙界. 靈山會上, 後乘象王而來, 覺樹場中, 先作師子之吼, 皆徹果海, 初心得號如來, 總該因源, 妙覺猶稱菩薩. 善心若發, 應時現身, 罪障縱深, 暗中摩頂. 如來光讚, 眾刹何異微塵? 善財修因, 多劫不蹤[055]毛孔. 圓融三聖, 獨表顯於眞空, 行布六師, 偏懺除於妄有. 或居堅固窟, 談具深眞廣之圓宗, 或住峨嵋山, 修卽遍卽常之勝行. 或於寶威佛國, 不來

---

054   底本에는 "而",《大疏》및《金澤寫本》참조 수정.

055   底本에는 "喩", 교감 주 및《金澤寫本》참조 수정.

而來, 或向華嚴法場, 不遍而遍. 神通叵測, 咸[056]群生而欽依, 功德難思, 得諸佛而敬禮.《鈔》標上首, 誠不虛矣.(上來所讚之事, 並出眾經.) 次文殊者, 具足應云,[057] 曼殊室利. 含有四義; 一首, 具攝諸位故. 二勝最, 極深勝故. 三吉祥, 示居此土, 生有十徵故. 四德, 來自他方,[058] 體含萬德故. 又新集《稱讚三寶六師》文云: "文殊菩薩軌範師者, 諸佛勝母, 大覺祖師, 該信智[059]之法門, 徹始終之佛境. 卽權之實, 撈生常遍於十方, 卽實之權, 化物久居於五頂. 善財暫遇, 頓發菩提勝心, 龍女纔逢, 速登阿耨正覺. 執如意寶, 滿含識[060]之所求, 乘師子王, 施有情之無畏. 果成先劫, 號稱龍種尊王, 道證今時, 名曰摩尼寶積. 過去弘法, 又目妙光, 未來證眞, 復[061]稱普見. 受闍王之堅請, 變珍饌而供多聖賢, 稟釋迦之微言, 寶[062]鉢而化諸天子." 旣爲佛陀祖師, 豈非僧伽上首.(廣讚如彼, 事出眾經.)

'(문수보살과 보현보살의 두 사람만을 거론한 것은) 해회海會의 상수上首인 까닭'이라고 한 것은 첫째 보현보살은 아래《소》에서 "체성이 변만한 것을 '보普'라 하고, 연을 따라 덕을 이루는 것을 '현賢'이라고 하니 이것은 자체에 한정한 것이다. 또, 곡진하게 구제하여 빠뜨림이 없는 것을 '보'라고 하며, 극위에 이웃하고 성인에 버금가는 것을 '현'이라고 하니 이는 여러 계위의 보현에 한정한 것이다. 또, 덕이 법계에 변만한 것

---

056   底本에는 없음.《金澤寫本》참조 보충.

057   底本에는 "曰",《金澤寫本》참조 수정.

058   底本 및《金澤寫本》에는 없음.《華嚴經行願品疏》참조 보충.

059   底本에는 "知",《金澤寫本》참조 수정.

060   底本에는 "誠",《金澤寫本》참조 수정.

061   底本에는 "後",《金澤寫本》참조 수정.

062   寶앞에 "捧"이 빠진 듯하다. [교감 주]번역문에 반영.

을 '보'라고 하고, 지극히 수순하고 조화롭게 선善한 것을 '현'이라 하니 이는 해당 지위의 보현에 한정한 것이다. 또, 과가 궁진하지 않음이 없는 것을 '보'라고 하고, 인문因門을 버리지 않는 것을 '현'이라고 하니 이는 불 이후의 보현에 한정한 것이다. 지위 속의 보현은 자비와 지혜를 쌍으로 운용하고, 불 이후의 보현은 지혜바다가 이미 원만해져서 지혜에 즉한 자비를 운용하고 적정하면서도 항상 작용하여 미래제를 다한다. 또 하나가 곧 모두인 것을 '보'라고 하고, 모두가 그대로 하나인 것을 '현'이라고 한다. 이것은 융합하여 섭수한 것에 한정한 것이다"[063]고 하였다.

또, "열 가지 '보普'가 있다. 첫째는 요구하는 대상이 '보'이고, 둘째는 교화하는 대상이 '보'이며, 셋째는 끊어뜨린 것이 '보'이고, 넷째는 행해진 사행事行이 '보'이며, 다섯째는 행해진 이행理行이 '보'이고, 여섯째는 걸림 없는 행이 '보'이며, 일곱째는 융통한 행이 '보'이고, 여덟째는 일으켰던 작용이 '보'이며, 아홉째는 행했던 처가 '보'이고, 열째는 행했던 시간이 '보'이다"[064]라고 하였다.

그러므로 새로 찬집한《칭찬삼보육사稱讚三寶六師》[065]의 글에서 "보현보살은 참회의 스승이신 분으로 참된 묘체에 그윽이 합치되고 성품 바다(性海)에 걸맞으며 찰진 (국토)에 변만하여 사물에 응한다. 자신을 장엄하여 연을 따라 일어나되 형상이 항하사와 같은 법계에 두루 한다. 영산회상에서는 뒤에 코끼리 왕을 타고 왔으며 보리도량에서는 먼저 사자

---

063   《大疏》卷第5(T35, 535b11)이다.

064   《大疏》권제48〈普賢行品〉제36(T35, 870a05)의 내용이다.

065   《鮮演大師碑文》의 저술 목록에 의하면, 이는 선연의 저술이지만 현존하진 않는다. 따라서 지금 인용된 문장이 그 존재를 알 수 있는 전거가 된다.

후를 지었으니 모두 과덕 바다(果海)에 사무쳤으므로 초심에 여래란 칭호를 얻었고, 인행의 근원(因源)을 총괄해서 꾸렸으므로 묘각임에도 여전히 보살이라 일컫는다. 선심이 일어나면 때에 응하여 몸을 나타내고 죄업장애가 설사 깊더라도 암암리에 마정 수기한다. 여래가 광명으로 찬탄한 중찰衆刹이 어찌 미진과 다르겠는가. 선재가 닦은 인행이 수많은 겁일지라도 (보현보살의) 모공을 넘지 못하였다. 원융문으로는 삼성三聖이 홀로 진공眞空을 표현하고, 항포문에서는 육사六師가 특별히 망유妄有를 참회하여 제거한다. 혹은 견고굴에 머물면서 구족되고 깊으며 진실하고 광대한 원종圓宗을 담론하고, 혹은 아미산에 거주하면서 그대로 변만하고 그대로 상주하는 수승한 행을 닦으며, 혹은 보위寶威의 불국토에서 오지 않으면서도 오고 혹은 화엄도량을 향해 변만하지 않으면서도 변만하다. 신통을 헤아릴 수가 없어 모든 중생들이 흠모하며 의지하고, 공덕은 생각하기 어려워 제불이 공경하여 예 올리네"라고 하였으니, 《초》에서 '상수'라고 표방한 것이 진실로 허망하지 않다(이상 찬탄한 일이 모두 여러 경에서 나왔다).

　다음에 문수보살은 다 갖춰 말해보면 '만수실리曼殊室利'라고 한다. 네 가지 뜻을 함유하고 있다. 첫째는 으뜸이니, 여러 계위를 구족되게 섭수하기 때문이다. 둘째는 최승이니, 지극히 깊게 수승하기 때문이다. 셋째는 길상이니, 이 국토에 시현으로 거주하면서 태어날 때 열 가지의 징조가 있기 때문이다. 넷째는 덕이니, 자방과 타방으로 와서 체에 만덕을 함유하고 있기 때문이다.[066]

066　《華嚴經行願品疏》 권제2(X05, 073)에 나온다.

또, 새로 찬집한《칭찬삼보육사》의 글에서 "문수보살은 궤범軌範의 스승이신 분으로 제불의 수승한 어머니이고 대각의 조사이며 믿음과 지혜의 법문을 꾸리고 처음과 끝의 부처의 경계를 포괄하고 있다. 방편(權)에 즉한 진실(實)로 중생을 구제하면서 항상 시방에 변만하고, 진실에 즉한 방편으로 만물을 교화하여 오랫동안 오계五髻의 정상067에 머무르시네. 선재는 잠깐 만나 뵙고 단박에 수승한 보리심을 발하였고, 용녀는 만나자마자 곧 빨리 위없는 정각을 이루었네. 여의보주를 가지고 함식(중생)들이 소원하는 것을 만족시키고, 사자왕을 타고서 유정들에게 두려움 없는 보시를 베풀어 주시네. 앞선 겁에 과를 이루어 '용종존왕龍種尊王'이라고 호칭하였고, 현세에 도를 증득하시니 '마니보적摩尼寶積'이라고 이름 한다네. 과거에 법을 넓히어 '묘광妙光'이라 지목되었고, 미래에 진을 증득하면 또다시 '보견여래普見如來'라고 일컬어질 것이네. 아사세왕阿闍世王의 견고한 간청을 받고 진수성찬을 변화로 지어 많은 성현들께 공양 올리고, 석가세존의 미묘한 말씀을 받고는 보배 발우를 받들어 천자들을 교화하시네"라고 하였으니, 이미 불타의 조사인데 어찌 승가의 상수가 아니겠는가. (자세하게 찬탄한 일은 저 문헌과 같으니, 일이 여러 경전에서 나왔다.)

---

067   五頂은 범어로는 pañcaśikhin, 音譯하면 '般遮尸棄'가 된다. 머리 꼭대기에 상투를 묶은 것이 5상투임을 가리킨 것이니, 마치 5자가 문수존자가 동자모습을 하고 있는 것과 같다.

제2장 ┃ 위신력으로 가호加護하시기를 청함(請威加護)

1. 청하고 귀의하는 뜻(請歸之意)

[17c15] 【《鈔》】一切眾生最勝良田者, 良田之言, 而有多種. 故下《疏》云: "於中佛塔菩薩知識, 父母是恩田[068]亦敬田, 眾僧二乘是德田亦敬田, 貧孤是悲田亦苦田, 此等皆能生福, 如世之田. 若敬田有病, 亦敬亦悲, 乃成四句. 故《智論》十四云: '一[069]憐愍施, 謂於貧窮下賤及畜生. 二恭敬施, 謂於佛及法身菩薩等. 三憐愍恭敬施, 謂於老病貧窮阿羅漢辟支佛等.' 總收爲二, 謂悲與敬. 其非敬非悲亦悲田攝, 無德可敬故. 然此二田, 以理御[070]心, 則等無優劣. 故《淨名》曰: '施最下乞兒, 猶如如來福田無異, 無所分別等. 若直就境論, 則敬强悲劣. 以恩深德厚故. 如《校量功德經》說, 若就於心, 則悲田爲勝, 親引悲故. 故敬則田强而悲心弱, 悲則田弱悲心强. 各有其美,[071] 俱爲良田. 若等[072]是敬田, 恩則勝德. 故《校量經》云: '供百羅漢, 不及一生身父母.'《阿含》中說: '供養父母, 供一生補處, 功德齊等.' 若同是恩, 在家則父母恩, 出家則師僧恩勝, 如《舍利弗請問經》說. 或約生色身及生法身, 則優劣可知矣. 若同是德田, 別不普故. 如《梵網經》說, 別請五百羅漢菩薩僧, 不

---

068   底本에는 "由",《대소》및《金澤寫本》《藏經書院本》참조 수정.

069   底本 및《金澤寫本》에는 "若",《대소》참조 수정.

070   底本에는 "[衛-金+缶]", 교감 주 및《대소》《金澤寫本》참조 수정.

071   底本에는 "羨", 교감 주 및《대소》,《金澤寫本》참조 수정.

072   底本에는 "當",《대소》및《金澤寫本》참조 수정.

如僧次一凡夫僧. 又由主則⁰⁷³田異. 感報勝劣, 種種不同, 恐繁不載." 信知諸境福田, 同大地而厚⁰⁷⁴隙⁰⁷⁵無間, 仰推三寶勝德, 若浚⁰⁷⁶壤而砂⁰⁷⁷鹵寧泰.⁰⁷⁸《鈔》指良田, 斯之謂歟.

[초] '일체 중생의 가장 수승한 양전良田(훌륭한 복전)이니'는 '양전'이란 말은 여러 종류가 있다. 그러므로 아래《소》⁰⁷⁹에서 "그중 불탑과 보살, 선지식, 부모는 은혜양전이면서 공경양전이기도 하다. 여러 승려와 이승은 공덕양전이며 공경양전이기도 하다. 가난하고 외로운 이들은 자비양전이며 고뇌양전이기도 하다. 이 양전들이 모두 복을 생기게 하는 것이 마치 세상의 밭과 같다. 만일 공경양전에 병이 들게 되면 공경양전이면서 또한 자비양전이기도 하니, 이에 4구절을 이룬다. 그러므로《대지도론》14권에서 '첫째는 연민하여 베푸는 것이니, 빈궁하고 하천한 이들과 축생에 대해서이다. 둘째는 공경하여 베푸는 것이니, 부처님과 법신과 보살들에 대해서이다. 셋째는 연민과 공경으로 베푸는 것이니, 늙고 병들고 가난하고 빈궁한 아라한과 벽지불들에 대해서이다'라고 하였다.

　모두 거둬들이면 둘이 되니, 이를테면 자비양전과 공경양전이다.⁰⁸⁰ 공

073　《대소》에는 "財"로 되어 있다.

074　底本에는 "原",《金澤寫本》참조 수정.

075　底本에는 "濕",《金澤寫本》참조 수정.

076　底本에는 "拔",《金澤寫本》참조 수정.

077　底本에는 "作",《金澤寫本》참조 수정.

078　底本에는 "參",《金澤寫本》참조 수정.

079　《大疏》권제29(T35, 0716c17)에 나온다.

080　《演義鈔》권제50(T36, 391c26)에 따르면, "'모두 거둬들이면 둘이 된다는 것'은 말하자면 자비양전은 고뇌양전을 거두고, 공경양전은 은혜양전을 거둔다"고 하였다.

경도 자비도 아닌 것은 또한 자비양전에 거둬지니, 공경할 만한 덕이 없기 때문이다. 그러나 이 두 양전은 이치로 마음을 제어하면 똑같아서 우열이 없다. 그러므로 《정명경》에서 '최하층의 거지 아이에게 베푸는 것이 오히려 여래의 복전과 같아서 차이가 없다. 분별하는 바가 없기 때문이다' 등이라고 하였다.

만일 곧장 경계에 입각해서 논한다면 공경양전은 강력하고 자비양전은 열등하다. 은혜가 깊고 복덕이 두텁기 때문이다. 《교량공덕경校量功德經》에서 설한 것과 같다. 만일 마음에 입각하면 자비양전이 수승하다. 직접 자비를 인발하기 때문이다. 그러므로 공경양전은 양전은 강하고 자비심은 약하며, 자비양전은 양전은 약하고 자비심은 강하다. 각각 그 장점을 가지고 있어 둘 다 양전이 된다.

만일 똑같이 공경양전이라고 한다면, 은혜가 공덕보다 수승하다. 그러므로 《교량공덕경》에서 '백 명의 아라한에게 공양하는 것이 일생신의 부모에 미치지 못한다'고 하였고, 《아함경》에서는 '부모에 공양하는 것은 일생보처에 공양하는 것과 공덕이 나란하다' 등이라고 하였다.

만일 다 같이 은혜양전이라고 한다면, 재가자의 경우는 부모의 은혜가 수승하고 출가자의 경우는 사승師僧의 은혜가 수승하다. 《사리불청문경舍利弗請問經》에서 설한 것과 같다. 혹은 색신과 법신을 생하는 것에 한정하면 우열을 알 수 있을 것이다.

만일 다 같이 공덕양전이라고 한다면, 별도로 하는 것이 두루 하는 것만 못하다. 그러므로 《범망경》에서 '오백 아라한과 보살과 승려를 별도로 청하는 것은 승려의 차수대로 일개 범부승까지 청하는 것만 못하다'라고 하였다. 또 주재함을 말미암아 양전이 달라지므로 감득하는 과

보의 우열도 갖가지로 같지 않다. 번다할까 싶어 기록하진 않겠다"라고
하였다.

　모든 경계의 복전을 믿어 알면 대지가 두텁고 진펄이어서 간극이 없
는 것과 같으며, 삼보의 수승한 덕을 우러러 추구해보면 준설한 토양이
모래밭이고 염밭이어서 편안한 것과 같다.《초》에서 양전이라고 가리킨
것은 이것을 일컬은 것일 것이다.

3. 저술한 목적(著述所爲)

1) 법안이 원만해져서 모든 중생들을 교화하고자함
(使令法眼圓滿化盡含生)

[18a13] 言良以普賢該因徹果佛前佛後者, 該因遍六位之深因, 徹果通五周之妙
果. 或該因得果不捨因也, 徹果初心成正覺也. 佛前, 曲濟無遺曰普, 隣極亞聖曰
賢. 佛後, 果無不極曰普, 不捨因門曰賢. ○言遮那心源者, 性海果分也. ○普賢行
海者, 緣起因分也. ○言仰託三尊者, 佛·法·僧也, 或三聖也. ○言《疏》中欲掩是
非等者, 通妨也. 謂有難云:《疏》意欲指昔瑕, 何不顯說? 故云,《疏》中欲掩是非.
旣爾,《鈔》中何說? 傳者須知得失, 何須撰《鈔》? 諸徒誠請, 難以違之,[081] 何須頓

敍? 長時弘宣[082]等.

'진실로 보현보살이 인을 포괄하고 과에 어우러져 통하여 불지佛地 이전
과 불지 이후에 (다 있는 까닭이며)'라고 한 것은 '인을 포괄한다'는 것
은 여섯 계위의 깊은 인행에 변만한 것이며, '과에 사무친다'는 것은 오
주五周의 묘과에 통하는 것이다. 혹은 인을 포괄한다는 것은 과를 얻고
서 인을 버리지 않은 것이고, 과에 사무친다는 것은 초심에 정각을 이
룬 것이다. 불지佛地 이전은 곡진하게 제도하여 빠뜨림이 없는 것을 '보
普'라고 하며, 극위에 이웃하여 성인에 버금가는 것을 '현賢'이라고 한다.
불지 이후는 과가 지극하지 않음이 없는 것을 '보'라고 하며, 인문을 버
리지 않은 것을 '현'이라고 한다.
○ '비로자나불의 심원心源'이라고 한 것은 성해性海의 과분이다.
○ '보현보살의 행해行海'는 연기하는 인분이다.
○ '우러러 삼존에 의탁하여'라고 한 것은 불·법·승이다. 혹은 삼성이다.
○ 《소》에서는 시비를 덮어 두고자 해서 그랬지만' 등이라고 한 것은 비
방을 회통한 것이다. 말하자면 어떤 이가 《소》의 의도가 옛것[083]의 하자
를 지적하려 했다면 어째서 드러내어 말하지 않았는가?'라고 논란하였
다. 그러므로 '《소》에서는 시비를 덮어 두고자 해서 그랬다'고 한 것이
다. 그렇다면 《초》에서는 어째서 말했는가? '전하는 자가 득실을 알아

---

082   底本 및 《金澤寫本》에는 "傳", 《演義鈔》 참조 수정.

083   慧苑의 《華嚴經略疏刊定記》(X03)를 말한다. 현수법장이 《80화엄》의 주석서인 《華嚴經略
       疏》(15권)를 완성하지 못하고 입적하자, 혜원이 이를 이어서 《약소간정기》를 지었는데, 징관
       은 자신이 《소초》를 저술한 목적'을 밝히면서 10가지 조목으로 비판한다.

야 하고', 어째서 《초》에서 찬술할 필요가 있었는가? '여러 학도들이 정
성껏 청하기에 어기기 어려워서 이며', 어째서 한꺼번에 서술할 필요가
있었는가? '긴 시간 동안 널리 펴는 데에 (번거롭게 자주 적을 수가 없
어서이다)' 등이다.

[18a22] ○言世路以多岐亡羊者,《列子》第八曰: "揚子之隣人亡羊, 旣率其黨. 又
請揚子之豎(賤童) 追之,(追求也.) 揚子曰: '噫(許其反噫, 噫傷歎也.)亡一羊, 何追
者之眾?' 隣人曰: '多岐路.' 旣返, 問: '獲羊耶?' 曰: '亡之矣.' 曰: '奚(何也.)亡之?'
曰: '岐路之中, 又有岐焉. 吾不知所之, 所以返也.' 揚子蹙(七六反)然變容, 不言者
移時, 不笑者竟日. 門人怪之, 請曰: 羊是賤畜, 又非夫子之有, 而損言笑者何哉?
揚子不答,(知問非也.) 門人不獲所命. 弟子孟孫揚出, 以告心都子. 心都子他日與
孟孫揚偕入而問曰: 昔有昆(兄也.)弟三人, 遊齊·魯之間, 同師而學, 進仁義之道
而歸. 其父問[084]曰: '仁義之道若何?' 伯(長也.)曰: '仁義使我愛身而後名,(身體髮
膚, 不敢毁傷.)' 仲曰: 仁義使我殺身以成名,(無求生以害仁, 有殺身以成仁) 叔曰:
'仁義使我身名竝全.(旣昭且哲, 以保其身.)' 彼三術相反, 而同出於儒. 孰是孰非耶?
揚子曰: '人有濱河而居者, 習於水, 勇於泅,(音囚, 浮也, 勇健於浮.) 操舟鬻渡,(販賣
渡人.) 利供百口. 裹粮就學者成徒,(學浮者多.) 而溺死者幾半. 本學泅, 不學溺, 而
利害如此. 若茲之類孰是孰非乎?' 心都子嘿然而出. 孟孫揚讓之曰:(讓者請也.)
'何吾之問之迂, 夫子答之僻? 吾惑愈甚.(心都子本會揚朱之不言故, 問之仁義. 揚朱
本會心都子所問故, 答以泅水, 而孟孫揚不閑喪生之道, 怪不答失羊之意故, 迷惑甚

---

084   《金澤寫本》에는 없다.

也.)' 釋曰: '大道以多岐亡羊, 學者以多方喪眞,[085] 學本一而末異也. 子長先生之
門, 習先生之道, 而不達先生之況者, 哀哉!'"

○ '세상의 길은 갈림길이 많아서 양을 잃고'라고 한 것은 《열자》 권제
8[086]에 "양자의 이웃집 사람이 양을 잃어버리자 자기 집의 온 식구를 거
느려 나오고도 또 양자의 집에 있는 아이(시동)까지 뒤쫓아 가게(쫓아가서
찾도록) 해달라고 청했다.

　양자가 말했다. '흐(허의 반음이고, 안타까워 탄식하는 것) 양 한 마리를 잊
어버린 것을 가지고 왜 이렇게 많은 사람이 찾아 나서는 것이오?' '도중
에 갈림 길이 많기 때문입니다.' 한참 만에 그들이 돌아왔다. 양자가 그
들에게 물었다. '양은 찾았습니까?' '잃어버렸습니다.' '어찌해서(까닭이다)
잃어버렸습니까?' '갈림길에 또 갈림길이 있어서 어디로 갔는지 도무지
알 수가 없었습니다. 그래서 그만 돌아왔습니다.'

　양자는 이 말을 듣고 걱정스러운(축, 칠과 육의 반음이다)듯이 얼굴빛이
변하여 몇 시간 동안이나 말을 하지 않았고 또 온종일 웃지도 않았다.
그의 제자들이 이상하게 여겨 물었다. '양은 하찮은 짐승일 뿐이고, 또
선생님 댁의 짐승도 아닌데 말씀도 없고 웃지도 않으시니 무슨 까닭입
니까?' 양자는 대답이 없었다(질문이 잘못된 줄 안 것이다). 제자들은 양자
에게 이렇다 할 어떤 말도 듣지 못하였다. 이때 제자 중 맹손양이 밖으
로 나가 심도자란 사람에게 이를 알려 주었다. 그 후 어느 날 심도자가

085　《列子》 및 《金澤寫本》에는 "生"으로 되어 있다.
086　《列子》〈說符〉편이다.

맨손양과 같이 양자가 있는 방안으로 들어가 물었다.

'옛날 어떤 집에 세 명의 곤(형이다)제가 있었습니다. 이 세 사람이 다 제나라와 노나라로 가서 유학을 했습니다. 같은 스승님 밑에서 인의의 도리를 공부하고 돌아왔습니다. 그들의 아버지는 세 아들에게 '너희들이 공부한 인의의 도리는 어떤 것이냐?' 하고 물었습니다. '인의란 것은 먼저 자기가 자기 몸을 사랑하고 명예 같은 것을 소홀히 하는 것입니다(신체와 머리카락 피부들을 함부로 훼손하지 않는 것이다)'라고 맏아들(장남이다)이 대답했습니다. '인의란 것은 자기가 자기 몸을 희생해서라도 인을 이룩하는 것입니다(삶을 구하여서 인仁을 해침은 없고, 몸을 죽여서 인을 이룸은 있다)'라고 중간 아들이 대답했습니다. '인의란 것은 자기의 몸과 명예를 둘 다 온전하게 하는 것입니다(밝고도 명철함으로서 자신의 몸을 보존하는 것이다)'라고 막내아들이 대답했습니다. 이들 세 사람의 학술은 상반되었지만 모두가 유가에서 나온 것입니다. 그러면 누구의 말이 옳고 누구의 말이 틀립니까?'

양자가 대답했다. '여기 황하가에 사는 사람이 있다. 물에 익숙하고 물 위에 뜨는 데(발음은 수이고 뜨는 것이다. 뜨는데 용건하다) 뛰어났다. 그래서 배로 오고가는 사람을 건네주면서(돈을 받고 사람을 건네주는 것이다) 거기서 나오는 이익으로 백 명 남짓한 식구를 다 먹여 살릴 수 있었다. 이 소문을 듣고 도중에 먹을 점심을 싸 가지고 배우러 오는 사람이 떼를 이루게 되었다(배 뜨는 법을 배우러 온 이들이 많은 것이다). 그러나 배우는 도중에 물에 빠져 죽는 사람이 반이나 되었다. 왜냐하면 그들은 본래 물 위에 뜨는 것만을 배우고, 물에 빠지는 것을 배우지 않아서 이롭고 해로운 것이 이와 같았다. 이와 같은 부류 중에 누가 옳고 누가 그르겠는가?'

심도자는 아무런 말도 없이 밖으로 나갔다. 그러자 맹손양이 그에게 물었다(양讓은 물은 것이다).

'당신은 어찌해서 그렇게 빙빙 돌려서 이야기를 했습니까? 또, 선생님의 말씀도 왜 그렇게 편벽된 대답만 하시는지 나는 점점 의심이 갑니다(심도자는 본래 양주가 말하지 않은 까닭을 이해했으므로 '인의'를 물은 것이고, 양주는 심도자가 물은 것을 이해했으므로 '물에 뜨는 것'으로 대답한 것이다. 그러나 맹손양은 삶을 잃게 되는 도리에는 겨를이 없었고, 잃어버린 양에 대답하지 않은 의미를 괴이하게 여겼으니 미혹이 심한 것이다).'

심도자가 대답했다. '큰 길에는 갈림길이 많아서 양을 잃어버리게 되고, 배우는 이는 (학문의) 방법이 많아서 도리어 (본래의) 진리를 잃게 되는 것입니다. 학문은 근본은 동일합니다만 말엽에 가서는 달라집니다. 당신은 선생님의 문하에서 자라고 선생님의 도학을 공부하면서도 선생님이 비유한 말씀을 알아듣지 못하니 참으로 애석한 일입니다"라고 하였다.

2) 별도의 의미에 간략히 열 가지가 있음

(1) 성인의 지취가 깊고 원대하여 각자 견해를 펴기 때문(聖旨深遠各申見解故)

[18b21] ○言各呈其能者,《文選》云: "人人握靈蛇之珠, 家家抱荊山之玉."

○ '각각 능력을 바쳐서' 라고 한 것은 《문선文選》에 "사람마다 영사靈蛇

의 구슬[087]을 쥐고 있고, 집집마다 형산荊山의 옥을 품고 있다"고 하였다.

[18b22] ○言昔可尙也等者, 意云: 昔日章疏堪可尙重, 我今何有言詞? 或云: 昔可尙重, 多人同解, 我今解釋, 何有難詞?

○ '옛것도 존숭할만한데' 등이라고 한 것은 의미를 말하자면 "옛날의 장소章疏도 존숭할만한데 내가 지금 무슨 할 말이 있겠는가"이다. 혹은 "옛것도 존숭할 만함을 많은 사람이 똑같이 알고 있으니, 내가 지금 해석하는 데에 무슨 논란할 말이 있겠는가"이다.

[18b24] ○言五百比丘等者, 出《涅槃經》.

○ '오백 비구들이 (각기 자신의 인행을 말하였고)' 등이라고 한 것은 《열반경》[088]에 나온다.

[18c01] ○三十二菩薩等者, 出《維摩經》.

○ '서른두 분의 보살이 (함께 불이不二를 말할 적에)' 등이라고 한 것은

---

087 晉·干寶(?~336),《搜神記》권20, "隋侯出行, 見大蛇被傷中斷, 疑其靈異, 使人以藥封之, 蛇乃能走, 因號其處斷蛇丘. 歲餘, 蛇銜明珠以報之. 珠盈徑寸, 純白, 而夜有光明, 如月之照, 可以燭室. 故謂之隋侯珠, 亦曰靈蛇珠, 又曰明月珠."《佛門成語》참조.
088 《涅槃經》〈가섭보살품〉에서 "오백 비구가 각각 身因을 말하니, 부처님께서 바른 말이 아닌 것이 없다"고 인정하신 것이다.

566   화엄경담현결택기 1

《유마경》[089]에 나온다.

[18c01] ○言如折金杖等者, 脇尊者語.

○ '마치 금 지팡이를 쪼개더라도 (금의 체는 다르지 않다)' 등이라고
한 것은 협존자脇尊者의 말이다.

(2) 심관心觀을 현시하는데 참선에 의지하지 않았기 때문(顯示心觀不俟參禪故)

[18c03] 言故經云者,《金剛三昧經》也.

'그러므로 경에 말하길 ("네가 설한 것은 문어文語이고, 의어義語가 아니
지만 내가 설한 것은 의어이고, 문어가 아니다")'라고 한 것은《금강삼매
경》이다.

[18c03] ○言況華嚴性海等者, 上之所明猶通餘教, 況我華嚴不彰心觀?

○ '하물며 화엄의 성품 바다(性海)는'이라고 한 것은 위에서 밝힌 것이
오히려 다른 교에도 통하는데 하물며 우리 화엄이 심관心觀을 드러내지
않았겠는가.

---

089   《유마경》〈入不二法門品〉9권이다.

[18c04] ○言不貴宗通唯攻言說者, 宗通復二: 一現量宗通; 自獲禪定, 親證法門, 心冥至理, 口爲人說, 則所敎者多有證達. 如解脫禪師, 得佛光觀, 又得無生忍, 故所敎八百餘人, 皆獲禪定. 二比量宗通; 因依師敎, 達甚深理, 比譬度量, 於境不謬, 解符妙趣, 示導含靈, 則所敎者亦有證達. 近代禪師之類也. 故圭峯云: "微細習情起滅, 彰於靜慮, 差別法義羅列, 見於空心. 虛隙日光, 纖埃擾擾, 淸淨水底, 影像昭昭. 豈比夫空守默之癡禪, 但尋文之狂慧也."

○ '종통宗通을 귀하게 여기지 않고, 오직 언설만을 전공하여서'라고 말한 것은 '종통'에 다시 두 가지가 있다.

첫째는 현량종통現量宗通이다. 스스로 선정을 획득하여 몸소 법문을 증득하며 마음이 지극한 이치에 그윽하게 합하고 입은 타인을 위해 설법하는 것이니 곧 가르침을 받는 자들이 증득해 통달한 이들이 많다. 마치 해탈선사가 불광관을 얻고 또 무생법인을 얻었으므로 가르침을 받은 팔백 명 남짓한 사람들이 모두 선정을 획득한 것과 같다.

둘째는 비량종통比量宗通이다. 스승의 가르침에 의지함으로 인해 매우 깊은 진리를 통달하고 비유로 헤아려서 경계에 대해 오류를 범하지 않으며, 이해는 묘한 지취에 부합하고 함령들을 보여주어 인도하는 것이니, 곧 가르침을 받는 자들이 또한 증득해 통달한 이들이 있다. 근대선사들의 부류이다.

그러므로 규봉圭峯이 "미세한 습기의 정식情識이 일어났다 사라지는 것은 정려靜慮에서 드러나며, 차별된 법과 의미가 나열되는 것은 공심空心에서 나타난다. 허공의 햇빛 틈에서 미세한 티끌이 흔들거리고 맑은 물의 밑바닥에서 영상이 환하게 비춰지는 것이다. 어찌 헛되이 침묵만

화엄경담현결택기 1

을 고집하는 어리석은 선정과 다만 글자만 찾아내는 미친 지혜로 비량
하겠는가"⁰⁹⁰라고 하였다.

[18c13] ○言唯攻言說者, 心無妙解, 口誦禪歌. 念諸家章疏之文, 狀同餠鴻, 昧一
心寂照之理, 勢若雲朦. 以此誨人, 豈獲義利? 苑公之類卽其人也.

○ '오직 언설만을 전공하여서'라고 말한 것은 마음에 묘한 이해도 없
이 입으로 선가를 외우는 것이다. 제가諸家의 장소章疏의 글을 염두에
둔 것은 양상이 단지가 넓적한 것과 같으며, 일심의 고요하게 비추는 이
치에 캄캄한 것은 세력이 구름에 뒤덮인 듯하다. 이로써 사람들을 가르
쳐서 어찌 의리를 얻을 수 있겠는가? 혜원慧苑 공의 부류가 그런 사람이
다.

[18c16] ○言不能以聖教爲明鏡至照經幽旨者, 破《刊定》也. 如圭峯云: "迷之則觸
面向墻, 悟之則萬法臨鏡. 若空尋文句, 或信胷襟, 於此一心性相,⁰⁹¹ 如何了會哉!"

○ '성스런 가르침으로 밝은 거울을 삼아서 … 경의 유현한 지취를 밝히
지 못한다'고 한 것은 《간정기》를 논파한 것이다. 규봉이 "미혹하면 얼굴
이 맞닿도록 담벼락을 향한 것이고, 깨달으면 만법이 거울 앞에 있는 것
과 같다. 만일 헛되이 문구를 찾거나 혹은 가슴으로 믿는다면 이 일심의

---

090   圭峯宗密,《禪源諸詮集都序》권상(T48, 399c14)의 내용이다.
091   底本에는 없음.《金澤寫本》참조 보충.

성·상에 대해 어떻게 분명하게 이해하겠는가!"[092]라고 한 것과 같다.

[18c19] ○言玄言理說等者, 此經多有玄妙之言, 稱理之說, 《刊定》竝謂, 與隨宜
之談雷同, 以深爲淺, 失其大利也. 合空廓自己有相心情, 以求宗趣, 《刊定》銘目,
自出情懷, 胷臆判斷, 以生滅心行, 說實相法門也.

○ '현언玄言과 이설理說(을 모두 뇌동하다고 여겨서)' 등이라고 한 것은
이 경에는 '현묘한 언설과 이치에 맞는 말씀'이 많이 있는데, 《간정기》는
모두 다 '마땅함에 따른 말씀과는 뇌동하다'고 여겨서 깊은 것으로 얕
은 것을 삼아 크나큰 이로움을 잃은 것이다. 자신의 상相이 있는 심정을
텅 비워서 종취를 구하여야 합당하지만, 《간정기》의 명목은 심정心情으
로부터 나와서 가슴으로 판단하고, 생멸하는 심행으로써 실상 법문을
설한 것이다.

[18c23] ○言不知萬行令了自心者, 如解脫長者, 誡善財云: "善男子! 應以善法扶
助自心, 應以法水潤澤自心, 應於境界淨治自心, 應以精進堅固自心, 應以忍辱坦蕩
自心, 應以智證潔白自心, 應以智慧明利自心, 應以佛自在開發自心, 應以佛平等廣
大自心, 應以佛十力照察自心." 又《遺敎經》云: "汝等比丘, 已能住戒, 當制五根,
勿令放逸. 乃至云: 此五根者, 心爲其主. 是故汝等當好制心. 心之可畏, 甚於毒蛇
惡獸怨賊大火猛焰, 未足喩也. 譬如有人手執蜜器, 動轉輕躁, 但觀於蜜, 不見深
坑. 譬如狂象無鈎, 猿猴得樹, 騰躍跳躑, 難可禁制, 當急挫之, 無令放逸. 縱此心

092   《禪源諸詮集都序》권상(T48, 402a08)의 내용이다.

者, 喪人善事, 制之一處, 無事不辦. 是故比丘, 當勤精進, 折伏其心."《刊定》反此, 故云不知.

○ '만행이 자심自心을 분명하게 알게 하는 것임을 모르고'라고 한 것은 해탈장자가 선재동자에게 경계하여 "선남자여! 선법으로 자신의 마음을 부여잡아야 하며, 법수法水로 자심을 윤택할 것이며, 경계에 대해 자심을 청정하게 다뤄야 하고, 정진으로 자심을 견고히 할 것이며, 인욕으로 자심을 평탄케 해야 하고, 지혜의 증득으로 자심을 결백하게 하며, 지혜로 자심을 밝고 예리하게 하고, 부처의 자재력으로 자심을 개발해야 하며, 부처의 평등함으로 자심을 넓힐 것이며, 부처의 십력으로 자심을 관조해야할 것이다"[093]라고 하였다.

또《유교경遺教經》에서 "너희 비구들이여, 계戒에 머물렀다면 오근을 제어하여 방일하게 하지 말라. … 이 오근은 마음으로 주인을 삼는다. 그러므로 너희들은 마음을 잘 제어해야 한다. 마음이 두려워할 만한 것이 독사보다 심하니, 악독한 짐승과 원한 있는 적과 큰불의 맹렬한 불길로도 비유할 수 없는 것이다. 비유하면 마치 어떤 사람이 손으로 벌집을 잡고 경거망동하면서 꿀만을 보고 깊은 구덩이는 보지 못하는 것과 같으며, 미친 코끼리가 쇠사슬이 없고, 원숭이가 나무에서 뛰어 올랐다 내렸다하는 것과 같아서 금지하거나 제어하기 어렵다. 서둘러 꺾어서 방일하지 않게 해야 한다. 이 마음을 함부로 하는 이는 사람의 좋은 일을 잃게 되고 한 곳을 제어하면 마련되지 않은 일이 없다. 그러므로 비구

---

093   《華嚴經》권제63〈入法界品〉第39-4(T10, 340a08)의 내용이다.

들은 부지런히 정진하여 이 마음을 항복시켜야한다"⁰⁹⁴고 하였다.《간정기》는 이것과 반대로 하였다. 그래서 '모른다'고 한 것이다.

[19a12] ○言一生駆駆但數他實者,〈問明品〉云: "譬如貧窮人, 晝夜數他寶, 於法不修行, 多聞亦如是."

○ '일생을 구구하게 타인의 보배만을 세다가'라고 한 것은 〈보살문명품〉에서 "비유하면 마치 빈궁한 사람이 밤낮으로 남의 보물을 세는 것처럼, 법에 대해 수행하지 않고 많이 듣는 것도 이와 같다"⁰⁹⁵고 하였다.

[19a14] ○言或年事衰邁等者, 如云: "吾昔年來積學問, 也曾討疏尋經論, 分別名相不知休, 入海第沙徒自困." 卽其人也.

○ '혹은 나이가 들어 늙고 쇠잔해져야' 등이라고 한 것은 (〈증도가〉에) '나는 왕년에 학문을 쌓았고, 또한 일찍이 《소초》를 검토하고 경·론을 찾았으며, 명상名相을 분별하면서 쉴 줄도 모르고 바다에 들어가 모래알을 세면서 스스로 헛수고 했다'라고 말하는 것과 같으니, 그런 사람이다.

---

094   《佛遺教經》(T12, 1111a08)의 내용이다.

095   《60華嚴》〈菩薩明難品〉제6(T09, 429a04)에는 "譬如貧窮人, 日夜數他寶, 自無半錢分, 多聞亦如是."로 되어 있고,《80華嚴》〈菩薩問明品〉제10(T10, 068a26)에는 "如人數他寶, 自無半錢分, 於法不修行, 多聞亦如是."로 되어 있다. 따라서 선연은 둘을 혼용한 듯하다. 때문에 '자신은 반 푼 동전의 몫도 없다'는 구절이 생략되어 의미가 잘 드러나지 않는다.[역자 주]

[19a16] ○言豈唯抑乎佛心者, 佛說經心, 令依敎而悟理, 隨悟理而成⁰⁹⁶觀, 今廢敎求禪, 故《鈔》云爾.

○ '어찌 오직 불심에만 어긋날 뿐이겠는가!'라고 한 것은 부처님이 경을 설한 마음은 교를 의지해서 이치를 깨닫고, 깨달은 이치를 따라서 관법을 이루게 한 것인데, 요즘은 교리를 폐하고 참선을 구한다. 그러므로《초》에서 그렇게 말한 것이다.

[19a18] ○言用以心傳心之旨者, 卽達磨之旨, 此心卽是一切衆生本覺心也. 師資相望, 立以傳名. 此意用禪門傳心之旨, 開《華嚴》佛證之⁰⁹⁷門.

○ '이심전심以心傳心의 종지를 써서'라고 한 것은 바로 달마대사의 종지이니, 마음은 곧 일체중생의 본각심이다. 스승과 제자가 서로 마주하여서 '이전以傳'이란 명칭을 세웠다. 이 의미는 선문禪門의 '마음을 전하는 (傳心) 종지'를 이용해서《화엄》의 '제불이 증득한(佛證) 법문'을 열어준 것이다.

[19a21] ○言會南北二宗之禪門者, 圭峯云: "北宗意謂; 衆生本有覺性, 如鏡有明性, 煩惱覆之不見, 如鏡有塵闇. 若依師言敎, 息滅妄念, 念盡則心性覺悟, 無所不知. 如磨拂昏, 塵塵盡, 則鏡體明淨無所不照. 故彼宗主神秀, 呈五祖偈云: '身

096   底本에는 "成而",《金澤寫本》참조 도치.
097   《金澤寫本》에는 "立"으로 되어 있다.

是菩提樹, 心如明鏡臺. 時時勤拂拭, 莫遺有塵埃.' 南宗意謂; 諸法如夢, 諸聖同
說, 妄念本寂, 塵境本空. 空寂之心靈知不昧, 卽此空寂之知, 是達磨所傳清淨心
也. 任迷任悟, 心本自知, 不藉緣生, 不因境起. 迷時煩惱, 知非煩惱, 悟時神變, 知
非神變. 然知之一字眾妙之門, 由迷此知, 卽起我相人相, 計我我所, 愛惡自生, 隨
愛惡心, 卽爲善惡, 善惡之報, 受六道形. 世世生生, 循環不絶. 若得善友開示, 頓
悟空寂之知, 知且無念無形, 誰爲我相人相. 覺諸相空, 心自無念, 念起卽覺, 覺之
卽無. 修行妙門, 唯在於此, 故雖備修萬行, 唯以無念爲宗, 但得無念, 則愛惡自然
淡薄, 悲智自然增明, 罪業自然斷除, 功行自然精進. 於解則見諸相非相, 於行卽名
無修之脩, 煩惱盡時, 生死卽絶, 生滅滅已, 寂照現前, 應用[098]無窮, 名之爲佛." 和
前見性偈云: '菩提本無樹, 心境亦非臺, 本來無一物, 何假拂塵埃.' 卽斯義也.

○ '남종南宗과 북종北宗의 두 선문禪門을 회통하고'라고 한 것은, 규봉圭
峯이 말하였다. 북종의 의미는 말하자면, "중생에게 본래 있는 각성覺性
은 거울에 밝은 성이 있는 것과 같고, 번뇌에 뒤덮여 보지 못하는 것은
거울에 어둔 티끌이 있는 것과 같다. 만일 스승의 언교에 의지하여 망
념을 멸하고 망념을 쉬어 없애서 망념이 다하면 심성이 각오하여 알지
못하는 것이 없는 것이니, 마치 어둑어둑한 먼지를 갈고 털어내어 먼지
들이 다하면 거울 자체가 밝고 맑아 비추지 않음이 없는 것과 같다. 그
러므로 북종의 종주인 신수神秀는 오조(홍인)에게 게송을 바쳐서 '몸은
보리 나무요, 마음은 밝은 거울받침대라네. 때때로 부지런히 털어내어,

먼지가 끼게 하지 말라'고 하였다."[099]

　남종의 의미는 말하자면, "모든 법이 꿈과 같다고 모든 성인들이 다 같이 설한다. 망념은 본래 공적하고 티끌 경계는 본래 공하다. 공적한 마음은 신령스럽게 알아 어둡지 않다. 바로 이 공적한 앎이 달마가 전해준 청정심이다. 임의대로 미혹하고 임의대로 깨달아 마음은 본래 스스로 안다. 연을 가자하지 않고 생하며 경계를 인해서 일어나지 않는다. 미혹할 때가 번뇌이지 앎이 번뇌가 아니며 깨달을 때가 신통변화이지 앎이 신통변화는 아니다. 그러나 앎이란 한 글자는 수많은 묘함의 문이며, 이 앎을 모름으로 인해 아상我相과 인상人相을 일으켜 나와 내 것이라고 계탁하며 좋아함과 싫어함이 저절로 생긴다. 좋고 싫은 마음을 따라서 선악이 되고, 선악의 과보로 육도六道의 형상을 받아 세세생생에 순환하여 단절되지 않는다.

　만일 선우가 열어보여 주면 공적한 앎을 단박에 깨달으며 앎이 또 무념이고 무상인데 무엇이 아상이며 인상이겠는가. 모든 상이 공한 줄 알면 마음은 저절로 무념이며, 념이 일어나면 곧 깨닫고, 깨달으면 곧 없어지니, 수행하는 묘한 문이 오직 여기에 달려있을 뿐이다. 그러므로 비록 만행을 갖춰 닦더라도 오직 무념이 으뜸이 되고, 다만 무념이 되면 좋아하고 싫어하는 것이 자연히 담박해지고 자비와 지혜가 자연히 더욱 밝아진다. 죄업은 자연히 끊어져 제거되고 공행功行은 자연히 정진한다. 이해에 있어서는 모든 상이 상 아닌 줄 알고, 수행에 있어서는 닦음이 없는 닦음이라고 한다. 번뇌가 다할 때가 생사가 끊어지는 것이며 생

099　《禪門師資承襲圖》권1(X63, 33a13)의 내용이다.

멸하는 것이 없어지고 나면 고요한 비춤이 현전한다. 응용함이 다함이 없는 것을 부처라고 이름한다"[100]라고 하였다. (육조혜능이) 앞의 견성 게송에 화답해서 '보리는 본래 나무가 아니며, 마음 거울 역시 받침이 아니네. 본래 한 물건도 없는데, 무슨 먼지를 털어낼 필요가 있겠는가'라고 한 것이 곧 이 뜻이다.

[19b17] ○言撮台衡等者, 天台智者·衡山思師空·假·中三觀文也. ○言雖入先生之門至猶迷衣內之珠者, 上半卽列子中事, 已見上引. 下半卽《法華》之意, 今當略陳, 卽第四〈五百弟子授記品〉: "譬如有人, 至親友家, 醉酒而臥. 是時親友官事當行, 以無價寶珠, 繫其衣裏, 與之而去. 其人醉臥, 都不覺知, 起已遊行, 到於他國, 爲衣食故, 勤力求索, 甚大艱難等." 繁不委序而.[101]

○ '천태天台와 형산衡山의 (삼관의 현묘한 지취를) 모아서'라고 한 것은 천태지자天台智者와 형산사사衡山思師의 공관空觀·가관假觀·중관中觀의 글이다.

○ '비록 선생의 문하에 들어갔으나 … 옷 속의 구슬을 모르는 것과 같다'고 한 것은 상반은 《열자》에서의 일이니, 위에서 이미 인용했다. 하반은 《법화경》의 의미이니, 이제 간략하게 진술하겠다.

제4권 〈오백제자수기품五百弟子授記品〉에서 "비유하면 마치 어떤 사람이 친구의 집에 가서 술에 취해 누워 잤는데 이때 그 친구가 관청의 일

---

100   《禪門師資承襲圖》권1(X63, 33c18)의 내용이다.

101   "而"는 연문인 듯하다. 교감 주.

로 떠나려 할 적에 가치를 매길 수 없는 보배 구슬을 그의 옷 속에 매
달아 주고서 떠났다. 그 사람은 술에 취해 쓰러졌으므로 전혀 알아채지
못하고 일어나서는 떠돌아다녔다. 타국에 도착해서 의복과 음식을 구
하려는 까닭으로 있는 힘을 다하여 찾아 구했지만 몹시 힘들었다"[102]라
고 하였다. 번다하니 자세하게 서술하진 않겠다.

(3) 옛 대의를 받들어 사람을 엄폐하지 않고자 하기 때문(扶昔大義不欲掩人故)

[19c01] ○言善友者, 准[103]下《疏》云: "世之善友略有七事; 一遭苦不捨, 二貧賤不
輕, 三密事相告, 四遞相覆藏, 五難作能作, 六難與能與, 七難忍能忍. 如來亦爾,
爲物隨於六趣, 苦而不捨, 貧無法財而不見輕, 本性客塵無不相告. 善根未熟, 則
以權覆實, 堪眞實化, 則以實覆虛. 著弊垢衣, 執持糞器, 爲難作能作, 解髻明珠,
爲難與能與, 生違佛化, 乃至多劫心無退動, 爲難忍能忍."

○ '선우善友'라고 한 것은 아래《소》에 준거하면, "세상의 훌륭한 친구에
간략하게 일곱 가지 일이 있다. 첫째는 고뇌를 만나도 버리지 않고, 둘
째는 빈천하다고 가볍게 여기지 않으며, 셋째는 비밀스런 일을 서로 알
려주고, 넷째는 서로 번갈아 덮고 감춰주며, 여섯째는 주기 어려운 것을
주고, 일곱째는 참기 어려운 것을 참는다. 여래 또한 그러해서 만물을
위해서 육취六趣에 따라가서 고통스러워도 버리지 않으며, 가난하여 법

---

102   《法華經》권제4〈五百弟子授記品〉제7(T09, 029a06)이다.
103   底本에는 "唯",《金澤寫本》참조 수정.

과 재물이 없어도 가볍게 보지 않으며, 본성과 객진을 서로 알려주지 않은 것이 없다. 선근이 미숙하면 권權(방편)으로써 실實을 뒤덮으며, 진실한 교화를 감당할 만하면 진실로써 허망한 것을 뒤덮는다. 해지고 더러운 옷을 입고 똥 그릇을 잡은 것은 짓기 어려운 것을 지은 것이며, 상투의 밝은 구슬을 푼 것은 주기 어려운 것을 준 것이다. 중생이 부처님의 교화를 어겨도 … 오랜 겁 동안 마음에 물러나거나 움직임이 없는 것은 참기 어려운 것을 참는 것이다"[104]라고 하였다.

[19c08] ○言雜以邪宗者, 迷眞異執教也. ○言使權[105]實不分漸頓安辨者, 眞具分滿教也. ○言卽用之體不成者, 業用旣有, 德相獨無, 卽業用之德相不成故. ○言交徹之旨寧就者, 生佛交徹義不成也. ○言却令相用二門無由成異者, 眞如但是德相之因, 云何通與業用爲因? ○言以緣起相由之玄旨,(事事[106]無礙義) 同理性融通之一門.(事理無礙義) ○言大緣起者, 具足十門, 體周法界, 揀非內外, 故名爲大.

○ '삿된 종宗을 섞었으며'[107]라고 한 것은 진여를 미혹하고 달리 집착하는 교(迷眞異執教)이다.[108]
○ '권교와 실교를 나누지 않고 점漸과 돈頓을 어찌 가려내겠는가?'라고

---

104   《大疏》권제25〈升兜率天宮品〉제23(T35, 688c17)이다.
105   底本 및《金澤寫本》,《大疏》(大正藏乙本)에는 "圓",《大疏》참조 수정.
106   底本에는 "理",《金澤寫本》및《藏經書院本》참조 수정.
107   《演義鈔》권제3(T36, 017a26)이다.
108   혜원법사가 세운 4교 중 제1교로, 모든 외도가 진리에 미혹하여 널리 다른 견해를 일으킨 것을 말한다. 그런데 징관은 이를 인도에서 내외와 육사외도 등을 나누는 것처럼 하지 않았다고 논파한 내용이다.

한 것은 진여의 두 가지 뜻을 다 갖추고 2공을 다 분별한 교(眞具分滿教)이다.[109]

○ '업용에 즉한 체성이 이뤄지지 못하고'라고 한 것은 업용業用은 있는데 덕상德相은 홀로 없어서 업용에 즉한 덕상이 이뤄지지 못하기 때문이다.

○ '서로 어우러져 통한다는 지취를 어떻게 이루겠는가?'라는 것은 중생과 부처가 서로 어우러져 통한다는 뜻이 이뤄지지 못하기 때문이다.

○ '도리어 덕상과 업용의 두 문이 이유 없이 달라지게 하고'라는 것은 진여가 다만 덕상의 인因일뿐이라면, 업용에게 인이 되어준다는 것과는 어떻게 회통하겠는가?

○ 말한 '연기하여 서로 말미암는(緣起相由) 문'의 현묘한 지취로써(사사무애의 뜻이다) '이성으로 융통하는(理性融通) 문'의 문 하나와 같게 한 것이다(사리무애의 뜻이다).

○ '법계 대연기大緣起'라고 한 것은 10문[110]을 구족하여 체가 법계에 변만하고 안팎이 아닌 것을 가려내었다 그러므로 '대大'라고 한 것이다.

[19c16] ○言非是重古輕今者,《釋氏六帖》云:"重古輕[111]今, 註引《破邪》云: 俗

---

109 혜원법사가 세운 4교 중 제4교로, 진여의 수연隨緣과 불변不變의 2가지 뜻을 갖춘 것을 구분
具分이라고 하며, 생공과 법공의 2공을 둘 다 변별한 것을 만교滿教라고 한 것이다. 그런데 징
관은 여기서 2공만을 기준 잡아 '半滿'을 논한 것은 잘못되었으며, 空과 不空을 함께 논해
야 '滿'이 된다고 논파한다.

110 덕상과 업용이 원인으로 하는 대상인 열 가지(德用十所因)의 문을 말한다.

111 底本에는 "經",《金澤寫本》참조 수정.

儒好長古而短今, 談[112]前而薄後, 不非古之虛美, 而[113]責今之實論, 信久遠之僞辭,
忽近今之實事, 不知指[114]馬之要, 而競[115]儒·墨之談, 膏肓[116]之病, 故[117]難治矣." 釋
曰: 疏主不爾, 故云非也.

○ '옛 (현수의) 것을 소중히 여기고, 현재 (혜원慧苑의) 것을 가벼이 여기
는 것이 아니요'라고 한 것은《석씨육첩釋氏六帖》에서 "'옛것을 소중히 여
기고 현재의 것을 가벼이 여기는 것'은 주석에서《파사론破邪論》을 인용
해서 '세속의 유학자들은 옛것을 장점으로 여기고 현재 것을 단점으로
여기며, 앞의 것을 돈독히 하고 뒤에 것을 박하게 하길 좋아한다. 옛것
의 허망한 아름다움을 비난하지 않고 현재 것의 실다운 논설을 나무란
다. 오래고 먼 것의 거짓된 말들을 믿고 가깝고 지금인 것의 실다운 일
을 소홀히 하며, 말(馬)을 가리키는 요체를 알지 못하면서 유·묵의 말씀
을 다투는 것이다. 고육지병膏肓之病이기 때문에 고치기 어렵다'[118]고 하였
다." 해설해 보면 소주疏主는 그렇지 않기 때문에 '아니다'라고 한 것이다.

[19c20] ○言不欲欺誣亡沒者, 故《肇論》序云: "此實巨蠹之言, 欺誣亡沒. 街巷陋
音, 未之足拾."

---

112   《破邪論》에는 "遅"으로 되어 있다.
113   底本에는 없음.《破邪論》및《金澤寫本》참조 보충.
114   底本에는 "揖",《破邪論》및《金澤寫本》참조 수정.
115   底本 및《金澤寫本》에는 "竟",《破邪論》참조 수정.
116   底本에는 "旨",《破邪論》및《金澤寫本》참조 수정.
117   《破邪論》에는 "固"로 되어 있다.
118   《破邪論》권하(T52, 488b29)의 내용이다.

○ '죽은 사람(혜원)을 기만하고자 하려는 것도 아니지만'이라고 한 것은 《조론》의 서문[119]에서 "이것은 실로 커다랗게 좀먹는 말로 죽은 자들을 기만한 것이니, '가항 누추'란 말로는 수습하기 부족하다"[120]고 하였다.

(4) 필요 없는 말을 끊어버리고 지극한 이치를 바로 논하기 때문
(剪截浮辭直論至理故)

[19c23] 言使質而不野者, 出於《論語》: "子曰質勝文則野,(包曰, 野如野人, 言鄙略也.) 文勝質則史,(包曰, 史者文多而質少.) 文質彬彬然後君子;(包曰, 彬彬文質相半之貌.)" 卽其意也. 言不分通局者, 性相共有, 名通. 一宗獨有, 名局.

'질박하게 그대로 두되 촌스럽지 않게 하였으며'라고 한 것은 《논어》에서 나왔다. "선생님이 말씀하시기를 '바탕이 문채보다 수승하면 촌스럽고(포가 말하였다. '촌은 촌사람과 같으니, 누추하고 소략한 것을 말한다'), 문채가 바탕보다 수승하면 간사하다(포가 말하였다. '간사함은 문채가 많고, 바탕이 적은 것이다'). 문채와 바탕이 잘 어우러진 연후에야 군자이다(포가 말하였다. '빈빈은 문채와 바탕이 서로 반반 섞인 모습이다')"라고 한 것이 그 뜻이다.

'통함과 국한을 나누지 않은 것'이라고 한 것은 성종과 상종에 공통적으로 있기 때문에 '통함'이라고 하고, 한 종宗에만 홀로 있기 때문에 '국한'이라고 한다.

---

119   승조법사《肇論》의 서문은 소초제사小招提寺 사문인 혜달慧達이 지은 것이다.
120   《肇論序》(T45, 150b16)이다.

(5) 자타의 종을 잘 살펴서 망령되게 파척하지 않기 때문

(善自他宗不妄破斥故)

[20a02] ○言或多用法相而復盡呼爲權者, 法相通權實故.

○ '혹은 법상종을 많이 인용하고는 다시 이 모두를 권교라고 불렀으며'
라고 한 것은 법상종은 권교와 실교에 통하기 때문이다.

(6) 지금과 옛것을 나누어 설명하니 신新·구경舊經의 뜻이 다르기 때문

(辨析今古新舊義殊故)

[20a03] 言卽當旣別者, 圓融行布別故.

'즉卽과 당當이 이미 구별되는데'라고 한 것은 원융문과 항포문으로 구
별되기 때문이다.

(7) 법상을 명시하여 경에 포함된 바를 드러내기 때문(明示法相顯經包含故)

[20a05] 言天之日月·易之乾坤者, 顯性相理齊, 恐法相師是非心生故. 或日明月
暗, 乾高坤下, 意彰不齊故.

'하늘의 일월日月과 주역의 건곤乾坤'이라고 한 것은 성종性宗과 상종相宗
의 이치가 나란함을 드러낸 것이니, 법상종의 사들이 시비하는 마음이

생길까봐 염려했기 때문이다. 혹은 해는 밝으며 달은 어둡고, 하늘은 높고 땅은 낮아 의미가 나란하지 않다는 것을 표출한 것이다.

[20a07] ○言三倒者, 下《疏》云: "見·想·心三倒也. 謂於前諸事, 起心分別, 常無常等, 名爲心到,[121] 於常等境, 取分齊相, 名爲想倒, 於想執實, 名爲見倒. 翻背正信, 立以倒名. 然小乘中, 或說想·心·見三次第而起. 或說一時, 義分前後. 心·想非倒, 由見亂故, 立以倒名. 雖諸說不同, 皆依六識建立. 若大乘中, 亦有多說; 一云依七識心, 義分三倒. 謂七識妄心性是乖理顚倒之法, 名爲心倒. 依是心故, 便有一切妄境界生, 如依夢心有夢境起. 卽於彼境, 妄取其相, 說爲想倒, 於所取法, 執實分明, 說爲見倒. 依此三倒, 於爲無爲境, 起常無常等八種顚倒. 諸宗異說, 恐厭繁文." 卽斯義也.

○ '(《십회향품》의) 삼도三倒'라고 한 것은 아래《소》에서 "견도見倒·상도想倒·심도心倒의 세 가지 전도이니, 말하자면 앞의 모든 사법에 대해 마음을 일으켜 상주한다든가 무상하다든가 분별하는 것을 '심도'라고 하며, 상주 등의 경계에 대해 분제의 상을 취하는 것을 '상도'라고 하며, 상도에 대해 진실하다고 집착하는 것을 '견도'라고 한다. 바른 믿음을 뒤집어 등 돌리므로 전도란 명칭을 세운다.

그러나 소승에서는 혹은 상도·심도·견도의 셋이 차례대로 일어난다고 설하고, 혹은 일시지만 의미상 전후로 나눈 것이라고 설한다. 심·상은 전도가 아니지만 견으로 인해 어지럽기 때문에 '전도'란 명칭을 세운

---

121   底本에는 "等",《大疏》및《金澤寫本》참조 수정.

다. 비록 여러 설이 다를지라도 모두 6식을 의지해서 건립하였다.

　대승의 경우 역시 여러 설이 있다. 첫째는 7식심에 의거해서 뜻으로 삼전도를 나눈다. 말하자면 7식의 허망한 심성이 이치에 어긋난 전도된 법이므로 '심도'라고 하며, 이 마음을 의거하기 때문에 곧바로 일체의 허망한 경계가 생기게 되니, 마치 꿈속의 마음을 의지해서 꿈속의 경계가 일어남이 있는 것과 같다. 경계에 대해 그 상을 망령되게 취하는 것을 '상도'라고 한다. 그 취한 법에 대해 실로 분명하다고 집착하는 것을 '견도'라고 한다. 이 세 가지 전도를 의지해서 유위와 무위의 경계에 대해 상주한다거나 상주함이 없다거나 하는 등의 여덟 종류의 전도를 일으킨다. 여러 종파의 설명이 다르지만 번다한 문장이라 싫어할까 염려된다"[122]고 한 것이 이 뜻이다.

[20a18] ○言至如〈昇兜率品〉等者, 略示昔人不知之處. 謂《佛地經》, 佛有二十一種功德. 無著等菩薩, 立名解釋. 然觀下《疏》, 將《論》配經. 若非賢聖, 豈能如爾. 〈法界品〉末, 又重引釋, 義轉幽微. ○言然於四十二位等者, 下《疏》配五十二位, 今云四十二, 抄寫者誤. 或攝十信, 入初住中. ○言引六會經文等者, 始從第二會, 至第七會, 信·住·行·向·地及等·妙二覺, 而對釋之. ○言翻驗昔解臆說尤多者, 彈《刊定》也, 謂彼將十信, 却作十住等. ○言五眼者, 肉·天·慧·法·佛也. ○言十眼者, 加智眼·光明眼·出生死眼·無礙眼·一切智眼. ○言六通者, 他心·天眼·宿住·天耳·漏盡·神境通也. ○言十通者, 一他心, 二天眼, 三知過去劫, 四知未來劫, 五天耳,

---

122　《大疏》권제26〈十迴向品〉제25(T35, 700b03·b19)의 내용이다.

六不動往刹, 七分別言詞, 八無數色身, 九一切智, 十滅定智通也. ○言十身,[123] 菩·願·化·力·相·威·意·福·法·智也. ○言四智者, 大·平·妙·成也.

○ '〈승도솔품昇兜率品〉(의 21종 공덕)에 이르러서'라고 한 것은 옛사람이 알지 못한 곳을 간단하게 보여준 것이다. 말하자면 《불지경》에 부처의 21종 공덕이 있는데, 무착 등 보살이 명칭을 세워 해석하였다. 그러나 아래 《소》를 살펴보면 《론》을 가지고 경에 배대하였으니, 현성이 아니라면 어찌 이와 같이 할 수 있겠는가? 〈입법계품〉 말미에 또 거듭 인용해서 해석하였으니 뜻이 더욱 그윽하고 미묘해졌다.

○ '그러나 42계위' 등이라고 한 것은 아래 《소》에서는 52계위로 배대하였는데 지금 42위라고 한 것은 베껴 쓴 자가 잘못한 것이다. 혹은 십신十信을 거둬서 초주初住에 편입시킨 것이다.

○ '6회의 경문을 (모두 구체적으로) 인용하고' 등이라고 한 것은 처음 제2회부터 제7회에 이르기까지 신信·주住·행行·회향廻向·지地 및 등각等覺·묘각妙覺 둘을 대조하고 해석한 것이다.

○ '도리어 옛 해석을 증험해본다면 억측한 말이 너무 많다'고 한 것은 《간정기》를 탄핵한 것이다. 말하자면 거기서 십신을 가지고 도리어 십주를 만든 것 등이다.

○ '오안五眼'은 육안肉眼·천안天眼·혜안慧眼·법안法眼·불안佛眼이다.

○ '십안十眼'은 지안智眼·광명안光明眼·출생사안出生死眼·무애안無礙眼·일체지안一切智眼을 첨가한다.

---

123   底本에는 "信", 교감 주 및 《金澤寫本》 참조 수정.

○ '육신통六神通'은 타심통他心通 · 천안통天眼通 · 숙명통宿命通 · 천이통天耳通 · 누진통漏盡通 · 신경통神境通이다.

○ '십신통十神通'이라고 한 것은 첫째 타심통이요, 둘째 천안통이요, 셋째 과거겁을 아는 신통이요, 넷째 미래겁을 아는 신통이요, 다섯째 천이통이요, 여섯째 움직이지 않고 찰토에 가는 신통이요, 일곱째 언사言詞를 분별하는 신통이요, 여덟째 셀 수 없는 색신色身 신통이요, 아홉째 일체지一切智 신통이요, 열째 멸정지滅定智 신통이다.

○ '십신十身'이란 보리신 · 원신 · 화신 · 역지신 · 상호장엄신 · 위세신 · 의생신 · 복덕신 · 법신 · 지신智身이다.

○ '사지四智'는 대원경지大圓鏡智 · 평등성지平等性智 · 묘관찰지妙觀察智 · 성소작지成所作智이다.

[20b09] ○言九門六度等者,《瑜伽》九門別顯六度, 淸凉採用以釋此經十度. ○言九門者, 一自性,(出行體) 二一切,(能具行) 三難行,(別顯勝) 四一切門,[124](行差別) 五善士,(作饒益) 六一切種,(攝聖教) 七遂求,(隨所須) 八淸淨,(攝成度) 九二世樂.(現當益) ○言十通十忍等者, 十通六通如前. ○言十忍者, 音·順·無·幻·焰·夢·響·影·化·空. ○言五忍者, 伏·信·順·無·寂,〈十通〉〈十忍品〉中自會, 須者應撿.

○ '9문九門의 육바라밀'이라고 한 것은《유가사지론》에서 9문으로 별도로 육바라밀을 드러낸 것인데, 청량이 채용해서 이 경의 십바라밀을 해

---

124   底本 및《金澤寫本》에는 없음.《瑜伽師地論》및《演義鈔》참조 보충.

석한 것이다.[125]

○ '9문'이라고 한 것은 첫째 자성自性이요(행의 체를 냄), 둘째 일체一切요(능히 행을 갖춤), 셋째 어려운 행(難行)이요(수승함을 별도로 드러냄), 넷째 일체문一切門이요(행의 차별), 다섯째 훌륭한 담당자(善士)요(요익을 지음), 여섯째 일체종一切種이요(성교聖教를 섭수함), 일곱째 구하는 것을 완수함(遂求)이요(필요한 바를 따름), 여덟째 청정淸淨이요(성취된 바라밀을 섭수함), 아홉째 2세의 즐거움(二世樂)이다(현재와 미래의 이익).

○ '십통十通과 십인十忍'이라고 한 것은 십신통과 육신통은 앞과 같다.

○ '십인'은 음성인·순인·무생법인·여환인·여염인·여몽인·여향인·여영인·여화인·여허공인이다.

○ '오인五忍'은 복인·신인·순인·무생인·적멸인이다. 〈십통품〉과 〈십인품〉에서 저절로 알 수 있으니 필요한 자는 검토해보라.

[20b16] ○言十身融三身者, 菩·願·化·力·意卽化身也, 相·威·福兼報·化也, 卽法身·智通三身, 局唯法·報. ○言十智融三智者, 十智者; 一無依成事智, 二體無增減智, 三體均益生智, 四用興體密智, 五滅惑成德智, 六依持無礙智, 七窮劫利樂智, 八知無不盡智, 九巧令留惑智, 十性通平等智. ○言三智者, 眞·俗·中智也. 就十智中, 達事之用融俗智, 照理之用融眞智, 證無礙之用融中智也.

○ '십신은 삼신과 융합하고'라는 것은 보리신·원신·화신·역지신·의생신은 화신이고, 상호장엄신·위세신·복덕신은 보신과 화신을 겸하고, 법

---

125   《演義鈔》 권제82 (T36, 644c24)이다.

신·지신智身은 삼신에 공통하지만 국한하면 오직 법신과 보신일 뿐이다.

○ '십지+智는 삼지三智로 융합하였다'는 것은 십지는 첫째 의지함 없이 일을 성사시키는 지혜요, 둘째 체에 증감이 없는 지혜요, 셋째 체가 균등하게 중생을 이익 하는 지혜요, 넷째 작용은 일으키고 체는 비밀스런 지혜요, 다섯째 미혹을 멸하고 덕을 이루는 지혜요, 여섯째 의지함에 걸림이 없는 지혜요, 일곱째 겁이 다하도록 이롭고 즐거운 지혜요, 여덟째 앎이 다함이 없는 지혜요, 아홉째 선교로 미혹을 남겨둔 지혜요, 열째 성품이 평등에 통하는 지혜이다.

○ '삼지'는 진지·속지·중도지이다. 십지에 입각하여 사법에 통달한 작용은 '속지'에 융합되고, 이치를 비추는 작용은 '진지'에 융합되고, 무애함을 증득한 작용은 '중도지'에 융합된다.

[20b23] ○言十門涅槃者, 一體性眞常門, 二德用圓備門, 三出沒常湛門, 四虧盈不還門, 五示滅妙存門, 六隨緣起盡門, 七存亡互現門, 八大用無涯門, 九體離兩邊門, 十結歸無住門. ○言四涅槃者, 自性淸淨, 有餘依, 無餘依, 無住處. 十中, 體攝性淨, 用攝餘三也. ○言一智融於四智者, 第四用興體密一智, 融大圓鏡等四智也. ○言三聚者, 攝律儀, 攝善法, 攝眾生也. 良以二地三聚戒度成就. 全離誤犯之愚行時, 蟻行分路等, 故名離垢. ○言八禪者, 色·無色界各有其四. 依定發慧, 照了大乘無邊妙法, 故名發光. ○言道品者, 三十七種菩提分法也. ○成無生之慧光者, 發智大焰, 燒煩惱薪, 證無生理之慧也. ○言諸諦者, 一十五諦也.

○ '10문 열반'이란 첫째 체성이 진실하고 항상 있는 문이요, 둘째 덕용이 원만하게 갖춰진 문이요, 셋째 출몰하되 항상 담연한 문이요, 넷째

화엄경담현결택기 1

이지러지고 채워지되 순환하지 않는 문이요, 다섯째 멸도함을 보이되 묘하게 존재하는 문이요, 여섯째 따라 연기하여 다하는 문이요, 일곱째 존망에 서로 나타나는 문이요, 여덟째 대용이 무애한 문이요, 아홉째 체가 양변을 벗어난 문이요, 열째 결국 돌아가되 머무름이 없는 문이다.

○ '네 가지 열반'이란 자성청정열반, 유여의열반, 무여의열반, 무주처열반이다. 10문중에 (첫째) 체성은 성정열반을 거두고, (둘째) 작용은 나머지 세 열반을 거둔다.

○ '일지가 사지四智를 융합한다'고 한 것은 넷째 '작용은 일으키고 체는 비밀스런 지혜' 하나가 대원경지 등의 사지를 융합한다는 것이다.

○ '삼취정계'란 섭율의계, 섭선법계, 섭중생계이다. 진실로 제2지는 삼취정계바라밀로 성취된다. 잘못 범한 어리석은 행실을 전부 벗어날 때이니, 개미가 가다가 길이 갈리는 등이다. 그러므로 '이구지離垢地'라고 이름한다.

○ '여덟 선정'이란 색계·무색계에 각각 넷이 있다. 선정을 의지해서 지혜를 발휘하여 대승의 무변한 묘법을 비추므로 '발광지'라고 한다.

○ '(4지의) 도품道品'이라고 한 것은 37가지 보리분법이다.

○ '무생의 혜광을 성취한다'고 한 것은 지혜의 큰 불꽃을 일으켜 번뇌의 섶을 태워서 무생의 이치를 증득한 지혜이다.

○ '(5지의) 모든 진리(諸諦)'라고 한 것은 15제諦이다.

[20c12] ○言星羅十門月[126]滿三觀者, 一, 有支相續門, 二, 攝歸一心門, 三, 自業

---

126   底本에는 "目", 《演義鈔》 및 《金澤寫本》 참조 수정.

助成門, 四, 不相捨離門, 五, 三道不斷門, 六, 三際輪迴門, 七, 三苦集滅門, 八, 因緣生滅門, 九, 生滅繫縛門, 十, 隨順無所有盡門. 隨一門中, 而有三觀; 一, 相諦差別觀, 二, 大悲隨順觀, 三, 一切相智觀.

○ '(6지의 반야는 인연으로 생함을 살피되) 별처럼 펼쳐진 십문十門과 달처럼 원만한 삼관三觀(으로 성·상을 궁구하여 반야가 현전하니)'라고 한 것은, 첫째 유지有支가 상속하는 문이요, 둘째 거둬들여 일심으로 돌아가는 문이요, 셋째 자업으로 도와 성취하는 문이요, 넷째 서로 버리거나 여의지 않는 문이요, 다섯째 삼도三道에서 단절하지 않는 문이요, 여섯째 삼제三際에 윤회하는 문이요, 일곱째 삼고三苦의 집착이 소멸하는 문이요, 여덟째 인연으로 생멸하는 문이요, 아홉째 생멸하여 계박되는 문이요, 열째는 무소유에 수순하여 다한 문이다. 한 가지의 문을 따라 삼관이 있다. 첫째는 상제차별관相諦差別觀이요, 둘째는 대비수순관大悲隨順觀이요, 셋째는 일체상지관一切相智觀이다.[127]

[20c17] ○言非是懸指昔三中乘所見者, 揀異古人, 謂昔人但指如中乘緣覺所觀是也. 今則不爾, 依一乘解. 或云, 非是懸指《法華》已前, 昔日三乘中間獨覺所觀之境也.

○ '이것은 옛 삼승 중에 중승中乘이 견문하는 대상을 미리 가리키는 것은 아니다'라고 한 것은 옛사람과 다름을 가려낸 것이니, 말하자면 옛사

---

127   《大疏》권제37 (T35, 802b09~25)의 내용이다.

람이 '다만 저 중승인 연각이 관찰하는 대상을 가리킨 것'이라고 한 것이 이것이다. 지금은 그렇지 않아서 일승의 이해에 의거한 것이다. 혹은 《법화경》 이전의 옛날에 삼승의 중간인 독각이 관찰하는 대상의 경계를 미리 가리킨 것은 아닌 것이기도 하다.

[20c20] ○言權·實雙行者, 止·觀齊馳. 或卽空方便智, 發起有中殊勝行, 理·量雙行.

○ '권·실을 쌍으로 행한다'고 한 것은 지·관을 나란히 굴리는 것이다. 혹은 공에 즉한 방편지혜로 유위법 가운데 수승한 행을 발기하여 여리지如理智와 여량지如量智를 쌍으로 행하는 것이다.

[20c22] ○言七分[128]該羅者, 謂集作地分, 得[129]淨忍分, 得勝行分, 淨佛國土分, 得自在分, 大勝分, 釋名分.

○ '7분과로 포괄해서 펼쳤다'는 것은 말하자면, (앞의 7지를) 집적해서 8지의 방편을 짓는 분, 청정한 법인을 증득한 분, 수승한 행을 증득한 분, 불국토를 청정히 한 분, 자재함을 얻은 분, 크게 수승한 분, 명칭을 해석하는 분이다.[130]

[20c23] ○言無功之道者. 故《唯識》云: "法駛流中, 任運轉故." 十三住中無相無功用故.

---

128   《演義鈔》권제3(T36, 018a)에는 "權"으로도 되어 있다.

129   底本 및 《金澤寫本》에는 없음. 《大疏》 참조 보충. 아래 '得自在分'의 '得'도 동일.

130   《大疏》 권제42 〈십지품〉 '第八不動地'(T35, 819a16)의 내용이다.

○ '(제8지) 공용이 없는 도'라고 한 것은 《성유식론》에서 "법이 치달아 흐르는 중에 임의대로 전전하기 때문이다"[131]라고 하였으니, 13주住 중에 (제10) 무상무공용주無相無功用住이기 때문이다.[132]

[21a01] ○言四十辯才者, 法·義·詞·樂四無礙辯, 各有十相, 故成四十: 言十相者; 一自相, 二同相, 三行相, 四說相, 五智相, 六無我慢相, 七大小乘相, 八菩薩地相, 九如來地相, 十作住持相.

○ '(제9지) 사십 변재辯才'라고 한 것은 법무애변재法無礙辯才·의무애변재義無礙辯才·사무애변재詞無礙辯才·락무애변재樂無礙辯才 네 가지에 모두 열 가지의 상이 있으므로 40이 된다. 열 가지의 상은 첫째 자상自相이요, 둘째 동상同相이요, 셋째 행상行相이요, 넷째 설상說相이요, 다섯째 지상智相이요, 여섯째 아만이 없는 상無我慢相이요, 일곱째 대소승상大小乘相이요, 여덟째 보살지상菩薩地相이요, 아홉째 여래지상如來地相이요, 열째 작주지상作住持相이다.

[21a04] ○言方盡種智之深玄者, 究竟也.

○'일체종지一切種智의 깊고 현묘함을 다한다'는 구경의 시각始覺이다.

---

131   《成唯識論》권제3(T31,013b06)의 내용으로, "恒轉如暴流……阿羅漢位捨"의 게송에 관한 해
       설 중 부동지 이상 보살의 번뇌를 멸하는 설명 중에 나온 글이다.
132   《大疏》권제18(T35, 635b22)에 관련내용이 나온다. 이에 따르면, 13주住 중 제3주부터는 제1
       지~제10지까지 배대된다.

(8) 현묘한 말씀을 널리 연설하여 심요를 깨닫게 하기 때문

(廣演玄言令悟心要故)

[21a06] 言始成正覺等者, 小教則脩滿三祇, 三十四心斷結, 創圓五分三十二相莊嚴. 始教則歷三賢而經十地, 創過金剛之心, 轉八識而成四智, 初得解脫之道. 終教則覺心初起, 妄念頓除, 智理冥同, 始本不二. 頓教則咸遣如義之言, 盡除寂靜之念, 初獲得入, 創合一心. 圓教則眞應無礙, 一多自在, 混四法界, 攝三世間, 時窮念劫, 處盡刹塵, 念念新新, 常成常覺, 故云以諸宗始成以會之. ○言二智, 理·量也. ○言三智, 眞·俗·中也. ○言四智, 大·平·妙·成也.

'처음으로 정각을 이룸'이라고 한 것은, 소승교는 수행이 3아승지를 꽉 채우고 34심으로 번뇌를 끊어서야 비로소 오분법신을 원만히 하여 32상호를 장엄한다. 시교始教는 삼현위를 지내고 십지를 경력하고서야 비로소 금강심을 지나서 8식을 전변하여 4지를 이루고 처음으로 해탈도를 얻는다. 종교終教는 마음이 처음 일어나는 것을 알아차려 망념을 단박에 제거한다. 지혜와 이치가 그윽하게 같아져 시각과 본각이 둘이 아니다. 돈교는 뜻과 같은 말을 모두 다 보내버리고, 적정한 념을 다 제거하여 처음으로 획득하여 들어가고서야 비로소 일심에 합한다. 원교는 진신과 응신이 무애하고 일신과 다신이 자재하여 사종 법계를 혼합하고 삼종 세간을 거두며, 시간으로는 념겁을 다하고 처소로는 찰진을 다하여 생각 생각마다 새롭고 항상 성불하고 항상 깨닫는다. 그러므로 '모든 종파들의 시성정각始成正覺으로써 회통한다'고 한 것이다.

○ 말한 '이지二智'는 여리지와 여량지이다.

○ 말한 '삼지三智'는 진지·속지·중도지이다.

○ 말한 '사지四智'는 대원경지·평등성지·묘관찰지·성소작지이다.

[21a14] ○言兔章者, 一所依巾,(眞性) 二幻師術法,(心識) 三所幻兔,(依他) 四幻兔有卽無,(我法卽空) 五癡執爲實.(迷執我法) 下《疏》中卽是馬章, 然兔與馬, 隨應皆得.

○ '토끼장(兔章)'이라고 한 것은 첫째는 의지하는 바의 수건이요(진성眞性), 둘째는 마술사의 술법이요(심식心識), 셋째는 환법으로 된 토끼요(의타기성), 넷째는 환법으로 만든 토끼는 있는 것이 그대로 없는 것이요(아·법이 공에 즉한다), 다섯째는 어리석게 집착하여 실재한다고 여기는 것이다(아·법을 미혹하여 집착한다). 아래《소》에는 '마장馬章'이지만 토끼와 말(馬)이 응용하는 것에 따라 다 된다.

[21a17] ○言分三影以別之者, 下《疏》引《攝論》釋云: "一水月喩, 喩於定地所引境界, 以水有潤滑澄淸性故. 二光影喩, 喩於諸識映光弄影, 影成千差, 於境牽識, 識變萬殊故. 三影[133]像喩, 喩非定地果報, 好醜影異, 隨質不同故, 苦樂果殊, 由業有異故."

○ '세 가지의 그림자(영상)으로 나눠 구별하고'라는 것은 아래《소》에서《섭론》[134]을 인용해서 해설하였다. "첫째는 물에 비친 달(水月)의 비유

---

133   底本 및《金澤寫本》에는 "鏡",《大疏》및《攝論》참조 수정.
134   《攝大乘論本》권중〈所知相分〉(T31, 140b24)의 내용이다.

이니, 정지定地에서 인발된 바의 경계를 비유한 것으로, 물에 윤활하고 맑고 깨끗한 성품이 있기 때문이다. 둘째는 광명그림자의 비유이니, 여러 식識에 비춰진 광명과 아롱진 그림자를 비유한 것으로, 그림자가 천차만별을 이루고 경계에 대해 식을 견인하여 식이 각양각색으로 변화하기 때문이다. 셋째는 그림자영상의 비유이니, 비정지非定地의 과보를 비유한 것으로, 좋고 나쁜 영상의 차이는 바탕에 따라서 다르기 때문이며, 고통스럽고 즐거운 과보의 차이는 업을 말미암아서 차이가 있기 때문이다."[135]

[21a22] ○言刹平等等出諸句以揀文者, 准下《疏》釋, 則有五種四句: 第一四句者; 一刹相, 二眾生相, 三刹無性理, 四眾生無性理, 此四句爲本. 第二四句者; 一, 刹相卽無性, 以事不存故, 二, 刹相不卽無性, 以不壞事故, 三, 刹無性卽刹, 以不守自性故, 四, 刹無性不卽刹, 以性不變故.(刹上事理, 分此四句.) 第三四句者; 眾生無無性, 亦同刹說. 第四四句者; 一, 刹無性卽眾生無性, 以無二故, 二, 刹無性不卽眾生無性, 以無可卽故, 三, 刹相卽眾生相, 理性融故, 四, 刹相不卽眾生相, 不壞相故. 第五四句者; 一, 刹相卽[136]眾生無性, 二, 刹相不卽眾生無性, 三, 眾生相卽刹無性, 四, 眾生相不卽刹無性. 後四重四句中, 初及第三句, 是相融義, 二四兩句, 當句爲門. 雖不相融, 與彼相卽, 同一緣起, 故成無礙. 然爲門不同, 有多差別, 理實諸句無不融通也.

---

135 《大疏》권제46〈十忍品〉제28(T35, 855c26)에 나온다.
136 底本에는 "卽"이 없음.《金澤寫本》참조 보충.《대소》에는 '찰토'와 '중생'만을 쓴 글자에 '相'자가 없지만 선연은 인용하면서 '相'을 덧붙여 뜻을 분명하게 드러내고 있다.

○ '(제7회향의) 〈찰토평등〉 등은 모든 구절을 내어서 그것을 가려내고'라고 한 것은 아래《소》[137]의 해석에 준거하면 다섯 가지의 4구절이 있다.

첫 번째 4구절은 1구는 찰토상剎土相이요, 2구는 중생상衆生相이요, 3구는 찰토무성剎土無性의 이치요, 4구는 중생무성衆生無性의 이치이다. 이 네 구절이 기본이 된다.

두 번째 4구절은 1구는 찰토상이 무성에 즉하니 사법을 놔두지 않기 때문이요, 2구는 찰토상이 무성에 즉하지 않으니 사법을 무너뜨리지 않기 때문이요, 3구는 찰토무성이 그대로 찰토이니 자성을 지키지 않기 때문이요, 4구는 찰토무성이 찰토에 즉하지 않으니 성이 불변이기 때문이다(찰토위의·이·사로 이 4구절을 나눈 것이다).

세 번째 4구절은 중생무성은 없으니, 또한 찰토의 설과 같다. 네 번째 4구절은 1구는 찰토무성이 중생무성에 즉하니 둘이 없기 때문이요, 2구는 찰토무성이 중생무성에 즉하지 않으니 즉할만한 것이 없기 때문이요, 3구는 찰토상이 중생상에 즉하니 이성理性이 융섭하기 때문이요, 4구는 찰토상이 중생상에 즉하지 않으니 상을 무너뜨리지 않기 때문이다.

다섯 번째 4구절은 1구는 찰토상이 중생무성에 즉함이요, 2구는 찰토상이 중생무성에 즉하지 않음이요, 3구는 중생상이 찰토무성에 즉함이요, 4구는 중생상이 찰토무성에 즉하지 않은 것이다.

뒤의 4겹의 4구절에 1구와 3구는 서로 융섭하는 뜻이고, 2구와 4구의 둘은 해당 구가 문門이 되어 비록 서로 융섭하진 못하지만, 상즉과 함께 동일하게 연기하므로 무애함을 이룬다. 그러나 문이 다르고 많은

---

137   《大疏》권제29(T35, 723b01~)의 내용을 요약해서 인용한 것이다.

차이가 있지만 이치상 실제로는 모든 구절이 융통하지 않은 것이 없다.

[21b12] ○言歷境起願以横竪次位而彰之者, 彼有三十一願, 大同〈淨行〉. 歷多境顯之, 約橫釋, 配六位彰之, 約竪釋也.

○ '(제8회향에) 경계를 경력하며 원력을 일으킨 것은 횡단·수직의 차례로써 계위를 드러내고'[138]라고 한 것은 거기에 31가지의 발원이 있는데, 〈정행품〉과 대부분 같다. 많은 경계를 거쳐서 드러낸 것은 횡단적인 차례(橫次)에 한정하여 해설하고, 여섯 계위에 배대해서 드러낸 것은 수직적인 차례(竪次)에 한정해서 해설한 것이다.

[21b14] ○言〈普賢三昧〉等者, 第三品也. 其定體用也, 普入一切佛平等性, 能於法界示眾影像, 廣大無礙, 同於虛空, 法界海旋, 靡不隨入, 具無盡德等, 故云窮妙中之妙. 或是三十六〈普賢行品〉, 抄寫者誤, 與〈出現品〉, 是平等因果故. 彼品中明所治廣多, 一障一切障故, 能治深妙, 一斷一切斷故等.

○ '〈보현삼매普賢三昧〉' 등이라고 한 것은 제3품이다. 그 선정의 체體·용用은 널리 모든 부처의 평등성에 들어가고, 능히 법계에 여러 영상을 보여주니, 광대하고 무애하여 허공과 같으며, 법계 바다의 소용돌이를 따라 들어가지 않음이 없어서 다함이 없는 덕 등을 갖추고 있다. 그러므로 '미묘한 가운데 미묘함을 다했다'고 한 것이다. 혹은 제36품인 〈보

---

138   《演義鈔》 권제3(T36, 018b05)이다.

현행품〉인데, 베껴 쓴 사람이 잘못한 것이다. 〈여래출현품〉과 함께 평등
인과이기 때문이다. 《(보현행)품》에서 '다스리는 대상(所治)이 넓고 많으
니, 하나가 장애되면 일체가 장애되기 때문이고, 다스리는 주체(能治)가
깊고 미묘하니, 하나를 끊으면 일체가 끊어지기 때문'이라고 밝히고 있
다.[139]

[21b20] ○言〈出現〉一品等者, 故《綱要》云: "然此一品, 玄中之玄, 妙中之妙, 極物
本源, 罄佛淵海." 又下《疏》云: "然此一品, 文旨宏奧, 能頓能圓, 究眾生之本源,
罄諸佛之淵海. 根本法輪之內, 更處其心, 生在金輪種中, 復爲嫡子, 妙中之妙, 玄
中之玄. 竝居凡類之心, 以小功而速證, 安得自欺而不受? 長淪生死之中, 今聞能
欣, 尤須自慶昔善等." 是也.

○ '〈여래출현품〉 한 품'이라고 한 것은 《화엄강요》에서 "이 한 〈품〉은 현
묘함 가운데 현묘함이고, 미묘함 가운데 미묘함이다. 사물의 근원을 끝
까지 하고, 부처의 연해淵海를 다하였다"라고 하였고, 또 아래 《소》에서
"이 한 〈품〉은 문장의 지취가 드넓고 그윽하여 능히 '돈頓'이기도 하고
'원圓'이기도 하다. 중생의 본원을 추구하고 제불의 연해를 다했다. 근본
법륜 안에서 다시 그 중심에 머무르고, 금륜왕의 종족 가운데 태어나
있으면서 또다시 적자가 되었으니, 미묘함 가운데 미묘함이고 현묘함
가운데 현묘함이다. 아울러 범류凡類의 마음에 거주하면서 작은 공덕으
로 빨리 증득하였으니 어찌 스스로를 속이고 받지 않겠는가. 길이 생사

---

139   《大疏》 권제48 〈普賢行品〉 제36(T35, 870b21)이다.

에 윤회하는 가운데 이제 듣고 흔쾌하게 여겼으니 더욱 더 스스로 옛 선업을 축하해야 할 것이다"[140]라고 한 것이 이것이다.

[21c03] ○言至如法界等者, 顯《疏》包含也.《法界觀文》,(杜順造.)《華藏觀文》《旨歸》《義理分齊》,(賢首造.)《關[141]鍵》,(文超法師造)《關中》,(《維摩疏》)《關[142]脈》《繫表》, 應是生·肇·融·叡等諸法師所造《章疏》, 皆是性宗, 關[143]節·血脈·網繫, 表顯之文也.

○ '《법계심관法界心觀》에 이르러서는' 등이라고 한 것은《소》에 포함된 것을 드러낸 것이다.《법계심관》(두순 지음),《화장심관華藏心觀》과《화엄지귀華嚴旨歸》와《의리분제장》(현수 지음),《관건關鍵》(문초법사 지음),《관중關中》(《유마경소》),《관맥關脈》《계표繫表》는 도생道生·승조僧肇·도융道融·승예僧叡 등 법사가 지은 장소章疏일 것이니, 모두 성종性宗에서 관절關節·혈맥血脈·망계網繫로 표현하는 문장이다.

[21c07] ○言三玄挌言,《周易》眞玄, 老子虛玄,《莊子》談玄, 儒·道正妙之言, 不出於此. 或挌言者, 通指《詩》《書》也.

○ '삼현三玄의 격언'이라고 한 것은《주역》의 진현眞玄, 노자의 허현虛玄,

---

140 《大疏》권제50〈如來出現品〉(T35, 887b16)에 나온다.
141 底本에는 "開",《金澤寫本》참조 수정.
142 底本에는 "開",《金澤寫本》참조 수정.
143 底本에는 "開",《金澤寫本》참조 수정.

《장자》의 담현談玄으로 유교와 도교의 오묘하다는 말이 여기에서 벗어
나지 않는다. 혹은 '격언'이란 《시경》과 《서경》을 통틀어 가리킨다.

(9) 시비를 없애는 것이요 망령되게 파척하는 것은 아니기 때문

　　(泯絕是非不妄破斥故)

[21c10] 言上古妙義用而不言者, 獲盜法之愆也. 故下《疏》(第九下半四十二紙內)
云: "從他聞言己[144]解, 爲盜法.《觀佛三昧經》說: '此人墮地獄, 如箭射空.' 後學
誡之.[145]"

'상고의 미묘한 뜻을 쓰면서도 말하지 않고'[146]라고 한 것은 법을 훔친
죄과를 얻은 것이다. 그러므로 아래 《소》(제9권 하반49지)에서 "타인으로
부터 들은 말을 자신이 풀면 법을 훔친 것이다. 《관불삼매경》에서 설하
기를 '이 사람은 지옥에 떨어지는 것이 마치 화살을 하늘에 쏘는 것과
같다'고 하였으니 후학들은 경계하라"[147]고 하였다.

[21c12] ○言如破娑婆形如虛空者, 〈華[148]藏品〉中廣敘世界體形, 至此界云, '形如
虛空.' 而《刊定》破云: "大小乘《經論》, 但說虛空無形狀, 今旣言如, 譯之誤也." 先

144　底本 및 《金澤寫本》에는 "已", 《大疏》 참조 수정.

145　底本에는 "也", 《大疏》 및 《金澤寫本》 참조 수정.

146　《演義鈔》 권제3(T36, 018b15)이다.

147　《大疏》 권제52 〈離世間品〉 제38(T35, 896b04)이다.

148　底本에는 없음. 《金澤寫本》 참조 보충.

師賢首在其譯場之內, 故清涼出古意云: "外書中說, '六合之空, 狀如圓帳.' 古就外況, 故無失也. 如《法華》云: '譬如梵王是眾生父.' 如來豈不知妄計, 但就常情所知爾."

○ '〈저 사바세계의 형상은 허공과 같다〉라고 한 것을 논파하고서'라고 한 것은 〈화장세계품〉에서 세계의 체성과 형상을 자세하게 서술하면서 이 (사바)세계에 이르러서는 '형상이 허공과 같다'고 하였는데,《간정기》에서 논파하여 "대소승의《경론》에서는 '허공은 형상이 없다'고만 설했는데, 지금 저렇게 말했으니 번역의 오류이다"라고 하였다. 현수 선사先師가 그 역장譯場 안에 계셨으므로 청량이 고덕의 의미를 끄집어내어 "외서에서 '육합六合의 허공은 모습이 둥근 장막과 같다'라고 하였으니, 고덕이 외서에 입각하여 비유했기 때문에 과실이 없는 것이다. 마치《법화경》에서 '비유하면 마치 범왕이 중생의 아버지인 것처럼'이라고 하는 것과 같다. 여래가 어찌 허망한 계탁인 줄을 모르겠는가. 다만 상정常情으로 아는 것에 입각했을 뿐이다"라고 한 것이다.

[21c18] ○言《晉經》失旨致古釋詞枝者,《晉經》云: "譬如河水, 不至彼岸, 不來此岸, 不斷中流也." 一遠公云, "前不趣二處, 是離有, 後不住中流, 是離無. 謂生死無處, 名中流, 不住此無, 故云不住中流也." 二賢首云, "如東流水, 不住南岸, 不住北岸. 亦得說言, 不斷北岸中流, 以中無別體, 約岸分故. 若爾南岸亦得, 何以不言涅槃中流. 由所度眾生在此岸故, 所以偏就生死而說." 今文分明.

○ '(중류에 머무르지 않음을 해석하면서)《진경晉經》의 종지를 잃어버

렸다고 하면서도 옛 주석의 사족을 끌어 들였지만'이라고 한 것은 《진경》에서 "비유하면 마치 강물이 저 언덕에도 이르지 않고 이 언덕에도 오지 않으며 중류에도 단절되지 않는 것과 같다"[149]고 하였는데, 첫째, 혜원慧遠 공은 "앞의 두 곳으로 나아가지 않은 것은 유를 떠난 것이고, 뒤의 중류에 머물지 않은 것은 무를 떠난 것이니, 말하자면 생사가 없는 곳을 중류라고 한다. 이 무처에 머물지 않기 때문에 중류에 머물지 않는다고 한 것이다"고 하였고, 둘째, 현수는 "마치 동쪽에 흐르는 물이 남쪽 언덕에도 머물지 않고 북쪽 언덕에도 머물지 않는 것처럼, 또한 북쪽 언덕 중류에도 단절되지 않는다고 말할 수 있다. 중류는 별도의 체가 없고 언덕을 기준해서 나뉘기 때문이다. 만일 그렇다면 남쪽 언덕도 그럴 수 있는데 어째서 열반 중류를 말하지 않았는가? 제도될 중생이 이 언덕에 있음을 말미암기 때문이다. 이런 까닭에 생사 한쪽에만 입각해서 말하였다"[150]고 하였으니 지금 문장이 분명하다.

[22a02] ○何須敘昔者, (此破《刊定》.) 故《唐經》云[151]: "譬如船師, 不住此岸, 不住彼岸, 不住中流等." 下《疏》釋云: "生死卽此岸, 涅槃合彼岸, 合上中流. 亦言生死者, 以發心之後成佛之前, 十地三賢, 尙居二死. 是以中流卽是生死, 故云生死中流, 非生死涅槃之中間, 名生死中也. 有以煩惱爲中流, 約其漂溺, 從因說也.(卽生公釋《維摩》意也.) 有以聖賢爲中流, 約受生死之人也.(什公釋《淨名》意也.) 有以中

---

149   《華嚴經》권제12 〈功德華聚菩薩十行品〉 제17-1(T09, 470b10)이다. 《晉經》은 60권 본 《華嚴經》이다.

150   《探玄記》권제6 〈功德華聚菩薩十行品〉 제17(T35, 226c17)의 내용이다.

151   底本에는 "去", 《金澤寫本》 및 《藏經書院本》 참조 수정.

道爲中流, 約觀行說.(肇公意也.)" 斯皆淸凉會餘師釋中流之義也.

○ '왜 꼭 옛것을 서술해야만 하겠는가?'는(이것은 《간정기》를 논파한 것이다), 그러므로 《당경唐經》에서 "비유하면 마치 이 언덕에 머물지 않고 저 언덕에 머물지 않으며 중류에도 머물지 않는다"[152]라고 하였고, 아래 《소》에서 "생사는 이 언덕이고 열반은 저 언덕에 합치되니 위의 중류에 합한다. 또한 생사라고 한 것은 발심한 이후 성불하기 이전의 십지十地 삼현三賢이 여전히 두 가지의 생사[153]에 머문다. 이 때문에 중류가 그대로 생사이다. 그러므로 '생사 중류'라고 한 것이고, 생사와 열반의 중간을 '생사 중류'라고 하는 것이 아니다. 번뇌로 중류를 삼은 경우는 표랑하고 빠짐(漂溺)에 한정하였으니 인을 좇아서 말한 것이고(도생道生 공이 《유마경》의 의미를 해석한 것이다), 성현으로 중류를 삼은 경우는 생사를 받는 사람에 한정한 것이며(구마라즙 공이 《정명경》의 의미를 해석한 것이다), 중도로 중류를 삼은 경우는 관행觀行에 한정해서 말한 것이다(승조 공의 의미이다)"[154]고 해석하였으니, 이것은 모두 청량이 여러 사들이 중류를 해설한 뜻을 회통한 것이다.

[22a10] ○言毒蛇螫手不得不斬者, 通妨也. 恐外難云: 不許破他, 淸凉何故亦破他義? 故此云爾. 一云; 不得不斬於毒蛇, 二云; 不得不斬於自手. 若不斬之, 毒氣遍體, 命難得濟, 表事之不已不得輕浮. ○言初·中·後善者, 暗用經句. 經云:

---

152   《華嚴經》권제20〈十行品〉21-2(T10, 106c12)이다. 《唐經》은 80권 본 《華嚴經》이다.

153   두 가지 생사는 '분단생사'와 '변역생사'를 말한다.

154   《大疏》권제23(T35, 0669b)이다.

"初善·中善·後善, 其義深遠, 其語巧妙等."

○ '독사가 손을 물기에 어쩔 수 없이 잘라야'라고 한 것은 비방을 회통한 것이다. 외부에서 논란하여 "타인을 파척하는 것을 허여하지 않으면서 어째서 청량도 또한 타인의 뜻을 파척했는가?" 할까 염려해서 그러므로 여기서 그렇게 말한 것이다. 첫째는 어쩔 수 없이 독사를 죽여야 함을 말했고, 둘째는 어쩔 수 없이 자신의 손을 잘라야 함을 말했으니 만일 자르지 않으면 독기가 몸에 퍼져서 목숨을 구하기 어렵다. 일이 부득이 하고 가볍게 지나칠 수 없었음을 표출한 것이다.

○ '처음과 중간과 끝에도 좋다'고 한 것은 암암리에 경의 구절을 인용한 것이다. 《(법화)경》에서 "처음도 좋고 중간도 좋고 끝도 좋으니, 그 뜻이 깊고 원대하며 그 말이 교묘하다"[155]라고 하였다.

---

155   《法華經》권제1〈序品〉제1(T09, 003c21)의 내용이다.

제3장 | 장문章門을 열어서 글을 해석함(開章釋文)

2. 장문에 의거하여 따로 해석함(依章別釋)

1) 가르침이 일어난 인연(敎起因緣)

(1) 대의를 내어 일으킴(生起大意)

[22a17] [《疏》] 非以一緣等者, 問《法華》云: '唯以一大事因緣故, 如來出現.' 今文非一, 若謂通會? 今爲釋云, 此云非一, 非一小因緣. 彼經言一, 是一大因緣故. 或此言非一, 表自一乘多緣, 彼言唯一, 揀他三乘多緣故.

[소] '하나의 인연이 아니며'[156] 등은, 묻는다. 《법화경》에서 '오직 일대사 인연一大事因緣 때문에 여래께서 출현하였다'[157]고 하였는데 여기 문장에서는 '하나의 인연이 아니다'라고 했으니 어떻게 회통하겠는가?

답한다. 이제 해석해 보면, 여기서 말한 '하나가 아니다'라는 것은 '일 개 작은 인연'이 아니라는 것이고, 저 경에서 말한 '하나'란 '하나의 커다란 인연'이기 때문이다. 혹은 여기서 말한 '하나가 아니'라고 한 것은 자

---

156   《大疏》권제1〈世主妙嚴品〉제1(T35, 503c13)이다.
157   《法華經》권제1〈序品〉제1(T09, 007a21)이다.

기쪽 일승의 많은 인연을 표방한 것이고, 그곳에서 '오직 일대사一大事'라고 말한 것은 저 삼승의 많은 인연과 가려낸 것이다.

[22a21] [《鈔》] 轉勢用之者, 更段用之. 彼以須彌合佛身, 智合論, 動合說, 經亦通共與不共. 今文須彌合身, 智慧合海, 動搖合說, 但論不共, 不通其共, 故云轉勢. ○言又於¹⁵⁸經中等者, 前解智通能所, 後解身亦通二.

[초] '문장의 형세를 바꾸어 썼다'¹⁵⁹는 것은 단락을 바꿔서 쓴 것이다. 저기¹⁶⁰에서는 수미산은 불신佛身에 합치되고, 지혜는 논하는 것에 합치되고, 동요함은 설법에 합치되며, 경은 또한 공유와 불공不共 반야에 통한다. 지금 문장¹⁶¹은 수미산은 불신에 합치하고, 지혜는 바다에 합치되고, 동요함은 설법에 합치된다. 다만, 불공만을 논했고, 공유는 통하지 않는다. 그러므로 '형세를 바꿨다'고 한 것이다.
○ '또, 경에서 (자세하게 설하였으니)'라고 한 것은 앞의 해석은 불지佛智가 능설能說·소설小說에 통하고, 뒤의 해석은 불신佛身이 또한 (능·소의) 둘에 통한다.

---

158   底本에는 "於+於", 교감 주 및 《金澤寫本》 참조 수정.
159   《演義鈔》 권제3(T36, 019a10)이다.
160   《大智度論》 권제1(T25, 057c23)에서 "묻기를 '부처님께서 무슨 인연으로 《마하반야바라밀경》을 설하셨는가?' 답하기를 '모든 부처님이 일이 없거나 작은 인연으로는 스스로 말씀하신 것이 아니다. 비유하자면, 마치 수미산왕이 일이 없거나 작은 인연으로는 움직이지 않는 것과 같다.'"
161   "수미산과 큰 바다는 큰 인연이라야 비로소 움직이는 것처럼, 지금 여래의 融金의 德山이 동요하고 깊고 넓은 지혜 바다가 움직이는 것은 작은 인연이 아니다."

(2) 장문을 열어 별도로 해석함(開章別釋)

② 인因의 열 가지 뜻을 해석함(釋因十義)

가. 열거함(列)

[22b02] [《疏》] 因十義等者, 通有三釋; 一, 皆用華嚴卽體之義, 爲因, 二, 皆用華嚴異體之義, 爲因, 三, 隨應不定. 且初卽體之義爲因者, 應先問云: 有何所以, 佛說華嚴? 一法應爾故, 如火之熱, 非由別因, 法爾合熱.《大華嚴經》常說遍說, 非由別因, 法爾合說故. 二酬宿因故, 但取經上能酬之義, 非取所酬爲因. 三順根感故, 但取經上能順根感之義, 非取所順爲因. 四爲敎本故, 但取經上能爲諸敎根本之義, 非取諸敎爲因. 五顯果德故, 取能顯義. 六彰地位故, 取能彰義. 七說勝行故, 取能說義. 八示眞法故, 取能示義. 九開因性故, 取能開義. 十利今後故, 取能利義. 皆華嚴卽體之功, 而爲說經所以. 二異體之義爲因; 一法應爾故. 准〈世界成就品〉《疏》文云: "二法如是者, 梵云達磨多, 此云法爾, 或云法性. 若是法性, 卽以本識如來藏身爲所依持, 恒頓變起外諸器界.(可證後義.) 若云法爾者, 謂有問言: 何以諸佛眾生起於刹土? 答: 法應如是, 不可致詰.¹⁶²(可證前義) 若會此二, 謂法應如是藏識變起." 釋曰: 雙會二義, 彼論世界之因旣爾, 此辨起經之因亦然. 但云法爾, 准此應悉. 二酬宿因, 取所酬願行, 爲說經因. 三順根感, 亦取所順. 四爲敎本, 亦取諸敎爲因. 如欲接梨, 先裁杜¹⁶³橛, 是知梨爲杜橛之因. 欲施末敎, 先示本法, 是知末敎却爲本法之因. 五顯果德, 取所顯也. 乃至十利今後, 皆取所利故. 三隨應不定; 爲敎本, 取卽體義爲因. 利今後, 多取卽體之義爲因. 餘皆異體

---

162   底本 作 "詰",《대소》및《金澤寫本》참조 수정.

163   底本에는 "杜",《金澤寫本》참조 수정. 아래도 동일.

爲因, 或皆通二. 學者更詳.

[소] '인因의 열 가지 뜻'이라고 한 것은 통괄하면 세 가지 해설이 있다. 첫 번째는 모두《화엄》의 '체에 즉한' 의미로 인을 삼은 것이고, 두 번째는 모두《화엄》의 '체와 다른' 의미로 인을 삼은 것이며, 세 번째는 '응현함에 따라서 고정되지 않은 것'이다.

우선, 첫 번째에 '체에 즉한 의미로 인을 삼은 것'은 먼저 물어야 할 것이다. 무슨 이유가 있기에 불佛은《화엄경》을 설했는가?

첫째는 '법이 으레 그렇기' 때문이니, 마치 불길의 열기가 별도의 원인을 말미암지 않고도 법이 으레 열기에 합치되는 것처럼,《대화엄경》은 항상 연설하고 변만하게 연설하여 별도의 원인을 말미암지 않고도 '법이 으레' 설법하는 것에 합치된다. 둘째는 '숙세의 인행을 받아들이기' 때문이니, 경에서 받아들이는 주체(能酬)의 뜻만을 취하였고, 받아들이는 대상(所酬)을 취하여 인을 삼은 것은 아니다. 셋째는 '근기들이 감득한 것에 수순하기' 때문이니, 다만 경에서 근기들이 감득함에 수순하는 주체의 뜻만을 취하였고, 수순하는 대상(所順)을 취하여 인을 삼은 것은 아니다. 넷째는 '교의 근본이 되기' 때문이니, 경에서 여러 교의 근본이 되는 주체(能爲)의 뜻을 취하였고, 여러 교를 취하여 인을 삼은 것은 아니다.

다섯째는 '과덕을 드러내기' 때문이니, 드러내는 주체(能顯)의 뜻을 취했고, 여섯째는 '지위를 나타내기' 때문이니, 나타내는 주체(能彰)의 뜻을 취하였다. 일곱째는 '수승한 행을 설하기' 때문이니, 설하는 주체(能說)의 뜻을 취하였다. 여덟째는 '진실한 법을 보여주기' 때문이니, 보여주는 주체(能示)의 뜻을 취하였다. 아홉째는 '인성因性을 열기' 때문이니, 열어주는 주체(能開)의 뜻을 취하였다. 열째는 '현재와 후세의 중생을 이롭게 하기' 때문이니, 이롭게 하는 주체(能利)의 뜻을 취하였다. 모두가 화엄의 체에 즉한 공력으로 경을 설한 까닭을 삼은 것이다.

두 번째에 '체와 다른 뜻으로 인을 삼은 것'은 첫째는 '법이 으레 그러하기' 때문이다. 〈세계성취품〉의 《소》 문장[164]을 준거하면 "둘째 법이 이와 같다는 것은 범어로는 '달마다'이고, 여기말로는 '법이 으레'이다. 혹은 '법성'이라고 한다. 만일 '법성'이라면, 본식本識의 여래장신如來藏身으로 의지하는 대상을 삼아서 항상 단박에 바깥의 모든 기세간器世間을 변화해서 일으킨다(뒤의 뜻을 증명할 수 있다). 만일 '법이 으레'라면, 어떤 이가 질문하여 '어째서 제불과 중생이 찰토에서 일어나는가?' 하면, 대답하기를 '법이 응당 이와 같으니 따져 물을 수가 없다(앞의 뜻을 증명할 수 있다)'고 한다. 만일 이 둘을 회통하면, '법이 응당 이와 같아서 여래장식이 변화해서 생긴다'"라고 하였으니, 해설해 보면, 두 가지 뜻을 쌍으로 회통하면 저기서는 세계의 원인이 이미 그렇다고 논한 것이고, 여기서는 경을 일으킨 원인이 또한 그렇다고 변별한 것이다. '법이 으레'라고만 말한 것은 이것을 준거하면 다 알 것이다.

둘째는 숙세의 인행을 받아들인 것이니, 받아들이는 대상(所酬)의 원행願行을 취하여 경을 설한 원인을 삼은 것이요, 셋째는 근기들이 감득한 데에 수순한 것이니, 역시 수순하는 대상(所順)을 취한 것이다. 넷째는 교의 근본이 되어서이니, 역시 여러 교를 취하여 인으로 삼은 것이

---

164   《大疏》 권제11(T35, 0575b18)이다.

다. 마치 배나무를 접목하려면 먼저 팥배나무 말뚝을 자르는 것이니, 이로써 배나무가 팥배나무 말뚝의 원인이 됨을 알 수 있는 것처럼, 지말교를 펼치려면 먼저 근본법을 보여주는 것이니, 이로써 지말교가 도리어 근본법의 원인이 됨을 알 수 있다. 다섯째는 과덕을 드러낸 것이니, 드러낸 대상(所顯)을 취한 것이다. 내지 열째는 현재와 후세의 중생을 이롭게 하는 것이니, 모두 이롭게 하는 대상(所利)을 취한 것이다.

세 번째에 '응현함에 따라서 고정되지 않았다'는 것은 '교의 근본이 되는 것'은 체에 즉한 뜻을 취하여 원인으로 삼았고, '현재와 후세를 이롭게 하는 것'은 대부분 체에 즉한 뜻을 취하여 원인으로 삼았으며, 나머지는 모두 체와 다른 것으로 원인을 삼았다. 혹은 모두 두 가지에 통한다. 학자들은 다시 상고하라.

나. 해석함(釋)

가) 법이 으레 그러함(法應爾故[四])

㈑ 결론지어 해석함(結釋)

[22c03] [《疏》] 不待別因者, 問: 緣起法門旣不待[165]因, 理[166]涉自然外道之義? 答: 非全無因, 但用法爾一因故. 若爾下有九因云何不待? 答: 此意假設, 更無別因, 法爾一因, 足今說經, 故云不待. 或法爾因, 據有體有力, 攝餘九因, 故云不待.

---

165   底本에는 "退", 《金澤寫本》 참조 수정.
166   底本에는 없음. 《金澤寫本》 참조 보충.

[소] '별도의 원인에 기대지 않는다'[167]는 것은, 묻는다. 연기법문이 이미 원인에 기대지 않는다면 이치상 자연외도의 뜻을 섭렵한 것인가?

답한다. 전혀 원인이 없는 것은 아니다. 다만 '법이 으레'라는 한 가지의 원인만을 사용하였기 때문이다.

묻는다. 만일 그렇다면 아래에 있는 아홉 가지의 원인은 어째서 기대지 않는가?

답한다. 이 의미는 가설된 것이어서 다시 별도의 원인이 없고, '법이 으레'라는 한 가지 원인으로도 지금 경을 설하기에 충분하다. 그러므로 '기대지 않는다'고 한 것이다. 혹은 '법이 으레'라는 원인은 유체유력有體有力에 근거하여 나머지 아홉 원인을 거둔다. 그러므로 '기대지 않는다'고 한 것이다.

나) 과거의 인행에 응답함(酬宿因故[五])

(나) 앞을 뒤밟아서 뒤를 일으킴(躡前起後)

[22c08] [《疏》] 何以法爾如是轉耶[168]宿[169]因深故等者, 問: 酬宿因義, 卽我世尊, 初成佛道, 頓說《華嚴》, 是知有始, 云何釋成法爾轉耶? 答: 但約現在一佛, 可許有始, 逆推過去多佛, 故成無始. 或我世尊, 但傳古事, 非自新說. 如世君王初登寶位, 但行故道, 非創新規, 故成法爾. 又據現在新佛, 卽過去古佛, 故云無始. 又據

---

167   《大疏》권제1(T35, 503c27)이다.

168   底本에는 "取",《大疏》및《金澤寫本》참조 수정.

169   底本에는 "卽+宿",《金澤寫本》참조 "卽" 삭제.

現在一時卽過去多時, 故云無始. 故《疏》云: "時以刹那, 竪[170]窮劫海."

[소] '어째서 법이 으레 이와 같이 전전하는가? 숙세의 인행이 깊기 때문이며'[171]라는 것은, 묻는다. 숙세의 인행을 받아들이는 뜻은 바로 우리 세존께서 처음에 불도를 이루실 때《화엄경》을 단박에 설하였으므로 이로서 처음이 있는 줄 아는데 어째서 법이 으레 전전한다고 설명을 했는가?

답한다. 현재의 한 부처에만 한정하면 처음이 있다는 것이 인정될 수 있고, 과거의 여러 부처까지 거슬러서 추구했기 때문에 처음이 없다는 것이 성립된다. 혹은 우리 세존께서 다만 옛일을 전했고, 자신이 새로 말한 것이 아니라고 했다. 마치 세상의 군왕이 처음 보위에 올라 다만 옛 도를 시행할 뿐이고, 새로운 규범을 창조하지 않는 것과 같다. 그러므로 '법이 으레'가 이뤄진다.

또, 현재의 신불新佛이 그대로 과거의 고불古佛인 것에 근거했기 때문에 처음이 없다고 하였다. 또, 현재의 일시一時가 그대로 과거의 다시多時이기 때문에 처음이 없다고 한 것이다. 그러므로《소》에서 "시간은 찰나로써 수직적(시간적)으로 겁해를 다한다"고 하였다.

　㈜ 깊고 광대함을 석성함(釋成深廣)

170　　底本에는 "堅",《金澤寫本》참조 수정.
171　　《大疏》권제1(T35, 504a03)이다.

[22c15] [《疏》] 創躡玄蹤等者, 釋因果大也. 一云, 創躡玄蹤至頓朗萬法, 釋因深, 乃[172]以下二句, 釋果大也. 一云, 創躡至齊周, 釋因深, 是以至妙門, 釋果大. 創躡玄蹤者, 釋初發事相菩提之心, 遊履一乘玄門蹤迹也. 棲[173]神妙寂者, 離一切相, 契同寂理, 棲止神思, 在微妙寂滅理中. 上句存相菩提心, 下句遣相菩提心, 事理無礙, 存泯莫拘, 眞發心也. 或上句觀, 下句止, 止觀無礙, 爲眞修也.

[소] '처음 현묘한 자취를 밟을 적에'라고 한 것은 인과가 광대함을 해설한 것이다. 일설은 '처음 현묘한 자취를 밟을 적에 … 단박에 만법을 밝히어'까지는 인因이 매우 깊고 광대함을 해설하고, '이에 (무장무애 해탈지혜)로써' 아래의 두 구절은 과果가 광대함을 해설한 것이다.

일설은 '처음 밟을 적에 … (행과 원이) 모두 주변하였다'까지는 인이 깊음을 해설하고, '이런 까닭에 … 묘한 법문을' 까지는 과가 광대함을 해설한 것이다. '처음 현묘한 자취를 밟을 적에'란 처음 발심한 사상事相의 보리심으로 일승의 현묘한 종적을 유유하게 밟았음을 해설한 것이다. '마음이 미묘한 적멸에 깃들어'는 일체의 상을 벗어나 적멸의 이치에 계합되어 같아져서 마음(神思)이 미묘한 적멸의 이치 가운데에 깃들어 그쳐 있는 것이다. 위 구절은 상을 그대로 둔 보리심이고, 아래 구절은 상을 보내버린 보리심이니, 사·리가 무애하여 두고 없어지는데 구애되지 않아야 참된 발심인 것이다. 혹은 위 구절은 '관觀'이고, 아래 구절은 '지止'이니, 지관이 무애하여 참된 수행이다.

---

172   底本에는 "及",《大疏》및《金澤寫本》참조 수정.
173   底本에는 "捿",《大疏》및《金澤寫本》참조 수정. 아래도 동일.

[22c22] ○言悲智雙運者, 自他俱利也. ○言行願齊周者, 一一稱性, 深無邊際,
一一等空, 廣無邊際. ○言是以者, 躡前起後也. 由此因深, 故得果大. ○言妄想弗
剪而廓徹性空者, 不斷而斷, 悟大夜之重昏, 如理之眞智也. ○言靈鑒匪磨而頓朗
萬法者, 無脩而修, 朗萬法之幽邃, 如量之俗智也. 乃用無障礙解脫智力, 宣闡此
《華嚴》微妙法門也. 上之二因, 竝是德相, 約法性力, 約佛德能, 常遍說故. 下之
八因, 竝是業用, 驗根示導故. 或唯初一是德相因, 中間八因是業用因. 故《疏》云:
"乃以無障礙解脫, 闡斯妙門." 神通解脫唯業用故. 最後一因, 通德相・業用. 何以
得知? 前九是別, 第十是總, 總必攝別故. 或初一亦通業用,《鈔》引〈不思議品〉, 神
通說故.

○ '대비와 지혜를 쌍으로 운용했다'는 것은 자·타에 모두 이로운 것이다.
○ '행行과 원願이 모두 주변하였다'는 것은 낱낱이 성품에 걸맞아 깊이
에 한계(邊際)가 없으며, 낱낱이 허공과 같아서 광대함에 한계가 없는 것
이다.
○ '이런 까닭에'라고 한 것은 앞을 뒤밟아 뒤를 일으킨 것이니, 이 인因
이 깊음을 말미암았으므로 과가 광대할 수 있는 것이다.
○ '망상을 베어버리지 않고도 성품이 공한 것을 확연히 깨닫고'라고 한
것은 끊지 않고서도 끊고 한 밤중의 캄캄한 어둠을 깨친 것이니 여리如
理의 진지眞智이다.
○ '신령스런 거울을 닦지 않고서도 단박에 만법을 밝힌다'고 한 것은
닦음 없이 닦아서 만법의 깊숙한 곳까지 밝힌 것이니, 여량如量의 속지俗
智이다. 곧 무장무애 해탈지력으로써 이《화엄》의 미묘한 법문을 베풀어
펴준 것이다. 위의 두 가지 원인은 모두 덕상德相이니, 법성력에 한정하

고, 부처의 덕능에 한정하면 항상 설하고 변만하게 연설하기 때문이다. 아래 여덟 가지의 원인은 모두 업용이니, 근기를 살펴 열어 보여주어 인도하기 때문이다. 혹은 첫 번째 하나만이 덕상의 원인이고, 중간의 여덟 원인은 업용이다. 그러므로 《소》에서 "곧 무장무애 해탈로써 미묘한 법문을 펴셨다"고 하였으니, 신통과 해탈은 오직 업용일 뿐이기 때문이다. 최후의 한 가지 원인은 덕상과 업용에 통한다. 어떻게 알 수 있는가 하면 앞의 아홉은 개별이고 열 번째가 총체이니, 총체는 반드시 개별을 거둬들이기 때문이다. 혹은 첫 번째 하나도 역시 업용에 통한다. 《초》에서 〈불부사의품〉을 인용한 것은 신통을 설했기 때문이다.

마) 과덕을 현시함(顯果德故)

(나) 장을 열어 별도로 해석함(開章別釋[二])

㉯ 융통함(融通[三])

a. 업용이 서로 있음에 한정하여 6구를 밝힘(約用互在以明六句)

[23a11] [《鈔》] 依內現依正等者, 問: 相入門中, 旣有正中現依, 依中現依正, 應有依正中現正, 及依中現正, 然相入者, 必更互故. 若許爾者, 應成八句, 何但有六? 今謂通云: 理實可爾, 且就顯勝. 一中現二, 非取二中現一, 如擧塵毛之分現圓, 非取身刹之圓現分之例也. 問: 何故相卽不同相入, 而作六句耶? 今加二句云, 此佛依正卽彼佛之依, 此佛之依卽彼之正. 今謂通云: 上句不異, 四句中第一句, 唯有刹故, 下句不異, 四句中第二句, 唯有正故. 若更救云: 彼四句中能卽成單, 此後二句能卽成雙. 何云不異? 後更通云: 能卽任單任雙, 其體咸廢, 唯有所卽, 或刹或身, 故不異也. 故《鈔》云: "相卽互亡, 故無有六." 設更難云: 此佛之依卽彼佛依正,

此佛之正卽彼佛正依. 此之二句, 依正雙存, 豈不異耶? 若許異者, 應成六句. 今復通云: 亦不異四句中第三句也. 若爾, 第三俱存句, 第四俱泯句爲相卽耶? 不相卽耶? 若云相卽, 云何身刹二俱[174]有體, 二俱無體? 若不相卽, 云何卽門足成句數? 況緣起門有體有體不竝, 無體無體不俱故. 今謂通云: 身刹之上, 各有有體無體二義, 有體之義爲所卽, 無體之義爲能卽. 說雖前後, 俱則同時, 前之二句, 各取一有體一無體, 互爲能所卽. 第三句雙取二所卽, 第四句雙取二能卽, 所卽各對彼能卽, 能卽還對彼所卽, 非謂二有體竝二無體俱故. 或二有體是不卽義, 要由不卽, 方能卽故. 尋《鈔》自知.

[초] '의보依報 내에 의보와 정보正報를 나타내고' 등이란, 묻는다. '상입문'에서 이미 정보 가운데 의보를 나타내고, 의보 가운데 의보와 정보를 나타냄이 있다면, 의보와 정보 가운데 정보를 나타냄과 의보 가운데 정보를 나타냄도 있을 것이다. 그런데 상입은 반드시 다시 갈마들 것이기 때문에 그렇다고 허여한다면 8구를 이뤄야 될 것인데 어째서 6구[175]만이 있는가?

답한다. 이제 소통해서 말하겠다. 이치상 실은 그럴 수 있지만 우선 수승함을 드러내는 데에 입각해서 하나 속에 둘을 나타낸 것이고, 둘 가운데 하나를 드러내는 것을 취한 것이 아니니, 마치 티끌과 터럭 부분으로 원만을 나타낸 것을 들고, 신체와 찰토의 원만으로 부분을 드러내는 경우를 취한 것은 아닌 것과 같다.

---

174   底本에는 "句",《金澤寫本》참조 수정.
175   六句는 一)依內現依, 二)正內現正, 三)正內現依, 四)依內現正, 五)依內現依正, 六)正內現正依이다.

묻는다. 무슨 까닭으로 상즉은 상입과 다른데도 6구를 이루는가? 지금 2구절을 보태어 '이 부처의 의보와 정보가 저 부처의 의보에 즉하고, 이 부처의 의보가 저 부처의 정보에 즉한다'고 하였으니 말이다.

답한다. 이제 소통해서 말하겠다. 위 구절이 다른 것은 4구 중에 제1구는 찰토뿐이기 때문이고, 아래 구절이 다른 것은 4구 중에 제2구는 정보뿐이기 때문이다. 다시 변론하여 '저 4구에서는 능즉能卽이 홑으로 이뤄지고, 이 뒤의 2구절은 능즉이 쌍으로 이뤄지는데 어째서 다르지 않다고 하는가?' 하므로 뒤에 다시 소통해서 '능즉은 홑으로 맡기도 하고 쌍으로 맡기도 하지만, 그 체는 모두 없어지고 오로지 소즉所卽만이 있어서 찰토이기도 하고 신체이기도 하기 때문에 다르다'고 하였다. 그러므로 《초》에서 "상즉해서 서로 없어지므로 6구가 없다"고 하였다.

묻는다. 가령 다시 논란하여 '이 부처의 의보가 저 부처의 의보와 정보에 즉하며, 이 부처의 정보가 저 부처의 정보와 의보에 즉한다고 하는 이 두 구절은 의보와 정보를 쌍으로 둔 것인데 어찌 다르지 않겠는가? 다르다는 것을 인정하면 6구절을 이뤄야할 것'이라고 할 것이다.

답한다. 이제 다시 소통해서 말하겠다. 역시 4구 중의 제3구와 다르지 않다.

묻는다. 그렇다면 세 번째의 '둘 다 두는 구절'이 네 번째의 '둘 다 없애는 구절'과 상즉하는가, 상즉하지 않는가? 만약 상즉한다면 어째서 신체와 찰토가 둘 다 유체이고, 둘 다 무체라고 하는가? 만약 상즉하지 않는다면 어떻게 즉문卽門의 여러 구절을 이루겠는가? 하물며 연기문은 유체와 유체가 병립하지 못하고, 무체와 무체도 함께하지 못하는 것이겠는가?

답한다. 이제 소통해서 말하겠다. 신체와 찰토 위에 각각 유체와 무체의 두 가지 뜻이 있다. 유체의 뜻은 소즉이 되고 무체의 뜻은 능즉이 된다. 비록 앞뒤가 모두 동시라고 하더라도 앞의 2구절은 각각 하나의 유체와 하나의 무체를 취하여 서로 능즉과 소즉이 된다. 제3구는 두 개의 소즉을 쌍으로 취하고, 제4구는 두 개의 능즉을 쌍으로 취하여 소즉이 각각 저 능즉에 대응하고 능즉이 다시 저 소즉에 대응한 것이지, 두 개의 유체가 함께하거나 두 개의 무체가 함께하는 것을 말한 것은 아니기 때문이다. 혹은 두 개의 유체는 즉하지 않는 뜻이니, 요컨대 즉하지 않음을 인해서야 능즉이기 때문이다.《초》를 찾아보면 저절로 알 것이다.

c. 체와 용을 쌍으로 결론지음(雙結體用)

[23b12] 【《鈔》】 體外無用唯相卽故等者, 此意約體相卽, 據用相入, 體用互收, 卽入互攝也. 問: 體旣相卽, 用何不卽? 用旣相入, 體何不入耶? 有師云, 法爾義異, 不應齊責, 勿將異門, 難異門也. 有師云, 可爾. 體相卽時, 用亦相卽. 用相入時, 體亦相入. 故《疏》云: "隨擧一門, 卽攝一切." 今謂通云: 有體無體有用無用, 是緣起相由門, 相卽相入乃是玄門. 如佛全身在一塵中分明顯現, 豈非幽玄? 相入玄門已得成立, 二俱有體, 不成緣起. 何以佛身在彼塵中? 良以一塵有力作能攝, 佛身無力爲所攝, 無力必假於有力, 有力[176]必資於無力, 緣起義成, 作相入之所以也. 此意但約有力作能攝所入所以, 無力作所攝能入所以, 其體相入, 非謂唯用相入, 體不相入也. 如釧卽金, 金廢釧體卽是金體, 此是相卽玄門也. 何以釧卽是金? 良以

---

176   底本에는 "有力"의 2자가 없다.《金澤寫本》참조 보충.

釧無別體, 令攬金成, 金有自體, 能成其釧. 是故其釧還卽是金, 是緣起相由作相卽之所以也. 此意有體能成無體所成, 但是緣起相由作相卽玄門之所以, 非謂[177]唯體相卽, 用不相卽也. 今據緣起門中, 體用互攝故, 卽入門亦更互全收也.

[초] '체성 이외에 작용이 없으니 상즉할 뿐이기 때문이며 (작용 이외에 체성이 없으니 상입할 뿐이기 때문이다)'라는 것은 이 의미는 체성은 상즉에 한정하고 작용은 상입에 근거하여 체와 용이 서로 거둬들이고 상즉과 상입이 서로 섭수한다는 것이다.

묻는다. 체성이 이미 상즉인데 작용인들 어찌 상즉하지 않겠으며 작용이 이미 상입인데 체성인들 어찌 상입하지 않겠는가? 어떤 사師는 법이 으레 그렇다는 뜻이 다르니, 똑같이 질책해선 안 된다. 다른 문으로 다른 문을 논란하지 말라 하였고, 어떤 사는 그럴 수 있다. 체성이 상즉할 때 작용이 또한 상즉하며 작용이 상즉할 때 체성이 또한 상즉한다. 그러므로 《소》에서 "하나의 문을 드는 데 따라서 일체가 거둬진다"고 한 것이라고 하였다.

답한다. 이제 소통해서 말하겠다. 유체무체有體無體와 유용무용有用無用은 '연기상유문緣起相由門'[178]이고, 상즉과 상입은 '십현문十玄門'이다. 마치 부처의 온전한 몸이 한 티끌에 있으면서 분명하게 현현하는 것과 같으니 어찌 유현함이 아니겠는가. 상입현문이 성립되었다 하더라도 둘이 다 유체이면 연기가 성립되지 않는다. 어떻게 부처의 몸이 저 하나의 티

---

177 底本에는 "謂非",《金澤寫本》참조 "非謂"로 도치.
178 덕상과 업용의 열 가지 원인하는 대상(德用十所因)의 제3문을 말한다. 이는 십현문이 작용하는 원인 조건을 열 가지로 분석한 것이다. '연기상유문'에 다시 10문이 있다.

끌 속에 있는가? 정말로 한 티끌이 유력하여 능섭이 되고 부처의 몸은 무력하여 소섭이 되어서이다. 무력은 반드시 유력에 의뢰하고 유력은 반드시 무력에 바탕 해서야 연기의 뜻이 성립되고 상입의 까닭(所以)이 된다. 이 의미는 다만 유력이 능섭能攝이어서 소입所入의 까닭이 되고, 무력이 소섭所攝이어서 능입의 까닭이 되어서 그 체성이 상입하는 것에 한정한 것이지, 오직 작용만이 상입하고 체성은 상입하지 않는다는 것을 말한 것이 아니다.

마치 비녀가 그대로 금이지만 금을 폐하더라도 비녀의 체성은 그대로 금의 체성인 것과 같다. 이것이 상즉현문이다. 어째서 비녀가 그대로 금인가? 진실로 비녀는 별다른 체가 없고 금을 잡고서야 성립되는 것이니 금에 있는 자체가 그 비녀를 이루므로 비녀가 그대로 금인 것이다. 이는 연기상유가 상즉의 까닭이 되는 것이다. 이 의미는 유체는 능성能成이고 무체는 소성所成이어서 다만 이는 연기상유가 상즉현문의 까닭이 되는 것이지, 오직 체성만이 상즉이고 작용은 상즉하지 않음을 말한 것은 아니다. 지금은 연기상유문에 근거하여 체성과 작용이 서로를 거둬들이기 때문에 상즉·상입문이 또한 다시 서로를 완전히 거둔다.

바) 지위를 드러냄(彰地位故)

(가) 대의를 모두 드러냄(總明大意)

[23c07] [《疏》] 一道至果者, 釋有二義; 一者一因一果, 二者萬聖千賢, 同修萬行, 更無異路, 皆一道義.

[소] '하나의 도道로써 과위에 이르지만'이란 것은 해석에 두 가지 뜻이 있다. 첫째는 하나의 인에 하나의 과이며, 둘째는 천만의 성현들이 만행을 똑같이 수행하고 다시 다른 길이 없는 것이 모두 일도—道의 뜻이다.

[23c09] [《疏》]若無此位行無成故者, 准下《疏》釋, 略有十義; 一, 依《唯識論》等, 而有五位; 一資粮位, 卽是三賢, 從初發心, 積集福智, 爲道資粮. 爲眾生故, 修解脫分善. 二加行位, 順解脫分, 旣圓滿已, 爲入見道, 復修加行, 卽四善根, 亦名順決擇分. 三通達位, 卽是見道, 謂初入地二種見道. 四修習位, 始從初地第二位[179] 乃至金剛無間心位, 名爲修道. 五究竟位, 金剛心後, 解脫道中, 盡未來際, 皆此位攝. 二, 依《攝論》第六, 說有四位; 一勝解行位, 始從十信終於地前. 餘三見·修[180]. 究竟, 同五中後三. 三, 依《瑜伽》四十七, 說十三住者; 一種性住, 謂彼菩薩, 性自仁賢, 性自成就. 菩薩功德, 住持一切佛法種子. 性離麤垢, 不能現起上煩惱纏. 二勝解行住, 謂從初發心乃至未得淸淨意樂, 所有一切菩薩行是. 三極喜住, 四增上戒, 五增上心, 六·七·八三, 名增上慧分上三種; 謂六覺分相應增上慧住. 七諸諦相應增上慧住, 八緣起流轉上息相應增上慧住, 九無相有功用住, 十無相無功用住, 十一無礙解住, 十二最上菩薩住, 十三最上如來住. 第二卽是三賢, 第三已去如次十地. 四, 亦依《瑜伽》及《顯揚》第七, 於十三住, 建立七[181]地; 一種性地, 二勝解行地, 三淨勝意樂地, 卽前三住. 四行正行地, 謂從第四住乃至第九住. 五決定地, 卽第十住. 六決定行地, 卽第十一住. 七已後二住爲到究竟地. 前六唯菩薩, 第七菩薩如來雜立爲地. 五, 依《仁王》下卷說, 十三法師, 各住一位者; 一習

---

179   《大疏》에는 "住心"으로 되어 있다.

180   底本에는 없음.《大疏》및《金澤寫本》참조 보충.

181   底本에는 "十",《金澤寫本》참조 수정.

種性, 二性種性, 三道種性, 四善覺摩訶衍, 五德慧, 六明慧, 七爾燄, 八勝達, 九常現眞實, 十玄達, 十一等覺, 卽八地. 十二慧光神變, 卽當九地. 十三觀佛菩薩, 義當十地及等覺, 而佛非十三之數. 六, 依《仁王》上卷, 五忍者; 謂伏忍, 信忍, 順忍, 無生忍, 寂滅忍. 各各有上中下, 如次酬三賢·十地·等覺·妙[182]覺. 七, 亦依《仁王》, 五十二位. 八, 依《瓔珞》四十二賢聖位; 以不立十信, 十信攝在十住中故. 九, 依《瓔珞》六種者; "一習種性, 二性種性, 三道種性, 四聖種性, 五等覺性, 六妙覺性." 又准下《鈔》(十八上半第二紙), "復名六堅; 謂信堅, 法堅, 脩堅, 德堅, 頂堅, 覺堅. 復名六忍; 謂信忍, 法忍, 修忍, 正忍, 無垢忍, 一切智忍. 復名六慧; 聞慧, 思慧, 修慧, 無相慧, 照寂慧, 寂照慧. 名六觀; 謂住觀, 行觀, 向觀, 地觀, 無相觀, 一切種智觀. 亦有相承, 說於六定, 《瓔珞》無文. 言六定者; 一習相定, 二性定, 三道慧定, 四道種慧定, 五大慧定, 六正觀定. 此五種六皆以第五, 當於等覺.(自此已下, 還是前《疏》)" "若依《楞伽》等, 無復地位. 十, 依此經說四十二位; 無別資粮·加行等名, 然所說位, 依法性立, 行布圓融, 二俱無礙." 釋曰, 不唯此經獨彰地經, 寔乃餘教各顯階差, 欲導含生, 同躋聖域故也.

[소] '이 지위가 없다면 수행이 이뤄짐이 없기 때문'이란 아래《소》[183]의 해설을 준거하면, 대략 열 가지의 뜻이 있다.

첫째 뜻은,《성유식론》등에 의거하면 다섯 계위가 있으니, 첫째는 자량위資粮位이니, 곧 삼현위에서 초발심으로부터 복덕과 지혜를 적집해서 도의 자량을 삼으며, 중생을 위한 연고로 해탈분의 선업을 닦는다. 둘째

182   底本에는 "境",《金澤寫本》참조 수정.
183   《大疏》권제18(T35, 0635b02)이다.

는 가행위加行位이니, 순해탈분이 이미 원만해져서 견도위에 들어가기 위해서 다시 가행을 닦는다. 바로 '4선근四善根'이며, 또한 '순결택분順決擇分'이라고도 한다. 셋째는 통달위通達位이니, 곧 견도위이다. 처음으로 지地의 2종 견도에 들어간 것을 말한다. 넷째는 수습위修習位이니, 처음에 초지의 제2위로부터 내지 금강무간심金剛無間心의 지위까지이니,[184] '수도위修道位'라고 이름한다. 다섯째는 구경위究竟位이니, 금강심 이후 해탈도 가운데서 미래제가 다하도록 모두 이 계위에 거둬진다.

둘째 뜻은,《섭론》제6에 의거해서 말하면 4계위가 있다. 첫째는 승해행위勝解行位이니, 처음 십신부터 십지 이전에서 마친다. 나머지 셋은 견도위, 수도위, 구경위이니, 다섯 계위 중 뒤의 셋과 같다.

셋째 뜻은,《유가사지론》제47에 의거하면 13주住를 설하였으니, 1주는 종성주種性住니, 저 보살의 성性이 저절로 어질고 현명하며 성이 저절로 성취된다. 보살의 공덕은 일체의 불법 종자를 주지하여 성이 티끌 먼지를 벗어나서 위 번뇌의 계박을 현기하지 않는다. 2주는 승해행주勝解行住이니, 초발심부터 청정의락清淨意樂을 얻기 이전까지의 모든 일체의 보살행이 이것이다. 3주는 극희주極喜住요, 4주는 증상계增上戒요, 5주는 증상심增上心이요, 6주, 7주, 8주의 셋은 증상혜增上慧 분상의 세 종류라고 한다. 말하자면 6주는 각분상응증상혜주覺分相應增上慧住요, 7주는 제제상응증상혜주諸諦相應增上慧住요, 8주는 연기유전상식상응증상혜주緣起流轉上息相應增上慧住이다. 9주는 무상유공용주無相有功用住요, 10주는 무

---

184   《成唯識論述記》권제9(T43, 556c02)에는 이 부분이 "卽從初地住及出心, 乃至金剛無間心位, 名爲修道."로 되어 있다.

상무공용주無相無功用住요, 11주는 무애해주無礙解住요, 12주는 최상보살주最上菩薩住요, 13주는 최상여래주最上如來住이다. 제2주는 삼현위이고, 제3주 이후는 차례대로 십지이다.

넷째 뜻은, 또한《유가사지론》및《현양론》제7에 의거하여 13주住에 7지地를 건립하였으니, 1지는 종성지요, 2지는 승해행지요, 3지는 정승의락지이니, 곧 앞의 3주이다. 4지는 행정행지이니, 제4주부터 제9주까지이다. 5지는 결정지이니, 곧 제10주이다. 6지는 결정행지이니, 곧 제11주이다. 7지는 이후의 2주로 도구경지到究竟地가 된다. 앞의 6지는 오직 보살뿐이고, 7지는 보살과 여래가 뒤섞여 지地를 이룬다.

다섯째 뜻은,《인왕경》하권에 의거하면 13법사가 각각 한 가지의 지위에 머문다고 하였으니, 하나는 습종성習種性이요, 둘은 성종성性種性이요, 셋은 도종성道種性이요, 넷은 선각마하연善覺摩訶衍이요, 다섯은 덕혜德慧요, 여섯은 명혜明慧요, 일곱은 이염爾燄이요, 여덟은 승달勝達이요, 아홉은 진실을 항상 나타냄(常現眞實)이요, 열은 현묘하게 통달함(玄達)이요, 열하나는 등각等覺이니, 곧 8지이다. 열둘은 혜광신변慧光神變이니, 9지에 해당한다. 열셋은 불보살을 관하는 것이니, 뜻이 십지와 등각에 해당하고 부처는 13수가 아니다.

여섯째 뜻은,《인왕경》상권에 의거하였으니, 오인五忍은 복인伏忍, 신인信忍, 순인順忍, 무생인無生忍, 적멸인寂滅忍이다. 각각에 상중하가 있어서 차례대로 삼현·십지·등각·묘각에 응수한다. 일곱째 뜻은, 또한《인왕경》에 의거하였으니, 52위이다. 여덟째 뜻은,《영락경》에 의거하였으니, 42현성위이다. 십신을 세우지 않은 것은 십신이 십주에 거둬져 있기 때문이다.

아홉째 뜻은, 《영락경》에 의거하였으니, '6종六種'이란 하나는 습종성
習種性이요, 둘은 성종성性種性이요, 셋은 도종성道種性이요, 넷은 성종성
聖種性이요, 다섯은 등각성等覺性이요, 여섯은 묘각성妙覺性이다." 또, 아래
《초》[185](18 상반 제2지)에서 "다시 '6견고'라고 이름하니, 신심견고, 법견고,
수행견고, 덕견고, 정頂견고, 각覺견고이다. 또, '6인六忍'이라고 이름하니,
신인信忍, 법인法忍, 수인修忍, 정인正忍, 무구인無垢忍, 일체지인一切智忍이다.
다시 '6혜六慧'라고 이름하니, 문혜聞慧, 사혜思慧, 수혜修慧, 무상혜無相慧,
조적혜照寂慧, 적조혜寂照慧이다. '6관六觀'이라고 이름하니, 주관住觀, 행관
行觀, 향관向觀, 지관地觀, 무상관無相觀, 일체종지관一切種智觀이다. 또한 서
로 이어받음이 있어 '6정六定'을 말했지만 《영락경》에는 문장이 없다. '6
정'은 하나는 습상정習相定, 둘은 성정性定, 셋은 도혜정道慧定, 넷은 도종
혜정道種慧定, 다섯은 대혜정大慧定, 여섯은 정관정正觀定이다. 이 다섯 가
지의 여섯이 모두 다섯 번째가 등각에 해당한다"고 하였다(이 아래 이후
부터는 다시 앞의 《소》이다). "만일 《능가경》 등에 의거하면, 다시 지위地位
는 없다.

열째 뜻은, 이 경에서 말한 42계위에 의거하였으니, 별도로 자량이나
가행이란 명칭은 없지만 언급된 지위는 법성을 의거하여 세워져서 항포
문과 원융문이 둘 다 무애하다"라고 하였다. 해설해 보면, 오직 이 경만
이 홀로 지위를 드러낸 경은 아니며, 진실로 다른 교에서도 각기 계위의
차별을 드러내었으니 중생들을 인도하여 똑같이 성인의 영역을 밟도록
하고자 해서이다.

---

185   《演義鈔》 권제73 〈十定品〉 제27(T36, 0580c13)의 내용이다.

(나) 장을 열어 별도로 해석함(開章別釋[三])

　(가) 해석함(正釋[二])

　a. 항포문을 해석함(先釋行布)

[24b04] [《鈔》] 如第二會明信等者, 信謂十信; 一信心,(信佛常住大乘教法, 歸宗不二, 決定無礙.) 二念心,(於六念處, 憶念.) 三精進心,(如念而行, 勤修止觀.) 四慧心,(雙觀人·法二種無我.) 五定心,(解空處寂, 止心理靜.) 六不退心,(止觀雙融. 心不退沒.) 七迴向心,(善會平等, 迴向於捨.) 八護法心,(解理堅固, 受持不壞.) 九戒心,(善護身心, 三業齊淸.) 十願心.(以三業善, 正求菩提.)

[초] '제2회에서는 신信을 밝히고'에서 신은 '십신十信'을 말한다.

　하나는 신심信心이요(부처가 상주한다는 대승의 교법을 믿어 종취로 돌아가 둘이 아니어서 결정코 무애한 것이다), 둘은 염심念心이요(육념처에 대해 억념하는 것이다), 셋은 정진심精進心이요(생각대로 행하고 지·관을 부지런히 닦는다), 넷은 혜심慧心이요(인·법무아의 두 가지를 쌍으로 관한다), 다섯은 정심定心이요(공을 이해하여 적멸에 처하면서 마음을 그쳐 이치가 고요하다), 여섯은 불퇴심不退心이요(지·관을 쌍으로 융섭하여 마음이 물러나거나 사라지지 않는다), 일곱은 회향심迴向心이요(평등을 잘 알아 사捨에 회향한다), 여덟은 호법심護法心이요(이치를 이해함이 견고하고 수지하여 무너뜨리지 않는다), 아홉은 계심戒心이요(몸과 마음을 잘 호지하여 삼업이 나란히 청정하다), 열은 원심願心이다(삼업이 선하여 바르게 보리를 구한다).

[24b08] ○言三明住者, 住謂十住; 一發心住,(觀佛勝緣·佛十力, 發菩提心. 三種發心, 即信成就發心.) 二治地住,(謂常隨定, 脩諸行門, 淨心地故.) 三修行住,(巧觀空有, 增正行故.) 四生貴住,(生佛法家, 種姓尊貴.) 五具足方便住,(帶眞隨俗, 習多善巧, 化無住故.) 六正心住,(成就般若, 聞彼讚毀佛法僧等, 眞正其心, 念不同故.) 七不退住,(入於無生, 畢竟空性. 心心常行, 空無相願, 止觀雙運, 緣不壞故.) 八童眞住,(心不生倒, 不起邪魔破菩提故.) 九王子住,(從法王敎生, 當紹佛位故.) 十灌頂住.(從上九住, 當觀空理. 得無生心, 最爲尊上. 諸佛法水, 灌心頂故.)

○ '제3회에서 주住를 밝히고'에서 주는 '십주十住'를 말한다.

하나는 발심주發心住요(부처의 수승한 인연과 십력을 관하여 보리심을 발하는 것으로 세 가지의 발심은 곧 신심이 성취된 발심이다), 둘은 치지주治地住요(항상 선정에 따라 여러 수행문을 닦아 심지心地를 깨끗하게 하기 때문이다), 셋은 수행주修行住요(공空·유有를 잘 관찰하여 정행正行을 증장하기 때문이다), 넷은 생귀주生貴住요(불법의 집안에 태어나 종성이 존귀하기 때문이다), 다섯은 구족방편주具足方便住요(진제를 떠고 있으면서 속제를 따라서 많은 선교방편을 익혀서 교화하되 머물지 않기 때문이다), 여섯은 정심주正心住요(반야를 성취하여 저들이 불법승 등을 찬타하거나 헐뜯는 것을 들어도 그 마음을 진정하여 생각이 같지 않기 때문이다), 일곱째는 불퇴주不退住요(무생의 필경공성에 들어가 마음마다 항상 공하고, 상相이 없는 원력을 닦아 지·관을 쌍으로 운용하여 연을 무너뜨리지 않기 때문이다), 여덟째는 동진주童眞住요(마음에 전도된 것이 생기지 않고 삿된 마군을 일으켜서 보리를 파괴하지 않기 때문이다), 아홉째는 왕자주王子住요(법왕의 가르침으로부터 태어나 부처의 지위를 계승할 것이기 때문이다), 열째는 관정주灌頂住이다(위의 아홉 주로부터 공의 이치를 관하여 무생심을 얻어 가장 존귀하고 높은 이가 된다. 제불의 법수로 관정하기 때문이다).

[24b15] ○言四明行者, 行乃十行; 一歡喜行,(三施皆能, 悅自他故.) 二饒益行,(三聚之戒, 皆饒益故.) 三無違逆行,(忍順物理, 無所違故.) 四無屈撓行,(勤無怠退, 不屈弱故.) 五離癡亂行,(以慧資定, 離沉掉故.) 六善現行,(慧能顯發二諦之理, 般若現故.) 七無著行,(不著事理, 遠離於我及無我故.) 八難得行,(大果可尊, 又成大願, 方能得故.) 九善法行,(善巧說法, 成物軌故.) 十眞實行,(言行不虛, 稱二諦故.)

○ '제4회에서 행行을 밝히고'에서 행은 '십행十行'이다.

첫째는 환희행歡喜行이요(세 가지 보시가 모두 능해서 자·타를 기쁘게 하기 때문이다), 둘째는 요익행饒益行이요(삼취정계로 모두 요익하기 때문이다), 셋째는 무위역행無違逆行이요(사물의 이치에 인순忍順해서 어긋나는 것이 없기 때문이다), 넷째는 무굴요행無屈撓行이요(부지런하여 나태하거나 퇴락함이 없어서 굴욕하지 않기 때문이다), 다섯째는 이치란행離癡亂行이요(지혜로 선정을 자량하여 혼침과 도거를 벗어났기 때문이다), 여섯째는 선현행善現行이요(지혜로 이제二諦의 이치를 현발하여 반야가 나타나기 때문이다), 일곱째는 무착행無著行이요(사리에 집착하지 않고 아我와 무아無我를 멀리 벗어났기 때문이다), 여덟째는 난득행難得行이요(대과는 존승할 만하고, 또 대원을 성취하여서야 얻을 수 있기 때문이다), 아홉째는 선법행善法行이요(선교방편으로 설법해서 사물의 궤칙을 이루기 때문이다), 열째는 진실행眞實行이다(언행이 허망하지 않고 이제二諦에 걸맞기 때문이다).

[24b20] ○言五明向者, 向卽十向; 一救護眾生離眾生相迴向,(大悲廣濟, 名爲救

護. 大智無著故, 云離衆生相.) 二不壞迴向,(謂於三寶等, 得不壞信故.) 三等一切佛
迴向,(謂學三性佛, 所修迴向故.) 四至一切處迴向,(謂菩薩悲願稱周法界, 令其善根
供具悉周遍故.) 五無盡功德藏迴向,(謂緣無盡境, 成無盡善根, 功德之行, 得十無盡
藏之果故.) 六隨順堅固一切善根迴向,(謂所修事善皆悉隨順, 入於堅固平等法性,
一切善根皆悉堅固故.) 七等隨順一切衆生迴向,(謂以平等心, 隨順饒益一切衆生
故.), 八眞如相迴向,(謂善根合如, 同如體相無盡得故.) 九無縛無著解脫迴向,(謂不
爲相縛, 不於見著, 作用自在, 故名解脫.) 十入法界無量迴向,(謂以稱性起, 周以法界,
善根迴向法界故.)

○ '제5회에서 회향廻向을 밝히고'에서 회향은 '십회향十廻向'이다.

첫째는 구호중생이중생상회향救護衆生離衆生相迴向이요(대비로 널리 구호
하는 것을 '구호'라고 하며, 대지혜는 집착이 없기 때문에 '중생상을 떠났다'고 한다),
둘째는 불괴회향不壞迴向이요(삼보 등에 대한 신심을 무너뜨리지 않기 때문이
다), 셋째는 등일체불회향等一切佛迴向이요(삼성三性의 부처가 닦은 것을 배워
회향하기 때문이다), 넷째는 지일체처회향至一切處迴向이요(보살의 대비와 원력
이 법계에 걸맞게 주변하여 선근들의 공양구가 다 변만하기 때문이다), 다섯째는
무진공덕장회향無盡功德藏迴向이요(다함없는 경계를 연하여 다함없는 선근공덕
의 행을 이루고 십무진장의 과를 얻었기 때문이다), 여섯째는 수순견고일체선
근회향隨順堅固一切善根迴向이요(닦았던 훌륭한 일이 모두 다 수순하여 견고하고,
평등한 법성에 들어가 일체의 선근이 모두 견고하기 때문이다), 일곱째는 등수순
일체중생회향等隨順一切衆生迴向이요(평등심으로 수순해서 일체중생을 요익하기
때문이다), 여덟째는 진여상회향眞如相迴向이요(선근이 진여에 합하여 진여의
체상과 같아서 다함이 없음을 얻었기 때문이다), 아홉째는 무계무착해탈회향

無縛無著解脫迴向이요(상에 계박되지 않고 견해에 집착하지 않아 작용이 자재하므로 '해탈'이라고 한다), 열째는 입법계무량회향入法界無量迴向이다(성에 걸맞게 일어나 법계에 변만하고 선근을 법계에 회향하기 때문이다).

[24c05] ○言六明地者, 地謂十地; 一歡喜地,(謂初獲[186]聖性, 具證二空, 能益自他, 生大歡喜.) 二離垢地,(具淨尸羅, 遠離微細毀犯煩惱苦故.) 三發光地,(成就勝定, 大法總持, 能發無盡妙慧光故.) 四焰慧地,(安住最勝菩提分法, 燒煩惱薪, 慧焰增故) 五難勝地,(眞俗二智, 行相互違, 難合能合, 極難勝故.) 六現前地,(住緣起智, 引無分別, 最勝般若, 令現前故.) 七遠行地,(至無相住功用後邊, 出過世間二乘道故.) 八不動地,(無分別智, 任運相續相用, 煩惱不能動故.) 九善慧地,(成就微妙四無礙解, 能遍十方善說法故.) 十法雲地.(大法智雲, 合眾德水, 蔽如虛空, 麤重充滿法身故.)

○ '제6회에서 지地를 밝히고'에서 지는 '십지十地'를 말한다.

첫째는 환희지歡喜地요(처음으로 성성聖性을 획득하고 2공을 증득하여 자타를 이익하고 대환희심을 낸다), 둘째는 이구지離垢地요(지계를 모두 청정하게 하여 미세한 훼범과 번뇌의 고통에서 멀리 벗어났기 때문이다), 셋째는 발광지發光地요(수승한 선정을 성취하여 대법을 총지總持하고 다함없는 미묘한 지혜광명을 발하기 때문이다), 넷째는 염혜지焰慧地요(가장 수승한 보리분법에 안주하여 번뇌의 섶을 불태우고 지혜의 불꽃이 증장하기 때문이다), 다섯째는 난승지難勝地요(진지와 속지의 두 지혜로 행상이 서로 어긋나서 합하기 어려운 것을 능히 합하여 지극히 어려운 것에 대해 뛰어나기 때문이다), 여섯째는 현전지現前地요(연에 머물

---

186   底本에는 "護", 교감 주 및《大疏》,《金澤寫本》참조 수정.

면서 지혜를 일으켜 무분별지를 이끌어내어 가장 수승한 반야가 현전하게 하기 때문이다), **일곱째는 원행지**遠行地요(무상주공용의 뒤끝까지 이르러 세간의 이승의 도를 벗어나기 때문이다), **여덟째는 부동지**不動地요(무분별지혜가 자유자재로 상속하고 상용하여 번뇌가 동요시키지 못하기 때문이다), **아홉째는 선혜지**善慧地요(미묘한 사무애해四無礙解를 성취하여 시방에 두루 훌륭하게 설법하기 때문이다), **열째는 법운지**法雲地이다(대법의 지운智雲이 여러 덕수德水에 합하여 허공을 뒤덮은 것처럼 추중한 것이 법신에 충만하기 때문이다).

[24c12] ○言七明等妙者, 等謂等覺,(體空大寂, 安心平等, 照齊種智, 一相無二故.) 妙卽妙覺.(圓照內融, 窮鑒法性. 體無始終, 窮微盡極. 故名妙覺.) 雖委陳於體義, 備在本文, 而略擧於門名, 亦於茲處, 然樂廣之達識無假預談, 慮好略之庸根不覺《大疏》. 如涉世路, 尙須知道店之名, 況詣覺場, 豈不曉地位之號? 唯希智者, 勿責詞枝.[187]

○ '제7회에서 등等과 묘妙를 밝힌다'고 한 것은 '등'은 등각等覺을 말하며(공을 체달하여 크게 적멸하고 마음을 평등에 안주하며 각조覺照가 일체종지와 가지런하여 하나의 상이며 둘이 없기 때문이다), '묘'는 묘각妙覺을 말한다(원만한 각조가 안으로 융합하여 법성을 다 비추며 체는 시종이 없어서 미묘함을 다하고 지극까지 다하기 때문에 묘각이라고 한다).

비록 체의 뜻에 관한 자세한 진술이 본문에 구비되어 있으며 간략하게 문門의 명칭을 든 것 역시 여기에서지만, 자세한 것을 즐기는 달통한

---

187   底本에는 "技",《金澤寫本》참조 수정.

식자들은 미리 말해줄 겨를이 없고 간단한 것을 좋아하는 용렬한 근기들은《대소》를 알아채지도 못한다. 세상의 길을 섭렵하는데도 오히려 도로 지점의 명칭을 알아야 하는데 하물며 깨달음의 도량에 이르는데 어찌 지위의 호칭을 모를 수 있겠는가. 오직 지혜로운 자는 사족이라고 꾸짖지 말길 바란다.

b. 원융문을 해석함(後釋圓融)
a) 해석함(正釋)

[24c19] [《鈔》] 此別明五位互攝者, 信·住·行·向·地也. ○[《鈔》]第十住滿至亦灌頂成佛者, 證相似也, 以此二位功德圓滿, 同證諸佛智水灌心頂之妙果也. ○言十行智度圓等者, 行相似也. 上雖略示, 總相而言, 所修妙因名行, 所獲妙果名證. 住·行·向·地, 相梯而言, 一一相似, 各隨相似, 更互相攝也. ○言海幢比丘頂出諸佛者, 下《疏》釋云: "頂出諸佛者, 尊極無上故. 就別彰法雨中, 總有三十二種; 前十二法雨爲菩薩, 餘爲雜類. 今初, 一普知平等法雨, 略有三等; 一始覺同本, 無復始本之異, 二等諸佛故, 三生佛一性故. 得此三等, 轉成妙覺. 次十法雨卽十住者, 圓教位[188]中十住位滿, 便成佛故. 此前更無別位, 此約以位攝位.[189] 非一乘宗, 餘無此說. 後一法雨, 卽十信." 釋曰, 初一妙覺, 次十十住, 後一十信. 今據逆次, 故云: "灌頂住後卽明佛者, 卽其事也." ○言前唯約理行圓融者, 以理融行圓融也. ○言此兼明行證相似者, 且約相似中圓融, 如[190]長劫唯攝長劫等也.

---

188 底本에는 "經",《大疏》및《金澤寫本》참조 수정.

189 底本 및《金澤寫本》에는 "以",《大疏》참조 수정.

190 底本에는 "五",《金澤寫本》및《藏經書院本》참조 수정.

[초] '오위五位가 서로 거둬들임을 별도로 밝힌다'는 것은 신信·주住·행行·회향廻向·지地이다.

○[초] '제10주住가 원만하면 … 또한 관정성불灌頂成佛이라고 한다'는 것은 증득이 비슷한 것이니, 이 두 지위(십주·십지)의 공덕이 원만하여 제불의 지수智水로 관정灌頂하는 묘과를 똑같이 증득한 것이다.

○ '십행十行의 지혜바라밀이 원만해지면 (십지의 지혜바라밀도 원만해진다)'라고 한 것은 '수행'이 비슷한 것이다. 위에서는 간략하게 보였지만, 총상으로 말하면 닦아진 묘인妙因을 '수행'이라고 하며, 획득된 묘과를 '증득'이라고 한다. 십주·십행·십회향·십지는 서로 차차로 올라가면서 말하고 낱낱이 비슷한 것은 각각 비슷한 것끼리 다시 서로 거둔다.

○ '해당海幢 비구의 정수리에서 제불이 (설법하는 것을) 내보이고'라고 한 것은 아래《소》에서 "정수리에서 제불을 나타낸 것은 존귀함이 지극하여 이보다 위가 없기 때문이다. 별도로 법우法雨를 드러낸 것에 입각하면 총체적으로 32종류가 있다. 앞의 12종류의 법우는 보살을 위한 것이고, 나머지는 잡류들을 위한 것이다. 이제 처음이니, 한 종류는 평등성을 두루 아는 법우이니, 간략하게 세 가지의 평등성이 있다. 하나는 시각이 본각과 평등하여 다시 시각과 본각의 차이가 없는 것이요, 둘은 제불과 평등한 것이요, 셋은 중생과 부처가 하나의 성품인 것이다. 이 세 가지의 평등을 얻었기 때문에 점점 '묘각'을 성취한다. 그 다음 10종류의 법우는 바로 '십주'이니, 원교의 계위에서는 십주의 계위가 원만해지면 곧 성불하기 때문이다. 이 앞에는 다시 별도의 계위가 없고 여기는 계위로 계위를 거둬들이는 것에 한정하였으니, 일승종이 아니면 나머지는 이

런 설명이 없다. 뒤의 한 종류 법우는 바로 '십신'이다"[191]라고 하였다. 해설해 보면 처음의 한 종류는 '묘각'이고, 그 다음의 10종류는 '십주'이며, 뒤의 한 종류는 '십신'이다. 여기서는 역 차례로 의거했다. 그러므로 "관정주 이후에 곧 부처를 밝힌다는 것이 바로 이 일이다"라고 하였다.

○ '앞에는 오직 이치와 수행이 원융한 것에 한정하였고'라고 한 것은 이치가 수행에 융합되어 원융한 것이다.

○ '이것은 수행과 증득이 서로 비슷하다는 것을 겸하여 밝혔다'고 한 것은 우선 서로 비슷한 가운데 원융한 것이니, 장겁은 오직 장겁을 거둬들이는 등과 같다.

    b) 인증함(引證)

    (a) 문장을 인용함(正引文)

[25a12] [《鈔》] 文有三節者, 引證也. 三節《疏》文, 通證前理行圓融也, 後二節文, 兼證前行證相似也. 如第二信該果海, 證理行圓融, 可知. 若將信滿功德, 該攝果滿功德, 亦證行證相似. 第三[192]初發心時, 便成正覺, 證理行圓融, 可知. 但於住滿佛中, 密證行證相似. ○言以一例諸位位皆然者, 復有二義; 一云, 一位具攝諸位功德等. 一云, 一位具攝五十二位功德. 後解爲優.

[초] '문장에 3구절이 있다'고 한 것은 인증한 것이다. 3구절의 《소》의

---

191   《大疏》 권제56(T35, 0929a)이다. 징관은 중간의 10종류 법우에 관한 개별적인 설명이 있지만 선연은 이를 제외하고 간략하게 인용하였다.

192   底本에는 "三第", 《金澤寫本》 및 《藏經書院本》 참조 "第三"으로 도치.

문장[193]은 앞의 이치와 수행이 원융함을 통틀어 인증한 것이고, 뒤의 2구절 문장은 앞의 수행과 증득이 서로 비슷함을 겸하여 인증한 것이다.

제2구절인 '신위信位가 과해를 포괄했다'는 것은 이치와 수행이 원융함을 인증한 것임을 알 수 있다. 만일 신위에서 만족된 공덕을 가져다가 과가 원만한 공덕을 포괄해서 거둬들이면, 또한 수행과 증득이 서로 비슷함을 인증한다.

제3구절인 '처음 발심할 때에 곧 정각을 성취한다'는 것은 이치와 수행이 원융함을 인증한 것임을 알 수 있다. 다만 주위住位에서 만족되어 성불하는 중이면 수행과 증득이 서로 비슷함을 은밀하게 인증한다.

○ '하나로 여럿을 준례하여 지위마다 모두 그렇다'고 한 것은 다시 두 가지 뜻이 있다. 하나는 하나의 지위가 모든 지위의 공덕을 온전히 거둬들이는 것이고, 하나는 하나의 지위가 52지위의 공덕을 온전히 거둬들이는 것이다. 뒤의 해설이 우세하다.

    (b) 5위가 서로 거둠을 밝힘(明五位互攝)

[25a20] 言如〈賢首品〉中等者, 此品正明十信之德, 該攝後之四十二位故. 就若常信奉下五十頌半, 廣明信中所具行位. 初八頌半明所具行, 以三十九頌明所具諸位, 後三頌結嘆功德. 明具位中, 初八頌半明具三賢, 後三十頌半明具十地. 於中, 前十一頌半明具前九地, 後十九頌明具第十地. 位有五; 初八頌三業殊勝功德, 次四頌三業廣大功德, 三二頌辨得法結位, 四三頌明三昧大盡受位分, 五二頌明大用

---

193   《大疏》(T35, 504b21)이다.

難測. 今言灌頂而昇位者, 卽後二頌, 明大用難測, 是也. 故彼《疏》云: "若蒙下二頌, 亦是進入佛地也." 彼《疏》, "問曰: 此旣是初, 何得乃具後諸行位及普賢德邪? 古德釋此, 略有二門; 一行布次第門, 謂從微至著, 從淺至深, 次第相承, 以階彼岸. 如《瓔珞》《仁王》《起信》《瑜伽》等說. 二圓融通攝門, 謂一位卽其一切位等, 如此經所說. 亦[194]如《大品》等中, 一行具一切行. 此中具二門; 一緣起相由門, 二法界融攝門. 前中, 普攬一切始終諸位, 無邊行海, 同一緣起, 爲普賢行德. 良以諸緣相望, 略有二義; 一約用, 由相待故, 有有力無力義, 是故得相收及相入也. 二約體, 由相作故, 有有體無體義, 是故得相卽及相是也. 此經之中, 依斯義故, 行位相收, 總有四說; 一, 或始具終, 如此門中具一切行位普賢德海者, 是也. 二, 或終具始, 竝在十地位後. 如下文〈十定〉〈十通〉等說. 三, 或諸位齊收, 竝在十住等. 一一位中, 各收一切, 悉至究竟. 如下文〈十住〉〈十行〉等說. 四,[195] 或[196]諸位皆泯, 行德顯然. 如〈離世間品〉說. 二法界融攝門者, 謂此諸位及諸修行, 皆不離普賢無盡法界, 然此法界圓融無限. 隨在一位, 卽具一切. 今在信門, 收無不盡. 下諸位中, 皆具一切者, 竝准此釋." 又云: "如十味香, 纔燒一丸. 如小芥子, 十氣齊發. 若有聞香, 十味齊得.[197] 若得沈氣, 則得檀氣. 若得酥合, 則得龍腦等. 十味丸藥, 服者齊得. 亦准此知." 又彼《疏》云: "《占[198]察經》漸次作佛, 略有四種. 何者爲四; 一者信滿作佛, 所謂依種性地, 決定信諸法不生不滅, 淸淨平等, 無可願求故. 二解滿作佛. 三證滿作佛, 謂淨心地. 四一切功德行滿作佛, 依[199]究竟菩薩地.《起信》依

---

194   底本에는 "今",《大疏》,《金澤寫本》,《藏經書院本》 참조 수정.

195   底本에는 없음.《大疏》 및《金澤寫本》 참조 보충.

196   底本에는 없음.《大疏》 및《金澤寫本》 참조 보충.

197   《演義鈔》에는 "聞"으로 되어 있다.

198   CBETA에는 "古", 底本과《大疏》 및《金澤寫本》 참조 수정.

199   底本 및《金澤寫本》에는 없음.《大疏》 참조 보충.

此說, 信成就發心, 能現八相作佛. 文據照然. 況圓融門中, 不依位次? 寄終教說, 信滿卽能因果無礙, 以因門取, 常是菩薩. 以果門取, 卽恒是佛. 或雙存具泯自在難思." 故《鈔》云:"信該果海, 如〈賢首品〉中等." 又下《疏》云:"然斯位滿, 總有五重; 一約信滿, 如〈賢首品〉說, '便得灌頂, 而昇位'等. 二約解滿, 如灌頂住及海幢處說. 三約行滿, 如第十行入因陀羅網法界等. 四善巧願滿, 如此位辨. 五約證滿, 如〈十地〉說. 此五重內, 隨一成處, 必具理行, 內相應故, 皆名位滿. 然信解等殊, 故不相濫. 若約圓融, 但一位滿卽因究竟, 更不待餘. 又若得一, 卽得餘位, 總一法界受職之位, 隨門差別, 五位不同. 法體融通, 全攝無礙, 不同餘敎."

〈현수품〉에서 말한 것과 같다'에서 이 〈품〉은 십신十信의 덕을 바로 밝혔으니, 뒤의 42계위를 포괄하여 거둬들이기 때문이다. '항상 믿어 받아들이면' 아래의 50게송 반에 입각하여 십신에서 구족된 수행과 계위를 자세하게 밝혔으니, 앞의 8게송 반은 구족된 수행을 밝히고, 39게송은 구족된 여러 계위를 밝혔으며, 뒤의 3게송은 공덕을 결론지어 찬탄하였다. 구족된 계위에서 앞의 8게송 반은 '삼현三賢'을 구족하였음을 밝혔고, 뒤의 30게송 반은 '십지十地'를 구족하였음을 밝혔다. 그 중에 앞의 11게송 반은 앞의 9지를 구족하였음을 밝혔고, 뒤의 19게송은 제10지를 구족하였음을 밝혔다. 지위에 다섯이 있다. 첫째, 8게송은 '삼업三業'이 수승한 공덕이요, 둘째, 4게송은 삼업이 광대한 공덕이요, 셋째, 2게송은 얻은 법을 변별하여 지위를 결론지음이요, 넷째, 3게송은 삼매가 크게 다하여 지위를 받는 분한을 밝힘이요, 다섯째, 2게송은 대용大用은 헤아리기 어려움을 밝혔다. 지금 '관정을 얻어서 지위에 오른다'고 말한 것은 곧 뒤의 '2게송은 대용은 헤아리기 어려움을 밝혔다'는 것이 이것이다. 그러므로 저《소》에서 "'만일 (관정을) 받는다면' 아래의 2게송은 또한 불지에 진입한 것이다"[200]라고 하였다.

저《소》에서 "묻는다. 이것이 이미 초위인데 어떻게 뒤의 여러 계위를 구족하겠는가? 답한다. 고덕이 이것을 해설하였으니, 간략하게 2문이 있다. 첫째는 '항포차제문行布次第門'이니, 미세한 것부터 드러나는 것까지, 얕은 것부터 깊은 것까지 차례대로 상승하여 저 언덕에 올라간다.《영락경》《인왕경》《대승기신론》《유가사지론》 등의 말과 같다. 둘째는 '원융통섭문圓融通攝門'이니, 하나의 지위가 그대로 일체의 지위가 되는 등이니, 이 경에서 말한 것과 같다. 또한《대품반야경》 등에서 하나의 행이 일체 행을 갖춘 것과 같다. 여기에 두 가지의 문을 갖추었으니, 첫째, 연기하여 서로 말미암는 문이요, 둘째, 법계가 원융하게 섭수하는 문이다.

앞(연기상유)의 문은 일체 시종의 모든 계위를 널리 가지런히 거둔다. 변두리가 없는 행해行海가 동일하게 연기하니 보현의 행덕이 된다. 여러 연이 서로 마주하는 데에 간략하게 두 가지의 뜻이 있다. 첫째는 작용에 한정한 것이니, 서로 기댐(相待)을 말미암기 때문에 유력과 무력의 뜻이 있다. 이 때문에 서로 거두고 서로 들어갈 수 있다. 둘째는 체성에 한정한 것이니, 서로 지음(相作)을 말미암기 때문에 유체와 무체의 뜻이 있다. 이 때문에 서로 즉하고(相卽) 서로 이것일(相是) 수 있다.

이 경에서는 이(연기상유문) 뜻에 의거했기 때문에 수행과 지위가 서로 거두는 데에 모두 네 가지의 설명이 있다. 첫째는 처음이 끝을 갖추

---

200   《大疏》권제16〈賢首品〉제12(T35, 0618c)이다.

고 있으니, 이 문(연기상유문)에서 일체의 수행과 지위에 보현의 덕해德海를 갖추었다고 한 것이 이것이다. 둘째는 끝이 처음을 갖추고 있으니, 모두 십지의 지위 이후에 있다. 아래 문장의 〈십정품〉과 〈십통품〉 등에서 말한 것과 같다. 셋째는 여러 위를 일제히 거두어 모두 다 십주 등에 있으니, 낱낱 지위에서 각각 일체를 거두고 다 구경에 도달한다. 아래 문장의 〈십주품〉와 〈십행품〉 등에서 말한 것과 같다. 넷째는 여러 지위는 모두 없어지고 행덕은 현현하니, 〈이세간품〉에서 설한 것과 같다.

둘째, 법계융섭문法界融攝門은 여러 지위와 여러 수행이 모두 보현의 다함없는 법계를 벗어나지 않는다. 그러나 법계원융문은 무한하여 하나의 지위에 따라 있더라도 그대로 일체를 갖추었다. 지금 십신문에 있으면서 거두어 다하지 않음이 없다고 하였으니, 아래의 모든 지위에서 다 일체를 갖추고 있는 것도 모두 이 해석을 준거하라"[201]고 하였다. 또, "열 가지 맛의 향은 겨우 한 알만 태우더라도 작은 겨자씨만한 것이 열 가지 기운이 일제히 발현하는 것처럼, 향기를 맡으면 열 가지 맛이 일제히 얻어지고, 침향의 기운을 얻으면 전단향의 기운을 얻으며, 소향과 합하면 용뇌를 얻을 수 있는 등과 같다. 열 가지 맛의 알약을 복용하는 자가 일제히 얻는 것은 이를 준거하여 알 수 있다"[202]고 하였다.

또, 《소》에서 "《점찰경占察經》의 경우는 '부처가 되는 것'에 간략하게 네 종류가 있다. 첫째는 신심이 원만한 상태에서 부처가 되는 것이니, 이른바 종성지種性地에 의거해서 결정코 제법이 불생불멸이며, 청정하고

---

201   《大疏》 권제16 〈賢首品〉 제12(T35, 618c03)의 내용이다.
202   《演義鈔》 권제35(T36, 270a18)의 내용이다.

卷第三

평등하여 원하여 구할 만한 것이 없음을 믿기 때문이요, 둘째는 이해가 원만한 상태에서 부처가 되는 것이요, 셋째는 증득이 원만한 상태에서 부처가 되는 것이니, 정심지淨心地를 말한다. 넷째는 일체의 공덕 행이 원만한 상태에서 부처가 되는 것이니, 구경보살지究竟菩薩地에 의거한다.《대승기신론》에서는 이에 의거해서 신심이 성취된 발심에서 8상으로 성불을 나타낸다고 하였다. 문헌의 근거가 분명하다. 하물며 원융문은 지위의 차제를 의거하지 않는 것이겠는가. 종교終敎의 설명에 맡기면, 신심이 원만한 상태에서는 인과가 무애하니 인문으로 취하면 항상 보살이고, 과문으로 취하면 항상 부처이다. 혹은 쌍으로 두거나 둘 다 없애는 것은 자재하여 헤아리기 어렵다"[203]고 하였다. 그러므로《초》에서 "신위에서 과해를 꾸린 것은 〈현수품〉에서 말한 것과 같다"라고 하였다.

또, 아래《소》에서 "이 지위가 원만한 것(位滿)에 모두 5중이 있다. 첫째는 '신위信位'가 원만함에 한정한 것이니, 〈현수품〉에서 '곧 관정을 얻고서 지위에 오르는' 등이라고 설한 것과 같다. 둘째는 '해위解位'가 원만함에 한정한 것이니, 관정주灌頂住 및 해당海幢 비구의 처소에서 설한 것과 같다. 셋째는 '행위行位'가 원만함에 한정한 것이니, 제10행이 인드라망 법계에 들어가는 등과 같다. 넷째는 선교방편과 원력이 원만함에 한정한 것이니, 이 지위에서 변별한 것과 같다. 다섯째는 '증위證位'가 원만함에 한정하였으니, 〈십지품〉에서 설한 것과 같다. 이 5중에서 하나가 성취된 곳에 따라서 반드시 이·행을 갖추어 안으로 상응하기 때문에 모두 '위만位滿'이라고 한다. 그러나 신·해 등이 다르기 때문에 서로 뒤

---

[203]   《大疏》권제16 〈賢首品〉 제12(T35, 621c28)이다.

섞이지 않는다. 원융에 한정하면 다만 하나의 지위가 원만하면 그대로 인因이 구경이어서 다시 나머지에 기대지 않는다. 만일 하나를 얻게 되면 그대로 나머지 지위를 얻는다. 총체적인 하나가 법계의 직무를 받는 지위이니, 문에 따라 차별하여 5위가 부동하지만 법체는 융통하여 완전히 거둬들여 무애하다. 나머지 교와는 다르다"[204]고 하였다.

(c) 초위가 후위를 거둠을 밝힘(正明以初攝後)

○言初發心時便成正覺者, 正明以初攝後者. 問: 上明初心成正覺, 當因徹果海義, 正明初心爲所攝故. 何此云以初攝後, 初心復爲能攝耶? 答: 彼據初心無體無力義爲所攝, 此約初心有體有力義, 還爲能攝. 各取一義, 故不相違.

○ 〈처음 발심할 때에 곧 정각을 이룬다〉고 말한 것은 초위로써 후위를 거둠을 밝힌 것이니'라고 한 것은, 묻는다. 위에서 '초심에 정각을 이룸'을 밝힌 것은 인행이 과해에 서로 어우러져 통하는 뜻에 해당하여 바로 초심이 소섭所攝이 되는 것을 밝힌 것인데, 어째서 여기서는 초위로써 후위를 거둔다고 하여 초심이 또다시 능섭能攝이 되게 하는가?

답한다. 저기서는 초심이 무체이며 무력인 뜻에 근거하여 소섭이 되고, 여기서는 초심이 유체이며 유력인 뜻에 한정하여 다시 능섭이 된다. 각각 한 가지의 뜻을 취했기 때문에 어긋나지 않는다.

---

204   《大疏》권제30(T35, 730b01)의 내용이다.

ⓑ 다른 위가 서로 상대하여 초위가 후위를 거둠
(異位相望以初攝後[三])

[25c24] ○言如四十二字初阿具後荼也者, 卽善財所遇, 第四十五衆藝童子所得
法門一阿(上聲短呼.)乃至荼.[205] 一阿字者, 是無生義, 以無生之理, 統攝萬法故,
後四十一字, 若言若義, 皆從此字而生出故. 此四十二字, 表四十二位. 初阿具後
荼字, 卽來[206]初發心住攝妙覺位, 以初後圓融之義, 以證《鈔》中異位相望, 以初
攝後也.

'42자문字門[207]에 처음 '아阿'[208] 자가 뒤의 '다荼' 자를 포함하고 있는 것
과 같다'고 한 것은 선재가 만나 뵌 45번째의 선지식 중예동자衆藝童子에
게 얻은 법문인 처음의 '아(상성上聲으로 짧게 부른다)' 자부터 '다' 자까지
이다.[209] 첫째의 '아' 자는 무생無生의 뜻이다. 무생의 이치로 만법을 통틀
어 섭수하기 때문이며, 뒤의 41자가 말이든 뜻이든 모두 이 글자로부터
출생하기 때문이다. 이 42자는 42위를 표시한다. 처음 '아' 자가 '다' 자
를 포함하는 것이 곧 초발심주가 묘각 위를 섭수하는 것이니, 처음(아)과
뒤(다)의 원융한 뜻으로써《초》에서 다른 지위가 서로 마주보아서 초위
가 후위를 거둔다는 것을 인증한 것이다.

---

205 底本에는 없음.《金澤寫本》참조 보충.

206 是인 듯하다. [교감 주]

207 觀門 혹은 觀이거나 門이라고도 한다.

208 '아'와 '다'는 이와 같다(SAT에서 인용함). 아: **刄** 다: **石**

209 《華嚴經入法界品四十二字觀門》(T19, 707c15)에 42자의 범어가 모두 실려 있다.

[26a06] ○言上來總有三義等者, 如次指前三節引證文也. ○言能與如是觀行相應者, 現觀深玄也. ○言於諸法中不生二解者, 了性具足萬行齊修也. ○言一切佛法者, 大果無邊, 德用無際. ○言疾得現前者, 現在速證也. 問: 何時現前? 初發心時. 問: 何法現前? 卽得阿耨多羅三藐三菩提也. 下釋菩提之相. ○言知一切法卽心自性, 覺他也. ○言成就慧身, 覺行圓滿也. ○言不由他悟, 自覺也. 或知一切法卽心自性, 釋上於諸法中不生二解, 成就慧身不由他悟, 釋上一切佛法疾得現前也.

○ '이상에는 모두 세 가지의 뜻이 있다'²¹⁰고 한 것은 차례대로 앞의 3구절²¹¹의 인증 문장을 가리킨다.

○ '능히 이와 같이 관행觀行과 상응하여'라고 한 것은 현관現觀이 매우 현묘한 것이다.

○ '모든 법에 관해 두 가지 견해를 내지 않으면'라고 한 것은 성性이 만행萬行을 구족하였음을 알고 일제히 닦는 것이다.

○ '모든 불법'이라고 한 것은 대과大果는 끝이 없고, 덕용은 한계가 없다.

○ '빨리 현전함을 얻으며'라고 한 것은 현재에 빨리 증득하는 것이다. 묻는다. 어느 때에 현전하는가? 답한다. 처음 발심할 때이다. 묻는다. 어떤 법이 현전하는가? 답한다. 아뇩다라삼막삼보리이다. 아래는 보리의 상을 해설한다.

---

210 《演義鈔》권제3(T36, 021b12)이다. 세 가지 뜻은 첫째, 1위를 들어서 52위를 모두 거두는 것이요, 둘째, 1위를 들어서 5위를 거두는 것이요, 셋째, 초위를 들어서 후위를 거두는 것이다.

211 하나의 지위 중에 일체 모든 지위의 공덕을 갖추어 거두며(1구절), 십신이 과해果海를 포괄하며(2구절), 처음 발심했을 때에 곧 정각을 이룬다(3구절).

○ '일체법이 곧 마음의 자성인 줄을 알아'라고 한 것은 타他를 깨달은 것이다.

○ '지혜의 몸을 성취하되'라고 한 것은 각행이 원만한 것이다.

○ '타를 말미암지 않고 깨닫는다'고 한 것은 스스로 깨닫는 것이다. 혹은 '일체법이 곧 마음의 자성인 줄 알아'는 위의 '모든 법에 관해 두 가지 견해를 내지 않으면'을 해설한 것이고, '지혜의 몸을 성취하되 타를 말미암지 않고 깨닫는다'라고 한 것은 위의 '모든 불법이 빨리 현전함을 얻는다'는 것을 해설한 것이기도 하다.

ⓘ 회통하여 융섭함(會融)
a. 그 모습을 분별하여 정함(辨定其相)

[26a17] [《疏》] 行布是教相施設等者, 今將教·義, 理·事兩對, 辨圓融·行布也. 斯則約教約相, 論行布顯也, 約理約性, 論圓融顯也, 非謂教之與相唯行布, 理之與性唯圓融也. 如世弟兄二人, 兄孝弟逆, 約兄常和睦, 約弟常乖違, 仍兄與弟俱和, 兄與弟俱違, 非謂其兄獨和, 其弟獨違. 法合准之. 又解, 約教相則所有圓融, 皆[212] 行布, 隨根隨相, 各不同故. 約理性則所有行布, 皆圓融, 就義就性, 成無礙故. 細思有味.

[소] '항포行布는 교상教相을 시설한 것이요' 등은 교教·의義와 이理·사事의 양 대응을 가지고 원용과 항포를 변별한 것이다. 이것은 곧 교상에

한정해서는 항포가 드러남을 논하고 이성理性에 한정해서는 원융이 드
러난 것을 논한 것이지, 교상은 항포뿐이거나 이성은 원융뿐임을 말한
것은 아니다. 마치 세상에서 형과 아우 두 사람이 형은 효도하고 아우
는 불순한 경우, 형에 한정하면 항상 화목하고 아우에 한정하면 항상
불순하지만 이내 형과 아우가 함께 화목하다거나 형과 아우가 함께 불
순하다거나 하지, 형만 혼자 화목하다거나 아우만 혼자 불순하다고 하
진 않는 것과 같다. 법에 합치시킨 것은 준거하라. 또 해설해 보면, 교상
에 한정하면 모든 원융은 다 항포이니, 근기와 상에 따라 각각 부동하
기 때문이다. 이성에 한정하면 모든 항포가 다 원융이니, 뜻에 입각하든
성性에 입각하든 무애함을 이루기 때문이다. 세밀하게 생각하면 의미가
있다.

b. 회통하여 융섭함을 밝힘(正明會融)

[26b01] [《鈔》][213] 隱隱然似有者,[214] 問: 此言隱隱然似有, 爲圓融門中似有耶? 爲
行布門中似有耶? 若圓融門有者, 圓融門中, 無量爲一故. 不見多相, 云何言有? 若
行布有者, 行布門中, 一爲無量故, 多法歷然, 云何言隱隱耶? 今爲答云: 將行布
就圓融門說故, 言隱隱然似有, 如將不變在隨緣門, 故說眞理名之爲隱, 此之類
也. 圭峯云: "鏡像千差, 莫執好醜, 鏡明一相, 莫忘靑黃. 千器一金, 雖無阻隔, 一
殊千影, 無不混和." 卽斯義也.

---

213   底本에는 없음.《金澤寫本》참조 보충.

214   底本에는 없음.《金澤寫本》참조 보충.

[초] '은은하게 있는 것 같다'에서, 묻는다. 여기서 말한 '은은하게 있는 것 같다'는 원융문에서 있는 것 같다는 것인가, 항포문에서 있는 것 같다는 것인가? 만일 원융문에서 있는 것 같다면 원융문은 무량이 하나가 되기 때문에 여러 상을 보지 못하는데 어떻게 있는 것 같다고 하는가? 항포문에서 있는 것 같다면 항포문에는 하나가 무량이 되기 때문에 여러 법들이 뚜렷한데 어떻게 은은하다고 하는가?

답한다. 이제 답하여 말하겠다. 항포문을 가지고 원융문에 입각해서 말했기 때문에 '은은하게 있는 것 같다'고 한 것이다. 예컨대 불변문不變門을 가져다가 수연문隨緣門에 두었기 때문에 진리를 설명하면서 '은은하다'고 이름붙이는 것과 같으니, 이러한 부류이다. 규봉이 말하여 "거울의 영상이 천차만별이지만 좋거나 추한 것을 집착함이 없으며, 거울의 밝음은 하나의 상이지만 푸르거나 누런 것을 잊어버림이 없다. 천 개의 그릇이 하나의 금이어서 비록 서로 거리가 떨어짐이 없지만 하나씩 차이 나면 천 개의 영상이어서 뒤섞여 어울리지 않음이 없다"[215]고 하였으니 이 뜻이다.

㉴ 인증함(引證)

[26b10] 《疏》言六相圓融者, 今爲作對, 貴令易曉. 一非一對,(總·別也.) 似非似對,(同·異也.) 辨非辨對.(成·壞也.) 隨擧一相, 攝餘五相, 總號圓融.

---

215   《都序》(T48, 0410)의 내용이다.

[소] '육상六相이 원융圓融하다'라는 것은 지금 대구를 지어보겠으니, 쉽게 알 수 있길 바란다. 동일한 것과 동일한 것이 아님의 상대(총상總相·별상別相이다), 유사한 것과 유사한 것이 아님의 상대(동상同相·이상異相이다), 가려낸 것과 가려낸 것이 아님의 상대(성상成相·괴상壞相이다)이니 하나의 상을 드는 대로 나머지 다섯 상이 거둬지므로 모두 '원융하다'고 일컫는다.

　　사) 수승한 행을 설함(說殊勝行故)
　　　(나) 장문을 열어 해석함(開章釋[二])
　　　　㉮ 해석함(先釋)
　　　　　a. 단박에 이룸을 밝힘(明頓成)
　　　　　b) 인증함(引證)

[26b13] [《疏》] 〈普賢行品〉說一斷一切斷等故者, 問: 信心滿位圓斷惑已, 至住等位, 更斷惑不? 若有, 前位不成圓斷, 若無, 後位便徒施設. 有師答云: 但前已斷之惑, 智照體空, 本淸淨故, 說名圓斷. 約稱法界緣起義邊, 假相常存, 復說更互圓不斷義. 如鏡中火無實燒熱. 體之與用, 似惑本空, 假相常存, 似惑假有. 此意智照體空, 一切皆空, 說名圓斷, 假相常存, 後位惑有. 已答前難. 今應問彼: 惑體空義, 本淸淨義. 爲屬斷義? 爲不斷義? 若屬斷[216]義, 違敎理故. 體空義邊, 卽同[217]眞體, 具非所斷. 若云不斷, 云何智照體空本淸淨故, 說名圓斷? 更應問彼: 所存假相, 是所斷法, 若是所斷, 前位應斷, 不應至後, 若非所斷, 後位還無所斷之惑. 於此難

216　底本에는 "斯",《金澤寫本》참조 수정.
217　《金澤寫本》에는 "圓"으로 되어 있다.

中, 應設功力. 今爲通云: 如孤舟澄江看月, 二舟在北, 千里同看一月, 二舟在南, 千里同看一月, 在北一月非南, 在南一月非北. 前位所斷之惑非後, 後[218]位所斷之惑非前, 行布也. 在北二舟, 一舟住觀, 其月全住其北. 一舟南行, 至南舟所看月處. 其北所看之月, 隨舟至南, 與彼南月, 冥合作一, 住北之月, 全住其北, 而非分住. 如前位惑, 全在前位, 而非分住, 行布義也. 來南之月, 全來其南, 而非分來. 卽後位惑, 全卽後惑, 而非分卽, 圓融義也. 在南二舟, 一舟住觀, 其月全住其南. 一舟北行, 直至北舟所看月處. 其南所看之月, 隨舟至[219]北, 與彼北月, 冥合作一. 住南之月, 全住其南, 而非分住. 如後惑全在其位而非分住. 行布義也. 來北之月, 全來其北, 而非分來. 卽前位惑, 全卽前惑, 而非分卽. 圓融義也. 是知在北而有二月, 舊住一月, 新來一月, 以新合本, 同爲一月. 是知前位而有二義惑, 本位一惑, 後位卽來一惑, 後位卽前惑, 同爲一惑. 後位二惑, 准此應知. 在南而有二月, 舊住一月, 新來一月, 以新合本, 同爲一月. 在北之中, 欲以掉挑其月. 前位之中, 欲以智斷其惑. 論彼月相本空, 其性常濕, 更不假挑. 況挑與不挑無殊? 論彼惑體本空, 其性常眞, 更不待斷, 況斷與不斷常一. 論彼月相假有, 其狀圓白, 故須假挑. 挑卽成無, 不挑乃有. 論彼惑相假有, 其狀輪迴, 故須假斷. 斷卽成無, 不斷乃有. 爲除月相, 方以掉挑, 爲除妄想, 方起智斷. 在北掉挑其月時, 非唯舊住北月獨無, 而從南新來, 到北之月亦無. 前位智斷其惑時, 非唯本在前位惑獨亡, 而攝後惑至前位惑, 亦亡. 是知一斷一切斷義得成. 在南掉未挑月時, 非唯舊住南月獨存, 而從北新來, 到南之月亦存. 後位智未斷惑時, 非唯本在後位惑獨存, 而攝前位惑至後位惑, 亦存. 是知一不斷時一切不斷也. 勿難前位斷竟後無所攝惑耶? 無始常攝故. 勿難

218   底本에는 없음.《金澤寫本》참조 보충.
219   底本에는 "之",《金澤寫本》참조 수정.

在北挑竟何有來南之月耶? 前已來故. 前來法喩, 隨節指配, 皎如在掌. 勿滯常門, 趣輕笑也.

[소] 〈보현행원품〉에서 '하나가 끊어지면 일체가 끊어지는'이라고 한 것은, 묻는다. 신심이 원만한 지위(滿位)에서 원만하게 미혹을 끊고서는 십주十住 등 지위에 이르러 다시 미혹을 끊는 것인가? 만일 (미혹을 끊음이) 있다면 전위前位에서 원만한 단절을 이루지 못한 것이고, 만일 없다면 후위後位는 헛되이 시설한 것이 된다.

답한다. 어떤 사師가 답하였다. 다만 전위에서 이미 끊어진 미혹은 지혜로 체가 공한 것을 비추어 본래 청정하기 때문에 원만하게 끊는다고 하며, 법계에 걸맞는 연기의 뜻 측면에 한정하면 가상假相이 항상 존재하므로 또다시 재차 갈마 들어 '원만하게 끊음'과 '끊지 않음'의 뜻을 설한다. 마치 거울 속의 불은 실제로 타거나 뜨겁지 않은 것과 같다. 체와 용은 미혹이 본래 공한 것과 비슷하고, 가상이 항상 존재하는 것은 미혹이 거짓으로 있는 것과 유사하다. 이 의미는 지혜로 체가 공한 것을 비추어서 일체가 모두 공한 것이니 이를 '원만하게 끊는다'고 하며, 가상이 항상 존재하므로 후위에 미혹이 있는 것이다. 앞의 논란에 답했다.

묻는다. 이제 저것을 물어야 할 것이다. 미혹의 체가 공하다는 뜻과 본래 청정하다는 뜻은 단절의 뜻에 속하는가, 불단절의 뜻에 속하는가? 만일 단절의 뜻에 속한다면 교리에 어긋난다. 체가 공하다는 뜻 측면에는 그대로 진체眞體와 같아서 끊어질 대상이 아닌 것을 갖추고 있기 때문이다. 만일 단절되지 않는다고 하면, 어떻게 지혜로 체가 공한 것을 비추어 본래 청정하기 때문에 '원만하게 끊는다'고 말하겠는가? 다시 그것을 물어본다면, 존재하는 가상은 끊어지는 대상의 법이니, 만일 끊어지는 것이라면 전위에서 끊어져서 후위에는 이르지 않을 것이며, 만일 끊어지는 것이 아니라면 후위는 도리어 끊어지는 미혹이 없게 된다.

답한다. 이 논란에 대해 공력을 시설하여 이제 소통해 보겠다. 예컨대 돛단배로 맑은 강에서 달을 바라보는데 두 척의 배는 북쪽에 있으면서 천 리의 달을 함께 보고, 두 척의 배는 남쪽에 있으면서 천 리의 달을 같이 볼 때, 북쪽에 있는 달은 남쪽의 달이 아니고 남쪽에 있는 달은 북쪽의 달이 아닌 것처럼 전위에서 끊어지는 미혹은 후위에서는 아니고, 후위에서 끊어지는 미혹은 전위에서는 아닌 것이니, 항포이다.

북쪽의 두 척 배에서 배 한 척이 머물러서 관하면 그 달은 온전히 북쪽에 머물고, 배 한척은 남쪽으로 가서 남쪽 배가 달을 바라보던 곳에 이른다면 그 북쪽에서 보던 달은 배를 따라서 남쪽에 이르러 저 남쪽의 달과 그윽하게 합하여 하나가 된다. 북쪽에 머물던 달은 온전히 그 북쪽에 온전히 머물고 부분만 머무는 것이 아니다. 마치 전위의 미혹은 온전히 전위에 있고 부분만 머무는 것이 아닌 것과 같으니, 항포의 뜻이다. 남쪽으로 온 달은 온전히 남쪽으로 왔고 부분만 온 것은 아니다. 곧 후위의 미혹은 온전히 후위의 미혹에 즉하고 부분만 즉하는 것은 아닌 것이니 원융의 뜻이다.

남쪽의 두 척 배에서 한 척은 머물러서 관하면 그 달은 온전히 남쪽에 머물고, 한 척은 곧바로 북쪽으로 가서 북쪽 배가 달을 바라보던 곳에 이른다면 그 남쪽에서 보던 달은 배를 따라서 북쪽으로 가서 북쪽의 달과 그윽하게 합하여 하나가 된다. 남쪽에 머물던 달은 남쪽에 온전히 머물고 부분만 머무는 것은 아니다. 뒤의 미혹이 그 후위에 온전히 있고 부분만 머무는 것이 아닌 것과 같으니 항포의 뜻이다. 북쪽으로 온 달은 온전히 북쪽으로 왔고 부분만 온 것은 아니다. 곧 전위의 미혹은 온전히 전위의 미혹에 즉하고 부분만 즉하는 것은 아닌 것이니 원융의 뜻이다.

이로서 북쪽에 있는 두 개의 달은 예부터 머문 달 하나와 새로 온 달 하나인데 새로 온 것이 본래 것과 합하여 함께 하나의 달이 된 것임을 알 수 있다. 이로서 전위에 있는 두 가지 뜻의 미혹은 본위의 미혹 하나와 후위에 즉하여 온 미혹 하나로 후위가 전위에 즉하여 함께 하나의 미혹이 된 것임을 알 수 있다. 후위의 두 가지 미혹은 이를 준하여 알라. 남쪽에 있는 두 개의 달은 예부터 머문 달 하나와 새로 온 달 하나로 새로 온 것이 본래의 것과 합하여 똑같이 하나의 달이 된 것이다. 북쪽에 있으면서 그 달을 휘저어 없애려 하고, 전위에 있으면서 지혜로서 미혹을 끊으려고 한 것이다.

달의 모습이 본래 공한 것으로 논하면, 그 성질은 항상 습한 것이어서 다시 휘저어 가는 것을 빌리지 않는데, 하물며 휘저어 가는 것과 휘저어 가지 않는 것이 차이가 없는 것이겠는가. 저 미혹의 체가 본래 공한 것으로 논하면 그 성이 항상 진여여서 다시 끊어지는 것에 기대지 않는데, 하물며 끊어짐과 끊어지지 않음이 항상 하나이겠는가. 달의 모습이 가상으로 있는 것으로 논하면 그 모양이 둥글고 희기 때문에 반드시 휘저어 가는 것을 빌려야 하지만 휘저어 가면 곧 없게 되고 휘저어 가지 않으면 있게 된다. 저 미혹의 상이 가상으로 있는 것으로 논하자면 그 모양이 윤회하기 때문에 반드시 끊어짐을 빌려야 하지만 끊어지면 곧 없게 되고 끊지 않으면 있게 된다. 달의 모습을 제거하려면 휘저어 내서야 없애고, 망상을 제거하려면 지혜를 일으켜서야 끊는 것이다.

북쪽에서 그 달을 휘저어 낼 때 예부터 머물던 북쪽 달만이 없어지는 것이 아니라, 남쪽에서 새로 와서 북쪽에 도달한 달도 없어진다. 전위에서 지혜로 미혹을 끊을 때 본래 있던 전위의 미혹이 없어질 뿐만이 아니라, 후위의 미혹을 섭수하고 전위에 도달한 미혹도 없어진다. 이로서 하나가 끊어지면 일체가 끊어지는 뜻이 성립됨을 알 수 있다. 남쪽에서 아직 달을 휘저어 내지 않을 때 예부터 머물던 남쪽 달만이 존재하는 것이 아니라, 북쪽에서 새로 와서 남쪽에 도달한 달도 존재한다. 후위의 지혜가 미혹을 끊지 못했을 때는 본래 있던 후위의 미혹만이 있는 것이 아니라 전위의 미혹을 섭수한 채 후위에 도달한 미혹도 있다. 이로서 하나가 끊어지지 않을 때에 일체가 끊어지지 않은 것을 알 수 있다.

전위에서 끊어 마쳤으므로 후위에서 섭수할 미혹이 없는가 하고 논란하지 말라. 무시이래 항상 섭수하기 때문이다. 북쪽에서 휘저어 마쳤으니 남쪽으로 올 달이 어찌 있겠는가 하고 논란하지 말라. 앞서 이미 왔기 때문이다. 전래한 법과 비유로 구절을 따라 가리켜 배대하였으니 훤하기가 손바닥에 있는 것과 같다. 상주문에 막혀서 쉽게 가벼운 웃음을 내지 말라.

[27a10] [《鈔》] 若成此十者, 故下經云: "所謂心不棄捨一切眾生, 乃至住一切世界, 心無所著, 是爲十." (此卽勸修法也.) ○則頓成五十種行者, 又經云: "佛子, 菩薩摩訶薩安住此十法已, 則能具足十種淸淨·十種廣大智·十種普入·十種勝妙心·十種佛法善巧智." (釋曰: 經中廣列, 如是展轉, 皆由成就, 始修十法, 故此云爾.)

[초] '만일 이 열 가지를 이루면'이란, 그러므로 아래 경에서 "이른바 마음에 일체의 중생을 내버리지 않으며 … 일체 세계에 머무르되 마음에 집착하는 것이 없다. 이것이 열 가지가 된다"[220]고 하였다(이는 곧 수행을 권려하는 방법이다).

○ '한꺼번에 50가지의 행을 성취하며'는 또, 경에서 "불자야! 보살마하살이 이 열 가지 법에 안주하게 되면 열 가지의 청정과 열 종류의 광대한 지혜와 열 가지의 보입普入과 열 가지의 수승한 묘심妙心과 열 가지의 불법선교지혜佛法善巧智慧를 구족한다"고 하였다(해설해 보면, 경에서는 자세하게 열거하였으니, 이와 같이 점점 하는 것이 모두 처음에 열 가지 법을 닦는 것을 성취한데서 말미암는다. 그러므로 여기서 그렇게 말한 것이다).

[27a15] ○言一念嗔心起百萬障門生者, 故下〈普賢行品〉經云: "佛子! 我不見一法爲大過失, 如諸菩薩於他菩薩起嗔心者, 何以故? 佛子! 若諸菩薩, 於餘菩薩, 起嗔恚心, 卽成就百萬障門故." (下《疏》第八下半) 釋云: "旣一惑成百萬障門, 則一障一切障義. 卽惑惑皆然, 今從重說. 除嗔之外, 更遍推求, 無有一惡如嗔之重. 故《晉經》云: '起一嗔心, 一切惡中, 無過此惡.' 《決定毗尼經》云: '寧起百千貪[221]心, 不起一念嗔, 以違害大悲莫過此故.' 《菩薩善戒經》, 亦同此說. 言於他菩薩者, 若於菩薩, 起嗔過尤重, 以令菩薩廢大行故. 是以《大般若》中, '天魔見諸菩薩互相是非, 過常大喜.' 標雖百萬, 略列百門. 古人寄位分五; 初不見菩提障下四十; 障十信行. (准經障字有三十三, 後開八部, 故成四十.) 二不樂佛法障下九, 障十住行. 三

220　《華嚴經》권제49〈普賢行品〉제36(T10, 258b07)이다. 바로 아래 인용 경문도 동일.

221　底本에는 "貧", 교감 주,《大疏》및《金澤寫本》참조 수정.

不得菩薩諸根障下十一, 障十行之行. 四樂誹謗一切智語障下五, 障十向行. 五不樂與菩薩同住障下三十四, 障十地行. 故昔結云: '菩薩萬行不過此五, 起一嗔心, 一切頓障.' 此釋非不有理, 如賊心求法, 豈獨障於地耶? 是知通障一切. 信尚不起, 況後位耶? 又所障法界, 如帝網重重, 能障同所, 亦皆無盡. 故知百萬猶是略明.'

○ '일념에 진심이 일어나면 백만 가지 장애의 문이 생긴다'고 한 것은 그러므로 아래 〈보현행원품〉경에서 "불자야! 나는 어떤 한 법도 보살들이 다른 보살에게 성내는 마음을 일으킨 것보다 큰 과실이 된 것을 보지 못했다. 왜냐하면 불자야! 만일 보살들이 다른 보살에게 성내는 마음을 일으키면 백만 가지 장애의 문을 이루기 때문이다"[222]고 하였다. (아래 《소》 제8권 하반에서) 해설하여 "하나의 미혹이 백만 가지 장애의 문을 이루게 된다는 것은 하나의 장애가 일체의 장애가 된다는 뜻이다. 미혹마다 다 그렇지만 지금은 중대한 것부터 설한 것이니, 진심을 제외하고서 다시 두루 추구해도 어떤 한 악법도 진심만큼 중대한 것은 없다. 그러므로 《진경晉經》에서 '한 번 진심을 일으키면 모든 악법 중에 이 악법보다 지나친 것은 없다'고 하였고, 《결정비니경決定毗尼經》에서는 '차라리 백 천 가지의 탐심을 일으킬지언정 일념이라도 진심을 일으키지 않아야 한다. 대비심을 저해하는 데 이보다 지나친 것은 없기 때문이다'고 하였으며, 《보살선계경菩薩善戒經》에서도 이와 똑같이 설하였다. '다른 보살에게'라고 한 것은 보살의 경우는 진심을 일으킨 과실이 더욱 무겁

---

222   《華嚴經》권제49 〈普賢行品〉 제36(T10, 257c15)이다.

다. 보살들로 하여금 대행을 없애게 한다. 이 때문에 《대품반야경》에서는 '천마天魔가 보살들이 서로 시비하는 것을 보고 과실을 항상 크게 기뻐한다'고 하였다.

'백만'이라고 표방했지만 간략하게 백 가지 문으로 나열했는데, 옛사람이 지위에 의탁해서 다섯으로 나누었다. 첫째는 '보리를 보지 못하는 장애' 아래의 40가지는 '십신'의 행을 장애함이요(경에 준거하면 '장障' 자가 서른셋이 있는데, 맨 뒤를 8부로 나누었기 때문에 40을 이룬다), 둘째는 '불법을 즐기지 않는 장애' 아래의 9가지는 '십주'의 행을 장애함이요, 셋째는 '보살의 어떤 근根도 얻지 못하는 장애' 아래의 11가지는 '십행'의 행을 장애함이요, 넷째는 '일체지를 비방하는 말을 즐기는 장애' 아래의 5가지는 '십회향'의 행을 장애함이요, 다섯째는 '보살과 함께 머무는 것을 즐기지 않는 장애' 아래의 34가지는 '십지'의 행을 장애한다.

그러므로 예전에 결론해서 '보살의 만행은 이 다섯에서 벗어나지 않는다. 한 번이라도 진심을 일으키면 일체가 한꺼번에 장애된다'고 하였으니 이 해설이 일리가 없는 것이 아니다. 적개심으로 법을 구하면 어찌 유독 십지만이 장애될 뿐이겠는가. 이로서 일체를 통틀어 장애하는 줄 알 수 있다. 신심조차도 오히려 일으키지 못하는데 하물며 후위이겠는가. 또, 소장所障의 법계는 제석천의 그물망처럼 중중하고 능장能障은 소장과 같아서 역시 모두 무진하다. 그러므로 백만도 오히려 간단하게 설명한 것임을 알 수 있다"[223]고 하였다.

---

223   《大疏》권제48〈普賢行品〉第36(T35, 870b22)을 요약 정리.

아) 진실한 법을 보임(示眞法故)

　(가) 총체적으로 밝힘(總明)

[27b12] [《疏》] 不體理事行亦非眞者, 如夢時拜相,(迷心修, 得大梵天王等位.) 不及覺時作尉,(悟時, 得入十信位也.) 夢得七寶,(迷時, 修無量功德也.) 不及覺時百錢,(悟時, 持²²⁴五戒十善也.) 皆以一妄一眞, 故不可類.(諸教皆云, 施三千七寶不如聞一句偈, 是此意也.) 法喻昭然, 學者可悉.

[소] '이리理·사사事를 체득하지 못하면 행行도 또한 진진眞이 아니다'²²⁵라는 것은 마치 꿈속에서 절하는 모습이(미혹한 마음으로 수행하면 대범천왕 등의 지위를 얻는다) 깨어있을 때 위로하는 것에 미치지 못하며(각오할 때 십신위에 들어가게 된 것이다), 꿈속에서 칠보를 얻는 것은(미혹할 때 무량 공덕을 수행하는 것이다) 깨어있을 때 백전百錢에 미치지 못하는 것과 같으니(각오할 때 오계五戒 십선十善을 지니는 것이다) 모두가 하나는 망妄이며, 하나는 진진眞이기 때문에 부류가 될 수 없다(여러 교에서 모두 '삼천의 칠보를 베푸는 것이 한 구절 게송을 듣는 것만 못하다'고 한 것이 이 의미이다). 법과 비유가 분명하니 학자들은 다 알 것이다.

　자) 인성因性을 열어줌(開因性故)

　　(가) 대의를 총체적으로 밝힘(總明大意)

224　底本에는 "得入+持",《金澤寫本》참조 "得入" 삭제.

225　《大疏》권제1(T35, 504c06)이다.

⑭ 총상으로 해석함(總相解釋)

[27b16] [《疏》] 包性德而爲體者, (五法中眞如也, 二依中此涅槃也.) ○依智海以爲
源者, (五法中正智也, 二依中菩提也.) ○但相變體殊者, (迷眞如, 成名相.) ○情生
智隔者, (失正智, 成妄想.) ○言今令者, (正明開義.) 知心, (了名相本空) 合體, (合眞
如本體) 達本, (達本無住) 情亡. (妄情亡, 正智生.)

[소] '(중생은) 성덕性德을 포함한 것으로써 체성을 삼으며'라는 것은 (5
법五法 중에 진여眞如이며, 2의二依 중에 이것은 열반涅槃이다.)

○ '지혜 바다(智海)에 의거하여 근원을 삼지만'이라고 한 것은 (5법 중에
정지正智이며, 2의 중에 보리菩提이다.)

○ '다만 상相이 변해서 체體가 달라지며'는 (진여를 미혹하고, 명상名相을 이
룬 것이다.)

○ '정식情識이 생겨 지혜가 막힌 것이다'는 (정지正智를 잃고, 망상을 이룬 것
이다.)

○ '지금 ~하도록 한다'고 한 것은('열어준다'는 뜻을 바로 설명한 것이다), 마
음을 알면(명상이 본래 공한 줄을 아는 것이다), 체에 그윽하게 합치하고(진여
의 본체와 명합한 것이다), 근본을 체달하면(본유의 지혜는 무주無住임을 체달한
것이다), 정식이 없어진다(망정妄情이 없어지고 바른 지혜가 생긴다).

[27b20] [《鈔》] 達本無住者, 卽《淨名》第二, 推善不善之本. 故經云: '善不善孰
爲本? 答曰: 身爲本. 又問: 身孰爲本? 答曰: 欲貪爲本. 又問: 欲貪孰爲本? 答
曰: 虛妄分別爲本. 又問: 虛妄分別孰爲本? 答曰: 顚倒想爲本. 又問: 顚倒想孰

爲本? 答曰: 無住爲本. 又問: 無住孰爲本? 答曰: 無住卽無本. 文殊師利, 從無住本, 立一切法.' 叡公釋曰: '無住卽實相異名也.'" ○言眞本不可以功成等者, "羅什云, 玄²²⁶道不可以設功得, 聖智不可以有心知, 眞諦不可以存我會, 至功不可以營事爲. 唯亡言可與道合, 虛懷可與理通. 冥心者可與眞一, 遣智者可與聖同." 〈問明品〉《疏》《鈔》具引, 須者更撿. ○言寂照雙流者, 卽是止·觀, 理·智, 體·用, 菩提·涅槃也.

[초] '본유의 지혜는 (경계에) 머무름이 없다는 것을 통달하면'이란 《정명경》 권제2에서 선과 불선의 근본을 추구한 것이다. 그러므로 경에서 '선과 불선은 무엇으로 근본을 삼는가? 몸으로 근본을 삼는다. 또, 몸은 무엇으로 근본을 삼는가? 탐욕으로 근본을 삼는다. 또, 탐욕은 무엇으로 근본을 삼는가? 허망 분별로 근본을 삼는다. 허망 분별은 무엇으로 근본을 삼는가? 전도 망상으로 근본을 삼는다. 전도 망상은 무엇으로 근본을 삼는가? 머무름이 없는 것으로 근본을 삼는다. 머무름이 없는 것은 무엇으로 근본을 삼는가? 머무름이 없는 것은 근본이 없다. 문수사리는 머무름이 없는 근본에서 일체 법을 세운다'고 하였는데, 승예 공이 해설하여 '머무름이 없는 것은 실상實相의 다른 이름이다'라고 하였다."²²⁷

○ '참된 근본은 공력으로 이룰 수 있는 것이 아니다'라고 한 것은 구마라즙 공이 "현도玄道는 공력을 시설하여 얻을 수 있는 것이 아니고, 성지聖智는 마음을 두고 알 수 있는 것이 아니며, 진제眞諦는 나를 두고 이

---

226 底本 및 《金澤寫本》에는 "立", 《演義鈔》 참조 수정.
227 《演義鈔》 권제32 〈問明品〉(T36, 241c29)을 인용

658   화엄경담현결택기 1

해할 수 있는 것이 아니고, 지극한 공덕은 사법을 경영하여 할 수 있는 것이 아니다. 오직 말을 잊어서야 도에 합할 수 있고, 가슴을 비워서야 이치에 통할 수 있다. 마음에 명합한 자라야 진성과 같아질 수 있으며, 지혜를 보낸 자라야 성인과 같아질 수 있다"[228]라고 하였다. 〈보살문명품〉의 《소》《초》에서 갖춰 인용하였으니 필요한 자는 다시 검토해 보라. ○ '적멸과 각조가 쌍으로 흐른다'고 한 것은 지止·관觀, 이치와 지혜, 체성과 작용, 보리와 열반이다.

⑷ 장을 열어 따로 해석함(開章別釋)

㉮ 해석함(別釋)

[27c09] [《疏》] 以一言顯示令其知有二使其修行悟入顯現者, 卽是頓悟漸修也. 恐理難明, 故將喩況. 如水(眞心) 被風激(無明迷心), 成多波浪.(煩惱無邊.) 便有漂溺之殃.(輪迴六道.) 或陰寒之氣,(無明貪愛之智性也.) 結成冰凌,(堅執四大質礙) 卽阻漑(不能雨大法雨, 滋潤群生, 潤長道芽.) 滌(不能落除煩惱罪垢,)之用,(不能起河沙妙用也.) 然水之濕性, 雖動靜凝流, 而未甞變易.(貪嗔時亦知, 慈濟時亦知, 憂喜哀樂, 種種變動, 未甞不知, 故云不變.) 今頓悟本常知, 如識不變之濕性, 心旣不迷, 卽非無明, 如風頓止. 悟後自然攀緣漸息, 如波浪漸停. 以定慧, 資熏身心, 漸漸自在, 神變無礙. 普利群生, 如春陽冰泮, 漑灌洗溺善利萬物也. 愚夫常云, 貪嗔慈善皆是佛性, 有何別者? 如人但觀濕性始終無異,[229] 不知濟舟覆舟功過懸殊也.

---

228   《演義鈔》권제32 〈問明品〉(T36, 249a05)이다. 인용문은 〈悟玄序〉의 내용이다.

229   底本 및 《金澤寫本》에는 "畏", 교감 주 및 문맥상 참조 수정.

[소] '첫째는 말로써 현시하여 그들로 하여금 있는 줄 알게 함이요, 둘째는 그들이 수행하여 깨달아 들어가 현현하게 한다'는 것은 곧 돈오점수頓悟漸修이다. 이치를 밝히기 어려울 까 싶으므로 비유로 견주겠다.

예컨대, 물이(진심眞心) 바람의 격랑을 만나(무명으로 미혹된 마음) 많은 파랑을 이루면(번뇌는 테두리가 없다), 표류하거나 빠져버리는 재앙이 있게 된다(육도에 윤회한다). 혹은 음침하고 찬 기운이(무명 탐애의 지성智性이다) 얼음을 결성하면(사대四大의 질애를 견고하게 결집한다), 관개하거나(큰 법의 비를 내려 많은 중생들을 윤택하거나 도의 새싹을 자라게 하지 못한다) 씻어주는(번뇌와 죄의 때를 떨어뜨리거나 제거하지 못한다) 작용이 막히게 된다(항하사와 같은 묘한 작용을 일으키지 못한다). 그러나 물의 습성은 동요하든지 고요하든지 막히든지 흐르든지 항상 변역되지 않는다(탐애할 때도 또한 알고, 자비로 구원할 때도 알며, 근심하거나 기뻐하거나 슬프거나 즐거워하거나 갖가지로 변동해도 일찍이 모른 적이 없다. 그러므로 '불변'이라고 한다).

이제 본래 항상 아는 것을 단박에 각오하는 것은 불변하는 습성인줄을 아는 것과 같고, 마음이 미혹되지 않으면 곧 무명이 아닌 것은 바람이 단박에 그친 것과 같으며, 깨달은 뒤에 자연스럽게 반연이 점점 쉬어지는 것은 파도가 점점 그치는 것과 같다. 정혜로 신심을 자량하여 훈습하고 점점 자재하여 신통변화가 무애하며 많은 중생들을 널리 이롭게 하는 것은 봄날 햇볕에 얼음이 녹아 물 대주거나 씻어주어 만물을 잘 이롭게 하는 것과 같다. 어리석은 범부들은 항상 '탐욕과 성냄, 자비와 선행이 모두 불성인데 무슨 차별이 있겠는가' 하고 말하니, 마치 사람이 습한 성질이 시종에 차이가 없는 것만을 관찰하고, 배를 건네주는 공력과 배를 전복시키는 과실의 현격한 차이를 알지 못하는 것과 같다.

⑭ 인증함(引證)

[27c21] ○言開示悟入佛之知見等者, 准下《疏》《鈔》, "古有多釋; 一《法華論》釋云: 開者無上義,(論標名也.) 謂除一切智智, 更無餘事.(釋所開卽是一切智智, 一切智是根本智, 重云智, 是後得智. 根本智名知, 後得智名見. 除此二事, 更無有餘能勝過此, 故名無上.) 卽雙[230]開菩提·涅槃,(釋所開一切智智也.) 謂知見之性爲涅槃, 知見之相爲菩提.(論雙釋開義也.) 淸涼釋云: "衆生本有(本有法性涅槃, 及本覺菩提之二也), 障翳不現, 佛爲開除, 則本智顯故." 慈恩釋開云: "開者, 出生顯證之義(謂依本有四智菩提種, 出生四智菩提故, 顯證理性涅槃故, 卽法相宗意. 今法性宗, 理則不然, 知見法相, 竝皆本有大智光明遍照法界義故. 卽寂爲知見性, 照爲知見相, 在因爲性·相, 在果爲菩提·涅槃故. 衆生本有, 障翳不現. 智障障菩提, 惑障障涅槃, 二障俱無, 菩提·涅槃一時俱顯.)" 示者同義, 三[231]乘同法身故.(別示知見之性, 以成涅槃.) 悟者不知義, 不知唯一實事, 故今令知, 成報身菩提故.(一實事卽是知見, 別示知見相以成菩提.) 入者令證無退轉地故, 卽是因義, 謂證初地已上, 爲菩提·涅槃因故.(登地證如, 爲涅槃因, 能證地智, 爲菩提因.) 二嘉[232]祥法師云: "開示約能化, 悟入約所化, 能化有大開之與曲示,(但說有性, 名爲大開. 言此是凡夫性, 此是聖人性, 因果理行, 卽名曲示.) 所化有始悟之與終入(豁然了知, 故名爲[233]悟, 卽頓悟上所明性也. 修行契證目之爲入, 卽漸修證前所示因果法也.)" 又淸涼云: "開除惑障, 顯示

---

230 底本에는 "[雨/隻]",《화엄소초》및《金澤寫本》참조 수정. 아래도 동일.

231 底本에는 "二",《金澤寫本》참조 수정.

232 底本에는 "喜", 교감 주 및《金澤寫本》참조 수정.

233 底本에는 "與",《金澤寫本》참조 수정.

眞理, 令悟體空, 證入心體." 三禪門北宗云: "心不動是開, 開者開方便門, 色[234]
不動是示, 示者示眞實相, 悟卽妄念不生, 入則萬境常寂." 又釋知見云: "智用是
知, 慧用是見. 心不起名智, 智能知. 五根不動名慧, 慧能見. 是佛知見." 四南宗云:
"眾生佛智妄隔不見, 但得無念, 卽本末自性寂靜爲開. 寂靜上自有本智, 以本智能
見本來自也. 體寂靜名示, 旣得指示, 卽見本性, 佛與眾生, 本來無異爲悟. 悟後於
一切有爲無爲有佛無佛, 常見本性. 自知妄想無性, 自覺聖智故. 是菩薩前聖所知.
轉相傳受, 卽是入義." 言知見者, 下《疏》(十上三十一中) 又云: "知見有二義; 一別,
知卽是智,(照事權智) 見卽是慧.(照理實智) 二通, 謂知見二字, 俱是如來能證. 如實
知彼義故, 卽無障礙智. 若爾何假重言? 爲揀比知, 所以言見,(非如比智見煙知火,
不能照了諸相差別.) 爲揀肉眼見, 所以言知.(非如欲界肉眼見麤近色, 細種遠[235]處,
卽不能知. 但隨他說.)"

○ '부처님의 지견知見을 열어 보여주어 깨달음에 들게 하기 때문' 등이
라고 한 것은 아래《소》《초》에 준거하면 "예부터 많은 해설이 있다. 첫
째,《법화론》에서 해설하여, '여는 것(開)'은 위가 없다는 뜻이니(《논》에서
〈명칭을 표방〉한 것이다), 일체지지一切智智를 제외하고 다시 다른 일이 없다
(열어 보인 대상이 바로 일체지지一切智智임을 해설한 것이다. '일체지'는 근본지이
고, 거듭 말한 '지'는 후득지이다. 근본지를 '지知'라하고 후득지를 '견見'이라고 한다.
이 두 사법을 제외하고 다시 이보다 수승한 어떤 것도 없기 때문에 이보다 위가 없다
고 한 것이다). 곧 보리와 열반을 쌍으로 연 것이니(열어 보인 대상이 바로 '일

---

234   底本에는 "也",《金澤寫本》참조 수정.
235   底本에는 "達", 교감 주 및《金澤寫本》참조 수정.

체지지'임을 해설한 것이다) 지견의 성은 열반이고, 지견의 상은 보리를 말한다(《논》에서 여는 뜻을 쌍으로 해설한 것이다)"[236]고 하였는데, 청량淸涼이 해설하여 "중생에게 본래 있지만(법성열반法性涅槃과 본각보리本覺菩提의 두 가지가 본래 있다) 장애로 가려져 나타나지 않는다. 부처님이 위하여 열어 제거하면 본지가 드러나는 것이다"고 하였고, 자은慈恩은 '여는 것'을 해설하여, "'연다'는 것은 출생하여 현현하게 증득하는 뜻이고(말하자면 본래 있는 사지四智 보리의 종자에 의거하여 4지의 보리를 출생하는 것이며, 이성의 열반을 드러나게 증득하는 것이니, 곧 법상종의 의미이다. 지금 법성종의 이치는 그렇지 않아서 법상을 지견하는 것은 모두가 다 본래 있는 대지혜 광명이 법계에 두루 비추는 뜻이기 때문에 적멸은 지견의 성이 되고, 각조는 지견의 상이 된다. 인에 있어서는 성·상이 되고, 과에 있어서는 보리와 열반이 된다. 중생에게 본래 있지만 장애로 가려져 나타나지 않는다. 지장智障은 보리를 장애하고, 혹장惑障은 열반을 장애한다. 두 장애가 모두 없어야 보리와 열반이 일시에 모두 현현한다), '보여준다'는 것은 '같다'는 뜻이니, 삼승이 법신과 같기 때문이며(지견의 성이 열반을 이룸을 별도로 보인 것이다), '깨닫는다'는 것은 '알지 못한다'는 뜻이니, 오직 한 가지 진실한 일뿐임을 알지 못하기 때문에 이제 알게 하여 보신인 보리를 성취하게 한 것이며(한 가지 진실한 일이 그대로 지견이니, 지견의 상이 보리를 이룸을 별도로 보인 것이다), '들어간다'는 것은 퇴전함이 없는 지地를 얻게 한 것이니, 곧 인因의 뜻이다. 초지 이상을 증득해야 보리와 열반의 인이 되는 것이다(지地에 올라 진여를 증득하는 것이 열반의 인이 되고, 능증能證의 지지地智가 보리의 인이 된다)"고 하였다.

---

236   《演義鈔》卷第20(T36, 156b03~)의 내용이다.

둘째, 가상嘉祥법사는 "'개시開示는 교화하는 것(주체)에 한정하고, 오입悟入은 교화되는 것(대상)에 한정한 것이다. 교화하는 것에는 크게 열어줌(開)과 곡진하게 보임(示)이 있고(다만 성이 있다고만 말하는 것은 크게 '열어줌'이고, 이것은 범부의 성이고 이것은 성인의 성이며, 인·과, 교리와 수행을 말하는 것을 곡진하게 '보인다'고 한다), 교화되는 것에는 처음에 깨달음(悟)과 종극에 들어감(入)이 있다(활연하게 요달하여 알기 때문에 '깨달음'이라고 이름하니, 단박에 위에서 밝힌 성을 깨닫는 것이다. 수행하여 계합해 증득하는 것을 '들어감'이라고 지목하니, 점차적으로 앞에서 보여준 인과법을 수증하는 것이다)"고 하였는데, 또 청량은 "혹장惑障을 열어 없애고 진리를 현시하여 체가 공함을 깨달아서 심체를 증득해서 들어가게 하는 것이다"고 하였다.

셋째, 선문의 북종北宗에서는 "마음이 부동한 것이 '연다'는 것이니, 여는 것은 방편문을 여는 것이다. 색법이 부동한 것이 '보여준다'는 것이니, 보이는 것은 진실상을 보이는 것이다. 깨달으면 망념이 생기지 않고 들어가면 온갖 경계가 항상 적멸하다." 또, 지견知見을 해설하여 "지智의 작용이 '지知'이고 혜慧의 작용은 '견見'이다. 마음이 동요하지 않는 것을 지智라고 하니 지가 '능지能知'하고, 오근五根이 부동한 것을 혜慧라고 하니 혜가 '능견能見'한다. 이것이 불의 지견이다"고 하였다.

넷째, 남종南宗에서는 "중생의 불지佛智는 망념에 막혀 나타나지 못하지만 다만 무념이 되면 곧 본말의 자성이 적정해지는 것을 '연다'고 하며, 적정 위에 저절로 본지本智가 있게 되고 본지로 본래 자체의 적정한 것을 보는 것을 '보여준다'고 한다. 이미 지시되었으니 곧 본성은 부처와 중생이 본래 차이가 없는 줄을 아는 것을 '깨닫는다'고 한다. 깨달은 뒤에 일체의 유위와 무위, 유불과 무불에 대해 항상 본성을 보아 저절로 망상이 무성임을 알고 저절로 성지를 각득한다. 이는 보살 이전의 성인이 '아는 것'이다. 점점 서로가 전해 받는 것이 '들어감'의 뜻이다"라고 하였다.

'지견知見'이라고 한 것은 아래 《소》(10권 상반 31중)에서 또, "지견에는 두 가지 뜻이 있다. 하나는 개별적인 것으로, 지는 지智요(사법을 관조하는 방편지이다), 견은 혜慧이다(이치를 관조하는 실지實智이다). 둘째는 공통적인 것으로, '지견' 두 글자는 다 여래의 능증能證이니, 여실하게 그 뜻을 아는 까닭으로 무장무애지無障無礙智이다. 만일 그렇다면 어째서 거듭 말할 필요가 있겠는가? 비지比知와 가려내기 위한 까닭으로 '견'이라고 한 것이며(비지가 연기 나는 것을 보고 불인 줄은 알지만 여러 상의 차별된 것을 비춰서 분명하게 알지 못하는 것과 같은 것은 아니다), 육안으로 보는 것과 가려내기 위한 까닭으로 '지'라고 한 것이다(욕계의 육안이 거칠고 가까운 색은 보지만 미세한 종류나 먼 곳은 알지 못하는 것과 같은 것은 아니다. 다만 타를 따라 설한 것이다)."[237]

[28b05] [《鈔》] 正因佛性爲因,(理佛性也.) 緣因佛性爲緣,(行佛性也.) 了因所了爲因,(本性住種.) 生因所生爲緣.(習所成種) 故彼經云: "佛種(正因) 從緣起(緣因). 總論佛性, 而有四種; 一者正因佛性, 卽是眾生. 如乳與酪作正因故. 二者緣因佛性, 卽是善友正教萬行. 如暖如酵, 方便等緣故. 所辦佛果, 如所成酪. 三者生[238]因佛性, 卽前正緣二性, 能生修成佛果, 皆是生[239]因. 如種生芽故. 四者了因佛性, 但

237　《大疏》卷第57〈入法界品〉第39(T35, 935b09~))이다.

238　底本 및《金澤寫本》에는 "正", 底本 교감 주 및 문맥상 수정.

239　底本에는 "正", 교감 주 및《金澤寫本》참조 수정.

除第一義空, 餘皆能顯本有佛果, 復號了因. 如燈顯寶故." 故《大疏》云:"能生佛果, 故曰生因. 衆生佛性, 有二種因. 一者正因, 二者緣因. 正因者, 謂諸衆生, 是故五陰卽正因也. 緣因者, 謂六波羅蜜, 非蘊相生, 名緣因[240]也. 然卽緣因[241]卽是了因, 了因未必是於緣因. 有親疎故. 善友是於[242]緣因, 而必是了因, 佛性是於[243]了因, 未必是緣因. 此約智慧性故.(卽是本故.《起信》云: '有大智慧光明義故'等.) 若以第一義空爲佛性者, 唯是正因, 而非了因, 但爲了因所了, 而非生[244]因所生. 若以智慧爲佛性者, 卽是了因. 若以五蘊爲佛性者, 名爲正因, 亦名生[245]因. 然復生必對了, 正必對緣." 又有四種, 故經云:"佛性有因, 有因因, 有果, 有果果. 因者, 卽是十二因緣, 因因者, 名爲智慧, 果者, 爲大菩提, 果果者, 謂大涅槃." 今言佛性, 如應配釋.

[초] '정인正因 불성은 인因이 되고(이불성理佛性이다), 연인緣因 불성은 연緣이 된다(행불성行佛性이다). 요인了因으로 분명하게 아는 것을 인이라 하고 (본성주종성本性住種性이다), 생인生因으로 소생한 것을 연이라고 한다(습소성종성習所成種性이다)'는 것은, 그러므로 《열반경》에서 "불의 종성(正因)은 연을 좇아 일어난다(緣因). 불성을 총론해 보면 네 종류가 있다. 첫째는 정인불성正因佛性이니, 바로 중생이다. 우유가 낙酪의 정인이 되어주는 것과 같기 때문이다. 둘째는 연인불성緣因佛性이니, 바로 선우와 바른 가르

---

240 底本 및《金澤寫本》에는 없음.《大疏》참조 보충.

241 底本에는 "因緣",《大疏》및《金澤寫本》참조 "緣因"으로 도치.

242 底本에는 없음.《大疏》및《金澤寫本》참조 보충.

243 《大疏》에는 "是於"가 "名爲"로 되어 있다.

244 底本에는 "正",《大疏》및《金澤寫本》참조 수정.

245 底本에는 "正",《大疏》및《金澤寫本》참조 수정.

침과 온갖 수행이다. 저 온기와 효소처럼 방편이 동등하게 반연하기 때문이다. 마련된 불과는 만들어진 낙酪과 같다. 셋째는 생인불성生因佛性이니, 곧 앞의 정인, 연인 두 불성이 불과를 생하고 닦아 성취하므로 모두 생인이다. 마치 종자에서 새싹이 생기는 것과 같다. 넷째는 요인불성了因佛性이니, 다만 제일의공을 제외하고 나머지는 모두 본래 있는 불과를 현현하므로 다시 요인이라고 부른다. 마치 등불이 보물을 드러내는 것과 같다"[246]고 하였다.

그러므로 《대소》에서 "불과를 생하기 때문에 '생인'이라고 한다. 중생의 불성은 두 종류의 인이 있다. 첫째는 정인이요, 둘째는 연인이다. 정인은 모든 중생을 말한다. 그러므로 오음五陰이 정인이다. 연인은 육바라밀이니, 오온五蘊 아닌 것이 서로 생하는 것을 연인이라고 한다. 그러나 연인은 그대로 요인이지만 요인은 연인에 대해 반드시 그렇지는 않다. 친연親緣과 소연疎緣이 있기 때문이다. 선우는 연인에 대해 반드시 요인이지만 불성은 이 요인에 대해 반드시 연인이지는 않다. 이것은 지혜의 성에 한정하였기 때문이다(곧 근본이기 때문이다. 《대승기신론》에서 '대지혜광명의 뜻이 있기 때문' 등이라고 하였다). 제일의공으로 불성을 삼은 경우라면 오직 정인일 뿐이며 요인은 아니니, 다만 요인으로 분명하게 아는 것이고 생인으로 생긴 것은 아니다. 지혜로 불성을 삼은 경우라면 요인이다. 오온으로 불성을 삼은 경우라면 정인이라고 하며 또한 생인이라고도 한다. 그러나 또다시 생인은 반드시 요인을 상대하고 정인은 반드시 연인

---

246   《涅槃經》권제28 〈師子吼菩薩品〉 제11(T12, 530b26)이다.

을 상대한다"[247]고 하였다.

또, 네 종류가 있다. 그러므로 경에서 "불성에는 인, 인의 인, 과, 과의 과가 있다. 인은 십이인연이고, 인의 인은 지혜라고 하며, 과는 대보리이며, 과의 과는 대열반을 말한다'고 하였다."[248] 여기서 말한 불성을 배대한 대로 해석하면 된다.

    차) 현재와 미래를 이롭게 함(利今後故)

      (나) 장문을 열어 별도로 밝힘(開章別明)

        (마) 수행에 한정하여 둘로 나눔(約行分二)

          b. 수행을 일으켜서 증입을 이루게 하기 때문(令起行成證入故)

[28c02] [《疏》] 〈出現〉又云設有菩薩等者, 下《疏》釋云: "若不依此敎, 縱多劫脩, 尙非眞實. 況能疾得菩提? 此中設有之言, 似當假設. 望慈氏讚善財言, 餘諸菩薩, 於百千萬億那由他劫, 乃能滿足菩薩願行, 今善財一生則能淨佛刹等, 斯則擧權顯實, 非假設也. 若實有此不信人者, 爲在何位? 文無定判, 義當三賢, 以入證聖, 必信圓故. 若約敎道, 三僧祇劫, 亦未入玄. (彼《鈔》釋云:〈若約敎道, 三祇亦未入玄〉者, 卽古十玄中意. 然歷三祇設未究竟, 亦已入位. 何以[249]得言未入玄耶? 是故上云:〈若約敎道, 施設三祇, 敎旣未眞, 則成佛義亦非眞也, 敎不實故. 若約證道, 三祇修行, 必已剋證, 修權旣深, 則能入實.〉) 所以凡夫頓能信者, 宿因聞熏爲種別故. 今更不信, 當來豈聞?"

---

247   《大疏》 권제17 〈須彌頂上偈讚品〉 제14(T35, 630b)이다.

248   《演義鈔》(T36, 0281b)이다.

249   底本에는 "以故", 《演義鈔》 및 《金澤寫本》 참조 "以"로 수정.

[소] '〈여래출현품〉에서 또 말하길, 설령 어떤 보살이' 등이라고 한 것은 아래《소》에서 해설하여 "만일 이 교에 의지하지 않는다면 설령 다겁토록 수행해도 오히려 진실이 아닌데, 하물며 빨리 보리를 얻는 것이겠는가? 이 중에서 '설령 어떤'이란 말은 가설에 해당하는 듯해도 자씨미륵보살이 선재동자를 찬탄하여 '나머지 보살들은 백 천 만억 나유타 겁에서야 이에 보살의 원행을 만족하였는데, 이제 선재는 한생에 불찰국토를 청정케 하는' 등이라고 말한 것을 살펴보면, 이것은 '권'을 들어 '실'을 드러낸 것이지 가설한 것이 아니다. 만일 실제로 이것을 믿지 않는 사람이 있다면 어떤 지위에 있게 되는가? 문장에서 판정한 것은 없지만 뜻은 삼현위에 해당한다. 성聖을 입증하면 반드시 신심이 원만하기 때문이다. 만일 교도敎道에 한정하면 삼아승지 겁이라도 현묘함에 들어가지 못한다(저《초》²⁵⁰에서 '만일 교도에 한정하면 삼아승지 겁에도 또한 현묘함에 들어가지 못한다'는 것은 곧 옛 십현문의 의미이다. 그러나 삼아승지 겁이 지나도록 시설하여도 아직 구경은 아니지만, 또한 이미 위位에 들게 되면 어떻게 현묘함에 들어가지 못했다고 말할 수 있겠는가. 그러므로 위에서 '만일 교도에 한정하면 삼아승지겁토록 시설하여도 교가 이미 진이 아니라면 성불의 뜻도 역시 진이 아니니, 교가 진실하지 못하기 때문이다. 만일 증도證道에 한정하면 삼아승지를 수행하면 반드시 극증하게 되며 권을 닦는 것이 깊어지면 실에 들어갈 수 있다'고 하였다). 이 때문에 범부가 단박에 믿는 것은 숙세에 들었던 훈습으로 인해 종자가 각별하기 때문이다. 지금 다시 믿지 않는다면 당래에는 어떻게 듣겠는가"²⁵¹라고

---

250   《演義鈔》권제81(T36, 636c29)이다.

251   《大疏》권제50(T35, 886b24)이다.

하였다.

[28c13] [《疏》] 當知此人生如來家者, 謂初見心性, 故名生家. 四地寄出世, 故生道品家, 八地無功用, 故生無生法忍家. 今此通三, 麤顯凡夫解心, 亦名生家, 因果無礙故.

[소] '이 사람은 여래의 집안에 태어난다는 것을 알아야 한다'는 것은 처음으로 심성을 보기 때문에 '집안에 태어난다'고 한 것이다. 4지四地는 출세간에 기탁하기 때문에 '도품道品'의 집안에 태어나고, 8지八地는 공용이 없기 때문에 '무생법인無生法忍'의 집안에 태어난다. 지금 이것은 세 가지에 통하지만, 범부가 마음을 이해한 것을 대충 드러내어 또한 '집안에 태어난다'고 한 것이니 인과가 무애하기 때문이다.

㉬ 앞과 상대하여 다름을 분별함(對前辨異)

[28c16] [《鈔》] 約行分二已是異前但約時故者, 此意利今後中, 兼行, 順根感中, 唯時故, 二因別. 問: 順根感中, 感者善根, 豈非是行? "故〈兜率偈〉云: '見佛亦復然, 必假衆善業.' 十方諸佛告功德林言: '及諸菩薩衆, 善根力故.' 解脫月云: '此衆無諸垢, 志解悉明潔'等." 何故《鈔》云, "已是異前, 但約時故"? 今謂通云: 感者善根未聞經已有, 不是所論. 利今後中起行, 聞經已後方有, 一見聞爲堅種, 二起行成證入. 今據聞經後, 行不通根感, 唯利今後. 因論生論. 見聞《華嚴》, 熏成堅種, 爲有漏耶? 爲無漏耶? 若是無漏, 現是劫外凡夫, 豈得無漏現行也, 有漏不應熏無漏種, 勿無漏心熏有漏種, 彼此異因不可得故. 若是無爲, 本自具足, 不賴熏習. 若

是有漏有爲, 云何要穿一切有爲諸行煩惱身過, 到於無爲究竟智處耶? 答有二義;
附相通途釋, 約性窮玄釋. 且初附相通途釋者,《圓經》爲緣, 引生聞慧, 雖是有漏
增上緣中, 資彼本有四智佛種, 功德殊勝, 名之堅種. 性是無漏, 當生佛果, 盡未來
際, 無有損廢, 故名堅種. 故《無性攝論》云: "此聞熏習, 雖是有漏, 而是出世心種
子性." 卽其義也. 後約性窮玄釋者,《華嚴經》聲本[252]覺爲體, 性淨本覺, 四鏡義中,
緣熏習鏡. 隨染本覺, 二種相中, 不思議業相. 聞經之心, 了別語義, 當神解義, 本
覺氣分能熏, 雖與染俱, 性是無爲, 體非是漏, 所熏成種, 無漏無爲, 於理何疑? 問
答云云, 准前可知. 更願達識, 善留心焉.

[초] '수행에 한정하여 둘로 나누어 (밝혔으니) 앞(順機感)은 단지 시간에
만 한정했기 때문에 이미 다르다'라는 의미는 '현재와 후세를 이롭게 하
는 것'은 행을 겸하였고, '근기가 감득한 데에 수순'하는 것은 오직 시간
만이기 때문에 두 인(因)이 구별된다.

　묻는다. '근기가 감득한 데에 수순함'에서 감득한 자의 선근이 어찌
행이 아니겠는가? "그러므로 〈승도솔천궁품〉의 게송에서 '부처를 보는
것도 또다시 이와 같아서 반드시 많은 선업을 밑바탕으로 한다'고 하였
고, 시방의 제불이 공덕림보살에게 말씀하길 '및 여러 보살대중들의 선
근력 때문이다'고 하였으며, 해탈월보살이 말하길 '이 대중들이 아무런
더러움도 없으며, 지해(志解)는 다 밝고도 깨끗하오며' 등"[253]이라고 했는
데, 어째서 아래《초》에서는 "이미 다르니, 앞은 시간에만 한정했기 때

252　　CBETA에는 "木", 底本 및《金澤寫本》참조 "本"으로 수정.

253　　《大疏》권제1(T35, 504a19)의 내용이다.

문"이라고 하는가?

답한다. 이제 소통해서 말하겠다. 감득한 자의 선근은 경을 듣지 않고서도 이미 있었으니 논할 대상이 아니며, '현재와 후세를 이롭게 하는' 중에 행을 일으킨 것은 경을 듣고 난 이후에야 비로소 있으니, 하나는 보고 들은 것은 견고종자가 되고, 둘은 수행을 일으킨 것은 증입을 이룬다. 지금은 경을 들은 이후의 수행에 근거했으므로 '근기가 감득한 것'에는 통하지 않고, 오직 '현재와 후세를 이롭게 함'뿐이다. 논을 인하여 논을 내보겠다.

묻는다. 《화엄경》을 보고 들어서 훈성熏成된 견고종자는 유루인가, 무루인가? 만일 무루라면 현재는 겁 밖의 범부인데 어찌 무루가 현행하는 것을 얻겠는가? 유루심은 무루종자를 훈성하지 못할 것이며, 무루심은 유루종자를 훈성함이 없을 것이니, 피차간에 인이 달라서 얻을 수 없기 때문이다. 만일 무위라면 본래 구족되었으니 훈습을 의뢰하지 않을 것이며, 만일 유루유위라면 어째서 일체 유위의 모든 행의 번뇌 몸을 뚫고 지나서 무위구경지처에 도달한다고 하는가?

답한다. 답에 두 가지의 뜻이 있다. 상相에 부쳐서는 도중을 통과하면서 해설하고, 성性에 한정해서는 현묘를 궁구하면서 해설한다.

우선, 처음의 '상에 부쳐서는 도중을 통과하면서 해설'하는 것은 《원경圓經》을 연으로 하여 인발되어 생긴 문혜聞慧가 비록 유루의 증상연 가운데일지라도 저 본래 있는 4지智 불종성을 밑바탕으로 한 것이어서 공덕이 수승하므로 '견고종자'라고 한다. 성질이 무루이며 당래에 불과를 내며 미래제가 다하도록 줄거나 없어지지 않으므로 '견고종자'라고 한다. 그러므로 《무성섭론》에서 "이 듣는 훈습은 비록 유루이지만 출세간 마음의 종자성이다"라고 한 것이 그 뜻이다.

　뒤의 '성에 한정하여 현묘를 궁구하면서 해설'하는 것은 《화엄경》의 음성은 본각으로 체를 삼았으니, 성정본각性淨本覺은 네 가지 거울의 뜻 중에 훈습거울을 반연하고, 수염본각隨染本覺은 두 가지 상 가운데 부사의업상이며, 경을 듣는 마음이 말의 뜻을 분명하게 알아 분별하는 것은 신령하게 이해하는 뜻에 해당한다. 본각의 기분이 능훈能熏하여 염오와 함께이더라도 성이 무위이고 체는 유루가 아니어서 소훈所熏이 종자를 이루면 무루이며 무위인데, 이치에 대해 어째서 의심하는가? 문답으로 언급한 것은 앞을 준거하면 알 수 있다. 다시 통달한 식자들은 마음을 잘 두기를 바란다.

故賢首《一乘敎義分齊》云: "問: 夫論種性必是有爲, 如何此敎, 約眞如爲性種耶? 答: 以眞如隨緣, 與染和合, 成本識時, 卽彼眞中, 有本覺無漏, 內熏眾生, 爲返流因, 得爲種性.《梁攝論》說, '爲梨耶中解性.'《起信論》說, '梨耶二義中本覺.' 是也. 又彼《論》中, '如來藏具足無漏, 常熏眾生, 爲淨法因.' 又《寶性論》云: '及彼眞如性者, 如《六根聚經》說:〈六根如是, 無始時來, 畢竟諸法體故.〉'解云: 以眞如遍一切法, 今簡去非情故, 約六處眾生數中, 取彼畢竟眞如理, 以爲性種性. 此與《瑜伽》所說名同, 但彼約始敎, 以理從事, 麤相而說故, 約事中明性種性. 故《地持》云: '種性麤相, 我已略說.' 此之謂也.《寶性論》中, 此約終敎, 以事從理, 深細而說故, 就眞如明性種性. 是故《佛性論》云: '自性淸淨心, 名爲道諦.' 又《涅槃經》云: '佛性者名第一義空, 第一義空名爲智慧.' 此等竝就本覺性智, 說爲性種. 其修習種, 亦從眞如所成. 故《攝論》云: '多聞熏習, 從最淸淨法界所流出'等. 又《起信》中,

'以眞如體·相二大, 爲內熏因, 眞如用大,[254] 爲外熏緣, 以與無明染法合故. 是故三大內外說熏, 以熏力故. 無明盡時, 冥合不二, 唯一眞如也.'" 釋曰: 由內外熏, 卽前性種功用增顯轉, 名習種性也.

그러므로 현수의 《교의분제장》에서, "묻는다. 무릇 종성은 반드시 유위라고 논할진댄 어째서 이 원교에서는 진여에 한정하여 '성종성性種性'을 삼는가?

답한다. 진여가 수연함으로써 염오와 화합하여 본식을 이룰 때, 곧 저 진여 중에 본각무루本覺無漏가 있어서 안으로 중생을 훈습하여 반류返流의 인이 되고 종성種性이 된다. 《양섭론梁攝論》에서 '아리야식 중에 이해하는 성이 된다'고 하였고, 《대승기신론》에서 '아리야식의 두 가지 뜻 중에 본각'이라고 한 것이 이것이다. 또, 《대승기신론》에서 '여래장은 무루를 구족하여 항상 중생을 훈습하여 청정법의 인이 된다'고 하였고, 또 《보성론》에서 '저 진여성眞如性이란 것은 《육근취경六根聚經》에서 육근은 이와 같이 무시이래로 필경에 제법의 체라고 한 것과 같다'라고 하였다. 해설해 보면, 진여는 모든 법에 변만하지만 지금은 무정(非情)들을 가려서 제거한 것이니, 육근(六處)에 한정해서 중생 수數 가운데에 저것(육근)은 필경에 진여의 이치임을 취하여 성종성을 삼은 것이다. 이것《보성론》과 《유가사지론》에서 설한 것은 이름은 같지만, 저기서는 시교에 한정하여 이치로 사법에 나아가 추탁한 상(麤相)으로써 말했기 때문에 사법에 한정하여 성종성을 밝혔다. 그러므로 《지지론》에서 '종성은 추탁

---

254   底本에는 "文", 교감 주, 《敎義分齊章》, 《金澤寫本》 참조 수정.

한 상이니, 내가 이미 간략하게 말했다'고 하였으니, 이것을 말한다.《보성론》에서는 이것을 종교에 한정하여 사법으로 이치에 나아가 매우 미세한 것으로써 말했기 때문에 진여에 입각해서 성종성을 밝혔다. 그러므로《보성론》에서 '자성청정심自性淸淨心을 도제道諦라고 한다'고 하였다. 또,《열반경》에서는 '불성을 제일의공第一義空이라고 하며, 제일의공을 지혜라고 한다'고 하였으니, 이런 등은 모두 본각성지本覺性智에 입각해서 성종성을 말한 것이다.

수습종성修習種性도 또한 진여로부터 이뤄진다. 그러므로《섭론》에서 '다문훈습多聞熏習은 최청정법계最淸淨法界로부터 유출된 것' 등이라고 하였고, 또《대승기신론》에서 '진여의 체대와 상대의 둘은 내훈內熏의 인이 되고, 진여의 용대는 외훈外熏의 연이 되니, 무명의 염오법과 합하기 때문이다. 이 때문에 삼대의 내외를 훈습한다고 말하는 것은 훈습력 때문이다. 무명이 다할 때에 그윽하게 합쳐져 둘이 아니니 오직 하나의 진여이다"255라고 하였다. 해설해 보면, 내외의 훈습으로 인해 곧 앞의 '성종성'의 공용이 증가하여 드러나게 전전하는 것을 '습종성'이라고 한다.

a. 앞의 아홉 가지(인)와 상대하여 별도로 열 가지 이익을 이룸
(對前九別成斯十益)

[29b13] [《疏》] 成十種益者, 問: 起行益·速證益, 與造修益·頓得益, 何別? 答: 前二自利, 後二利他, 故各別也. 又起行益, 顯依此法少作功力疾得菩提, 造修益,

---

255   《教義分齊章》 권제2(T45, 487b29)의 내용이다.

揀依餘法縱經多劫不能眞修, 速證益, 約時不淹留, 頓得益, 據法非漸次. 細思其別, 亦無相濫.

[소] '열 가지의 이익을 이룬다'는 것은, 묻는다. '수행을 일으키는 이익'과 '빨리 증득하는 이익'은 '수행에 나아가는 이익'과 '단박에 얻게 되는 이익'과는 무엇이 다른가?

　답한다. 앞의 두 가지 이익은 자리自利이고, 뒤의 두 가지 이익은 이타利他이다. 그러므로 각각 다르다. 또, '수행을 일으키는 이익'은 이 법을 의거해서 작은 공덕을 지어 빨리 보리를 얻게 되는 것을 드러낸 것이고, '수행에 나아가는 이익'은 나머지 법은 설령 많은 겁을 지나더라도 진실한 수행이 아닌 것과 가려낸 것이다. '빨리 증득하는 이익'은 시간이 더디게 체류하지 않는 것에 한정한 것이고, '단박에 얻게 되는 이익'은 법이 점차가 아닌 것에 근거한 것이다. 그 각별함을 세밀하게 생각하면 역시 혼란함이 없다.

　　　a) 견문의 이익(見聞益)

[29b18] [《鈔》] 有藥王樹等者, 准《俱舍論》說, "此瞻部州從中向北, 三處各有三重黑山, 過九黑山, 有大雪山, 於是山頂, 有藥王樹, 名曰善見等." 釋曰: 上約通規, 且云眼見耳聞, 況無六根? 亦容覺知蒙益. 故《首楞嚴經》第四卷說: "阿那律陀無目而見, 跋難陀龍無耳而聽, 殑伽女神[256]非鼻聞香, 驕梵鉢提異舌知味, 舜若多神

256　《首楞嚴經》권제4에는 "神女"로 되어 있다.

無身有觸, 摩訶迦葉久滅意根, 圓明了知, 不因心念."

[초] '약왕수藥王樹가 있는데' 등이란《구사론》[257]에 준거하면 "이 남섬부주의 중앙에서 북쪽을 향해 세 곳에 각각 세 겹의 흑산이 있으며, 아홉 개의 흑산을 지나서 커다란 설산이 있다. 이 설산의 정상에 '선견善見'이라는 약왕수가 있다" 등이라고 하였다. 해설해 보면, 위는 통용되는 규칙에 한정하여 우선 '눈으로 보고 귀로 듣는다'고 한 것이니, 하물며 육근이 없는 것이겠는가. 또한 알아차리는 것이 이익을 준다는 것을 용납한 것이다. 그러므로《수능엄경》권제4에서 "아나율타阿那律陀는 눈이 없어도 보고 발난타跋難陀 용왕은 귀가 없어도 들으며 긍가여신殑伽女神은 코가 아니어도 향을 맡고 교범발제驕梵鉢提는 특이한 혀로 맛을 알며 순야다신舜惹多神은 몸이 없이도 감촉할 수 있고, 내지 마하가섭摩訶迦葉은 오래전에 의근이 멸하였어도 원명하게 알고 심념을 인하지 않는다"[258]고 하였다.

b) 발심의 이익(發心益)

[29c01] ○言初發心時便成正覺等者, 准下《疏》釋, 有其二義; "一約法圓融, 初心攝諸位故, 二約見性齊故, 具諸佛法. 竪論次位, 優劣非無. 若爾, 此與歷別何異? 請以喩顯. 若彼虛室, 置之一燈, 光周室內, 加二加三, 乃至百千, 各各重重, 遍於

257　《阿毗達磨俱舍論》권제11〈分別世品〉제3이다.

258　《首楞嚴經》권제4(T19, 123b29)이다.

室內, 雖同周遍, 不妨後後益明. 初心等佛, 若彼一燈, 妙覺等初, 同第百千. 若器中盛燈, 雖復百千, 共置一室, 互不相見, 歷別修行, 類同此也."

○ '처음 발심할 때에 정각을 이루기 때문이니'라고 한 것은 아래 《소》의 해설에 준거하면 두 가지 뜻이 있다. "첫째는 법이 원융한 것에 한정한 것으로 초심에 여러 위를 거둬들이기 때문이고, 둘째는 견성이 가지런한 것에 한정한 것으로 (부처와 동등하게) 모든 불법을 갖추고 있다. 수직으로 지위의 차제를 논하면 우열이 없는 것이 아니다.

묻는다. 그렇다면 이것은 (지위가) 뚜렷하게 구별되는 것과는 어떻게 다른가?

답한다. 비유로 드러내 보겠다. 만일 저 텅 빈 방에 등불 하나를 두면 빛이 방안에 꽉 찬다. 두 개, 세 개를 더 놓고 백 천 개까지 이르면 각각이 겹겹으로 방안에 주변한다. 비록 똑같이 주변할지라도 뒤로 갈수록 더욱 밝아지는 데에 방해받지 않는다. 초심이 부처와 같다는 것은 저 등불 하나와 같으며, 묘각이 초심과 같다는 것은 백 천 번째 등불과 같다. 만일 그릇 속에 등불을 담는다면 비록 다시 백 천 개를 방 안에 함께 두더라도 서로 보지 못하게 된다. (지위가) 뚜렷하게 구별되는 수행은 부류가 이와 같은 것이다"[259]라고 하였다.

e) 장애를 소멸하는 이익(滅障益)

---

259   《大疏》권제19(T35, 647b05)에서 요약 인용한 것이다.

○言貪²⁶⁰行多者, 二萬一千; 嗔·癡·等分亦然者, 卽八萬四千煩惱也. 古

有二釋; 一云, 衆生煩惱, 根本有十. 然一惑有力, 復各有十; 卽爲一百. 計應分爲

九品, 但上品重故, 開爲三品, 中下輕故, 各爲一品, 合爲五百. 復於內外境起, 謂

自五塵爲內, 以他五塵爲外, 一一各具五百, 卽爲五千. 別迷四諦, 則成二萬. 幷本

一千, 則有二萬一千. 依三毒·等分, 成八萬四千, 經文自具. 二云, 以十惡爲本, 展轉

相成, 一一各十, 故成一百. 迷自他五塵爲一千. 正迷十諦法門, 謂四諦·三諦·二諦·

一諦, 或迷說·成諦等十諦,(俗諦, 義諦, 相諦, 差別諦, 說諦, 事諦, 生起諦, 盡無生諦,

入道諦, 成就諦) 或迷十善故, 成一萬, 然迷十諦, 空有不同, 分成二萬. 或迷十

善, 二諦亦分二萬, 幷本一千. 餘如經辨. 然二皆有理, 任情去取. 了惑本空, 居然

不起.

○ '탐행이 많은 이는 2만1천이요, 진심嗔心·치심癡心·등분等分도 또한

그렇다'고 한 것은 바로 8만4천 번뇌이니, 예부터 두 가지 해석이 있다.

첫 번째 해석은, 중생의 번뇌는 근본적으로 열 가지가 있지만 한 개

의 미혹이 유력하여 또다시 각각 열 가지가 있으니 곧 1백이 된다. 9품

으로 나뉘어 계산하게 되면, 다만 상품은 후중하기 때문에 3품으로 나

누고, 중품·하품은 경미하기 때문에 각각 1품으로 하여 합치면 5백이

된다. 다시 안과 밖의 경계에 대해 일어나니, 말하자면 자自의 5진五塵은

안이 되고 타他의 5진은 밖이 되어, 낱낱이 각기 5백을 갖추면 5천이 된

다. 개별적으로 4제에 미혹하면 2만을 이루고, 본래의 1천과 합쳐지면 2

만1천이 있다. 삼독심과 등분에 의거하여 8만4천을 이룬 것은 경문에

---

260   底本에는 없음, 교감주 및《金澤寫本》《演義鈔》참조 보충.

서 자체적으로 갖춰져 있다.

　두 번째 해석은, 십악十惡으로 근본을 삼고 전개될수록 서로 성립되어 낱낱이 각기 십이 되므로 1백을 이룬다. 자타의 5진에 미혹하여 1천이 되고, 10제 법문, 말하자면 4제와 3제와 2제와 1제에 미혹하거나, 혹은 설제·성취제 등 10제(속제俗諦, 의제義諦, 상제相諦, 차별제差別諦, 설제說諦, 사제事諦, 생기제生起諦, 진무생제盡無生諦, 입도제入道諦, 성취제成就諦)에 미혹하거나 혹은 십선十善에 미혹하기 때문에 1만을 이룬다. 그러나 10제에 미혹한 것은 공·유가 같지 않아 2만으로 나뉘어 이룬다. 혹은 십선에 미혹한 것은 2제가 역시 나뉘어 2만이고, 본래의 1천과 합쳐진다. 나머지는 경에서 가렸던 것과 같다. 그러나 두 해석이 다 일리가 있으니, 마음대로 취거하라. 미혹이 본래 공한 줄 분명하게 알면 있는 그대로 일어나지 않는다.

　　h) 성품에 걸맞는 이익(稱性益)

[29c22] ○《鈔》〈出現品〉至所謂無性等者, 謂理無二, 實該多事而皆成也. 如一明鏡而現多影, 鏡遍多影, 一影之中點藥在鏡, 變銅鏡而作金鏡. 是知眾影之銅鏡皆變成金鏡也, 鏡無體故. 且就佛門, 故說一成一切皆成, 若就生門, 應說一不成一切皆不成也. 然一成一切皆成義, 或約事事無礙說, 或約事理無礙說. 事事無礙義有多門, 且約即入, 略伸顯示, 攝眾生身, 即是佛身, 故說皆成, 而不壞事相, 復名一切. 兩門相合, 說得一成一切皆成. 初心成正覺, 即其例也. 攝眾生身, 在佛身中, 能攝有力, 既得成佛, 所攝無力, 豈不成佛耶? 如能現鏡既置高臺, 豈所現影不在高臺耶? 餘門准悉. 事理無礙者, 佛起始覺, 證本覺時, 了知眾生妄想本空, 唯

是一覺, 寂而復照具德圓常, 故說皆成, 故經云: "皆同一性, 所謂無性." 不壞事相, 復名一切, 故經云: "如來成正覺時, 於其身中, 普見一切眾生皆成等." 兩門相合, 方立一成一切皆成也.

[초] 〈여래출현품〉에 … 이른바 무성無性이다' 등은 이치는 둘이 없으니 실제로는 여러 일을 포괄해서 모두 이루는 것이다. 예컨대 하나의 밝은 거울이 여러 영상을 나타내면 거울이 여러 영상에 변만하고, 하나의 영상 속 점약이 거울에 있으면 동거울을 바꿔 금거울을 만드는 것과 같다. 이로서 많은 영상의 동거울이 모두 금거울로 바뀐 것을 알 수 있으니, 거울은 체가 없기 때문이다.

우선, 부처의 문에 입각했기 때문에 '하나가 성취됨에 일체가 모두 성취된다'고 하고, 중생의 문에 입각하면 '하나가 성취되지 않음에 일체가 모두 성취되지 않는다'고 해야 한다. 그러나 하나가 성취됨에 일체가 모두 성취되는 뜻은 혹은 사사무애事事無礙에 한정해서 설하거나, 혹은 사리무애事理無礙에 한정해서 설한다.

'사사무애'는 뜻에 여러 문이 있다. 우선 '즉입即入'에 한정해서 간략히 펴서 현시하겠다. 중眾生身을 거두면 그대로 불신佛身이므로 '모두가 성취된다'고 하며, 사상事相을 무너뜨리지 않아 다시 '일체'라고 한다. 양쪽 문을 합하여 '하나가 성취됨에 일체가 다 성취된다'고 할 수 있다. 초심에 정각을 이룬다는 것이 바로 그 예이다. 중생신을 거둬들여 불신에 두면, 능섭能攝의 유력이 이미 성불했는데 소섭所攝의 무력인들 어찌 성불하지 않겠는가. 예컨대 나타내는 거울이 높은 대에 놓여있게 되면 어찌 나타난 바의 영상인들 높은 대에 있지 않겠는가 하는 것과 같다. 나머지 문은 준거하면 다된다.

'사리무애'는 불佛이 시각始覺을 일으켜 본각本覺을 증득할 때, 중생의 망상이 본래 공하여 오직 하나의 '각오'일 뿐임을 분명하게 알고, 고요하게 또다시 덕을 구족하고 원만하며 항상 있음을 비추므로 '모두가 성취한다'고 설한다. 그러므로 경에서 "모두 동일한 하나의 성이니, 이른바 무성無性이다"라고 하였으며, 사상을 무너뜨리지 않는 것을 다시 '일체'라고 이름한다. 그러므로 경에서 "여래가 정각을 이룰 때 그 몸에서 널리 일체 중생이 모두 성취하는 것을 본다"라고 하였으니, 양쪽 문을 서로 합해야 하나가 성취됨에 일체가 다 성취된다는 것이 성립된다.

다. 속한 곳을 결론짓고 회통하여 해석함(結屬會釋)

[030a15] [《鈔》] 世尊本願力故等者, 酬宿因, 彰地位, 爲敎本, 示眞法, 說勝行, 順機感, 開因性, 顯果德, 法應爾, 如次配釋也. ○言神力是緣者, 或是第三依主, 或是第十依加者, 緣也.

[초] '세존의 본원력本願力 때문'이란 것은 숙세의 인행을 받아들이고, 지위地位를 드러내고, 교의 근본이 되고, 진실한 법을 보여주고, 수승한 행을 설하고, 근기의 감득에 수순하고, 인성을 열어주고, 과덕을 드러내며, 법이 으레 그러함을 차례로 배대해 해설한 것이다.[261]

---

261 《演義鈔》권제2에 의하면, '다 부처님의 신통력인 까닭이며(연), ①세존의 본원력인 까닭이며, ②불법을 현시하고자 하는 까닭이며, ③지혜광명으로 널리 비추고자 하는 때문이며, ④실제의 뜻을 열어 주고자 하는 까닭이며, ⑤법성을 증득하게 하는 까닭이며, ⑥중회로 하여금 다

○ '신력神力은 연緣이며'라고 한 것은 혹은 세 번째 '교주에 의지함(依主)'이고, 혹은 열 번째 '가피하는 자에 의지함(依加者)'이니, 연이다.

　② 연緣의 열 가지 뜻을 해석함(釋緣十義)
　나. 장문을 열어 별도로 해석함(開章別釋)
　가) 시간에 의지함(依時)
　㉮ 대의를 밝힘(總明大意)

[030a19] 【鈔】 古今通至浩然大均者, 出肇公〈涅槃無名論〉, 具足應云: "所以至人, 戢玄機於未兆, 藏冥運於卽化, 總六合以鏡心, 一去來以成體. 古今通, 始終同. 窮本極末, 莫之與二. 浩然大均, 乃曰涅槃." 釋曰: 彼以涅槃本無始終, 今約冥會而亡時劫矣.

[초] '고금에 통하고 … 드넓고 크게 균등하다'라는 것은 승조 공의 〈열반무명론涅槃無名論〉에 나온다. 구족해 보면 "그런 까닭에 지극한 사람은 조짐이 아직 없을 때에 현묘한 기미를 잡아내고, 변화에 즉한 데서 그윽한 운용을 감추며, 육합六合을 총괄해서 마음을 비추고 오고감을 통일해서 체를 이룬다. 옛날과 지금에 통하고 시작과 끝이 같으며, 근본을 다하고 지말을 다하여 그것과 더불어 둘이 없으며 드넓고 크게 균등하

환희하고자 하는 까닭이며, ⑦불법의 인因을 열어 보이고자 하는 까닭이며, ⑧일체 부처님의 평등함을 얻고자 하는 까닭이며, ⑨법계가 둘이 없음을 알게 하고자 하는 까닭에(①부터 ⑨까지는 인) 이와 같은 법을 설한다.'

다. 이에 '열반'이라고 한다"[262]이다. 해석해 보면 저것은 열반이 본래 시종이 없는 것을 썼고, 이것은 그윽하게 계합하여 시겁이 없는 것에 한정하였다.

   (나) 장문을 열어 해석함(開章解釋[十])

    ㉮ 오직 일념임(唯一念)

[030a24] [《鈔》] 初唯一念者謂於一刹那者, 案《俱舍論》, 時之極少, 名一刹那, 百二十刹那, 名一怛刹那, 六十怛刹那, 爲一賴縛, 賴縛卽是羅婆, 三十羅婆, 爲一牟呼栗多, 牟呼栗多卽是須臾, 三十須臾爲一晝夜. 又准《仁王經》, 百生滅爲一刹那, 九十刹那爲一念.《鈔》據前文, 故云一念, 卽刹那也.

[초] '첫째는 오직 일념一念이란 것은 말하자면 1찰나刹那'라는 것은《구사론》을 살펴보면, 시간이 극히 적은 것을 '1찰나'라고 하고, 120찰나를 '1달찰나怛刹那'라고 하며, 60달찰나를 '1뢰박賴縛'이라고 하니 뢰박은 바로 '라파羅婆'이다. 30라파가 '1모호율다牟呼栗多'이니, 모호율다는 곧 '수유須臾'이다. 30수유가 '1주야晝夜'이다. 또, 《인왕경》에 준거하면, 9백 생멸이 '1찰나'이며 90찰나가 '일념'이다. 《초》에서는 앞의 글에 준거하였으므로 '일념이 곧 찰나'라고 한 것이다.

    ㉯ 피차가 서로 들어감(彼此相入)

---

262   《肇論》〈涅槃無名論〉제4(T45, 161a14)이다.

[030b06] [《疏》] 九彼此相入者,《鈔》釋有二; 一云, 彼異類異界時中, 自同類劫相入, 異類劫相入, 自以念攝劫, 自劫念重收. 一云, 異類時與同類界時, 相入也.

[소] '아홉째는 피차가 상입相入하는 것'은《초》의 해설에 두 가지가 있다. 하나는, 저 이류異類 이계異界의 시겁 중에 자自의 동류겁同類劫이 상입하고 이류겁異類劫이 상입하는 것이니, 자의 념으로 겁을 섭수하고 자의 겁념劫念을 거듭해서 거둔다. 하나는, 이류계의 시겁과 동류계의 시겁이 상입하는 것이다.

    ㉚ 근본으로써 말엽을 거둠(以本收末)

[030b08] ○言謂以非劫爲劫故者, 此非泯相歸性名非劫. 但是本刹之時, 離分限²⁶³故, 名爲非劫.

○ '말하자면 겁 아닌 것(非劫)으로 시겁時劫을 삼은 것'이라고 한 것은 이것은 상相을 없애고 성性으로 돌아가는 것을 '비겁'이라고 한 것이 아니다. 다만 본찰의 시겁은 분한을 벗어난 것이므로 '비겁'이라고 한다.

    ㈐ 융섭하여 회통함(融會)

---

263   底本에는 '分限' 이하부터《卍續藏本》의 페이지인 [030b11] '云但'앞까지의 총 8紙 3行의 2,609字가 유실되었다.《金澤寫本》(65p03-73p06) 참조 모두 보충.

[065p04]²⁶⁴ 【《疏》】廣如《旨歸》者, 《旨歸》云, "問: 若此多劫常恒說者, 何故如來

有涅槃耶? 答: 說此經佛, 本不涅槃. 〈法界品〉中, '開栴檀塔, 見三世佛, 無涅槃

者.' 又復以此初時旣攝多劫, 是故示現涅槃, 亦在此中, 攝化威儀之中, 涅槃亦是.

說法攝生與成道說法, 無差別故. 是故說法總無休時. 復此盧舍那佛常在²⁶⁵ 花藏,

恒時說法, 初無涅槃, 如常住故."

[소] '자세한 것은 《지귀旨歸》에서와 같다'는 것은, 《화엄지귀》²⁶⁶에서 "묻

는다. 만일 이 다겁에 항상 설법한다면 무슨 까닭으로 여래께서 열반함

이 있습니까?

    답한다. 이 경을 설법하는 불은 본래 열반하지 않는다. 〈입법계품〉에

서 '전단탑栴檀塔을 열어 삼세의 불을 보니 열반이 없다'라고 하였고, 또

다시 이 초시로써 이미 다겁을 거둬들였다. 이 때문에 열반을 시현하지

만 역시 이 가운데 있는 것이니, (중생을) 거두어 교화하는 위의威儀 가

운데 열반도 역시 이것(섭화의 위의)이다. 설법하여 중생을 거둬들이는 것

과 성도하여 설법하는 것이 차별이 없기 때문이다. 이 때문에 설법은 모

두 그만둔 적이 없다. 또다시 이 노사나불은 항상 화장세계에 있으면서

항시 설법한다. 애초에 열반이 없고 평상처럼 머물기 때문이다"라고 하

였다.

---

264   底本 및 《藏經書院本》에는 유실된 부분이므로 《金澤寫本》에 의거하여 페이지와 행수를 표
       시했다. 아래도 동일.

265   《金澤寫本》에는 "在+藏", 《旨歸》 참조 "藏" 삭제.

266   法藏 述, 《華嚴經旨歸》(T45, 0590c)이다.

나) 장소에 의지함(依處)

(가) 대의를 총체적으로 드러냄(總彰大意)

㉮ 자취를 떨어내고 실을 드러냄(拂迹顯實)

[65p10] 【鈔】普賢身相如虛空依眞而住非國土者, 下《疏》"問曰: 法性身土, 爲
別不別? 別則不名法性, 性無二故. 不別則無能依所依. 答: 經·論異說, 統收法身,
略有十種. 土隨身顯, 乃有五重; 一, 依《佛地論》, 唯以淸淨法界而爲法身, 亦以法
性而爲其土. 性雖一味, 隨身土相, 而分二別.《智度論》云: '在有情數中, 名爲佛
性, 在非情數中, 名爲法性.' 假說能所, 而實無差.《唯識論》云: '雖此身土, 體無差
別, 而屬佛·法, 性·相異故.' 謂法性屬佛, 名法性身, 法性屬法, 爲法性土, 性隨相
異, 故云爾也. 今言如虛空者,《唯識論》云, '此之[267]身土, 俱非色攝. 雖不可說形
量大小. 然隨事相, 其量無邊. 譬如虛空遍一切處.' 故如虛空言, 通喩身土. 二, 或
唯大智, 而爲法身. 所證眞如, 爲法性土. 故《無性攝論》云, 無垢無罣导智爲法身
故. 若爾, 云何言相如虛空? 智體無导, 同虛空故. 三, 亦智亦如而爲法身.《梁攝
論》中, 及《金光明經》皆云, '唯如如及如如智獨存, 名法身故.' 此則身含如智, 土則
唯如. 四, 境智雙泯而爲法身. 經云: '如來法身, 非心非境. 土亦隨爾.' 依於此義,
諸《契經》中, 皆說如來身土無二. 此則依眞之言, 顯無能所. 方曰依眞成如空義.
五, 此上四句, 合爲一無导法身, 隨說皆得, 土亦如之. 六, 此上總別五句, 相融形
奪, 泯玆五說, 逈然無寄, 以爲法身, 土亦如也. 此上單就境智以辨. 七, 通攝五分,
及悲願等所行, 恒沙功德無不皆是. 此法身收以修生功德, 如證理故. 融攝無导卽
此所證眞如體大爲法性土, 依於此義身土逈異. 今言身相, 卽諸功德, 言如虛空,

---

267   《成唯識論》에는 "佛"로 되어 있다.

即身之性. 下經亦云, '解如來身非如虛空, 一切功德無量妙法所圓滿故.' 八, 通收報化, 色相功德無不皆是, 此法身收. 故《攝論》中, 三十二相等皆法身攝. 然有三義; 一, 相卽如故, 歸理法身. 二, 智所現故, 屬智法身. 三, 當相幷是功德法故, 名爲法身. 其所依土, 則通性相, 淨穢無导, 我此土淨, 而汝不見, 衆生見燒, 淨土不毁, 色卽是如, 相卽非相. 身土事理, 交互依持. 通有四句; 謂色身依色相土, 色身依法性土, 法身依法性土, 及依色相故. 又以單雙互望, 亦成五句, 謂色相身依法性色相土等, 準以思之. 此上猶通諸大乘教. 九, 通攝三種世間, 皆爲一大法身, 具十佛故. 其三身等, 幷此中智正覺攝故. 土亦如之, 卽如空身, 而示普身, 示何不具, 此唯《華嚴》十; 上分權實, 唯以第九, 屬於此經. 若據融攝及攝同教總, 前九義爲總句. 是謂如來無导身土, 普賢亦爾. 義隨隱顯, 不可累安. 達者尋文, 無生局見. 上言土有五重者, 一唯法性, 屬前二身. 二者雙泯, 屬於第四. 三具性相, 五六七八所依. 四融三世間, 屬於第九, 五, 總前諸義, 卽第十依." 身土要義, 無厭繁文.

[초] '보현의 신상身相은 허공과 같아서 진여에 의지하여 머무는 것이지 국토는 아니다'라는 것은, 아래《소》에서 "묻는다. 법성과 신상과 국토는 구별되는가, 구별되지 않는가? 구별된다면 '법성'이라고 이름하지 못할 것이니 성은 둘이 없기 때문이며, 구별되지 않는다면 능의能依와 소의所依가 없게 된다.

답한다. 경·론에서 달리 말했지만 법신을 모두 거둔다면 간략하게 10종이 있으며, 국토는 몸을 따라 드러나니 이에 5중이 있다.

첫째,《불지론》에 의거하면, 오직 청정법계로써 법신을 삼으며 법성으로써 또한 국토를 삼는다. 체성은 일미이지만 신身·토土의 모습을 따라서 두 가지 개별로 나뉜 것이다.《대지도론》에서 '유정의 수에 있으면

'불성'이라고 하며, 비정의 수에 있으면 '법성'이라고 한다. 능·소로 가설했지만 실제로는 차이가 없다'고 하였다. 《성유식론》에서 '비록 이 신과 토는 체성은 차별됨이 없을지라도 불·법에 소속되고 성·상이 다르기 때문이다'[268]고 하였으니, 말하자면 법성이 불에 속하면 '법성신'이라고 하며, 법성이 법에 속하면 '법성토'라고 한다. 성은 상에 따라 달라지므로 그렇게 말한 것이다. 지금 '허공과 같다'고 말한 것은 《성유식론》에서 '이 신과 토는 둘 다 색법에 거둬지지 않기 때문에 형상이나 수량의 크고 작음을 말할 수는 없더라도 사상事相을 따라서는 그 수량이 무변하다. 비유하면 마치 허공이 모든 곳에 변만한 것과 같다'고 하였다. 그러므로 '허공과 같다'는 말로 법신과 국토를 통틀어 비유한 것이다.

둘째, 혹은 오직 대지大智로써 법신을 삼고, 소증所證의 진여眞如로는 법성토를 삼는다. 그러므로 《무성섭론》에서 '번뇌도 없고 장애도 없는 지혜로 법신을 삼는다'고 하였다. 그렇다면 어째서 모습이 허공과 같다고 했는가? 지혜의 체성은 무애하여 허공과 같기 때문이다.

셋째, 지혜이기도 하고 진여이기도 한 것으로 법신을 삼는다. 《양섭론》 및 《금광명경》에서 모두 '여여如如와 여여지如如智만이 홀로 존재하는 것을 법신이라고 한다'고 하였다. 이렇다면 신身은 여와 지를 함유하고, 토土는 오직 여뿐이다.

넷째, 경계와 지혜가 쌍으로 없어진 것으로 법신을 삼는다. 경에서 '여래의 법신은 마음도 경계도 아니다. 국토 역시 따라서 그렇다.' 이 뜻에 의거하여 여러 《계경》에서 모두 여래의 신과 토는 둘이 없다고 한 것이

---

268   《成唯識論》권제10(T31, 058b26)에 나온다. 아래 인용문도 같다.

다. 이렇다면 진여를 의지한다는 말로 능·소가 없음을 드러낸 것이니 진여를 의지한다고 해야 허공과 같다는 뜻이 성립된다.

다섯째, 이상 4구절은 합하면 하나의 무애법신이 되므로 설하는 대로 모두 될 수 있다. 국토 역시 그와 같다.

여섯째, 이상 총·별의 다섯 구절이 서로 융합하거나 형세로 부정하며 이 다섯 가지 설을 없애서 형연하게 의탁함이 없는 것으로 법신을 삼는다. 국토 또한 그렇다. 이상은 경계와 지혜에 홑으로 입각해서 가려낸 것이다.

일곱째, 오분(법신) 및 대비와 대원 등의 소행을 통틀어 거두면, 항하사와 같은 공덕이 이것 아닌 것이 없으니, 이 법신은 수생공덕修生功德에 거둬진다. 진리를 증득한 것과 같기 때문이다. 융합하여 무애한 것은 곧 이것은 소중 진여의 체대이니 법성토가 된다. 이 뜻에 의거하면 신·토가 아주 다르다. 지금 말한 '신상身相'은 곧 모든 공덕이고, '허공과 같다'고 한 것은 곧 '신성身性'이다. 아래 경에서 또한 '여래의 몸이 허공과 같지 않음을 알아라. 모든 공덕의 무량한 묘법으로 원만해진 바이기 때문이다'[269]라고 하였다.

여덟째, 보신과 화신을 통틀어 거두면, 색상의 공덕이 모두 이 법신에 거둬지지 않는 것이 없다. 그러므로 《섭론》에서 '32상 등은 모두 법신에 거둬진다'고 하였다. 그러나 세 가지 뜻이 있다. 하나는 상이 그대로 진여이기 때문에 이理 법신에 귀섭되고, 둘은 지혜로 나타난 것이기 때문에 지智 법신에 소속되며, 셋은 해당 상이 모두 공덕법이기 때문에 법신

---

269   《華嚴經》 권제25 〈十迴向品〉 제25-3(T10, 134b25)에 나온다.

이라고 한다. 그것이 의지하고 있는 국토는 모두 성·상에 통하고, 청정과 잡예가 무애하니 나의 국토가 청정한 것을 그대는 보지 못하고 중생은 불타는 것을 보아도 청정한 국토는 훼손되지 않는다. 색이 곧 여如이고 상相이 곧 비상非相이다. 신·토와 사·리가 교대로 서로 의지하는 것은 통틀어 4구가 있다. 말하자면 색신은 색상토에 의지함이요(1구), 색신은 법성토에 의지함이요(2구), 법신은 법성토(3구) 및 색상토에 의지함이다(4구). 또 홑으로 쌍으로 서로 마주하면, 역시 5구절을 이룬다. 말하자면 색상신이 법성토·색상토에 의지하는 등이니, 준거하여 생각하라. 이상은 여전히 여러 대승교에 공통된다.

아홉째, 삼종세간三種世間을 통틀어 거두면 모두 하나의 대법신大法身이 된다. 십불十佛을 갖췄기 때문이며, 삼신 등은 모두 이 가운데 지정각智正覺(세간)에 거둬지기 때문이다. 국토도 역시 그와 같다. 곧 허공신과 같으면서도 보신普身을 시현하는 것이니 어떤 것을 시현한들 갖춰지지 않겠는가. 이것은 오직 《화엄경》뿐이다.

열째, 위를 권·실로 나누면 오직 아홉째만이 이 경에 속한다. 만일 융합한 것에 준거하거나 동교의 총상으로 거두면 앞의 아홉 가지 뜻은 총체적인 구절이 된다. 이것을 여래의 무애한 신·토라고 하는 것이니, 보현의 신상 또한 그러하다. 뜻은 감춰짐과 드러남을 따르므로 묶이거나 안주할 수 없으니 달통한 자들은 문장을 찾아보고 국한된 견해를 내지 말라.

위에서 말한 '국토에 다섯 종류가 있다'는 것은 첫째, 오직 법성토뿐인 것은 앞의 두 신에 속하고, 둘째, 쌍으로 없어진 것은 네 번째에 거둬지며, 셋째, 성·상을 갖춘 것은 다섯째, 여섯째, 일곱째, 여덟째가 의지하는 바이며, 넷째, 삼종세간을 융합한 것은 아홉째에 속하며, 다섯째, 앞의 모든 뜻을 총괄한 것은 곧 열째가 의지하는 바이다"[270]라고 하였다. 신·토의 핵심적인 뜻이니 복잡한 문장이라고 싫증내지 말라.

　　(다) 구수句數로 원융함(句數圓融)
　　　(나) (2종의 4구를) 쌍으로 해석함(雙釋)

[068p05] [《鈔》] 末通淨·穢本刹唯淨者, 又淨·穢土而有多門. 故下《疏》云, "然淨有二種; 一世間淨, 離欲穢故, 以六行爲方便, 上二界爲淨土.(欲界爲穢.) 二出世間淨, 此復二種; 一者出世間, 所謂二乘以緣諦爲方便, 權敎說之, 無別淨土, 約實言者, 出三界外, 別有淨土, 二乘所居,《智論》有文.(凡夫所居, 名穢.) 二出世間上上淨, 此謂菩薩則以萬行而爲方便, 以實報七珍珠無量莊嚴而爲其土. 然出世上上淨中, 復有二種; 一者眞極, 佛自受用, 相累兼亡, 而爲方便. 二者未極, 等覺已還故.《仁王》云, '三賢十聖住果報, 唯佛一人居淨土.'(未極而居, 名穢.) 未極之中, 復有二種; 一, 八地已上, 一向淸淨, 以永絶色累, 照體獨立, 神無方所, 故其淨土色相難名. 二, 七地已還, 未出三界, 無漏觀智, 有間斷故, 非一向淨. 若依《瑜伽》, 入初地去, 方爲淨土. 三賢所居皆稱非淨, 此分受用變化別故. 約此經宗, 十信菩薩卽有淨土." 又準下《鈔》, "就佛法性,自他受用, 幷變化土, 論其淨穢, 復有三義; 一, 前三皆淨. 四中有淨有穢, 則三類半爲淨, 半類爲穢. 二, 前三爲淨, 以他受用, 斷分別障, 已證眞如, 故名爲淨. 變化皆穢, 設有七珍, 穢衆生住, 故亦非淨. 三, 後二皆穢,《仁王經》云, '三賢十聖住果報, 唯佛一人居淨土.' 而生公說, 有形皆穢, 無形

270 　《大疏》 권제10 〈普賢三昧品〉 제3(T35, 572b13)의 내용이다.

爲淨, 則唯法性爲淨. 若爾, 自受用土, 豈稱穢耶? 此以冥同眞性, 不可說其形量,
大小則同淨攝." 今此所論淨穢, 正當《鈔》中初之一義也.

[초] '말찰末刹(찰종소지刹種所持의 세계)은 정토淨土와 예토穢土에 공통되고,
본찰本刹(화장세계)은 오직 정토뿐이다'에서, 또 정토와 예토에는 여러 문
이 있다. 그러므로 아래《소》271에서 "그러나 정토에는 두 가지가 있다.
한 가지는 세간정토世間淨土이니, 욕심의 잡예로부터 벗어났기 때문이다.
육행六行으로 방편을 삼아서 상上 2계는 정토가 된다(욕계는 예토이다).

둘째는 출세간정토出世間淨土이니 여기에 또다시 2종이 있다. 첫째, 출
세간이니 이른바 이승은 사성제를 반연하는 것으로써 방편을 삼고, 권
교가 설한 것에는 별도의 정토가 없으며, 만일 실교에서 말한 것에 한
정하면 삼계 밖을 벗어나서 별도로 정토가 있으니 이승이 머무는 곳이
다.《대지도론》의 문장에 있다(범부가 머무는 곳을 '예토'라고 한다). 둘째, 출
세간의 상상上上정토이니 이것은 보살이 곧 만행으로서 방편을 삼고 실
보實報의 칠보진주의 한량없는 장엄으로 그 정토를 삼는다.

그러나 출세간 상상정토 가운데 또다시 두 가지가 있다. 하나는 진극
眞極이니, 부처의 자수용토가 상相의 계루까지 겸하여 없앤 것으로 방
편을 삼는다. 둘은 미극未極이니, 등각 이전이기 때문이다.《인왕경》에서
'삼현三賢과 십성十聖은 과보에 머물고 오직 부처님 한 분만이 정토에 머
문다'고 하였다(미극위에 머무는 것을 '예토'라고 한다). 미극위 가운데 또다시
두 가지가 있다. 하나는 8지 이상은 줄곧 청정하니 길이 색상의 계루가

---

271   《大疏》권제10 世界成就品第四(T35, 0577b04)이다.

끊어져 관조하는 체성이 독립적이고 마음(神)에 방소가 없다. 그러므로 그 청정토를 색상으로 이름하기 어렵다. 둘은 7지 이전은 삼계를 벗어나지 못하여 무루의 관조하는 지혜가 사이사이 끊어짐이 있기 때문에 줄곧 청정한 것이 아니다. 만일《유가사지론》에 의거하면 초지에 들어간 이후에서야 정토가 된다. 삼현이 머무는 것을 모두 정토가 아니라고 일컫는 것이니, 이것은 수용토受用土와 변화토變化土로 나눠서 구별한 것이다. 이 경의 종지에 한정하면 십신 보살은 곧 정토에 있다"고 하였다.

또, 아래《초》[272]에 근거하면, "불의 법성토와 자·타 수용토 및 변화토에 입각하여 그 정·예를 논하면, 또다시 세 가지 뜻이 있다. 첫째는 앞의 셋은 모두 정토이고, 네 번째는 정토도 있고 예토도 있으니 3류 반은 정토이고 반류는 예토이다. 둘째는 앞의 셋은 정토이니, 타수용토는 분별장分別障을 끊고 이미 진여를 증득했으므로 '정토'라고 이름한다. 변화토는 모두가 '예토'이다. 설령 칠보가 있을지라도 잡예의 중생이 머물기 때문에 정토가 아니다. 셋째는 뒤의 두 가지는 모두가 예토이다.《인왕경》에서 '삼현과 십성은 과보에 머물고 오직 부처님 한 분만이 정토이다'라고 하였고, 도생 공은 '유형인 것은 모두가 예토이고, 무형인 것은 정토이다'라고 하였다. 만일 그렇다면 자수용토를 어찌 예토라고 칭하겠는가. 이것은 진성과 그윽하게 같아져서 그 형상과 국량의 대소를 말할 수 없으니 정토에 거둬진다"라고 하였으니, 지금 여기서 논한 정토와 예토는 바로《초》의 첫 번째 한 가지 뜻에 해당한다.

---

272   《演義鈔》권제25 (T36, 0194a18)이다.

(라) 처가 다름을 따로 밝힘(別明處異)

　㉯ 따로 해석함(別釋)

[69p12] [《鈔》] 以歸花藏卽前染淨無导故不立之者, 問: 初閻浮卽前通局中一句, 亦不應立. 答: 彼無遍法界言, 故不同也, 而乃別立.

[초] 〈화장세계로 돌아감〉[273]은 앞의 정토와 예토가 무애함이기 때문에 세우지 않았다'라는 것은, 묻는다. 처음(제1처)의 '염부제'[274]는 곧 통괄과 국한 가운데 한 구절이므로 역시 세우지 말아야할 것이다.[275]

　답한다. 저기서는 '법계에 변만하다'는 말이 없으므로 같지 않은 것이어서 이에 별도로 세운 것이다.

　　b. 백억에 두루한 동류의 세계도 법계에 두루함

　　　(周百億同類世界亦遍法界)

[69p15] ○言皆有百億閻浮提者, 卽一大天界也, 謂四大州日月蘇彌盧, 欲天梵世各一千, 名一小千界, 如一貫錢, 一千箇小千, 爲一中千, 如一千貫錢, 一千箇中千, 爲一大千, 如千箇千貫也. 若爾, 應有萬億, 何言百億? 答: 準此方皇帝算法, 數有三等, 謂上中下, 下等數法十十變之, 中等百百變之, 上等億億變之. 今此三千, 若

273　법장이《지귀》에서 밝힌《화엄경》을 설법한 십처十處 가운데 제7처에 해당한다.

274　《대소》권제1(T35, 505b21);《華嚴經玄談》상권(p.263) "제1처는 이 염부제의 7처9회가 법계에 두루하니, 〈승수미품〉과 같다."

275　'정토·예토가 무애'한 2개의 4구와 '통함과 국한이 서로 어우러져 통하는' 2개의 4구로 밝힌 것으로, 통·국의 제1구는 '이 한 세계의 7처에서 경을 설한 것'을 말한다.

據小數, 可有萬億. 今約中數, 從千已上, 百百變之, 則有百億故. 又相傳釋億而有三種; 一者十萬, 二者百萬, 三者千萬, 此當千萬爲億也. 故《疏》云, 唐三藏譯是千萬也.

'모두 백억의 염부제閻浮提가 있다'[276]고 한 것은 곧 1대천세계이다. 말하자면 4대주四大州와 일월日月과 수미산須彌山과 욕천欲天과 범천梵天이 각각 1천인 것을 '1소천세계'라고 하니, 한 꾸러미의 엽전과 같다. 1천 개의 소천이 1중천이 되니 1천 개 꾸러미의 엽전과 같으며, 1천 개의 중천이 1대천이 되니 천 개의 1천 꾸러미의 엽전과 같다.

묻는다. 만일 그렇다면 응당 '만억'이 있어야 할 텐데 어째서 '백억'이라고 했는가?

답한다. 이 나라 황제의 계산법에 준거하면 산수에는 3등급이 있으니, 말하자면 상·중·하이다. 하등은 산수법이 10×10씩 변하고, 중등은 100×100씩 변하며, 상등은 억×억씩 변한다. 지금 여기서의 3천을 소수에 준거하면 만억이 있게 되고, 지금 중수에 한정하면 100이상부터는 100×100씩 변하게 되니 백억이 있다. 또, 서로 전하여 '억'을 해석한 것에는 세 종류가 있다. 하나는 십만(억)이고, 둘은 백만(억)이고, 셋은 천만(억)이다. 여기서는 천만을 억으로 삼은 것에 해당한다. 그러므로 《소》에서 '당唐 삼장은 이것을 천만으로 번역했다'고 한 것이다.

---

276   《대소》권제1(T35, 505b22);《華嚴經玄談》상권(p.263) 십처 중, "제2처 백억에 두루한 동류의 한 세계도 또한 법계에 두루하니, 〈광명각품〉과 같다."

[70p08] ○言乃至百億色究竟天者, 問: 二禪量等一小千界, 三禪量等一中千界, 四禪量等一大千界. 是知爲一色究竟天覆於百億四州, 如何亦言百億色究竟天耶? 答: 準下《鈔》云, "譬如夏雲普覆九州, 若以州取, 則有九雲, 若以郡取, 則四百餘雲, 若以縣取, 千數未多. 或言一雲普覆萬國, 或言萬國各有夏雲, 思之可見."

○ '내지 백억의 색구경천色究竟天'[277]이라고 한 것은, 묻는다. 2선천二禪天의 양은 1소천세계와 같고 3선천의 양은 1중천세계와 같으며 4선천의 양은 1대천과 같다. 이로서 하나의 색구경천이 백억의 4대주를 뒤덮는다는 것을 알 수 있는데 어째서 또한 백억의 색구경천이라고 말했는가?

답한다. 아래《초》[278]를 준거하여 말하면 "비유하면 마치 여름철의 구름이 널리 구주九州를 뒤덮고 있음에, 만일 구주로서 취하면 아홉 개의 구름이 있고, 만일 군郡으로써 취하면 400여 개의 구름이 있으며, 만일 현縣으로써 취하면 천여 개의 수로도 많지 않은 것과 같으니, 혹은 한 구름이 널리 만국을 뒤덮었다고 말하거나, 혹은 만국이 각각 여름철의 구름이 있다고 말하기도 하는 것이다. 생각하면 알 수 있다"고 하였다.

e. 화장세계에 변만함(徧華藏)

[70p14] [《疏》] 五徧花藏者, 問: 花藏世界實報淨土, 應化土耶? 若云實報淨土, 何有分限? 若無分限者, 何故花藏之外中方便有刹海耶? 若云應化土者, 何故世

---

277   《演義鈔》(T36, 025c24); 앞의 책(p.264). "저 경에서 …저 낱낱세계 가운데 다 백억 염부제와 내지 백억 구경천이 있어서 그중에 있는 바가 모두 다 밝게 나타나며" 등이라고 한 것이다.
278   《演義鈔》권제29(T36, 223a19)이다.

尊修因之所嚴淨不云應衆生故? 又下《疏》難, "身若云應者, 那言遮那處蓮花藏?"
驗知華藏非應化土. 答: 良以自報眞身旣分圓無导故. 彼自報眞土, 亦廣狹自在.
論廣則花藏世界所有塵, 一一塵中見法界, 語狹則十萬各有世界海故.

[소] '다섯째(제5처)는 화장세계花藏世界에 변만하다'는 것은, 묻는다. 화장
세계는 실보實報의 정토인가, 응화신應化身의 국토인가? 만일 실보의 정
토라고 한다면 어째서 분한이 있는가? 만일 분한이 없다면 무슨 까닭
으로 화장세계의 바깥 가운데에 방편으로 찰해刹海가 있는가? 만일 응
화신의 국토라고 한다면 무슨 까닭으로 '세존이 인행을 닦아서 장엄하
여 청정히 한 것'이라고 하고, '중생에게 응하기 때문'이라고는 하지 않았
는가? 또, 아래《소》에서 논란하여 "신身을 응신이라고 한다면 어떻게
비로자나불이 연화장세계에 머문다고 하겠는가?"[279] 하였으니, 화장세
계는 응화신의 국토가 아닌 것을 증험으로 알게 된다.

　답한다. 진실로 자보自報의 진신은 부분과 원만이 무애하기 때문에 저
자보의 진토眞土도 역시 광대와 협소가 자재하다. 광대함으로 논하면 화
장세계의 모든 찰진刹塵은 낱낱 찰진 중에서 법계를 본다. 협소함으로
말한다면 십만에 각각의 세계해가 있기 때문이다.

　㉭ 힐난을 풀어줌(釋妨)
　a. 앞의 물음에 모두 답함(總答前問)

---

[279]　《大疏》 권제1(T35, 0505c)이다.

[71p05] [《鈔》云] 若彼不說則說處不遍, 若彼亦說, 處則雜亂. 何以經中唯云忉利說十住法等者,《鈔》雖有答, 義猶沈隱. 今依《旨歸》, 以答前難云, "此說十住忉利天處, 既遍十方一切塵道. 是故夜摩等處皆有忉利, 即於如是遍夜摩等忉利天處, 說十住. 是故忉利無不普遍, 仍非夜摩等處說十住也. 說十行等夜摩等處, 亦遍忉利等處, 仍非忉利說十行等也." 故不違經, 亦無不通.

[초] '만일 저 곳에서 설법하지 않았다면 설법한 곳이 변만하지 않은 것이며, 만일 저 곳에서도 역시 설법하였다면 설법한 곳이 잡란할 것인데, 어째서 경에서는 오직 도리천에서 십주법十住法을 설하는 등이라고만 했는가?'라는 것은 《초》에서 답변이 있었더라도 뜻이 여전히 잠기어 감춰져 있으니 지금 《화엄지귀》[280]에 의거하여 앞의 논란에 답해보겠다. "여기서는 십주를 설법한 도리천의 처소가 이미 시방 일체의 진도塵道에 변만하다. 그렇기 때문에 야마천 등 처소에 모두 도리천이 있으며, 이미 이와 같이 야마천 등 처소에 변만한 도리천 처소에서 십주를 설법했다. 이 때문에 도리천이 널리 변만하지 않음이 없는 것이지 이내 야마천 등 처소에서 십주를 설법한 것은 아니며, 십행 등을 설법한 야마천 등 처소도 역시 도리천 등의 처소에 변만한 것이지 이내 도리천 등 처소에서 십행 등을 설법한 것이 아니다. 그러므로 경문에 어긋나지 않으며 또한 통하지 않음이 없다."

    b. 재차 힐난한 것에 거듭 답함(重答再難)

---

280   法藏述,《華嚴經旨歸》〈說經處第一〉(T45, 0590a16)이다.

[71p12] [《鈔》] 前相卽門中正十住遍時不妨餘遍但隱顯不同耳者, 此則潛通外難也. 恐有難云, 十住爲所卽有體, 十行等作能卽無體, 唯有十住遍法界故無雜者. 若爾, 十行等爲一向作能卽無體耶? 爲亦作所卽有體耶? 若一向作能卽無體, 還成滯執非無旱也. 若亦作所卽有體, 爲前後耶? 爲同時耶? 若云前後, 同時四句義不成故, 若云同時, 十住爲所卽有體, 遍法界時, 不妨同時十行却爲所卽有體, 亦遍法界, 二種有體, 旣同時遍法界, 還成雜亂. 何故《鈔》云, 前相卽門中正十住遍時, 不妨餘遍? 故《鈔》通云, "但隱顯不同耳. 十住遍時, 十行等卽隱, 十行遍時, 餘隱亦然." 今應難云, 十住顯時, 十行等唯隱, 亦通其顯. 若云唯隱, 還成滯執非無旱也. 若云通顯, 爲同時耶? 爲前後耶? 若云前後, 同時四句義不成故, 若云同時, 十住正顯, 遍法界時, 不妨十行等顯, 亦遍法界, 還成雜亂. 若云隱顯門中顯顯不俱, 無雜亂者, 相卽門中, 所卽所卽不俱, 已無雜亂. 何須《鈔》中, 更用隱顯門耶? 彼二所卽有體, 旣得同時, 彼二能攝顯義, 亦得同時. 彼此異因不可得故. 若救云, 雖許二顯得俱, 而一主一伴故, 無雜亂者, 更應難曰, 十住爲主時, 十行等一向作伴, 亦得爲主耶? 若一向作伴, 還成滯執非無旱也. 若得爲主, 爲同時耶? 爲前後耶? 若云前後, 同時四句義不成故, 若云同時, 還成雜亂, 十住爲主遍法界時, 不妨十行等爲主, 亦遍法界故. 若云主主不相見, 無雜亂者, 相卽門中, 所卽所卽不俱, 已無雜亂, 何故《鈔》中更用隱顯耶? 設更用自餘玄門料揀, 滯難同前. 今謂通 [030b11]²⁸¹云, 但以二門互釋, 如相卽門中, 取二所卽, 二俱有體, 恐成雜亂, 入隱顯門, 以義料揀, 雖俱有體, 一隱一顯, 故無雜亂. 設更難云, 隱顯門中, 取二能攝, 二俱是顯, 亦成雜亂, 欲通此難, 勿用餘門, 却用相卽玄門料揀, 一有體, 一無體, 故無雜亂. 但用二門更互料揀, 諸過俱離, 如空有二義, 更互而揀, 令斷常等過一

---

281 이것은 底本의 페이지와 행수이다.

切離. 更希智者, 曲賜審詳.

[초] '앞의 상즉문에서 십주十住가 변만할 때에 나머지가 변만한 것을 방해하지 않는다. 다만 감춰지고 드러나는 것이 다를 뿐이다'라는 것은 이것은 외부의 논란을 은근하게 회통한 것이다.

묻는다. 어떤 이가 논란하여 말하길, 십주가 소즉所卽·유체有體가 되고 십행 등이 능즉能卽·무체無體가 됨에, 오직 십주만이 있어서 법계에 변만 하기 때문에 잡란함이 없을진댄 만약 그렇다면 십행 등은 줄곧 능즉·무체가 되는가? 또한 소즉·유체도 되는가? 만일 줄곧 능즉·무체가 된다면 다시 막히고 집착함을 이뤄서 무애한 것이 아닐 것이다. 만일 또한 소즉·유체도 된다면 전후인가, 동시인가? 만일 전후라고 한다면 동시4구의 뜻이 성립되지 않으며, 만일 동시라고 하면 십주가 소즉·유체가 되어 변만할 때 동시에 십행이 도리어 소즉·유체가 되어 또한 법계에 변만한 것을 방해하지 않을 것이니, 2종의 유체가 이미 동시에 법계에 변만하게 되면 되돌아 잡란함을 이룰 텐데, 어째서 《초》에서는 "앞의 상즉문에서 십주가 변만할 때에 나머지가 변만한 것을 방해하지 않는다"고 했는가?

답한다. 그러므로 지금 《소》에서 회통하여 "다만 감춰지고 드러남이 다를 뿐이니, 십주가 변만 할 때 십행 등은 곧 감춰지고, 십행이 변만할 때 나머지가 감춰지는 것도 역시 그렇다"라고 한 것이다.

묻는다. 이제 응당 논란하여, 십주가 드러날 때 십행 등은 오직 감춰질 뿐인 것이 또한 그것이 드러남에도 통한다고 해야 할 것이다. 만일 오직 감춰질 뿐이라고 하면 도리어 막히고 집착함을 이뤄서 무애한 것이 아닐 것이다. 만일 그 드러남에도 통한다면 동시인가, 전후인가? 만일 전후라고 한다면 동시 4구의 뜻이 성립되지 않으며, 만일 동시라고 한다면 십주가 막 드러나 법계에 변만할 때 십행 등도 드러나 역시 법계에 변만한 것을 방해하지 않을 것이니 되돌아 잡란함을 이루게 된다.

만일 은현문에서 드러남과 드러남은 함께하지 않아서 잡란함이 없다고 하면, 상즉문에서 소즉과 소즉이 함께하지 않아서 이미 잡란함이 없을 텐데, 어째서 《초》에서 다시 은현문을 쓸 필요가 있는가? 저 (상즉)문의 둘이 소즉·유체이면 이미 동시인 것이고, 저 문의 둘이 능섭·드러남의 뜻이면 또한 동시일 수 있다. 저것과 이것은 다른 인을 얻을 수 없기 때문이다. 만일 변론해서 둘의 드러남이 함께일 수 있다고 인정하더라도 하나는 주체이고 하나는 반려이기 때문에 잡란함이 없다고 한다면 다시 논란하여 십주가 주체가 될 때 십행 등은 줄곧 반려인가? 또한 주체가 되는가? 만일 줄곧 반려가 된다면 되돌아 막히고 집착함을 이뤄 무애한 것이 아닐 것이다. 만일 주체가 된다면 동시인가, 전후인가? 만일 전후라고 한다면 동시4구의 뜻이 성립되지 않으며, 만일 동시라고 한다면 되돌아 잡란함을 이루게 된다. 십주가 주체가 되어 법계에 변만할 때 십행 등이 주체가 되어 또한 법계에 변만한 것을 방해하지 않기 때문이다. 만일 주체와 주체가 서로 보지 못하여 잡란함이 없다고 한다면 상즉문 가운데 소즉과 소즉이 함께 하지 않아서 잡란함이 없을 텐데, 무슨 까닭으로 《초》에서는 다시 은현문을 썼는가? 가령 다시 나머지 현문을 써서 분명하게 가려보더라도 논란에 막히는 것이 앞과 똑같을 것이다.

답한다. 이제 회통하여 말해보면, 단지 두 현문만으로 번갈아 해설한 것이니, 마치 '상즉문'에서 둘이 소즉所卽이고 둘 다 유체有體인 것을 취하는 것과 같다. 잡란함을 이룰까 염려되어 '은현문'에 들어가 뜻으로 분명하게 가려보면 비록 둘 다 유체일지라도 하나는 감춰지고 하나는 드러나기 때문에 잡란함이 없다. 설령 다시 논란해서 '은현문은 둘이 능섭能攝인 것과 둘 다 드러남을 취하였으니 또한 잡란함을 이룬다'고 한다면 이 논란을 회통하려고 다른 문을 쓰지 않고 도리어 '상즉현문'을 써서 분명하게 가려보면 하나는 유체이고 하나는 무체이기 때문에 잡란함이 없다. 단지 두 현문만을 써서 번갈아 서로 분명하게 가려내도 여러 과실을 둘 다 벗어난다. 공·유의 두 뜻을 다시 번갈아 분명하게 가려내어 단견과 상견 등의 모든 과실을 벗어나게 되는 것과 같다. 다시 한번 지혜로운 자들이 곡진하게 상고하길 바란다.

　　㉕ 힐난을 따라 거듭 풀어줌(隨難重釋)

[030b18] [《鈔》] 謂有問言餘佛說處與遮那佛爲相見不者, 此問意云, 餘佛一一皆遍法界之處, 說《華嚴²⁸²經》, 遮那亦遍法界處, 說《華嚴經》, 爲相見耶? 不相見耶? ○言設爾何失者, 假令相見, 或不相見, 有何過失? ○言二俱有過者, 見與不見, 皆有過失也.

[초] '말하자면 어떤 이가 묻기를 나머지 불佛의 설법처에서 비로자나불과 상견하는가?'라는 이 질문의 의미는 '나머지 불이 낱낱이 모두 법계

282　　底本에는 "藏", 《金澤寫本》 참조 수정. 아래도 동일.

처에 두루하여 《화엄경》을 설하고, 비로자나불 역시 법계처에 두루하여 《화엄경》을 설한다면 상견하는가, 상견하지 못하는가?'라는 것이다.

○ '설사 그렇다고 한들 무슨 잘못인가?' 한 것은 가령 상견한들 혹은 상견하지 못한들 무슨 과실이 있겠는가.

○ '둘 다 모두 과실이 있다'고 한 것은 상견하든 상견하지 못하든 모두 과실이 있다는 것이다.

[030b22] ○言謂若相見卽乖相遍者, 此意云, 謂若相見, 分成主伴. 若成主伴, 卽乖相遍. 仍恐未曉, 重復顯示. 如遮那在娑婆界爲主, 近東一界阿閦佛等十方一切佛爲伴, 卽許相見. 如遮那主佛移近東一界, 其阿閦佛等十方一切伴佛, 亦移近東一界. 如近東旣爾, 近西等亦然. 是故主佛到處還無伴佛, 伴佛住處還無主佛, 故《鈔》云卽乖相遍. ○言若不相見卽乖主伴者, 此意遮那一佛能攝有體, 阿閦等餘佛所攝無體, 是則遮那獨遍法界. 或阿閦一佛能攝有體, 遮那與餘一切佛所攝無體, 此則阿閦獨遍法界, 餘一切佛各作能攝, 其義皆爾. 由此有體不俱, 遍義雖成, 主伴義廢, 故《鈔》云, "若不相見卽乖主伴." ○言主主不相見者, 一佛爲主, 餘佛爲主, 義邊體廢, 故云不相見也. ○言伴伴不相見者, 遮那一佛爲伴時,[283] 餘十方佛爲伴, 義邊體廢, 旣無雙存, 故云不相見也.

○ '말하자면 만일 상견相見한다면 곧 서로 변만하다는 것에 괴리된다'고 하는 의미는 '만일 상견한다면 주主·반伴이 나누어 성립되고, 만약 주·반이 성립되면 서로 변만하다는 것에 괴리된다'는 것이다. 이에 아

---

283   底本에는 없음.《金澤寫本》참조 보충.

직 알지 못할까 염려되어 거듭 또다시 현시하겠다. 비로자나불이 사바세계에 있으면서 주체가 됨을 따라 동쪽 인근의 한 세계인 아촉불 등 시방의 일체불은 반려가 되어 곧 상견하는 것이 인정된다. 비로자나 주불이 동쪽 인근의 한 세계로 이동함을 따라 아촉불 등 시방의 일체 반려불도 동쪽 인근의 한 세계로 이동한다. 동쪽 인근이 그렇게 됨을 따라 서쪽 인근 등도 역시 그렇다. 이 때문에 주불이 도착한 곳에 도리어 반려불이 없게 되고 반려불이 머문 곳은 도리어 주불이 없게 된다. 그러므로《초》에서 '서로 변만하다는 것에 괴리된다'고 한 것이다.

○ '만일 상견하지 못한다면 곧 주·반에 괴리된다'고 한 의미는 비로자나 일불은 능섭能攝이어서 유체有體이고, 아촉불 등 나머지 불은 소섭所攝이어서 무체이면, 이것은 곧 비로자나불만이 홀로 법계에 변만한 것이다. 혹은 아촉 일불은 능섭유체이고 비로자나불과 나머지 불은 소섭무체이면, 이는 곧 아촉불만이 홀로 법계에 변만한 것이다. 나머지 일체불이 각기 능섭이 되는 그 뜻도 모두 그렇다. 이 유체가 함께하지 않는 것을 말미암아서 변만의 뜻은 성립되지만 주·반의 뜻은 없어진다. 그러므로《초》에서 '만일 상견하지 못한다면 주·반에 괴리된다'고 한 것이다.

○ '주체와 주체가 상견하지 못한다'고 한 것은 일불이 주체가 되고 나머지 불도 주체가 되는 뜻 측면에서 체가 없어지므로 '상견하지 못한다'고 한 것이다.

○ '반려와 반려가 상견하지 못한다'고 한 것은 비로자나 일불이 반려가 될 때, 나머지 시방불도 반려가 되는 뜻 측면에서 체가 없어져 이미 쌍으로 존재하는 것이 없으므로 '상견하지 못한다'고 한 것이다.

(祖燈七十二也, 神疲眼昏點科, 乃一時重覽之, 意慮有多不是, 幸勿罪之痛
告[又/又]處).²⁸⁴

(조등이 72세인지라, 정신은 피로하고 눈은 어두워 과점하는데 한꺼번에 중복해 보
았으니 옳지 못한 것이 많을까 염려스럽다. 통렬하게 꾸짖지 말면 다행이다.)

《大方廣佛華嚴經談玄決擇》卷第三
《대방광불화엄경담현결택》권제3

〈錄摘文解〉

[030c20] 歸命, 十禮, 十喩, 數²⁸⁵ 三寶, 十號, 十恩, 普賢文殊, 最勝良田, 多歧亡
羊, 不知萬行令了自心, 陶南北二宗禪門, 雖入先生之門猶迷, 衣內之珠, 見想心三
倒, 九門, 始成正覺, 三音, 破娑婆形如虛空, 《晉經》失旨致古釋詞枝, 三義釋, 因
十義, 靈鑒匪磨而頓朗萬法, 六句明依正, 體外無用唯相卽故, 一道至果, 十義釋
行無成故, 六堅六定, 十信, 十心, 十住, 十行, 十向, 十地, 等妙, 行布是敎相施設,
一斷一切斷, 三人共觀一月, 一念嗔生百萬障, 不體理事行亦非眞, 包性德而爲體,
以言顯示令其知有, 開示悟入佛之知見, 四因佛性, 利今²⁸⁶后義, 初發心時便成正

---

284   이 부분은 《金澤寫本》의 〈사본기〉에는 전혀 기록이 없다.

285   底本 作 "敎", 《金澤寫本》 참조 수정.

286   底本 作 "令", 《金澤寫本》 참조 수정.

覺, 所謂無性等, 問答法性身土, 淨穢刹百億閻浮等, 十住遍時不妨餘遍, 遮那餘佛見不見失,

[031a12] 本云, ⁽辛未⁾同三月一日於大宋國一交了.

〈사본기〉에 다음과 같이 말하였다. ⁽신미⁾ 같은 3월 1일에 대송국에서 한 번 교정해 마쳤다.

華嚴經談玄決擇記

부록

부록 1

선연대사묘비鮮演大師墓碑
天慶八年

夫釋之教其興也勃焉, 歷代寶之, 以爲玄理, 非至賢者孰能興弘此哉! 恭惟守太傅大師, 古今之傑也, 諱鮮演, 家族系于懷美之州, 俗姓出于隴西之郡. 其父諱從道, 性聰善慮, 辭辨能書, 隱而不仕, 逝于中年. 其母楊氏, 素蘊貞姿, 夙懷淑德. 先以儒典誘師之性, 次以佛書導師之情, 觸而長之, 心乎愛矣. 不類於俗, 可驚於人. 有同鄕太師大師聞之, 嘆嘉不已, 因而傳化, 至於居所. 一目之間曰: "雖小藏器, 用之太遽, 乃方便誘化, 自然省悟." 隨詣上都, 禮太師大師爲師, 出家住大開龍寺. 芯䓖軌範, 不學成能. 凡所見聞, 皆長于衆. 同門謂之曰: "麒麟之於走獸, 鳳凰之於飛鳥, 拔乎其萃也." 淸寧五年, 未及弱齡, 試《經》具戒, 擢爲第一. 不日間, 辭衆遊方, 尋師就學. 始於白霅,[001] 次於幽燕. 凡踐論場, 聲名日益. 有秦楚國大長主謂師曰: "願爲善友, 請入竹林寺, 永爲講主." 周載之餘, 聲聞於上, 特賜紫衣, 慈惠德號. 自爾名馳獨步, 振於京師. 偶遇道宗幸燕, 有通贊疎主

---

001   나라이름 습

特具薦揚. 復承聖渥, 改充大開龍寺暨黃龍府講主. 凡敷究之暇, 述作爲心, 撰《仁王護國經融通疏》《菩薩戒纂要疏》《唯識論掇奇提異鈔》《華嚴經玄談決擇記》《摩訶衍論顯正疏》《菩提心戒》暨《諸經戒本》, 卷袟頗多. 唯《三寶六師外護文》一十五卷, 可謂筌蹄乎萬行之深, 筆削乎千《經》之奧. 通《因明》大義, 則途中暴雨而不濡其服; 刊《楞嚴》鈔文, 則山內涸井而自涌其泉. 由是, 高麗外邦, 僧統傾心; 大遼中國, 師徒翹首.[002] 故我道宗, 聖人之極也. 常以冬夏, 召赴庭闕, 詢頤玄妙, 謀議便宜. 唯師善於敷揚, 協於聽覽. 大安五年, 特授〈圓通悟理〉四字師號. 十年冬, 奏係興中府興中縣. 壽昌二年, 遷崇祿大夫, 檢校太保. 奉旨開壇, 七十有二; 應根度衆, 億兆有餘. 北闕名高, 西樓器重. 逮于今主上, 眷兹舊德, 錫爾新恩. 乾統元年加特進階 守太保. 六年, 遷特進 守太傅. 首陰門人, 親弟興操〈紫衣〉二字師號; 興義紫衣 崇祿大夫 鴻臚卿; 興密 興智 興祚紫衣德號. 其餘承應者罔算也. 次蔭俗弟曰亨, 左承制兼監察御史; 俗侄永晟, 禮賓副使兼殿中寺; 次俗侄永安, 永寧竝在班祗候. 至於乾統四年, 其父追封太子左翊衛校尉, 其母追封弘農縣太君. 當此之時, 緇徒爵號, 慶萃一門. 俗眷身名, 光生九族. 至於天慶二年, 固辭帝闕, 潛養天齡. 寒暑屢遷, 氣形仍固. 奈何和光順生, 壽逾六紀; 示相託疾, 時過七旬. 餌靈藥以無徵, 成惠身而有限. 今則送終禮畢, 遷奉儀修. 窆窆[003]之事已完, 琬琰之文乃建. 資于實錄, 示于將來. 奎, 鄉係析津, 職縻潢水. 政慚製錦, 學愧涸[004]金. 見託在兹, 勉爲記爾. 時天慶八年四月二十一日.

---

002   빼어날 교. 교수: 머리를 들고 바라봄.

003   둔석. 광중에 관을 내림. 埋葬함. 또는 묘혈. 광중.

004   조금. 시들 조.

작자 □ 奎

□ 奎, 天祚時人. 天慶八年(一一一八) 撰《鮮演大師墓碑》, 內稱〈鄉係析津, 職麋潢水〉. 可知爲析津 (今北京大興) 人, 任職于潢水. 兹錄文一篇. [《遼代石刻文編》]

[據河北教育出版社本《遼代石刻文編》收] (665~667쪽)

(劉潭 劉鳳革整理)

요대遼代 선연鮮演에 수용된 법장法藏의 화엄사상[001]

I. 들어가는 말

동아시아 화엄교학의 대성자인 현수법장賢首法藏(643-712)이 자신이 직접 역경 장에 번역으로 참여했던 80권본《화엄경》(이하《80화엄》)의 주석서《화엄경약소華嚴經略疏》12권을 저술하다 미처 끝내지 못하고 입적하자 제자인 혜원慧苑(673-?)이 그를 이어《약소간정기略疏刊定記》15권(이하《간정기》)을 저술한다. 그런데 청량징관清凉澄觀(738-839)은 혜원의《간정기》에 대해 법장의 소문을 고치고 글체가 고덕을 따르지 않았다고 열 가지

001   본 논문은 대한불교조계종 교육원의 연구비 지원으로 수행한 연구임. 2018년 3월 24일 동국대학교 불교문화연구원 HK연구단 주최,《법장法藏과 동아시아 불교》국제학술대회에서 발표한 논문을 수정 보완한 글로,《佛教學報》85집(pp.61~81)에서 재인용하였다.

조목으로 비판한다.[002] 현수국사만이 비전秘典의 문을 얻었다고 보고, [003] 그를 종지로 받들어 새롭게《화엄경소華嚴經疏》20권(이하《대소》)을 지었으며, 이후 제자들의 요청으로《대소》를 직접 수문해설한《수소연의초隨疏演義鈔》40권(이하《연의초》)을 짓게 된다.

징관은 법장이 60권본《화엄경》(이하《60화엄》)을 주석한《탐현기探玄記》20권에서《화엄경》을 풀이하던 방식을 여기에 도입하고, 그 명칭과 순서를 조금 바꾼 상태로《대소》의〈본문〉을 10장章으로 주석한다. 다만 경문을 주석하기 전,《화엄경》의 이해를 돕기 위한 개론적인 설명 부분이《탐현기》에는 제1권에서만 다뤄져 있어, 모두 8권에 달한《화엄경소초》와는 분량상 차이가 있다.[004]

당대唐代의 화엄교학이 법장에 의해 대성되고, 징관에 의해 혁신을 거듭한 이후, 북송에서는 '현수종'으로 불렸을 만큼 법장의 화엄학이 중시되었다. 반면에 같은 시기의 요대遼代에서는 징관의 화엄학이 중점적으로 연구된다.[005] 후대에《대소》권제1~4까지,《연의초》권제1~15까지에 해당하는 입문 부분(이하《현담》)을 분석한 주석서 총 6종 가운데 3종이 요대 화엄학승에 의해 저술되었다는 점 등은 이를 방증한다.[006]

---

002   澄觀 外, 실상사화엄학림 편역,《화엄경현담》(상·하권)(서울: 대한불교조계종교육원, 2003), pp.185~196. 제3문,〈귀경청가〉에서 밝히고 있다.

003   앞의 책, pp.68-69,〈隨疏演義鈔序〉.

004   이는 법장이《화엄일승교의분제장》《화엄경지귀》등을 통해 이미 화엄의 중요 쟁점들을 상당 부분 해설했던 데에서 기인한다고 할 수 있다.

005   쓰沙雅章,《宋元佛教文化史研究》(東京, 汲古書院, 2000), pp.89~100에 의하면, 1987년 하북성 풍윤현 천궁사 불탑에서《契丹藏》인《80화엄》의 간본이 발견되고, 1974년에는 산서성 응현 불궁사 목탑에서《60화엄》1권,《80화엄》3권,《대소》와《연의초》의 간본 4권,《현경기》의 단간이 발견되어 요대 불교에서 가장 번성했던 종파가 화엄종이었다는 사실이 드러났다.

006   쓰沙雅章, 앞의 책, p.142, 요대 학승들이 저술한《현담》의 주석서는 ①道弼 述,《演義集玄

요대 화엄학의 제일인자인 선연鮮演(1045-1118)이 저술한《화엄경담현결택기》6권(이하《결택기》) 역시 징관의《현담》을 수문해설하는 형식으로 주석한 것이다. 사실,《대소》와《연의초》가 징관이 법장을 종지로 받들어 지은 것이고,《결택기》가 그것의 주석서인 점으로 볼 때, 일일이 열거할 필요도 없이《결택기》에는 자연스럽게 법장의 사상이 녹아들어 있다. 실제로《결택기》에는 법장의《교의분제장》이 가장 많이 인용되었고, 자주 '현수의 뜻'이라고 회통하는 점이 이를 뒷받침한다. 특히《현담》본문의 제1장,〈장藏과 교敎에 거두어지는 곳(藏敎所攝)〉과 제2장《화엄경》의 의리의 분제(義理分齊)〉에서 많이 인용되어, 5교10종과 십현문 등 화엄일 승원교의 의리를 밝히는 데 있어 주요 쟁점들을 선연이 법장의 저술을 적극 활용하고 있는 것에서 잘 나타난다.

　여기서는 선연의 사상적 심화나 변화의 측면보다는 구체적인 인용 문헌과 인용 횟수, 인용 내용에 대한 분석을 통해 선연이 법장의 사상에서 무엇을 강조하고 있는지, 석성하고 있는 내용은 무엇인지를 중심으로 선연에게 수용된 법장의 화엄사상을 살펴보고 나아가 요대의 화엄사상 속에 법장 화엄사상의 위상을 파악하고자 한다.

Ⅱ.《결택기》에서의 법장 문헌 인용에 대한 분석

記》六卷, ②鮮演 述,《華嚴經談玄決擇》六卷, ③思積 集,《演義鈔玄鏡記》二十卷이 있다. 후대에 宋代의 ④觀復 述,《華嚴經會解記》十卷과 日本의 ⑤湛睿 述,《演義鈔纂釋》三十八卷, 元代의 ⑥普瑞 述,《懸談會玄記》四十卷의 세 종류가 더 있다.

1. 인용 문헌과 인용 횟수

법장의 주요 저작에는 대략 30부가 있다고 알려져 있는데, 그 중에서 《화엄경지귀華嚴經旨歸》(이하《지귀》) 1권, 《화엄강목華嚴綱目》 1권, 《교의분제장》 3권(4권), 《탐현기》 20권, 《기신론의기起信論義記》 2권, 《십이문론소十二門論疏》 1권, 《법계무차별론소》 1권, 《반야심경약소般若心經略疏》 1권, 《입능가심현의入楞伽心玄義》 1권, 《밀엄경소密嚴經疏》 4권, 《범망보살계본소梵網菩薩戒本疏》 6권, 《화엄경전기華嚴經傳記》 5권 등 10여 부는 그의 진찬인 것으로 파악되고 있다.[007]

《결택기》에서 법장의 저술을 활용한 방식은 직접적으로 인용하거나 《대소》나 《연의초》를 통해 간접적으로 인용하거나, 선연이 회통하면서 '현수의 의미'를 찾아 언급하는 형태이다. 각 권에서 직간접적으로 인용된 문헌과 인용된 횟수 등을 정리해 보면 다음과 같다.

【표 1】 인용 문헌과 인용 횟수

찬술	인용 문헌	《결택기》각 권의 인용 횟수					
		권 제1	권 제2	권 제3	권 제4	권 제5	권 제6
법장	《교의분제장》	1		1	7	5	3
〃	《화엄경지귀》			2			
〃	《탐현기》		1				
〃	《기신론의기》				1		
징관	《대소》《연의초》를 통한 재인용		1(탐)		2(기, 탐)		
선연	회통(현수의 의미)	2	2		5	5	2

007   기무라 기요타 저, 《중국화엄사상사》(서울, 민족사, 2005.) pp.134~137.

위의 [표 1]에 따르면, 《결택기》에서 인용한 법장의 저술은 《교의분제장》《지귀》《탐현기》《기신론의기》 등 네 종류이다. 이 가운데 가장 많이 인용한 것은 《교의분제장》으로 거의 20회에 가깝다. 《교의분제장》은 화엄학 강요서로서 법장이 화엄일승의 교의를 설명하기 위해 〈건립일승建立一乘〉 등 10장[008]으로 구성했다. 《결택기》에는 제2권을 제외한 전 권을 인용하였으며, 특히 제4, 5권에서 많이 인용하였다.

제4, 5권은 《현담》 본문의 제2장 〈장교소섭〉을 수문해설한 부분이다. 이는 《현담》 자체에서도 가장 많은 분량으로 다뤘던 부분이다. 징관은 이 장에서 《화엄경》이 경율론 삼장과 수다라분 등의 12부경 가운데 어디에 어떻게 거두어지는지와 어느 교로 분류되는가를 설명하였다. 그 과정에서 당대唐代까지 인도와 중국에서 논의되었던 부처님 일대시교의 교판을 총정리하면서, 법장이 지상지엄至相智儼(602-668)으로부터 계승 발전시킨 '5교10종'[009]을 그 종지로 받아들이고 있다. 선연 역시 이 부분을 해설할 때 《교의분제장》을 빈번하게 인용하면서 이를 석성釋成하거나 회통하고 있다.

또, 세 차례 정도 인용한 제6권의 경우는 《현담》 본문의 제3장 〈의리분제〉를 수문해설한 부분이다. 이는 《화엄경》 '의리의 문제'를 '이사무애' 부터 '사사무애'의 측면인 '십현문十玄門'과 십현문의 조건을 파악한 '덕상德相과 업용業用이 말미암고 있는 원인(德用所因)' 등을 설명한 핵심 장

---

008 《華嚴一乘敎義分齊章》卷第一(T45, 0477a08), "今將開釋如來海印三昧, 一乘敎義略作十門. 建立一乘第一, 敎義攝益第二, 古今立敎第三, 分敎開宗第四, 乘敎開合第五, 起敎前後第六, 決擇其意第七, 施設異相第八, 所詮差別第九, 義理分齊第十."

009 이는 《교의분제장》의 제3장, 〈古今立敎〉부터 제4장, 〈分敎開宗〉, 제5장 〈乘敎開合〉을 통해서이다.

이다. 따라서 선연이 빈번히 활용한《교의분제장》에 대해서는 제III장에서 독립적으로 다룰 예정이다.

다음으로,《지귀》는《결택기》제3권에서 두 차례 인용되었다. 이 부분은《현담》본문의 제1장 〈가르침이 일어난 인연(敎起因緣)〉의 열 가지 연기緣起 가운데 제1연기《화엄경》을 설한 시간〉과 제2연기《화엄경》을 설한 장소〉를 다룬 곳이다. 이는 법장이《지귀》에서 다룬 내용[010] 가운데 앞의 5장이 곧《현담》본문의 제2장 〈교기인연〉의 연기10문에 해당되는 것과 연관이 있다.

또,《탐현기》는 직접적으로 인용되거나《대소》와《연의초》를 인용하면서 그 글 속에서 재인용된 경우로 세 차례 정도이다.《기신론의기》는 두 차례 인용되었는데, 제3연기 〈교주敎主에 의지함〉을 다섯 단락으로 설명하는 가운데 제5단락 〈다른 교를 회석〉하는 단락에서《대승기신론》을 인용하여 회통하는 부분이다. 구체적인 인용 내용은 다음 장과 같다.

끝으로, 두 번째로 많이 쓴 것은 '회통'을 통한 방식인데, 이는 법장의 저술을 구체적인 논거로 인용하진 않았지만 '현수의 입장', 혹은 '현수의 의미' 등이란 표현을 통해 법장의 뜻이 드러나도록 주석한 것을 말한다. 이러한 방식은 문헌을 인용한 것만큼이나 많다. 다만 여기서는 선연이 회통을 통해 법장의 사상을 수용하기도 했다는 사실을 밝히는 것으로

---

010 《지귀》(T45, 0589c)의 大門은 다음과 같이 구성되어 있다. "今略擧大綱, 開茲十義. 撮其機要, 稱曰旨歸. 庶探玄之士粗 識其致焉. 一說經處, 二說經時, 三說經佛, 四說經衆, 五說經儀, 六辯經敎, 七顯經義, 八釋經意, 九明經益, 十示經圓."으로 되어 있어《현담》본문의 제1장, 〈교기인연〉에 배대됨을 알 수 있다.

가름한다. 법장사상의 수용에 대한 내용 분석은 다음의 연구로 미룬다.

2. 인용 내용을 통한 분석

◆― 《지귀》를 통한 수용

선연은 《결택기》에서 《지귀》를 두 번 인용하는데, 두 번 모두 제3권에서
이다.[011] 첫 번째로는 징관이 《현담》 본문의 제1장 〈교기인연〉의 열 가지
연기 중 제1연기 《화엄경》을 설한 시간〉을 다루면서 법장의 《지귀》에
서 설명한 〈경을 설한 시간〉의 십중十重의 시별時別을 그대로 수용하되
한 글자씩 덧붙여서 뜻을 쉽게 드러내는 방식[012]으로 설명하고 '자세한
것은 《지귀》와 같다'고 결론지어서 스스로 법의 출처를 밝힌 부분에서
이다. 선연은 그중 아래 단락을 더 가져와 부연 설명을 붙인다.

《지귀》에서,
"묻는다. 만일 이 《화엄경》을 다겁多劫에 항상 설법한다면 무슨 까닭
으로 여래는 열반에 듦이 있습니까?

---

011 지현(박은영), 〈遼代 鮮演의 《華嚴經談玄決擇記》의 연구와 역주〉(박사학위논문, 동국대학교
일반대학원, 2017), pp.958~961에 《卍續藏經》(X8, 33b10-11)에 유실되었던 8紙3行의 2,609
자를 《가나자와사본》에 의거하여 새로 보충해서 실었다.

012 《대소》 권제1(T35, 0505a), "今以無時之時. 略顯十重時別. 初唯一念. 二盡七日. 三遍三際. 四
攝同類劫. 五收異類劫. 六以念攝劫. 七劫念重收. 八異類界時. 九彼此相入. 十以本收末. 謂
以非劫爲劫故. 於前十時. 恒演此經." 각 항목에 밑줄 친 곳이 징관이 덧붙인 글자이다.

답한다. 이 경전을 설법하는 불佛은 본래 열반하지 않는다. 〈입법계품〉에서 '전단좌여래의 탑문을 열어 삼세의 불佛을 보았는데 열반에 든 분은 아무도 없었다'[013]라고 하였고, 또다시 이 초시初時로써 이미 다겁多劫을 거둬들였으니 이 때문에 열반을 시현했지만 역시 이 가운데 있는 것이며, (중생을) 거둬서 교화하는 위의威儀 가운데 열반에 든 것도 역시 설법하여 중생을 거둬들이는 것이니 성도하여 설법하는 것과 차별이 없기 때문이다. 이 때문에 설법은 언제나 그친 적이 없다. 또다시 이 노사나불은 항상 화장세계에 있으면서 항시 설법한다. 애초에 열반에 듦이 없고 평상처럼 머물기 때문이다'라고 하였다.[014]

위는 법장이 10중의 시별을 설명한 뒤에, '이 한량없는 시겁에 항상 화엄을 연설하여 애초에 그친 적이 없다'[015]고 결론짓고 이에 관한 논란을 문답형식으로 회통한 글 가운데 하나이다.

나머지 하나는 '《화엄경》을 설한 법회가 끝난 적이 없다면 어떻게 이 한 부의 《화엄경》이 존재하는 것을 용납할 수 있는가?'[016] 하는 것인데,

---

013 《華嚴經》권제68(T10, 366b), "我知十方一切世界諸佛如來, 畢竟無有般涅槃者, 唯除爲欲調伏衆生 而示現耳. 善男子, 我開栴檀座如來塔門時, 得三昧, 名佛種無盡."

014 지현(박은영), 앞의 논문, p.958, 《결택기》권제3(보충분), "[疏]廣如旨歸者, 旨歸云〈問: 若此多劫常恒說者, 何故如來有涅槃耶? 答: 說此經佛, 本不涅槃. 法界品中, 開栴檀塔, 見三世佛, 無涅槃者. 又復以此初時旣攝多劫. 是故示現涅槃, 亦在此中. 攝化威儀之中, 涅槃亦是說法攝生. 與成道說法, 無差別故. 是故說法總無休時. 復此盧舍那佛常在花藏, 恒時說法. 初無涅槃, 如常住故.〉"

015 《旨歸》(T45, 0590c), "於此無量時劫. 常說華嚴初無休息. 問准此所說. 說華嚴會總無了時. 何容有此一部經教 …"

016 上同.

징관은 바로 이 문답에 대해서만 자신이 '이 〈경을 설한 시간〉에 의거하면 시작함과 끝냄이 없지만 또한 보고 듣는 것을 따라서 초회에 성불함과 9회에 마침 등을 말하는 것이다'라고 부연 해설하고, 선연이 덧붙인 문답 부분은 생략했다. 선연이 《지귀》와 같다'는 구절을 수문해설하기 위해 이를 인용했다 하더라도 '열반에 들지 않고 항상 설한다'고 하는 화엄에서의 '항시설법'이라는 중요한 논제를 법장의 《지귀》를 통해 확인시키고 있는 것은 분명하다.

두 번째 인용은 《연의초》 본문의 제2연기 〈경을 설한 곳〉에서이다. 징관은 앞서 법장의 '10중의 시별'을 그대로 수용했던 것과는 달리, 여기서는 법장이 《지귀》에서 설명하고 있는 십처十處[017]에 근거하면서도 자신이 새롭게 3처를 넣고 《지귀》의 4처는 합치거나 없애는 등으로 수정한다. 그리고 "이 십처가 법계에 두루하니, 앞의 9처는 비로자나불의 설법처이다"라고 결론짓는다.[018] 그 뒤 "만일 저곳에서 (십주를) 설법하지 않았다고 하면 설법한 곳이 변만하지 않은 것이며, 만일 저곳에서도 (십주를) 설법했다면 설법한 곳이 잡란할 것인데, 어째서 경에서는 '도리천에서는 십주법을 설하고, 야마천에서는 십행법을 설했다'고만 했는가?"[019]라고 묻고 여기에 답하기를 "십주十住 등을 설법한 곳이 비록 또다시 각

---

017 《旨歸》(T45, 0589c), 〈說經處〉, "今從狹至寬略開十處. 初此閻浮. 二周百億. 三盡十方. 四遍塵道. 五通異界. 六該別塵. 七歸華藏. 八重攝刹. 九猶帝網. 十餘佛同."

018 《대소》권제1(T35, 0505b), "若從陜至寬, 略顯十處. 初此閻浮, 七處九會而周法界. 如升須彌. 二周百億同類一界, 亦遍法界. 如光明覺品. 三遍異類, 樹形等刹. 四遍刹種, 五遍華藏. 六遍餘刹海, 若種刹形. 七遍前六類刹塵. 皆有同異類刹. 八盡虛空界, 容一一毛端之處. 各有無邊刹海, 九猶帝網. 十餘佛同. 然上十類一一各遍法界. 而前九正是遮那說法之處."

019 《연의초》권제4(T36, 026c), "未知夜摩天等亦說十住不. 設爾何失. 二俱有過. 若彼不說. 則說處不遍. 若彼亦說處. 則雜亂. 何以經中唯云忉利處說十住法. 夜摩天處說十行等耶. 故爲此通

722

각 법계로부터 터럭과 티끌에까지 변만하지만 문門이 같지 않으며, 또한 뒤섞이지도 않는다"[020]고 하였다. 이 문답 내용에 대해, 선연은 《연의초》에서 답변했더라도 뜻이 여전히 잠기어 감춰져 있으니 지금 《지귀》에 의거하여 앞의 논란에 답변해 보겠다"[021]고 언급하면서 다음을 인용하고 있다.

"여기서 십주十住를 설법한 도리천의 처소가 이미 시방 일체의 진도塵道에 변만하다. 그렇기 때문에 야마천 등 처소에 모두 도리천이 있으며, 이미 이와 같이 야마천 등 처소에 변만한 도리천 처소에서 십주를 설법했다면, 이 때문에 도리천이 널리 변만하지 않음이 없는 것이고, 야마천 등 처소에서 십주를 설법한 것은 아니다. 십행十行 등을 설법한 야마천 등 처소도 역시 도리천 등의 처소에 변만한 것이지 이내 도리천 등 처소에서 십행 등을 설법한 것이 아니다. … "[022]

징관이 앞의 답변에 이어 "이것은 은현문이어서 하나의 문이 드러날 때 나머지 문은 감춰진다. 예컨대 십주로 문을 삼으면 오직 십주가 변만한 것만을 말하고, 십행으로 문을 삼으면 오직 십행이 변만한 것만

---

020   《대소》권제1(T35, 0505b), "然說十住等處雖復各遍法界, 乃至塵毛. 爲門不同, 亦無雜亂."

021   지현(박은영), 앞의 논문, p.961, "[鈔]云若彼不說則說處不遍, 若彼亦說, 處則雜亂. 何以經中唯云切利說十住法等者, 鈔雖有答, 義猶沈隱. 今依旨歸, 以答前難云."

022   지현(박은영), 앞의 논문, p.961, "此說十住切利天處, 旣遍十方一切塵道. 是故夜摩等處皆有切利, 卽於如是遍夜摩等切利天處說十住. 是故切利無不普遍, 仍非夜摩等處說十住也. 說十行等夜摩等處, 亦遍切利等處, 仍非切利說十行等也. 故不違經, 亦無不通."

을 밝히는 것 등과 같다"[023]고 언급하는 등 재차삼차 힐난과 답변을 통해 설명을 전개했는데도 불구하고 선연은 여전히 감춰져있다고 보고, 직접 법장의 글을 인용함으로써 이해를 도운 것이다. 게다가 선연은 《지귀》를 인용하면서도 이해하기 쉽도록 몇 글자를 덧붙이는 방식으로 인용하고 있다.[024] 이와 같이 선연은 '열반에 들지 않고 항상 설법한다'라든가 '주변하고 변만하게 항상 화엄을 설법한다'라는 《화엄경》을 설한 시간과 장소에 관한 중요 쟁점을 법장의 글로 거듭 인증함으로써 논란의 여지를 없애고 있다. 이는 선연이 법장의 사상을 활용하는 훌륭한 방식이다.

◆── **《탐현기》를 통한 수용**

선연은 《결택기》에서 《탐현기》를 직접 인용하거나, 《대소》에서 인용한 내용을 재인용하는 방식으로 언급한다. 구체적으로 살펴보면, 《대소》 서문의 제7문 〈단박에 초월하는 이익을 이룸〉에서 제5 단락인 '지혜를 이루는 이익을 밝힘'을 해설하면서 인용한다. 즉, 선연은 "동쪽 대탑묘에서 열어 밝힌 것'은 보리 지혜를 열어 밝힌 것이다"라고 해설하고, 곧이어 "이 보리심은 어느 계위에 해당하는가? 선재동자는 성인인가, 범부

---

023 《연의초》권제4(T36, 026c), "故爲此通. 於中三 初總答前問, 次重通再難, 後──一會下以一例餘. 初中卽隱顯門, 一門顯時餘門則隱. 如以十住爲門, 唯言十住遍. 十行爲門, 唯明十行遍等."

024 《旨歸》(T45, 590a), "此說十住忉利天處, 旣遍十方一切塵道. 是故夜摩等處皆有忉利, 卽於如此遍夜摩等忉利天處說十住. 是故忉利無不普遍, **仍非夜摩. 夜摩等處說十行等**, 皆亦遍於忉利等處, **仍非忉利. 當知亦爾.**"《결택기》의 인용문과 비교하면 몇 구절이 덧붙여졌다는 것을 알 수 있다.

인가?"묻고, "예전부터 여러 해석이 있다. 일설에는 십지 이상(地上) 보살이라고 하고, 일설에는 십지 이전(地前) 현인이라고 하며, 일설에는 둘에 통하여 지상과 지전 두 계위에 거둬진다고 하였다. 이상의 해석들은 모두 바른 뜻이 아니다"[025]고 전제하고서 법장의 글을 가져와 설명한다.

현수는 "(선재동자는) 신행信行에 잘 취향한 사람일 것이다. 원교圓教의 종지에 의거하면 그 3위位가 있다. 첫째는 견문위見聞位이다. 곧 선재가 바로 전생에 이와 같은 보현보살의 법문을 견문하였기 때문에 해탈분의 선근을 성취한 것이다. … 둘째는 해행위解行位이다. 이와 같은 다섯 계위의 행법을 단박에 닦는 것이니 선재동자가 이번 생에 성취시킨 것과 같으니 보현위에 도달한 것이 이것이다. 셋째는 인위因位에서 끝까지 다하여 과해果海에 녹아들어 같아지는 것이다. 선재동자의 내생이 이것이다.

묻는다. 만약 그렇다면 결정코 어떤 계위인가?

답한다. 말하자면 신심信心에 있을 때는 신위信位이고, 주심住心에 있을 때는 주위住位이다. 일신에 다섯 계위를 경력하여서 있는 것에 따라 그것에 거둬진다. 일체에 변만하기 때문에 보현의 지위地位와 같다"[026]고 하였으니, 이 한 견해가 경의 종지에 매우 수순한다.[027]

윗글은 징관이 《대소》에서 인용한 것을 선연이 재인용한 것으로, 바

025   《결택기》권제2(X8, 013b)

026   《探玄記》권제18, 〈入法界品〉제34(T35, 0454a)

027   《대소》(T35, 0921a)

로 법장의 《탐현기》 〈입법계품〉의 내용이다. 선연은 선재동자가 보리심을 열어 보인 일이 실제로 어떤 계위에 해당하는 것인가를 묻고 그 답을 법장에게서 얻고 있다. 여기서 징관은 '계위를 거치면서 수행하고 보현을 친견하면서 일시에 한꺼번에 갖춰진 것이다'라고 자신의 해설을 덧붙였는데, 이에 대해 선연은 '이 의미는 수행은 점차로 닦지만 계위는 단박에 증득한다는 것이니 지금의 뜻이다'라고 결론짓고 있다.

앞서 언급했듯이 징관은 《현담》 본문의 10장을 《탐현기》의 구성대로 수용하되 10문의 명칭과 순서를 조금 바꾸고 거의 유지시켰는데, 제1장 〈교기인연〉은 《탐현기》의 제1문 〈교기소유教起所由〉와 《지귀》의 앞 5문까지를 합친 형태이고,[028] 또, 제2장 〈장교소섭〉은 《탐현기》의 제2문 〈약장부명소섭約藏部明所攝〉과 제3문 〈현입교차별顯立教差別〉를 합친 형태로 수용하고 있다. 선연이 이 부분을 해설하면서 법장의 《지귀》를 인용한 것은 매우 자연스런 일이다. 그런데 위에서 언급된 《탐현기》는 《대소》의 서문을 해설한 곳이고, 게다가 제34품 〈입법계품〉에서 수행계위를 논한 내용이다. 선연이 다시 한 차례에 재인용한 것 역시 법장이 별교일승에 있어서 '인분가설'과 '과분불가설'을 '의대義大불가설'과 '설대說大가설'로 논하는 부분이다. 따라서 선연이 법장의 별교일승의 수행계위와 인분·과분설에 관한 관점을 《탐현기》를 통해서 적극 수용하고 있는 것을 알 수 있다.

---

028   법장은 《탐현기》의 제1문, 〈教起所由〉에서 教起의 '因由'를 다뤘고, 《지귀》의 앞 5문에서 教起의 '緣起'을 다뤘다.

◆― 《기신론의기》를 통한 수용

징관은 앞서 《대소》에서 본문의 제1장 〈교기인연〉의 열 가지 연기 가운데 제3연기 〈교주教主에 의지함〉에서 자신이 직접 정리한 2종의 십신十身과 《지귀》의 〈설경불說經佛〉에서 논한 십무애十無礙를 세밀하게 해설하고 "동일한 무애법계의 신운身雲이니, 이 신운으로 앞의 시간과 처소에서 주변하고 변만하게 항상 《화엄경》을 설한다"라고 총결한 뒤에 다른 교와 회석한다. 즉, 《기신론》의 '이 보살의 공덕이 꽉 차게 이뤄져서 색구경처에서 일체 세간의 가장 큰 몸을 보이나니'라는 글을 회통하여 "보신報身이 색구경천에 있다'고 말한 것은 과보를 거두는 것을 기준 삼아서 말한 것임을 알 수 있다"029라고 해석한다. 또, 스스로 《연의초》030에서 법장의 《기신론의기》의 주석을 가져와 설명을 덧붙였는데, 징관은 문구를 배대하지 않고 간단하게 설명한 것을 선연이 다시 각 구절의 문장과 법장의 주석을 배치시키면서 거듭 해설한다.031 그리고 위에서 언급한 《기신론》의 내용을 사람들이 달리 이해하는 경우가 많다고 전제

---

029 《대소》권제1(T35, 506a), "同一無礙法界身雲. 以此身雲. 遍前時處. 常說華嚴. 是知或說報身在色究竟. 約攝報說."

030 《연의초》권제4(T36, 031b), "起信論云. 又是菩薩功德成滿. 於色究竟處. 示一切世間最高大身. 謂以一念相應慧. 無明頓盡. 名一切種智. 自然而有不思議業. 能現十方利益衆生. 藏和尙疏. 引地論釋云. 一者現報利益. 受佛位也. 二者後報利益. 摩醯首羅智處生故. 自問云. 何故他受用報身在此天耶(者), 一義云, 以寄報十王, 顯別十地. 然第十地寄當此天王. 卽於彼身示成菩提. 故在彼天. 餘義如別說."

031 《결택기》권제4(X8, 034a), "又是菩薩功德成滿者, 一因位窮也. 故地論云, 一者現報利益, 受佛位故. 於色究竟處, 示一切世間最高大身者, 二果位彰也. 故地論云, 二者後報利益, 摩醯首羅處生也. 何故他受用報身, 在此天者? 一義云, 以寄十王顯此十地. 然第十地菩薩, 寄當此天. 卽於彼身, 示成菩提, 故在彼天. 餘義如別說."

하고서 《심지관경》의 문장을 인용하면서 법장의 주석을 석성한 뒤에[032] '어째서 타수용보신이 이 천상에 있는가?' 하는 법장의 질문에 대해 심층적인 해설을 덧붙이고 있다.

묻는다. 이 타수용신은 보살이 나타내는가, 여래가 현현하는가? 만일 보살이 나타낸다면 어째서 《심지관경》에서는 '일체 여래가 십지의 모든 보살 무리로 변화하여 10중의 타수용신을 현현한다'고 하고, 보살이 나타낸다고는 하지 않았는가? 만일 여래가 현현한다면 어째서 《초》에서는 '그러나 제10지第十地 (보살)은 계위에 기댄 것(寄位)이 이 천왕에 해당되니, 곧 그 몸에서 보리를 성취하는 것을 시현한다. 그런 까닭에 저 천상에 있다'고 했는가?

답한다. 첫 번째 해설은 오직 여래만이 현현한다. 자보의 실불을 숨겼기 때문에 천왕보살이 시현으로 보리를 성취한다고 설한 것이다. 마치 소승을 상대해서는 일심의 진실한 견도를 숨기고, 곧 세제일위의 무간도에서 고법지인苦法智忍을 이끌어 낸다고 설하는 것과 같다. 두 번째 해설은 보살이 나타낸다. 이미 지전地前의 십신위十信位에도 오히려 화신을 나타낼 수 있다고 인정했다면 어째서 십지十地에서 보신을 현현하는 것을 인정하지 않겠는가? 또, 십지十地에서 이미 평등성지를 얻었다면 어찌 보신을 화현化現하지 못하겠는가?"[033]

---

032   《결택기》권제4(X8, 033c), "又是菩薩功德成滿於色究竟處示一切世間最高大身, (心地觀經云, … 利益眾生者, 利他業用, 他報化身也.)"

033   《결택기》권제4(X8, 034a), "言何故他受用報身在此天者等者, 問: 此他受用爲菩薩現耶? 爲如來現耶? 若菩薩現, 何故心地觀經云, 一切如來爲化十地諸菩薩眾, 現於十重他受用身. 不言菩薩現耶? 若如來現, 何故鈔云, 然第十地寄當此天, 卽於彼身, 示成菩提. 故在彼天. 答: 一云, 唯如來現. 隱自報實佛故. 說天王菩薩示成菩提. 如對小乘隱一心眞見道, 便說世第一無間引生苦法智忍也. 二云, 菩薩現. 旣許地前十信尚得現於化身, 何不許十地得現報身耶? 又

여기서 선연이 논거로 들은 '계위에 기댄 것이 이 천왕에 해당되니, 그 몸에서 보리를 성취하는 것을 시현示現한다. 그런 까닭에 저 천상에 있다'는 것은 법장이 《기신론의기》에서 《십지경론》을 인용하여 해석하면서 앞선 질문에 스스로 답변한 내용이다. 법장은 먼저 '과보로 받는 십왕에 의지하여 따로 십지를 드러낸 것이다'고 전제하고 위와 같이 답변한다. 선연은 또 다른 문답을 통해 '이 천왕이 자보의 실불을 숨기고 시현으로 보리를 성취한다'는 등의 중층적인 논의를 전개하여 법장의 뜻을 석성釋成하고 있다.

또, 법장이 '나머지 뜻은 별도에서 설한 것과 같다'[034]라고 생략한 언급에 대해서는 선연이 장수자선長水子璿(965-1038)의 《기신론필삭기起信論筆削記》[035]를 덧붙여서 설명함으로써 별설의 뜻을 드러냈다.[036] 형식은 《연의초》를 수문해설하는 것이지만 결과적으로 법장의 《기신론의기》의 의미를 세밀하게 주석한 것이다.

十地旣得平等性智, 豈不能現化報身耶?"

034　《大乘起信論義記》下末(T44, 281a), "又是菩薩功德成滿於色究竟處示一切世間, 最高大身. … 餘義如別說. 謂以一念相應慧無明頓盡名一切種智. 自然而有不思議業, 能現十方利益衆生. …"

035　長水子璿, 《起信論疏筆削記》卷第17(T1848, 391)를 요약해서 인용하고 있다.

036　《결택기》권제4(X8, 034a), "起信鈔釋在彼天者, 而有五義; 一云, 以二乘人執化身八相爲眞佛, 不信別有聖人. 又信第四禪是聖人生處. 今欲令二乘知八相非眞, 故於彼天示成佛也. 二由, 三災不及故. 三緣, 欲界色質麤重是有, 無色界都無色質是無, 表離有無契於中道故. 四, 以摩醯首羅面有三目, 表證三德大涅槃故. 五, 下界慧多定少, 上界四空定多慧少. 爲表定慧平等故."

Ⅲ. 선연의 법장《화엄일승교의》의 수용에 대해서

1. 오교교판의 수용

◆— 삼승과 일승의 불일불이

선연이《교의분제장》을 통해 가장 많이 수용한 법장의 '화엄일승교의' 사상은 바로 '일승을 건립'하는 데 있어 삼승과 일승의 관계, 일승에 있어서는 별교일승과 동교일승에 관한 부분이다. 좀 더 구체적으로는 삼승과 일승의 '불일불이不一不異'의 관계에서부터《법화경》의 '동교일승'인 측면과《화엄경》의 '별교일승'인 측면에 관한 것이다.

정관은《화엄경》이 삼장과 십이분교 가운데 어디에 어떻게 섭수되는지를 설명하려고 설정한 제2장〈장교소섭〉의 제2절〈교섭教攝을 밝힘〉을 통해 당대唐代까지 부처님의 일대시교를 정립한 여러 교판을 종합한다. 여기서 정관은 기본적으로는 법장이 지엄으로부터 계승·정비해서 완성한 '5교10종'을 자신 역시 따르고, 여러 교판을 회통하기 위해 '중국'과 '서역'의 둘로 나눠 서술한다. 이 과정에서 중국 양조梁朝의 광택光宅(-684-)법사가《법화경》에 의거해서 세운 권교삼승과 실교대승의 사승교四乘教에 대해《대소》에서 '삼승이 권權'인 이유를 '다 얻지 못하고, 실체가 없고, (장자의) 모든 아들이 다 찾기 때문'이라고 개별적으로 분석한 것을,《연의초》에서 다시 '실제로 증득한 것이 없어서 수레에 오를 수 없다고 하였으니 삼승이 다 방편으로 시설된 것임을 분명하게 알 수 있다'고 설명한다. 이 지점에서 선연은 논란이 될 수 있는 부분을 문답으로 회통한다. 즉, '이승이 실제로 증득한 것이 없다면 어떻게 삼계에서 벗어나겠는가?' '삼승의 성인이 전혀 증득한 것이 없는 것은 아니다. 다만 증득한 것이 실제로 일승일 뿐이고, 도무지 삼승은 없다는 것이다.'[037] 그리고 이를 법장의 글로 인증한다.

자신의 종宗에 마주하면 모두 다 과果를 얻은 것이다. 얻지 못했다면 어떻게 세간을 벗어나겠는가? 지금 모두 증득하지 못했다고 한 것은 일승에 대응했기 때문이다. 이런 까닭에 실實로서 권權을 비추면 곧 방편의 상相이 다하기 때문에 모두 증득함이 없는 것이다. 저 삼승의 사람들을 회향시켜 일승에 들어가도록 한 까닭이며, 자체 계위의 구경처에 이르게 한 까닭이며, 뒤에 모두 별교일승에 진입하게 한 까닭이다.[038]

위 글은 《교의분제장》[039] 제1장 〈일승을 건립함〉[040]에서 일승과 삼승의 차이를 열 가지로 설명한 것 가운데 첫 번째인 〈방편(權)과 실제(實)로 차별됨〉 부분이다. 위의 인용 내용을 통해서 선연은 자신이 '증득한 것이

---

037   《결택기》 권제4(X8, 046c), "[鈔]俱無實證名不上車者 … 若爾旣無證, 云何出界? 今謂通云,
       非是三乘聖人, 全無所證, 但彼所證, 實是一乘, 都無其三. 俯應權根, 假言三種. 今約一乘良
       斷, 故無三乘實證. 如彼三獸同渡一河, 實無三河. 非謂全無所渡之河, 云何到岸?."

038   《결택기》 권제4(X8, 046c), "故賢首義分齊云: 若望自宗, 竝皆得果. 若不得者, 云何出世. 今云
       俱不得者, 以望一乘故. 是故以實映權卽方便相盡故皆無得也. 爲欲廻彼三人入一乘故, 以至
       自位究竟處故, 後皆進入別敎一乘故."

039   《敎義分齊章》 권제1(T45, 0477b).

040   기무라, 앞의 책, pp.144, 이 장은 법장이 제5교인 '원교'와 제10종인 '원명구덕종'에 대응되는
       《화엄경》의 가르침을 어떻게 이해하고 있는지 그 기본적인 구조를 아주 잘 드러낸다.

실제로는 일승일 뿐이고 삼승은 아니'라고 단언한 것이 바로 법장의 사상에 기반한 것임을 보여준다.

또, 선연은《대소》에서 '삼승을 회통하여 일승을 삼은 것'이란 말을 수문해설하면서 '여기서 말한 삼승을 회통하여 일승을 삼은 것은 (삼승을) 놔둔 것인가, 없앤 것인가?' '둘 다 통한다'라고 문답하고 역시 법장의 글로 인증하고 있다.

> 묻는다. 첫 번째 문의 삼승이 일승에 즉한 것에 의거하면 저 삼승을 놔둔 것인지 무너뜨린 것인지 알 수 없다. 만일 놔둔 것이라면 어떻게 오직 일승만이겠는가? 만일 무너뜨린 것이라면 저 삼승의 근기들이 다시 무슨 법에 의거해서 정진 수행하겠는가?
>
> 답한다. 네 가지가 있다. 첫째는 (삼승이) 일승에 즉한 것을 말미암기 때문에 무너뜨리는 것에 기대지 않고, 둘째는 (삼승이) 일승에 즉한 것을 말미암기 때문에 놔두는 것을 장애하지 않으며, 셋째는 (삼승이) 일승에 즉한 것을 말미암기 때문에 무너뜨리지 않음이 없고, 넷째는 (삼승이) 일승에 즉한 것을 말미암기 때문에 놔둘 만한 것이 없다.[041] 처음의 두 가지 뜻으로 인해 삼승의 근기는 의지할 대상이 있게 되고, 뒤의 두 가지 뜻으로 인해 삼승의 근기가 일승에 들어가게 된다. 네 구절이 모두 일승에 즉한 것을 말미암기 때문이다. 이런 까닭에 오직 일승이 있을 뿐이고 다시 다른 것은 없다.[042]

---

041   선연이 인용한 三乘卽一乘의 4구에 이어서 一乘卽三乘의 4구 역시 이와 같다는 구절이 있다.

042   《결택기》권제4(X8, 047c), "[疏]會三爲一者, 問: 此言會三爲一, 爲存爲泯耶? 答: 二皆可通, …
      問: 若據初門, 三卽一者, 未知彼三爲存爲壞. 若存, 如何唯一. 若壞, 彼三乘機更依何法而得進

위는 바로 법장이 《교의분제장》에서 삼승과 일승의 '불일불이' 측면을 정립한 4구문이다. 법장은 윗글에 앞서 '일체의 삼승이 본래 다 저 일승법이다. 왜냐하면 삼승으로 일승에 마주하면 두 가지 문이 있기 때문이다. 즉, 다르지도 않고 동일하지도 않은 것이다. 처음의 다르지 않은 문에 또한 둘이 있다. 첫째는 삼승이 일승에 즉했기 때문에 다르지 않고, 둘째는 일승이 삼승에 즉했기 때문에 다르지 않다'[043]라고 전제하고서 논리를 전개한다. 《교의분제장》에는 계속해서 '일승이 삼승에 즉한' 4구절의 글이 이어지지만 선연은 이 부분까지를 논거로 들어 자신의 설명을 인증하고 있다. 위 예문들 역시 선연이 삼승과 일승에 관한 법장의 사상을 적극 수용하여 활용했다는 것을 여과없이 보여준다.

◆— **동교일승·별교일승**

선연은 《대소》에서 삼승이 자신들이 찾는 것을 '구경究竟으로 여기고 수레를 찾을 줄을 모르다가 제외되고 나서 일승의 근기를 내어'라는 구절을 해설하면서 삼승이 여기는 '구경'에 대해서도 역시 《교의분제장》의 다음 구절로 인증한다.

거둬들이는 이익은 그 중에 셋이 있다. 첫째는 오직 계내界內의 근기

修? 答: 有四. 一由卽一, 故不待壞. 二由卽一, 故不礙存. 三由卽一, 故無不壞. 四由卽一, 故無可有. 由初二義, 三乘根得有所依. 由後二義, 三乘機得入一乘, 由四句俱卽一故. 是故唯有一乘, 更無餘也."

043   《결택기》 권제4(X8, 047c), "故賢首教義云, 〈一切三乘等, 本來悉是彼一乘法. 何以故? 三乘望一乘, 有二門故. 謂不異不一, 初不異中亦二; 一以三卽一, 故不異, 二以一卽三, 故不異,"

만을 거둬들여 출세出世하는 이익을 얻게 한 것이 곧 '구경究竟'이 된다. 이것은 삼승의 해당 종宗에서 설한 것을 기준 잡은 것이니, 또한 《유가사지론》 등에서 변별한 것과 같다. 둘째는 혹은 계외界外 근기들을 거둬들여 '출출세出出世'하는 이익을 얻게 한 것이라야 '구경'이 된다. 이 두 종류는 먼저 삼승으로써 출리出離하게 하였다가 뒤에 방편으로 일승을 얻게 한 경우라면 이는 일승과 삼승을 합해서 설한 것이므로 '동교同敎'에 거둬지며, 또한 '삼승을 돌이켜서 일승으로 들어간 교'라고 하니, 이는 《법화경》에서 설한 것과 같다. 만일 먼저 일승에서 해행解行을 성취하고 나서 뒤에 출세한 몸으로 저 법을 증득한 경우라면 곧 별교일승別敎一乘에 거둬진다. 이는 〈소상품小相品〉[044]에서 설한 것과 같다. 셋째는 혹은 (삼승과 일승의) 두 근기를 통틀어 거둬들여 두 가지 이익을 얻게 한다. 이것 역시 둘이 있다. 먼저 삼승으로 이끌어 내고 뒤에 일승을 얻게 한 경우라면 또한 일승과 삼승이 화합해서 근기를 거둬들여 두 가지 이익을 이룬 것이므로 동교同敎에 속한다. 이것은 《법화경》에서 설한 것과 같다. 만일 계내界內에서 견문으로 출세하거나 득법으로 출출세하여 증성하는 경우거나, 혹은 계내에서 통틀어 견문見聞과 해행解行으로 출세하거나, 오직 해행으로 출출세하거나, 오직 증입만하는 경우라면 이런 것들은 별교일승에 속한다. 《화엄경》에서 설한 것과 같다.[045]

---

044   晉譯, 《華嚴經》 〈佛小相光明功德品〉 제30.

045   《결택기》 권제4(X8, 047b), "言謂爲究竟不解索乘者, 賢首敎義云: 〈攝益者, 於中有三; 一唯攝界內機, 令得出世益, 即以爲究竟. 此約三乘當宗說. 亦如瑜伽等辨. 二或攝界外機, 令得出出世益, 方爲究竟. 此有二種, 若先以三乘, 令其得出, 後乃由方便得一乘者, 此即一乘三乘和合說故, 屬同敎攝. 亦名廻三入一敎. 此如法華經說. 若先於一乘已成解行, 後於出世身上, 證彼

선연은 '지금은 첫 번째 뜻에 한정하였으므로 구경이라고 한 것이다'
라고 결론짓고 있다. 여기서 눈여겨볼 것은 '구경'의 정확한 의미를 드러
내는데, 법장의 삼승과 일승의 개별적인 '구경'과 총제적인 '구경' 등의
설명을 완전히 수용한 점이다. 법장은 삼승과 일승이 함께 근기를 거둬
일승으로 들어가게 한 경우라면 동교일승으로서《법화경》의 설과 같고,
일승에서 시작하여 출출세하게 되면 별교일승으로서《화엄경》에서 설
한 것과 같다고 하였다. 여기서 견문위, 해행위, 증입위는 모두 별교일승
을 드러내는 설명으로서 등장한다. 선연은 이 단락 전체를 가져와 인증
함으로써 자신이 동교일승과 별교일승에 관한 개념은 온전히 법장을 따
르고 있다는 것을 드러내고 있다.

3. 인분·과분설의 수용

화엄교학에서 동교일승으로서의《법화경》과 별교일승으로서의《화엄
경》에 관한 정확한 구분만큼이나 중요하고 빈번하게 언급되는 것은 바
로《화엄경》의 '별교일승'에 있어서 '인분因分'과 '과분果分'에 관한 것인데,
이것은 보통 '인분가설'과 '과분불가설'이라는 두 가지로 설명된다.

　정관은《대소》본문의 제1장〈교기인연〉장의 열 가지 연 가운데 제10

法者, 卽屬別教一乘攝. 此如小相品說. 三或通攝二機, 令得二益. 此亦有二; 若先以三乘引
出, 後令得一乘. 亦是一三和合攝機成二益, 故屬同教. 此如法華經說. 若界內見聞出世, 得法
出世出世證成. 或界內通見聞解行出世, 唯解行出出世, 唯證入. 此等屬別教一乘. 此如華嚴說.〉
今據初義, 故云究竟也."

연 〈가피자에 의지함〉에서 《화엄경》의 설법 인연 가운데 가피하는 까닭에 대해 설명하면서 "모든 부처님이 똑같이 가피하였으니 곧 동설同說이요, 일설一說이 일체설一切說임을 드러내고자 해서이며, 과해果海는 말할 수 없고, 인상因相은 설할 수 있는 것임을 드러내고자 해서이다. 그렇다면 (부처가 직접 설법한) 〈아승기품〉과 〈여래수호품〉은 일체설이 아닐 것이다. (이는) 미세하여 알기 어렵다는 것을 나타낸 것이며, 인과를 초월하여 벗어났음을 나타낸 것이다"[046]라고 하였다. 다시 《연의초》에서 "앞의 인과의 상을 지워버리고자 했기 때문에 부처님이 직접 설한 것이다"라는 해설을 덧붙이고 있는데, 선연은 이를 두 가지로 해설한다. 즉, "첫째 해설은 나머지 보살들이 설한 것은 인분은 가설임을 표시한 것으로, 저 인분을 상대하여 과분을 불가설이라고 한 것이다. 지금은 부처가 직접 설법하였으니 도리어 인분은 불가설임을 표시한 것으로, 앞에서는 인분은 가설인 것에 상대하여 과분을 불가설이라고 한 것이고 지금은 인분이 불가설임을 표시한 것이니 이미 말할 만한 자취가 없다면 과분에 어찌 불가설한 자취인들 있겠는가? 그러므로 《초》에서 그렇게 말한 것이다. 둘째 해설은 나머지 품은 인위因位의 사람인 보살이 설법하고, 과위果位의 사람인 여래는 말하지 않았으니 인분은 가설이고, 과분은 불가설임을 표시한 것이다. 만일 거듭 보내버리지 않으면 다시 자취에 막히게 된다. 지금은 과위의 사람인 여래가 말하고, 인위의 사람인 보살은 말하지 않아서 과분은 가설이고 인분은 불가설임을 표시한 것이니,

---

046   《대소》(T35, 0506c), "所以加者. 欲顯諸佛同加卽同說故. 一說一切說故. 亦顯果海無言因相可說故. 若爾僧祇隨好應非一切. 表微細難知故. 超出因果故"

앞에서 인분은 결정코 가설이고, 과분은 결정코 불가설이라는 종적이 없게 된다"[047]라고 설명을 붙인 뒤《교의분제장》[048]의 글로 자신의 주장을 인증한다.

첫 번째 별교일승에 역시 둘이니, 첫째는 성해性海의 과분果分이니, 결정코 이는 '불가설'의 뜻이다. 어째서인가? 교설과 상응하지 않기 때문이다. 곧 십불十佛 자체의 경계이다. 그러므로《십지경론》에서 '인분因分은 가설可說이고, 과분果分은 불가설不可說이다'고 한 것이 이것이다. 둘째는 연기緣起의 인분이니, 곧 보현보살의 경계가 이것이다. 이 둘은 둘이 없다. 전체가 변만하게 거두기 때문이다. 그것은 파도와 물과 같으니 생각하면 알 수 있다.[049]

계속해서 선연은《대소》에서 '의대義大는 과분이므로 불가설이고, 설대說大는 인분이므로 가설'이라 한 것을《십지경론》을 인용하면서 또한 법장과 혜원慧遠(334-416)이 논증한 글을 인용한 뒤[050] "인분과 과분은 별교일승의 핵심적인 뜻이니 세밀하게 살펴야 한다"라고 맺고 있다.

---

047   《결택기》권제4(X8, 036b), "二云, 餘品菩薩因人說, 如來果人不說. 表因分可說, 果分不可說. 若不重遣, 還成滯跡. 今如來果人說, 菩薩因人不說. 表果分可說(但可總標, 令人知有), 因分不可說(拂跡入玄, 冥同性海), 無前因定可說果定不可說之蹤跡也."

048   《교의분제장》제1(T45, 0477a).

049   《결택기》권제4(X8, 036b), "故賢首義分齊云: 一性海果分, 定是不可說義, 何以故? 不與教相應故. 卽十佛自境界也. 故地論云, 因分可說, 果分不可說. 是也. 二緣起因分, 卽普賢境是也. 此二無二, 全體遍收. 其猶波水, 思之可見."

050   《결택기》권제4((036b), "又且依一相不可指陳等, 云不可說及與可說. 若有因緣故, 果可寄言. 卽事入玄, 因亦回說. 故云說少分也. 不可局執.)"

일본의 화엄학자 기무라는 법장이 설명하는 '인분가설'과 '과분불가설'의 관점, 그리고 '인과 과는 둘이 없다'는 관점이 십지를 둘러싼 중층적인 해석을 관통한다고 보았고, 또 인분과 과분이 다름이 없다고 하는 '인과 과는 둘이 없다'로부터 인과 과가 하나라고 하는 '인과 과가 상즉한다'는 사상으로 더 철저해졌다고 보았다.[051]

그런데 선연은 반대로 '인분불가설', '과분가설'을 설명하는 과정에서 법장의 글을 인용한 점이 특이하다. 좀 더 정확히 말하자면 선연은 '과분불가설', '인분가설'임을 설명한 내용보다는 '이 둘은 둘이 없다. 전체가 변만하게 거두기 때문이다'라는 부분에 방점을 두고 인용했고, 다시 이어진 《연의초》를 통해 거듭 '사법에 즉하여 현묘한 데로 들어가면 인분 역시 설할 수 없다' 라든가 '설함 없이 설할 수 있을 뿐'이라고 하여 인분은 가설이고, 과분은 불가설이라고만 국한하여 집착하면 안 된다고 회통하고 있다. 결국 법장의 인과 과가 변만하게 섭수한다고 하는 '인과상즉'의 측면을 통해 자신의 '인분불가설'과 '과분가설'의 주장을 증명하고 있다. 기무라는 선연이 징관의 사사무애보다는 더욱 이사무애에 철저해졌다고 평가했는데 이런 측면에서 선연이 법장사상의 회통하는 관점을 수용하고 있는 것을 확인할 수 있다.

---

051   기무라, 앞의 책, pp.144-156, 법장의 화엄교학을 분석하면서 '인과'를 독립된 장으로 선정하고 '5교교판', '삼성설', '유심과 연기' 등의 장과 나란히 설명할 만큼 중요하게 다루고 있다.

IV. 나오는 말

지금까지 요대 화엄종의 제일인자였던 선연이 수용한 법장의 화엄사상을 《결택기》에서 인용된 문헌과 인용된 횟수, 그리고 인용 내용의 분석을 통해 살펴보았다. 징관의 《대소》《연의초》가 본래 법장을 종지로 하여 저술된 만큼 그것의 주석서인 《결택기》는 기본 바탕에 법장의 사상이 녹아들어 있다. 실제로 《결택기》는 법장의 대표 저술인 《교의분제장》《지귀》《탐현기》《기신론의기》 등을 빈번하게 인용하였고, 이 가운데 법장이 '5교10종'의 교판을 완성하고 화엄일승원교의 교의를 정립한 《교의분제장》을 가장 많이 인증하고 있는 점에서 잘 드러난다. 게다가 수문해설하면서 여러 번에 걸쳐 '현수의 의미는'라든가 '현수의 뜻을 취했다'라는 문구로 회통하기도 한다.

선연이 《결택기》에서 《교의분제장》을 활용하는 방식은 《현담》 본문의 제2장 〈장교소섭〉과 제3장 〈의리분제〉를 수문해설하면서 두드러진다. 그 내용면으로는 모두 삼승과 일승의 불일불이의 관계, 별교일승과 동교일승에 관한 법장의 견해를 적극적으로 수용하고 있다. 법장은 삼승과 일승의 정확한 과를 분명히 하면서도 삼승이 일승에 즉하고 일승이 삼승에 즉하는 4구절로 회통해 이 둘이 둘이면서 둘이 아니라는 것을 항상 견지한다. 선연은 이것을 중점적으로 인용함으로써 자신이 법장 사상의 어떤 측면을 수용했는지 여실히 보여주고 있다. 또한 법장은 별교일승으로써의 《화엄경》과 동교일승으로써의 《법화경》의 위치 역시 분명히 하고 있는데, 삼승을 돌이켜 일승으로 돌아가고 궁극적으로 별교일승으로 나아가게 한다는 점에서 동교일승이고, 일승으로 출발해서 일승의 구경과에 이르게 하는 점에서 별교일승임을 언급했다. 선연 역시 이 부분을 여러 차례 인용하고 있다. 법장은 또 별교일승에 있어서는 성해性海의 과분과 연기緣起의 인분 둘로 나뉘고, 과분은 결정코 불가설이고 인분은 가설이라는 것을 강조하면서도 이 둘이 둘이면서 둘이 없다. 왜냐하면 전체가 변만하게 거둬지기 때문이라고 회통한다. 선연은 인과의 상을 털어내는 방식을 '인분불가설', '과분가설'이라는 역설을 사용해 '인분은 가설이고 과분은 불가설'이라는 자취를 털어내고 이를 위의 법장의 글로 인증한다. 이는 선연이 법장을 수용하는 매우 현명한 방식이라고 할 수 있다. 법장의 인과상즉이라는 회통 문구로 인분가설, 과분불가설의 자취를 털어 내는 데 활용하고 있는 것이다.

또, 선연은 《화엄경》 하나에 두 가지 항포를 갖추고 있으니, 지전의 항포는 원융을 띠고 있어 원교로 보내고, 지상의 항포는 원융을 띠지 않아 별교로 귀속시킨 것이다"[052]라는 해설도 법장의 글로 증명한다.[053] 자유롭게 징관과 자신의 입장을 법장을 통해 증명하는 모습을 보여준다. 또, 선연은 원교 안에 나머지 4교와 동일한 측면에 대해선 오직 원교는 같아지는 주체(能同)의 측면이 있을 뿐, 같아지는 대상(所同)의 측면

---

052 《결택기》권제4(X8, 051a), "華嚴一經, 具二行布; 地前行布, 帶彼圓融, 判歸圓教. 地上行布, 不帶圓融. 判歸別教故."

053 《결택기》권제4(X8, 051a), "故賢首云, 謂如三乘中, 亦有說因陀羅微細等, 而主伴不具. 或亦說華藏世界, 而不說十等. 或一乘中, 亦有三乘法相. 謂以十眼中亦具有五眼, 十通中亦有六通等, 而義理皆別. 此則一乘, 垂於三乘, 三乘參於一乘. 是則兩宗交接, 連綴引攝, 成根·欲·性, 令入別教一乘故."

은 없다[054]고 선을 긋고 있다. 제5교인 원교 속에 녹아있는 나머지 4교의 법상은 원교가 원융함을 띠고 있으므로 같아질 뿐이고, 나머지 4교가 지닌 자체의 법상이 원교와 나란하게 동일하진 않다는 것이다. 이는 이른바 법장이 "일승에도 또한 삼승의 법상이 있다. 말하자면 십안十眼 가운데 역시 오안五眼을 갖추고 있고, 십통十通 가운데 또한 육신통 등을 갖추고는 있지만 의리는 모두 각별하다. 일승은 삼승에 드리워져 있고 삼승은 일승과 섞여 있는 것이다"[055]고 하여 삼승과 일승을 회통하면서도 모두가 《화엄경》의 '별교일승'으로 귀결되는 과정임을 강조하고 있는 것과 상통한다.

이외에도 선연은 자신의 독자적인 '성악性惡' 사상이라든가 혹은 '일심一心' 등을 설명할 때에도 모두 5교의 입장에서 정리하곤 했는데,[056] 이처럼 5교의 입장에서 정리하는 방식 역시 법장의 화엄교학의 영향으로 보인다. 실제로 법장의 사상이 상당 부분 더 철저하게 수용되었다는 것을 선연의 《결택기》를 통해 확인할 수 있다.

---

054 원교엔 나머지 4교의 능동의 측면만이 있다는 주장은 사실 원대보서의 《회현기》에서 논파되고 있다.

055 《결택기》 권제4(051a). 위와 동일.

056 기무라, 앞의 책, pp.271~275, 기무라는 성악 사상을 5교로 설명한 것은 선연만의 독자적인 측면이라고 보고 있다.

참고 문헌

1. 원전

*약호 | T:大正新修大藏經 / X:卍新纂大日本續藏經 / CBETA(Ver.2016) & SAT(2012).

- 法藏 述,《探玄記》(T33)
- 法藏 述,《華嚴一乘教義分齊章》(T66)
- 法藏 述,《華嚴經旨歸》(T045)
- 法藏 述,《起信論義記》
- 澄觀 述,《大方廣佛華嚴經疏》(T035)
- 澄觀 述,《華嚴經隨疏演義鈔》(T036)
- 澄觀 述,《華嚴經疏鈔玄談》(X0232)
- 鮮演 述,《大方廣佛華嚴經談玄決擇》卷第二~六(X8)
- 鮮演 述,《金澤文庫資料全書》(佛典 第二卷 華嚴編)(東京:金澤文庫, 20~46, 1975)
- 澄觀 述,《華嚴經疏鈔》第1冊~第4冊, (臺灣:佛陀教育基金會印贈, 2002)

2. 단행본

- 澄觀 外, 실상사화엄학림 편역,《화엄경현담》(상·하권), 서울:대한불교조계종교육원, 2003.
- 기무라 기요타카(木村清孝) 지음, 정병삼 외 옮김,《중국화엄사상사》, 서울:민족사, 1992.
- 竺沙雅章,《宋元佛教文化史研究》, 東京:汲古書院, 2000.
- 藤原崇人,《契丹佛教史の研究》, 京都:法藏館, 2015.

3. 논문

- 박은영(智玄),〈遼代 鮮演의《華嚴經談玄決擇記》의 연구와 역주〉, 박사학위논문, 서울:동국대학교, 2017, pp.1~962.

《金澤寫本》에 근거하여 보충한 글 8紙 3行 2,609字

《談玄決擇記》卷三 (《卍續藏本》[030b11]離分限 ~ [b11]云)

離分限〈故, 名爲非劫.

◇[《疏》] 廣如《旨歸》者, 《旨歸》云, "問: 若此多劫常恒說者, 何故如來有涅槃耶? 答: 說此經佛, 本不涅槃. 法界品中, 開栴檀塔, 見三世佛, 無涅槃者. 又復以此初時旣攝多劫. 是故示現涅槃, 亦在此中. 攝化威儀之中, 涅槃亦是. 說法攝生與成道說法, 無差別故. 是故說法總無休時. 復此盧舍那佛常在花藏, 恒時說法. 初無涅槃, 如常住故.

○[《鈔》] 普賢身相如虛空依眞而住非國土者, 下《疏》〈問曰: 法性身土, 爲別不別? 別則不名法性, 性無二故. 不別則無能依所依. 答: 經論異說, 統收法身, 略有十種. 土隨身顯, 乃有五重; 一, 依《佛地論》, 唯以淸淨法界而爲法身. 亦以法性, 而爲其土. 性雖一味, 隨身土相, 而分二別. 《智度論》云, '在有情數中, 名爲佛性. 在非情數中, 名爲法性.' 假說能所, 而實無差. 《唯識論》云, '雖此身土, 體無差別, 而屬佛·法, 性·相異故.' 謂法性屬佛, 名法性身. 法性屬法, 爲法性土. 性隨相異, 故云爾也. 今言如虛空者, 《唯識論》云, '此之身土, 俱非色攝. 雖不可說形量大小. 然隨事相, 其量無邊. 譬如虛空遍一切處.' 故如虛

空言, 通喩身土. 二, 或唯大智, 而爲法身. 所證眞如, 爲法性土. 故《無性攝論》云, 無垢無罣导智爲法身故. 若爾, 云何言相如虛空? 智體無导, 同虛空故. 三, 亦智亦如而爲法身.《梁攝論》中, 及金光明經皆云,'唯如如及如如智獨存, 名法身故.'此則身含如智, 土則唯如. 四, 境智雙泯而爲法身. 經云,'如來法身, 非心非境. 土亦隨爾.'依於此義, 諸契經中 皆說如來身土無二. 此則依眞之言, 顯無能所. 方曰依眞成如空義. 五, 此上四句, 合爲一無导法身, 隨說皆得, 土亦如之. 六, 此上總別五句, 相融形奪, 泯兹五說, 迥然無寄, 以爲法身, 土亦如也. 此上單就境智以辨. 七, 通攝五分, 及悲願等所行, 恒沙功德無不皆是. 此法身收以修生功德, 如證理故. 融攝無导卽此所證眞如體大爲法性土, 依於此義身土迥異. 今言身相, 卽諸功德. 言如虛空, 卽身之性. 下經亦云,'解如來身非如虛空. 一切功德無量妙法所圓滿故.'八, 通收報化, 色相功德無不皆是, 此法身收. 故《攝論》中, 三十二相等皆法身攝. 然有三義; 一, 相卽如故, 歸理法身. 二, 智所現故, 屬智法身. 三, 當相幷是功德法故, 名爲法身. 其所依土, 則通性相. 淨穢無导, 我此土淨, 而汝不見. 衆生見燒, 淨土不毀. 色卽是如, 相卽非相. 身土事理, 交互依持. 通有四句; 謂色身依色相土, 色身依法性土, 法身依法性土, 及依色相故. 又以單雙互望, 亦成五句. 謂色相身依法性色相土等, 準以思之. 此上猶通諸大乘教. 九, 通攝三種世間, 皆爲一大法身, 具十佛故. 其三身等, 幷此中智正覺攝故. 土亦如之, 卽如空身, 而示普身, 示何不具, 此唯華嚴. 十; 上分權實, 唯以第九, 屬於此經. 若據融攝及攝同教總, 前九義爲總句. 是謂如來無导身土. 普賢亦爾. 義隨隱顯, 不可累安. 達者尋文, 無生局見. 上言土有五重者, 一唯法性, 屬前二身. 二者雙泯, 屬於第四. 三具性相, 五六七八所依. 四融三世間, 屬於第九, 五, 總前諸義, 卽第十依."身土要義, 無厭繁文.

744

○【《鈔》】末通淨·穢本刹唯淨者, 又淨·穢土而有多門. 故下《疏》云, "然淨有二種; 一世間淨, 離欲穢故. 以六行爲方便, 上二界爲淨土.(欲界爲穢.) 二出世間淨, 此復二種, 一者出世間, 所謂二乘, 以緣諦爲方便. 權教說之, 無別淨土. 約實言者, 出三界外, 別有淨土, 二乘所居.《智論》有文(凡夫所居名穢.) 二出世間上上淨. 此謂菩薩則以萬行而爲方便. 以實報七珍珠無量莊嚴而爲其土. 然出世上上淨中, 復有二種; 一者眞極, 佛自受用, 相累兼亡, 而爲方便. 二者未極, 等覺已還故.《仁王》云, 三賢十聖, 住果報唯佛一人居淨土(未極而居名穢.). 未極之中, 復有二種; 一, 八地已上, 一向清淨, 以永絕色累, 照體獨立, 神無方所. 故其淨土色相難名. 二, 七地已還, 未出三界, 無漏觀智, 有間斷故, 非一向淨. 若依《瑜伽》, 入初地去, 方爲淨土. 三賢所居皆稱非淨, 此分受用變化別故. 約此經宗, 十信菩薩卽有淨土."又準下《鈔》, "就佛法性, 自他受用, 幷變化土, 論其淨穢, 復有三義; 一, 前三皆淨. 四中有淨有穢, 則三類半爲淨, 半類爲穢. 二, 前三爲淨, 以他受用, 斷分別障, 已證眞如. 故名爲淨. 變化皆穢, 設有七珍, 穢衆生住, 故亦非淨. 三, 後二皆穢.《仁王經》云, '三賢十聖住果報, 唯佛一人居淨土.'而生公說, 有形皆穢, 無形爲淨, 則唯法性爲淨. 若爾, 自受用土, 豈稱穢耶? 此以冥同眞性不可說其形量大小則同淨攝."今此所論淨穢, 正當《鈔》中初之一義也.

○【《鈔》】以歸花藏卽前染淨無导故不立之者, 問: 初閻浮卽前通局中一句亦不應立. 答: 彼無遍法界言故不同也, 而乃別立. 言皆有百億閻浮提者, 卽一大天界也. 謂四大州日月蘇彌盧, 欲天梵世各一千名一小千界, 如一貫錢. 一千箇小千, 爲一中千, 如一千貫錢. 一千箇中千, 爲一大千, 如千箇千貫也. 若爾, 應有萬億, 何言百億? 答: 準此方皇帝算法, 數有三等, 謂上中下. 下等數法十十變之. 中等百百變之, 上等億億變之. 今此三千; 若據小數可有萬億. 今約中數,從千已上, 百百變之, 則有百億故. 又相傳釋億而有三種; 一者十萬, 二者百萬, 三者千萬, 此當千萬爲億也. 故《疏》云, 唐三藏譯是千萬也.

○言乃至百億色究竟天者, 問: 二禪量等一小千界, 三禪量等一中千界, 四禪量等一大千界. 是知爲一色究竟天覆於百億四州, 如何亦言百億色究竟天耶? 答: 準下《鈔》云, "譬如夏雲普覆九州. 若以州取, 則有九雲. 若以郡取, 則四百餘雲. 若以縣取, 千數未多, 或言一雲普覆萬國, 或言萬國各有夏雲, 思之可見."

【疏】五遍花藏者, 問: 花藏世界實報淨土, 應化土耶? 若云實報淨土, 何有分限? 若無分限者, 何故花藏之外中方便有刹海耶? 若云應化土者, 何故世尊修因之所嚴淨不云應衆生故? 又下《疏》難, "身若云應者, 那言遮那處蓮花藏?" 驗知華藏非應化土. 答: 良以自報眞身旣分圓無导故. 彼自報眞土, 亦廣狹自在. 論廣則花藏世界所有塵, 一一塵中見法界. 語狹則十萬各有世界海故.

○【鈔】云若彼不說則說處不遍, 若彼亦說, 處則雜亂. 何以經中唯云忉利說十住法等者, 《鈔》雖有答, 義獨沈隱. 今依有歸, 以答前難云, 此說十住忉利天處, 旣遍十方一切塵道. 是故夜摩等處皆有忉利, 卽於如是遍夜摩等忉利天處, 說十住. 是故忉利無不普遍, 仍非夜摩等處說十住也. 說十行等夜摩等處, 亦遍忉利等處, 仍非忉利說十行等也. 故不違經, 亦無不通.

○【鈔】前相卽門中, 正十住遍時不妨餘遍但隱顯不同耳者, 此則潛通外難也. 恐有難云, 十住爲所卽有體, 十行等作能卽無體, 唯有十住遍法界故無雜者. 若爾, 十行等爲一向作能卽無體耶? 爲亦作所卽有體耶? 若一向作能卽無體, 還成滯執非無导也. 若亦作所卽有體, 爲前後耶? 爲同時耶? 若云前後, 同時四句義不成故. 若云同時, 十住爲所卽有體, 遍法界時, 不妨同時十行却爲所卽有體, 亦遍法界. 二種有體, 旣同時遍法界, 還成雜亂. 何故《鈔》云, 前相卽門中正十住遍時, 不妨餘遍? 故《鈔》通云, 但隱顯不同耳. 十住遍時, 十行等卽隱. 十行遍時, 餘隱亦然. 今應難云, 十住顯時, 十行等唯隱. 亦通其顯.
若云唯隱, 還成滯執非無导也. 若云通顯, 爲同時耶? 爲前後耶? 若云前後,
同時四句義不成故. 若云同時, 十住正顯, 遍法界時, 不妨十行等顯, 亦遍法界,
還成雜亂. 若云隱顯門中顯顯不俱, 無雜亂者, 相卽門中, 所卽所卽不俱, 已無
雜亂. 何須《鈔》中, 更用隱顯門耶? 彼二所卽有體, 旣得同時, 彼二能攝顯義,
亦得同時. 彼此異因不可得故. 若救云, 雖許二顯得俱, 而一主一件故, 無雜
亂者, 更應難曰, 十住爲主時, 十行等一向作件, 亦得爲主耶? 若一向作件, 還
成滯執非無导也. 若得爲主, 爲同時耶? 爲前後耶? 若云前後, 同時四句義不
成故. 若云同時, 還成雜亂. 十住爲主遍法界時, 不妨十行等爲主亦遍法界故.
若云主主不相見, 無雜亂者, 相卽門中, 所卽所卽不俱, 已無雜亂, 何故《鈔》中
更用隱顯耶? 設更用自餘玄門料揀, 滯難同前. 今謂通〉[030b11]云

지은이 | 보인지현寶印智玄

지현 스님은 1968년 12월에 경기도 파주에서 태어났다. 1992년 2월 이화여자대학교 사학과를 졸업한 후, 수년간 대흥사 진불암, 지리산 칠불사, 가야산 해인사 등지에서 백일기도 정진을 통해 출가수행의 기틀을 다졌다. 1998년 민족문화추진회의 연수과정(3년)에 입학하여 성백효 선생님 등을 모시고 사서삼경과 제자백가의 여러 문헌들을 연찬하였고, 《맹자》의 〈곡속장觳觫章〉을 삼천 번 독송함으로써 문리를 터득했으며, 한문번역능력 1급자격증을 취득했다. 2001년 지리산 쌍계사 원통암에서 보현 스님을 은사로 출가 득도하여 2002년 4월 직지사에서 녹원 스님을 계사로 사미니계를 수지하였다. 오대산 적멸보궁과 남해 보리암에서 49일기도와 백일기도를, 운문사승가대학 시절엔 경전 강독과 함께 오백전 백일기도를 봉행하는 등 정진을 하였다. 2007년 직지사에서 성수 스님을 계사로 비구니계를 구족했다. 이후 2008년부터 2년간 교종본찰인 봉선사 능엄승가대학원에서 《화엄현담회현기》 40권을 완독하였으며, 2010년 11월부터 위봉사 위봉선원, 동화사 부도암, 월정사 지장암 등 제방선원에서 5안거를 성만하였다. 2012년에 정덕定德 법계 품서를 받았다. 2017년 8월에 동국대학교 일반대학원 한국불교융합학과 불전한문번역 전공으로 《화엄경담현결택기》 6권의 연구·역주를 통해 박사학위를 취득하였다. 이후 2019년 6월 한국연구재단의 박사후과정 연구원(2년)으로 선정되었으며, 동국대 일반대학원과 조계사불교대학원에서 징관의 《화엄경현담》과 선연의 《결택기》와 보서의 《회현기》를 위주로 한 화엄 강의를 꾸준히 진행해왔다. 전 동국역경원장 월운 큰스님의 전강제자로서 교종본찰의 강맥을 잇고 있다. 역서로는 연담유일의 《절요과목병입사기》 1권(출간예정) 등이 있으며, 현재 대한불교조계종 교육아사리로서 연구매진하고 있다.